Klassiker der Theologie
Erster Band

KLASSIKER DER THEOLOGIE

ERSTER BAND

VON IRENÄUS BIS MARTIN LUTHER

Herausgegeben von
Heinrich Fries
und Georg Kretschmar

VERLAG C. H. BECK MÜNCHEN

Mit 23 Porträtabbildungen

Der Beitrag von André de Halleux wurde
übersetzt von *Peter Neuner*, der von
Gustavo Galeota von *Harald Wagner*.

CIP-Kurztitelaufnahme der Deutschen Bibliothek

Klassiker der Theologie / hrsg. von Heinrich Fries
u. Georg Kretschmar. – München: Beck
NE: Fries, Heinrich [Hrsg.]
Bd. 1. Von Irenäus bis Martin Luther. – 1981.
ISBN 3 406 08358 7

ISBN 3 406 08358 7

Satz: C. H. Beck'sche Buchdruckerei, Nördlingen
Druck und Bindung: May & Co., Darmstadt
Printed in Germany

INHALT

EINLEITUNG

Das Werk ,,Klassiker der Theologie" erscheint im Verlag C. H. Beck neben Werken wie ,,Klassiker des politischen Denkens", ,,Klassiker des soziologischen Denkens", ,,Klassiker der Pädagogik", ,,Klassiker der Philosophie".

Offensichtlich kommt diese Reihe dem neu erwachten Verständnis für Geschichte entgegen: der Überzeugung, daß man ohne sie weder die Gegenwart noch die Zukunft begreifen und gestalten kann, daß Geschichte nicht nur zeigt, wie es gewesen ist, sondern auch, wie es ist, wie die Sache sich verhält. Gerade heute erleben wir ein Suchen nach Orientierungen und Antworten, die der Gegenwart allein nicht entnommen werden können.

Daß in diese Reihe auch Klassiker der Theologie aufgenommen werden, hat gute Gründe. Die Theologie, verstanden als methodisch verantwortete Reflexion über den christlichen Glauben, hat unsere Geschichte seit zweitausend Jahren maßgeblich geprägt. Dies trifft auch dort zu, wo man sich der christlichen Ursprünge eines Phänomens, etwa der Auffassung vom Menschen als Person, nicht mehr bewußt ist. Motive und Impulse des christlichen Glaubens haben oft außerhalb der kirchlichen und christlichen Gemeinschaften ihre Früchte getragen: die Menschenrechtserklärungen, die Religions- und Gewissensfreiheit, die Autonomie der irdischen Wirklichkeiten als Folge des christlichen Schöpfungsglaubens. Die Beschäftigung mit der Entwicklung des theologischen Denkens ist daher ein wichtiger Schlüssel für das Verständnis unserer Geschichte und Gegenwart.

Darüber hinaus ist das Interesse an Fragestellungen und Inhalten der Theologie aus vielen Gründen neu erwacht. Man gibt sich mit dem bloßen Bescheidwissen über Fakten und Tatsachen und dem technischen ,,Know how" nicht zufrieden. Die Frage ,,Wozu das Ganze?", die Frage nach einem Zusammenhang, nach einem Sinn stellt sich nicht zuletzt angesichts einer Welt, die als Welt der perfekten Mittel und der verworrenen Ziele zu beschreiben ist, einer Welt, die an die Grenzen des Wachstums gestoßen ist, für die der Gedanke an die Zukunft mit Angst verbunden ist und die von der Frage bewegt wird: Darf man alles tun, wozu man technisch in der Lage ist? Mit alledem ist der Horizont nicht nur der Ethik und des Religiösen, sondern auch des theologischen Denkens berührt.

Es ist ein besonderes Kennzeichen des christlichen Glaubens, das man keineswegs bei allen Religionen und Weltanschauungen antrifft: Er stellt nicht nur eine Grundoption des Menschen für bestimmte Prinzipien und Inhalte dar, sondern öffnet sich auch dem Verstehen, der Begründung, der Erschließung und Rechtfertigung, er läßt sich auf die Vernunft ein, mit anderen Worten: er nimmt die Gestalt einer Theologie an. Von daher erfolgt Theologie in der

Begegnung und Auseinandersetzung mit dem Denken und den Herausforderungen einer jeweiligen geschichtlichen Stunde oder Epoche. Deshalb kommt die Bemühung der Theologie nie an ein Ende; ihre Aufgabe ist immer alt und neu zugleich.

Was sind nun „Klassiker" der Theologie? Es sind Theologen, denen in ihrer Zeit und für ihre Zeit eine sowohl repräsentative wie herausragende und zugleich maßgebende Bedeutung zukam, eine Bedeutung, die auch für die folgende Zeit wichtig und in ihr wirksam ist.

Diese Bedeutung und diese Wirkung betreffen nicht nur das theologische Denken, sondern den gesamten Bereich, dessen Reflexion das theologische Denken ist: den Bereich des gelebten Glaubens und den Bereich der Glaubensgemeinschaften, der Kirchen.

Bedenkt man, daß die Zeit des so verstandenen theologischen Denkens einen Zeitraum von zweitausend Jahren umfaßt und daß theologisches Denken in allen christlichen Kirchen und deren Tradition stattfindet, dann erkennt man die Schwierigkeit, Klassiker des theologischen Denkens namhaft zu machen in der Absicht, nichts wirklich Entscheidendes zu übersehen. Dennoch haben wir den Versuch unternommen.

Der hier vorliegende Erste Band der „Klassiker der Theologie" umfaßt die Namen von Irenäus bis Martin Luther und Peter Mogilas, einen Zeitraum von fast 1500 Jahren. Dabei wurde angestrebt, die Theologen, ihr Leben, ihr Werk, ihre Bedeutung und Wirkungsgeschichte im Zusammenhang mit der besonderen geschichtlichen Situation zu sehen. Eine ausgewählte Bibliographie über die Quellen und die wichtigste Literatur soll als Anregung zur Vertiefung und zu weiterem Studium dienen. Die Darstellung bemüht sich um Allgemeinverständlichkeit. So ist zu hoffen, daß die verschiedenen Erwartungen der möglichen Leser einigermaßen erfüllt werden.

Vermutlich liegen die Theologen des christlichen Altertums und Mittelalters mit ihren Fragestellungen dem heutigen Denken und Interesse ferner als die Theologen der neueren Zeit, die im Zweiten Band vorgestellt werden. Wir finden jedoch gerade bei den Theologen des Altertums ein leidenschaftliches Ringen um die Wahrheit des christlichen Glaubens hinsichtlich seiner zentralen Inhalte: über das Geheimnis Gottes und über Person und Werk Jesu Christi. Das damals Errungene ist zum Grundbestand der gesamten Christenheit geworden; es ist die Substanz der Glaubensbekenntnisse, in denen die christlichen Kirchen des Ostens und des Westens eins sind. Aus diesem Grunde sind auch Theologen aufgenommen, die gerade für die Ostkirche als klassisch gelten: Origenes, Ephraem der Syrer, Gregor von Nazianz und Gregor von Nyssa, später Gregorios Palamas. Das gibt diesem Werk eine deutlich ökumenische Note. Gleiches gilt von den Theologen zu Beginn der Neuzeit, die mit dem Geschehen der Reformation verbunden sind: ihre Repräsentanten in Deutschland, der Schweiz und England sowie deren Gegner und Gegenspieler kommen zu Wort. Es ist ein besonderer Reiz dieses Werkes und unterstreicht seine ökumenische Bestimmung, daß oft evangelische Klassiker von katholischen, katholische Klassiker von evangelischen Verfassern dargestellt wurden.

Doch wird in diesem Werk kein schön geordneter „Zug der Gestalten“ vorgeführt, es wird vielmehr ein bewegtes, kontrastreiches Bild vermittelt, so bewegt wie die Geschichte selbst, in der die Theologie den Glaubenden wie der Welt ihre Sache zu vermitteln sucht. So ist dieses Werk in seiner spannungsreichen Vielfalt eine eindrucksvolle Widerlegung des Nietzsche-Wortes, die Theologie gleiche einer längst ausgedroschenen Garbe oder einem vielfach übergossenen Tee, der kein Wasser mehr zu färben vermag.

Es ist uns eine angenehme Pflicht, einen mehrfachen Dank auszusprechen: dem Verlag C. H. Beck, München, besonders seinem Lektor, Herrn Dr. Günther Schiwy. Von ihm ging die Anregung zu diesem Werk aus, er hat es auf jede nur denkbare Weise gefördert und durch verschiedene Klippen glücklich hindurchgeführt. Ein weiterer Dank gilt den Mitarbeitern, die sich – jeder auf seine Weise – Intention und Aufgabe des Werkes zu eigen gemacht haben.

München, im Mai 1981

Heinrich Fries
Georg Kretschmar

Norbert Brox

IRENÄUS

(gest. um 200)

Ein ,,Klassiker der Theologie" ist Irenäus v. Lyon in dem Sinn, daß er für eine verbreitete Tradition kirchlicher Theologie und apologetischer Argumentation steht, die er als ihr früher Zeuge entscheidend ausgearbeitet hat. Irenäus beteiligte sich auf ,,klassisch" gewordene Weise an der in seinen Tagen besonders prekären Abgrenzung des kirchlichen Christentums gegen Religionen und religiöse Anschauungen der Umwelt. Dabei sind für ihn nur gelegentlich das Judentum und die klassische heidnische und zeitgenössisch-philosophische Religiosität aktuell gewesen; sein ganzer Impetus ging gegen die Gnosis (bzw. den Gnostizismus), eine offenbar gleichzeitig mit dem Christentum, aber unabhängig von diesem entstandene, also ebenfalls neue Erlösungsreligion. Sie stand zur Zeit des Irenäus auf der Höhe ihrer (meist mythologischen) Systembildungen in den unterschiedlichsten Schulen und Gruppen. Die Art und Argumente, mit denen Irenäus sich dieser damaligen Alternative zum christlichen Glauben erwehrte, haben Schule gemacht; sie waren nämlich über die Situation hinaus polemisch und apologetisch generell brauchbar und haben zu grundlegenden formalen Prinzipien kirchlicher Theologie geführt, die in der Folgezeit dermaßen zur baren Selbstverständlichkeit in jeder apologetischen Grundlegung des kirchlichen Christentums wurden, daß der maßgebliche Anteil des Irenäus daran gar nicht bekannt und bewußt blieb. – Gleichzeitig ist Irenäus bis heute religionsgeschichtlich eine erstrangige, ,,klassische" Quelle für die Kenntnis des Gnostizismus (s. u. Kap. IV).

I. Leben

Die biographischen Kenntnisse über Irenäus sind dürftig. Da seine Hauptaktivitäten, soweit sie bekannt sind, in die Jahre um 170/180 n. Chr. fallen, wird er noch vor der Jahrhundertmitte geboren und ca. 200 gestorben sein. Er ist Kleinasiate gewesen, lebte als Erwachsener aber in Lyon in Südgallien. Ob er aus familiären, beruflich-wirtschaftlichen oder aber aus kirchlichen Interessen in die dortige griechisch-sprachige Kolonie ging, ist unbekannt. Jedenfalls hat er in der gallischen Kirche eine prominente Rolle gespielt, so daß er nach der örtlichen Christenverfolgung i. J. 177 Nachfolger des zusammen mit anderen Christen hingerichteten Bischofs der Stadt wurde. Außerdem ist bekannt,

Irenäus (gest. um 200)

daß er in zwei Fällen überregionale kirchliche Missionen übernommen hat. Beidemal suchten die Gemeinden von Vienne und Lyon im Stil damaliger zwischenkirchlicher Kommunikation Einfluß auf den Bischof von Rom zu nehmen und ihn in bestimmten Streitfragen zu konzilianterem Verhalten gegenüber Dritten zu motivieren. Diese Intervention wurde Irenäus anvertraut, dessen griechischer Name Friedfertigkeit signalisiert (worauf Euseb, Kirchengeschichte V 24, 17 anspielt). Das eine Mal (um 177) reiste er als Presbyter nach Rom, um verständnisvolle Reaktionen gegenüber der umstrittenen Theologie der Montanisten, einer eben entstehenden futuristischen Bewegung im Christentum, zu erwirken. Das andere Mal schrieb er einen (in Auszügen erhaltenen: Euseb, ebd. V 24, 12–17) Brief an den römischen Bischof Viktor I. (189–199), um ihm einen kompromißbereiten Stil bei seinen Bestrebungen zugunsten der gesamtkirchlichen Vereinheitlichung des Osterfesttermins abzuringen, wobei er ganz deutlich eine Parteinahme für seine von der überwiegenden Praxis abweichende Heimatkirche in Kleinasien erkennen läßt. – Damit sind die bekannten Daten bereits erschöpft. Vom kirchlichen Wirken des Irenäus in Südgallien weiß man über die Tatsache seines Bischofsamtes (und die Bemühung um Kenntnis der keltischen Landessprache aus missionarischen Gründen: *adv. haer. praef.* 3) hinaus nichts.

II. Werk

Von mehreren schriftlichen Arbeiten des Irenäus sind nur zwei erhalten geblieben: Die umfangreiche *Überführung und Widerlegung der fälschlich sogenannten Erkenntnis (Gnosis) (adversus haereses)* in 5 Büchern, die nur zum geringeren Teil im griechischen Original erhalten geblieben ist, dagegen komplett in einer altkirchlichen lateinischen Übersetzung sowie teilweise in armenischer und syrischer Übertragung; außerdem der recht kurze *Aufweis der apostolischen Verkündigung (epideixis),* der (nur armenisch überliefert) in eher populärer Version und katechetischem Stil die grundlegenden Glaubenslehren mit ihren biblischen Beweisen zusammenfassen will. Daneben sind nur noch Teile von *Briefen* und dürftige *Fragmente* überliefert. Die Leistung des Irenäus für die kirchliche Theologie des 2. Jahrhunderts und darüber hinaus ist aus der stark polemisch gehaltenen *Überführung* allerdings deutlich zu erkennen.

An der Theologie dieser Schriften fallen zwei Perspektiven besonders auf: einerseits ihre forciert antignostischen Akzente und andererseits ihr ungemein reicher Überlieferungsbestand an Themen, Argumenten, Schriftbeweisen, Paradigmen, Denkformen, Optionen usw., die Irenäus erklärtermaßen aus Traditionen seiner (kleinasiatischen) Kirche nimmt und gezielt aktualisiert. Die eigentümlichen Linien dieser Theologie verstehen sich also teils von der gnostischen Alternative her, teils als fortgeschriebene Tradition und teils schließlich als des Irenäus persönliche Interpretation des Christentums.

III. Bedeutung

1. *Abgrenzungen*

Die theologie- und kirchengeschichtliche Bedeutung des Irenäus liegt, wie angedeutet, in der Standortbestimmung, die er für das Christentum des 2. Jahrhunderts aufgrund seiner Beurteilung menschlicher Bedingung und Erkenntnisfähigkeit, und zwar in Auseinandersetzung mit den gleichzeitigen nichtchristlichen Religionen, formuliert hat. Mit seiner Zeit teilte Irenäus den Ansatz, daß nichts von dringlicherem Interesse ist als die Frage nach Gott und diese als die Frage nach dem „Heil" menschlichen Lebens. Sie löst sich nach Irenäus für den Menschen, sobald er mit offenen Augen und realistischer Einschätzung seiner Situation nach der entscheidenden Wahrheit Ausschau hält. Juden, Heiden und Gnostiker bieten ihre Antworten an. Irenäus kann sie mit Hilfe seiner eigenen Gewißheiten sämtlich als überholt bzw. unzureichend und irreführend bzw. absurd disqualifizieren. Sie scheitern in seinen Augen an den wißbaren Tatsachen. Die Polemik gegen sie schematisiert erheblich und paßt sich dem vorherrschenden Stil damaliger Auseinandersetzung um weltanschauliche Fragen an.

Die *Juden* verhalten sich auf eine für Irenäus schlechterdings unbegreifliche Art. Während sie nämlich mit allen Voraussetzungen beschenkt waren, die Wahrheit zu erkennen, wollen sie doch nicht einsehen, was sich in ihrer Mitte abgespielt hat (*adv. haer.* IV 33, 1). Ihre Bibel hätte sie über alles Kommende und inzwischen Eingetroffene belehrt; sie waren von Gott auf alles vorbereitet. Sie aber lesen die Prophetien falsch und stecken darum „in lauter Aporie" (V 33, 3) mit ihrem wörtlichen (statt typologischen) Textverständnis. Ihre eigene Bibel ist ein dunkles Buch für sie. Ihr Grundfehler ist, daß sie meinen, den Vater ohne die Vermittlung des Sohnes erkennen zu können, während Gott doch schon zu Israel nur durch seinen Logos sprach (IV 7, 4). Und „das Sichtbare des Vaters ist der Sohn", wie „das Unsichtbare des Sohnes der Vater ist" (IV 6, 6). Den Vater besitzen wollen und den Logos verwerfen, ist ihr unheilvoller Irrtum (IV 6, 1); sie haben den Vater nicht. Ihr Glaube ist seit der Inkarnation anachronistisch. Sie sind von den Ereignissen der von Gott weitergeführten Geschichte aussichtslos überholt worden und weigern sich, den heilsgeschichtlichen Progreß zu akzeptieren (IV 11, 4). Inzwischen ist Entscheidendes geschehen: Der Weinberg Gottes ist entzäunt, über die ganze Welt ausgedehnt und den Heiden übergeben; die sich sperrenden Juden sind verworfen (IV 36, 2). Wie Jakob an Esaus Stelle trat, so rückte die Kirche für die Juden nach (IV 21, 3). Da sie nun im Ungehorsam sind, ist auch ihre Gesinnung unredlich und ihr Bemühen, Gott zu dienen, bloß simuliert (IV 33, 1; 12, 1). Und schuldhaft sind sie in eine fatal zu nennende Rolle geraten: „Wären die Juden nicht die Mörder des Herrn geworden, was sie das ewige Leben kostete, und hätten sie die Apostel nicht getötet und die Kirche nicht verfolgt, weswegen sie in die Tiefe des Zornes stürzten, so hätten wir nicht gerettet werden können" (IV 28, 3). Aufgrund ihrer Verweigerung hat Irenäus die Juden aufgegeben und weiß zu sagen, warum ihr Glaube kein Weg (mehr) ist.

Gerade umgekehrt steht es um die *Heiden*. Sie waren durch nichts auf die Ankunft der Wahrheit vorbereitet. In ihren Anschauungen (Mythologie und Philosophie) gab es keinerlei Anknüpfung für das Evangelium (IV 24, 3; III 4, 2). Der wahre Gott ist ihnen unbekannt (III 6, 3). Aber Irenäus macht ihnen keine Vorwürfe: Ihre Unwissenheit war schuldlos und (mit Apg 14, 16; 17, 30) ausdrückliche Zulassung Gottes (III 12, 9). Und vor allem ist sie eine Sache der Vergangenheit. Für Irenäus sind die Heiden global diejenigen, die sich inzwischen auf Gottes Plan und Tun eingelassen haben. Bekehrung und Erlösung der Heiden ist „geglückt" (III 4, 2). Aus den Heiden ist die Kirche geworden (IV 30); Gott hat sie „zu Miterben und Tischgenossen gemacht" (I 10, 3). Irenäus weiß auffälligerweise nirgends ausdrücklich von einem fortbestehenden Irren der Heiden, im Unterschied zu Juden und Gnostikern. Wie Israel aus Ägypten, so sind sie ihrer finsteren Vergangenheit entronnen (*epid.* 46). Und so redet Irenäus mit unverkennbarer Sympathie von ihnen, – er selbst ein Heidenchrist in heidenchristlicher Kirche. Für ihre (ehemaligen) Irrwege hat er volles Verständnis. Und er sieht die Christen sogar den Heiden verpflichtet: Sie verdanken ihnen die wirtschaftliche Prosperität (IV 30, 1) und die Sicherheit auf den Land- und Wasserstraßen (IV 30, 3): „Die Welt hat Frieden durch sie." – Allerdings fallen auch ungünstigere Äußerungen. In solchen Fällen sind aber nie die Heiden das Thema: Um der Allgemeinheit der Heilsbedürftigkeit willen konstatiert Irenäus z. B. mit Paulus (Röm 1, 25) die Schuld aller Menschen, also auch der Heiden (IV 33, 1). Oder weil die Gnostiker uneingestanden, aber nachgewiesenermaßen aus den heidnischen Quellen schöpfen, ist es wichtig, polemisch zu sagen, daß Dichter und Philosophen die Wahrheit nicht kannten (II 14, 7). Wenn schon die Heiden ausweglos irrten, steht es um so schlechter um die Meinungen der Häretiker (II 14, 2), denen die Heiden immer noch deutlich vorzuziehen bleiben (II 9, 2; 14, 1.9). Die Anstrengungen der vielen heidnischen Philosophen sind mit ihren dürftigen Ergebnissen das Indiz für menschliches Unvermögen in Sachen der Wahrheitssuche, wodurch hier aber nicht die Heiden, sondern die Gnostiker desavouiert sind, die den Menschen so maßlos überschätzen. – Die Heiden gehörten für Irenäus ohne Offenbarung zu den Irrenden, gehören aber nicht zu denen, die noch jetzt ungehorsam sind gegen Gott.

Die *Gnostiker* schließlich behaupten im Urteil des Irenäus die denkbar absurde Position in der Wahrheitsfrage überhaupt. Statt sich die Wahrheit sagen zu lassen, machen sie sich selbst auf die Suche und enden in den Irrtümern, die sie „erfanden". Ihr Dualismus im Gottes-, Welt- und Menschenbild, ihr Verhältnis zur Geschichte, ihre Vorstellung von Heil, ihr Umgang mit Texten verschiedenster religiöser Traditionen, ihr elitäres Selbstbewußtsein, ihre Kritik an allem Einverständnis mit dieser Welt (z. B. in der kirchlichen Theologie), kurz: jedes Detail und die Summe ihrer Anschauungen sind eklatant abwegig und klar widerlegbar. Irenäus schreibt in einer prekären Konkurrenzsituation seiner Kirche gegenüber der gnostischen Religion. Daher die Ausführlichkeit und die Emotionen in seiner Erwiderung und andererseits die tiefsitzende Beeinflussung seiner Theologie durch die gnostischen Vorgaben. Er streitet um materiale Aussagen (z. B. Auferstehung) und prinzipiell methodisch um den Zugang zur Gotteserkenntnis (z. B. Fragen der Autoritäten, der Überlieferung, der Bibel). – Von seinem kirchlichen Bekenntnis aus (ohne Einsatz philosophischer Mittel) weiß Irenäus mit Hilfe zugehöriger (oft lokaler) exegetischer und theologischer Traditionen jede davon abweichende Aussage zu widerlegen und die richtigen Antworten zu geben.

2. Die Evidenz der Wahrheit

Es geht für den Menschen um die Erkenntnis der Wahrheit. Sie ist nach Irenäus nicht elitär, sondern universal zugänglich, und nicht mühsam, sondern sehr unmittelbar erreichbar. Verlangt wird dafür eine unverdorbene Fähigkeit zur Einsicht und die bescheidene Haltung der Zustimmung. Es gibt nämlich eine Evidenz der Wahrheit: die Tatsachen, die niemandem unbekannt sind. „Der Glaube baut sich auf die Dinge, die wahrhaftig da sind, damit wir das Tatsächliche glauben, wie es ist" (*epid.* 3). Das Tatsächliche in diesem Sinn ist alle Realität von Welt und Geschichte, von der Schöpfung bis zur Gegenwart der Kirche. Irenäus spricht ständig von den Gegebenheiten und von den Ereignissen der Geschichte, die für ihn die von Gott direkt geplante, gelenkte, mit seinem Handeln „angefüllte" Geschichte ist. Dann sind es also nicht einfach Fakten, auf die Irenäus sich bezieht, sondern es sind die „Tatsachen", sofern Gott sie gesetzt und geordnet hat zu einer Geschichte des Heils. Wer (wie die Gnostiker) nicht die Fakten oder aber nur die Fakten, diese jedoch nicht in ihrer Ordnung und Bedeutung kennt, gerät in schlimme Irrtümer. Die Fakten also in bestimmter Deutung zeigen die Wahrheit, aber für Irenäus gehört auch diese Deutung noch einmal zum unbezweifelbaren Faktischen. So appelliert er an die gehorsame Bereitwilligkeit, das zu sehen und dem zuzustimmen, was Gott getan hat, und nichts weiter zu suchen und zu erfinden. Die Wahrheit ist ein „Leib" (I 8, 1; 9, 4), den man bei der rechten Zuordnung seiner Teile leicht und eindeutig erkennt. Die Theologie des Irenäus ist darum bemüht, die leitenden Erkenntnisse und Orientierungen dafür offenzulegen. Die Wahrheit ist durch Gott evident gemacht, und als Gottes Wahrheit ist sie auch völlig plausibel. Andere Meinungen sind „unvernünftig".

3. Bezeichnende Vorstellungsreihen und Begriffe

Es kommt für Irenäus entscheidend auf die richtigen Leitideen (als Einsichten) an, die den Durchblick durch die Realitäten und die Unterscheidung der wahren (d. h. kirchlichen) von der falschen Gnosis ermöglichen. Solche Ideen garantieren die Rechtgläubigkeit und gehören zugleich als Teile zu ihr. Entscheidend ist etwa das Wissen darum, daß nur *ein Gott* ist, der Schöpfung und Erlösung wirkt. Das ist ein zentrales hermeneutisches Prinzip für die ungefährdete Schriftauslegung und zugleich deren Ergebnis (III). Ein Gott in beiden Testamenten – dieses Wissen garantiert das rechte Verständnis eines einzelnen Bibelverses wie der Weltgeschichte insgesamt. Eine im gnostischen Sinn ,,gebrochene", diskontinuierliche Geschichte bzw. zwei Götter findet (wie die Häretiker) in der Bibel nur derjenige, der die beiden Testamente nicht in der Zuordnung von Verheißung und Erfüllung sieht. Diese Relation läßt andererseits gerade das erkennen, daß es seit je derselbe Gott ist, der da wirkt. Nur darum verläuft die Geschichte einheitlich und sinnvoll. Der eine Gott handelt immer neu, so daß es freilich Neues gibt (III 10; IV 1; 2; V 22; 25). Aber alles ist, weil es aus Gottes Weisheit kommt, zweckmäßig, schön, passend, geordnet, stimmig, bewundernswert, wohlgereimt, rechtzeitig und notwendig. Nur ein getrübtes, hybrides Auge entdeckt (häretisch) statt der Einheit den Widerspruch. Irenäus hat ein uneingeschränkt harmonisches Bild von Welt und Geschichte.

Dieses Bild ist gleichzeitig dynamisch: Irenäus sieht in der Geschichte Entscheidendes sich fortlaufend und planvoll ereignen. Gottes Tun ist in einer fortschreitenden *Entwicklung* und Verwirklichung zu sehen. Nur wer das weiß, kann Neues, Unterschiedliches einordnen. Gott verwirklicht das Heil und die Vollendung des Menschen in einem ,,Anwachsen" (IV 38, 4). Dieser Fortschritt der Offenbarung überrascht und überfordert den Menschen nicht. Gott hat vorgebeugt und ihn in einem sorgfältigen Prozeß für das Große, das er mit ihm wollte, ,,erzogen", ihn an das Kommende, Neue langsam ,,gewöhnt", nämlich an die neue Gemeinschaft mit Gott und an die angemessene Bewährung des Menschen (IV 14, 2). Als diese Geschichte der Erziehung und Gewöhnung verliert die Geschichte Israels bei Irenäus jede Eigenständigkeit, da sie bloß Schule der Menschheit war: ,,Durch das Zweite rief er sie zum Ersten, d.h. durch das Typische zum Wahren ... durch das Fleischliche zum Geistigen" (IV 14, 3). Der wahre Gang der Ereignisse läßt sich von der Schöpfung herab zuverlässig nachzeichnen, und die letzten Ereignisse, zumal die Menschwerdung des Sohnes, ordnen sich wie alles einleuchtend ein (*epid.* 4–42).

Zu diesen umgreifenden Vorstellungen, die die Gesamtgeschichte wie Klammern zusammenhalten bzw. auf ihren Sinn hin durchleuchten, gehört auch das Bild vom ungeteilten *Christus,* der als Logos schon immer zum Heil der Menschen präsent war, nicht erst jüngst und (zu) spät in die Geschichte kam. Noch einmal eigens typisch ist daran die besondere Beschreibung seiner Bedeutung in der *Adam-Christus-Parallele* (III 21, 10 u.ö.). Sie kann die Weltplaneinheit und den Fortschritt der Ereignisse gut illustrieren. Die Parallelisierung des Christus mit dem Adam zeigt nämlich, daß Zusammenhängendes geschah. Der Zusammenhang lag aber in der sachgemäßen Korrespondenz zwischen dem Kommen des Erlösers und dem Grund seines Kommens. Christus kam auf genau die Weise, auf welche seine Heilstat dem tatsächlichen

Unheil entsprach, denn er kam in den Zustand (das ,,Fleisch") des Adam; und umgekehrt ist in der Weise der adamitischen Sünde (Schwäche, Ungehorsam) die künftige Erlösung im Negativ vorgebildet. Gott, der im ersten Adam beleidigt worden war, wurde im zweiten Adam versöhnt (V 16, 3). Eine verwandte Entsprechung beschreibt Irenäus zwischen Eva und Maria (III 22, 4; V 21, 1). Und in diesen Paargestalten äußert sich ein zentrales ,,Gesetz", das Irenäus in der Geschichte entdeckt hat. Zuerst verlief durch die menschliche Sünde alles zum Unheil und gegen Gottes Vorhaben. Nun hat der Erlöser Jesus Christus die Geschichte praktisch noch einmal von vorn begonnen. Er ist der erste Mensch (Adam) der neuen Geschichte, die mit umgekehrtem (d.h. positivem) Vorzeichen ins Heil münden wird. Geschichte des Unheils und des Heils stehen sich antithetisch gegenüber. Christus ,,faßte die lange Entwicklung der Menschen in sich zusammen" (III 18, 1) und ,,rekapitulierte eine so große Heilsordnung" (III 23, 1). *,,Wiederholung"* (griechisch: anakephalaiosis; lateinisch: recapitulatio) nennt Irenäus den Vorgang, daß Gott in Christus noch einmal von vorn begann und das Alte aufgriff, um es zum guten Ende zu führen. Christus vollzog alles Gewesene unter dem Zeichen des Heils aufs Neue, so daß es nun endlich Heil wird, weil eben er es rekapitulierte. Die antithetischen Entsprechungen gliedern und erklären alle Vorgänge (IV 40, 3; V 14, 1; 16, 3; 19, 1; 21, 1f). Parallelität und Kontrast überschneiden sich: Die Ereignisse wiederholen sich in Ähnlichkeit, sind aber von gegenteiliger Qualität. Das Alte mußte, um überwunden und geheilt zu werden, wiederholt werden in Christus (III 21, 10). – Das ist also ein immanentes ,,Gesetz" von Welt und Geschichte, über das man die Geschlossenheit und Plausibilität alles Geschehens neu erkennt. Christus ,,verband den Anfang mit dem Ende und ist Herr beider (Testamente)" (IV 34, 4). Die Geschichte wird diesmal nicht scheitern.

In einem weniger dramatischen Bild, das in einer gewissen Spannung zur Rekapitulation steht, rückt die Menschheitsgeschichte als Schöpfung und Erlösung schlichter und dadurch noch eindrucksvoller unter den Aspekt ungebrochener Einheit: Plan und Absicht Gottes sind das Bindende in aller widersprüchlichen Vielfalt. Irenäus hat dafür das Wort *Oikonomia,* zu übersetzen mit Heilsplan, Heilsordnung. Damit ist Gottes überlegtes Handeln gemeint bzw. dessen Ergebnis, nämlich die Ordnung der Dinge und Ereignisse, in der als Rahmen alles einzelne sinnvoll und einleuchtend wird (III 16, 6; 24, 1; IV 11, 3). Der gesamte Ablauf besteht aus einzelnen Phasen und Tatsachen. Wer ihre Einheit und Disposition nicht kennt, kann die zutreffende Gesamtschau nicht haben. Es liegt für Irenäus eminent viel an diesen ordnenden Kategorien, weil man nur mit ihrer Hilfe einsehen kann, daß die kirchliche und nicht die völlig anders entworfene gnostische Weltanschauung zutreffend und akzeptabel ist. Gottes pädagogisches Handeln hat die Menschen seine Absichten erkennen lassen; die große Linie liegt offen vor Augen, die Heilsordnung ist unmißverständlich. Hier ist der beschriebene kontinuierliche Fortschritt das Prinzip der Geschichte; in der Rekapitulations-Vorstellung ist es die antithetische ,,Neuauflage". – Die von Irenäus überall entdeckte Vernünftigkeit und Plausibilität ist zugleich die oben gemeinte Evidenz der Wahrheit aus den ,,Tatsachen".

4. Die Orientierungen

Die ,,Tatsachen" machen also die Sicherheit des Irenäus aus. Sie werden von den gnostischen Häretikern aber geleugnet oder mißdeutet. Darum macht Irenäus als weitere Kriterien bestimmte Orientierungen aus, und zwar in Form von Formalprinzipien seiner Theologie, die dem einzelnen Frager oder Zweifler völlig eindeutig zur Einsicht verhelfen, wo und wie die Wahrheit der Geschehnisse zuverlässig und unverfälscht gefunden wird. Irenäus ist der erste bekannte Theologe, der die im folgenden besprochenen Orientierungen kirchlicher Tradition und Predigt in dieser grundsätzlichen und umfassenden Art entworfen hat. Gerade daran ist der repräsentativ-klassische Charakter seiner Theologie zu greifen. Bezeichnend ist auch, wie stark die Parallelität dieser Prinzipien zu denen der an sich grundverschiedenen gnostischen Konzeption ist, gegen die sie formuliert wurden. Vermutlich war es so, daß ein formelles Kanonprinzip und daß auch der Überlieferungsbeweis mit Zeugen-Sukzession zunächst auf der gnostischen Seite eingesetzt wurde und erst als Replik darauf auch kirchlich ausdrücklich gemacht wurde.

Eine zentrale Kontrollfunktion hat die *Bibel.* Irenäus kennt bereits klar ein eigenes Neues Testament neben dem Alten Testament (III 19, 2) und verfügt über einen für ihn jedenfalls feststehenden neutestamentlichen Kanon (vgl. V 13, 2), der sich allerdings noch nicht völlig mit dem späteren deckt. Auf ihn legt er den Streit um die Wahrheit fest. Die Schrift ist eine Einheit, der man nichts hinzufügen oder entreißen kann. Ihre hilfreiche Eindeutigkeit liegt über den festen Umfang hinaus auch in ihrem Inhalt. Unangefochten vom ,,Chaos" gnostischer Exegese, das er beklagt, und auch von seinen eigenen gegenteiligen Erfahrungen mit der Bibel insistiert Irenäus auf einer uneingeschränkten ,,Vollkommenheit" und ,,Klarheit" der Schrift. Damit ist die völlige Suffizienz der Bibel gemeint, die Irenäus ständig beschwört. Die Schriften sind nämlich ,,als Richtschnur (‚Kanon') die Wahrheit selbst" (II 28, 1) und sind ,,vollkommen, weil sie vom Wort Gottes und von seinem Geist gesprochen sind" (II 28, 2). Freilich muß auch hier die Ordnung, der Zusammenhang der Details gewußt und bewahrt werden (I 8, 1; 9, 4), und dann zeigt sich deren Identität mit der kirchlichen Lehre (IV 26, 1; 34, 1). Damit ist die Berufung auf ungeschriebene Überlieferung als Instanz ausgeschlossen (I 8, 1; III 2, 1) und entbehrlich. Das wenige Mehrdeutige in der Bibel ist nach der überwältigenden Masse völlig eindeutiger Passagen zu deuten; die Allegorese wird abgelehnt (II 27, 1; V 35, 2), zugleich aber umfangreich praktiziert. Da es weiterhin um die ,,Tatsachen" geht, überwiegt der historisch interessierte Schriftbeweis bei Irenäus. Wenn die Fakten belegbar sind, ist auch die Lehre gesichert. Und da die Aussage der Bibel nach Irenäus ohne jede Vorkenntnis klar erkannt werden kann und inhaltlich evident überbietend ist, zählt die Argumentation mit Bibeltexten zum Beweis ,,aus der Vernunft" (V praef.). Auf diese Weise sichert die Schrift als ,,Säule, Grundfeste und Lebenshauch der Kirche" (III 11, 8) die kirchliche Lehre auf unbestreitbare Weise ab. Sie ist nach Autorität und Inhalt autonom. Diese Schrifttheorie wird nie aufgegeben, obwohl sich die Texte gegen sie sperren und auch Irenäus dies registrieren muß. Er notiert Schwierigkeiten (I 10, 3; II 28, 3), die er zwar zu lösen weiß, die es aber nicht hätte geben dürfen. Die Suffizienz der Schrift wird auf das begrenzt, was zu wissen für den Menschen heilsnotwendig ist. Mehr und anderes darf darum nicht erfragt werden. Und es zeigt sich: Um die Sicherheit der Auslegung und die Abgrenzung des Wißbaren zu erreichen, genügt doch nicht der Bibeltext allein. Für einen Zweifelsfall verweist Irenäus (nicht konsequent) auf die apostolische Tradition der Kirchen und auf die Möglichkeit christlichen ,,Glaubens ohne Schriften" (III 4, 1 f). Die Sicherheit liegt nicht im Text, sondern in der kirchlichen Überlieferung.

Es kommen also zur Bibel weitere Orientierungen hinzu. Man muß nun nämlich die Schriften ,,sorgfältig bei den Presbytern der Kirche lesen, bei denen die apostolische Lehre ist" (IV 32, 1). Rechtes Schriftverständnis ist also Teil der *,,wahren Gnosis",* wie Irenäus das Gesamt kirchlichen Glaubens nennen kann (IV 33, 8). Es gibt Instanzen neben der Bibel. Dazu gehört für ihn bekanntlich die Kette der historischen Zeugen als der autoritativen *Traditionsträger.* Sie reicht von den Patriarchen und Propheten über (Jesus und) die Apostel bis zu den derzeitigen kirchlichen Bischöfen und Lehrern (II 30, 9). Daran sind für Irenäus verschiedene Aspekte bedeutsam. Wichtig ist, zumal von den Aposteln her, die lückenlose Übernahme (diadoche) der Lehrüberlieferung (paradosis); sie ist in formaler Hinsicht betont (Kontinuität), gleichzeitig aber ist die inhaltliche Identität in zeitlicher und räumlicher Ausdehnung darin garantiert gesehen. Und weiter liegt für Irenäus entscheidend an der Öffentlichkeit, an der allgemeinen Zugänglichkeit und Überprüfbarkeit der so verbürgten Tradition (gegen geheime, unkontrollierbare Überlieferungen). Umfangreich werden die Zuständigkeit und Glaubwürdigkeit der Zeugen nachgewiesen (II 14, 7). Und bemerkenswert ist, daß ein deutliches Gefälle in der Zeugenreihe besteht: Die Apostel als die Größen des Ursprungs sind überlegen, uneinholbar. Von den Bischöfen herab sind alle weiteren Lehrer zwar ebenfalls ehrwürdig und absolut verläßlich, aber dies eben nur noch durch Berufung auf Frühere und als späte Glieder der durch *Sukzession* nie abgerissenen Kette. Übrigens denkt Irenäus dabei nicht nur an die offiziell-amtliche Sukzession der Bischöfe (III 4, 1), sondern (im Unterschied zur weiteren Entwicklung) ebenso stark auch an lokale kirchliche Lehrtraditionen, aus denen er selbst herkommt (IV 27, 1–32, 1; II 22, 5; V 33, 3 u.a.), und an Überlieferungsbrücken persönlicher Art, wie er sie für sich selbst zum ,,Apostelschüler" Polykarp reklamiert (III 3, 4). Lehrzusammenhänge, Schülerschaften leisten dieselbe Rückbindung an den Ursprung. Gerade die ersten Generationen müssen noch erreicht werden, weil es um die Überbrückung der nachapostolischen Zeit bis zur Gegenwart geht. Irenäus hat ein deutliches (Kirchen-)Geschichtsbewußtsein entwickelt und weittragende, nachwirkende Folgerungen daraus gezogen: Innerhalb der Gesamtgeschichte wird die Zeit der Kirche eigens fest verankert durch Anbindung an die Apostel (und so an Jesus und folglich an die Propheten). Aber die Zeit der Kirche als eine Epoche der gesamten Ökonomie („Heilsgeschichte") ist ihrerseits nun schon so lang, daß Irenäus neu periodisiert. Um 180 n. Chr. fühlt er sich schon in einer Spätzeit. Zwischen seiner Generation und der maßgeblichen Ursprungszeit hat die Kirche bereits ein „Mittelalter" (mediantia ecclesiae tempora: III 4, 3) erlebt. Und aufgrund dessen entfaltet Irenäus das klassisch gewordene Argument, daß wahr nur sein kann, was bis zum Ursprung zurück verbürgt werden kann, nicht was zwischenzeitlich, in den „mittleren" oder späteren Zeiten, entstand (d. h. wie die Gnosis). Die nachapostolische und alle spätere Zeit ist abhängig, muß überbrückt werden, wenn es um die Erreichbarkeit und Garantie der Wahrheit geht. Und wer spät lebt, dessen angemessene und heilsame Einstellung ist der sorgfältige Gehorsam, mit dem die „Tatsachen" akzeptiert werden, d. h. die Ankunft der Wahrheit in Christus und ihre zuverlässige Übermittlung in der Kirche. Darüber hinaus und außerhalb dessen gibt es keine Wahrheit.

Die Suffizienz der Schrift, die sichere Tradition, die lückenlose Zeugenkette, der Zusammenhalt der Geschichte etc. sind aus der Perspektive des Irenäus nicht verschiedene, sich teils etwa widersprechende Prinzipien, sondern in allem zusammen besteht der große, bindende Zusammenhang, den jedermann erkennen kann und der das Tatsächliche und Gegebene im Unterschied zu Projektionen und Einfällen menschlichen Denkens ist. Die Wahrheit über Gott, Welt und Mensch ist auf öffentliche, bekannte, sicher aufweisbare Weise zugänglich geworden. Für diese Gegenwärtigkeit, „Vorhandenheit" der Wahrheit bzw. für den kirchlichen Besitz dieser Wahrheit hat Irenäus einen Begriff, der hier als eine Art Meta-Bezeichnung aller Orientierung seiner Theologie noch zu nennen ist. Er heißt „*Kanon* (regula) der Wahrheit". Man kann ihn nicht allein als eine Summe von Inhalten deuten, sondern man muß ihn eher als Kriterium verstehen. Soweit er als Summe der Wahrheit gelten kann, gehört ihm alles zu, was als Fülle und Grenze der Orthodoxie von Irenäus jeweils dargelegt wird. Er ist nirgends selbst und als solcher antreffbar, sondern schlägt sich auf verschiedene Weise nieder. So kann die Schrift „als die Wahrheit selbst" der Kanon sein (II 28, 1; III 15, 1; IV 35, 4), aber auch das Taufsymbol als Kurzformel (I 9, 4) oder ein Einzeldogma (I 22, 1; III 11, 1) und auch die „Kraft der Überlieferung" (I 10, 2), was nur zeigt, daß der Kanon mehr ist als all das zusammen, nämlich der umfassende Horizont kirchlich angenommener, „verfügbarer" Wahrheit, der die einzelnen Konkretisierungen der Lehre ausmacht, abgrenzt, ordnet, verstehen macht (III 2, 1). Bezeichnend ist, daß man die Bibel besitzen kann, ohne den Kanon der Wahrheit zu haben (I 9, 4), wenn nämlich die Bibel nicht gemäß diesem Kanon ausgelegt wird, nach dessen „Richtschnur" sie letztlich geschrieben wurde. Der Wahrheits-Kanon ist Auslegungs-Prinzip und allumfassende Orientierung der Rechtgläubigkeit, stärker umfassend wirksam als konkret greifbar. Seine formale Kraft und Anwendbarkeit zeigt sich als die Selbstsicherheit der Kirche bzw. des kirchlichen Lehrers wie Irenäus und ist in dieser Gestalt nicht gering. Inhaltlich umfaßt der Kanon Schrift, Bekenntnis und Überlieferung und ist „alles, was zur Wahrheit gehört" (III 4, 1). Zugleich deckt er sich mit den Denkschemata einer universalen Theologie, an denen alle Abweichungen scheitern. Der „Kanon der Wahrheit" ist der Inbegriff dessen, was heilsnotwendig, von Gott geoffenbart und tatsächlich geschehen ist. Er ist Kunde des Heils, die der Mensch dankbar anzunehmen, genau zu glauben und treu zu bewahren bemüht sein muß. Er ist die ganze Wahrheit, ohne die keine Aussicht auf Heil wäre. Schrift und Überlieferung werden mit seiner Hilfe verläßlich gepredigt, und er ist aus ihnen zugleich zu gewinnen. Die Wahrheitsfindung geschieht bei Irenäus (ohne daß ihm das bewußt wäre) in einem Zirkel des Denkens und Begründens, weil sie „vernünftig" verfahren will. Und „die gesunde *Vernunft*" (II 27, 1) ist eine eigene Orientierung. Glauben heißt bei Irenäus, sich vernünftigerweise an der zuverlässigen Autorität und den Tatsächlichkeiten ausrichten. Was Gott den Menschen geoffenbart hat, denkt der Mensch zur richtigen Einsicht nach, und er erkennt die ausschließliche Vernünftigkeit dieser so und nicht anders lautenden Offenbarung (IV 20, 7). Entsprechend erkennt man die wahre (kirchliche) Lehre an ihrer Beweisbarkeit, Angemessenheit und Vernünftigkeit. Und umgekehrt langt man mit folgerichtigem Denken zwingend bei der Glaubensregel an. Der Weg von der Häresie zur Kirche ist der vom Irrtum zur Vernunft (III 12, 11). Denn vernünftig ist es, sich an die Realitäten zu halten und sich auf die Seite der seriösen Zeugen aus allen Epochen der Geschichte zu stellen.

5. Zentrale Themen der Theologie

Weil Irenäus bemüht ist, vollständig und erschöpfend die gnostische Lehre zu erledigen und die kirchliche Predigt vorzulegen, kommen ungemein viele verschiedene Themen in seinem relativ wenig umfangreichen Werk gegen die Häretiker zur Sprache. Einige davon müssen aber als die zentralen gelten, weil sie das Profil und zugleich die Spiritualität seiner Theologie ausmachen. Am rechten Begriff von *Gott* liegt Irenäus ganz entscheidend: daß ein und derselbe Gott in der Schöpfung, in Israels Geschichte, in Jesus Christus und jetzt in der Kirche wirkt; daß es einen anderen Gott nicht gibt; daß er den Menschen geradezu historisch nahegekommen ist zu deren Heil und daß sein Heilsplan („Oikonomia") von ihm souverän und einleuchtend entworfen ist. Dabei ist das Gottesbild klar triadisch (Vater, Sohn, Geist), aber in unscharfer Ausformulierung und (mit Hilfe der schon traditionellen Logos-Christologie expliziert) eindeutig subordinatianisch und eben damit repräsentativ für die kirchliche Theologie des 2. Jahrhunderts. – Der *Mensch* ist einerseits die Mitte der Welt, um den alles Geschehen kreist und um dessen willen Gott den aufwendigen Weltplan zur Heilsverwirklichung faßte. Seine Zukunft bei Gott überragt alles Denkbare und das Schicksal der übrigen Welt bei weitem. Andererseits ist der Mensch vor Gott ein höchst begrenztes Wesen, ,,soeben (bzw. gestern) erst geworden", schwach, ohne Wissen des Wesentlichen, ganz auf Gottes Zuwendung und Offenbarung angewiesen. Die einzige ihm angemessene, aussichtsreiche Geste ist die des gehorsam und dankbar Annehmenden. Dabei ist er nicht in der Lage, das ihm von Gott zugedachte Heilswissen zu begreifen und das Heil selbst zu empfangen. Gott hat ihn nämlich unvollkommen und unmündig erschaffen, weil es in der Ordnung aller Dinge liegt, daß sie einen Anfang, eine Entwicklung und eine Vollendung haben (IV 38, 1). Darum hat Gott den Menschen von langer Hand, langsam und geduldig vorbereitet. Eine Erziehung und Reifung ist der angemessene Vorgang. Mit diesem Gedanken kommt ein deutlich dynamischer Zug in das Bild vom Menschen und seiner Geschichte. Die Menschheit *wird* erst ,,fertig" und ,,heilsfähig", und das wieder allein durch Gottes Gnade. Und die *Geschichte* ist ein umfassender, dramatischer Prozeß von Erziehung, Entwicklung und Erfüllung, der in der Anakephalaiosis in sein Ziel einmündet. Irenäus hat eine Vorliebe für die Dramatik dieses Geschehens und schließt sich gern der lokalen Tradition der von ihm verehrten Presbyter an, wonach vor dem Ende dieser Geschichte ein Friedensreich zu erwarten ist (Chiliasmus: V 33, 3; *epid.* 61). Für Kirche und Theologie ist am Geschichtsbild weiter wichtig, daß es bedeutende und weniger bedeutende Phasen der Geschichte gibt: Nachdem in Jesus Christus der Höhepunkt erreicht war, nimmt die Qualität der Zeit mit wachsendem Abstand von diesem Höhepunkt ab, und damit auch die Autorität der jeweiligen Zeugen verschiedener Epochen. Es gibt ein Ursprungs- und Zuverlässigkeitsgefälle in der Geschichte. – Und schließlich gehört die *Kirche* zu den zentralen Themen dieser Theologie. In vielen Begriffen und Bildern ist sie als Ort der erreichbaren Wahrheit und als Quelle von Heil und Leben beschrieben (III 4, 1; 24, 1; IV 33, 11; V 20, 1.2). Für Irenäus ist sie der unbedingt liebenswürdige Hort der Gewißheit. Denn sie hält eben in sehr konkreter Weise für jeden Menschen das zuverlässige Wissen über das Heil zugänglich. Jeder kann davon Gebrauch machen. Die öffentliche Predigt bietet die Wahrheit ständig an; und wenn es Unsicherheiten geben sollte, so ist von jedem Ort aus eine der alten, von den Aposteln selbst gegründeten Kirchen erreichbar, in der man zweifelsfrei belehrt wird. Irenäus demonstriert das für seine gallische Kirche an der nächstliegenden Apostelgründung, nämlich der Kirche in Rom (III 3, 1–3). Der Erdkreis ist in seiner Darstellung von einem Netz von Apostelgründungen überzogen, die alle gleichlautend und gleich kompetent die Wahrheit besitzen, so daß die Struktur dieser Kirche nicht zentralistisch ist, was ihre Apostolizität betrifft, sondern in einer ,,Symmetrie" der Apostelkirchen liegt (III 3, 1.2).

IV. Wirkungsgeschichte

Bereits in der Erinnerung der alten Kirche gehört Irenäus zu den prominenten Theologen der frühen Vergangenheit, und zwar als einer der Väter der Rechtgläubigkeit. Tertullian (*Valent.* 5) lobt ihn wegen seiner Kenntnis und scharfsinnigen Bestreitung des Gnostizismus. Für Euseb ist er einer „der alten, wahrhaft heiligen Männer", die für ihre Sorgfalt in der Tradierung der Wahrheit beispielhaft sind (*Kirchengeschichte* V 20, 3) und noch in Kontakt standen mit der ersten nachapostolischen Generation (ebd. V 20, 1). Basilius d. Gr. zitiert ihn 375 als einen Mann, „der den Aposteln nahe" war, also bis an die qualifizierte Ursprungszeit zurückreicht. Auch andere Väter des 4. Jahrhunderts (Kyrill von Jerusalem: PG 33, 540A. 549A. 561A–B. 925A; Epiphanius, *Panarion*) schrieben ihn aus. Irenäus begegnet in den frühen Katalogen eines regelrechten Beweisverfahrens mit Vätern des Glaubens, nämlich bei den antiochenischen Konzilstheologen von Ephesus 431. Theodoret von Kyros (gest. ca. 466) nahm ihn in die Liste seiner „Heiligen", d.h. verläßlicher früherer Lehrer auf (PG 83, 1284C. 1384D. 1440A–C), und für den Kirchenhistoriker Sokrates (gest. nach 439) zählt er zu den Traditionszeugen aus alter Zeit.

Nachdem schon altkirchliche Autoren ihre Kenntnis des Gnostizismus nicht unwesentlich von Irenäus bezogen, sind seine Angaben noch für die moderne religionsgeschichtliche Forschung durchaus nicht überholt. Aus den umfangreichen Materialien, die er aus verschiedenen Traditionen der gnostischen Religion (speziell der valentinianischen Gnosis) mitgeteilt hat, sind trotz inzwischen geglückter Funde von zahlreichen gnostischen Originalschriften viele Einzelheiten immer noch nur durch seine Berichte über gnostische Lehre und Praxis und durch seine Exzerpte aus verlorenen gnostischen Quellen bekannt. Zumal Buch I von *Adv. Haer.* ist nach wie vor eine unentbehrliche Quelle. Allerdings hat Irenäus damit zugleich das Bild, das sich die Nachwelt bis heute von der Gnosis machte, stark beeinflußt, und zwar zum Teil irreführend. Vor der Kontrollmöglichkeit durch Originalquellen hat man z. B. die gnostische Religion fast regelmäßig, aber fälschlich für eine christliche Häresie gehalten, wie Irenäus sie sah. Dabei weiß man heute, daß lediglich einige (allerdings nicht unbedeutende) „Schulen" oder Gruppen dieser Religion mit ihrem parasitären Charakter sich in den biblisch-christlichen Überlieferungen artikuliert haben und die gnostische Religion als solche darauf verzichten und sich durchaus in anderen Traditionen explizieren konnte. Diese Korrektur war erst möglich, als man die Gnosis nicht nur durch Irenäus (und spätere Kirchenväter) kannte. Ein anderer Einfluß der Polemik des Irenäus (und anderer kirchlicher Schriftsteller) auf das moderne Gnosisbild ist dagegen noch nicht hinreichend kritisch analysiert worden. Mit Irenäus wird den Gnostikern nämlich seit je dasselbe doktrinäre Beharren, dasselbe Interesse am Lehrsystem unterstellt, wie es für die Kirche charakteristisch war. Die Richtigkeit dessen kann bezweifelt werden, und die antignostische Polemik sieht in diesem Punkt nach einer

Übertragung aus, die schon Irenäus vorgenommen hat. Vom Religionstyp her ist die Gnosis zwar an der Inhaltlichkeit ihrer Aussagen unbedingt interessiert, aber nicht daran primär und exklusiv erkennbar. Der Impetus ihrer aufsässigen Attitüde als Ausdruck von welt- und geschichtsnegativer Erfahrung ist zunächst nicht eine Sache dogmatischer Affirmation, sondern gerade der aggressiven Kritik an welt- und geschichtsverklärenden Lehrsystemen und über weite Teile eine negative Theologie. Irenäus hat durch seine Darstellungen mitverhindert, die gnostische Religion diesbezüglich originell, d. h. außerhalb eines doktrinären Vergleichs mit dem Christentum zu sehen.

Die Wirkungsgeschichte des Irenäus liegt freilich auch im Bereich der christlichen Theologie, läßt sich (über die schon genannten Formalprinzipien hinaus) für Einzelheiten allerdings schwer identifizieren. Mit seiner harmonisierenden Gesamtschau aller Wirklichkeit, speziell der Geschichte, hat er aber vermutlich die in der älteren Theologie gegebenen Ansätze wirksam verstärkt und präzisiert. Genaue Nachweise sind hier wie in anderen Punkten nicht möglich. Unter einem anderen, nicht uninteressanten Aspekt steht Irenäus allerdings am Beginn einer von ihm mitgefärbten besonderen Tradition der kirchlichen Theologie. Er gehört nämlich zu den frühkirchlichen Theologen, deren Interesse allein bei der Absicherung einer relativ schlichten Theologie der Gemeinden lag und die alles Überschreiten dieses Bereichs einer überlieferten, gemeinverständlichen Predigt tunlichst vermieden und verboten. Das entspricht exakt dem beschriebenen Begriff von Offenbarung, Wahrheit und Theologie bei Irenäus. Es wurde aber aktuell durch die Konfrontation mit den Gnostikern, die eine religiöse Existenz des heilsnotwendigen Fragens und Suchens nach tieferer Erkenntnis proklamierten. In der kirchlichen Theologie gibt es nach Irenäus dafür keinen Platz und nach ergangener Offenbarung absolut keinen Anlaß (II 28, 1). Im 2. Jahrhundert entstand unter starker Beteiligung des Irenäus ein polemisch gezieltes Mißtrauen gegen theologische Spekulation. Aus dem Fragen und Suchen sah man Unheil (Häresie) entstehen. Die tiefe Aversion in der Kirche gegen die gnostischen Anschauungen hat geradezu traumatische Auswirkungen gehabt: Aus dem faktischen mangelnden Fragebedarf der Gemeindetheologie eines Irenäus wurde eine pauschale Frageverweigerung. Bischöfe wie Irenäus verbreiteten dieses Mißtrauen gegen Fragen, Forschen und Wissenwollen. Aus der sachbezogenen Warnung wurde eine Grundhaltung theologischen Forschungsverzichts (II 27, 2; IV 9, 3; *epid.* 92). Die Wahrheit will als Offenbarung erwartet, angenommen, bewahrt, aber nicht erforscht und etwa tiefer erkannt werden. So entstand – unter Beteiligung des Irenäus – aus der Auseinandersetzung mit der Gnosis im 2. Jahrhundert ein kirchliches Milieu, das im Christentum primär die Aufgabe der menschlichen Treue und des Gehorsams gegen eine von Gott hinreichend offengelegte Wahrheit sah. Daß diese Treue auch in einer Anstrengung des erkenntnissuchenden menschlichen Denkens zur adäquaten Rezeption und zum weiteren Verständnis dieser Wahrheit liegen könne, wurde nicht von Theologen wie Irenäus bedacht und realisiert, aber wohl von einem Origenes.

Georg Kretschmar

ORIGENES

(ca. 185–254)

Origenes markiert eine Wegscheide in der Geschichte des christlichen Denkens. Die daraus erwachsenen Spannungen haben seine Biographie und Theologie bestimmt. Mit ihm stehen wir vor einem neuen Typus „kirchlicher" Theologie: zum ersten Male tritt ein Christ als Denker aus dem sozialen Ghetto bisheriger kirchlicher Existenz heraus – aber die Zweifel, ob er wirklich auf die Seite der Orthodoxie gehörte, und die Frage, ob er sich nicht so weit auf Grundvoraussetzungen des hellenistischen Denkens der Umwelt eingelassen habe, daß damit das biblische Evangelium gefährdet oder gar verraten worden sei, haben schon seinen Lebensweg begleitet und sein Bild für die Nachwelt immer neu ins Zwielicht getaucht.

I. Leben

Auch die Rekonstruktion dieses Lebensweges wird durch dieses Zwielicht erschwert. Unser Hauptgewährsmann, Euseb von Caesarea, hatte am Anfang des 4. Jahrhunderts im Auftrage seines schon inhaftierten Lehrers, des späteren Märtyrers Pamphilus (gest. 310), und zusammen mit ihm eine *Apologie des Origenes und seiner Schulmeinungen* begonnen und hierfür auch biographisches Material zusammengetragen; später als Bischof sammelte er Briefe des Origenes und an ihn und ordnete sie für das Archiv. Schließlich hat er auf Grund dieser Quellen – zusammen mit anderen Informationen, einschließlich schon stark legendarischer Nachrichten aus mündlicher Tradition – in seiner *Kirchengeschichte* (= *h. e.*) Origenes als Typus des rechten, heiligmäßigen christlichen Gelehrten gezeichnet. Diente diese schriftstellerische Arbeit bereits der Ehrenrettung der Origenes, so geriet die *Apologie* gegen Ende des Jahrhunderts dann ihrerseits in den neuaufgeflammten Streit um die Rechtgläubigkeit des Alexandriners, zumal Euseb inzwischen theologisch im arianischen Streit kompromittiert war. Immerhin sind uns auf diese Weise wenigstens Teile des Werkes in der lateinischen Übersetzung Rufins und seines Gegners, des nunmehr antiorigenistisch gesinnten Hieronymus, erhalten.

Was sich in kritischem Rückgang auf die von Euseb verarbeiteten Quellen erkennen läßt, ist mit anderen Informationen über die Geschichte der Kirche Alexandriens zusammenzusehen.[1] Hier ist Origenes um 185 geboren, sein

Name ist graeco-ägyptisch („der Horus-Sproß“), das Elternhaus war bereits christlich. Der Vater wurde Märtyrer; nach Euseb hieß er Leonidas (*h. e.* VI 6, 1; 2, 12). Seinen Lebensunterhalt verdiente der Sohn sich nun als Lehrer, nicht von Kindern, sondern in der Regel wohl von jungen Leuten, die den Elementarunterricht hinter sich hatten und in Literatur und Grammatik eingeführt werden wollten. Daraus entwickelte sich schnell eine Schule der Unterweisung im christlichen Glauben, unter dem Druck der Verhältnisse, da die bis dahin hierfür zuständigen Katecheten angesichts einer neuen Verfolgungswelle geflohen waren. Mit 18 Jahren ist Origenes vom Bischof beauftragter Leiter des Katechumenenunterrichts. Wir stehen am Anfang des schnell berühmt werdenden *didaskaleion,* der Katechetenschule.

Noch in anderer Hinsicht ist damit eine Wende in der Geschichte der alexandrinischen Kirche markiert. Als deren Gründer galt schon am Ende des 3. Jahrhunderts der Evangelist Markus. Später wußte man auch eine ungebrochene Reihe von Bischöfen seit ihm aufzuzählen, aber noch Euseb kannte diese Liste nicht. Demetrius, der damalige Förderer des Origenes, ist der erste für uns greifbare bischöfliche Leiter der alexandrinischen Kirche. Mit ihm beginnt sich anscheinend erst die für Irenäus so fundamentale Unterscheidung und Scheidung von „Kirche“ und „Schule“ auch in der großen Hafenstadt, dem Tor zu Ägypten, durchzusetzen. Aus den Schriften des Klemens von Alexandrien, ein halbes Menschenalter zuvor – er mag zu den Lehrern gehört haben, die um 203 Alexandrien verließen –, gewinnt man nur den Eindruck nebeneinander stehender christlicher Schulen in Analogie zu den klassischen philosophischen Richtungen. Im Streit um die Wahrheit waren ihm Philosophen wie Gnostiker sicher Gegner, aber doch auch Dialogpartner. Für die Durchlässigkeit der verschiedenen christlichen Gruppen untereinander in dieser Stadt gibt es Belege auch noch aus späterer Zeit. Des verwaisten Origenes hatte sich etwa eine wohlhabende Frau angenommen, zu deren Familie bereits ein älterer Ziehsohn gehörte, der als gnostischer Lehrer bekannt war. Origenes selbst hatte seinen späteren Mäzen, einen offenbar sehr vermögenden und einflußreichen Mann, Ambrosius, vom Valentinianismus zur Orthodoxie bekehrt. Noch unter Bischof Dionysius in der Mitte des 3. Jahrhunderts gab es alexandrinische Christen, die von Gnostikern getauft und nun in die großkirchliche, bischöfliche Gemeinde hineingewachsen waren, ohne daß ihnen der Übergang bewußt gewesen wäre (vgl. *h. e.* VII 9). Während Klemens in Alexandrien vermutlich nie ein kirchliches Amt bekleidet hatte, er war freier Lehrer, steht Origenes als 18jähriger im kirchlichen Dienst und vertritt anscheinend von Anfang an die neue Linie klarer Scheidung von Kirche und Häresien. Diesem Verständnis von Kirche entsprach es, daß junge Männer aus seiner Schule Märtyrer wurden. In dieser Zeit des Aufbruchs und des Enthusiasmus hat der selbst noch junge Lehrer den „heidnischen“ Grammatikunterricht aufgegeben und sich in wörtlichem Verständnis von Mt 19, 12 entmannt.

Origenes markiert aber nicht nur den Abbruch des alten freien Lehrertums in der alexandrinischen Bischofskirche, er griff später in veränderter Form auf dessen Traditionen zurück, als er den Unterricht der Katechumenen im engeren Sinn abgab und seiner Schule einen Oberkurs angliederte, der im Stil der Philosophenschulen arbeitete. Um diese neue Aufgabe bewältigen zu können, studierte er selbst bei einem Philosophielehrer und suchte seine Bildung und seine theologischen Kontakte durch Reisen nach Rom (um 214) und Griechenland (232) zu verstärken. Den inzwischen berühmt gewordenen Gelehrten erreichten Einladungen auch nichtchristlicher Würdenträger, des römischen Gouverneurs der Provinz Arabien in Bostra (um 220?), sogar zur Kaiserinmutter Julia Mamäa in Antiochien (Winter 231/32) – ein Zeichen der Toleranz unter den syrischen Herrschern des Römischen Reiches. Dazwischen lag eine Reise nach Jerusalem. Aus dieser Zeit stammen seine ersten Schriften, ihrerseits gewiß Voraussetzung für die öffentlichen Einladungen. Diese Entwicklung führte aber zum Konflikt mit Bischof Demetrius, der anscheinend urteilte, daß Origenes sich immer stärker den kirchlichen Aufgaben entzöge und durch die Art seiner philosophischen Argumentation Zweifel an seiner Orthodoxie wecke. Der Bruch wurde unvermeidlich, als befreundete palästinensische Bischöfe den Gelehrten auf der Durchreise nach Athen in Caesarea zum Presbyter ordinierten (232) – eine schwer verstehbare Handlung, weil die alte Kirche keine absolute Ordination kannte. Möglicherweise hoffte Theoktist von Caesarea den berühmten Mann für seine Kirche gewinnen zu können, ähnlich wie ein Menschenalter später einer seiner Nachfolger, Theoteknus, den alexandrinischen Professor Anatolius durch die Ordination zum Mitbischof an Caesarea zu binden suchte (*h. e.* VII 32, 21). Für Origenes erwies sich eine Rückkehr nach Alexandrien auch tatsächlich als nicht mehr möglich. Wohl erst Heraklas, der Nachfolger des Demetrius seit ca. 233, hat Origenes dann später (nach Nautin erst 245/48) als Irrlehrer verurteilt und diese Exkommunikation durch Synoden bestätigen lassen.

Seit etwa 234 lebte und wirkte Origenes dann in Caesarea, der Metropole Palästinas, im Vergleich zu Alexandrien gewiß eine Provinzstadt; eine jüdische Akademie hat es dort immerhin gegeben. Hier gelang es dem nun 50jährigen offenbar, sein Ideal von kirchlicher Wissenschaft zu verwirklichen. Über den umfassenden Lehrplan seiner Schule sind wir durch die *Dankrede* eines Schülers *Theodor* nach sieben Jahren Studium unterrichtet (ca. 245); Euseb sah in dem Verfasser – vielleicht irrtümlich (so Nautin) – den später berühmten kappadokischen Bischof Gregor den Wundertäter, den Ahnherrn des Basilius (*h. e.* VI 30). Alle Disziplinen klassischer Bildung sind zu Hilfswissenschaften für die Theologie geworden. Origenes schreibt – von Ambrosius finanziert und angetrieben – Kommentare; er predigt als Presbyter regelmäßig – Stenographen schreiben seine Vorträge mit – und ist auf Synoden bis nach Arabien ein hochverehrter Berater. In seiner Schule studieren die künftigen Bischöfe des Orients. Man gewinnt den Eindruck, daß der in Alexandrien als Irrlehrer gebrandmarkte Mann in Palästina schon zu Lebzeiten in die Rolle eines anerkannten Kirchenvaters hineinwächst.

Während der Verfolgungszeit unter Kaiser Decius (249–251) wurde auch

Origenes verhaftet und gefoltert. Leidenschaftliche Martyriumsbereitschaft hatte ihn sein Leben hindurch ausgezeichnet; daß er als Greis noch zum Konfessor geworden war, mag Bischof Dionys von Alexandrien, seinen früheren Schüler, veranlaßt haben, ihm *über das Martyrium* zu schreiben (VI 46, 2); dies wäre dann wohl Zeichen einer späten Aussöhnung mit der Kirche seiner Geburtsstadt.[2] Origenes wird danach nicht mehr sehr lange gelebt haben; Euseb gibt weder sein Sterbejahr exakt an, noch nennt er den Sterbeort. Wenn es stimmt, daß der große Theologe im Alter von 69 Jahren starb (VII 1), müßte sein Tod um das Jahr 254 anzusetzen sein. Etwas verworrene Informationen des ausgehenden 4. Jahrhunderts bei Epiphanius (*de mens. et pond.* 19) und Hieronymus (*de vir. ill.* 54) sprechen von einem letzten Lebensabschnitt in Tyrus. Hier mag die Begegnung des alten Mannes mit dem jungen Porphyrius stattgefunden haben, dem späteren Neuplatoniker und Biographen Plotins, von der er in seinem polemischen Werk *Gegen die Christen* berichtete (*h. e.* VI 19, 5–8); bei Proklus sind vielleicht sogar noch die Fragmente des Protokolls eines Lehrgespräches zwischen dem greisen Origenes, dem Philosophen Longinus und dem jungen Porphyrius erhalten (so Kettler 1979).

Mit dieser Information hängt eines der umstrittensten Probleme der Biographie des Origenes zusammen: Wer war sein philosophischer Lehrer und in welchem Sinne war er „Platoniker"? Porphyrius schrieb, daß Origenes Schüler des Ammonius Saccas gewesen sei, „der den größten Beitrag zur Philosophie in unserer Zeit geleistet hat", des Mannes, der etwa 233 Plotin in seine Schule aufnehmen sollte. Da Ammonius Saccas Christ war – doch habe er sich laut Porphyrius später, „seit er zu denken begann und mit der Philosophie in Berührung kam, zu einem Wandel nach den Gesetzen" des Hellenismus bekehrt, was Euseb leidenschaftlich bestreitet –, gehörten dann einerseits die Anfänge des Neuplatonismus in die alexandrinische Atmosphäre einer Begegnung von Platonismus und Christentum (so bes. Langerbeck), andererseits hätte Origenes die charaktervollste philosophische Bildung erhalten, die seine Stadt und seine Zeit zu bieten hatten – wie allerdings auch sein späterer Gegner Heraklas. Porphyrius notierte: „Er – Origenes – führte sein Leben als Christ und gesetzeswidrig; in Bezug auf die Schulmeinungen über die Dinge und das Göttliche hat er aber ‚hellenisiert' und den fremden Mythen" – der Juden und Christen – „hellenischen Sinn unterschoben." Dies Urteil des Christengegners Porphyrius scheint sich mit dem der alexandrinischen Bischöfe Demetrius und Heraklas zu decken und bestimmt in hohem Maße das Bild des Mannes in der Geschichte christlicher Theologie. Aber nun widersprechen die Altphilologen: Schon dieses Auseinandertreten von Leben und Lehre sei für einen echten Platoniker undenkbar (so bes. Doerrie). Es müsse sich um eine Verwechslung des Porphyrius mit einem – sonst wenig bekannten – neuplatonischen Philosophen Origenes handeln (außer Doerrie bes. Weber, Goulet). Das mag bei Euseb denkbar sein, bei Porphyrius aber kaum (so Kettler, Nautin). Wie im einzelnen auch die Biographie des Ammonius und die Geschichte seiner Schule rekonstruiert werden mögen, Origenes gehörte offenbar zu seinen Schülern und ist dennoch kein Platoniker im Sinne des Sprachgebrauchs der Zunft geworden – natürlich hätte er eine solche Einordnung auch mit Leidenschaft abgelehnt. Aber immerhin: die Ambivalenz in der Bewertung des Origenes bleibt, auch wenn man versucht, ihn mit den Augen eines Hellenen zu sehen.

II. Werk

a. Der zitierte Vorwurf des Porphyrius zielte auf einen scheinbar formalen, in der Sache aber zentralen Kontroverspunkt zwischen Platonikern und christlichen Theologen, das Recht zur allegorischen Exegese. Die historischen Wurzeln dieser hermeneutischen Methode bei der Homer- und Plato-Auslegung einerseits, in Apokalyptik und der Gesetzesdeutung durch jüdische Religionsphilosophen in der Art Philos von Alexandrien andererseits brauchen hier nicht zu interessieren. Auf beiden Seiten stand jedenfalls die Überzeugung von der gültigen Wahrheit auf dem Spiel, die in den jeweils autoritativen Texten tiefer geht als der scheinbar offen zu Tage liegende Wortsinn.

Das christliche Verständnis der heiligen Schriften Israels, des Alten Testaments der christlichen Bibel, schloß immer ein, daß der Geist – im Sinne des eigentlich Gemeinten, letztlich damit aber der Geist Gottes, der in der Schrift redet – den bloßen Buchstaben transzendiert, auch unabhängig von der spezifischen Gesetzeslehre des Apostels Paulus, der formuliert hat: ,,Der Buchstabe (des Gesetzes) tötet, der Geist (des Evangeliums) aber macht lebendig.“ (2. Kor 3, 6) Im zeitgenössischen Sprachgebrauch ist auch das Allegorese. Allerdings gab es eben sehr unterschiedliche Methoden, den eigentlichen, den geistlichen Sinn eines Textes zu erheben. Die konkrete Praxis frühchristlicher Ausdeutung des Alten Testamentes wird uns im Rückblick oft höchst willkürlich erscheinen, doch wäre dabei zu bedenken, daß auch unser heutiger Umgang etwa mit den Geschichtserzählungen davon ausgeht, daß uns hier nicht zufällige historische Anekdoten erhalten sind, sondern Urgeschichte des Gottesvolkes mit dem Anspruch auf Gültigkeit erzählt wird oder sich Geschichtserfahrung im Gegenüber zu Gottes Verheißung und Weisung niedergeschlagen hat. Das alles sind aber nur neue Bezeichnungen für das, was die frühe Kirche mit geistlichem Schriftsinn – zumindest auch – meinte.

Mit diesen Überlegungen haben wir einen sachgerechten Einstieg zum Lebenswerk des Origenes gewonnen. Auch seine Theologie ist zuerst und vor allem Schriftauslegung. Doch ist er der erste, der sich im Rückgriff auf die Methoden der alexandrinischen Philologie Rechenschaft über den angemessenen Weg zur Exegese gibt. Hinsichtlich des Alten Testamentes war der erste Schritt hierfür die Erschließung des hebräischen Urtextes durch die griechischen Übersetzungen hindurch, um so einen kritischen Umgang mit der von der Kirche gebrauchten Septuaginta (= LXX) zu ermöglichen. Origenes hat hierzu den hebr. Wortlaut in griech. Umschrift und verschiedene griech. Versionen (Aquila, Symmachus, LXX, Theodotion und zwei weitere Fassungen) in Parallelkolumnen nebeneinandergestellt. Den Grundstock dieser *Hexapla* mag er aus einem judenchristlichen Lehrhaus übernommen haben,[3] von den beiden letzten Versionen fand er die eine in Griechenland, die andere stammte aus einem schon vor seiner Zeit bei Jericho gefundenen Krug, vergleichbar den Qumran-Texten. Lücken oder Überschüsse der LXX gegenüber den anderen Fassungen waren durch textkritische Zeichen markiert. Von dem Riesenwerk sind nur Fragmente rekonstruierbar; ob alle Kolumnen den vollen Text des Alten Testamentes enthielten, wissen wir nicht. Es hat wohl auch nie eine vollständige Abschrift des Originals in Caesarea gegeben, aber der Ertrag der Arbeit des Origenes ist doch in die Geschichte des christlichen Bibeltextes eingegangen.

Im Laufe seines Lebens hat er nicht nur das Alte Testament, sondern die ganze Hl. Schrift in gelehrten Kommentaren oder zumindest in Scholien, d. h. durch exegetische Anmerkungen ausgelegt. Voraussetzung hierfür war die Finanzierung eines Schreibbüros durch Ambrosius. Erhalten ist im Vergleich zu dem, was Euseb vorlag, nur wenig, etwa Teile des *Johanneskommentars,* den Origenes schon in Alexandrien begonnen hatte (Bd. I–IV), in Antiochien weiterführte (Bd. V) und in Caesarea vollendete (Bd. VI), des *Römerbriefkommentars* und der zu seinen letzten Werken gehörenden *Auslegung des Matthäusevangeliums.* In Caesarea kam noch eine dritte Weise des Kommentierens hinzu, die Predigten über bestimmte biblische Bücher. Die lateinischen Übersetzungen vor allem Rufins am Ende des 4. und Anfang des 5. Jahrhunderts erschlossen Origenes auch dem Abendland, boten bisweilen aber auch eine dogmatisch „gereinigte" Fassung. Auch Hieronymus hat für seine Kommentare das exegetische Werk des später von ihm so kritisierten Griechen weidlich ausgeschlachtet. In der griechischen Kirche sind vor allem Einzelexegesen in die Katenen-Literatur eingegangen.

Der systematische Versuch des Alexandriners, eine Lehre vom dreifachen Schriftsinn anthropologisch zu begründen, bezieht sich gleichfalls auf das Alte wie das Neue Testament. „Wie nämlich der Mensch aus Leib, Seele und Geist besteht, ebenso auch die Schrift, die Gott nach seinem Plan zur Rettung der Menschen gegeben hat." (*de princ.* IV 2, 4) Wichtig an diesem Satz ist nicht so sehr das Dreier-Schema; denn nicht jedes Bibelwort ist nach Origenes sowohl historisch wie moralisch und geistlich zu verstehen; oft wäre eine „fleischliche", d. h. wörtliche Exegese ein Mißverständnis, etwa bei der Schöpfungsgeschichte. Kriterien sind hier bestimmte Überzeugungen von der Transzendenz Gottes und moralische Maßstäbe, durchaus den Gesichtspunkten hellenistischer Homerauslegung vergleichbar und seit Philo in der alexandrinischen Schriftexegese fast selbstverständlich geworden. Auch bei Origenes geht es in der Suche nach dem eigentlich Gemeinten meist allein um den geistlichen Sinn.

Welche Lebensbereiche davon betroffen werden, zeigen etwa die Bemerkungen des alten Mannes zu Mt 19,12, dem Herrenwort von den drei Arten

Origenes (ca. 185–254)

von Eunuchen, denen, die es von Geburt an sind, den von Menschen Verschnittenen und schließlich: „Manche haben sich selbst dazu gemacht um des Himmelreiches willen. Wer das erfassen kann, erfasse es." Origenes sieht nur zwei methodisch saubere Möglichkeiten (*comm. in Mt.* XV 1–5): entweder ist hier alles wörtlich zu nehmen – so hatte er das Wort Christi offenbar als junger Mann verstanden – oder alles geistlich. Dem Spruch Jesu zwischen Letztem Mahl und Getsemani, jetzt sei es Zeit, ein Schwert zu kaufen (Luk 22, 35f.), ja schon der Rede in der Bergpredigt vom Ausreißen des Auges und Abhacken von Fuß und Hand (Mt 5, 29f.) entnimmt er die Pflicht zum nicht-wörtlichen Verständnis, also zu allegorischer Exegese: „auch im Neuen Testament gibt es tötenden Buchstaben" und begreift das Eunuchenwort dann vom Abschneiden der Leidenschaften der Seele mit dem lebendigen Worte Gottes (Heb 4, 12), dem „Schwert des Geistes" (Eph 6, 17). Von seiner Biographie spricht Origenes nicht mehr. Immerhin kann hier deutlich werden, daß seine Exegese – so seltsam, ja bisweilen spielerisch oder gar unsinnig sie uns scheinen mag – doch Methode hatte und wissenschaftlich-kritisch war, wenn auch gewiß nicht historisch-kritisch. Vor allem war sie aber an einem Kriterium ausgerichtet, das in der zuvor zitierten Begründung des dreifachen Schriftsinnes anklang: sie blickt immer auf den Weg des Heilshandelns Gottes am Menschen. Darin ist notwendigerweise die Grenze seines Spiritualismus eingeschlossen. Denn in der Mitte dieses Heilshandelns Gottes steht für den Christen Origenes der Weg Christi. Hier gründet die sachliche und unaufhebbare Differenz zum Platonismus.

b. Es ist in der Forschung bis heute umstritten, ob Origenes primär als systematischer Denker oder als Exeget zu verstehen sei, der anleiten will, den Weg zu geistlicher Vollkommenheit zu gehen.[4] Tatsächlich liegen bei ihm beide, genauer alle diese Aspekte unlösbar ineinander: Hermeneutik, „Dogmatik" und Spiritualität. Weil das Heilshandeln Gottes stets – ausreflektiert oder nicht – das Kriterium der Exegese ist, bedarf Origenes notwendig der Besinnung auf dieses Heilshandeln in Schöpfung, Erlösung, Vollendung. Noch in Alexandrien hat er ein Werk vorgelegt, das dies zum Ziel hat, *Peri Archon* (lat.: *de principiis*), über die Ursprünge, d.h. über die Prinzipien des Seins und Werdens. Wenn man diese Schrift als die erste Dogmatik in der Geschichte der Kirche bezeichnen wollte, wäre dies nicht falsch, könnte aber auch Mißverständnisse wecken. Herausgewachsen ist das Werk anscheinend aus Lehrvorträgen, wie insbesondere M. Harl gezeigt hat,[5] insofern den *Enneaden* Plotins vergleichbar. Wenn man nach Analogien zum Unterfangen des Origenes sucht, wird man in der Tat nicht an Thematik und Methode mittelplatonischer Philosophenschulen vorbeikommen, andererseits aber auch auf die eigentümlichen systematischen Entwürfe der Gnostiker zu verweisen haben. Damit stehen wir wieder in dem sehr charakteristischen intellektuellen Milieu Alexandriens.

Das zentrale theologische Thema war für Christen noch immer die Auseinandersetzung mit dem Dualismus Marcions, also die Frage nach dem Verhältnis von Schöpfung und Erlösung. Jede Antwort, die hier gegeben worden ist, hatte einen kosmologisch-ontologischen und einen hermeneutischen Aspekt. Die großen Schulen des christlichen Gnostizismus, insbesondere die Valentinianer, hatten die erfahrbare Weltwirklichkeit aus einem vor aller Geschichte zu ortenden Abfall von Gott gedeutet, der in den Randzonen der Selbstentfaltungen des Göttlichen, des „Pleroma" selbst begonnen hatte. Die Spitze dieser Lehre war unverkennbar auch antimarcionitisch, gelang es ihr doch, das im Materiellen verkörperte Böse als Folge einer Depravation des Göttlichen zu erläutern, das so die Quelle alles Seins blieb, längst ehe Plotin, vor das gleiche Problem gestellt, die Formel vom Bösen als dem Nicht-Seienden ausbilden sollte, er seinerseits in Auseinandersetzung mit gnostischer Theologie.[6] Die Sphären des Pneumatischen, d. h. Göttlichen, des Psychischen („Seelischen") und des Fleischlich-Materiellen haben – wie bei anderen Gnostikern – bei den Valentinianern ihre anthropologische und kosmologische Dimension. Als Christen lehren sie ein Ziel aller Geschichte, die Heimholung des in die Welt versunkenen Pneuma in der endgültigen Aufhebung der Welt: der Urfall wird eingeholt samt der durch ihn ausgelösten Geschichte. Das Weltbild der Zeit, der Sphären unter und über dem Mond, der sieben Planeten, der Fixsterne, ihrer Grenze und des Universums darüber läßt sich in dieses Schema von Seinsschichten einfügen oder aus ihm ableiten. Die Menschen unterscheiden sich dadurch, ob sie am Pneumatischen teilhaben oder nicht. Alles ist vorgegeben. Zwar läßt sich diese Fundamentalaussage valentinianischer Anthropologie als Neufassung urchristlicher Erwählungsgewißheit verstehen, aber zugleich wird das Erlösungsgeschehen damit zu einem fast physikalischen Prozeß der Entmischung; für menschliche Freiheit bleibt kein Raum. Die gnostische Ethik zielt auf Entweltlichung. Bei aller Vermischung als Folge des Falls bleiben die Schichten so gegeneinander abgeschottet, daß die pneumatische Wahrheit im Bereich des Materiellen nicht formulierbar ist. Geschichtliche Offenbarung wird deshalb nur im Symbol möglich. Wahrheit gibt es nur in der Überbietung aller geschichtlichen Antithesen: „Das Licht und die Finsternis, das Leben und der Tod, die Rechten und die Linken sind Brüder zueinander . . . Deswegen sind weder die Guten gut, noch sind die Bösen böse, noch ist das Leben ein Leben, noch ist der Tod ein Tod. Deshalb wird sich jegliches auflösen zu seinem Ursprung von Anfang an. Die erhaben sind aber über die Welt, sind unauflöslich, sind ewig," heißt es im valentinianischen *Philippusevangelium*.[7] Die angemessene Sprache der Theologie ist also der Mythus, der sich an die Wenigen wendet. So konnten die Valentinianer natürlich nur in der Erbfolge Platos denken, wie immer wir heute die Funktion der Kunstmythen in den Dialogen des Gründers der alten Akademie bestimmen mögen. Andererseits fanden diese Gnostiker ihre Sicht in den Worten des Paulus bestätigt, daß nur der Geist die Tiefen der Gottheit erforscht (1. Kor 2, 10–16). Ontologie, Hermeneutik und Ethik waren bei ihnen ebenso miteinander verknüpft wie bei den Platonikern und unserem Alexandriner.

Der Einsatz des Origenes führt uns aber zunächst noch unmittelbar in die Atmosphäre der Katechetenschule hinein, gleichsam an die Nahtstelle zwischen dem Lehrgang für Katechumenen und dem Oberkurs. Er beginnt mit zwei Thesen und einer Beobachtung: ,,Alle" – Christen – ,,empfangen die Erkenntnis, die den Menschen dazu beruft, gut und glücklich zu leben, nirgendwo anders her als von den Worten und der Lehre Christi" (*I praef.* 1),[8] wobei diese Worte Christi auch sein Reden vor der Inkarnation im Alten Testament einschließen. ,,Man darf nur das als Wahrheit glauben, was in nichts von der kirchlichen und apostolischen Überlieferung abweicht." (*I praef.* 2) Die erste Festlegung schied Origenes von den Platonikern und anderen Philosophenschulen, die zweite zumindest intentional von gnostischen Lehrern. Die nun folgende Beobachtung leitet die Beschreibung der Aufgabe kirchlicher Theologie ein: Die Apostel haben über alles Notwendige klare Aussagen überliefert, ohne jeweils eine Begründung zu geben. Von anderen Dingen ,,haben sie zwar gesagt, daß sie existieren, aber über ihre Beschaffenheit und Herkunft geschwiegen". Ihre Intention war es dabei, den dazu Begabten und Würdigen Raum zur Forschung zu lassen (*I praef.* 3). Theologische Forschung hat also aus den einzelnen Beispielen und Thesen, die in der Hl. Schrift zu finden oder logisch aus ihr zu erschließen sind, ein Ganzes, Origenes schreibt ,,einen Leib (corpus = soma)", herzustellen, ein System (*I praef.* 10).

Die spannungsvolle Zuordnung von Orthodoxie im Sinne der unverrückbar bleibenden Bindung an die vorgegebene Apostolische Botschaft und offener, nur der Wahrheit verpflichteter Forschung ist hier in die Beschreibung der theologischen Aufgabe selbst hineingenommen, im Vertrauen auf die Einheit der Wahrheit, die Christus ist. Programm und Leben des Origenes fügen sich nahtlos zusammen. Die Abstufung zwischen schlicht Gläubigen und solchen, die nach der Wahrheit suchen, um sie zu verstehen, bestimmte die Formen seines Lehrens, war aber tief im Ansatz des Systems verankert. Die Autorität, der er sich verpflichtet weiß, ist dabei stets die Wahrheit, das heißt Christus, die Hl. Schrift und die Apostolische Verkündigung, insofern gewiß auch die Kirche, aber nicht primär ein kirchliches Amt.

Man wird deshalb Origenes nicht gerecht, wenn man die vorsichtige Art, in der er bisweilen Fragen stellt und auch offen lassen kann, sein Schweigen über verwirrende Probleme in Predigten, aus der Sorge versteht, Konflikte mit der Amtskirche zu vermeiden. Aber natürlich mußte eine solche Differenzierung und Zuordnung von Fundament und Überbau in der Theologie Rückfragen wecken und immer neue Mißdeutungen nahelegen. Denn die systematische Einheit des Heilshandelns Gottes als Rahmen der überlieferten Glaubensaussagen war vom Ansatz des Origenes aus nur spekulativ zu formulieren. Die bisherigen Abgrenzungen kirchlicher, schriftgebundener Orthodoxie gegenüber gnostischen Mythen und platonischer Philosophie waren zur Beurteilung des origenistischen Systems nicht mehr brauchbar.

c. Dieses System ließe sich als Lösung vorgegebener Problemstellungen, etwa des Verhältnisses von Einheit zur Vielheit, darstellen. Im Sinne des Origenes selbst geht es um Gott und seine Geschöpfe. Nach der seit den Apologeten vorgegebenen Tradition wäre dies Thema nach dem Modell anzugehen, daß Gott durch seinen Logos alles erschaffen hat. Ohne diese Grundüberzeugung preiszugeben, modifiziert Origenes in *Peri Archon* den Ansatz doppelt: er redet nicht nur von Gott und seiner Weisheit – diese in Sap 7, 25f. wurzelnde Bezeichnung des präexistenten Sohnes wird von Origenes gegenüber „Logos" bevorzugt –, sondern unter Verweis auf die Apostolische Verkündigung von Vater, Christus und dem Hl. Geist; ferner unterscheidet er zwischen der ewigen Schöpfung und der Welt unserer Erfahrung heute. Der trinitarische Ansatz umgreift das Ganze des Heilsgeschehens: „Es bekennen alle, die in irgendeiner Weise an eine Vorsehung glauben, daß es einen ungewordenen Gott gibt, der alles geschaffen und geordnet hat, und erkennen ihn als *Vater* des Alls an. Daß dieser Gott einen *Sohn* hat, sprechen nicht nur wir aus, obschon dies denen, die bei Griechen und Barbaren als Philosophen gelten, recht sonderbar und unglaubwürdig erscheint. Indessen scheinen sogar einige von diesen selbst eine Vorstellung von ihm gehabt zu haben, wenn sie bekennen, daß alles durch den Logos Gottes geschaffen sei. ... Von dem Dasein des *Hl. Geistes* aber konnte niemand auch nur eine Ahnung haben, außer denen, die mit dem Gesetz und den Propheten vertraut sind, und denen, die sich zum Christusglauben bekennen." (I 3, 1) Diese Feststellungen gründen in unterscheidbaren Wirkungsbereichen von Vater, Sohn und Geist, denen wiederum der Weg der Erlösung entspricht: „Gott Vater verleiht allen Geschöpfen das Sein; die Teilhabe an Christus aber, insofern er der Logos ist, macht sie vernünftig. Infolgedessen können sie entweder Lob oder Tadel verdienen, da sie zur Tugend und zur Schlechtigkeit fähig sind. Daher tritt folgerichtig noch die Gnade des Hl. Geistes hinzu, um die, die nicht wesenhaft heilig sind, durch Teilhabe an ihm heilig zu machen. Sie haben also das Sein von Gott Vater, das Vernünftig-Sein vom Logos, das Heilig-Sein vom Hl. Geist. Umgekehrt werden sie erst nach der Heiligung durch den Hl. Geist fähig, Christus aufzunehmen, insofern er Gottes Gerechtigkeit ist; und wer durch die Gabe der Heiligung des Hl. Geistes zu dieser Stufe gelangt ist, erlangt außerdem auch die Gabe der Weisheit durch die Wirksamkeit des Hl. Geistes" (I 3, 8). Diese Ausführungen sind Teil der Antwort auf die Frage, warum „einer, der durch Gott wiedergeboren wird zum Heil, des Vaters, des Sohnes und des Hl. Geistes bedarf und das Heil nicht empfängt, wenn nicht die Trinität vollständig ist" (I 3, 5), also weshalb im Namen des Vaters, des Sohnes und des Hl. Geistes getauft wird. Solcher Rückbezug auf die Taufe ist für Origenes eher ungewöhnlich. Auch die so betont trinitarische Gottes- und Heilslehre findet sich in den sonstigen Schriften des Origenes nicht wieder, nur in dem Traktat *vom Gebet* klingt sie an, wenn der Theologe die überlieferte Schlußdoxologie begründet und deutet, nach der Gott angerufen wird „durch den Sohn im Hl. Geist" (*de or.* 33, 1). In der Regel reflektiert Origenes aber allein den Sohn als den Mittler des Heils, so daß man durchaus einleuchtend von einer „binitarischen“ Theologie gesprochen hat.[9] Die Besonderheit von *Peri Archon* mag einerseits darin liegen, daß dieses Werk tatsächlich im alexandrinischen Schulbetrieb an der Nahtstelle zwischen Katechumenenunterweisung und „Forschung“ entstanden ist, also die Stoffe der Unterweisung für Taufbewerber in eine höhere Reflexionsstufe einbringt, andererseits wird die trinitarische Entfaltung des Systems ein wichtiges Element dieses stärker religionsphilosophisch geprägten Unterrichts mit esoterischen Zügen geblieben sein, als die exegetischen Werke des Meisters erkennen lassen.

Bei dieser trinitarischen Soteriologie lassen sich zwei Tendenzen beobachten: Einerseits sieht Origenes die ganze Schöpfung im Gegenüber zu Vater, Sohn und Geist. Der Fall der Schöpfung ist – anders als bei Gnostikern[10] – kein innergöttliches oder im göttlichen Pleroma anhebendes Geschehen. Andererseits bleibt Gott, der Vater, der einzige Ursprung, so daß ihm gegenüber auch der Sohn und der Geist abgeleitete Existenz haben, Origenes konnte sie offenbar Geschöpfe nennen. Daß zwischen diesen Tendenzen eine Spannung bestehen könnte, hat er anscheinend nicht empfunden; am Anfang des 4. Jahrhunderts wird hier die große Kontroverse des arianischen Streits aufbrechen. Alle Subordination gilt aber immer nur in dem Rahmen, daß die Zuordnung von Vater und Sohn keinen Anfang in der Zeit hat. Gott war nie ohne seine Weisheit, er kann nicht unabhängig davon gedacht werden, daß er sich in seinem Sohn offenbart. Dann muß es aber auch ein ewiges Gegenüber zu Vater und Sohn – letztlich der Trinität – geben, eine ewige Schöpfung, auf die hin der Sohn ewige Offenbarung des Vaters ist. Diese mit freiem Willen begabten Vernunftwesen, deren Zahl von Ewigkeit her festliegt – anders zu denken würde das griechische Axiom der Unveränderlichkeit Gottes bedrohen –, werden zu Trägern der Geschichte. Von der Ordnung des Kosmos durch den Demiurgen hatte Plato in mythischer Rede im *Timaeus* geschrieben. Die Platoniker sahen in ihrer Mehrzahl darin keinen einmaligen Akt am Anfang der Zeit, sondern eine Beschreibung der zeitlosen Relation von Gott und Welt. Gerade im Gegensatz dazu hatte die christliche Schöpfungstheologie bis dahin die Lehre von der *creatio ex nihilo,* der Erschaffung der Welt aus dem Nichts, entwickelt und dies immer mit zeitlichen Vorstellungen verbunden.[11] Origenes übernimmt also gegen alle Tradition eine platonische Lehre. Aber gerade so kann er die naive Form des apologetischen Subordinationsdenkens überwinden, das dahin tendierte, das Hervortreten des Logos aus Gott als besondere Zäsur auf dem Wege zur Weltschöpfung zu beschreiben, etwa nach dem Beispiel des Unterschiedes zwischen dem gedachten und dem gesprochenen Wort. Für Origenes kann die Gottheit des Sohnes nicht mehr auf einer Veränderung in Gott aufruhen, sie muß zum ewigen Gott-Sein Gottes selbst gehören. Dem entspricht es, daß er das Mittler-Sein des Sohnes immer primär von dieser metaphysischen Zuordnung von Vater-Sohn-Schöpfung aus begreift, hierauf reflektiert er auch, wenn er das Gebet zum Vater durch den Sohn erläutern will, nicht auf das geschichtliche Heilswerk Christi in Kreuz und Auferstehung. Deshalb hat er auch ein eigenständiges Gebet zum Sohn abgelehnt, er ist Mittler, nicht Empfänger des Gebetes. Es bedurfte einer neuen Bestimmung des Verhältnisses von Vater, Sohn und Geist im 4. Jahrhundert, um die innertrinitarische ,,ewige Zeugung" des Sohnes und die Erschaffung des Kosmos in der Zeit zusammendenken zu können.

Im Blick auf die sichtbare Welt unterscheidet Origenes aber auch. Als Möglichkeit war die Materie in Gottes Vorwissen geschaffen. Der erfahrbare Kosmos verdankt seine Existenz erst dem Abfall der Vernunftwesen von Gott. Die Geistwesen werden dadurch zu Engeln, Seelen, Dämonen. Der Tiefe des Falls entspricht ihre Verstrickung in das Materielle. Sie erhalten eine ihnen angemessene Körperlichkeit, als Strafe und als einen Ort der Bewährung. Die erfahrbare Welt ist also einerseits Zeichen und Folge des Falls, andererseits weist ihre hierarchische Schichtenstruktur auf das Ziel der Geschichte: Heimkehr zum Ursprung, Aufstieg in die Gottesgemeinschaft, für den Menschen in der Rückwandlung der Seele in Geist – was durch Heiligung geschieht. ,,Wenn nun, wie wir auf Grund der Vernunft und der Autorität der Schrift gezeigt haben, dies Vergängliche angezogen hat die Unvergänglichkeit und dies Sterbliche angezogen hat die Unsterblichkeit, dann wird der Tod verschlungen in den Sieg (1. Kor 15, 54). Und vielleicht wird (dann) die körperliche Wesenheit völlig schwinden, denn in ihr allein kann der Tod wirksam sein." (Zitat nach Hieronymus, ep. 124, 5)

Dies ist der Rahmen auch der Inkarnationsaussagen des Alexandriners. Es geht um die Frage, wie es möglich sein kann, daß der ewige Sohn Gottes, der Mittler aller Schöpfung, ,,in den engen Grenzen jenes Menschen, der in Judäa erschien, anwesend war, wie der Glaube sagt". ,,Da stockt der beschränkte menschliche Verstand und weiß, von Staunen ergriffen, nicht, wozu er sich neigen, was er festhalten, wohin er sich wenden soll. Wenn er Gott denkt, sieht er einen Sterblichen; wenn er einen Menschen annimmt, erblickt er einen Sieger über das Reich des Todes, der mit der Beute aus dem Totenreich zurückkehrt." (II 6, 2) Das Bindeglied zwischen beidem ist die Seele Jesu. Auch sie war präexistent, aber schon vor aller Zeit so mit dem Sohne Gottes verbunden, daß sie offenbar den Abstieg in die körperliche Welt mitvollziehen konnte, ohne an der Sünde des Abfalls beteiligt zu sein (II 6; IV 4, 4). Auf diese mit dem ewigen Sohn verbundene Seele Christi sind alle Hoheitsaussagen zu beziehen, die dem Inkarnierten gelten, aber auch Phil 2, 6f., der Hymnus von der Selbsterniedrigung und Erhöhung des Herrn. Darin ist zugleich die Möglichkeit mitgesetzt, Christus als Vorbild für den Weg des Christen zu sehen; denn das eigentlich Menschliche am Menschen ist eben seine Seele.

Anthropologisch kann Origenes auf diese Weise zwei Gewißheiten verbinden, die fundamentale Überzeugung von der Willensfreiheit aller Vernunftwesen (III 1) und die an Paulus gewonnene oder bestätigte Erfahrung, daß der Mensch sich stets bereits als Sünder vorfindet. Auch das Theologumenon vom Abstieg der Seelen hat bereits seine Analogie im Mittleren Platonismus. Es bekommt im Rahmen des origenistischen Systems aber eine neue Funktion:

Die Verantwortlichkeit des Menschen wird festgeschrieben, auch dort, wo die Zuweisung individueller geschichtlicher Schuld unsinnig wäre. Allerdings hat dieser Versuch einer Paulusrezeption Konsequenzen für das Verstehen des Heilshandelns Gottes, in denen Grundüberzeugungen des Apostels abgebogen werden: Gott liebt auch den Sünder, aber nicht im Sinne freier Gnadenwahl.[12] Wie der gegenwärtige Status Straffolge des präexistenten Falls ist, so setzt die Rückkehr die Wandlung der Seele voraus auf dem Weg der Heiligung aus freiem Willen, in der die Seele Stufe für Stufe voranschreitet. Mag immer auch der Leib Gottes Schöpfung sein und – in einem noch zu bedenkenden Sinn – an der Vollendung teilhaben, jetzt ist ein Voranschreiten zur Vollkommenheit nur so möglich, daß der äußere Mensch um des inneren willen zerrieben wird. Das Maß des Menschseins liegt nicht im Sich-Einfügen in die ihn prägenden natürlichen Gegebenheiten – wie die Stoiker lehrten –, sondern jenseits dessen, was wir uns vorstellen und mit den Sinnen erfassen können. Wie schon Klemens von Alexandrien vor ihm hat Origenes hierfür auf die Telosformel der Platoniker verwiesen: „Gott ähnlich werden, soweit dies möglich ist" (*Theaet.* 176 B) und von ihr aus Gen 1, 26 gedeutet, daß Gott den Menschen nach Seinem Bild auf Verähnlichung hin erschaffen habe (I 3; III 6, 1). Erlösung ist ein Prozeß, der seinen Ursprung in dem Geschichte begründenden Schöpfungsgeschehen hat. Das Leben des Christen ist Kampf gegen die Sünde im Wechselspiel von Gottes erziehender Gnade und menschlicher Freiheit. Das Ende wird dem Anfang entsprechen: Alle „werden wieder durch die Güte Gottes, die Unterwerfung unter Christus und die Einheit im Hl. Geist zu dem einen Ende gebracht, das dem Anfang gleicht. Diese sind es, die ‚im Namen Jesu ihr Knie beugen' und dadurch ein Zeichen ihrer Unterwerfung geben; die ‚Himmlischen, Irdischen und Unterirdischen' (Phil 2, 10). In diesen drei Bezeichnungen ist das ganze All gemeint." (I 6, 2) Gottes Heilswille kommt am Ende zum Ziel. Im Sinne des Systems kann das nur die Rückwandlung aller abgefallenen Vernunftwesen bedeuten, auch des am tiefsten Gestürzten, des Satans. Hierüber ist es bereits zu Lebzeiten des Origenes zu heftigen Auseinandersetzungen gekommen; der Alexandriner hat anscheinend auch versucht, diese aller überlieferten christlichen Eschatologie widersprechende Konsequenz zu verschleiern.[13] Noch in einer anderen Richtung blieben Fragen offen. Origenes hat nie der gerade in Alexandrien fest verankerten Lehrformel von der Auferstehung des Fleisches[14] widersprochen; er diskutiert die Zukunft des Menschen aber lieber im Anschluß an 1. Kor 15, 44 unter dem Stichwort „Auferstehung von den Toten, d. h. der Leiber" (II 10; bes. 10, 2) und kann so den verheißenen geistlichen Leib von dem gerade zu überwindenden Körper der Strafe abheben. Er hat diesem Thema eine eigene frühe, nicht erhaltene Schrift *von der Auferstehung* gewidmet. Eine eindeutige Antwort gibt er aber nicht, ob es wirklich sinnvoll ist, die Endvollendung noch in Kategorien der Leiblichkeit, und seien sie subtilster Art, zu erwarten (II 3, 2–3.7; 11, 7; III 6, 1). Gravierender ist aber anderes. Die Vollendung hebt die in der Freiheit der Geschöpfe liegende Gefahr neuen Mißbrauchs und neuen Abfalls nicht auf.

Zumindest am Rand des origenistischen Systems bleibt die Möglichkeit einer Wiederkehr des ganzen Weltprozesses, und damit rückt sein Geschichtsbild erst recht in die Nähe des Hellenismus, vor allem der stoischen Lehre von der Abfolge der Weltzeitalter im steten Wechsel von Vernichtung und Erneuerung. Dort war sie Ausdruck der schicksalhaften Bestimmtheit der Welt durch ewige göttliche Gesetze. Für Origenes geht es gerade um die Bewahrung der Freiheit der Geschöpfe, die auch Gott nicht zwingt, sondern zu Glauben und Einsicht führt. Doch ist die eschatologische Frömmigkeit des großen Alexandriners nicht durch diese von der Logik des Systems erzwungene Lehre geprägt. Wenn er mit brennendem Herzen immer den Himmel über sich offen und Christus als Ziel sah, dann war diese Hoffnung nie dadurch angefochten, als könnte die Vollendung der Anfang erneuten Verhängnisses sein.

Doch worin liegen Wahrheit und Gültigkeit dieses Systems? Origenes wußte sehr wohl, daß es um Aussagen über Unaussagbares geht. Offenkundig hat er aber den Ausweg nicht in mythischer Rede wie die Valentinianer gesehen. Er findet die letzte Wahrheit auch nicht im ekstatischen Überschritt über den noëtischen Grund der Fülle des Seins in das alles transzendierende Eine wie Plotin. Eher wird man zum Vergleich auf den Stil der Metaphysik des Mittleren Platonismus verweisen müssen.[15] Für Origenes selbst handelte es sich dabei um die Frage nach dem rechten Verstehen der Hl. Schrift. Sie fordert dazu auf, nach ihrem geistlichen Sinn zu suchen (IV 1–3); in der dadurch gewiesenen Richtung bleibt der Ort seiner systematischen Darstellung. Sie ist Ergebnis von Einsichten und bleibt doch Entwurf. Aber dieser Entwurf steuert das ganze Verstehen der Schrift und des Glaubens.

d. Doch hat nicht eigentlich das System von *Peri Archon* den Ruhm des Origenes bei den Zeitgenossen verbreitet oder ihm die Liebe und Verehrung seiner Schüler eingetragen, es war die Umsetzung der tragenden Elemente des Systems in Exegese, Pädagogik und Aszetik. In den Deutungen des Hohenliedes wie der Wüstenwanderung des Volkes Israel in den Predigten zum 2. Buch Mose schildert er die Liebe der Seele zu Christus und ihren Aufstieg zur Vollkommenheit, genährt durch das Wort Gottes, das Christus ist. Diese Worttheologie hat es ihm ermöglicht zu verdeutlichen, daß der Gott des Evangeliums Menschen gewinnen, nicht vergewaltigen will. Dabei korrespondiert bei ihm dem Wort in der Regel nicht der Glaube, sondern die Einsicht („Gnosis"). „Glaube" bezeichnet eher die Stufe der Annahme des Wortes durch die schlichteren Christen der Gemeinde, die durch Gnosis überboten wird. Auch die Eucharistie hat er von diesem Ansatz her erfaßt und damit – Ansätze bei Klemens von Alexandrien aufnehmend – herausgearbeitet, daß Geber und Gabe des Abendmahls Christus selbst ist. Man mag das als Überwindung einer magischen Sakramentsauffassung oder als spiritualisierende Einseitigkeit werten, jedenfalls polemisiert Origenes in solchen Zusammenhängen nicht gegen realistischere Frömmigkeitsformen. Er sucht Christen jeder Stufe gleichsam dort abzuholen, wo er sie vorfindet, und zu höherer Einsicht zu bringen. Und eben dies erwartet er auch vom kirchlichen Klerus. Natürlich respektiert er das Amt der Bischöfe und Presbyter, zu denen er selbst gehört.[16] Doch sieht er ihre Aufgabe primär darin, Seelenführer zu sein, Pneumatiker, die den ihnen anvertrauten Christen auf dem Wege zur Vollkommenheit vorangehen und beistehen.

Kirche ist für Origenes eben nicht so sehr die ,,Gemeinschaft der Heiligen, die in der Wahrheit wandeln", wie Hippolyt von Rom es einmal formuliert hat,[17] mit dem der Alexandriner zusammengetroffen sein soll, wohl bei seiner Romreise um 214, sondern die Gemeinschaft derer, die um Heiligung ringen. ,,So hat sich auch unser Herr Jesus Christus ,die Kirche herrlich bereitet ohne Makel oder Runzel' (Eph 5, 27), nicht weil irgendein Mensch in der Kirche niemals einen Makel gehabt hätte, sondern weil er sich fernerhin nicht mehr befleckt; ,ohne Runzel' nicht, weil es an ihm niemals die Runzel des ,alten Menschen' gegeben hätte, sondern weil er davon abläßt, sie zu haben. Nur so darf man das begreifen, was (im Epheserbrief) folgt: ,daß sie heilig und fehlerlos sei', nicht weil sie (die Kirche) von Anfang an fehlerlos gewesen wäre, ... sondern weil sie als rein und genuin gesehen wird im Blick darauf, daß sie abläßt, sich zu beflecken" (*in Luc.* hom. 2). Die damals so verbreitete und im Rückblick fast naiv erscheinende Identifizierung des neuen Gottesvolkes mit dem Sozialverband der zur Kirche Gehörenden ist damit modifiziert, aber aus der apostolischen Zusage ist wieder ein prozessuales Geschehen geworden, das an der Heiligung des Einzelnen orientiert ist und in dem Gottes Gabe und das menschliche Verhalten unscheidbar ineinander liegen.

Gerade diese Kirche hat aber die Verheißung der Zukunft. Mit dieser Überzeugung hat Origenes es am Ende seines Lebens noch unternommen, in den Büchern *Gegen Celsus* (um 249) die bis dahin bedeutendste philosophische Kampfschrift gegen das Christentum zu widerlegen. Der Platoniker Celsus hatte in seinem *Wahren Wort* (um 178) Juden und vor allem Christen als Rebellen gegen alle Überlieferung gezeichnet, die jene Zersetzung, deren Produkt sie selbst seien, in Staat und Gesellschaft trügen. Origenes weist dies Geschichtsbild zurück und stellt die Fürbitte der Christen, die keine Waffen tragen, gerade als den besten Schutz des Reiches dar (*c. Cels.* VIII 73).

Antwort im Sinne eines realpolitisch durchdachten Programms war dies nicht. An solchen Sätzen wird im Gegenteil deutlich, wie stark auch Origenes noch von den selbstverständlichen Voraussetzungen der Zeit vor Konstantin her lebte und dachte: Kirche ist das neue Gottesvolk aus allen Völkern, also die Alternative zur bestehenden Gesellschaft. In diesem Rahmen hat er sich dem griechischen Denken geöffnet wie kein christlicher Theologe vor ihm. Aber Christentum und Hellenismus, oder genauer Platonismus, blieben für ihn getrennte Welten. Auch hierin hat seine Theologie die Gewißheiten urchristlicher Eschatologie verwandelt, aber nicht preisgegeben.

III. Bedeutung und Wirkung

Zum ersten Male in der Geschichte der Kirche hat in Origenes eine sich als wissenschaftlich verstehende Theologie es unternommen, demütig und maßlos zugleich, die Hl. Schrift und die Glaubensüberlieferung von einer eigenständigen Deutung des Heilsgeschehens aus neu zu interpretieren, um der Wahrheit und der Kirche zu dienen. Das kühne Unterfangen Justins des Märtyrers (gest. ca. 167) und der apologetischen Logostheologie, das urkirchliche Christusbekenntnis in den Rahmen des Wahrheitsverständnisses der Griechen zu übertragen, ist von Origenes aufgenommen und bis zu einer Grenze vorangetrieben worden, von der aus im Rückblick Recht, Notwendigkeit und Unumkehrbarkeit des Weges deutlich werden, aber auch die gefährliche Ambivalenz des Unterfangens. Die Geschichte der Theologie in der griechischen Kirche der nächsten Jahrhunderte läßt sich weithin als das Bemühen verstehen, das Erbe des Origenes von der Schrift und der Apostolischen Verkündigung aus kritisch aufzuarbeiten und einzuholen, auch wenn dies nicht unter Berufung auf Origenes geschah, dessen Name umstritten blieb. Für seine Bewunderer fielen im Lebenswerk des Mannes Orthodoxie und Schultheologie so sehr zusammen, daß in den nächsten Generationen bis ins 4. Jahrhundert – auch dies erstmalig in der Geschichte der Kirche – theologische Schulen sich als Hüter der Rechtgläubigkeit und Katholizität der Kirche verstehen konnten.

Doch gehört dies bereits zur Wirkungsgeschichte des Origenes und seiner Theologie. In Alexandrien war er als Häretiker verurteilt worden. Aber schon darin, daß mehrfach die Leiter der Katechetenschule zu Bischöfen gewählt wurden, zeigt sich die Lebenskraft des origenistischen Ideals einer Verbindung von Theologie und Kirchenleitung, mögen Männer wie Heraklas und Dionys auch Gegner des umstrittenen Gelehrten gewesen sein.[18] Später sahen sich Leiter der Katechetenschule wie Pierius (vor 300) und vor allem Didymus der Blinde (gest. 398) auch theologisch als Erben des Origenes. In Caesarea scheint die Schule mit dem Tod des Meisters oder seiner Übersiedlung nach Tyrus erloschen zu sein, nur seine Bibliothek verblieb hier noch bis zumindest ins 4. Jahrhundert. Überall werden die spekulativen Spitzen des Systems zurückgeschnitten. Kritik meldete sich vor allem gegen den Subordinationismus im Verhältnis des Sohnes zu Gott Vater, gegen die Seelenlehre, die spiritualistische Eschatologie und Exegese.[19] Doch mit dem Fortfall der umstrittenen Seelenlehre mußten Trinitätslehre und Christologie verflachen, das Menschsein Christi hing dann allein an seiner Leiblichkeit. Aber eben dieser depotenzierte Origenismus ist im 4. Jahrhundert weithin zur Normaltheologie des Orients geworden; daß seine Vertreter, voran Euseb von Caesarea, sich 325 gegen Athanasius und andere Repräsentanten der Lehrentscheidung von Nicaea wandten, hat am Ende den Namen des Origenes selbst überall in Mißkredit gebracht. Die Neusammlung der Orthodoxie durch den Kappadokier Basilius und seine Freunde griff allerdings wieder auf das origenistische

Erbe zurück; die *Philocalia,* in der Basilius und Gregor von Nazianz als junge Leute Abschnitte aus den Schriften des Origenes zusammengetragen hatten, ist eine zwar umstrittene, aber in der griechischen Kirche weit verbreitete Quelle der Origenes-Kenntnis geblieben. Überhaupt wurde der große Alexandriner nun vor allem im werdenden Mönchtum als Lehrmeister im geistlichen Leben geschätzt. Die stark kirchenpolitisch bestimmten Auseinandersetzungen, die als erster origenistischer Streit in die Kirchengeschichtsschreibung eingegangen sind, spielten sich im letzten Jahrzehnt des 4. Jahrhunderts bereits weitgehend im palästinensischen und ägyptischen Mönchtum ab (Epiphanius und Hieronymus gegen Johannes von Jerusalem; Theophilus von Alexandrien gegen des Spiritualismus bezichtigte Mönche); im sogen. zweiten origenistischen Streit unter Kaiser Justinian, der 543 mit der Verurteilung des fast dreihundert Jahre zuvor als Konfessor verstorbenen Gelehrten endete, ging es tatsächlich um die asketische Theologie des Evagrius Ponticus (gest. 399/400). Das 5. Ökumenische Konzil 553 hat die Entscheidung Justinians bestätigt.

Peter Stockmeier

ATHANASIUS

(ca. 295–373)

Die Kirchen- und Reichsgeschichte des vierten Jahrhunderts, durch die Religionspolitik Kaiser Konstantins des Großen (306–337) in neue Bahnen gelenkt, ist über Jahrzehnte hinweg mit der Gestalt des Athanasius von Alexandrien gekoppelt. Wie in einem Prisma bündeln sich in ihm die politischen und theologischen Kontroversen der Zeit, und zwar so sehr, daß seinetwegen in der alten Christenheit tiefe Gräben aufbrachen. Der Zwiespalt trennte freilich nicht nur die Zeitgenossen; noch in der Gegenwart schwankt das Urteil über Athanasius vom Bild des machtbesessenen Hierarchen bis zum spirituellen Hirten seiner Gemeinde. Auch das Urteil über ihn als Theologen ist uneinheitlich, die Tatsache jedoch, daß er die Schlüsselfigur in der arianischen Kontroverse darstellt, weist ihm einen hervorragenden Platz in der Geschichte der Theologie zu.

Den Anlaß zum theologischen Konflikt bot die Diskussion um das biblisch-christliche Gottesbild, das in Arius eine unzureichende Deutung erfahren hatte. Das erste ökumenische Konzil von Nicaea (325), eine Demonstration kirchlich-staatlicher Einheit, vermochte zwar gegen seine Lehre von der Unterordnung des Logos das Bekenntnis zur Wesensgleichheit mit dem Vater zu verabschieden, aber weder die Sympathisanten gleichzuschalten noch die theologische Diskussion abzuschnüren. In den aufbrechenden Wirren verkörperte Athanasius die unerschütterliche Treue zum Nicænum gegen alle Umdeutungsversuche, das Festhalten am biblischen Glauben gegen rationale Auflösung. Diesen theologischen Streit führte er aber nicht auf der Basis eines simplifizierenden Biblizismus, sondern im Verbund mit dem rationalen Argument; als Wegbereiter der Begegnung von Glaube und Vernunft hat man ihn deshalb schon als „Vater der wissenschaftlichen Theologie“ bezeichnet. Ihre eigentümliche Note gewann diese Auseinandersetzung im politischen Rahmen des konstantinischen Zeitalters, das dem Kaiser gemäß antiker Tradition nun auch in der Kirche erheblichen Einfluß ermöglichte. Das Ringen des Athanasius gestaltete sich so unversehens zu einer Kraftprobe zwischen Kirche und Staat, wobei der Bischof von Alexandrien in der Wahl seiner Mittel nicht wählerisch war. Dieser Hintergrund verdeutlicht erst Handeln und Argumentationen eines Mannes, der viereinhalb Jahrzehnte den bischöflichen Stuhl der Hauptstadt Ägyptens innehatte.

I. Leben

Für die Darstellung der wechselvollen Lebensgeschichte des Athanasius läßt sich aus mehreren zeitgenössischen Quellen schöpfen, die es erlauben, sein Wirken und seine Schicksale auch historisch nachzuzeichnen. Neben einigen Schriften von seiner eigenen Hand, wie der *Apologia secunda,* oder der *Apologia ad Constantium* enthält der Vorbericht zu den Osterfestbriefen wichtige Daten; außerdem liegt eine lateinische Lebensbeschreibung vor, die freilich am Anfang verstümmelt ist *(Historia acephala)*. Weitere Nachrichten alter Kirchengeschichtsschreiber ergänzen das Bild. Da es sich bei diesen Quellen teilweise um Zeugnisse einer Partei handelt, ist bei ihrer Auswertung Vorsicht geboten, ein Umstand, der freilich weniger den biographischen Ablauf betrifft als das unterschiedliche Urteil über das Verhalten dieses Kirchenmannes. Lebensmittelpunkt des Athanasius war Alexandrien, Ägyptens Metropole, die eine lebendige Tradition griechischer Gelehrsamkeit repräsentierte und den Boden für eine Begegnung des christlichen Glaubens mit antiker Paideia bereitet hatte. Zwar liegen die Anfänge des Christentums am Nil weitgehend im Dunkeln; aber schon im Laufe des zweiten Jahrhunderts verrät das *Ägypterevangelium* bodenständige Eigenheit neben gnostischen Tendenzen, und gegen Ende tritt die alexandrinische Gemeinde ins Licht der Geschichte, sei es in seiner berühmten Katechetenschule oder auch in der Gestalt ihrer Bischöfe.

Um das Jahr 295 scheint hier Athanasius geboren worden zu sein. Leider geben die Quellen kaum Auskunft über Herkunft und Jugendzeit; gewisse Hinweise lassen auf eine heidnische Familie griechischer Zunge schließen. Eine Nachricht erzählt von dem Bemühen der Mutter, ihren Sohn der Familie zu erhalten; dieser jedoch habe sich ihren Plänen verweigert und sich dem Christentum zugewandt.[1] Hierin wird ein früher Zug zur Askese sichtbar, der seine Verbindungen zum aufkommenden Mönchtum aufschlußreich beleuchtet. In einem Enkomion (Lobrede) berichtet Gregor von Nazianz († um 390), daß Athanasius „bald in den göttlichen Sitten und Wissenschaften unterwiesen worden sei, nachdem er kurze Zeit die enkyklischen Fächer studiert hatte".[2] Maßgeblich für seine Entwicklung wurde wohl der Dienst als Anagnost (Lektor) in der Gemeinde sowie seine Sekretärstätigkeit beim Ortsbischof Alexander (313–328), der ihn um 319 zum Diakon weihte. Die scharfe Verfolgung der Christen unter Diokletian (284–305) hat der junge Athanasius noch erlebt, freilich mehr an ihren Folgen getragen, entstand doch daraus das melitianische Schisma. Dem Zugriff staatlicher Verfolgungsmaßnahmen hatte sich Bischof Petrus († 311) durch Flucht entzogen, und er leitete aus sicherem Versteck heraus die alexandrinische Gemeinde. In dieser Situation begann aus nicht recht ersichtlichen Gründen der oberägyptische Bischof Melitius († nach 325) Weihen außerhalb seines Sprengels vorzunehmen, ein Vorgehen, das bald den Protest inhaftierter Bischöfe auslöste. Zugang zu der alexandrinischen Gemeinde scheint ein gewisser Arius verschafft zu haben. Als Melitius freilich selbst zur Zwangsarbeit verurteilt wurde und so das Ansehen eines Konfessors gewann, konnte er nach Entlassung gegen die milde Praxis der Wiederaufnahme von Abgefallenen, wie sie von Bischof Petrus geübt wurde, Sturm laufen, eben als Vertreter der „Märtyrerkirche". Schon im Jahr 306 schloß eine Synode Melitius aus der kirchlichen Gemeinschaft aus und besiegelte damit ein Schisma der ägyptischen Kirche. Zwischen den Parteien schwankend machte Arius schließlich seinen Frieden mit dem Ortsbischof Achillas († 313), wurde von ihm sogar zum Presbyter geweiht und zum Pfarrer an der Baukaliskirche bestellt. Als solcher konnte er auch unter dessen Nachfolger Bischof Alexander seine Anschauungen vortragen. Arius, von Geburt Libyer und in Antiochien theologisch gebildet, genoß in breiten Kreisen Alexandriens Ansehen wegen seiner asketisch geprägten Persönlichkeit und seines gewinnenden Auftretens. Seit 318 trug er als geschulter „Dialektiker" Auffassungen über das christliche Gottesbild vor, die, mittelplatonischen Spekulationen verhaftet, eine Unterordnung des Logos gegenüber dem Vatergott propagierten. Die beachtliche Resonanz für seine Ideen erklärt sich neben dem innewohnenden moralischen Impuls wohl nicht zuletzt aus der Wiederbelebung origeneischen Gedankengutes. Bischof Alexander, von solchen Lehren beunruhigt, lud Arius zu einer Art Religionsgespräch ein, bei dem der Pfarrer von Baukalis seine Thesen vorlegte, daß nämlich der Sohn Gottes aus dem Nichtseienden geschaffen sei, daß es eine Zeit gab, da er nicht existierte, daß er in seiner Selbstmächtigkeit fähig sei, das Böse wie die Tugend aufzunehmen, und daß er ein Geschöpf sowie eine geschaffene Wirklichkeit sei.[3] Entschieden betonte gegen eine solche Unterordnung die anklagende Partei, darunter enttäuschte Melitianer, die Gleichewigkeit und die Homousie des Sohnes mit dem Vater, eine Meinung, die auch Alexander guthieß, nicht zuletzt weil damit das Erlösungsverständnis aufgrund der Vergöttlichung der menschlichen Natur gewährleistet war. Arius freilich beharrte auf seiner Meinung und gefährdete so erneut die kirchliche Einheit Ägyptens. Um diese Gefahr einzugrenzen, schloß Bischof Alexander Arius aus der Gemeinschaft aus, der nun seinerseits durch rege Propaganda unterstützt bei seinen zahlreichen Studienfreunden (Syllukianisten) um Sympathien warb. Diese Ausweitung der Angelegenheit beantwortete Alexander mit der Einberufung einer ägyptischen Synode (wohl 319), die den früheren Ausschluß bestätigte, ein Urteil, das allen katholischen Bischöfen mitgeteilt wurde. Damit war der lokale Rahmen des Falles Arius endgültig gesprengt. Mit dem alexandrinischen Presbyter identifizierten sich zudem plötzlich einflußreiche Kirchenmänner wie Eusebius von Nikomedien († 341/342), und nicht zuletzt sie verliehen dem Streit eine neue Dynamik. Eine heftige publizistische und synodale Aktivität zog die Fronten quer durch die östliche Christenheit immer schärfer aus, und zwar in einer Zeit, da gegen Ende der Herrschaft des Licinius (308–324) erneut eine Verfolgung der Gläubigen einsetzte. Konstantins Sieg über seinen Mitherrscher im Jahre 324 führte zur Universalmonarchie, als deren religiös-geistige Grundlage sich das Christentum anbot. Die Zwistigkeiten im Osten widersprachen dem kaiserlichen

Einheitskonzept, so daß er alsbald nach seinem Triumph in Alexandrien intervenierte. Die Mission des Ossius von Córdoba († 357/58) verlief angesichts der aufgeworfenen Gräben jedoch erfolglos, so daß sich der Kaiser ähnlich wie in Sachen des Donatismus zur Einberufung eines Konzils entschloß, das in Nicaea stattfinden sollte. Auf dieser ersten ökumenischen Synode (325) begegnen wir wieder Athanasius, und zwar als Begleiter seines Bischofs Alexander. Nach seinen eigenen Worten bekämpfte er schon dort „freimütig die Gottlosigkeit der Ariomaniten",[4] obwohl nur Diakon. Diese Bemerkung rechtfertigt die Annahme, daß er bereits in den vorausgehenden Jahren eng mit den Problemen vertraut war, auch wenn entsprechende Nachrichten darüber fehlen. Durchaus glaubwürdig ist eine Notiz des Apollinarius († nach 385), wonach Alexander ihn als Nachfolger wünschte. Jedenfalls wurde Athanasius am 8. Juni 328 zum Bischof geweiht, obwohl die nach Kanon IV von Nicaea erforderliche Zustimmung aller Bischöfe der Eparchie nicht vorlag. Offensichtlich wollte man einer melitianischen Initiative zuvorkommen, ein Vorgehen, das sich mit dem Wunsch des Kirchenvolkes deckte. Mit Übernahme des ebenfalls von Nicaea (Kanon VI) in seinem patriarchalen Rang bestätigten Stuhles von Alexandrien trat Athanasius ins volle Licht der Geschichte. Die überstürzte Ordination des Athanasius löste auf seiten der Melitianer bald Proteste aus, da sie ihre Interessen übergangen sahen. Mit Verleumdungen und Tätlichkeiten gingen sie gegen den neuen Bischof vor, der seinerseits um Anerkennung warb und durch Visitationsreisen den Zusammenhalt stärkte, nicht zuletzt beim Mönchtum. Die ersten Osterfestbriefe bekunden den Willen des neuen Bischofs, seine Herde zu lebendiger Einheit im Glauben und in der kirchlichen Ordnung zu führen. Gegen die Beschwerde über Gewalttaten zögerte er freilich nicht, die Melitianer pauschal des Glaubensabfalls zu verdächtigen. Mit einem glatten Nein wies er die Aufforderung des Kaisers zurück, den verbannten Arius wieder in die Kirchengemeinschaft aufzunehmen, und er demonstrierte so dem Herrscher von Anfang an seine Kompromißlosigkeit. Theologische und kirchenpolitische Erwägungen hinderten Athanasius an einem solchen Schritt; über alle Verschleierungsversuche hinaus war ihm der im Erlösungsverständnis wurzelnde Gegensatz zu Arius bewußt und maßgeblich für sein Handeln. Der Bischof von Alexandrien sah sich jedenfalls den Angriffen zweier Parteien ausgesetzt, die nun mit Anklagen wie denen der Bestechung beim Kaiser eine Art Kriminalprozeß anstrengten, um den mißliebigen Gegner endgültig auszubooten. Furchtlos reiste Athanasius im Winter 331/32 an den Hof von Nikomedien, um sich vor Konstantin persönlich zu verteidigen. Dies gelang ihm vollauf, obwohl zudem seine umstrittene Bischofsweihe zur Sprache kam, und er konnte während der Karwoche 332 nach Alexandrien zurückkehren. Die Melitianer setzten aber ihre Angriffe gegen Athanasius fort, ja man behauptete sogar, er habe einen ihrer Bischöfe, Arsenius, umbringen lassen. Dem Angeklagten gelang es freilich, den Totgesagten ausfindig zu machen und die vom Kaiser eingeleitete Untersuchung einstellen zu lassen. Trotzdem entwickelte sich die Auseinandersetzung im Osten immer mehr zu einem ,,Fall" Athanasius, den Konstantin auf Betreiben seiner Gegner von einer Synode klären lassen wollte. Als der Alexandriner sein Erscheinen vor einer in Caesarea (Palästina) anberaumten Versammlung verweigerte, berief der Kaiser anläßlich seiner Tricennalien im Jahre 335 nach Tyrus erneut eine Synode ein, der Athanasius sich nicht mehr entziehen konnte.

Diese Reichssynode setzte sich samt dem kaiserlichen Vertreter Flavius Dionysius weitgehend aus Bischöfen des arianisch-melitianischen Lagers zusammen, so daß Athanasius und sein Anhang von vornherein als Angeklagte erschienen. Aus den Verhandlungspunkten – neben einem zerschlagenen Kelch hob man auf den Widerstand ab – ließ sich freilich kaum ein Verfahren gegen den Bischof von Alexandrien einleiten, zumal auch der angeblich ermordete Arsenius unter den Synodalen identifiziert werden konnte. Trotzdem verließ Athanasius den Gerichtsplatz und begab sich nach Konstantinopel, um seine Sache am Hofe persönlich zu vertreten. Während die versammelten Bischöfe über den Flüchtigen die Absetzung aussprachen und mit Konstantin am 17. September 335 die Grabeskirche in Jerusalem einweihten, gelang es Athanasius nach dessen Rückkehr in die Hauptstadt bis zu ihm vorzudringen und zu intervenieren. Zur Klärung der Angelegenheit rief Konstantin die Synodalen von Tyrus zu sich, deren Vertreter, voran Eusebius von Nikomedien, an den Hof reisten und gegen Athanasius neue Anklagen vorbrachten, darunter den politisch schwerwiegenden Vorwurf, er verhindere die Getreideversorgung der Hauptstadt aus Ägypten. Ohne diese Anzeige zu überprüfen, verbannte der Kaiser Athanasius nach Trier (335). Im Orient triumphierten nun die Anhänger des Arius, der es schon ein Jahr früher verstanden hatte, durch ein verhaltenes Glaubensbekenntnis die ihm angelasteten Irrtümer als Entstellungen seiner Gegner umzudeuten. Konstantin verwies ihn zur Erledigung der Angelegenheit an eine Synode, die ihn vom Bann lossprechen sollte. Die in Jerusalem versammelten Bischöfe kamen dem Wunsch des Kaisers nach; ehe Arius freilich in seine kirchlichen Rechte eingesetzt werden konnte, starb er plötzlich auf einem Abort in Konstantinopel, ein Tod, den Athanasius in *de morte Arii* tendenziös ausmalte. Seine Anhänger, an der Spitze der gewandte Eusebius von Nikomedien, wurden durch dieses Ereignis keineswegs zerstreut; sie formierten sich vielmehr zur herrschenden Partei im Orient, als auch Kaiser Konstantin an Pfingsten 337 starb.

Athanasius, in Trier von Bischof Maximinus († 346) als Sachwalter der Orthodoxie aufgenommen, vermittelte durch seinen Aufenthalt dem Westen nicht nur die Strömungen der östlichen Theologie, er bestärkte vor allem auch die traditionellen Verbindungen zwischen Alexandrien und Rom, eine Achse, die sich in den kommenden Wirren bewährte. Jedenfalls konnte auf Weisung Konstantins II. (337–340) Athanasius noch im Laufe des Jahres 337 Trier verlassen und sich mit einem Empfehlungsschreiben des westlichen Herrschers an die Gemeinde von Alexandrien auf den Weg in die Heimat machen. Er selbst hatte dorthin einen Osterfestbrief geschickt, in dem er seiner triumphierenden Freude Ausdruck gab und erstmals als Seelsorger vor Arius und dessen Anhängern warnte. ,,Sie greifen Christus an und vergreifen sich mit ihren Argumenten am Erlöser; sie reden falsch von unserem Retter und hören nicht auf, Stellung zu beziehen gegen den Urheber des Heils."[5] Es scheint, daß die Aufhebung des Exils aller nicaeatreuen Bischöfe dem Wunsch des großen Konstantin entsprach. Tatsächlich traf der Bischof von Alexandrien auf einer umständlich angelegten Rückreise über Kleinasien mehrmals mit dem Augustus des östlichen Reichsteiles, Constantius II. (337–361), zusammen, ein Zeichen dafür, daß beide eine Befriedung der kirchenpolitischen Situation anstrebten. Natürlich reagierten die arianisierenden Bischöfe um Eusebius von Nikomedien sofort auf diesen Umschwung und protestierten sogar bei Papst Julius (337–352), da Athanasius in Tyrus rechtmäßig abgesetzt worden sei und deshalb den Bischofsstuhl von Alexandrien nicht wieder einnehmen könne. Ihre Argumentation höhlten sie freilich selbst aus, insofern sie dem römischen Bischof eine synodale Überprüfung der Angelegenheit anheimstellten. Der umstrittene Heimkehrer sammelte jedenfalls eine Synode ägyptischer Bischöfe (388), die ihm das Vertrauen aussprach und gegen den Entscheid von Tyrus die Rechtmäßigkeit seines Anspruchs bestätigte. Ihr Rundschreiben[6] macht deutlich, daß Athanasius nun zusehends seine eigene Person mit der Sache der Orthodoxie identifizierte.

Nachdem die Eusebianer in Antiochien (338) von ihrem melitianischen Kandidaten Pistus abgerückt waren und den Kappadokier Gregor in unkanonischer Form zum Bischof von Alexandrien bestimmt hatten, mußte Athanasius erneut dem kaiserlichen Druck weichen (339). Ehe er sich auf die Flucht nach Rom begab, stärkte er seine Gemeinde. Publizistisch wirksam geißelte er in einer Epistula encyclica das Vorgehen der staatlichen Macht mit scharfen Worten und schnitt an seinem Fall wiederum die Grundsatzfrage nach dem Verhältnis von Kirche und Staat an: ,,Wenn bei Euch", so schrieb er den Mitbischöfen, ,,während Ihr ohne Tadel in Euren Kirchen sitzt und Eure Gemeinden versammelt, plötzlich auf Befehl der Regierung ein Nachfolger eindringt, würdet Ihr dann nicht entrüstet nach Sühne rufen? Deshalb fordert die Gerechtigkeit, daß Ihr auch jetzt Euren Unwillen bekundet, damit nicht, wenn Ihr schweigt, dieses Übel binnen kurzem sich über alle Kirchen ausbreite und unsere Stätten der Glaubenslehre fortan ein Markt und Handelsplatz werden."[7] Sosehr in diesen Auseinandersetzungen das Ansehen des alexandrinischen Bischofsstuhls auf dem Spiele stand und dementsprechend das Eingreifen der ,,weltlichen" Macht parteilich beurteilt wurde, Athanasius hat damit fraglos ein schwelendes Problem der Reichskirche aufgerissen. Als Flüchtling fand der ägyptische Bischof in Rom natürlich Gehör. Zwar verweigerten nun die Eusebianer eine Teilnahme an der Synode, die Papst Julius 340/341 veranstaltete, weil sie darin eine Anmaßung Roms erblickten. Jedenfalls kam sie zu dem Ergebnis, daß Athanasius der rechtmäßige Oberhirte Alexandriens sei, wie sie auch die Gemeinschaft mit dem wegen sabellianischer Tendenzen umstrittenen Marcell von Ankyra († um 374) bestätigte, der offensichtlich seinen ägyptischen Amtsbruder zur theologischen Auseinandersetzung mit dem

Arianismus anregte. Ein selbstbewußtes Schreiben in den Orient eröffnete freilich weder dem Flüchtigen die Rückkehr nach Ägypten, noch änderte es etwas am Kurs der Eusebianer. Diese trafen sich (341) anläßlich der Weihe der „Großen Kirche" in Antiochien mit Constantius und verabschiedeten auf einer Synode ein Rundschreiben, worin sie sich gegen die Bezeichnung als Arianer verwahrten, andererseits aber in den drei verabschiedeten Glaubensformeln jene Begriffe aussparten, die für das Symbol von Nicaea charakteristisch waren; gerade weil Athanasius selbst um diese Zeit das nikänische homoúsios noch vermied, können auch die antiochenischen Formeln der Eusebianer nicht rundweg als arianisch gedeutet werden.

Mit der Übernahme der Herrschaft im gesamten Westen durch Kaiser Konstans nach dem Tode Konstantins II. (340) erfolgten hier neue athanasiusfreundliche Initiativen. Zunächst holte sich der Kaiser Auskunft über die Glaubenshaltung der orientalischen Bischöfe, die von einer Abordnung in Trier mit der Vorlage der sogenannten vierten antiochenischen Formel beantwortet wurde; auf Bitten des Papstes Julius nötigte er auch seinen Bruder Constantius II. zu einem Konzil in Sardika (Sofia), zu der Bischöfe beider Reichshälften geladen wurden. Wohl im Herbst 342 versammelten sich dort die westlichen Bischöfe, in ihrer Mitte Athanasius, ein Umstand, der von vornherein die Bischöfe aus dem Orient in Harnisch brachte. Trotz des bezeichnenden Vorschlags des greisen Ossius von Córdoba, Athanasius solle selbst im Falle seiner Unschuld nicht mehr nach Alexandrien zurückkehren – ein Hinweis dafür, daß sich der Streit nicht auf eine bloße Machtfrage zurückführen läßt –, lehnten die Orientalen eine gemeinsame Sitzung ab. Ihren Standpunkt veröffentlichten sie in einem Schreiben an die afrikanische Kirche, während die westlichen Teilnehmer Athanasius erneut rehabilitierten. Gegen den Versuch, ein neues Glaubenssymbol vorzulegen, wehrte sich Athanasius mit dem Hinweis auf die Norm des Bekenntnisses von Nicaea; disziplinäre Bestimmungen sollten hingegen Bedeutung erlangen. Der günstige Ausgang der Synode für den alexandrinischen Bischof und seine Anhänger kann nicht darüber hinwegtäuschen, daß durch die gegenseitige Exkommunikation der Graben zwischen Ost und West tief aufgerissen wurde. Die Parteinahme der jeweiligen Kaiser für die Bischöfe ihres Herrschaftsbereichs machte sich alsbald auch zugunsten des Athanasius geltend. Zwar konnte eine Delegation des Kaisers Konstans, möglicherweise unter Androhung von Repressalien, zunächst nur die Einstellung von Gewalttätigkeiten im Osten erreichen, doch gestattete Constantius nach dem Tode des Bischofs Gregorius (345) Athanasius die Rückkehr nach Alexandrien, wozu gewiß auch seine Distanzierung von Marcells Theologie beitrug. Ein Treffen mit dem Herrscher in Antiochien entschärfte ebenfalls die gespannte Lage. Athanasius, triumphal in seiner Bischofsstadt empfangen (346), erschien fast wie ein Wegbereiter der kirchlichen Einheit, da selbst ehemalige Gegner wie die Bischöfe Ursacius und Valens aus Illyrien die Gemeinschaft mit ihm aufnahmen.

Diese Entwicklung wurde jäh unterbrochen, als im Gefolge des politischen

Umsturzes im Westen Kaiser Konstans das Leben verlor (350), und Constantius nach Niederwerfung des Usurpators Magnentius (353) Alleinherrscher des Imperiums wurde. Zwar hatte Athanasius klugerweise die Anbiederungsversuche des Magnentius abgewiesen, aber die nicht ganz unbegründeten Verdächtigungen zeitigten bald ihre Wirkung. Einer Vorladung an den Hof, bei dem er kurz vorher selbst interveniert hatte, folgte er nicht. So ging der Kaiser, der eben in Gallien weilte, ohne Umstände auf den Vorschlag des Papstes Liberius (352–366) ein und berief eine Synode nach Arles. Der Versuch, auch hier zunächst die anstehenden Glaubensfragen zu behandeln, scheiterte an der vorgefaßten Absicht, den alexandrinischen Bischof zu verurteilen. Unter Androhung des Exils und unter dem Eindruck der nunmehr wieder antiathanasianischen Argumentation des Bischofs Valens von Mursa leisteten die unzureichend informierten Bischöfe aus Gallien ihre Unterschrift; allein Paulinus von Trier weigerte sich und mußte seinen Widerstand mit der Verbannung nach Phrygien büßen. Papst Liberius verlangte erneut eine Behandlung der Angelegenheit, und der Kaiser rief im Jahre 355 die Bischöfe, vorwiegend aus dem Westen, nach Mailand. Dem Plan des Kaisers, wiederum nur die Absetzung des Athanasius zu bestätigen, setzten einige Anhänger des Alexandriners das Verlangen entgegen, die Frage des Glaubens zu behandeln und das Glaubensbekenntnis von Nicaea durch Unterschrift anzuerkennen. Als darüber Tumulte ausbrachen, verlegte Constantius die Synode kurzerhand in seinen Palast und bekam sie so noch mehr in seinen Griff; gegen die Widerstrebenden äußerte er selbstbewußt: ,,Was ich will, das muß als kirchlicher Kanon gelten.“[8] Unter diesem Druck erreichte der Kaiser auch sein Ziel. Die drei opponierenden Bischöfe, Eusebius von Vercelli, Lucifer von Calaris und den Ortsbischof Dionysius, traf das Exil. Bei dem anschließenden Versuch, die Unterschriften abwesender Bischöfe einzuholen, erwies sich alsbald auch Hilarius von Poitiers († 367) als Wortführer des Widerstandes. Wie er so mußte auch Papst Liberius seine Weigerung, die Synode in Mailand anzuerkennen, mit dem Exil bezahlen. Athanasius selbst konnte sich der drohenden Verhaftung entziehen und in Alexandrien behaupten, mußte aber schließlich den angezettelten Tumulten weichen (356) und floh zu den Mönchen in der ägyptischen Wüste. Für seine Anhänger brach nun eine bedrückende Zeit an; das Militär beschlagnahmte Basiliken, und wiederum wurde ein Gegenbischof, Georgius, eingeführt, dessen Einfluß der Kaiser bis nach Axum und damit in die äthiopische Kirche zu erweitern suchte.

Aus seinem Versteck und mithilfe des verbündeten Mönchtums hielt der untergetauchte Bischof regen Kontakt zu seiner Gemeinde. War zu Beginn der fünfziger Jahre die theologische Auseinandersetzung mit dem Arianismus, und zwar unter Rückbindung an das Nicaenum in den Vordergrund getreten, so trat jetzt angesichts der Aussichtslosigkeit einer Einigung die Mobilisierung der Opposition und die leidenschaftliche Verteidigung gegenüber dem Kaiser als dem ,,Wegbereiter des Antichristen“ in den Vordergrund. Athanasius' Einfluß hinderte auch den 357 vom Kaiser eingesetzten Bischof Georgius, sich in Alexandrien zu halten; ihn jagten wegen seiner Gewalttätigkeiten die Anhänger des Untergetauchten fort, der es aber trotzdem nicht wagte, auf seinen Bischofsstuhl zurückzukehren.

In dieser Zeit erfuhr plötzlich das theologische Denken wieder neue Anstöße. Bischof Serapion von Thmuis († nach 362) schlug Alarm wegen der Frage nach dem Heiligen Geist und erbat von Athanasius eine Stellungnahme. Im arianischen Lager hatte ein gewisser Aëtius, in Antiochien vom dortigen Bischof Leontius zum Diakon geweiht (um 350), die Thesen des Arius aufgenommen und sie in dialektischer Schärfe radikalisiert. Für seine Auffassung, wonach zwischen Schöpfer und Logos „Unähnlichkeit" vorliege, gewann er in Alexandrien auch Eunomius, nachmals Bischof von Kyzikos. Angesichts einer solch extremen Position, welche die Aufsplitterung der arianischen Front einleitete, formulierten die bischöflichen Berater um Kaiser Constantius in Sirmium (357) eine (zweite) Formel, die verhaltener klang, aber doch die Kernbegriffe des nicänischen Symbols verwarf. Diese Neuauflage des konsequenten Arianismus, gebilligt vom greisen Ossius und dem schwankenden Papst Liberius, fand allerdings rasch auch Widerspruch aus den Reihen bisheriger Eusebianer; vor allem Basilius von Ankyra († um 365) stemmte sich dagegen und sprach sich auf einer Synode (358) für die Wesensähnlichkeit (homoioúsios) von Vater und Sohn aus, eine Terminologie, die auch Athanasius als Diskussionsgrundlage bedenkenswert erschien. Die Absicht des Bischofs von Ankyra, mit Unterstützung des Kaisers seine Theologie auf einer großen Synode durchzusetzen, scheiterte, als Constantius den Plan einer Doppelsynode aufgriff in der Hoffnung, mit vagen Formulierungen die kirchliche Einheit herzustellen. Die abendländische Versammlung in Ariminum (359) sprach sich in ihrer Mehrheit zunächst für Nicaea aus, trat aber schließlich unter dem Druck kaiserlicher Zermürbungstaktik der letzten sirmischen Formel bei. In Seleucia traten im Herbst 359 die orientalischen Bischöfe zusammen. Dabei gelang es der homöusianischen Partei (Vertreter der *Wesens*ähnlichkeit des Sohnes) unter Basilius nicht, ihre Auffassung durchzubringen; vielmehr fand das homöische Bekenntnis (zur bloßen Ähnlichkeit des Sohnes), das vor allem Akacius von Caesarea († 366) vertrat, beim Kaiser Anerkennung analog dem in Ariminum verabschiedeten Symbolum. Als der Herrscher in Konstantinopel (360) dieses Bekenntnis bestätigen ließ, traf auch die Vertreter der Homöusianer der Bannstrahl. Die Bischöfe Ägyptens und Libyens verweigerten ohnedies ihre Zustimmung, zumal sie Athanasius aus seinem Versteck mit einem Rundschreiben dazu aufgefordert hatte. Vertreter der homöischen Partei nahmen alsbald die wichtigsten Bischofssitze ein; in Alexandrien konnte sogar der Anhomöer (Vertreter der Unähnlichkeit) Georgius wieder den bischöflichen Stuhl besteigen. Die Sache des Nicaenum, mit der sich Athanasius so sehr identifizierte, schien angesichts dieser Entwicklung verloren.

Einen Umschwung der Religionspolitik brachte unvermittelt der Tod des Kaisers Constantius im Jahre 361. Im Gegensatz zu ihm leitete sein Nachfolger Julian (361–63) eine Restaurationspolitik heidnischer Prägung ein. Wohl in

Erwartung eines innerchristlichen Zwistes gestattete er allen verbannten Bischöfen die Rückkehr zu ihren Gemeinden. Nun konnte Athanasius nach sechsjähriger Abwesenheit wieder seinen Bischofsstuhl in Alexandrien besteigen und sofort eine rege Aktivität entwickeln. Noch im Jahre 362 berief er ein „Konzil der Konfessoren" ein, um die anstehenden Fragen zu beraten. Der ständige Wechsel der Bischöfe hatte die einzelnen Ortskirchen vielfach zerrissen; nun sollte die Einheit wiederhergestellt und jener Bischof anerkannt werden, welcher der Häresie des Arius abschwöre, das nicänische Symbolum anerkenne und jene verfluche, die den Heiligen Geist als Geschöpf betrachten. Die praktische Anwendung dieser Kriterien stieß allerdings auf erhebliche Schwierigkeiten, vor allem in Antiochien, wo die Gläubigen in drei Gruppen zerfallen waren. Wie sich hier das Bemühen abzeichnet, einen Ausgleich zwischen Altnicänern und Homöusianern herzustellen, so haben auch die grundsätzlichen Erwägungen der Synode von Alexandrien dazu beigetragen, die unterschiedlichen theologischen Standpunkte zu überschreiten. Mit der Bereitschaft, die Redeweise von den drei Hypostasen (Personen) anzuerkennen, sofern sie nicht auf eine arianische Unterordnung zielt, und sie neben dem eigenen Wortgebrauch von der einen Usia (Wesen) bzw. Hypostase zu dulden, war der Weg zur Verständigung mit den Homöusianern bereitet. Wie sich theologisch die Fragestellung erweitert hatte, zeigt das Verlangen, auch den Heiligen Geist dem Bereich der göttlichen Usia zuzuordnen. Gegenüber Tendenzen einer Unterordnung in Kreisen der Homöusianer hatte Athanasius bereits in seinen Briefen an Serapion von Thmuis, die er zwischen 358–362 aus dem Versteck bei den Mönchen schrieb, die Gottheit des Geistes verteidigt und damit der Ausformulierung des trinitarischen Dogmas vorgearbeitet. In gleicher Weise beschäftigte die Synode von 362 auch die aufbrechende Diskussion um den menschgewordenen Logos, deren unterschiedliche Lösungen man gut athanasianisch unter Rückgriff auf nicänische Aussagen von der Mensch- bzw. Fleischwerdung zu harmonisieren trachtete. Wenn dabei der Alexandriner dem Schema Logos-Sarx verhaftet blieb, so zeigt die Synode von Alexandrien doch, daß er mit untrüglichem Sinn anstehende Fragen aufnahm und über alle persönlichen Gegensätze hinweg auf die Einheit im Glauben zielte. Diese Aktivitäten sowie sein zunehmender Einfluß auf Heiden veranlaßten Kaiser Julian, auf seine Ausweisung zu drängen. Vorgewarnt wich Athanasius aus der Stadt, selbstbewußt seinen Freunden ankündigend: „Wir wollen uns nun etwas zurückziehen, es handelt sich um ein Wölkchen und es geht vorüber."[9] Tatsächlich starb Julian im nächsten Sommer (363) an den Folgen einer Verwundung.

Der christenfreundliche Nachfolger Jovian (363–365) rief Athanasius nach Antiochien und bestätigte ihn als Bischof von Alexandrien. Allerdings gelang es dem Rehabilitierten nicht, einen Ausgleich zwischen den schismatischen Gemeinden in der syrischen Metropole zu schaffen, obwohl die begriffliche Neuorientierung der Synode von 362 dazu die theologischen Voraussetzungen geschaffen hatte.

Die versöhnliche Entwicklung zu Beginn der sechziger Jahre unterbrach jedoch wieder ein Regierungswechsel. Kaiser Valens (364–378), von seinem Bruder Valentinian I. (364–375) zum Herrscher über den Osten bestellt, neigte erneut „arianischem" Bekenntnis zu und gewährte seinem Hofbischof Eudoxius große Bewegungsfreiheit. Ihm gelang es nicht nur, eine sich in Lampsakos anbahnende Vereinigung zwischen Homöusianern und Nicänern zu stören; der Kaiser erließ sogar ein Edikt, das die Entfernung aller nicänisch gesinnten Bischöfe verfügte, die unter Julian zurückgekehrt waren. Erneut mußte Athanasius seinen Platz räumen, konnte aber bald wieder das (angebliche) Versteck in der väterlichen Grabanlage verlassen, da Valens wegen aufkommender Unruhen einlenkte (366). Die letzten Jahre seines Lebens hindurch leitete der Heimkehrer mit souveräner Autorität die Kirche von Alexandrien. Das Ansehen des Bischofs war so groß, daß der Kaiser in Ägypten ein rigoroses Vorgehen wie etwa in Syrien nicht wagen konnte. Dank der Unterstützung durch das Volk scheiterte auch der neuerliche Versuch der arianischen Opposition, ihren Kandidaten Lucius auf den Bischofsstuhl zu erheben (367). Über die Leitung der eigenen Gemeinde hinaus widmete Athanasius seine Aufmerksamkeit nach wie vor gesamtkirchlichen und allgemeinen theologischen Fragen. Ein Schreiben an die Bischöfe des westlichen Afrika warnte im Auftrag einer wohl 369 veranstalteten Synode vor den Machenschaften der Arianer. In Rom intervenierte er wegen des Arianerbischofs Auxentius von Mailand, der tatsächlich 371 von einer Synode verurteilt wurde. Das Festhalten des Athanasius an den Anhängern des Patriarchen Eustatius von Antiochien verhinderte jedoch alle Versuche, in Antiochien die kirchliche Einheit wieder herzustellen. Sein Briefwechsel mit Basilius von Caesarea († 379) illustriert diese Aktivitäten, zugleich aber auch die weltweite Autorität des alexandrinischen Bischofs, sowie sein gesamtkirchliches Verantwortungsbewußtsein, das über die Einheit der Ortskirchen hinaus weiterhin die theologische Entwicklung beobachtet, wie uns der Brief an Epictetus von Korinth über christologische Probleme bestätigt. Athanasius starb am 2.(3.) Mai 373.

II. Werk

Aus dem bewegten Lebensgang des Athanasius und den vielschichtigen Auseinandersetzungen erwuchs sein literarisch-theologisches Werk. Ständig gefordert von den kirchlichen und politischen Problemen der Zeit, tragen seine Schriften weitgehend den Stempel des konkreten Anlasses und die Züge eines Betroffenen; gerade in die Darstellung zeitgenössischer Vorgänge floß dadurch subjektives Urteil, wenn nicht gar polemische Agitation ein. Ordnet man das Schrifttum des Athanasius nach Schwerpunkten, dann treten neben den theologischen Elementen apologetische Tendenzen, disziplinäre Weisungen und historisch-dokumentarische Nachrichten in den Vordergrund.

Mangels konkreter Anhaltspunkte bereitet die Datierung der *Oratio contra*

Athanasius (ca. 295–373)

gentes, einer Schrift gegen die heidnische Götterverehrung, und von *De incarnatione,* einer Darlegung der Menschwerdung sowie der Erlösung im Sinne der Vergöttlichung, Schwierigkeiten. Da der Arianismus nicht unmittelbar erwähnt wird, ist ein Ansatz vor dem Konzil von Nicaea denkbar; aus der theologischen Gesamtanlage des Doppeltraktats legt sich aber doch eine Abfassung während des Exils in Trier (336/337) nahe. Eine Kurzfassung des Werkes geht schwerlich auf Athanasius selbst zurück. Als Bischof von Alexandrien schrieb er mehrere *Osterfestbriefe,* d. h. Rundschreiben an die Christen Ägyptens, in denen neben der Bekanntgabe des Ostertermins nach Art der heutigen Fastenhirtenbriefe konkrete pastorale Fragen behandelt wurden; bedeutsam für die Kanongeschichte ist *Brief 39* aus dem Jahr 367, weil er ein Verzeichnis der kanonischen Bücher des Alten und Neuen Testaments enthält. Immer wieder sah sich Athanasius genötigt, Rechenschaft über sein Verhalten zu geben, so in der 339 geschriebenen *Epistula encyclica ad episcopos;* hier schildert er den Ablauf der Ereignisse, die zu seiner (ersten) Verbannung nach Trier geführt haben. Mit Beginn der vierziger Jahre setzte die literarische Auseinandersetzung mit den Arianern ein, die ihren Niederschlag in den wichtigen *Orationes contra Arianos* fand, in denen der Verfasser die Lehre des Konzils von Nicaea über die Wesenseinheit des Sohnes mit dem Vater erläutert und die einschlägigen Bibelstellen wie Sprichwörter 8, 22 auslegt. Eine Verteidigung der umstrittenen Ausdrücke homoúsios sowie ek tes ousias enthält die *Epistula de decretis Nicaenae Synodi* (um 350), zu der die *Epistula de sententia Dionysii* möglicherweise einen Nachtrag darstellt; in letzterer sucht Athanasius den Arianern Bischof Dionysius von Alexandrien († 264/265) als Kronzeugen in der Ablehnung der Homousie zu entwinden. Historisch wertvolles Material bietet die *Apologia secunda* (356) mit ihren Akten und Briefen, die über vorausgegangene Synoden Auskunft geben. Gegen die Vorwürfe politischer Konspiration gegen den Kaiser und andere Verleumdungen setzte sich Athanasius in der *Apologia ad Constantium imperatorem* (um 357) zur Wehr; die in meisterhafter Rhetorik gestaltete Schrift wollte der Verdächtigte ursprünglich selbst vortragen. Während seines Fluchtaufenthalts bei den Mönchen in der Wüste (356) warnte Athanasius in seiner *Epistula ad episcopos Aegypti et Libyae* vor den Machenschaften der Arianer. Über deren Greueltaten klagte auch die *Apologia de fuga sua* (357), zugleich eine Rechtfertigung seiner Flucht in leidenschaftlichem Ton. Eine Information über die Vorgänge zwischen 335–337 bietet der überlieferte Abschnitt der *Historia Arianorum ad monachos* vom Jahre 358; vom plötzlichen Tod des Arius handelt ausdrücklich ein Brief an Serapion von Thmuis (357/358). In weiteren Briefen (358–362) an diesen Klostervorsteher in Unterägypten griff Athanasius das Thema von der Göttlichkeit des Heiligen Geistes auf, das im Gefolge der arianischen Subordination des Logos in die Diskussion gekommen war. Aus der Begegnung mit dem Mönchtum erwuchsen in diesen Jahren nicht nur Mahnbriefe asketisch-spirituellen Inhalts, sondern vor allem die *Vita Antonii,* eine nach dem Vorbild antiker Bioi geschaffene „Lebensbeschreibung" des 356 verstorbenen Mönchsvaters. Anläßlich der Berufung der Synoden von Ariminum und Seleukia drückte der Bischof von Alexandrien seine Unionserwartungen in der *Epistula de synodis* (361–362) aus. Als Wortführer von Synoden nicaeatreuer Bischöfe schrieb Athanasius den bedeutenden *Tomus ad Antiochenos,* in dem sich ein Ausgleich der theologischen Begrifflichkeit anbahnte (362). Die *Epistula ad Jovianum imperatorem* (363) informiert den Herrscher über den nicänischen Glauben und die Lehre vom Heiligen Geist, wie sie auf der Synode in Alexandrien bestätigt worden waren. In den letzten Lebensjahren beschäftigte sich Athanasius mit fortlaufender Bibelauslegung, als deren Frucht eine Genesiserklärung sowie der *Psalmenkommentar* gelten können; die Grundsätze seiner Auslegung legte er in seinem *Brief an Marcellinus* dar. Funde von Überlieferungsstücken bestätigen die Nachricht des Hieronymus, daß er sich auch mehrmals mit dem Thema der Jungfräulichkeit befaßt hat, wenngleich seine Autorschaft von *De virginitate* noch umstritten ist. Das Aufkommen der christologischen Fragestellung bezeugen die *Epistula ad Epictetum episcopum Corinthi* (371), ein Werk, das für den Entscheid von Chalcedon Bedeutung erlangte, sowie Briefe an den Bischof Adelphinum und den Philosophen Maximus (372).

III. Bedeutung

In keiner anderen Gestalt verdichten sich so sehr die theologischen, kirchlichen und politischen Probleme des vierten Jahrhunderts wie in Athanasius von Alexandrien. Mit der Umschichtung der Kräfteverhältnisse, die Kaiser Konstantin eingeleitet hatte, ergab sich für Kirchenmänner seines Schlages die Möglichkeit, die eigene Glaubensüberzeugung in aller Öffentlichkeit vorzutragen, wobei der Fortbestand des Systems religiös-staatlicher Einheit den Konflikt verschärfte.

Den Angelpunkt der athanasianischen Wirksamkeit bildet das Konzil von Nicaea, an dem er als Diakon teilgenommen hat. Das Glaubensbekenntnis dieser Kirchenversammlung ist über die Diskussion hinweg durch ihn zu allgemeiner Anerkennung gelangt. Mit unbeugsamer Zielstrebigkeit setzte er sich für die volle Annahme der dort getroffenen Entscheidung ein, vor allem seit er als Bischof der Kirche von Alexandrien vorstand und damit die Verantwortung für die Christenheit Ägyptens übernommen hatte. Dabei war er keineswegs nur von dem Willen getrieben, der Formel in ihrer Abstraktheit Geltung zu verschaffen; vielmehr zwang ihn sein Glaube an die im menschgewordenen Logos vollzogene Erlösung dazu, nachhaltig auf der vollen Gottheit des Logos zu bestehen, und zwar nach dem Grundsatz: Wir wären nicht erlöst worden, hätte Gott nicht selbst das Menschsein auf sich genommen. Der Versuch, diese Erlösungslehre als „physisch" oder „mechanisch" zu disqualifizieren, verkennt die biblischen, nicht zuletzt paulinischen Impulse athanasianischen Denkens. Es sei freilich nicht verhehlt, daß seinem Verständnis von Menschwerdung auch Mängel anhaften, insofern er ein Christusbild vom Typus Logos-Sarx entwirft und so für eine menschliche Seele Christi keinen rechten Platz hat. Trotz solcher Mängel, die sich aus der Rückschau bemerkbar machen, hat Athanasius mit hartnäckigem Widerstand gegen arianisierende Entleerung des Gottesbegriffs dem vollen nicänischen Bekenntnis zum Durchbruch verholfen, indem er statt der Logosspekulation auf das Sohnesverhältnis setzte. Seiner Argumentation mangelt zwar oftmals spekulative Kraft, doch erweist sich seine Fähigkeit zum Ausgleich, als er im Ringen um eine angemessene Begrifflichkeit die trinitarische Sprechweise der Jungnicäner vorbereitet, und zwar einschließlich der Gottheit des Heiligen Geistes. Indem Athanasius die Möglichkeit anerkannte, neben dem homoúsios auch von drei Hypostasen zu reden, sofern damit kein arianisches Verständnis unterlegt werde, leitete der sonst so kampfbetonte Bischof die Versöhnung zwischen den Parteien ein.

Im Zuge der Auseinandersetzung um die inhaltliche Aussage des Konzils von Nicaea trug Athanasius wesentlich dazu bei, Kriterien für den Rang und die Autorität dieser Kirchenversammlung zu entwickeln, ein Umstand, der angesichts der nachfolgenden Häufung von Synoden der jeweiligen Parteien von höchster Bedeutung war. Indem er der Glaubensaussage der in Nicaea versammelten Väter die Qualifikation göttlicher Überlieferung zuerkannte, suchte er ihre Überlegenheit über ähnliche Veranstaltungen zu erweisen und ihre Verbindlichkeit im gesamtkirchlichen Bewußtsein zu verankern.

Der Einsatz des Athanasius für die Glaubensaussage von Nicaea stellt zugleich ein Ringen um die Autorität und das Ansehen dieses Konzils in der gesamten Christenheit dar. Nicht zu unterschätzen ist die Wirkung, die der Bischof von Alexandrien im Zuge der Wirren auf das Bewußtsein kirchlicher Zusammengehörigkeit ausgeübt hat. Zwar bieten die Jahrzehnte seines Lebens zunächst ein Bild bislang nicht bekannter Zerrissenheit; aber gerade dieser Zustand führte zu einer gegenseitigen Anteilnahme der einzelnen Ortskirchen, die über lokale Verantwortung hinaus das Wohl aller Gemeinden im Auge behielt. Der Kampf um Bischofssitze erscheint nicht als bloße Machtpolitik, und die Rundschreiben sind nicht nur als pamphletartige Kampfschriften einzustufen; in diesen Aktionen mobilisierte Athanasius die gesamte Kirche, um das Bekenntnis von Nicaea zu sichern. Ohne die Bedeutung der Zusammenarbeit zwischen Alexandrien und Rom zu unterschätzen, ist zu bemerken, daß sich eine Vielzahl von Bischöfen einschaltete. Zwischen den Kirchen des Ostens und des Westens entfaltete sich so eine gegenseitige Anteilnahme, die über den theologischen Streit hinaus das Bewußtsein ihrer Einheit schärfte. Wenn Athanasius überdies die Gelegenheit ergriff, das junge Christentum in Aethiopien an Alexandrien zu binden, dann geschah dies nicht nur aus machtpolitischen Erwägungen, sondern auch aus missionarischem Impuls, um so die Universalität des Christentums über die Grenzen des römischen Reiches hinaus zu verwirklichen.

Getragen waren diese Aktivitäten von einem theologisch fundierten Kirchenbewußtsein. Mit der Inkarnation des Logos ist dem Menschen Heil angeboten, das ihm durch die Kirche vermittelt wird. Christus eint die ganze Menschheit in seinem Leib, eben der Kirche. Wie nun Christus in der Einheit mit dem Vater steht, so ist auch die Kirche eins, und jeder Versuch ihrer Spaltung durch die Häretiker gilt Athanasius als Angriff auf Christus selbst. Dieser Ekklesiologie, wenn auch nicht ganz ausformuliert, eignet ein starker institutioneller Charakter; deshalb gewinnt darin die der Tradition gemäße Besetzung der Bischofsstühle überragende Bedeutung, ebenso aber auch das Selbstbewußtsein gegenüber der staatlichen Gewalt.

Tatsächlich gestaltete sich das Ringen um das Bekenntnis von Nicaea zu scharfen kirchenpolitischen Auseinandersetzungen, in denen die Problematik des konstantinischen Modells der Reichskirche offenbar wurde. Gegen die ideologische Gleichsetzung von göttlicher Monarchie und kaiserlicher Alleinherrschaft, wie sie etwa Eusebius von Caesarea propagiert hatte, wurden plötzlich Vorbehalte laut, die aus der Eigengesetzlichkeit der biblisch-kirchlichen Verkündigung erwuchsen und die Distanz zwischen Kirche und Staat bewußt machten. Auch wenn Athanasius sich im Ton seiner Polemik vergriff, so zeigt gerade sein kirchenpolitisches Handeln, daß Konstantins Einheitsmodell nie unwidersprochen blieb; sein Einspruch blieb beispielhaft für die prophetische Kritik an dem schwierigen Verhältnis von Kirche und Staat.

Ähnlich dem Amtsverständnis, das einen starken pastoralen Zug hatte, zielte Athanasius betont auf die spirituelle Dimension der christlichen Existenz ab, vor allem in der Gestalt des Mönchtums, das erstmals in Ägypten faßbare Formen angenommen hatte. Verbindungen zwischen den asketischen Kreisen in der Wüste und der Hauptstadt bestanden schon frühzeitig. Als Athanasius, von Constantius verbannt, in Rom weilte, befanden sich zwei Mönche in seiner Begleitung, und der bedrängte Patriarch fand auch später bei den Mönchen in der Thebais Unterschlupf, um seine Gemeinde aus dem Versteck heraus zu leiten. Aus diesen Begegnungen erwuchs die Vita des großen Antonius († 356), die das asketische Ideal weiten Kreisen vermittelte und zum Modell hagiographischer Literatur wurde. Angesichts der kaum überbrückten Spannung zwischen kirchlichen Amtsträgern und Charismatikern ist hier jene Unterordnung des Mönches unter die Kleriker bemerkenswert, die eine Interpretation der „Geistträger“ ins zunehmend hierarchisch geprägte Kirchenwesen förderte.

IV. Wirkungsgeschichte

Als Verteidiger des Glaubensbekenntnisses von Nicaea übte Athanasius über seine Zeit hinaus eine nachhaltige Wirkung aus. Gregor von Nazianz rühmt in seiner 21. Rede den Alexandriner als den entscheidenden Anwalt der Lehre von der Trinität, die auf dem zweiten ökumenischen Konzil in Konstantinopel (381) zum Abschluß gebracht wurde. Tatsächlich stellte Athanasius die Tradition des biblischen Gottesglaubens sicher gegenüber rationalistischen Auflösungsversuchen gemäß zeitgenössischen Spekulationen. So unzulänglich auch einzelne Aussagen aus der Rückschau erscheinen mögen, im Beharren auf dem Bekenntnis von Nicaea lag die Wegweisung für die künftige Theologie und die Option für den Glauben.

Seine theologische Autorität bezeugen die häufigen Zitate aus Athanasius-Schriften, mit denen spätere Kirchenschriftsteller ihre Aussagen stützten, wobei sie nach dem Brauch der Zeit Florilegien benützten, d. h. Sammlungen von Väteraussagen zu einem Thema. Es überrascht dabei nicht, wenn unter dem Namen des Athanasius alsbald auch Schriften anderer Verfasser in Umlauf kamen, um so an seinem Ansehen Anteil zu gewinnen. Manch' mißverständliche Formulierung des Christusmysteriums erschwerte allerdings den Ausgleich zwischen den gegensätzlichen Standpunkten, weil sie fälschlicherweise Athanasius zugeschrieben wurde. Das sogenannte *Symbolum Athanasianum,* ein in Gallien entstandenes Glaubensbekenntnis hat nicht zuletzt unter der werbenden Wirkkraft des Alexandriners sogar Eingang in die Liturgie gefunden. Unabhängig von solchen pseudo-athanasianischen Werken galt jedoch sein Beitrag zur Theologie als Richtmaß, dessen man sich über die byzantinische Zeit hinaus auch im Abendland bewußt blieb. Noch in manchen theologischen Gegenentwürfen der Neuzeit, die sich nicht am „Sein", sondern an Gottes Handeln orientieren, ist der Alexandriner als Kontrapunkt faßbar.

Die Verbreitung der mönchischen Lebensform hat durch die *Vita Antonii* einen nicht zu unterschätzenden Anstoß erfahren. Dieses Werk machte nicht nur den Asketen und Einsiedler Antonius berühmt, es trug das asketische Ideal durch die ganze spätantike Christenheit, die ohnedies von Tendenzen der Weltdistanz erfaßt worden war. Das Lob der praktischen Tätigkeit aus dem Glauben gegenüber der schlußfolgernden Vernunft hat hier einen höchst anschaulichen Ausdruck erfahren und nicht zuletzt für die Geschichte der Theologie den Vorbehalt des Glaubens markiert. Der legendäre Ruf des Mönchvaters verbreitete sich hierdurch nicht nur im Orient; wenige Jahrzehnte nach seinem Tod las man die Vita bereits in lateinischer Übersetzung im Westen. Ihre aufrüttelnde Wirkung auf die Leser schildert Augustin († 430) in seinen Bekenntnissen (8, 6); dies eine Beispiel signalisiert schon den Einfluß des Werkes auf die Entwicklung des Mönchtums. Die verschiedenen Zweige des Antoniusordens, darunter die westlichen Hospitaliter, bewahren bis in die Gegenwart diesen Impuls. Daß die Vita Antonii im übrigen als literarisches Muster zahlreicher „Heiligenleben" diente, unterstreicht nur ihre Zugkraft.

Zum Fanal kirchlicher Freiheit gegenüber staatlicher Obmacht wurde Athanasius durch seine lebenslange Auseinandersetzung mit den Herrschern, um das Bekenntnis von Nicaea zur Geltung zu bringen. Es ist bekannt, daß der Bischof von Alexandrien hierbei nicht zimperlich vorging, doch läßt sich sein Kampf nicht auf eigensüchtige Motive zurückführen. Der Fall Athanasius machte vielmehr die grundsätzliche Problematik jener kaiserlichen Kirchenpolitik offenbar, die im Zuge der „konstantinischen Wende" das Christentum als religiöse Institution in das Imperium zu integrieren trachtete. Dem Widerstand des Athanasius kommt vor diesem Hintergrund über seine Zeit hinaus eine beispielhafte Wirkung zu. Sein Einspruch gegen die Vermischung der kirchlichen mit der staatlichen Rechtsordnung machte jenen Vorbehalt bewußt, der in der Folgezeit trotz aller Kooperation das Verhältnis von Kirche und Staat begleitete. So wurde Athanasius zum Symbol kirchlicher Eigenständigkeit gegenüber staatlicher Bevormundung. Noch im Gefolge der Kölner Wirren des 19. Jahrhunderts verfaßte Johann Josef von Görres († 1848) seine Protestschrift gegen den Übergriff des Staates unter dem Titel *Athanasius* (1838), während Ernst Bloch († 1978) in der Rezeption des athanasianischen Christusbildes die Billigung eines revolutionären Impetus erblickte. So bezeugt selbst die Wirkungsgeschichte Leistung und Rolle dieses Kirchenvaters im kirchlichen und politischen Geschehen seiner Zeit, die vielleicht mehr in der Wachheit für das Unveräußerliche der christlichen Botschaft lag als in deren geistiger Durchdringung.

Jouko Martikainen

EPHRAEM DER SYRER

(306–373)

Die syrische Kirche hat Ephraem „Zither des Heiligen Geistes", „Säule der Kirche", „Prophet" und „Sonne der Syrer" genannt. Auch die Byzantiner haben ihn bewundert. So schreibt der Kirchenhistoriker Sozomenus, Ephraem habe, „an Schönheit und Glanz der Rede wie an Tiefe und Reichtum der Gedanken auch die berühmtesten griechischen Schriftsteller übertroffen", und für einen anderen ist er „der geistige Euphrat der Kirche, durch dessen Wasser getränkt, die Menge der Gläubigen hundertfältige Glaubensfrucht hervorbringt".[1]

Bis in die Mitte dieses Jahrhunderts konnten die ephraemitischen Schriften nur zurückhaltend beurteilt werden, da sie nur in unzulänglichen Ausgaben vorlagen. Erst durch die kritische Ausgabe der echten syrischen Schriften, die E. Beck in den Jahren 1955–1975 besorgte, ist es möglich, die Theologie Ephraems zu würdigen. Jetzt können wir die faszinierende Gedanken- und Glaubenswelt dieses frühen Kirchenvaters erfassen, „des größten Dichters der Väterzeit, der vielleicht der einzige Dichtertheologe neben Dante ist".[2]

I. Leben

Ephraems Schriften enthalten nur spärliche Hinweise auf geschichtliche Personen und Ereignisse. So können wir seinen Lebenslauf nur in großen Umrissen beschreiben. Ephraem, der schon früh den Beinamen „der Syrer" erhielt, ist wahrscheinlich in Nisibis oder Umgebung im ersten Jahr der Regierung des Kaisers Konstantin (306 n. Chr.) geboren. Sein Geburtsort, der heute Nusaybin heißt, lag damals an der östlichen Grenze des Römischen Reiches. Nach seinen eigenen Angaben stammte er aus einer christlichen Familie (*HcHaer* 26, 10; *HVirg* 37, 10; zu den Abkürzungen vgl. die Bibliographie). Die *Nisibenischen Lieder* 13–21, in denen er die Wirksamkeit der vier Bischöfe von Nisibis, Jakob (308–338), Babu (338–346), Vologeš (346–361) und Abraham (361–363) behandelt, berichten etwas über seine Jugendjahre. Er ist „Zögling dieser Dreiheit", nämlich der Bischöfe Jakob, Babu und Vologeš, gewesen. Der begabte Jüngling hat die Aufmerksamkeit des ersten Bischofs von Nisibis auf sich gezogen; er hat ihn wohl in der soeben gegründeten theologischen Schule als Exeget der Heiligen Schrift eingesetzt. Jakob und Babu waren strenge Erzieher, Vologeš dagegen war besonnen, im asketischen Wandel vorbildlich, als Prediger beredt und als Ausleger der Heiligen Schrift gebildet. Seine Gelehrsamkeit und Askese waren für Ephraem ein Vorbild, der unter ihm ein berühmter Lehrer wurde. In den für Nisibis schweren Zeiten war Ephraem Berater des Bischofs Abraham.

In den *Nisibenischen Hymnen* 1–14 schildert er die drei Belagerungen seiner Heimatstadt durch die Perser in den Jahren 350–363. Die politischen und religiösen Ereignisse in Nisibis unter Kaiser Julian Apostata spiegeln sich in seinen *Hymnen contra Julianum* wider. Er war wohl Augenzeuge, als die Leiche des Kaisers, die zur Bestattung nach Tarsus gebracht werden sollte, durch Nisibis überführt wurde, und er erlebte noch den Einzug des Perserkönigs Šapur II. in seine Heimatstadt, die durch den Friedensschluß zwischen Šapur II. und Kaiser Jovian dem Perserreich einverleibt wurde (*HcJul* 3, 1–3). Die Christen mußten die Stadt verlassen. Das Los der Auswanderer hat Ephraem wahrscheinlich in den *Nisibenischen Hymnen* 22–25, die nicht mehr erhalten sind, beschrieben. Die nächsten Lieder 26–30 zeigen, daß er nach Edessa übergesiedelt ist. Er klagt über die von den Arianern in seiner neuen Heimat hervorgerufene Spaltung und verteidigt Bischof Barses, der im Jahre 361 von Harran nach Edessa berufen worden ist. Dem neuen Bischof von Harran namens Vitus spricht Ephraem in *CNis* 31–34 Mut zu, da diese Stadt ganz heidnisch ist. In Edessa ist er sehr wahrscheinlich in der dortigen theologischen Schule tätig gewesen, die in der Folge „Schule der Perser" genannt wurde. Sämtliche Quellen stimmen darin überein, daß Ephraem von den Stadtbewohnern beauftragt worden ist, die Hilfsmaßnahmen bei der Hungersnot im Jahre 372 zu leiten. Das zeigt sein Ansehen und das Vertrauen, das er genoß. Die edessenische Chronik vermerkt, daß er am 9. Juni 373 gestorben ist.

II. Werk

Der Umfang des literarischen Nachlasses hat Staunen hervorgerufen. Sozomenus[3] will gehört haben, Ephraem habe 300 Myriaden Verszeilen geschrieben. Eine solche Zahl muß man doch wohl für zu hoch halten. Wenn auch manche der unter seinem Namen überlieferten Schriften – besonders die in der griechischen Sprache – nicht von ihm stammen, andererseits aber einige Prosaschriften in syrischer Sprache verloren gegangen sind, so bilden die echten Werke immer noch eine stattliche Zahl.

Seine poetischen Schriften hat Ephraem selbst in zwei Gruppen: *Memré* und *Madrasché* eingeteilt. Die *Memré* kann man am besten als ‚rhythmische Predigten' charakterisieren. Sie sind in Langzeilen zu 14 Silben, gegliedert in 2 Halbversen zu je 7 Silben, ohne strophische oder sachliche Gliederung verfaßt. Die zweite Gattung bildet die *Madrasché,* die manchmal ungenau mit dem Terminus ‚Hymnen' wiedergegeben werden. Mit diesen poetischen Schriften verfolgt er keine rein literarischen oder künstlerischen Ziele, sondern dichtet, um zu predigen, zu lehren, zu beten oder Gott zu loben. Demzufolge sind die Madrasché lehrhaft, polemisch und meditativ. Sie lassen sich inhaltlich als ‚Gedichtpredigten' bezeichnen; formal dagegen haben sie deutliche dichterische Merkmale.

Die syrische Metrik zählt die Silben ohne Rücksicht auf Quantität und Wortakzent. Die ephraemitischen Hymnen bestehen aus gleichgeformten Strophen, deren Melodie durch eine Musterstrophe angegeben wird. Diese Strophen sind von unterschiedlichem Umfang, in zwei bis fünfzehn Verszeilen zusammengefaßt, die durch einen Refrain beantwortet werden. Diese Zeilen einer Strophe sind je nach der Melodie aus gleicher oder verschiedener Silbenzahl aufgebaut. Die Madrasché wurden in den Kirchen von einem Doppelchor gesungen. Die damaligen Melodien sind trotz der Melodiebezeichnung, die nur als Hinweis auf die Silbenzahl der Strophenzeilen dienen können, schwer zu erschließen.

Der Abendländer nimmt in den Dichtungen Ephraems leicht an den häufigen Wiederholungen und an der Weitschweifigkeit Anstoß. Nur wer sich mit der Sprache Ephraems eingehend beschäftigt hat, kann seine außergewöhnliche Begabung in der sprachlichen Gestaltung seiner Gedanken erkennen. Der Vorzug seiner Dichtung liegt in der Kraft und Schönheit des Ausdrucks und in dem unerschöpflichen Reichtum an Bildern und Vergleichen.

In der folgenden Übersicht werden in chronologischer Ordnung[4] die allgemein für echt gehaltenen Werke Ephraems mit kurzen Inhaltsangaben aufgezählt.

1. Nisibenische Zeit 306–363

Die *Hymnen gegen die Irrlehrer,*[4] 56 Lieder, kämpfen gegen die Anhänger des syrischen Gnostikers Bardaisan, des Markion, des Mani und der Astrologie, liefern wichtige Erkenntnisse über die Lehren dieser Häretiker und zeigen, wie die Kirche im ostsyrischen Raum sich mit ihnen auseinandergesetzt hat. Die *Paradieshymnen,* 15 Lieder, handeln vom Sündenfall und von der Eschatologie. Die *Sermones I* berichten von dem Leben der Christen in den schweren Bedrängnissen und Wirren der Kriegsjahre 338–363. Die *Sermones II,* von denen einige unecht sind, erörtern eschatologische Fragen. Die *Predigten vom Glauben* sind eines der wichtigsten Werke Ephraems, behandeln ausführlich erkenntnistheoretische Fragen und lehnen den Arianismus scharf ab, der es wagt, die innergöttlichen Geheimnisse zu erklären. Die *Predigt von unserem Herrn* enthüllt das christologische und soteriologische Denken Ephraems. Die *Nisibenischen Hymnen 1–21* sind eine bedeutende Quelle für die nisibenische Zeit Ephraems. Die *Hymnen gegen Julian Apostata,* 4 Lieder, beschreiben zeitgeschichtliche Ereignisse. Die *Weihnachtshymnen,* 28 Lieder, feiern das Fest der Geburt Christi am 6. Februar, während eine Feier am 25. Dezember unbekannt ist. Die *Fastenhymnen,* 10 Lieder, besingen asketische Tugenden. Die *Passionshymnen,* 34 Lieder, sind in den drei Sammlungen, De azymis, De crucifixione und De

Ephraem der Syrer (306–373)

resurrectione ein wichtiges Zeugnis für Ephraems Christologie. Die *Hymnen über die Stadt Nikomedia,* 16 Lieder, deuten die Zerstörung dieser Stadt (am 24. 8. 358) durch ein Erdbeben geschichtstheologisch im Spannungsfeld von Gottes Güte und Gerechtigkeit.

2. Edessenische Zeit 363/4–373

Die *Nisibenischen Hymnen 31–34, 25–30* beschreiben zeitgeschichtliche Ereignisse. Die *Nisibenischen Hymnen 35–77* sind wohl die bedeutendste poetische Leistung Ephraems; in den Hymnengruppen 35–42 und 52–67 feiert er in dramatischer Ausführung den Sieg Christi über Satan, Tod und Sünde. Im Mittelpunkt der anderen Hymnen steht die Auferstehung aller. Bei der Ostertaufe hat diese ganze Sammlung ihren Sitz im Leben. Die *Hymnen vom Glauben,* 87 Lieder, sind, neben dem Kommentar zum Diatessaron (Evangelienharmonie aus den vier Evangelien) und den Predigten vom Glauben, das wichtigste Werk Ephraems, in dem er fast ausschließlich gegen die Arianer polemisiert. Der Kampf geht um Christi Person und um das innertrinitarische Verhältnis vom Vater und Sohn. Die *Prosawiderlegungen gegen Mani, Markion und Bardaison,* 2 Bände, sind nur fragmentarisch erhalten; sie vermitteln wichtige Kunde von den Anschauungen dieser Häretiker, denen Ephraem mit seinen theologischen Argumenten entgegentritt. Der *Diatessaronkommentar,* nur zum Teil in syrischer, vollständig aber in armenischer Sprache überliefert, ist die Hauptquelle für den syrischen Diatessaron-Text. Der *Kommentar zu den paulinischen Briefen,* nur armenisch erhalten, erläutert den Paulustext mit kurzen Anmerkungen. Der *Kommentar zu Genesis und Exodus* erschließt Ephraems exegetische Methoden. Die *Hymnen von der Kirche* und die *Hymnen von der Jungfräulichkeit* waren wohl von Anfang an für den liturgischen Gebrauch in der edessenischen Kirche bestimmt. Die *Armenisch erhaltene Hymnensammlung* behandelt vor allem Fragen des asketischen Lebens.

III. Bedeutung

Neben seinem Zeitgenossen Aphrahat, „dem Persischen Weisen", verkörpert Ephraem das palästinensisch-syrische, gewöhnlich als jüdisch-christlich bezeichnete Christentum, das sich bis in seine Zeit relativ isoliert von der griechisch-sprechenden Welt und Kirche entwickelt hat. Eine unmittelbare Kenntnis der griechischen Theologen seiner Zeit tritt in keiner seiner echten Schriften zu Tage. Ephraems Reisen nach Kappadozien, um Basilius den Großen zu treffen, und nach Ägypten, um dort angeblich eine lange Zeit bei den Mönchen zu verbringen, sind legendär. Er ist wohl kaum nach Antiochien gekommen. Gegen das griechische Denken zeigt er eine starke Abneigung. Ein Ausdruck des griechischen Geistes, der über die Geheimnisse grübelt (*HFid* 79, 3), ist für ihn der Arianismus, der durch das Grübeln den Glauben zerstört wie die

Motte das Gewebe (*HFid* 87, 4). Deshalb preist er jeden glücklich, der das Gift der Weisheit der Griechen nicht gekostet hat (*HFid* 2, 24).

Er wurzelt ganz und gar im Christentum aramäischer Sprache, die in ihrer christlichen Form ‚syrisch' genannt wird. In dieser Sprache entwickelt Ephraem sein christliches Weltbild.

Drei ephraemitische Denkansätze werden im folgenden eingehend dargestellt, die für das Verstehen seiner Schriften entscheidend sind und auch unsere theologische Arbeit und unser kirchliches Leben heute befruchten können.

1. Erkenntnistheoretische Triade

Ephraem benutzt eine uns „fremde Begrifflichkeit".[5] Sein Denken arbeitet nicht mit klar definierten Begriffen, sondern mit Bildern, Vergleichen, paradoxen Gegensätzen und dialektischen Begriffspaaren. Deswegen ist seine Gedankenführung oft bewußt mehrdeutig. Andererseits aber erstrebt er eine ganzheitliche Betrachtung – oft sogar fast gezwungen –, um die Glaubensaussagen zu formulieren. Die einzelnen Begriffe haben bei ihm nur selten eine immer gleichbleibende Bedeutung. Das soll an einem Begriffskomplex aus der Schrift *Predigten vom Glauben* 4, 45–57 näher beleuchtet werden:

„Du hast gehört: Vater, Sohn und Geist. Mit den Namen *(šmá)* lerne auch die Dinge *(qnomé)* kennen! Nicht (nur) vereinte Namen *(šmahé)* sind sie; durch die Wirklichkeit *(šrara)* sind die Drei vereint. Wenn du (nur) ihren Namen *(šmahayhón)* bekennst und nicht (auch) ihre Ding(lichkeit) *(qnomayhón)*, bist du ein Anbeter (nur) dem Namen nach, in der Tat dagegen ein Leugner. Wo etwas nicht in einem (objektiven) Ding *(qnomá)* existiert, wird ein leerer Name *(šmá sfiqá)* in die Mitte gestellt. Bei etwas ohne Dinglichkeit *(qnomá)* ist auch die Bezeichnung leer. Das Ding *(qnomá)* belehrt dich darüber, daß etwas wirklich *(šrará)* existiert."

Ephraem behandelt hier trinitarische Fragen, indem er von seinem erkenntnistheoretischen Begriffskomplex ausgeht, in dem der ‚Name' *(šmá)*, sein ‚Ding' oder ‚Gegenstand' *(qnomá)* und die aus diesen entstandene ‚Wirklichkeit' *(šrará)* eine Ganzheit, besser eine Einheit bilden. Diese drei Teile haben eindeutige Aufgaben in der Einheit; sie können sich aber auch gegenseitig vertreten.

Wie aus dem Zitat hervorgeht, entspricht der ‚Name' bei Ephraem fast unserem Person-Begriff; Ephraem steht hier in einer Linie mit dem alttestamentlichen Denken. Der ‚Name' hat eine elementare Funktion: Er „erweckt" die „toten" Dinge zum Leben. Sie existieren zwar auch ohne den Namen, aber sie sind ohne diesen für den Menschen nicht wirklich. Obwohl der Name keine eigene Existenz oder Substanz hat, ist er für die Erfassung der Wirklichkeit unentbehrlich. Der Name ist ohne seinen Gegenstand, d. h. ohne *Qnoma*, einfach „leer"; der Name erfaßt seinen Gegenstand und deutet ihn gleichzeitig. Darin besteht seine Aufgabe. Er hat im Denken Ephraems den ‚Deutungsprimat'; den ‚Substanzprimat' dagegen hat in Ephraems erkenntnistheoretischer Einheit der zweite Begriff, nämlich *Qnoma,* der Individualität, Substanz und Wesen bedeuten kann.

Qnoma bezieht sich bei Ephraem immer auf die dreidimensionalen, meßbaren Dinge in Raum und Zeit, aber er identifiziert *Qnoma* nicht mit dem Ding schlechthin. *Qnoma* kann auch nicht als Stoff oder materielle Basis der Dinge bezeichnet werden. Die Einführung von Materie gilt ihm als griechisches Denken, das die Häretiker verleitet hat. Sein Verständnis von *Qnoma* bei den Dingen in der dreidimensionalen Welt ist in seine allgemeinen schöpfungstheologischen Anschauungen eingebettet. *Qnoma* der Dinge ist an Raum und Zeit gebunden, während Gottes *Qnoma* – davon spricht unser Zitat – von keinem abhängig ist, sondern aus eigener Kraft besteht, die Geschöpfe dagegen nur aus der Kraft Gottes. *Qnoma* der Dinge ist ihre eigene, in der Geschöpflichkeit von Gott eingesetzte Seinsmächtigkeit. Diese begegnet dem namengebenden Menschen immer in spezifischer Gestalt. Jedes Ding hat eine eigene Gestalt und Individualität, ein eigenes Gewicht und eine eigene Masse, es wird ‚Substanz' oder ‚materielle Basis' genannt. Weil jedes Ding immer als eine individuelle Erscheinung hervortritt, unterscheidet es sich von den anderen Dingen mit der Gesamtheit der ihm gehörenden Eigenschaften, so daß es mit ‚Wesen' übersetzt werden kann. Durch den Namen eines Dinges begegnet dem Menschen die spezifische Seinsmächtigkeit dieses Dinges. Durch den Namen Gottes, des Vaters, Sohnes und Geistes, begegnet dem Menschen also die spezifische Seinsmächtigkeit Gottes selbst, sein *Qnoma.*

Aus dem ‚Namen' und seinem ‚Gegenstand' entsteht dann ‚die Wirklichkeit'. Für Ephraems Denken gibt es eigentlich keinen Unterschied zwischen Wahrheit und Wirklichkeit. Der Name „ruft" die Geschöpfe heraus und gibt ihnen Platz innerhalb der Wirklichkeit. Der *Qnoma*-Charakter der Dinge, d. h. die dem namengebenden Menschen begegnende Seinsmächtigkeit der Geschöpfe, ist in hohem Maß durch die menschlichen alltäglichen Erfahrungen bestimmt. Die Sinneswahrnehmungen erkennen den Substanzcharakter, d. i. *Qnoma* der Dinge. Diese Quelle einer ‚natürlichen Erkenntnis' ist bei Ephraem untrennbar an die Schrift gebunden. Er prüft den Wahrheitsgehalt einer Aussage immer am Maßstab von Schrift und Natur. Während die Lehren, gegen die er polemisiert, von den angeblichen ‚transzendenten' Eigenschaften verschiedener Größen reden, die Analogien in der alltäglichen Erfahrungswelt haben sollen, untersucht Ephraem, ob diese Eigenschaften denen der empirischen Natur entsprechen. Wenn das nicht der Fall ist, haben sich seine Gegner nur mit „leeren Namen" beschäftigt. Der Name gehört immer zu einer *Qnoma*-Größe, die ihn erst wirklich *(šrará)* macht. Die Natur hat eine Evidenzkraft, die nicht übersehen werden darf. Wenn man das doch tut, lehrt man nur „leere Namen" wie die Häretiker oder wie der in unserem Zitat erwähnte ‚Namenschrist', der nur die trinitarischen Namen kennt, dagegen nicht die Wahrheit, die hinter den Namen liegt und die Ephraem *Qnoma* nennt.

Ephraem kennt also deutliche Kriterien für das, was als wahr und wirklich gelten kann, obwohl der Schatz seiner Begriffe fast primitiv zu sein scheint. Die ‚Wirklichkeit' *(šrará)* ist bei Ephraem die an ihrem Wahrheits- und Wirklichkeitsgehalt geprüfte Wirklichkeit.

2. *Betrachtung der Schöpfung und der Heilsgeschichte durch Christus-bezogene Symbole*

Ephraem ist ein Meister in der Betrachtung durch Symbole,[6] die er überall in der Natur wie auch in der Schrift findet. Alles in den Werken der Schöpfung und in den Worten der Bibel spricht zu ihm von Gott (*HVirg* 20, 12): „Überall (siehst du), wenn du hinblickst, sein Symbol *(razeh)*. Und wo (immer) du liest, findest du seine Typen *(tupsaw)*. Durch ihn (Christus) wurden nämlich die Geschöpfe erschaffen, und er zeichnete seine Symbole *(razaw)* auf sein Besitztum. Als er die Welt schuf, blickte er auf sie, und sie schmückte sich mit seinen Bildern *(yuqanaw)*. Die Quellen seiner Symbole *(razaw)* taten sich auf, sie strömten und gossen seine Symbole *(razaw)* in seine Glieder."

Wie Ephraems Erkenntnistheorie, so ist auch seine ‚Symboltheologie' triadisch: Symbol, Symbolträger und Christus als ‚Wahrheit', d. h. Geber, Besitzer und Erfüller der Symbole. Neben den Begriffen Symbol *(razá)* und Typ *(tupsa)* gebraucht Ephraem als Synonym Gleichnis *(peletá)*, Bild *(yuqná, dmutá)* und Zeichen *nišá)*. Alle Geschöpfe tragen das ‚Wahrzeichen' Gottes, weil Gott durch Christus alles geschaffen hat. Deswegen ist jedes einzelne Ding mit seinem Stempel ‚gestempelt' worden. Als der Herr der Symbole in der Inkarnation zu den Geschöpfen kam, eilten die Symbole zu ihm, um im „Meer der Wahrheit", in Christus, aufgenommen zu werden (*HVirg* 9, 7).

Gott hat die ganze Schöpfung im Symbol des Kreuzes geschaffen. Dabei meint Ephraem die kreuzförmige Ausdehnung in die vier Himmelsrichtungen (*HFid* 17, 11) entsprechend dem Fliegen des Vogels (*HFid* 18, 2.6). Wenn der Vogel seine Flügel im Symbol des Kreuzes ausbreitet, kann er fliegen, wenn er aber die Flügel einzieht und dadurch das Symbol des Kreuzes leugnet, dann verleugnet ihn die Luft. Das sichtbare Symbol weist auf eine verborgene Wirklichkeit hin, die das Sichtbare trägt. Die Symbolträger verschwinden, sterben; die Symbole aber bestehen fort. Mit der Ankunft des Herrn verstummen sie, denn die Wahrheit, die Erfüllung der Symbole, und ihre Besitzer leuchten auf.[7] Dieses Zusammenwirken vom Symbol und seiner Erfüllung in Christus bringt Ephraem immer wieder in Erstaunen. Die Symbole und Typen sind zwar sichtbar, aber gleichzeitig voller Geheimnisse.

Geschichtlich betrachtet sind die alttestamentlichen Symbole älter als die Inkarnation Christi, des Herrn der Symbole, z. B. der Aufstieg des Elias in den Himmel (*CNis* 38, 10): „Dir sei Lob; denn du bist der erste in deiner Gottheit und in deiner Menschheit. Denn wenn auch Elias in seiner Himmelfahrt voranging, unmöglich kann er dem vorangehen, dessentwegen er aufgenommen wurde. Sein Symbol *(razeh)* hängt von deiner Wahrheit *(šrarák)* ab. Und wenn auch äußerlich die Symbole *(razé)* deiner Erfüllung vorangehen, so geht doch diese jenen innerlich voran; dieser ist (trotzdem) älter als sie, weil sie seinetwegen geschaffen wurden."

Die Himmelfahrt des Elias ist ein Symbol für die Wahrheit Christi. Durch die Kraft der Auferstehung und Himmelfahrt Christi, die geschichtlich später erfolgte, ist Elias in den Himmel aufgenommen worden. Das Symbol und seine Wirklichkeit können auch gleichzeitig auftreten. Der Teufel stellte Christus auf die Zinne des Tempels, so daß dieser, weil er oben auf dem Gotteshaus stand, glauben sollte, Gott sein zu können, wie der Teufel im Paradies auch Adam glauben ließ, wegen des Baumes der Erkenntnis Gott sein zu können (*HVirg* 12, 11). Ohne es zu wissen, ‚erhöht' der Satan Christus zu der Würde, die ihm als Gott gebührt. So schreibt Ephraem (*HVirg* 14, 7): Es ist „ein Wunder, zu schauen: das Symbol *(razá)* und sein Prototyp *(tafnká)*, die Wahrheit *(šrará)* und ihr Schatten *(telalá)*". Die syrische Übersetzung für Zinne *qarná d-hayklá* führt Ephraem zu dem Wort *reš qarná*, d.i. der Eckstein, den die Bauleute verwarfen.

Für Ephraem sind die Versuchungen Christi und Adams parallele Erscheinungen mit wichtigen Unterschieden. Unter den alttestamentlichen Christus-Symbolen ist Adam das wichtigste. Die alttestamentlichen und neutestamentlichen Ereignisse sind typologisch aufeinander bezogen: So geht der Teufel bei Adam und Christus in entsprechender Weise vor, Christus dagegen handelt verglichen mit Adam sowohl entsprechend wie auch gegensätzlich. Dem Äußeren nach handelt Christus wie Adam. Auch er hat einen ‚schwachen Körper' und begegnet dem Teufel nur mit menschlichen Fähigkeiten. Aber gegensätzlich ist dies, daß er dem Wort Gottes einfältig vertraut. Die Stammeltern beachteten nicht das Gebot Gottes. Christus zwingt den Teufel nicht mit seiner göttlichen Macht, die verborgen bleibt, läßt sich aber auch nicht von ihm verführen, sondern bindet ihn durch seine eigenen Fallstricke, ohne daß er es merkt, und dabei fügt er ihm kein Unrecht zu, sondern Christi Demut läßt den Bösen von seiner hohen Stellung fallen (*HVirg* 14, 8–11).[8]

Die in der Kirche geübten Symbole – vor allem das eucharistische Mahl – sind den alttestamentlichen Symbolen und Typen weit überlegen. Die kirchlichen Symbole bestehen bis zum Kommen des Reiches Gottes. Ephraem schreibt in *HAzym* 5, 19–22: „Jenes Lamm der Symbole verging, weil die Vollendung kam und die Symbole verstummten. Die Wirklichkeit des wahren Lammes reißt nicht ab. Wer wäre größer als es, daß es durch ihn vergehen sollte? Denn welches Lamm könnte entlassen das Lamm Gottes, das die Symbole entließ: Auftrat die Vollendung und legte das Kleid der Symbole an, das sich gewoben hatte der Heilige Geist. Das Symbol (war) in Ägypten, die Wirklichkeit (ist) in der Kirche, die Besiegelung der Vergeltung (wird) im (Himmel)-reich (sein)."

Ephraem betrachtet die ganze Schöpfung und die ganze Heilsgeschichte durch Symbole. Zwischen der Exegese, der asketisch-mystischen Theologie und dem Lobpreis Gottes macht er keinen Unterschied. Durch eine große Vielfalt von Symbolen, die er in der Schrift und in der Natur findet, will er das

Wort anschaulich machen, das ein Baum des Lebens ist, von allen Seiten gesegnete Früchte bringt und wie der Fels in der Wüste allen Menschen geistigen Trank spendet (*CDiatSyr* 16–17).

3. Dialektische Gestaltung der Glaubensaussagen

Eine ‚Symboltheologie' erscheint dem modernen theologischen Denken verdächtig, weil es die Gefahr sieht, durch die Allegorese könne die geschichtliche Wirklichkeit entwertet werden. Ephraem selbst aber lehnt die Allegorese entschieden ab. Seine triadisch geformte Symboltheologie macht es ihm möglich, sowohl die geschichtliche Vielfalt wie auch die in der Geschichte enthaltene Glaubenswirklichkeit miteinander in Einklang zu bringen.

Die Vielseitigkeit und die Kraft der Gedanken Ephraems haben noch einen anderen Ausdruck gefunden, der in der Ephraem-Forschung bisher nicht beachtet worden ist.[9] Neben der Erkenntnistheorie und der Symboltheologie sind für Ephraems Denken dialektisch-geformte Begriffspaare ausschlaggebend. Dies betrifft vor allem *Gottes Gerechtigkeit und Güte*. Im folgenden soll durch drei aus einem reichen Material ausgewählte Beispiele beleuchtet werden, wie Ephraem dieses Begriffspaar verwendet.

Der Irrlehrer Markion verteilte Güte und Gerechtigkeit auf zwei verschiedene Gottheiten. Der ‚fremde' oder obere Gott ist lauter Güte, der Schöpfergott des Alten Testaments dagegen der ‚Gerechte'. Markion befreit seine Gottheiten von der Spannung zwischen dem Guten und dem Gerechten; Ephraem aber hält sie bis zum Äußersten durch. Beide streiten um die wahre Güte, aber auch um die wahre Gerechtigkeit Gottes. Ephraem besteht in seiner Polemik gegen Markion auf seinem Grundsatz, daß „die Namen und Taten" Gottes (*HcHaer* 50, 1) einander entsprechen sollen. Die wahre Güte darf nie ungerecht sein. Deshalb schreibt er *HcHaer* 50, 1: „Sein (Gottes) Gericht ist gerecht und sein Erbarmen gütig; wo bleibt da der Fremde?" Ephraem verteidigt die wahre und dialektische Einheit Gottes. Der wahre Gott vereinigt in sich alles das, was die Markioniten auf zwei Gottheiten verteilt haben.

Für Ephraems Beweisführung ist ausschlaggebend die starke Betonung einerseits der Polarität von Güte und Gerechtigkeit, andererseits der Einheit Gottes (*HcHaer* 37, 9): „Fürwahr, auch die Gerechtigkeit ist ohne Güte unvollkommen, wie auch die Güte der Gerechtigkeit bedarf. Wohlan, die Leugner mögen lesen in den Schriften jenes Fremden! Denn Aussprüche für beides, was ich gesagt habe, finden sich in ihren Schriften, zur Einschüchterung und Ermutigung. Daraus wird gegen sie bewiesen, daß ein und derselbe der Gute und der Gerechte ist. In deiner Güte und in deiner Gerechtigkeit, mein Herr, ist die Schönheit deiner Vollkommenheit dargestellt."

Gerechtigkeit und Güte gehören untrennbar zusammen in allem, was Gott tut und sagt. Nicht einmal Markion konnte alle Aussprüche aus der Bibel, die über die Gerechtigkeit Christi geschrieben sind, tilgen, weil „die Gerechtigkeit in jedem Wort der Schrift beigemischt ist" (*HcHaer* 38, 7). Erst dadurch, daß Güte und Gerechtigkeit zusammenwirken, ist „die Schönheit der Vollkommenheit Gottes", das ist die Einheit Gottes, dargestellt.

Auch unpolemisch erörtert Ephraem ausführlich die gegenseitigen Beziehungen zwischen der Güte und der Gerechtigkeit Gottes. In der Hymnengruppe *HEccl* 2–5, in der er die sogenannte goldene Regel eingehend entfaltet, erfüllt ihn Gottes Erbarmen und Gerechtigkeit immer wieder mit Bewunderung (*HEccl* 5, 18–21): „Staunet über die Gerechtigkeit und bewundert die Güte, die hart und milde sind, freundlich und schroff; hart für die Verwegenen, freundlich für die Büßer. Dank sei deiner Güte, durch die unsere Strafen süß werden. Obwohl stark und hart auf Grund der Gerechtigkeit, werden sie milde durch die Güte, damit Buße sei. Dank sei deiner Gerechtigkeit, durch die dein Erbarmen stark wird. Obwohl es mild und süß ist kraft der Güte, wird es hart aus Gerechtigkeit, damit Wachsamkeit sei. Dank sei deinem Willen, der miteinander die beiden preiswürdigen Quellen, die hilfreichen, gemischt hat: Gütig ist deine Gerechtigkeit, gerecht deine Güte."

Gott selbst „mischt", verbindet in seinem Willen Gerechtigkeit und Güte, die zusammen dem Menschen hilfreich sind, da der Mensch nie vor Gott allein ist, sondern immer zusammen mit seinen Mitmenschen (*HEccl* 3, 18): „Überall ist zusammen mit (dem Menschen) sein Mitmensch gesetzt. Wo Güte (herrscht), da finden sich seine Schuldiger. Wo Gerechtigkeit (herrscht), da finden sich seine Vergehen."

Diese Dialektik der Güte und Gerechtigkeit Gottes hat immer ein Ziel: Sie bindet den Menschen an seinen Mitmenschen zum gegenseitigen Nutzen. Der Mensch ist vor Gott „die Hälfte seines Mitmenschen" (*HEccl* 4, 6). Durch diese Dialektik versucht Gott im Menschen die Nächstenliebe zu erwecken, aber auch den Menschen zur Bekehrung zu bringen, damit er Gott liebt.

In einem anderen Beispiel deutet er die Bekehrung des Apostels Paulus auf dem Wege nach Damaskus. Hier verbindet er dieses Begriffspaar Gerechtigkeit und Güte Gottes mit der Menschheit und Gottheit Christi. Von den „zwei Naturen" redet Ephraem nicht. „Natur" und „Person", syrisch *kyaná* und *qnomá,* kennt Ephraems Christologie nicht. Für die Bezeichnung der Einheit Christi fehlt ihm ein einheitlicher Begriff; er verwendet verschiedenartige Begriffspaare, um diese Einheit darzustellen. Die Bekehrung des Apostels ist dafür ein Beispiel: Ephraem erörtert ausführlich die Dialektik zwischen Christi demütiger Stimme und dem starken Licht, das Saulus blendete. Christus besiegte mit milden Worten Saulus. Die Macht jenes Lichtes brach plötzlich über die schwachen Augen herein und fügte ihnen Schaden zu. Die Stärke des Lichtes hielt Saulus auf, und in der demütigen Stimme machte Christus sich selbst niedrig, um ihm zu helfen. In immer neuen Variationen wird diese Doppelperspektive in der Bekehrung des Apostels entfaltet (*SDom* 35): „Wenn auch unser Herr zuvor in seiner Güte die Majestät seiner Gottheit zur Niedrigkeit herabgeführt hatte, so wollte er dennoch nicht zuletzt in seiner Gerechtigkeit die Kleinheit seiner Menschheit, die erhoben worden war, wiederum zur Niedrigkeit herabführen. Aber da es (einerseits) notwendig war, daß der Jünger, der Verfolger, das Verfolgtsein lerne, und da es (andererseits) unmöglich war, daß der Herr wieder herabsteige und von neuem verfolgt werde, lehrte er ihn mit der Stimme, was er ihn mit der Tat nicht lehren konnte: ‚Saul, warum verfolgst du mich?', was so zu erklären ist: ‚Saul, warum wirst du nicht meinetwegen verfolgt?' Daß aber Saul nicht glaube, daß unser Herr aus Schwachheit verfolgt werde, das bewirkte die Stärke des gewaltigen Lichtes, das über ihm erstrahlte."

Der erste Satz enthält die Begriffspaare: Güte-Gerechtigkeit, Gottheit-Menschheit, Majestät-Kleinheit und Erhabenheit-Niedrigkeit. Die Güte und Gerechtigkeit Gottes bestimmen den Verlauf der Heilsökonomie. In seiner Güte hat Gott schon sich selbst niedrig gemacht, seine Gerechtigkeit aber verhindert seine Neu-Inkarnation. Gott hat alles getan, was er in seiner Güte konnte. Eine neue Phase der Heilsgeschichte ist eingetroffen. Christus ist nun in seiner eigenen demütigen Stimme präsent und hilft dadurch dem Paulus, daß er lernt, daß ein Jünger verfolgt wird. Die Stärke des Lichtglanzes war deswegen notwendig, damit Paulus auf die Anrede Christi nicht antworten konnte: „Deswegen verfolge ich dich, weil du gesagt hast: warum verfolgst du mich. Denn was ist es, daß ich dich nicht verfolgen sollte, wo du ohne Kraft mit diesen niedrigen Worten deinen Verfolger lockst" (*SDom* 35). Paulus konnte aber die Niedrigkeit der Stimme wegen der Herrlichkeit des Lichtes nicht verachten.

Ephraems Denken trägt ein archaisches und primitives Gepräge. Die dialektisch geformten Begriffspaare haben nicht nur die Aufgabe, die verschiedenen Seiten der Glaubenswahrheiten zu verdeutlichen, sondern auch, die Einheitlichkeit der Offenbarung und sogar die Einheit Gottes festzuhalten. Da Ephraem keinen einheitlichen Begriff für die Einheit der Person Christi kennt, ist es verständlich, daß seine Theologie angesichts der griechischen Theologie, die eine andere Begriffsbildung hat, in der Gefahr stand, eigene Identität zu verlieren; dies bezeugt die spätere Dogmengeschichte deutlich.

IV. Wirkungsgeschichte

Die Wirkungsgeschichte Ephraems ist noch nicht geschrieben. Erst durch die neue Edition der Ephraem-Texte ist es möglich, den Einfluß der Schriften Ephraems, die in die griechische, armenische, arabische, georgische, äthiopische, koptische, slawische und lateinische Sprache übersetzt worden sind, auf die Theologiegeschichte zu erkennen.

Ephraem, der als Chorleiter in seiner Kirche beschäftigt war, hat eine Anzahl seiner Werke für den liturgischen Gebrauch geschrieben. Aus Bethlehem schreibt im Jahr 392 Hieronymus, daß „in einigen Kirchen nach der Schriftlesung öffentlich Ephraems Schriften vorgetragen werden".[10] Seine Lieder werden noch heute in den syrischen Kirchen gesungen. Eine Durchsicht der syrischen Osterliturgien zeigt, daß bekannte wie auch unbekannte Ephraem-Hymnen sich in diesem Festzyklus eingebürgert haben.

Im 5. Jahrhundert, als die syrische Kirche in konfessionelle Sonderkirchen zerfiel, läßt sich ein unmittelbar ephraemitischer Einfluß bei den monophysitischen Bischöfen *Jakob von Sarug* und *Philoxenos von Mabbug* wie auch bei dem Nestorianer *Narsai* feststellen.

Jakob von Sarug steht von den uns bekannten Theologen des 5. und 6. Jahrhunderts Ephraem am nächsten. Er bedient sich derselben dichterischen Ausdrucksmittel wie Ephraem und hat seinen berühmten Vorgänger manchmal in der Schönheit der Sprache übertroffen. Trotz der unterschiedlichen Situationen sind die Übereinstimmungen in der Denkweise überraschend. Ephraem kämpft gegen Arius, Jakob gegen Nestorius. Beide werfen ihrem Gegner eine rationalistische Überschreitung des Denkens gegenüber dem unaussprechlichen Mysterium der Inkarnation vor. Beide haben Abscheu vor dem Disputieren und Argwohn gegenüber den Griechen. Nur durch den Glauben kann der Mensch sich dem Mysterium in angemessener Weise nähern. Das Aussprechen von Geheimnissen des Glaubens nimmt unvermeidlich paradoxe und dialektische Formen an.[11]

Gleichzeitig mit Jakob studierte an der theologischen Schule in Edessa, an der die Werke Ephraems zu den traditionellen Lehrbüchern gehörten, auch *Philoxenos,* der kirchenpolitisch und theologisch in den Wirren seiner Zeit eine besondere Rolle spielte. Die christologischen und trinitarischen Terminologien des Ephraem und des Philoxenos sind miteinander verglichen worden.[12] Ephraems Erbe wirkt terminologisch und sachlich bei Philoxenos nach. Philoxenos versucht mit den nur leicht modifizierten erkenntnistheoretischen Ansichten Ephraems, die von der griechischen Theologie gestellten christologischen und trinitarischen Fragen zu bewältigen. Dabei setzt er – wie auch Jakob – einen so starken Nachdruck auf das Paradoxale in der Inkarnation, das es schlechthin ein Charakteristikum seiner Theologie geworden ist. Auch hierin ist er ein Schüler Ephraems.

Nicht nur die Monophysiten, sondern auch die Nestorianer wie *Narsai,* der früher als Jakob und Philoxenos in Edessa studierte, betrachten Ephraem als einen der Ihrigen. Im Denken Narsais ist wohl eine stärkere Verbindung von Griechentum und Syrertum als bei Philoxenos spürbar. Man spricht von einem „elliptischen Denken" und „doppelten Erbe" bei ihm.[13] Der eine Pol ist der Doctor doctorum der Nestorianer, d. h. Theodorus von Mopsuestia, und der andere ist Ephraem. In seinen schöpfungstheologischen Homilien ist er terminologisch, sachlich und sogar in bezug auf die Satzkonstruktionen von Ephraem abhängig.

Ephraems Schriften wurden zu seinen Lebzeiten – wie Sozomenus erzählt – ins Griechische übertragen. Die Übersetzer haben das metrische Gewand nachgeahmt und dadurch mitgewirkt, daß das Prinzip der Silbenzählung sich bei den Byzantinern einbürgern konnte. Die *Kontakia,* die frühe Form byzantinischer Hymnen, werden als eine Nachbildung der ephraemitischen Madrasché angesehen. Der berühmte byzantinische Dichter Romanos Melodos ist nicht nur in Stil und Form, sondern auch geistig von Ephraem abhängig.[14]

Die griechischen Übersetzungen der Schriften Ephraems haben nicht nur im Orient, sondern im lateinischen Westen wie auch im slawischen Osten gewirkt. Sogar Ephraems Einflüsse auf die deutsche Literatur des Mittelalters sind festgestellt worden.

Das ephraemitische Erbe ist in seiner Vielseitigkeit noch nicht voll erkannt worden. Sowohl die Gedanken wie auch das dichterische Sprachkleid Ephraems verdienen Beachtung. Die Schriften dieses großen Dichtertheologen der Väterzeit können auch uns heute theologisch befruchten und auf den Weg zum Glauben führen. Bei Ephraem muß man freilich den Rat befolgen: „Es wäre verfehlt, den Becher dieser Muse in großen Zügen leeren zu wollen: der syrische Wein mundet nur dem, der ihn langsam und bedächtig schlürft."[15]

Wolf-Dieter Hauschild

GREGOR VON NAZIANZ

(ca. 329/330–390)

Im 4. Jahrhundert, in der Zeit der sich profilierenden Reichskirche nach der konstantinischen Wende, wurde die Synthese von Christentum und Spätantike noch einmal neu zum Grundproblem für Kirche und Theologie, weil nun die Bedeutung der kulturellen wie der religiösen Differenzen und Konvergenzen unmittelbar politische Folgen einerseits für den innerkirchlichen Bereich, andererseits für das Verhältnis der Kirche zu Staat und Gesellschaft hatte. Der trinitarische Streit nach dem Konzil von Nicäa (325–381), der zur dogmatischen Fixierung der spezifisch christlichen Gotteslehre führte, spiegelt diesen Sachverhalt wider. Gregor gehört zu den herausragenden Repräsentanten dieser Entwicklung im östlichen Teil des Römischen Reiches, und zwar in jener kritischen Übergangsphase 360–390, die bestimmt wird durch die heidnische Reaktion unter Julian Apostata, durch die schon von Constantius angebahnten staatskirchlichen Tendenzen unter Kaiser Valens in Verbindung mit Versuchen zur Durchsetzung einer nichtnicänischen Normaltheologie, durch die kirchen- und theologiepolitischen Kämpfe der verschiedenen Parteien in der Spätphase des trinitarischen Streites und schließlich durch den Aufbau einer nicänisch-orthodoxen Staatskirche unter Kaiser Theodosius. Gregors Beitrag zu dieser Entwicklung ist primär theologisch; der erfolgreiche Einsatz für die allgemeine Durchsetzung der nicänischen Trinitätslehre hat ihm in der Geschichte den Ehrennamen „der Theologe“ eingetragen. Zusammen mit seinem Freund Basilius von Cäsarea und dessen Bruder Gregor von Nyssa zählt man ihn zu den „großen Kappadokiern“. Sein Beitrag unterscheidet sich von dem des Basilius darin, daß dieser mehr Kirchenpolitiker und Praktiker war, von dem Gregors von Nyssa darin, daß dieser als Theologe der anspruchsvollere Theoretiker war. Kennzeichnend für Gregor ist dagegen die Verbindung der Theologie mit der Rhetorik: „der Theologe“ galt der Nachwelt zugleich als der „christliche Demosthenes“. Darin spiegelt er die Synthese von Antike und Christentum.

I. Leben

1. Rhetor und Asket

Bei Gregor hängt die Biographie deswegen mit seinem Werk (Reden, Gedichten und Briefen) eng zusammen, weil dieses in einer für die alte Kirche seltenen Weise neben der jeweils verhandelten Sache auch stets seine persönlichen Erlebnisse und Empfindungen mit thematisiert. Er entstammt einer begüterten christlichen Familie des kappadokischen Landadels; sein Vater, Gregor der Ältere, wurde 329 Bischof des Städtchens Nazianz im westlichen Kappadokien. Im selben Jahr (oder 330) wurde Gregor geboren, er wurde christlich erzogen, blieb aber entsprechend der damals nicht seltenen Sitte des Taufaufschubs ungetauft; für ihn gehörte – und das ist für das 4. Jahrhundert typisch – die Taufe mit der Bekehrung, der Hinwendung zum bewußten Christsein (konkretisiert vor allem in der Askese), zusammen. Aufgrund der familiären Vermögensverhältnisse konnte er die besten Schulen besuchen: Cäsarea in Kappadokien, dann Cäsarea in Palästina, danach Alexandrien, schließlich ging er (wahrscheinlich im Jahre 350) nach Athen, wo er mit seinem gleichaltrigen Landsmann Basilius die sein Leben prägende Freundschaft schloß. Dort vervollkommnete er seine Ausbildung zum Rhetor, die bei ihm eine zu jener Zeit nicht mehr selbstverständliche Qualität der literarischen und philosophischen Bildung einschloß, was seinem späteren Schrifttum das ihm eigene Gepräge gibt.

Etwa 358/59 kehrte er nach Nazianz zurück, wirkte dort kurze Zeit als Lehrer der Rhetorik, zog sich aber bald in die Einsamkeit am Irisfluß in der Nähe von Neocäsarea zurück, wo Basilius eine eremitische Asketengemeinschaft begründet hatte. Dieser hatte ihn für das asketische Ideal gewonnen (vgl. dessen Briefe Nr. 2 und 14 an Gregor), mit ihm widmete er sich der Kontemplation und der theologischen Arbeit, die ihren Niederschlag vor allem in der gemeinsamen Herausgabe von Texten des Origenes, der *Philokalia,* fand. In 27 Kapiteln wurden hier jeweils zu den wichtigsten Themen (Schriftauslegung, Apologetik, Anthropologie und Soteriologie) Zitate zusammengestellt und mit einer Einleitung versehen. Gregor hatte den Hauptanteil an der Arbeit, die sowohl eine Apologie des damals angefeindeten Alexandriners als auch eine Einführung ins Christentum für die Gebildeten bot. Durch Origenes, den bis dahin größten Theologen der alten Kirche, waren beide, Gregor noch stärker als Basilius, in ihren Positionen bestimmt. Origenisten waren im 4. Jahrhundert die meisten östlichen Theologen, freilich in verschiedener Weise, doch durch die beiden und später durch Basilius' Bruder Gregor von Nyssa wurde die origenistische Tradition in neuer Gestalt produktiv entfaltet, so daß sie vor allem in dieser orthodoxen Fassung in der Theologiegeschichte fortwirkte.

Im kontemplativen Eremitenleben allein fand Gregor keine Erfüllung. Ihn drängte die Vorstellung, daß er die praktischen Aufgaben „in der Welt" nicht vernachlässigen dürfte, und so zog er zurück in die Nähe von Nazianz mit der etwas vagen Konzeption, die vita contemplativa mit der vita activa irgendwie verbinden zu können. Sein Schwanken zwischen diesen beiden Lebensformen ist durchaus typisch für jene Epoche, weil sie als die großen Alternativen galten und nur wenige es verstanden, sie konfliktlos zu verbinden. Anders als Basilius ist Gregor die Verbindung zeitlebens nicht recht geglückt, darin gründet die Zwiespältigkeit seines Lebens, von ihm als Tragik empfunden. Sein achtzigjähriger Vater machte ihn 361 (oder Anfang 362) zum Presbyter in Nazianz, um an ihm einen Gehilfen zu haben. Doch die mit dem geistlichen Amt verbundene Verantwortung empfand er als so drückend (und dies war in einer so unruhigen Zeit durchaus verständlich), daß er sich der neuen Pflicht durch die Flucht in die Einsiedelei am Irisfluß entzog. Schon bald besann er sich allerdings auf seine Verantwortung gegenüber der Gemeinde, dem Vater und Gott und kehrte zurück, wobei er in seiner langen Rechtfertigungsrede (*orat.* 2) eindringlich die Problematik des geistlichen Amtes erörterte. Diese Rede von 362, eines seiner frühesten Werke, gehört zum Großartigsten, was jemals zu dem Thema gesagt worden ist; sie hat in der Folgezeit nachhaltig gewirkt.

2. *Probleme mit der Kirchenpolitik*

Die heftigen kirchlichen Kämpfe in der Julian-Epoche gingen an Nazianz vorüber, auch wenn Gregor sich weitgehend zurückgehalten zu haben scheint. In dem Streit, den einige Mönche mit seinem Vater wegen dessen Unterzeichnung des „homöischen Reichsdogmas" entfachten, vermittelte Gregor mit Erfolg. (Es handelte sich dabei um die von Kaiser Konstantius durchgesetzte Bekenntnisformel von Seleukia-Rimini-Konstantinopel 359/60, welche das trinitarische Problem im antinicänischen Sinne auf dem kleinsten gemeinsamen Nenner lösen sollte.) Für ihn stand die Richtigkeit der nicänischen Position außer Frage, schon 362 formulierte er diese klar (*orat.* 2, 36–38), seinen Vater zog er hinüber in das Lager derjenigen Theologen, die um diese Zeit sich von ihrer bisherigen homöusianischen Position (der Auffassung von der Wesensähnlichkeit des Sohnes) her derjenigen der alten Nicäner um Athanasius annäherten (der sog. Jungnicäner). Auch der von Julian betriebene „Kulturkampf" gegen die Christen mit dem Verbot der christlichen Lehrtätigkeit, das gerade einen Mann wie Gregor schwer treffen mußte, bot Gelegenheit zu öffentlichem Engagement und theologischer Reflexion über das Verhältnis zur antiken Kultur (*orat.* 4 und 5 von 363/64 nach Julians Tod).

Vorerst beschränkten sich Gregors Beiträge zur Kirchenpolitik auf Marginalien. An der wichtigen Wahl des Basilius zum Metropoliten von Cäsarea im Jahre 370 war er insofern beteiligt, als er seinen Vater zu dessen wahlentscheidendem Einsatz für Basilius motivierte. Nun galt es, die noch schwache Position der Jungnicäner auszubauen, und dabei wurde Gregor wider Willen zum

Statisten unter der Regie des großen Basilius. Der staatlichen Zweiteilung der Provinz Kappadokien folgten 372 Streitigkeiten um die kirchliche Organisation, die sich normalerweise an die staatliche anlehnte. Durch die Neuerrichtung einer Metropolie Tyana wurde Cäsareas Einfluß erheblich tangiert, und dem suchte Basilius u. a. dadurch zu begegnen, daß er die Zahl seiner Suffraganbistümer vermehrte. In diesem Zusammenhang machte er 372 Gregor zum Bischof des kleinen Ortes Sasima, welcher als Verkehrsknotenpunkt zum Südwesten hin eine gewisse strategische Bedeutung hatte (Sicherung des Zugangs zu dem von Cäsarea beanspruchten Kirchenbesitz im Taurus). Der widerstrebende Gregor, der immerhin die Bischofsweihe akzeptiert hatte, empfand die Tätigkeit in einem abgelegenen Dorf als Zumutung, hatte keine Lust, den kirchenpolitischen Kampf mit dem Bischof von Tyana, Anthimus, aufzunehmen, und entzog sich dem allem durch die Flucht in die Einsamkeit. Noch in seiner großen Totenrede auf Basilius (*orat.* 43, wohl am 1. Januar 382 gehalten) beklagte er sich über die angebliche Kränkung, sein Verhältnis zu Basilius blieb gespannt. Einerseits betrachtete er ihn als seinen Lehrer in Askese, Spiritualität und Trinitätstheologie, andererseits entzog er sich dessen zupackender kirchenpolitischer Aktivität. Seinen Posten in Sasima hat er nie bezogen, statt dessen fand er sich bereit, nach dem Tode seines Vaters 374 das Bischofsamt in Nazianz zu verwalten, bis man dort einen passenden Nachfolger gefunden hätte. Aber um dem Ärger mit den alltäglichen Geschäften zu entgehen, zog er sich schon 375 in das isaurische Seleukia zurück, wo er sich vier Jahre lang dem „philosophischen Leben" fernab aller Kirchenpolitik widmete.

3. *Wirksamkeit in Konstantinopel*

In dieser Situation traf ihn zu Beginn des Jahres 379 der Ruf, die Leitung der kleinen oppositionellen Gemeinde von Anhängern des Nicänums in der Hauptstadt Konstantinopel zu übernehmen. Es ist unklar, wie es zu diesem Auftrag gekommen ist. Basilius war inzwischen gestorben (1. Januar 379), doch er scheint noch den Anstoß oder mindestens sein Einverständnis zu dieser Aktion gegeben zu haben (vgl. *orat.* 43, 2; 497A), deren Hauptinitiator der Führer der jungnicänischen Partei, Meletius von Antiochien, gewesen sein dürfte. Dieser hatte seit 371 im armenisch-pontischen Exil zusammen mit Basilius versucht, die Jungnicäner zu einigen, was neue Probleme schuf, weil ein erheblicher Teil der alten homöusianischen Partei das neuerdings von den Nizänern geforderte Bekenntnis zur Gottheit (Homousie) des Heiligen Geistes ablehnte; ihre Gegner nannten sie deshalb Pneumatomachen. 377 war Meletius wie alle unter Konstantius und Valens verbannten Nicänerbischöfe aufgrund eines kaiserlichen Toleranzedikts in seine Gemeinde zurückgekehrt. Gregor erschien nun wegen seiner rhetorischen Begabung seinen Freunden als der geeignete Mann, den Kampf auch in der Hauptstadt aufzunehmen, wo die Nicäner praktisch von vorne anfangen mußten. Damit trat er erstmals als Akteur auf die Bühne der großen Kirchenpolitik, und mit der gut zweijährigen

Wirksamkeit in Konstantinopel verbindet sich seine kirchengeschichtliche Bedeutung.

Seit der Gründung der Hauptstadt im Jahre 330 kam dem Konstantinopeler Bistum wegen der engen Beziehungen zum Kaiserhof eine politische Schlüsselstellung zu; es unterlag aber wegen der noch geringen kirchlichen Substanz und des fehlenden Hinterlands den wechselnden Einflüssen der alten Metropolitensitze wie des Hofes. Seit der Absetzung des Nicäners Paulus (339) in den Kämpfen um den Bischofsthron in den vierziger Jahren war die Nicänergemeinde auf eine unbedeutende Minorität zusammengeschrumpft. Einen Bischof besaß sie nicht mehr. Paulus war bald nach 350 verstorben. Als Metropolit, der zugleich Hofbischof war, konnte nur jemand fungieren, der mit der kaiserlichen Religionspolitik harmonierte; seit der Absetzung des Makedonius, eines führenden Homöusianers, im Jahre 360 waren dies die Homöer Eudoxius (360–370) und Demophilus (370–380). Die überwiegende Mehrheit der hauptstädtischen Gemeinde hielt sich zu ihnen; wie stark daneben die Gruppe der Makedonianer war, d. h. der zum Pneumatomachentum tendierenden Homöusianer, bleibt ungewiß. Schließlich existierte noch eine kleine Gruppe genuiner Arianer, der Eunomianer, auch als Anhomöer bezeichnet, in lockerem Kontakt mit dem mitunter in der Nähe Konstantinopels im Exil lebenden Eunomius, des bedeutendsten Vertreters der als „Arianismus" klassifizierten Trinitätstheologie.

Angesichts dieser theologiepolitischen Konstellation mußte Gregor versuchen, durch seine Predigttätigkeit die kleine Nicänergemeinde zu sammeln und Anhänger unter der großen Masse der „Mittleren" zu finden. Er konnte zunächst nur unter kümmerlichen Bedingungen arbeiten, ein umgebauter Raum im Hause eines Verwandten diente den Nicänern als Kapelle (von Gregor „Anastasia" genannt). Obwohl er wegen seiner wenig attraktiven Erscheinung bei den Gegnern nur Spott hervorrief, gelang es ihm schon bald dank seiner herausragenden Redekunst, die Zuhörer in Scharen anzulocken, unter ihnen sogar Heiden. Eine massive Gottesdienststörung durch die Homöer zu Ostern 379 und ein Attentatsversuch durch einen jungen Mann waren Reaktionen der verunsicherten Mehrheit. Eine Reihe seiner kunstvollen Predigten aus dieser Zeit sind erhalten (*orat.* 21, 22, 32, 33, 25, 41, 34 während des Jahres 379; vgl. Gallay, *Vie* S. 252f). Gregor betrieb systematisch Meinungsbildung für die nicänische Position, indem er die anspruchsvolle theologische Formel der orthodoxen Lehre, rhetorisch-didaktisch aufbereitet, popularisierte. Dafür bieten seine *Reden aus der Weihnachts- und Epiphaniaszeit* 379/80 (*orat.* 38–40) schöne Beispiele. Sogar von auswärts kamen Christen, um ihn zu hören, wie z. B. Hieronymus. Seine Erfolge weckten die Aufmerksamkeit der kirchenpolitischen Rivalen, vorab des alexandrinischen Patriarchen Petrus, der den kleinasiatisch-antiochenischen Jungnicänern nicht den neugewonnenen Einfluß in der Hauptstadt gönnen wollte, zumal sich durch die Religionspolitik des neuen Kaisers Theodosius, insbesondere durch dessen berühmtes Edikt „Cunctos populos" vom Februar 380, die Großwetterlage schlagartig zugunsten der Nicäner veränderte. Petrus ließ einen aus Alexandrien stammenden Scharlatan namens Maximus (bzw. Heron), der sich als Philosoph ausgab und von Gregor schon 379 begeistert in die Gemeinde eingeführt worden war, durch heimlich eingereiste ägyptische Bischöfe in einer Nacht- und Nebel-Aktion zum Bischof der nicänischen Gemeinde weihen. Doch die Frondeure mußten aufgrund des Widerstands sogleich das Feld räumen, und Maximus fand weder beim Kaiser noch bei den maßgeblichen Bischöfen in Ost und West Anerkennung. Gregor blieb, auch wenn er nicht Bischof von Konstantinopel war, der unbestrittene Führer der Nicäner, und als solcher hielt er im Sommer und Herbst 380 seine berühmten *Reden über die Trinitätslehre* (mit einer in anderem Zusammenhang gehaltenen Rede zu den fünf „theologischen" Reden zusammengefaßt = *orat.* 27–31), in denen er gegenüber Heiden und Häretikern die orthodoxe Position begründete. Am 25. November zog Theodosius in Konstantinopel ein; damit begann die offizielle Neuordnung der kirchlichen Verhältnisse: Der Homöerbischof Demophilus wurde abgesetzt, die Nicäner erhielten die Kathedrale (die Apostelkirche), Gregor wurde vom Kaiser unter militärischem Schutz, der wegen der feindseligen Stimmung der homöischen Mehrheit nötig war, in die Kirche geführt und übernahm nun die Gesamtleitung des Bistums Konstantinopel.

4. *Zweites Ökumenisches Konzil*

Seine Anhänger wollten ihn zum Bischof der Hauptstadt machen, doch Gregor wollte für dieses zentrale Amt durch die geplante große Reichssynode legitimiert werden. Zusammen mit Meletius gehörte er nun zu den wichtigsten kirchenpolitischen Beratern des Kaisers. Sie bereiteten die Synode vor, die Anfang Mai 381 eröffnet wurde und später als 2. Ökumenisches Konzil galt. Deren Ziel sollte die Durchsetzung der nicänischen Position im ganzen Osten sein. Zunächst handelte es sich dabei allerdings eher um eine Parteiversammlung der Jungnicäner mit Meletius als Vorsitzendem, da die Vertreter aus dem Westen und aus Ägypten erst später kamen und die Pneumatomachen nach vergeblichen Präliminarverhandlungen eine Beteiligung auf der Basis des Nicänums ablehnten. Eine der ersten Entscheidungen des Konzils betraf die Situation in Konstantinopel; die Weihe des Maximus wurde für ungültig erklärt, Gregor zum Bischof gewählt. Da Meletius schon bald nach Eröffnung des Konzils starb, übernahm er das Präsidium, war aber den jetzt einsetzenden Querelen um das Schisma in Antiochien (die Meletiusnachfolge warf das ganze Problem der zwischen Ost und West strittigen Legitimität der dortigen Jungnicäner- bzw. Altnicänergemeinde neu auf) und um die antipneumatomachische Ergänzung des Nicänums taktisch nicht gewachsen. In der antiochenischen Frage intendierte er eine überparteiliche Lösung in Kooperation mit dem Westen, doch er scheiterte damit an den Interessen der Jungnicäner, die mit der Wahl Flavians zum Nachfolger des Meletius das Schisma fortsetzten. In der Pneumatologie versuchte er eine klare Aussage über die Gottheit des Geistes durchzusetzen, aber die Mehrheit entschied sich für Formulierungen im dritten Artikel des Bekenntnisses, die der verbreiteten Unklarheit in dieser Frage stärker Rechnung trugen und einen breiten Konsensus ermöglichen sollten (von Gregor im *carmen hist.* XI/*De vita sua* 1707 als „salzige Zuflüsse dogmatisch unentschiedener Leute" zur süßen Quelle des alten Glaubens abgelehnt; vgl. auch ebd. 1733ff. 1754ff.). Gregors Situation verschlechterte sich noch weiter, als die später eingeladenen Bischöfe aus Ägypten und Makedonien auf dem Konzil eintrafen und dessen kirchenrechtliche und disziplinarische Entscheidungen beanstandeten, darunter auch die Wahl Gregors, die vermeintlich gegen das im Kanon 14 von Nicäa ausgesprochene Verbot der Translation von Bischöfen einer Stadt in eine andere verstieß, weil er formal immer noch Bischof von Sasima bzw. Nazianz wäre. Die zermürbenden Verhandlungen hielt Gregor nicht aus, er erklärte seinen Rücktritt von Konzilspräsidium und Konstantinopeler Amt (der zu seiner Enttäuschung von den Jungnicänern gerne angenommen wurde), hielt aber noch eine fulminante Abschiedsrede (*orat.* 42), in der er Rechenschaft über seine theologische und kirchenpolitische Position ablegte. Dann zog er sich enttäuscht und krank in die Abgeschiedenheit seines Landgutes Arianz zurück, wo er sich wieder der vita contemplativa hingab. Hier arbeitete er u. a. an seinem großen autobiographischen Gedicht, das fast ganz der Rechtfertigung seiner Konstantinopeler Aktivitäten dienen sollte, aber doch so viel persönliche Züge aufweist, daß es vor Augustins *Confessiones* die bedeutendste christliche Autobiographie ist. Auch andere Gedichte bringen ebenso wie Gregors Reden seine Persönlichkeit in einem solchen Maße mit ein, daß diese Selbstdarstellung einen bedeutsamen Teil seines Werkes ausmacht.

Die letzten Jahre seines Lebens verbrachte er in asketischer Zurückgezogenheit, predigte kaum noch, entfaltete aber eine rege *Korrespondenz* und schrieb *Gedichte* über dogmatische und moralische Themen sowie seine eigenen religiösen Erfahrungen. Gelegentlich mußte er in der immer noch bischofslosen Kirche von Nazianz, als deren de facto-Bischof er von vielen angesehen wurde, eingreifen, so z. B. bei den Unruhen, die Apollinaristen dort mit ihrer christologischen Häresie auslösten. Die in diesem Zusammenhang verfaßten Briefe (*epp.* 101–102. 202) thematisierten die neu aufbrechende Problematik so eingängig, daß sie im großen christologischen Streit des 5. Jahrhunderts als wegweisende Klärung gern zitiert wurden. Alles in allem bewies Gregor auch in der Spätzeit bis zum Tode im Jahre 390 seine Meisterschaft in dem, was seine Besonderheit ausmacht: in der literarisch-pädagogischen Anwendung der wissenschaftlichen Theologie.

II. Werk

Das literarische Werk Gregors hat einen durchaus eigenen Charakter. Auffällig im Vergleich mit anderen Theologen seiner Zeit ist die Tatsache, daß er weder

Gregor von Nazianz (ca. 329/330–390)

Bibelkommentare (oder exegetische Homilien; hier vielleicht eine Ausnahme: *orat.* 37) noch dogmatische Traktate geschrieben hat. In das geistige Ringen seiner Zeit griff er mit dem Eigensten ein, was er als Rhetor zu bieten hatte: mit glänzenden Reden, mit kunstvollen Episteln, mit lehrhaft-propagandistischen Gedichten. Literarisch überliefert ist eine Auswahl von 45 *Reden* (in Migne 35–36 abgedruckt), von Gregor unter dem Aspekt der Publikation geformt, Äußerungen zu dogmatischen und ethischen Themen, in der Mehrzahl panegyrische Reden zu den christlichen Festen und Leichenreden. Ferner sind 245 *Kunstbriefe* (neue Edition von Gallay: 249) überliefert, meist mit sehr persönlicher Note, im Vergleich etwa zum Briefwechsel des Basilius theologisch oder kirchenpolitisch weniger belangvoll (die *,,theologischen" Briefe* 101–102 und 202 gehören überlieferungsgeschichtlich zu den *Reden, ep.* 243 dürfte unecht sein). Schließlich hat er über 400 *Gedichte* verfaßt (abgedruckt in Migne 37–38; zahlreiche Einzelausgaben), die von den Maurinern in dogmatische und historische Gedichte gegliedert wurden.

1. *Antike und Christentum*

Als Theologe ist Gregor ein Literat, durch und durch Rhetor, stets auf den Effekt beim Publikum bedacht. Darin liegen seine Stärken wie seine Schwächen; seine Schwächen in der immer wieder hervortretenden Oberflächlichkeit und in mangelnder sachlicher Originalität; seine Stärken in der Fähigkeit, komplizierte theologische Sachverhalte angemessen zu popularisieren und interessant zu machen. In letzter Hinsicht ist er ein getreuer Prediger des Gottesworts, denn nach christlicher Auffassung muß Wahrheit in einer für alle verständlichen Weise ausgesagt werden können.

Christentum und Antike konvergieren in Gregors Werk in bemerkenswerter Weise. Seit den Zeiten Platons standen Philosophie und Rhetorik (Sophistik) als zwei verschiedene Konzeptionen von Paideia, als unterschiedliche Wertsysteme, Daseinshaltungen und Bildungsideale im Konflikt miteinander, wobei dieser Konflikt sich in den jeweiligen Epochen verschieden nuanciert darstellte. Gregor repräsentiert den Konflikt, indem sich bei ihm damit die christliche Auseinandersetzung mit der Antike generell verbindet. Die philosophische Tradition hatte die christliche Theologie in wichtigen Grundzügen selektiv in sich aufgenommen, der sophistischen Paideia stand sie – abgesehen von elementarer und formaler Bildung – vom Ansatz her viel skeptischer gegenüber. Wahres Christsein bedeutet für Gregor wie für die meisten seiner Zeitgenossen ein ,,philosophisches Leben", d. h. eine Integration von Glauben im Sinne der Rezeption tradierter Lehren, von Denken, Kontemplation und asketischer Moral. ,,Philosophisches Leben" hieß Leben im Geist in der Abkehr von der Welt; das verband sich mit dem Ethos der spätantiken Philosophie. Die Sophistik dagegen zielte auf konkret-praktische Bewältigung des Alltags, auf bestimmte Fertigkeiten, die der ,,politischen" Tüchtigkeit dienten. Mit der Spätblüte der Sophistik war Gregor ebenso wie mit der platonischen Schulphilosophie während seines Studiums in Berührung gekommen (soweit er letztere nicht bloß indirekt durch die Werke des Origenes vermittelt bekam). Das begründete für ihn einen Dauerkonflikt, weil er den hochgeschätzten Wert der rhetorischen Bildung von seiner philosophisch-asketischen Grundposition her problematisierte, weil er in Stil und Denken ganz von der Rhetorik geprägt war und dies doch immer wieder zu überwinden suchte. Mit seiner christlichen Rhetorik, die nicht den Menschen, sondern Gott das Maß aller Dinge sein läßt, dürfte ihm dies gelungen sein.

Das spätantike Bildungsgut (vor allem in der Literatur) hat er auf dem üblichen populären Niveau präsent, in einer Breite freilich, wie sie damals selten war. Grundsätze der Popularphilosophie begegnen bei ihm auf Schritt und Tritt. In seinem Kulturbewußtsein ist er ganz Grieche, in seinem theologischen Wollen bleibt er der biblischen Botschaft treu. Das wird in seinem poetischen Werk deutlich. Er wollte damit eine christliche Dichtkunst neben die hellenistische stellen, wollte auch auf diesem Gebiet die kulturelle Ebenbürtigkeit, wenn nicht gar Überlegenheit der Christen erweisen, blieb dabei aber im Formenschatz völlig und im Gedankengut weitgehend von griechischer Tradition abhängig (ohne daß man seine literarische Qualität an klassischen Maßstäben messen dürfte). Doch von seiner christlichen Grundhaltung her vermochte er die Inhalte des Evangeliums so einzubringen, gerade in seiner oft „modern" anmutenden Subjektivität, daß im ganzen, vom theonomen Welt- und Menschenbild her, etwas durchaus Originelles und Gewichtiges entstand. Dies gilt auch für seine lediglich in poetische Formen gegossenen dogmatischen und moralischen Abhandlungen, die vom Ästhetischen her meist reizlos, aber vom Pädagogischen her durchaus respektabel sind. So ist sein dichterisches Werk zwar allenthalben nur „Humanistenpoesie" (Wyss), aber in einer kulturell dürrer werdenden Epoche ragt Gregor hervor als der bedeutendste christlich-griechische Poet der frühbyzantinischen Zeit. „Herold der Gottheit" wollte er sein (*ep.* 185, 6), und er war es, indem er auf seine Weise den Herausforderungen der Situation als Theologe zu entsprechen suchte.

2. Trinitätslehre und christliche Existenz

Die Ausarbeitung der Trinitätslehre, mit der sich Gregors theologiegeschichtliche Bedeutung verbindet, war im 4. Jahrhundert die wichtigste kirchliche Aufgabe. Denn die Gotteslehre, vom Ansatz bei der Offenbarung in Jesus Christus her konstruiert, war seit dem 2. Jahrhundert das Fundament aller Auseinandersetzungen der Kirche mit der heidnischen Spätantike. So steht es auch bei Gregor, und deshalb führen seine diesbezüglichen Äußerungen, vor allem seine „theologischen" Reden aus dem Jahre 380 (d. h. seine Predigten über die Gotteslehre), ins Zentrum seines Werkes. Was er zu den anderen Themen der Theologie geschrieben hat, kann im Rahmen dieser Würdigung als „Klassiker" demgegenüber zurücktreten.

Trinitätslehre ist bei Gregor wie in der ganzen alten Kirche nicht abstrakte Spekulation, sondern impliziert eine bestimmte Form der Anthropologie und der Soteriologie. Gerade darin spiegelt sie die Auseinandersetzung des Christentums mit der Antike. In der Tradition des christlichen Platonismus definiert Gregor die Bestimmung des Menschen als homoiosis theō (Verähnlichung mit Gott), als intellektuell-kontemplative und moralisch-asketische Hinwendung zur göttlichen Welt. Deren anthropologische Vorgabe ist die Erschaffung des Menschen nach dem Bilde Gottes (Gen 1, 26f.), d.h. nach dem Logos bzw. Christus, was inhaltlich bedeutet, daß die menschliche Vernunft göttlich ist und dies dadurch beweist, daß sie sich auf Gott hin orientiert, was ihr nur durch den ständigen Bezug auf Christus als Offenbarer und Erlöser gelingt. Der menschliche Geist ist auf die Hilfe des göttlichen Geistes angewiesen, um zur Vollendung zu gelangen; in der Taufe, d.h. in der Entscheidung für Christus und in der demgemäßen Lebensweise, verbunden mit der sakramentalen Neuwerdung empfängt der Mensch den Gottesgeist als Geist Christi, welcher durch die sakramentale Wiedergeburt seine Umgestaltung analog zur natürlichen Erschaffung bewirkt. (Zum ganzen s. z.B. *orat.* 2, 7. 17; 7, 13; 17, 9; 24, 5; 40, 7. 27.) Der Heilige Geist ist der „Lebensbegleiter" des Christen, führt ihn durch Erleuchtung zu dem Licht, das Gott ist *(orat.* 31, 28f., 31). So kann es Erfüllung des Menschseins nur in Verbindung mit dem trinitarischen Gott geben (s. z.B. *orat.* 40, 41ff.).

Die Auseinandersetzung mit antikem Denken wird bei dieser Konzeption – abgesehen von den erkenntnistheoretischen Folgerungen – an dem verschiedenen Paideia- (Bildungs-) Verständnis deutlich. Trinitarisch fundierte Gott-Verähnlichung (homoiosis theō) bedeutet gegenüber der Philosophie Theonomie statt Autonomie der Vernunft, bedeutet gegenüber der Sophistik außerdem den Primat einer kontemplativen Gesamtformung der Persönlichkeit vor der Erziehung zu allerlei Fähigkeiten. Christi Heilswerk, die Formung der Seele nach dem Vorbild Christi und damit auch die Tätigkeit des geistlichen Amtes, kann von daher als Paideia beschrieben werden (z.B. *orat.* 2, 17, 22f. 25), und gegenüber den heidnischen Angriffen unter Julian wird diese christliche Paideia als der hellenischen überlegen behauptet, weil sie zu einer höherwertigen Moral erzieht (*orat.* 4, 71ff. 120ff.). Christen sind die besseren Menschen, in der Kirche als pneumatischer Institution organisiert sich die vollkommene Menschheit. Der hier zutagetretende, in der Geschichte des 4. Jahrhunderts realisierte Anspruch wird in seiner Plausibilität nun letztlich allein durch die christliche Form der Gotteslehre begründet.

3. Die Aufgabe der Theologie

Gregor übernimmt die christliche Rezeption des mythologisch vorbelasteten griechischen „Theologie"-Begriffs, wie sie vor allem von Origenes und Eusebius von Cäsarea in Antithese zum hellenistischen Polytheismus entfaltet worden ist. Eusebius publizierte ca. 337 ein umfangreiches Werk *Kirchliche Gottes-*

lehre, in dem er eine die Logoslehre einbeziehende, also von der Offenbarung in Christus her konzipierte Gotteslehre als Spezifikum gegenüber jüdischem Monotheismus und heidnischem Polytheismus herausstellte. Nicht zufällig beschäftigte also der trinitarische Streit die Kirche während des ganzen 4. Jahrhunderts. Gregors *theologische Reden* (*orat.* 27–31) bieten wie seine früheren Ausführungen (vor allem *orat.* 2, 36–38 und *orat.* 6, 13. 22) die Trinitätslehre vom Ansatz her systematisch als Lehre über das Wesen Gottes als eines Dreieinigen. Darin unterscheidet er sich nahezu von den meisten Theologen vor ihm und berührt sich mit Basilius, von welchem er diesen trinitarischen Ansatz gelernt hat. Vordem hatte man das Problem in zumeist unsystematischen, biblisch-exegetischen oder die Christenexistenz interpretierenden Ausführungen über den Sachverhalt, daß Gott nur durch Christus zugänglich ist, erörtert (wobei man diesen christologischen Ansatz gelegentlich um die pneumatologische Perspektive erweiterte).

Origenes hatte als erster eine systematische Trinitätslehre konzipiert, doch mit solchen Unausgeglichenheiten und Spannungen, daß die ihr innewohnende Tendenz zum Subordinatianismus bei manchen Arianern und Homöern zu Lösungen zugespitzt werden konnte, die sich kaum noch vom Polytheismus unterschieden, obwohl man gerade in diesen Kreisen sich leidenschaftlich für Formulierungen einsetzte, die den Monotheismus bewahren sollten. Basilius bezog in seiner Schrift gegen Eunomius (ca. 364) die Pneumatologie in die trinitarische Erörterung der Gotteslehre ein, in seinem großen Werk *Über den Heiligen Geist* von 374/75 systematisierte er diesen Ansatz. Die Homousie des Sohnes war ihm mit dem Nicänum niemals fraglich; für den Geist, wo dies Problem noch nicht endgültig gelöst war, suchte er Analoges festzustellen. Gregor übernimmt das – beide sind von der origenistischen Tradition geprägt – doch er unterscheidet sich von vornherein stärker von derjenigen jungnicänischen Position, welche vom Homöusianertum herkam, indem er die Trinität vom Gedanken der Einheit Gottes ausgehend denkt, während die meisten Origenisten bei der Differenziertheit der göttlichen Hypostasen, bei ihrer Erfahrbarkeit in unterschiedlicher, aber zusammengehöriger Wirkungsweise ansetzten. Deswegen berührt sich Gregors Lehre enger mit derjenigen der Altnicäner um Athanasius und derjenigen des Westens, worin nicht zuletzt ihre hohe Konsensfähigkeit begründet lag.

An den Theologen stellt Gregor hier hohe Anforderungen, und so gibt er in *orat.* 27 gleichsam einen Kodex für dessen Arbeit. Schon in seiner frühen programmatischen Darstellung des geistlichen Amtes (*orat.* 2 von 362) hat er diesem im Rahmen des von ihm hoch angesetzten Ideals der Andragogik als kundiger Formung der Seelen die Aufgabe zugewiesen, intellektuelle Redlichkeit zusammen mit aufklärerischem Engagement gerade auf dem schwierigen Feld der Gotteslehre so einzusetzen, daß das trinitarische Wesen als Fundament und Ziel christlicher Erkenntnis auch dem schlichten Gemeindeglied einleuchtend wird (*orat.* 2, 35–39). Gegen Sabellianismus, Arianismus und Polytheismus als die Grundirrtümer ist der eine Gott in seinen drei Realisierungen

(Hypostasen), deren jede ihre Proprietät (idiótes) hat, zu bekennen. Gregor mildert hier die subordinatianischen Tendenzen der klassisch-origenistischen Drei-Hypostasen-Lehre durch den Ansatz bei der Einheit Gottes und durch die Einführung des Begriffs idiótes, mit welchem er den mißverständlichen Begriff hypóstasis (Hypostase) interpretiert, welcher das konkrete Sein Gottes im Unterschied von dessen generischem Sein, der usía, bezeichnen soll. Damit präzisiert er das, was einige Homöusianer seit 358 einerseits und Athanasius – vor allem seit der bahnbrechenden Synode von Alexandria 362 – andererseits lehrten und was Basilius in umfangreicher Auseinandersetzung mit Eunomius zu formulieren versuchte. Die Lehre, daß die Trinität eine göttliche Usia in drei Hypostasen sei, wurde so zur jungnicänischen Lösung der alten Streitfrage, die Gregor in den theologischen Reden expliziert.

Gegenüber dem zu bloßem Wortgeklingel entarteten Streit, gegenüber der dogmatischen Sophisterei der Arianer will Gregor zur Sache rufen: zu einer Forschung, die sich primär an den Aussagen der Bibel und nicht an philosophischen Kategorien orientiert (*orat.* 27). Er polemisiert gegen die Verweltlichung der Theologen in Denken und Handeln, mahnt zur Rücksichtnahme auf die noch zahlreichen Heiden, welchen kein Anlaß gegeben werden darf, die christliche Gotteslehre im polytheistischen Sinne mißzuverstehen. Die ,,Theologie", das Nachdenken über Gottes Wesen, setzt eine adäquate Gesamthaltung, eine moralische und intellektuelle Reinigung voraus, die für die Erleuchtung durch Gott öffnet, die sich vom philosophischen Fragen unterscheidet, bei welchem ständiges Problematisieren adäquat ist.

4. Trinitarischer Monotheismus

Gregor geht von dem Axiom aus, daß Gott in seinem Wesen (phýsis, d.h. in seiner trinitarischen Seinsweise) für menschliches Denken unzugänglich ist (*orat.* 28, 3ff.). Zugänglich ist er nur indirekt in der kreatürlichen Welt, die seine Offenbarung widerspiegelt und deren Ordnung auf ihn als erste Ursache verweist. Neben der Tradition des kosmologischen Gottesbeweises nimmt Gregor auch die Tradition der negativen Theologie auf, doch er grenzt sich gegen den Ansatz der eunomianischen Gotteslehre ab, das Wesen Gottes als absolute Negation des Endlichen (als Agenesie, Unveränderlichkeit, Unbegrenztheit) zu definieren. Dadurch würde Gottes Transzendenz als eine solche formuliert, die sich nicht mehr mit der kreatürlichen Welt vermitteln ließe; eine Verbindung zwischen Gottheit und Menschheit wäre letztlich unmöglich. Gott enthält in sich auch diesen Aspekt, aber Agenesie ist nicht sein Wesen, definiert nicht sein Sein (usía bzw. phýsis), sondern macht die Eigentümlichkeit (idiótes) des Vaters als des göttlichen Urprinzips aus (vgl. *orat.* 28, 7ff.; 29, 11f.). Gottes Wesen ist nicht durch philosophische Spekulation, sondern nur von seiner Offenbarung her zu bestimmen.

Gotteserkenntnis ist möglich, weil die menschliche Vernunft von Gott stammt und sein Bild ist, also die ontologische Brücke bildet, die zum Archetyp führt. Doch die Realisierung der Verbindung von menschlichem und göttlichem Geist ist eine eschatologische Möglichkeit, keine dem Menschen von Natur aus innewohnende Fähigkeit, sondern gnadenhafte Erschließung Gottes selber (*orat.* 28, 16ff. 31). So führt die Verwerfung der philosophisch-erkenntnistheoretischen Bemühungen Gregor dazu, die Gotteslehre als Trinitätslehre auszuarbeiten, um den Offenbarungs- und Gnadencharakter menschlicher Gotteserkenntnis zu sichern: Der „Sohn" ist der Aspekt der Zugänglichkeit Gottes (*orat.* 29 u. 30).

Monotheismus nach christlichem Verständnis heißt, daß Gottes Sein eine strukturierte Einheit ist (Vater, Sohn, Heiliger Geist), wobei Gregor entgegen neuplatonischen Emanationslehren das Verhältnis der ersten Ursache zur zweiten nicht als ein gleichsam automatisches „Überfließen", sondern als willentliche Bewegung verstanden wissen will, ausgedrückt in den Symbolworten „Zeugung" im Blick auf den Sohn und „Hervorbringung" im Blick auf den Geist: „Die Einheit bewegte sich vom Ursprung her zur Zweiheit hin und kam mit der Dreiheit zum Stillstand." (*orat.* 29, 2 – eine berühmte, im Verlauf der Theologiegeschichte immer wieder zitierte Formulierung). Das innertrinitarische Verhältnis kann demnach so bestimmt werden, daß der Vater als arché (Ursprung) der gennétor bzw. proboleús, der Sohn das génnema und der Geist das próblema ist. Daraus ergeben sich als Proprietäten der trinitarischen Personen Ungezeugtsein, Gezeugtsein, Hervorgebrachtsein (agennesía, génnesis, ekpóreusis), wobei die Agenesie im Sinne der aller Zeitlichkeit enthobenen Nichtkreatürlichkeit auch Sohn und Geist zukommt. „Ursprung" ist der Vater im logisch-ontologischen, nicht im temporalen Sinn, es handelt sich nicht um Wesensdefinitionen, sondern um Relationsbestimmungen, denn Gottes Sein (usía, phýsis, theótes) ist eines, hat aber verschiedene onómata (‚Namen'), d.h. es wird erfahrbar und begrifflich aussagbar in drei Aspekten (*orat.* 29, 13–16; 30, 17–21).

Gregor formuliert wie die ganze altkirchliche Theologie den biblischen Sachverhalt, daß Gottes Sein die Geschichte in sich begreift, daß Gott als Schöpfer einen konstitutiven Bezug zu Welt und Mensch hat, mit Hilfe der Ontologie. Besonders deutlich zeigt sich das in seiner Rede über den Heiligen Geist (*orat.* 31). Dessen Verhältnis zu Gott war in der bisherigen Theologiegeschichte unklar; zu einer Klarung nötigte der Streit mit den Pneumatomachen (von Athanasius seit 358, von Basilius und Gregor seit 372/73 geführt), welche die Gottheit des Geistes leugneten, weil sie diesen völlig mit den vom Gläubigen erfahrenen Geistwirkungen identifizierten und deswegen eine qualitative ontologische Differenz zwischen Heiligem Geist und Gott behaupteten. Pneumatomachen waren neben Eunomianern und Homöern die in diesem Punkt einigen Gegner, mit denen sich Gregor in Konstantinopel intensiv auseinandersetzen mußte. Die Grundfrage, ob der Geist selber göttliches Subjekt oder Attribut Gottes bzw. Christi sei, entscheidet er im ersteren Sinne; der Geist gehört zur Usia Gottes, ist eine eigene Hypostase (*orat.* 31, 5f. 8).

Erkenntnistheoretisch begründet Gregor dies vom Offenbarungsgedanken her in Aufnahme einer Beweisführung des Athanasius. Gotteserkenntnis ist Erleuchtung, wobei Gott als das Licht zugänglich wird im Licht Christi als Abglanz Gottes, in der objektiven Ermöglichung der Erkenntnis und subjektiv in der persönlichen Realisierung der Erkenntnis durch den erleuchtenden Geist (*orat.* 31, 3: ,,Das ist die kurzgefaßte trinitarische Gotteslehre"). Die drei Hypostasen Gottes unterscheiden sich nach außen hinsichtlich der Offenbarungsweise, nach innen hinsichtlich ihrer Relation. Damit spitzt Gregor das von Basilius gebrauchte Argument, daß die Einheit der göttlichen Wirkungen auf die Einheit des Seins verweise, terminologisch zu, indem er die Homousie auch des Geistes klar formuliert: drei Hypostasen in einem Wesen; eines sind die drei nach ihrer Gottheit, sie sind ein Gott, und das Eine ist dreierlei hinsichtlich seiner Eigentümlichkeiten; jede der drei Hypostasen verhält sich zur jeweils anderen nicht anders als zu sich selbst (31, 9. 16. 28ff.). Deswegen genügt diese Lehre dem Monotheismuspostulat, weil das einheitliche Sein Gottes von seiner differenzierten Zugänglichkeit unterschieden werden muß (31, 14).

Die epochale Bedeutung der Trinitätslehre stellt Gregor selber in einer Art Theologie der Religionsgeschichte heraus (*orat.* 31, 25–27). Den religionsgeschichtlich bedeutsamen Zäsuren, dem allmählichen, von Gott pädagogisch bewirkten Übergang vom Götzendienst zur wahren Gottesverehrung sowie dem Übergang vom Gesetz zum Evangelium (d.h. von der pädagogisch notwendigen Beschränkung des Heils auf Israel zur Universalität des Heils) entsprechen Fortschritte in der Gotteslehre: Im Alten Testament wurde Gott als Vater verkündigt, aber noch nicht deutlich als Sohn, was erst im Neuen Testament geschieht, wo jedoch die Gottheit des Geistes nur angedeutet ist. ,,Jetzt ist auch der Geist eingebürgert", d.h. in der Kirche als dem universalen Gottesvolk und dem Ort der Wahrheit kann mit den manifesten Geisteswirkungen auch das trinitarische Wesen Gottes erkannt werden. So entspricht dem Absolutheitsanspruch des Christentums, wie er in der Reichskirche des 4. Jahrhunderts zum Ausdruck kommt, die ausgearbeitete Trinitätslehre, und insofern ist Gregor als ,,der Theologe" ein typischer Repräsentant jener Situation, in der man daran ging, die Welt als christlichen Kosmos neu zu ordnen.

Gerhard May

GREGOR VON NYSSA

(331/340 – ca. 395)

Noch vor fünfzig Jahren hätte Gregor von Nyssa, der dritte der drei ,,großen Kappadokier" neben seinem Bruder Basilius von Caesarea und Gregor von Nazianz, kaum Aussicht gehabt, in eine eng begrenzte Auswahl von ,,Klassikern der Theologie" aufgenommen zu werden. Heute gilt er als einer der wichtigsten Theologen des vierten Jahrhunderts und beschäftigt die Forschung wie wenige andere Kirchenväter. Es gibt wohl keine zweite Gestalt der Theologiegeschichte, die in unserem Jahrhundert eine ähnliche Neuentdeckung und Neubewertung erlebt hätte. Wie ist es zu dieser Gregor-Renaissance gekommen? Sie vollzog sich auf zwei Linien.

Die eine nimmt ihren Ausgang von dem großen Altertumswissenschaftler Ulrich v. Wilamowitz-Moellendorff. Er veranlaßte 1911 Werner Jaeger, eine kritische Ausgabe der Werke Gregors in Angriff zu nehmen. Wilamowitz hielt erklärtermaßen von Gregors geistiger Bedeutung nicht viel. Jaeger dagegen entdeckte in Gregor den Schöpfer einer großartigen Synthese von Griechentum und Christentum, eines christlichen Humanismus, in dem die klassische Idee der ,,Paideia", der ,,Formung" des Menschen, aufgenommen und neu gedeutet war. Jaeger gewann Schüler für die Mitarbeit an der Ausgabe und für die Beschäftigung mit Gregors Denken, und das Vorhandensein der kritischen Edition, die heute vor dem Abschluß steht, wurde Anreiz für weitere Studien von philologischer und theologischer Seite.

Die zweite Linie der Neuentdeckung geht von Theologen aus. In den vierziger Jahren zeigten Hans Urs v. Balthasar (1942) und Jean Daniélou (1944) in zwei grundlegenden Monographien einen ganz anderen Gregor: den Mystiker und Theologen des geistlichen Lebens, der zugleich in der Auseinandersetzung mit dem Neuplatonismus eine eigenständige christliche Philosophie entworfen hat. Dieser Ansatz wurde von Daniélou und seinen zahlreichen Schülern in einer Fülle von Arbeiten weitergeführt. Ein einhelliges, kanonisches Gregorbild gibt es bis heute nicht. Die Forschung ist in Bewegung. Einigkeit besteht allerdings darüber, daß Gregor zu den klassischen Denkern der christlichen Theologie zu rechnen ist. Aus der Forschungslage ergibt sich, daß die nachfolgende Skizze subjektive Akzente setzen muß. Sie will den Leser dazu anregen, für sich selbst Gregor zu entdecken.

I. Leben

Gregor von Nyssa ist zwischen 331 und 340 in Kappadokien im Inneren Kleinasiens geboren. Er stammte aus einer immens reichen Familie des kappadokischen Landadels, die sich seit der Generation von Gregors Großeltern zum Christentum bekannte. Herrschaftlicher Lebensstil und eine vom Ideal der Askese geformte Frömmigkeit bestimmten Gregors Entwicklung. Seine Familie hatte wesentlichen Anteil an der Ausbreitung des Mönchtums in Kleinasien. Vor allem Gregors älterer Bruder Basilius, später „der Große" genannt, wurde einer der Gestalter des griechischen Mönchtums, aber auch Gregors Mutter, seine Schwester Makrina und zwei weitere Brüder wandten sich dem asketischen Leben zu. Schicksalhaft wurde für Gregor der Einfluß des Basilius. Als dieser um 356 in Caesarea (heute Kayseri), der Hauptstadt Kappadokiens, Rhetorik lehrte, wurde Gregor sein Schüler und wählte, obwohl er eigentlich für die kirchliche Laufbahn bestimmt gewesen zu sein scheint, ebenfalls den Beruf des Rhetors. Basilius war inzwischen Mönch geworden, wurde aber 370 zum Metropoliten von Caesarea gewählt. In dieser Stellung war er der führende Bischof von Kappadokien. Es war die Zeit des zu Ende gehenden arianischen Streites. Als Anhänger der nicänisch-orthodoxen Trinitätslehre stand Basilius im Gegensatz zur Kirchenpolitik des Kaisers Valens, der das „arianische" Bekenntnis zur bloßen „Ähnlichkeit" des Sohnes Gottes mit dem Vater offiziell durchsetzen wollte. In der Situation eines zermürbenden Kirchenkampfes kam es für Basilius darauf an, die ihm unterstehenden Bischofssitze mit zuverlässigen Leuten zu besetzen. So veranlaßte er 372 die Wahl seines Bruders Gregor zum Bischof des Städtchens Nyssa, ähnlich wie er den gemeinsamen Freund Gregor von Nazianz als Bischof nach Sasima setzte. Gregor konnte die ihm übertragene Stellung nicht behaupten. Ende 375 wurde er von einer arianischen Synode abgesetzt und vom Kaiser verbannt. 378, nachdem die Regierung ihre Zwangsmaßnahmen gegen die nicänischen Bischöfe eingestellt hatte, kehrte Gregor zurück. Er betätigte sich sofort eifrig beim Ausbau der nicänischen Machtpositionen, allerdings ohne sonderlichen Erfolg. Aber auf der großen Konstantinopeler Synode von 381, nach späterer Zählung der zweiten „ökumenischen", die den endgültigen Sieg des nicänischen Bekenntnisses und seine Bestätigung durch Kaiser Theodosius brachte, erscheint Gregor als einer der führenden Bischöfe.

Basilius hatte seinen jüngeren Bruder nicht nur für die Rhetorik und die ganze Welt der antiken Bildung begeistert, er gewann ihn auch für das asketische Ideal; zunächst allerdings nur theoretisch, denn Gregor war verheiratet. Noch vor 379 verfaßte Gregor mit dem Werk *Von der Jungfräulichkeit* eine brillante, rhetorisch beinahe zu gekonnte Werbeschrift für das Mönchtum. Nach dem Tod des Basilius (1. Januar 379) fühlte sich Gregor als der geistige Erbe seines Bruders. Mit seinen beiden Schriften *Über das Sechstagewerk* und *Von der Erschaffung des Menschen,* ausführlichen Kommentaren zur biblischen

Schöpfungsgeschichte, wollte er nach eigener Aussage die Predigten des Basilius *Über das Sechstagewerk* ergänzen und gegen Mißverständnisse schützen. In Wirklichkeit handelt es sich jedoch um ganz selbständige Untersuchungen, die erstaunliche philosophische Interessen und Kenntnisse offenbaren. Auf ein Buch, das der extreme Arianer Eunomius kurz vor dem Tod des Basilius gegen diesen geschrieben hatte, antwortete Gregor zwischen 380 und 383 mit drei umfangreichen Werken. Wohl noch 383 schloß eine weitere, gegen ein Glaubensbekenntnis des Eunomius gerichtete Schrift die Kontroverse ab.

382 und 383 nahm Gregor an zwei weiteren Synoden in Konstantinopel teil, die sich mit der endgültigen Regelung der kirchlichen Verhältnisse nach den Wirren des arianischen Streites beschäftigten. Danach reißen die äußeren Zeugnisse über Gregor beinahe völlig ab. Er genießt weiter hohes Ansehen, aber die großen kirchlichen Aufgaben scheinen zu fehlen. Gregor dürfte sich jetzt stärker auf Nyssa beschränkt haben und lebte nach dem Tod seiner Frau zweifellos selbst als Asket. 394 wird er zum letzten Mal von einer Quelle erwähnt: sein Name erscheint in der Liste der Teilnehmer an einer Synode in Konstantinopel; und zwar wird Gregor an sechster Stelle genannt, in der Reihe der Metropoliten; durch diese Placierung soll offensichtlich sein besonderer Rang zum Ausdruck gebracht werden.[1] Bald nach dieser Synode wird Gregor gestorben sein.

In die letzten zehn Lebensjahre Gregors dürften in der Hauptsache seine großen allegorischen Bibelkommentare gehören, wenn auch der eine oder andere schon früher entstanden sein mag: *Über die Überschriften der Psalmen* und *Über den Prediger,* Auslegungen der Seligpreisungen und des Vaterunsers, und schließlich Gregors reifste Werke: der Traktat *Über das Leben des Moses* und der große *Kommentar zum Hohenlied.* Die meisten dieser Schriften sind aus Predigtreihen hervorgegangen. Sie enthalten Gregors ,,mystische" Theologie. Gregors geschichtliche Leistung liegt nicht auf dem Gebiet kirchlichen Handelns, sondern in seiner Theologie.

II. Theologie

Gregor ist schweigsam, was die von ihm verarbeiteten Gedanken und Bücher anderer angeht. Er zitiert fast nie, Auseinandersetzungen werden verdeckt geführt. Nur Basilius nennt er immer wieder als seinen geliebten und verehrten Lehrer. Gregor lebt natürlich in den Texten der Bibel, aber er kennt auch die großen älteren Theologen der griechischen Kirche: Origenes, Methodius, Athanasius; auch den jüdisch-hellenistischen Denker Philon von Alexandrien (1. Jh. n. Chr.), einen wichtigen Wegbereiter der christlichen Theologie, hat Gregor gelesen. Vor allem Origenes muß er intensiv studiert haben. Weite Partien von Gregors Werk sind der Niederschlag einer scharfsinnig und selbständig geführten Auseinandersetzung mit dem großen Alexandriner, wenn dieser auch – für Gregor bezeichnend – fast nie direkt erwähnt wird. Gregor hat von Origenes wichtige Denkmotive und Fragestellungen übernommen, auch die universale Spannweite seiner Theologie erinnert an Origenes, aber zugleich hat sich Gregor an entscheidenden Punkten von Origenes distanziert und dessen theologischen Ansatz korrigiert. Man kann in Gregor den bedeutendsten Origenisten und zugleich den bedeutendsten Antiorigenisten des vierten Jahrhunderts sehen.

Gregors Denken ist aber nicht allein von der christlichen Überlieferung geprägt. Er verfügt auch über eine breite philosophische Bildung. Und gerade die Verbindung von Christentum und Philosophie, in seiner Zeit repräsentiert durch den Platonismus, ist ein charakteristischer Grundzug von Gregors Theologie. Wir wissen nicht, ob Gregor Plotin direkt gelesen hat oder ob er ihn nur durch seinen Schüler Porphyrius kannte. Aber wenn man sich vorstellen will, daß Gregor neben der Bibel ein großes, bewegendes Leseerlebnis gehabt hat, so müßte das Plotins Schrift *Vom Schönen* (*Enneaden* I 6) gewesen sein: in ihr wird geschildert, wie die Seele durch Reinigung von den Leidenschaften, Verinnerlichung und Abkehr von der irdischen Welt hinaufsteigt zur Schau des wahren göttlichen Schönen. Was Plotin hier im Anschluß an Platon beschreibt, ist – ins Christliche transponiert – auch für Gregor Ziel des Denkens und Lebens.

Gregor besitzt eine ausgesprochene systematische und spekulative Begabung. Der Unterschied zu seinem älteren Bruder ist auffallend: während Basilius sich scheut, theologische Aussagen zu machen, die sich vom biblisch Bezeugten und Gegebenen allzuweit entfernen, und lieber systematische Lükken und Inkonsequenzen in seinen theologischen Gedankengängen in Kauf nimmt, sucht Gregor gerade nach der inneren Logik der christlichen Lehrinhalte. Selbst in einem praktischen kirchlichen Zwecken dienenden Brief, der die Bußfristen für verschiedene Sünden angibt, ordnet Gregor die Vergehen entsprechend der platonischen Unterscheidung von Denken, Mut und Begierde als den Teilen der Seele, offenbar aus dem Drang zur wissenschaftlichen Systematik heraus.[2] Gleichzeitig scheut Gregor aber die Schlagworte und glatten Formeln. Es ist schon erstaunlich, daß er auf hunderten von Seiten, die den Problemen der Trinitätslehre gewidmet sind, so gut wie nie das berühmte Kampfwort des arianischen Streites, den Terminus *homousios* (wesenseins) verwendet. Gregor umschreibt diesen und andere geprägte Begriffe durch immer neue und andere Wortverbindungen, weil sie ihm das Gemeinte klarer und präziser zu sagen scheinen als die gängigen Schlagworte. Gregor ist ein Theologe, der nicht die ausgetretenen Wege liebt.

Überblickt man Gregors vielgestaltiges Werk, so zeichnen sich zwei Schwerpunkte ab: einerseits das dogmatische Hauptproblem des vierten Jahrhunderts, die Trinitätslehre, neben der für Gregor jetzt auch schon das neue, durch Apollinaris von Laodicea (gest. um 390) gestellte Probleme des Verhältnisses von Gottheit und Menschheit in Christus akut wird, andererseits die Anthropologie, wobei die Reinigung des Menschen von der Sünde, sein Wachsen im Guten und in der Gotteserkenntnis die Kernfragen bilden. Wir

Gregor von Nyssa (331/340–ca. 395)

wenden uns diesen beiden Themenkreisen zu und werden sehen, daß sie durch den Gottesbegriff in der besonderen Gestalt, die er bei Gregor erhält, miteinander verbunden sind.

1. Gegen den radikalen Arianer Eunomius, der allein Gott den Vater als Gott im vollen Sinne betrachtete und den Sohn und den Geist auf die beiden obersten Stufen in der Hierarchie der geschaffenen Wesen verwies, verteidigt Gregor die volle Gottheit und Wesenseinheit der gesamten Trinität. Im Gesamtverlauf des arianischen Streites war die Auseinandersetzung mit Eunomius nur noch ein Nachhutgefecht; die nicänische Orthodoxie stand 380 unmittelbar vor dem Sieg, und der auch innerhalb des arianischen Lagers isolierte Ultra Eunomius war durch seinen Scharfsinn ein zwar unangenehmer, aber nicht ernsthaft gefährlicher Gegner. Gregor kann auf die in dem jahrzehntelangen Ringen mit dem Arianismus gefundenen Lösungen und Argumente zurückgreifen: Man hatte scharf zwischen der innertrinitarischen Hervorbringung des Sohnes und des Geistes und der Erschaffung alles übrigen Seienden zu unterscheiden gelernt. Gregor erklärt auf dieser Linie das Gegenüber von „ungeschaffener" und „geschaffener Natur" für die fundamentale ontologische Differenz und kann dann mit Hilfe biblischer Belege leicht zeigen, daß Sohn und Geist auf die Seite Gottes gehören. Aber es bleibt ein Problem: Eunomius behauptete, das Wesen Gottes sei mit dem Begriff der „Ungezeugtheit" – man könnte auch sagen: des absoluten Anfangs – erschöpfend bezeichnet. Wenn das zutrifft, kann natürlich der „gezeugte" Sohn nicht Gott sein. Dem Satz des Eunomius stellt nun Gregor die These entgegen, daß es überhaupt keinen Begriff gebe, der Gottes Wesen auszusagen vermöge. Gregor begründet die Unmöglichkeit einer Erkenntnis von Gottes Wesen mit seiner Lehre von der Unendlichkeit Gottes. Gott ist schlechthin vollkommen, gut, unwandelbar, ewig, einfach. Weil es im absolut Guten, Ewigen und Einfachen keine Unterschiede, kein Mehr und Weniger geben kann – das alles würde sogleich eine Eingrenzung seiner Vollkommenheit bedeuten –, weil auch Gottes Macht und Ewigkeit in keiner Weise begrenzt gedacht werden kann, von räumlicher Ausdehnung und Begrenzung ganz zu schweigen, muß die einzige Wesensaussage, die man über Gott machen kann, lauten, daß er unbegrenzt, unendlich *(ápeiros)* ist. Freilich kann und soll der Unendlichkeitsbegriff den Ungezeugtheitsbegriff des Eunomius nicht einfach ersetzen. Denn die Aussage, daß Gottes Wesen unendlich ist, bringt gerade zum Ausdruck, daß sich Gottes Wesen jedem direkten begrifflichen Erfassen entzieht, daß er der wesenhaft Unbegreifbare ist. Alle Namen, die die Bibel auf Gott anwendet oder die wir selbst für ihn bilden können, sind nur partielle Hinweise auf ihn und sein Wirken, niemals jedoch erfassen sie sein Wesen.

Wie kühn Gregors Lehre von der Unendlichkeit Gottes ist, ermißt man erst, wenn man sich vor Augen hält, daß in der griechischen philosophischen Tradition als „unendlich" das Gestaltlose und Unbestimmbare gilt; unendlich ist vor allem die Materie, und sie ist für den Neuplatonismus das Böse. Freilich gibt es gerade bei Plotin auch Ansätze zu einer positiven Auffassung vom

Unendlichen: Der Neuplatoniker kann in bestimmten Zusammenhängen von der unendlichen Kraft und der alles Maß und alle Begrenzung übersteigenden Unendlichkeit des höchsten „Einen" reden.[3] Aber für Plotin ist die Unendlichkeit lediglich ein einzelner Aspekt des höchsten Prinzips; Gregor geht viel weiter: für ihn ist es die zentrale Aussage, die man über Gott machen kann, daß sein Wesen unendlich ist, daß er sich jedem denkenden Zugriff entzieht und über jede Bestimmung und jeden Begriff immer schon hinaus ist. Plotin hätte den Unendlichkeitsbegriff niemals in dieser Weise zur fundamentalen Kategorie seiner Lehre vom „Einen" machen können.[4] Gregor besaß genügend philosophische Bildung, um zu wissen, in welchen Gegensatz zur Tradition er sich mit seiner Lehre von der göttlichen Unendlichkeit stellte. Seine positive Umdeutung des Unendlichkeitsbegriffs ist nicht nur eine Notauskunft, mit der Gregor die These von der vollen Erkennbarkeit des Wesens Gottes zurückweisen will. Es handelt sich um eine genau durchdachte Theorie, und diese Theorie besitzt für Gregors gesamte Theologie grundlegende Bedeutung.

Wie ist Gregor zu seiner Lehre von der Unendlichkeit Gottes gekommen? Hat er sie erst im Gegenüber zu den Thesen des Eunomius entwickelt? Das ist nicht auszuschließen, aber es ist auch denkbar, daß hinter Eunomius für Gregor ein größerer Gegner steht, nämlich Origenes: Der Alexandriner hatte nicht nur gelehrt, daß Gottes Macht begrenzt sein müsse, weil sie sonst für Gott selbst nicht denkbar wäre, sondern er hatte auch den Fall der präexistenten Seelen mit einer Übersättigung an der Schau Gottes erklärt.[5] Diesen problematischen Gedanken konnte Gregor mit der Lehre von Gottes Unendlichkeit begegnen: an der Schau von Gottes unendlichem Wesen kann sich die Seele niemals sättigen.

Aus der Unendlichkeit Gottes ergibt sich für Gregor zwingend die Wesenseinheit der Trinität. Wenn der göttliche Sohn und der Geist Gott sind – und daß sie es sind, beweist die Heilige Schrift –, dann muß ihr Wesen und das Wesen des Vaters ein und dasselbe sein. Denn Abstufungen und Vielheit kann es im Unendlichen schlechterdings nicht geben. Hier entsteht allerdings eine neue Schwierigkeit: Gregor kann zwar die Einheit von Gottes Wesen überzeugend aufzeigen, er kann von seinem Ansatz aus jedoch nicht die Dreiheit der trinitarischen Personen beweisen; er kann sie im Grunde nur behaupten, weil sie ihm durch die Bibel vorgegeben ist. Zwar hat Gregor gelegentlich versucht, die Dreiheit der Personen spekulativ abzuleiten, aber meistens setzt er sie voraus und geht einfach vom Taufbefehl (Mt 28, 19) aus. Es ist auffallend, daß Gregor das Problem der immanenten Trinität nicht schärfer gesehen hat. Seine Konzentration auf die Frage nach dem Wesen Gottes ist nicht allein daraus zu erklären, daß es in der Kontroverse mit Eunomius und überhaupt im arianischen Streit gerade um die Einheit Gottes ging. Es wird an dieser Stelle ein Grundzug von Gregors theologischem Denken sichtbar: er denkt primär von der einen göttlichen Wesenheit, nicht von dem als Vater, Sohn und Geist wirklichen trinitarischen Gott aus.

2. Der zweite Gregors Denken beherrschende Themenkreis, die Fragen der Anthropologie, des Fortschreitens der Seele im Guten und in der Gotteserkenntnis, wird vor allem in den großen Bibelkommentaren behandelt. Wir setzen mit einigen Hinweisen zur Anthropologie ein. Gott hat Seele und Leib des Menschen gleichzeitig geschaffen. Die Lehre des Origenes von der Präexistenz und vom Fall der Seelen und ihrer erst nachträglichen Einkörperung lehnt Gregor leidenschaftlich ab. Die Seele ist das Ebenbild Gottes (Gen 1, 26f.), und auch der ursprüngliche Leib des Menschen war unsterblich und vollkommen, frei von allen Mängeln der gegenwärtigen irdischen Leiblichkeit. Die Gottebenbildlichkeit bedeutet – platonisch gedacht – Anteilhabe am Guten, d. h. an Gott. Dem Menschen ist die Sehnsucht nach dem Guten eingeboren, und so befindet er sich als endliches und deshalb wandelbares Wesen in einer ständigen Bewegung zum Guten hin. Der Sündenfall besteht in der Abkehr vom wahren Guten und in der Hinwendung zum Bösen, das der Mensch, vom Teufel verführt, in einer Perversion seines Erkenntnisvermögens und seines Willens für das Gute ansieht. Möglich geworden ist der Fall durch die wesenhafte Wandelbarkeit der menschlichen Natur und durch die Freiheit, die Gott dem Menschen als wesentliches Element der Gottebenbildlichkeit verliehen hat. Der gefallene Mensch erliegt seinen Affekten und Leidenschaften, die er bisher vernünftig zu lenken vermochte, und das Bild Gottes in ihm wird vom Bösen beschmutzt und verdunkelt. Jetzt wird der Leib des Menschen sterblich und tierisch. Erst in der Auferstehung wird die ursprüngliche reine Leiblichkeit wiederhergestellt. Gregors Gedankengänge über den Sinn des menschlichen Leibes und über die Auferstehung sind wieder durchweg bestimmt von der Auseinandersetzung mit Origenes.

Schon durch die Erfahrung des Bösen und der Sterblichkeit seines Leibes soll der Mensch zum wahren Guten, das mit Gott identisch ist, zurückgeführt werden. Vor allem aber die Offenbarung hat den Sinn, ihm das wahre Gute zu zeigen und sein Erkennen und seinen Willen erneut darauf hinzulenken. Sobald die Sehnsucht des Menschen wieder dem wahren Guten gilt, wird er durch die Abkehr von den sündhaften Leidenschaften und durch das Tun des Guten allmählich das Ebenbild Gottes in sich wiederherstellen. Das ist freilich ein langsamer, schmerzhafter Prozeß. Gregor nennt ihn, biblische mit platonischer Sprache verschmelzend, „Verähnlichung mit Gott".[6] Weil Gott unendlich ist, ist auch die Bewegung des Menschen auf ihn hin unendlich, und weil für Gregor Erkennen des Guten und gutes Handeln zusammengehören, handelt es sich gleichzeitig um ein unendliches Fortschreiten in der Gotteserkenntnis und im Guten. Erkennbar in dem Sinn, daß jemals sein Wesen zu fassen wäre, ist der unendliche Gott nicht. Das hat Gregor gegen Eunomius gezeigt. Aber indem die Seele in dauernder Selbstreinigung und Annäherung an Gott seiner Unfaßbarkeit inne wird, steigert sich nur ihre Sehnsucht nach ihm, und sie erkennt, daß der unendliche Prozeß dieser Annäherung selbst das Erkennen Gottes und die höchste geschöpfliche Vollkommenheit ist.

Die Lehre von der Gotteserkenntnis im unendlichen Aufstieg ist der Kern und Höhepunkt von Gregors Theologie. Sicher datierbar begegnet sie uns zuerst in den Büchern gegen Eunomius, zu Beginn der achtziger Jahre,[7] aber voll entfaltet wird sie erst in der Schrift über das Leben des Moses und im Hoheliedkommentar, die beide höchstwahrscheinlich aus Gregors letzten Lebensjahren stammen. Das Leben des Moses wird als ein unausgesetztes Aufsteigen zur asketischen Vollkommenheit geschildert. In der Finsternis der Wolke, die den Berg Sinai bedeckt, ,,sieht" Moses Gott (Exod 24, 18). Aber dieses Sehen besteht in der Erkenntnis, ,,daß das Göttliche seinem Wesen nach das ist, was höher ist als alle Erkenntnis und alles Erfassen" (*Vita Moys.* S. 87, 16f. Musurillo). Die höchste Stufe der Gotteserkenntnis bildet die Erscheinung Gottes im Vorübergehen an dem in der Felskluft stehenden Moses (Exod 33, 18–23). Gregor deutet diesen Text so: Als Moses Gott bittet, ihm zu erscheinen (v. 18), sagt ihm Gott wohl die Erfüllung seines Wunsches zu, aber nicht so, daß seine Sehnsucht gestillt würde. Denn ,,das heißt Gott wahrhaft schauen, niemals der Begierde, ihn zu schauen, satt zu werden. Sondern indem man durch das, was man sehen kann, auf ihn blickt, gilt es ständig zum Verlangen, mehr zu sehen, entflammt zu werden. Und so hemmt keine Grenze den fortschreitenden Aufstieg zu Gott, weil weder eine Grenze des Schönen sich findet noch das Wachsen der Sehnsucht nach dem Schönen durch irgendeine Sättigung abbricht" (*Vita Moys.* S. 116, 17–23 Musurillo). Das ist der Gipfel menschlichen Erkennens. Die antiorigenistische Spitze des Textes ist unverkennbar.

Am ausführlichsten behandelt Gregor den unendlichen Aufstieg zu Gott im Kommentar zum Hohenlied. Er deutet das Sehnen und Bangen der Freundin und ihr Suchen nach dem Freund auf das Verlangen der Seele nach der Erkenntnis Gottes. Die Aufeinanderfolge von immer neuen Äußerungen der Sehnsucht nach dem Geliebten in dem biblischen Buch zeigt nach Gregors Meinung, daß für die Seele jede neue Stufe der Erkenntnis und der Vervollkommnung im Guten nur die Einsicht bringt, daß Gott noch größer und noch weniger faßbar ist, als sie schon bisher wußte; und so sucht sie ihn mit gesteigertem Verlangen weiter zu erkennen. ,,Denn niemals verweilt die Sehnsucht des Emporsteigenden beim Erkannten, sondern durch eine andere, größere Sehnsucht steigt die Seele wieder zu einer anderen, noch erhabeneren Sehnsucht empor und wandert so durch das immer Höhere zum Grenzenlosen" (S. 247, 14–18 Langerbeck). Den zentralen neutestamentlichen Beleg für die Bewegung des unendlichen Aufstiegs findet Gregor bei Paulus: ,,Ich schätze mich selbst noch nicht, daß ich's ergriffen habe. Eines aber sage ich: Ich vergesse, was dahinten ist, und strecke mich zu dem, was da vorne ist." (Phil 3, 13). Die Stelle bildet, wie J. Daniélou es formuliert hat, das ,,Leitmotiv" von Gregors Aufstiegslehre. Es gibt Texte des jungen Luther, die wie ein Echo auf die Gedankengänge Gregors klingen: ,,Darum besteht das ganze Leben des neuen Volkes, des glaubenden Volkes, des geistlichen Volkes, darin, daß es mit dem Seufzen des Herzens, mit dem Schrei der Tat, mit dem Werk des Leibes immer nur dies eine begehrt, erbittet und erfleht, es möge immerdar bis zum Tode gerechtfertigt werden, niemals stehenbleiben, niemals meinen, es schon ergriffen zu haben, keine Werke als Ziel einer schon erlangten Gerechtigkeit ansehen, sondern auf sie harren als die da gleichsam immer noch außerhalb von uns wohnt, während wir selbst noch immerdar in Sünden leben und liegen."[8] Wie Gregor redet Luther von einer niemals stillstehenden Bewegung, wie so häufig bei Gregor scheint die Stelle Phil 3, 13 anzuklingen. Aber auch der Unterschied ist unübersehbar: Nicht nur daß Luther von der Rechtfertigung, Gregor hingegen von der Gotteserkenntnis und der Vollkommenheit spricht. Vor allem ist für Luther jedes „Werk" Gabe Gottes und Folge der Rechtfertigung, und er will ausschließen, daß es je als Leistung verstanden werden könnte. Dagegen sind für Gregor gerade die „Werke" der fortschreitenden Loslösung vom Bösen die Stufen, die zu einem immer höheren Aufstieg führen, wobei freilich auch die scheinbar höchste Stufe nicht die Vollkommenheit bringt, sondern durch den weiteren Aufstieg überwunden werden muß.

Die Einsicht, die der Seele bei ihrem Aufstieg zuteil wird, ist sowohl schmerzlich als auch beglückend. Das zeigt Gregor in der Auslegung von zwei Versen des fünften Kapitels des Hohenliedes (5, 6f.): „Die Seele ruft den mit Begriffen Unerreichbaren und wird von den Wächtern belehrt, daß sie den Unerreichbaren liebt und nach dem Unfaßbaren verlangt." Die Hoffnungslosigkeit ihrer Sehnsucht trifft sie wie eine Verwundung. „Aber sie legt das Kleid der Trauer ab, da sie lernt, daß das immerwährende Fortschreiten im Suchen und das Nichterlahmen im Aufstieg der wahre Genuß des Ersehnten ist, wobei die Stillung der Sehnsucht jedesmal eine neue Sehnsucht nach dem noch Höheren hervorbringt" (S. 369f. Langerbeck). Echte Stufen des Aufstiegs gibt es also gar nicht. Die Seele ist Gott im fünften Kapitel des Hohenliedes nicht näher gekommen, als sie ihm im ersten war. Aber eben die Bewegung des unaufhörlichen Aufstiegs bildet das wahre Erkennen Gottes.

Es ist beeindruckend zu sehen, wie für Gregor die Lehre von der göttlichen Unendlichkeit nicht eine abstrakte Konstruktion bleibt, sondern das ganze Glauben und Leben des Christen bestimmt. In der Forschung wird darüber gestritten, ob Gregors Schilderungen des Aufstiegs der Seele, ihres liebenden Sehnens, ihrer Ekstase und ihrer „nüchternen Trunkenheit" als Zeugnisse persönlicher mystischer Erfahrungen anzusehen sind. Man sollte sich hüten, Gregors Texte als den unmittelbaren Niederschlag des eigenen Erlebens zu verstehen. Dafür enthalten sie zuviel theoretische Reflexion und sind die Bezüge zur traditionellen philosophischen und christlichen Sprache zu dicht. Auch ist zu beachten, daß es eine echte Vereinigung mit Gott wie im Neuplatonismus und bei späteren christlichen Mystikern für Gregor nicht gibt: die Differenz zwischen dem endlichen Geschöpf und dem unendlichen Gott kann nicht überwunden werden. Aber zweifellos ist Gregor der Meinung, daß die Erfahrungen der Seele, die er im Hohenlied oder in der biblischen Erzählung von Moses allegorisch dargestellt findet, im Leben des Christen, vorzüglich dem des Asketen, der sich ganz auf die Reinigung von den Sünden und die Annäherung an Gott konzentriert, nachvollzogen und persönlich durchgemacht werden. Gregor gibt weder technische Anleitungen zur Kontemplation noch zeichnet er seine privaten geistlichen Erfahrungen auf. Er versucht grundsätzlich deutlich zu machen, worauf es im christlichen Leben ankommt und was der erreichbare Gipfel christlicher Erkenntnis und Vollkommenheit sein kann. Mit diesen Einschränkungen und Präzisierungen ist es durchaus legitim, von einer ,,asketisch-mystischen Theologie" (W. Jaeger) bei Gregor zu sprechen.

So großartig Gregors Lehre vom unendlichen Fortschritt ist, man darf auch ihre problematischen Seiten nicht übersehen. Das Erkenntnisstreben der Seele richtet sich auf das unendliche Wesen Gottes, das ,,gähnende Meer der göttlichen Natur" (*C. Eunom.* I 364), nicht auf die Trinität. Auch wenn Gregor den Geliebten des Hohenliedes gelegentlich auf Christus deutet, bleibt doch das höchste Ziel der Sehnsucht der Seele die Erkenntnis des unendlichen göttlichen Wesens. Bezeichnend ist, daß Gregor häufig nicht persönlich von ,,Gott" redet, sondern vom ,,Göttlichen" (*theion*), wie das auch ein Platoniker hätte tun können.

In welchem Verhältnis stehen beim Aufstieg zum wahren Guten menschliche Leistung und göttliche Gnade? In manchen Texten kann Gregor das Wirken der Gnade nachdrücklich betonen und den durch das Wachsen im Guten bewirkten Wandel des Menschen geradezu als ein Neugeschaffenwerden bezeichnen (*Cant.* S. 174, 8f. Langerbeck); anderwärts legt er alles Gewicht auf die eigene Entscheidung und sittliche Anstrengung des Menschen. Gelegentlich sieht es so aus, daß mit den Bemühungen des Menschen auch der Beistand Gottes wächst. Man gewinnt insgesamt den Eindruck, daß Gregor die Frage nicht wirklich durchdacht hat, und muß sich auf jeden Fall hüten, bei ihm die scharfen Unterscheidungen zu suchen, die die abendländische Theologie seit dem pelagianischen Streit an diesem Punkt zu machen gewohnt ist.

Gregor war zweifellos der Meinung, daß der Aufstieg des Menschen zu Gott im Rahmen der Kirche stattfindet, daß er mit der Taufe seinen Anfang nimmt und durch die kirchliche Lehre seine Richtung gewiesen bekommt. Aber die Bezüge auf die empirische Wirklichkeit der Kirche, ihre Lehre, ihre Ordnungen und ihre Sakramente, wie übrigens auch auf das konkrete klösterliche Leben, sind bei Gregor erstaunlich selten. Wenn man hinzunimmt, daß Gregor die Erkenntnis Gottes und die Wiederherstellung der ursprünglichen Gottebenbildlichkeit nicht den Christen vorbehält, sondern eine völlige Reinigung vom Bösen wie einst Origenes für alle Menschen und überhaupt für alle geistigen Wesen annimmt, auch wenn das ein Prozeß ist, der lange Zeiträume in Anspruch nimmt und weit über den Tod hinausreicht, so wird die Bedeutung der kirchlichen Heilsvermittlung noch weiter zurückgedrängt. Sosehr Gregor ein Mann der Kirche war und sein wollte, man kann sich des Eindrucks nicht erwehren, daß sein tiefstes persönliches Interesse letztlich nur dem inneren Geschehen der Bewegung des Geistes hin zu Gott gehört, wie sie auch ein zentrales Thema des neuplatonischen Denkens ist.

III. Bedeutung und Wirkungsgeschichte

Für seine Zeitgenossen und für die spätere kirchliche Tradition war Gregor von Nyssa in erster Linie einer der großen Väter, die das orthodoxe Bekenntnis zur Wesenseinheit von Vater, Sohn und Geist zum Sieg geführt hatten. Dieser Ruhm verhinderte auch, daß Gregor wegen solcher Anschauungen, die späteren Jahrhunderten eigentlich nicht mehr tragbar waren, im nachhinein verurteilt wurde. Immerhin wurde seine origenistische Lehre von der endgültigen Vernichtung des Bösen und der universalen Erlösung aller geistigen Wesen in manchen Handschriften seiner Werke korrigiert, und Patriarch Germanos von Konstantinopel im achten Jahrhundert griff zu der Auskunft, Gregors Schriften seien von origenistischen Ketzern verfälscht worden. Die Breite der handschriftlichen Überlieferung zeigt, wie hoch die Werke Gregors in der mittelalterlichen byzantinischen Kirche geschätzt wurden.

Die bedeutsamsten theologischen Anregungen hat Gregor der griechischen Mystik gegeben: Dionysius Areopagita, Maximus Confessor und noch im 14. Jahrhundert Gregor Palamas zeigen in ihren Schriften den Einfluß Gregors. Es ist ferner wahrscheinlich, daß Augustinus Schriften Gregors gelesen hat, und durch eine von Johannes Scotus Eriugena im neunten Jahrhundert angefertigte Übersetzung der Schrift *Von der Erschaffung des Menschen* sind im mittelalterlichen Abendland Wilhelm von St. Thierry und Bernhard von Clairvaux mit Gregors Gedanken bekannt geworden. In der nachtridentinischen römisch-katholischen Kirche wurde Gregor wegen seiner ausgewogenen Behandlung des Problems von Natur und Gnade geschätzt. Gründliche Untersuchungen der Wirkungsgeschichte von Gregors Denken stehen leider noch aus.[9]

Heute wird man Gregors originellste Denkleistung in seiner Lehre von der Unendlichkeit Gottes sehen. Sie bedeutete einen Schritt über die philosophische Metaphysik der Griechen hinaus und ermöglichte es, Gottes Transzendenz und zugleich seine unerschöpfliche Größe und Macht in einer den biblischen Zeugnissen adäquateren Weise auszusagen, als die vorgregorianische Theologie das vermocht hatte. Der Begriff der positiven Unendlichkeit sollte erst in der Neuzeit seine ganze Fruchtbarkeit erweisen: seine Wirkung reicht weit über die Grenzen der Theologie hinaus, man denke nur an seine Bedeutung für das Denken der Romantik.[10] Die Aufmerksamkeit der modernen Forschung richtet sich vor allem auf das Verhältnis von Griechischem und Christlichem bei Gregor. Wohl kein anderer griechischer Theologe des vierten Jahrhunderts hat den Platonismus so gut gekannt und ihn so weitgehend mit der christlichen Lehre verschmolzen wie er. Gregor übernimmt dabei die philosophischen Begriffe und Gedankenkomplexe so gut wie niemals unverändert, sondern modifiziert sie, deutet sie um und schafft so etwas Neues. Wir haben sein Verfahren am Beispiel seiner Uminterpretation des traditionellen griechischen Unendlichkeitsbegriffs kennengelernt. Die Frage, ob Gregors

Synthese von Christentum und griechischer Philosophie auch nur im geistigen Horizont des vierten Jahrhunderts als geglückt gelten kann, ist freilich strittig und wird wohl weiter strittig bleiben. Schließlich ist Gregor aus der Sicht der Gegenwart einer der klassischen Theoretiker des geistlichen Lebens, und vielleicht sind es seine diesem Themenkreis gewidmeten Schriften, von denen der heutige Leser die lebendigsten Impulse empfangen kann.

Heinrich Fries

AUGUSTINUS

(354–430)

Wenn jemand den Namen ,,Klassiker der Theologie" verdient, dann ist es Augustinus. ,,Augustin ist der einzige Kirchenvater, der bis auf diesen Tag eine geistige Macht geblieben ist. Er lockt Heiden und Christen, Philosophen und Theologen, ohne Unterschied der Richtung und Konfession zur Beschäftigung mit seinen Schriften und zur Auseinandersetzung mit seinem Wollen und seiner Person. Er wirkt zugleich auch mittelbar als bewußte oder unbewußte Überlieferung in den abendländischen Kirchen und durch sie im allgemeinen Kulturbewußtsein mehr oder weniger verändert und gebrochen fort ... Augustin ist ein Genie – der einzige Kirchenvater, der auf diesen prätentiösen Titel moderner Persönlichkeitswertung ungescheut Anspruch erheben kann."[1]

I. Leben

Das Leben Augustins fällt in eine äußerst bewegte Zeit, die zugleich eine Zeit des großen Umbruchs war. Die Kirche war in die sogenannte ,,Konstantinische Wende" eingetreten. Unter Kaiser Konstantin (†337) erlangte das Christentum im römischen Reich die Freiheit einer ,,religio licita", einer ,,erlaubten Religion", die mehr und mehr auf Kosten der alten römischen Religion und ihrer Kultur privilegiert wurde.

Der Versuch Kaiser Julians (†363), die alte Religion wiederherzustellen, schlug fehl. Kaiser Theodosius erhob die christliche Religion zur Staatsreligion und errichtete eine katholische Staatskirche, in der römisches Reich und Christentum schicksalhaft verbunden wurden. Die alte Religion wurde gewaltsam unterdrückt, die Ausübung ihres Kults verboten. So entstand der Eindruck, daß aus der einst verfolgten und unterdrückten eine verfolgende Kirche wurde. Nach dem Tod des Kaisers Theodosius (395) wurde das Reich unter seine beiden Söhne in Ostrom und Westrom geteilt.

Um die Jahrhundertwende erfolgte im Zeichen der Völkerwanderung der Ansturm der germanischen Stämme auf das weströmische Reich. Die Westgoten unter Alarich eroberten 410 Rom, 429 fielen die Vandalen unter König Geiserich in Afrika ein, 430, als Augustinus starb, belagerten sie seine Bischofsstadt.

Über das Leben Augustins, vor allem über die Wege seiner geistigen Entwicklung, sind wir gut und bis ins einzelne unterrichtet. Am aufschlußreichsten und anerkanntermaßen im hohen Grad zuverlässig sind die ersten neun Bücher der *Confessiones* (bis zum Jahr 387). Weitere Informationen gewinnen wir aus seinen Briefen und aus sonstigen Schriften, vor allem von dem späten, aber unvollendet gebliebenen Werk *Retractationes,* in dem Augustinus über seine gesamte literarische Tätigkeit bis 427 kritisch Rechenschaft ablegt. Weitere ergänzende Nachrichten bietet die von Bischof Possidius von Calama, einem Freund und Schüler Augustins, bald nach dessen Tod verfaßte Vita.

1. Der Weg bis zu seiner Bekehrung

Augustinus ist am 13. November 354 in Thagaste, einer kleinen Stadt der römischen Provinz Numidien in Afrika, geboren. Er ist römischer Bürger; „er fühlt sich weder mit Karthago noch mit Hannibal solidarisch, sondern mit Rom, dessen große Männer, Regulus oder die Scipionen, seine Helden sind.“[2]

Augustinus' Vater Patricius war städtischer Beamter und besaß ein kleines Vermögen. Er trat erst in späteren Jahren der Kirche näher und wurde kurz vor seinem Tod (371) getauft. Seine Mutter Monika, der Augustin in den *Confessiones* ein einzigartiges Denkmal setzte, war eine fromme Christin. Augustin empfing als Kind nicht die Taufe, wohl aber die Katechumenatsriten (Kreuzzeichen und Salz.). Von der Mutter wurde er in den Anfangsgründen des christlichen Glaubens und Betens unterrichtet. Den Namen Jesu Christi hat er nach seinem eigenen Zeugnis mit der Muttermilch so fest in sich gesogen, daß ihn auch später nichts wirklich hinreißen konnte, was dieses Namens entbehrte (*Confessiones* III, 4).

Die Grundschule besuchte Augustin in seiner Heimatstadt, die höhere Schule im benachbarten Madaura; er vollendete seine Studien in Karthago, der Hauptstadt des römischen Afrika. Die Bildung, die Augustin empfangen hat, war hauptsächlich literarisch und lateinisch: Studium der lateinischen Klassiker, der Dichter – an ihrer Spitze Vergil – und der großen Redner, allen voran Cicero. Rhetorik war auch das berufliche Ziel Augustins, die Kunst, formvollendet über die verschiedensten Gegenstände zu reden und zu schreiben – eine Tätigkeit, die die besten Aufstiegsmöglichkeiten eröffnete.

Mit neunzehn Jahren wurde Augustin Lehrer der Rhetorik in seiner Vaterstadt und ein Jahr später in Karthago. Er war von brennendem Ehrgeiz erfüllt; er suchte Ansehen und Bewunderung, aber auch Reichtum, und er träumte von einer vornehmen Heirat. Zunächst begnügte er sich damit, seine Sinnlichkeit und sein Anlehnungsbedürfnis durch ein Konkubinat zu befriedigen. Fünfzehn Jahre ist Augustin seiner damaligen Gefährtin treu geblieben. Sie schenkte dem noch nicht Achtzehnjährigen einen Sohn, der den Namen „von Gott Gegebener“, Adeodatus, erhielt. Bis zu seinem frühen Tod (390) blieb der überaus begabte Sohn das Glück und die Freude seines Vaters.

Eine große Wende in seiner Entwicklung bedeutete für Augustinus die Begegnung mit dem Buch *Hortensius,* eines heute verlorenen Dialogs, in dem Cicero den Weg von der politischen Rhetorik zur Philosophie wies, die allein in der Lage sei, „das Leben wertvoll, das Sterben sanft und die Seele bereit zu machen, in die Unsterblichkeit einzugehen".[3] Das Buch trieb Augustinus an, „nicht diese oder jene Schulweisheit, sondern die Weisheit selbst, welche es auch immer sei, zu lieben, zu erfassen, zu halten und mit aller Kraft zu umfangen" (*Confessiones* III, 4). „O Wahrheit, Wahrheit, wie innig seufzte schon damals das Mark meiner Seele nach Dir." (*Confessiones* III, 6) „Die Wahrheit, die er suchte, war für ihn das Leben. Veritas und beata vita, Wahrheit und Seligkeit waren ihm ein und dasselbe. Sein Fragen und Denken war aus der Tiefe seines Lebenswillens heraus geboren, ein existentielles Fragen und Denken."[4]

Augustinus fühlte sich nur davon enttäuscht, daß bei Cicero kein Wort von Christus zu finden war. Die erste Wirkung dieser philosophischen und religiösen Erschütterung war, daß er zur Bibel griff und sie ernsthaft zu lesen versuchte. Aber die Worte der Bibel erschienen dem Ciceronianer Augustinus eng, ungebildet, reizlos, der Stil war ungenießbar, „nicht wert, mit der Würde eines Tullius (Cicero) verglichen zu werden" (*Confessiones* III, 5).

In dieser Situation schloß sich Augustin der Gruppe der *Manichäer* an – eine vom Perser Mani im dritten Jahrhundert nach Christus begründete Gemeinschaft. Sie verwarf das Judentum und das Alte Testament, rechnete Christus zu ihren Vorläufern und gab sich im Gegensatz zum Kirchenglauben als höhere, aufgeklärte, auf Vernunft allein gegründete vergeistigte Form des Christentums aus. Die Manichäer sprachen immer von „Wahrheit und Wahrheit", pochten auf das Recht der freien Forschung, verwarfen die kirchliche Autorität und lehnten jeden Glauben als blinden Köhlerglauben ab. Sie erklärten das Böse nicht als Tat des eigenen Willens, sondern als Hervorbringung eines bösen Prinzips, das im Kampf mit dem Gott des Lichtes stehe – alles Positionen, die der damaligen Verfassung Augustins entgegenkamen. Allerdings bewahrte er dem Manichäismus gegenüber eine gewisse Distanz, da er nicht zum innersten Kreis gehörte, sondern „Externer", auditor (Hörer) blieb.

Trotzdem – Augustin stand neun Jahre lang im Bann des Manichäismus; eine Reihe seiner Freunde folgte seinem Beispiel. Augustin selbst nannte sich „Verführter und Verführer, Betrogener und Betrüger" (*Confessiones* IV, 1).

Aber nach und nach erwachten in Augustinus Zweifel und Bedenken. Der Manichäismus offenbarte sich als das, was er war, nämlich als phantastischer Mythologismus und als massiver Materialismus, der mit widersprüchlichen kosmischen und astrologischen Theorien ausgestattet war, weit entfernt von philosophischer Strenge und von jener Wahrheit, die Augustin suchte.[5] Dazu entdeckte Augustin die Diskrepanz zwischen Anspruch und Wirklichkeit, zwischen Theorie und Praxis. Gründliche Studien der aristotelischen und skeptischen Philosophie, auch der Astronomie verstärkten seine Bedenken und bewirkten seine innere Loslösung vom Manichäismus – nicht zuletzt auch deshalb, weil die Lehre „nicht den Geschmack des Wesens Christi hatte"

(*Confessiones* III, 6). ,,Statt mich daran zu nähren, zehrte sie mich aus.“ (Ebd.) Die Begegnung Augustins mit dem hochgepriesenen Manichäerbischof Faustus wurde eine große Enttäuschung.

Die unmittelbare Folge dieser Erfahrungen war Augustins Hinwendung zur skeptischen Philosophie, zur Skepsis der ,,Akademiker“. Der Verzicht auf jede sichere Erkenntnis erschien ihm als die ehrlichste Möglichkeit, doch die Suche nach der Wahrheit blieb in ihm lebendig. Die Wahrheit, nach der er suchte, war indes keine Angelegenheit der theoretischen Spekulation. ,,Augustin sucht nach dem sicheren Schwerpunkt, dem Halt und Sinn seines Lebens selbst und vermag ihn nicht zu finden. Er zweifelt in Wirklichkeit nicht, daß es diese Wahrheit gäbe: nur der Weg zu ihr scheint der menschlichen Vernunft für immer vermauert.“[6]

Eine Änderung in dieser geistigen Verfassung erfolgte durch eine Änderung der äußeren Verhältnisse im Leben Augustins. Er verläßt Afrika (383) und erhält nach einem kurzen Aufenthalt in Rom, wo er eine wenig erfolgreiche und ihn enttäuschende Lehrtätigkeit ausübte, durch Vermittlung des dem Manichäismus zugeneigten Präfekten Symmachus die Stelle eines Lehrers der Rhetorik, genauer der gerichtlichen Beredsamkeit, in Mailand, der kaiserlichen Residenz.

Mailand hat Augustin neue berufliche Erfolge gebracht und seine äußere Existenz gesichert. Darüber hinaus begegneten ihm die Kirche und das katholische Christentum in einer neuen Gestalt, die ihn überraschte, beeindruckte und schließlich zur Entscheidung drängte. Dabei spielte der überragende Bischof von Mailand, Ambrosius, eine wichtige Rolle. Zunächst war Augustin am Redner Ambrosius interessiert und von der Form der Rede fasziniert, bald aber war er auch mehr und mehr vom Inhalt dieser Predigten angetan. Die von Ambrosius geübte allegorische Schriftauslegung, vor allem des Alten Testaments, bewirkte bei Augustin, daß die von den Manichäern hochgespielten Einwände gegen die naive und anthropomorphen Gottesvorstellungen des christlichen Glaubens und die angeblichen Widersprüche und Anstößigkeiten im Alten Testament entkräftet wurden. Er erkannte durch Ambrosius, daß das von den Manichäern entworfene Bild des Christentums dessen Karikatur war, daß die Botschaft des Evangeliums keineswegs auf die Naiven und Ungebildeten zielt, sondern den höchsten Ansprüchen des Geistes genügte, ja sie geradezu herausforderte. Innerlich nahm Augustin Abschied von den Manichäern; er begann, sich noch zögernd der Kirche zu nähern, und beschloß, noch so lange im Wartestand des Katechumenen zu verharren, bis ihm ,,irgend etwas Gewisses aufleuchten würde, nach dem er seinen Lauf endlich richten könnte“ (*Confessiones* V, 14). Dabei erkannte er auch schon, welche Bedeutung der Kirche als der Gemeinschaft der Glaubenden für den Glauben des Einzelnen zukommt und daß Autorität nicht die Aufhebung von Erkenntnis ist, sondern eine Form von Erkenntnis darstellt.

Neben der Begegnung mit Ambrosius war es vor allem die Beschäftigung mit dem *Neuplatonismus,* die den weiteren Weg Augustins bestimmte. Auch hier gingen die ersten Anstöße von Ambrosius aus, vor allem auch von Simplician, dem theologischen Berater und späteren Nachfolger des Ambrosius: Sie sahen im Neuplatonismus jene Philosophie, die geeignet war, den christlichen Glauben zu verstehen, zu vermitteln und jene Reflexion über den Glauben zu erbringen, die man Theologie nennt. Augustin las die Schriften von Porphyrios und Plotin in der Übersetzung des Marius Victorinus. Im Neuplatonismus ging ihm die eminente Realität des Geistes und der Welt des Geistes auf sowie die Realität Gottes. Dadurch war es möglich, die manichäisch=materialistische Vorstellung von Gott zu überwinden. Von den *Enneaden* Plotins schlug Augustinus Brücken zum *Prolog des Johannesevangeliums,* zum Wort, durch das alles gemacht ist, zum Wort, das bei Gott war und das Gott ist. Das Böse ist in dieser Konzeption kein Seinsprinzip, sondern der Mangel am Guten und die Abkehr von ihm. Die neuplatonische Philosophie war zugleich ein Ruf zur Einkehr des Menschen in sich selbst und zur Umkehr in die wahre Welt des Geistes, in die unendliche Wirklichkeit. ,,Geh nicht nach außen; in dir selbst ist die Wahrheit." Im Neuplatonismus fand Augustin auch die Überwindung des Skeptizismus.

In dieser Verfassung griff er ähnlich wie zuvor nach der Lektüre des *Hortensius,* aber mit ganz anderer Wirkung, zur *Bibel,* vor allem zu den Schriften des Apostels Paulus. Sie bestätigten die Wahrheit der Philosophie als geoffenbarte Wahrheit und ließen ihn erkennen, was die Platoniker nicht wissen konnten, daß der durch Schrift und Kirche bezeugte Christus der Weg zu Gott ist, und daß die wahrhaft christliche Haltung in der humilitas, in der Demut besteht.

Von da an bestand das Problem für Augustin weniger darin, zu erkennen als zu handeln und eine Entscheidung zu treffen, die sein Leben ändert und mit der Forderung des christlichen Glaubens ernst macht. Das schien nur im entschlossenen Bruch mit allen bisherigen Bindungen möglich: der beruflichen Karriere und der äußeren Anerkennung, dem Reichwerdenwollen und der Sinnlichkeit. ,,Eine dritte Lösung, ein Mittelweg, der es gestattete, zugleich dem Studium und den Frauen, dem äußeren Fortkommen und der wahren Wahrheit gerecht zu werden, will sich nicht zeigen. Er wird von Augustin immer wieder erwogen und immer wieder als Halbheit verworfen."[7]

Der letzte Impuls erfolgte wiederum von außen. Augustinus erfuhr von Simplician von der Bekehrung des Marius Viktorinus, der die lateinische Plotin-Übersetzung geschaffen hatte. Ein afrikanischer Landsmann mit Namen Pontician besuchte Augustin und berichtete ihm von der von Athanasius verfaßten Lebensgeschichte des Einsiedlers Antonius, des Begründers des Mönchtums, sowie vom Leben der ägyptischen Mönche nach dem Beispiel des Antonius. Dem fügte er den Bericht von zwei ihm bekannten Hofbeamten hinzu, die in Trier in einer Mönchszelle das Leben des Antonius gefunden und dann ohne weiteres ihre Karriere aufgegeben und das mönchische Leben erwählt hatten. Die Wirkung dieser Erzählung schildert Augustin so: ,,Du holtest hinter meinem Rücken mich hervor und stelltest mich meinem Angesicht gegenüber." (*Confessiones* VIII, 7) ,,Hast du das gehört", so wendet sich Augustin dann an seinen Freund Alypius, ,,ungebildete Leute stehen auf und reißen das Himmelreich an sich, und wir – wir mit unserm Wissen treiben uns ohne Empfinden in Fleisch und Blut herum."

Augustin verläßt das Zimmer und stürzt in den angrenzenden Garten, immer noch in einem quälenden Kampf ,,zwischen mir und mir selbst." Dann schildert er selbst seine endgültige Entscheidung in der wohl berühmtesten Szene aus den *Confessiones:* ,,Auf einmal höre ich aus dem Nachbarhause die Stimme eines Knaben oder Mädchens im Singsang wiederholen: ,Nimm es, lies es, nimm es, lies es!' Augenblicklich machte ich andere Miene, gespannt besann ich mich, ob unter Kindern bei irgendeinem Spiel so ein Leierliedchen üblich wäre, aber ich entsann mich nicht, das irgendwo gehört zu haben. Ich hemmte die Gewalt der Tränen und stand vom Boden auf; ich wußte keine andere Deutung, als daß mir Gott befehle, das Buch zu öffnen und die Stelle zu lesen, auf die zuerst ich träfe. Denn von Antonius hatte ich gehört, wie er bei einer Evangelienverlesung, zu der er sich von ungefähr eingefunden hatte, die Worte ,Geh hin, verkaufe alles, was du hast, gib es den Armen, und du wirst einen Schatz im Himmel haben; und komm und folge mir nach', als wäre es für ihn vermeint, was man da las, sich zur Mahnung genommen und bei diesem Gottesspruch sogleich zu Dir gekehrt hatte. So ging ich eilends wieder an den Platz, wo Alypius saß; denn dort hatte ich das Buch des Apostels hingelegt, als ich aufgestanden war. Ich ergriff es, schlug es auf und las still für mich den Abschnitt, auf den zuerst mein Auge fiel: ,Nicht in Schmausereien und Trinkgelagen, nicht in Schlafkammern und Unzucht, nicht in Zank und Neid, vielmehr ziehet an den Herrn Jesus Christus und pfleget nicht des Fleisches in seinen Lüsten.' Weiter wollte ich nicht lesen, und weiter war es auch nicht nötig. Denn kaum war dieser Satz zu Ende, strömte mir Gewißheit als ein Licht ins kummervolle Herz, daß alle Nacht des Zweifels hin und her verschwand." (VIII, 12)

Damit war die Entscheidung gefallen. Augustin führte seinen Unterricht noch bis zu den Ferien zu Ende und zog dann mit Schülern und Freunden – auch mit Monika und seinem Sohn – auf das Landgut Cassiciacum, das ihm von einem Bekannten zur Verfügung gestellt wurde. Dort entstanden in Gesprächen mit seinen Freunden die Schriften *Contra Academicos, De beata vita, De ordine,* die *Soliloquia* (Selbstgespräche), in denen die bekannten und für Augustinus kennzeichnenden Sätze stehen: ,,Gott und die Seele begehre ich zu erkennen. Nichts sonst? Nichts sonst." (II,7)

Gleichzeitig bereitete sich Augustinus auf die Taufe vor, die er in der Osternacht des Jahres 387 zusammen mit seinem Sohn aus den Händen des Bischofs Ambrosius empfing.

Der eigentliche Inhalt und Sinn von Augustins Bekehrung ist nicht die Bekehrung ,,vom Heidentum zum Christentum, nicht vom Unglauben zum Glauben, auch nicht von der Philosophie zur Theologie und von der geistigen Ungebundenheit zur kirchlichen Autorität, sondern von der Weltlichkeit zu einer neuen, wirklich christlichen Lebensführung. Der Abbruch seiner vielversprechenden Laufbahn, das Ausscheiden aus dem bisherigen Lebenskreis ist das wesentliche Zeichen der Umstellung; die Taufe ist wie oft damals das Siegel der gefallenen Entscheidung und auch äußerlich der Beginn eines neuen Lebens."[8]

Sosehr man sagen kann, „die Verwirklichung des Christlichen fiel für Augustinus mit Entsagung zusammen"[9], Augustin dachte nicht daran, Mönch zu werden oder sich als Einsiedler in die Wüste oder in eine Zelle zurückzuziehen. Er wählte sich als Lebensform eine Gemeinschaft mit gleichgesinnten Freunden, die sich dem Studium und dem Gebet widmeten, eine vita communis, gleichsam eine „Synthese vom Bios philosophikos der Griechen, dem otium liberale Ciceros und dem christlichen Einsiedlerleben"[10].

Diese Lebensform, die für Augustin in Cassiciacum bereits Gestalt angenommen hatte, behielt er bei, als er 388 wieder in seine Vaterstadt Thagaste heimkehrte. Auf dem Weg dahin, in Ostia, war seine Mutter Monika gestorben. Er verkaufte die väterlichen Besitzungen, versammelte seine treuesten Freunde um sich und baute unter Verzicht auf Privateigentum eine Art Klostergemeinschaft auf, in der er die künftige Zeit seines Lebens zu verbringen hoffte, beschäftigt mit dem Studium der Bibel und mit der philosophischen Bemühung um die Wahrheit, um „Gott und die Seele". Indes diese – im ganzen glückliche – Zeit sollte kaum drei Jahre dauern: von Herbst 388 bis Anfang 391. In dieser Zeit, einschließlich des einjährigen Aufenthalts in Rom, verfaßte Augustin eine Reihe von Schriften: *Über das Wesen der Seele und der Glückseligkeit, Über den Ursprung des Bösen, Über den freien Willen, Über die Erkenntnis der Wahrheit, Über die wahre Religion* – Schriften gegen die Skepsis und vor allem gegen die Manichäer. Darin entwickelte Augustin den Gedanken, daß Glaube nicht eine defiziente Form des Erkennens und Wissens ist, sondern daß er im Ziel des Erkennens steht und zugleich Erkennen und Verstehen hervorruft, daß er eine eminente Weise des Erkennens selbst ist, ein ganzheitlicher Akt der Person mit allen ihren Kräften.

2. *Augustin als Presbyter und Bischof*

Augustin besuchte 391 die nördliche Hafenstadt Hippo Regius und nahm am dortigen Gottesdienst teil. Dort hörte er, wie der alte Bischof Valerius seinen Gläubigen die Wahl eines Priesters vorschlug, der geeignet sei, ihn im Amt der Predigt zu unterstützen; der gebürtige Grieche Valerius hatte damit seine Schwierigkeit. Augustins Anwesenheit – sein Ruf und sein Ansehen waren inzwischen längst über Thagaste hinausgedrungen – war von einigen Gläubigen bemerkt worden. Sie ergriffen ihn und zerrten ihn nach vorne zum Chor und erklärten unter lauter Zustimmung des Volkes: Der rechte Mann sei gefunden, Augustinus solle zum Priester geweiht werden und das Amt der Predigt übernehmen. Augustinus war entsetzt, sträubte sich mit aller Kraft unter Tränen dagegen, fügte sich aber schließlich diesem Ruf und erkannte in ihm die Führung Gottes. Valerius legte Augustin die Hände auf, ordinierte ihn und wies ihm in der Nähe der Kathedrale ein Haus an mit der Weisung, seinen Dienst möglichst bald zu beginnen. Augustin erbat sich noch eine Zeit der Beurlaubung, um sich vor allem mit einem erneuten Studium der Heiligen Schrift – diese stand immer an den Wendepunkten seines Lebens – auf seine Aufgabe in Predigt und Katechese vorzubereiten. Fünf Jahre nach seiner Berufung wurde Augustinus zum Mitbischof von Valerius geweiht und nach dessen Tod, wie vorgesehen, sein Nachfolger als Bischof von Hippo (366). Er blieb es bis zu seinem Tod.

Damit war dem Leben Augustins noch einmal eine radikale und so von ihm nicht vorgesehene Wende gegeben. Augustin wurde mit den vielfältigen Aufgaben eines damaligen Bischofs beauftragt und erfüllte sie mit aller Kraft der Hingabe. Auch als Bischof baute er eine vita communis auf. Er lebte mit seinem Klerus in einer Gemeinschaft, deren Regel er entworfen hatte: ,,Das erste Ziel eures gemeinschaftlichen Lebens ist, in Eintracht zusammenzuwohnen und ein Herz und eine Seele in Gott zu haben." (*Regula* I, 1)

Zu den Aufgaben eines Bischofs der damaligen Zeit gehörte die tägliche Feier der Liturgie, die Spendung der Sakramente, die Predigt. Die über 500 Predigten, die wir von ihm besitzen, geben Zeugnis von dem Rang und dem Ausmaß dieser Tätigkeit. Sie sind heute noch lesbar und voll anregender Kraft, Tiefstes verständlich, Kompliziertes einfach und auch das Einfache niemals banal zu sagen. Diesen Predigten verdanken wir vor allem die ausführlichen Auslegungen der *Genesis,* der *Psalmen* und des *Johannesevangeliums*. Der Bischof von Hippo leitete die katechetische Unterweisung der Konvertiten und der Taufbewerber. Dazu kam die Verantwortung für die karitativen Werke und die Verwaltung des nicht unbeträchtlichen Kirchenvermögens; die Wahrnehmung der richterlichen Kompetenzen, der Rechtsprechung, die vom Staat dem Episkopat zugebilligt wurden und die Augustin zum Richter und Schlichter in vielen Prozessen, oft in den weltlichsten Dingen werden ließ. Augustin wird der Verteidiger der Armen und Unterdrückten, ihr Fürsprecher bei den staatlichen Instanzen. Dazu kommen die Aufgaben im Dienste der Kirche von ganz Nordafrika: Reisen, Predigten, Verhandlungen, Synoden, verbunden mit einer riesigen Korrespondenz.

Wenn man es zunächst bedauert, daß Augustin seiner kontemplativen, dem Studium der Philosophie und Theologie gewidmeten Tätigkeit entsagen mußte, um sich als Bischof in einer ungewöhnlichen Beanspruchung der Praxis, dem Alltag, der Forderung des Tages hinzugeben, so ist darauf hinzuweisen, daß auch der Augustin der früheren Jahre nicht so sehr von der reinen Theorie, der ,,Wahrheit an sich" betroffen war, sondern von der ,,Wahrheit für mich", insofern sie Existenz und Leben angeht. Die vielfältige Praxis des bischöflichen Amtes hat diese bei Augustin gegebene ,,Grundbefindlichkeit" erweitert und bestärkt. Die Arbeit des Bischofs gab Augustin der Wirklichkeit zurück und führte seinem Geist immer neue wirkliche, geschichtlich drängende Fragen zu, die im Alltag entschieden und gerade darum ernsthaft beantwortet werden mußten. ,,Augustin ist von ihnen nicht erdrückt worden, er hat sie bewältigt, und die Einheit von Leben und Geist, die er im persönlichen Bereich gefunden, erscheint so noch einmal, größer und tiefer im großen Raum der Kirche, für die er sprechen und lehren muß."[11]

So ist es zwar immer noch im höchsten Maße staunenswert, aber andererseits keineswegs zufällig, daß Augustin während seiner Tätigkeit als Bischof die meisten, umfangreichsten und tiefsten theologischen Werke schrieb, so die *Confessiones* (397–401), so mit langen Unterbrechungen das wohl profundeste theologische Werk *De Trinitate,* begonnen 399 und erst zwanzig Jahre später vollendet, und das umfangreichste: *De civitate Dei.*

Wenn in diesen Schriften auch die spezifisch philosophische Fragestellung zurücktritt hinter der theologischen, zumal der biblischen Reflexion – auch der Theologe Augustin hört nicht auf, Philosoph zu sein.

3. Die innerkirchlichen Kontroversen

Die Tätigkeit Augustins als Bischof wurde maßgeblich bestimmt durch die Auseinandersetzung mit den *Donatisten;* die Auseinandersetzung mit dem Manichäismus ging langsam zu Ende. Die Donatisten verstanden sich unter Führung ihres Bischofs Donatus (†355) als die einzigen und reinen Vertreter der wahren Kirche der Heiligen, der Martyrer und Bekenner. Sie verwarfen die Verweltlichung der katholischen Kirche infolge ihrer Verbindung mit dem Reich Konstantins durch die *„pax constantiniana"* und beschuldigten die Katholiken, daß nicht alle ihre Mitglieder, auch nicht alle Bischöfe in der Verfolgungszeit sich bewährt hätten. Sie erklärten: die wahre Kirche ist jene, die Verfolgung leidet, nicht, die verfolgt. Dem fügten sie als Konsequenz an, daß Sakramente, die von unwürdigen Priestern gespendet würden, ungültig seien und deshalb wiederholt werden müßten, so die Taufe und die Ordination. Aus dieser Bewegung, die gerade in Afrika viele Anhänger und großen Einfluß gewann, entstand ein regelrechtes Schisma, eine Spaltung der Kirche Afrikas. Sie war mit häufigen Gewalttätigkeiten gegen die Katholiken verbunden; durch den Gegensatz zwischen einheimischer und römischer Bevölkerung, zwischen Landarbeitern und Grundbesitzern bekam der Donatismus auch sozialrevolutionäre Züge.

Demgegenüber war Augustin bemüht, die Einheit der Kirche zu wahren und das donatistische Schisma zu überwinden. Die Einheit der Kirche war für ihn eine absolut verpflichtende Notwendigkeit. In über zwanzig Schriften und vielen Gesprächen suchte er vor allem mit Berufung auf Paulus die Donatisten, besonders deren Bischöfe theologisch zu überzeugen und zu gewinnen. Gegenüber der Verstiegenheit der Donatisten verwies Augustinus auf das Gleichnis Jesu vom Unkraut unter dem Weizen, wo die Scheidung erst am Ende erfolgt. Er unterscheidet zwischen Gültigkeit der Sakramente kraft ihres Vollzugs und ihrer Heilswirksamkeit, die sich in Glaube und Liebe des Empfängers erweist; er gibt Schuld und Versagen der katholischen Kirche zu. Es ist Augustin damit ernst, daß nur die Wahrheit und nicht eine Partei über die andere triumphieren sollte. Aber Augustins Bemühungen blieben ohne Erfolg; die Gegnerschaft verschärfte sich, nicht zuletzt infolge der Überlegenheit Augustins.

Diese Situation, das Schisma der Kirche, hatte auch politische Brisanz, zumal nachdem die katholische Kirche zur Staatsreligion erklärt war. Die innerkirchlichen Spaltungen galten als eine Gefahr für die Einheit des Reiches. Im Jahre 405 erließ Kaiser Honorius ein Edikt, das die allgemeine und zwangsweise Rückführung der Donatisten verfügte. Ihre Kirchen und Besitztümer sollten den katholischen Bischöfen zurückgegeben werden, ihre Gottesdienste wurden verboten, zuwiderhandelnde mit Konfiskation und Ausweisung bedroht. 411 kam es zu einem letzten offiziellen Gespräch in Karthago zwischen katholischen und donatistischen Bischöfen. Den Donatisten wurden dabei volle Gleichberechtigung und Freiheit der Diskussion gewährt. Der kaiserliche Kommissar fand die Argumente und Anklagen der Donatisten widerlegt. Die Synode wurde ein Triumph für Augustin. Danach erfolgte die gewaltsame Durchführung der kaiserlichen Anordnungen. Augustin bedauerte diese Maßnahmen und protestierte vor allem gegen die staatliche Anwendung der Todesstrafe. Aber allmählich zeigte sich eine Änderung in seiner Auffassung: „Ursprünglich war ich der Meinung, zur Einheit Christi dürfe niemand gezwungen werden. Es schien mir richtig, nur mit dem Wort zu handeln, mit Streitgesprächen zu kämpfen und mit vernünftigen Gründen zu siegen, damit wir an Stelle der offenen Ketzer, die wir kannten, nicht bloß katholische Heuchler gewönnen. Aber diese meine Meinung wurde widerlegt – nicht etwa durch bloße Worte, die man dagegen vorgebracht hätte, sondern durch Tatsachen, die sich aufweisen ließen.“ (*epistulae* 93, 17)

Eine solche Tatsache war für Augustin die veränderte Lage in seiner eigenen Stadt. Viele Donatisten kehrten zur katholischen Kirche zurück; der Friede und die Einheit der Kirche waren äußerlich wiederhergestellt. Darin sah Augustin eine nachträgliche Bestätigung für das gewaltsame staatliche Eingreifen, und er kam zu der berühmten und berüchtigten, in der Folgezeit verhängnisvoll gewordenen theologischen Rechtfertigung der Gewalt: Man darf demnach Gewalt anwenden vor allem im Fall einer offenkundigen Hartnäckigkeit und Obstruktion, wie es nach ihm bei den Donatisten der Fall war, um die Menschen vom Verderben des Irrtums zu befreien. Augustin beruft sich dabei noch auf das Wort Jesu im Gleichnis vom großen Gastmahl: „Nötige sie“, die Menschen auf den Gassen und an den Zäunen, „hereinzukommen“ (cogite intrare, Lk 14,23).

An diese Tatsache schließt H. von Campenhausen die Bemerkung an: „Mit den Zwangsbekehrungen der Donatisten beginnt der Niedergang der einst so stolzen afrikanischen Kirche. Schließlich ist sie als einzige Kirche des Mittelmeerraums bei der Überflutung durch die Mohammedaner spurlos verschwunden. Es scheint, daß die einstigen Donatisten die Araber als Befreier begrüßt haben, jedenfalls wurde das katholische Erbe von ihnen nicht mehr ernsthaft verteidigt.“[12]

Die andere Auseinandersetzung, die Augustinus als Bischof führte, und dies bis zum Ende seines Lebens, galt dem *Pelagianismus* und seinen Anhängern. Die Synode von Karthago 411 hatte Caelestius, einen Schüler von Pelagius, verurteilt und exkommuniziert. Pelagius selbst stammte aus England und war ein angesehener Mönch und Asket. Er hatte eine große Anhängerschaft, bekämpfte den Arianismus und Manichäismus, wirkte in Rom, in Afrika (ohne Augustinus zu begegnen), in Jerusalem und im Osten des Reiches. Caelestius hatte wie Pelagius erklärt, die Kindertaufe bewirke nicht die Vergebung der Sünden, der Mensch werde in Unschuld geboren; die Lehre von der seit Adam auf alle Menschen übergegangenen Erbsünde sei unsinnig, es komme alles auf den freien Willen und die Selbstverantwortung des Menschen an, die das Heil bewirke. Das Wirken der Gnade sieht Pelagius ausschließlich im Zustandekommen der Erlösung, die dann die volle Freiheit und Selbständigkeit des Willens auch für die Erlangung des Heils ermögliche. Der bedeutendste Vertreter des Pelagianismus und der direkte Gegenspieler Augustins war Bischof Julian von Eclanum, ein Mann großer Bildung, ein hervorragender Stilist und Dialektiker, der versuchte, Augustin aus seinen eigenen Schriften und aus der Praxis seines Lebens zu widerlegen.

Augustin sah in der pelagianischen Lehre das Erlösungswerk Christi in Kreuz und Auferstehung in Frage gestellt. Für das Wirken der Gnade im Menschen gab es nach Pelagius weder Möglichkeit noch Notwendigkeit; die Sakramente, die Taufe vor allem, verblassen zu bloßen äußeren Riten. Demgegenüber machte Augustin auf Grund seiner eigenen Lebenserfahrung und eines vertieften Paulusstudiums die Gnade zum neuen und von da an bleibenden Thema seiner Theologie.

Die Gnade Gottes muß nach Augustinus nicht weniger als alles tun, damit der Mensch zum Heil gelange. Allein durch Gnade wird er gerettet. Das bedeutet nicht, daß der Mensch keine Willensfreiheit hätte, aber das rechte Wollen ist von Gott gewirkt. „Wir wollen, aber Gott wirkt, daß wir wollen. Wir wirken, aber Gott wirkt in uns das Wirken." (*De dono perseverantiae* 13, 35)

Von sich aus ist der Wille immer zum Bösen und zur Sünde geneigt, und er ist nicht imstande, die Richtung seines Willens zu ändern. Das hängt damit zusammen, daß die in Adam repräsentierte Menschheit zwar Gottes gute Schöpfung ist, aber durch Adams Schuld und Fall, die als Erbschuld mit ihren Folgen auf alle Menschen übergegangen sind, verkehrt und verdorben wurde, so daß alles Wollen und Tun des Menschen in diesem Zusammenhang verbleiben und deshalb böse und verkehrt sind. Das Zeichen dieser Verkehrung ist die Concupiscentia des Menschen, die sinnliche Begierde, die sich nach Augustin vor allem als geschlechtliche Unordnung zeigt. Die Rettung aus diesem Zustand, die Erlösung, gelingt nicht durch menschliche Anstrengung, sondern allein durch das Eingreifen Gottes in der Form seiner gnädigen Zuwendung. Diese Zuwendung geschah durch den neuen Adam, durch Jesus Christus, der deshalb der Erlöser der Menschen sein kann, weil er wahrer Gott und wahrer Mensch ist. Mit ihm sind die Erlösten verbunden wie die Glieder eines Leibes mit dessen Haupt.

Damit ist das Problem *Gnade und Freiheit* gegeben. Dabei kommt es darauf an, die Gnade so zu fassen, daß sie die Freiheit nicht auslöscht, und die Willensfreiheit so zu bestimmen, daß sie die umfassende Wirkung der Gnade möglich macht. Augustin löst das Problem in der Weise, daß er erklärt: Gottes Gnade wird nicht durch den guten Willen des Menschen motiviert – es ist umgekehrt. Der menschliche Wille erlangt durch die Gnade die Freiheit. Die Freiheit des Menschen ist eine durch Gott gewirkte Freiheit; Freiheit ist deshalb primär die von Gott gewährte Ermächtigung des Menschen zum Guten, das Bestimmtwerden des Menschen durch das Gute, d. h. durch Gott. Gott selbst aber, der nur gut sein kann, ist darum nicht weniger frei, er ist vielmehr frei im absoluten Sinne.

Die vollkommene Freiheit ist von Gott gewirkt und bleibt dennoch Freiheit, die der Mensch in sein eigenes Wollen aufnimmt. Das bewirkt, daß der befreite Wille auch selbst das Gute tut und sich insofern auch Verdienste erwerben kann. „Aber diese Verdienste hat er gleichwohl nicht sich selber zu verdanken, es ist Gottes Gnade, die in ihm lebt, die allen Stolz und Ruhm der eigenen Werke gänzlich ausschließt und den Menschen somit gerade demütig macht."[13] Wenn Gott unsere Verdienste krönt, krönt er nur seine Gaben (*Confessiones* IX, 34). Verdienst schafft die Gnade allein. Die Grundbestimmung des Menschen heißt: „Was hast du, das du nicht empfangen hast?" (1 Kor 4,7)

Diese Gedanken um Gnade und Freiheit führen kraft innerer Logik noch ein Stück weiter, zum Problem der *Prädestination.* Es entsteht die Frage: Wenn Gottes Gnade souverän ist, wenn sie im Menschen alles wirkt, wenn der Mensch alles der Gnade verdankt – woher kommt es, daß nicht alle Menschen das Heil erlangen, sondern zum großen Teil verloren gehen, oder daß Christen von einem Leben aus Glaube und Liebe wieder abfallen können? Darauf gibt Augustin die Antwort: Der Grund liegt in Gott selbst, der zwar niemals und nirgends das Böse will, der aber seine Gnade, ohne die niemand das Gute vermag, nach seinem freien Ermessen gewähren, versagen oder zurückziehen kann. Dadurch soll endgültig offenbar werden, daß Gottes Gnade zugleich die Offenbarung seiner bedingungslosen Souveränität ist. So kommt Augustin zu der These: Die Rettung des Menschen ist einzig das Geschenk der Gnade; auf Gottes Barmherzigkeit gibt es aber keinen Rechtsanspruch von seiten des Menschen. In der möglichen Verwerfung des Menschen tritt Gottes Gerechtigkeit zutage: Gott ist in seinem Gericht nicht ungerecht; er überläßt den Menschen sich selbst zu dessen Unheil.

Die so formulierte Prädestinationslehre ist von erdrückender Qual. Sie ist wohl so zu erklären, daß sich hier die Logik und Spekulation eines theologischen Denkens isoliert und selbständig gemacht hat und zudem im Bereich der Abstraktion bleibt ohne Rücksicht auf den konkreten Menschen und dessen nicht berechenbares endgültiges Schicksal. Augustin fühlt selbst diese Grenze, wenn er schließlich an das Wort aus dem Römerbrief erinnert: „Mensch, wer bist du, daß du Gott zur Rede stellen willst" (Röm 9,20; *Epistulae* 186,23) – ein Wort, das zum demütigen Schweigen aufruft gegenüber Fragen, die auch für den Glauben dunkel bleiben.

Theologie und Kirche sind in diesem Punkt Augustin nicht gefolgt. Sie haben eine Zone der Unbestimmtheit um diese so schwierigen und für menschliche Maßstäbe vielleicht unlösbaren Probleme aufrechterhalten und haben sich vom augustinischen Extremismus distanziert.[14]

4. Der weltgeschichtliche Umbruch: Der Fall Roms

Augustin war indes nicht nur durch die innerkirchlichen Auseinandersetzungen aufs Äußerste in Anspruch genommen – er war ebensosehr betroffen durch das politische Geschehen in seiner Zeit. Und dieses war nicht weniger als weltbewegend zumal für ihn als römischen Bürger. Augustin schildert das Ereignis so: „Rom wurde im Jahre 410 durch den Einbruch der Goten unter König Alarich und durch eine entsetzliche Verheerung zerstört." Briefe und Predigten Augustins geben davon eine konkrete Darstellung: „Man sah dort die Flüchtlinge, Aristokraten mit den ersten römischen Namen, in armseligem Aufzug und verstörten Blicks aus den Schiffen kommen; man hörte sie erzählen von den Greueltaten in der Stadt, der Jagd auf die Reichen, dem Blut auf den Fora, den Karren der Barbaren, vollgestopft mit gestohlenen und beschädigten Kostbarkeiten. Ganze Familien waren ausgerottet, Senatoren ermordet, gottgeweihte Jungfrauen geschändet. Man hörte sie mit Entsetzen an und erzählte es weiter, während sie selbst, diese letzten Römer, eilig die kleine Hafenstadt verließen und nach Karthago aufbrachen."[15]

Der Fall Roms war für Augustin also nicht ein fern liegendes Ereignis, seine unmittelbaren Folgen reichten bis Afrika. Doch noch folgenschwerer war die ob des Falls entstandene Bestürzung und Erschütterung: Rom, die auch von Christen wie Ambrosius so genannte Ewige Stadt, die Hauptstadt des alten Reiches, die Herrin des Erdkreises, war gefallen.

Mehr als andere Ereignisse lösen Katastrophen die unvermeidliche Frage nach dem „Warum" aus. So war es auch damals. Die Fragen gingen deutlich nach zwei Richtungen: War der Fall Roms, so läßt sich die erste Gruppe der Fragen zusammenfassen, nicht die augenfällige Rache der beleidigten und vertriebenen Götter? War Rom nicht glücklich, ja unbezwungen, solange es den Göttern noch Opfer darbrachte? Diese Frage enthielt eine deutliche Spitze gegen die Christen: Muß Rom nicht Schreckliches erdulden, seit das eine Opfer des Christengottes überall verbreitet ist? Ja mehr noch: Ist Rom nicht trotz der erhabenen Gedenkstätten eines Petrus, Paulus, Laurentius und anderer Märtyrer zu einer Stätte des Elends, der Plünderung, Erniedrigung und Vernichtung geworden? Hat etwa der Christengott seine eigenen Anhänger zu schützen vermocht?

Diese letzten Fragen wurden zu Fragen der Christen selbst, der vielen Konjunkturchristen zuerst, die in der neuen Religion einen Garantieschein für

Wohlfahrt, Sicherheit und Glück erblickten und sich nun darin betrogen sahen, wie auch der ernsten Christen, die von der Hilfe Gottes verlassen schienen, die das äußere und sichtbare Wachstum der Kirche seit Konstantin, das an den Bestand der irdischen, der römischen Ordnung geknüpft war, aufs höchste bedroht fühlten.

Sollten diese Fragen insgesamt nicht tödlich werden, mußte auf sie eine Antwort gegeben werden. Augustin hat sich in Predigten und Briefen zum Anwalt dieser Fragen und Antworten gemacht. Doch das genügte offensichtlich nicht. Sein Freund Marcellius, Tribun und Notar in Karthago, der von den Angriffen von seiten der Gegner des Christentums und der Scheinchristen sowie von der Verzagtheit der kleinmütigen Christen einen unmittelbaren Eindruck empfangen hatte, bat Augustinus, in einer grundsätzlichen Reflexion das notwendige Wort zur gegebenen Situation zu sprechen.

Augustin selbst faßt die Situation in den Worten zusammen: ,,Die Verehrer der falschen und vielen Götter, die wir Heiden zu nennen pflegen, erkühnten sich, die Zerstörung Roms mit der christlichen Religion in Verbindung zu bringen, und begannen heftiger und bitterer als sonst den wahren Gott zu schmähen. Da entbrannte ich von Eifer für das Haus des Herrn und nahm mir vor, gegen ihre Schmähungen und Irrtümer die Bücher de civitate Dei zu schreiben.“(*De civitate Dei* I, 22)

Damit ist der Anlaß gegeben für die umfassendste Schrift Augustinus: *De civitate Dei* (über die Gottesstadt, den Gottesstaat, die Bürgerschaft Gottes, die Bürgerschaft der Gottesgläubigen). Das Riesenwerk zerfällt in zwei deutlich erkennbare Teile. Der erste Teil umfaßt 10 Bücher und ist ausgesprochen apologetisch-polemisch. Augustin wendet sich vor allem gegen den Vorwurf, Schuld am Fall Roms sei die Vernachlässigung der alten Götter und die Abschaffung ihrer Verehrung. Demgegenüber weist Augustin nach, daß die Götter Roms nicht imstande waren, Hunger, Krieg und Krankheit von den Menschen abzuwenden; die punischen Kriege und die römischen Bürgerkriege fanden statt, als die Verehrung der Götter in hoher Blüte stand. Der Einbruch der Goten im Jahre 410 war nach Augustin gnädiger als das Grauen der Bürgerkriege. Nicht die Tempel der Götter, sondern die christlichen Kirchen hätten den Römern Asyl geboten, der Einfluß der Christen habe die größten Schrecken gemildert.

Der wahre Grund für den äußeren Fall Roms ist nach Augustin darin zu erkennen, daß Rom innerlich schon längst untergegangen war (*De civitate Dei* II, 22). Dieser moralische Niedergang wurde durch die Verehrung der Götter nicht aufgehalten, sondern noch gefördert.

Den Heiden, aber auch den verzagten und ob des Falles Roms zweifelnden und kleinmütigen Christen erklärt Augustinus: Man glaubt nicht wahrhaft an Gott, solange man ihn als ein Mittel versteht, um die Güter und das Glück dieser Welt sichern und genießen zu können, und an ihm verzweifelt, sobald ein äußeres Unglück einbricht. Die christliche Religion erhebt nirgendwo den Anspruch, vor äußerem Unglück zu bewahren, sie verleiht aber die Kraft, es zu bestehen und ihm gegenüber frei zu sein, sie gibt zugleich eine Sinndeutung des Leidens; denn dieses macht offenbar, was im Menschen ist. ,,Wie im gleichen Feuer das Gold glänzt, der Schaum rußt und in der gleichen Maschine das Stroh zerstoßen und das Getreide gesäubert wird, so erprobt und reinigt dasselbe Geschick die Guten und verdammt die Bösen, so daß in der gleichen Heimsuchung die Guten Gott preisen und die Bösen ihn verwünschen und lästern." (*De civitate Dei* I, 8)

Augustin begnügt sich indes mit dieser großen Apologie nicht. Seine Gedanken gehen ins Grundsätzliche. Sie reflektieren das Auf und Ab der Geschichte und suchen deren geheimnisvollen Grund und Sinn zu erheben. Im Zusammenhang damit entwirft er das Konzept von der *civitas Dei,* genauer von den beiden civitates, der *civitas* Dei und der *civitas terrena* – der Gedanke entstammt den Psalmen –, er behandelt deren Ursprung, deren Verlauf und Fortgang und schließlich deren Ausgang und Ziel.

Begründer und Herr der civitas Dei ist Gott, Begründer und Leiter der civitas terrena sind die Götter und Dämonen. Die Bürger des civitas Dei verehren den einen und wahren Gott und beten ihn an, die Bürger der civitas terrena verehren die Götter und beten im Grund sich selbst und ihre eigene Hoheit an (XI, 21).

,,Zweierlei Liebe hat die beiden civitates begründet, und zwar den Weltstaat die bis zur Verachtung Gottes gesteigerte Selbstliebe, den himmlischen Staat die bis zur Verachtung seiner selbst gehende Gottesliebe. Der eine rühmt sich in sich selbst, der andere im Herrn." (XIV, 28)

Sosehr der Ursprung der civitates im Jenseits liegt: in der je verschiedenen Entscheidung der Engel – sie gewinnen in der Geschichte der Menschen konkrete Gestalt und Darstellung. So in Adam, dem ersten Menschen, der gleichsam der Gründer beider Staaten ist (XV, 17). Durch seine Sünde, die die Engelsünde der *superbia* wiederholt, wird die gegen Gott gerichtete civitas terrena konstituiert. In Kain und Abel sind die beiden civitates repräsentiert.

Der geschichtliche Verlauf der beiden civitates ist der Entwicklung eines Einzelmenschen nachgebildet; diese wird ihrerseits dem Schema der Woche angepaßt, die zur Weltwoche wird.

Die geschichtlichen Repräsentanten der civitas terrena sind Babylon und Rom, augustinisch gesprochen: Babylon als das erste Rom und Rom als das zweite Babylon. In Jesus Christus ist der Herr der civitas Dei leibhaftig in Welt und Geschichte erschienen. In seiner Gottmenschheit stellt er das Ziel aller Geschichte sowie den Weg dahin dar. Mit Christus tritt die Menschheit in den sechsten Tag der Weltwoche und zugleich in das Greisenalter ein; dieses dauert bis zum Ende der Tage.

Für den Verlauf der beiden civitates ist wichtig, daß sie gleichzeitig bestehen, daß sie, wie das biblische Gleichnis vom Weizen und Unkraut und von den guten und schlechten Fischen zeigt (XVIII, 48), miteinander gemischt sind und erst am Tag der Ernte vollständig geschieden werden, daß sie äußere Schicksale wie Glück und Unglück vollständig gemeinsam haben (XVIII, 54).

Es kann sogar eine gewisse Eintracht zwischen den civitates geben, wenn sie im Frieden leben. Tatsächlich aber sind sie verschieden durch die verschiedene Art und Weise, wie die Schicksale übernommen und gemeistert werden: ob in Trotz, Empörung und Verzweiflung oder in Glaube, Hoffnung und Liebe. So erweisen sich die beiden civitates als die von verschiedenen Weisen der Existenz gebildeten Gemeinschaften (K. Löwith). Endlich gilt, daß das Los der civitas Dei von Abel an bis zum Ende der Welt gleich bleibt: von der Welt verfolgt und von Gott getröstet zu sein. So wird die Welt und die Weltgeschichte ein *carmen magnum,* ein großes Gedicht, aus Thesen und Antithesen gefügt (XI, 18).

Das Endziel und den Ausgang der beiden civitates stellt Augustin dar unter den Begriffen des höchsten Gutes, der Glückseligkeit, und des äußersten Übels, der Unseligkeit.

Die *civitas Dei* ist ähnlich wie das Buch der *Confessiones* eine Confessio, ein Lobpreis Gottes, eine Confessio von Gottes Gerechtigkeit und Gnade in Welt und Geschichte.

Die Arbeit an der *Civitas Dei* beanspruchte Augustin bis zum Jahr 427. In der gleichen Zeit erschienen die meisten seiner antipelagianischen Schriften sowie die vier Bücher *De doctrina Christiana,* ein Werk, in dem die Frage der Bildung behandelt wird, besonders die Frage von weltlich klassischer Bildung und christlichem Glauben. Das Werk war als Anweisung für Kleriker und Prediger gedacht und enthält auch wichtige Regeln für die Hermeneutik der Bibel.

426 bestimmte Augustin im Blick auf die Beschwerden seines Alters den Presbyter Eraclius zu seinem Coadjutor mit dem Recht seiner Nachfolge im Bischofsamt. Augustins Lebensende steht im Zeichen der Belagerung der Stadt Hippo durch die Vandalen. Die römische Herrschaft in Afrika war zusammengebrochen. Im dritten Monat der Belagerung befiel den Fünfundsiebzigjährigen die tödliche Krankheit. Er ließ sich die Bußpsalmen Davids an die Wand heften; im Geist der Buße wollte er dem Tod entgegengehen. Er wollte allein sein und blieb es bis zur Sterbestunde, wo dann die Freunde herbeieilten, um ihr Gebet mit dem seinigen zu vereinigen. Er starb bei vollem Bewußtsein am 28. August 430.

II. Werk und Werke

Wenn man vom Werk Augustins sprechen will, kann man von seinem Leben nicht absehen. Sein Leben ist sein Werk, sein Werk ist sein Leben.

Es ist das Werk Augustins, die neuplatonische Philosophie mit dem christlichen Glauben verbunden und damit eine Theologie als methodisch gedachte Reflexion des christlichen Glaubens ermöglicht zu haben. Dabei hat er sowohl die Gemeinsamkeiten festgestellt – im Begriff des griechischen und des biblischen Logos, in der Erkenntnis der Realität des Nichtmateriellen, des Unsichtbaren, des Geistigen, des Göttlichen, in der Beschreibung des Zieles des Menschen: als seliges Leben in der Schau Gottes – wie auch den Unterschied und das spezifisch Christliche: Der christliche Glaube weist den Weg zum Ziel durch Christus, der der Weg ist, und durch die Kirche, die das Zeichen seiner Anwesenheit und Wirksamkeit ist.

Das Werk Augustins ist vor allem sein Werk als Bischof von Hippo: Seine nicht registrierbare unermüdliche Arbeit im Dienst der Menschen in ihren unterschiedlichsten Anliegen, seine Arbeit in der Katechese, der Unterweisung, der Predigt. Der einst gefeierte Rhetor hat keinen größeren Ehrgeiz, als vom einfachen Menschen verstanden zu werden. Es ist sein Bemühen, allen alles zu werden.

Sein Werk ist die Begründung einer vita communis, einer Art klösterlicher Gemeinschaft mit seinen Klerikern und seinen Freunden in Cassiciacum und später in Hippo. Freundschaft und Leben in Freundschaft waren seine besondere Begabung. Daraus ging die Augustiner-Regel hervor, die der Grund eines eigenen, nach Augustin benannten Ordens wurde.

Sein Werk war seine Tätigkeit über den Kreis von Hippo hinaus: Augustin war der unbestrittene geistliche und theologische Führer Afrikas. Sein Bemühen galt der Einheit und der Bewahrung des Glaubens dieser Kirche. Diese schuf er immer wieder neu in seinen Auseinandersetzungen mit den die Kirche bedrohenden Bewegungen des Manichäismus, des Donatismus, des Pelagianismus und am Ende seines Lebens des Arianismus. Damit hat er nicht nur einen zeitbedingten Erfolg erzielt, sondern ein bleibendes, ein für die Gesamtkirche gültiges Werk geschaffen.

Augustin hat in einer Zeit schwersten Umbruchs, des sich anbahnenden Untergangs des weströmischen Reiches, das mit der Kirche aufs engste verbunden war, bleibende Orientierungen gegeben aus der Sicht des Glaubens und aus der Betroffenheit durch die Ereignisse des Tages.

Zum Werk Augustins gehören indes für die Nachwelt vor allem seine literarischen Werke.

Schon sein Biograph Possidius zweifelte, ob es einem Menschen je gelänge, sämtliche Schriften Augustins zu lesen. Es ist nicht möglich, sie alle hier im einzelnen aufzuzählen.[19] Es sei nur vermerkt, daß abgesehen von Augustins systematischem Werk *De Trinitate* alle Schriften und Bücher aus aktuellem Anlaß, aus der Forderung des Tages, aus dem Achten auf die Zeichen der Zeit entstanden sind. Deshalb sind sie – bei aller Hingabe an die Sache – sehr engagiert, lebendig, persönlich und existentiell geschrieben. Augustins Werke bilden kein geschlossenes System. Das schließt nicht aus, daß in dem so Verschiedenen bleibende Grundgedanken und Grundmotive wirksam werden, die für Augustins Denken charakteristisch sind.

Im folgenden sei eine ungefähre Klassifikation der Werke Augustins versucht:

Die autobiographischen Schriften: Dazu gehören an erster Stelle die um 400 vollendeten *Confessiones* (im Sinn von Bekenntnis und Lobpreis Gottes). In

Augustinus (354–430)

den ersten 9 Büchern beschreibt Augustin auch zum Zweck der Rechtfertigung gegenüber Verdächtigungen den Weg seiner geistigen Entwicklung bis zu seiner Bekehrung und Taufe (387). Die *Soliloquia* (Selbstgespräche) geben einen lebendigen Einblick in die Grundverfassung Augustins nach seiner Bekehrung. Die *Retractationes* (427 vollendet) analysieren und kommentieren (z. Teil mit Korrekturen) seine Schriften.

Die philosophischen Schriften aus der ersten Zeit nach seiner Bekehrung: *Contra Academicos* (386), *De beata vita* (386), *De ordine* (386), *De musica* (387–390), *De quantitate animae* (388), *De magistro* (389).

Die polemischen Schriften: Dazu gehören die Schriften gegen die Manichäer: z. B. *De moribus ecclesiae et de moribus Manichaeorum* (387–389), *De utilitate credendi* (391), *De natura boni* (399), *Contra Faustum* (400). *Contra Secundinum* (405). Gegen die Donatisten verfaßte Augustinus mehr als zwanzig Schriften. Erwähnt seien: *Contra epistolam Parmeniani* (400), *De baptismo contra Donatistas* (400), *Contra Presconium grammaticum* (406).

Von den antipelagianischen Schriften seien erwähnt: *De peccatorum meritis et remissione et de baptismo parvulorum* und *De Spiritu et littera* (412), *De gratia Christi et de peccato originali* (418), *De gratia et libero arbitrio* (426–27), *De praedestinatione sanctorum* (429), *Opus imperfectum Contra Julianum.*

Exegetische Schriften: Darunter ragen hervor die wiederholten Kommentare zur Genesis: *De Genesi contra Manichaeos* (388–389), *De Genesi ad litteram libri XII* (401–415), *Enarrationes in Psalmos* (392–418), *De sermone Domini in monte* (393–394), *De consensu Evangelistarum* (400), *In Ioannis Evangelium tractatus* (413–418). Hermeneutische und homiletische Grundsätze finden sich in der Schrift *De doctrina christiana* (396–427).

Dogmatische Schriften sind: *De fide et symbolo* (393), *De Trinitate* (399–419), *De fide et operibus* (413), *Enchiridion ad Laurentium seu liber de fide, spe et caritate* (423–424).

Moraltheologische Schriften: De mendacio (395), *De bono coniugali* (401), *De sancta virginitate* (401); *De opere monachorum* (401); *De cura pro mortuis gerenda* (424–425).

Apologetische Schriften: De vera religione (310–391), *De civitate Dei* (413–426).

Schriften verschiedenen Inhalts: *Epistulae* (386–430) *Sermones* (392–430), *De catechizandis rudibus* (um 400).

III. Bedeutung

Wenn im Rahmen eines Werkes über die Klassiker der Theologie von der Bedeutung eines Theologen die Rede sein soll, dann ist damit in besonderer Weise dessen Bedeutung für die Theologie gemeint.

Augustin denkt nicht, wie die Scholastik, in verschiedenen und klar unterscheidbaren Ebenen und Ordnungen, in der Unterscheidung von Philosophie und Theologie. Er denkt in einer einheitlichen Konzeption, in der Wissen und

Glauben, Philosophie und Theologie zu einem Ganzen verbunden sind nach dem Programm: *intelligo ut credam, credo ut intelligam:* ich sehe ein, damit ich glaube, ich glaube, damit ich einsehe. Das *credo ut intelligam* hat keinen andern Inhalt als der einfache Glaube, aber das Glaubensverständnis bringt den Glauben unter einen umfassenden, auch rational verantwortbaren Aspekt. Das bedeutet: Konkrete Inhalte des stoischen und des neuplatonischen Denkens wie Geist, Logos, Ziel des Menschen sind christlich interpretierbar, und der christliche Inhalt ist auf philosophische Erkenntnisse bezogen wie Antworten auf Fragen. Die Menschwerdung Christi, der Weg, der Christus selbst ist, das Geheimnis seines Kreuzes und seiner Auferstehung sind philosophisch unableitbar und spezifisch christlich. Das letzte Ziel erreicht der Mensch nicht durch eigene – philosophische – Spekulation oder Anstrengung, sondern als Geschenk der alles wirkenden Gnade Gottes in Jesus Christus. Die selige Anschauung Gottes wird bei Augustin mit der unendlichen Liebe verbunden. Auf diese Weise wird von Augustin die Philosophie gleichsam als Instrumentarium, als Denkform und Kategorie übernommen, sie wird zugleich umgestaltet – nach Maßgabe des christlichen Glaubens.

1. *Die Lehre von Gott.* Augustin kennt die in der Philosophie erarbeiteten Wege zu Gott: aus dem Glückseligkeitsverlangen des Menschen, aus der Veränderlichkeit aller Dinge und dem darin liegenden Hinweis auf ihr Geschaffensein, das einen Schöpfer voraussetzt. Sein spezifischer Weg zu Gott, der nicht nur dem Christen, sondern allen Menschen zugänglich ist, geht aus von den im Geist des Menschen gegebenen höchsten, allgemein gültigen und unwandelbaren Wahrheiten, der Logik, Mathematik, der Ethik und Ästhetik. Diese haben ihren Grund nicht in der begrenzten Endlichkeit des Menschen, sondern in der alle einzelnen Wahrheiten umfassenden ersten Wahrheit, die mit Gott selbst identisch ist.

Augustins Lehre von Gott kulminiert in seiner Lehre von Gott dem Dreifaltigen. Die Lehre von der Trinität ist die von keiner philosophischen Spekulation erreichte, nur in der biblischen Offenbarung und in der kirchlichen Überlieferung vermittelte Aussage über Gott und über das Leben in Gott. Augustinus geht von der Einheit des göttlichen Wesens aus. Die drei Personen in der Einheit unterscheiden sich durch die das innergöttliche Leben begründenden Beziehungen, die Relationen. Diese werden von Augustinus psychologisch erklärt: Der Sohn ist das persongewordene Wort des Vaters, der Heilige Geist ist die Person gewordene Liebe zwischen Vater und Sohn. Alle Tätigkeit nach außen geht von der Einheit Gottes aus und ist allen drei Personen gemeinsam. Es gibt indes Spuren, Abbilder und Analogien der Trinität in der Welt: Sein, Geformtsein, Bewegtsein; vor allem aber im Geist des Menschen, der sich als der eine in memoria (Gedächtnis), intelligentia (Verstand) und voluntas–amor (Wille–Liebe) entfaltet. Deshalb ist die Lehre von der Trinität menschlich vermittelbar.

2. *Die Schöpfungslehre.* Die biblische Aussage von der Schöpfung der Welt aus Nichts ist für Augustin maßgeblich. Aber er verbindet damit den neuplato-

nischen Gedanken von den Keimkräften, den *rationes seminales, primordiales,* die als Ideen Gottes der Schöpfung von Gott eingestiftet sind und das Ganze der Welt der Potenz nach enthalten. Die Welt war nicht von Anfang an in voller und fertiger Gestalt da. Aus dem Urstoff haben sich die Einzelwesen der empirischen Welt kraft dieser Keimkräfte, die gleichsam teleologisch wirken, entwickelt und Gestalt gewonnen. Damit konnte Augustinus viele Fragen lösen, die sich angesichts der biblischen Urgeschichte stellen.

3. *Die Anthropologie* bestimmt Augustin zunächst dadurch, daß er den Menschen als Geschöpf und als Gottes Ebenbild beschreibt. Der Mensch ist, in neuplatonischen Kategorien, geistige Seele, die im Besitz eines Leibes ist. Die Erkenntnis geschieht in der Weise, daß die Seele von Gott her innerlich erleuchtet wird. Die Anregung dazu geschieht durch die mittels der Sinne bewirkten Eindrücke von außen. Im Lauf seiner Entwicklung hat Augustin seine Anthropologie nach dem biblischen, ganzheitlichen Bild vom Menschen orientiert. Dabei kam es auch zu einer Verlagerung von einem Primat des Verstandes zu einem Primat des Willens und der Liebe. Sie machen den Menschen aus und sind der Grund seiner je verschiedenen Option und Qualifikation. Die Liebe vor allem ist der Schwerpunkt des Christen und gibt seinem Tun den rechten Gehalt: *Dilige et quod vis fac* – Liebe, und was du [dementsprechend] willst, das tue. Dies ist neben der Unterscheidung von *uti* und *frui* (gebrauchen und genießen) der Grund der Ethik Augustins.

Die Anthropologie bekommt ihre entscheidende negative Akzentuierung durch die Sünde des ersten Menschen, in dem gleichsam die ganze Menschheit eingeschlossen war. Von daher erklärt sich die Wahrheit von der Erbsünde, der Sünde, die durch Zeugung auf alle Menschen übergegangen ist. Sie brachte dem Menschen den Verlust seiner ursprünglichen übernatürlichen heilshaften Begnadigung durch Gott und trieb die Natur des Menschen infolge der Verkehrung des Willens durch die vor allem im Bereich des Geschlechtlichen sich manifestierende Konkupiszenz in das Verderben der Heillosigkeit. Der Mensch ist zwar noch im Besitz des freien Willens, aber dieser ist, zum Bösen geneigt, zu keiner guten Tat mehr fähig. Dadurch ist die Menschheit eine *massa damnata,* eine *massa perditionis* (eine Masse der Verdamnis) geworden (*De civitate Dei* XXI, 12), die dem ewigen Gericht verfallen ist.

Aus dieser Situation gibt es nur einen einzigen Ausweg: das Entgegenkommen Gottes in seiner alles bewirkenden und alleinwirksamen Gnade, die im freien Erbarmen Gottes gründet. Die Gnade des Heils ist konkret die Gnade, die in Jesus Christus und seiner *humilitas* dem Menschen entgegenkommt. Er allein kann der Erlöser der Menschen sein, weil er zugleich wahrer Mensch und wahrer Gott ist. Augustin nimmt bereits die Christologie der Konzilien von Ephesus und Chalkedon vorweg. Die erlösende Tat kann deshalb den Menschen zugute kommen, weil Christus, der Inbegriff des begnadeten und prädestinierten Menschen, der neue, eigentliche Adam ist, das neue Haupt der Menschheit, dem die Menschen wie die Glieder eines Leibes angehören. So ist die Anthropologie Augustins nicht nur theologisch im allgemeinen, sondern entscheidend durch die Christologie bestimmt. Und die Christologie legt sich als eine umfassende Anthropologie aus.

Die Anthropologie Augustins ist ferner eschatologisch geprägt durch das dem Menschen, zumal dem Erwählten bestimmte Endziel. Augustinus beschreibt es in den Worten, mit denen er die *civitas Dei* beschließt: ,,Der siebte Tag wird unser Sabbat sein, und sein Ende wird kein Abend sein, sondern der Tag des Herrn, der ewige achte Tag gleichsam. Dort werden wir feiern und werden sehen, werden sehen und werden lieben, werden lieben und werden preisen. Sieh, das wird am Ende sein ohne Ende. Denn was wird unser Ende sein, als zum Reich zu kommen, das kein Ende nimmt?" (XXII, 30)

4. *Die Lehre von der Kirche.* Die Kirche ist der konkrete Ort, wo dem Menschen die Gnade Christi vermittelt wird, durch das Wort als hörbares Sakrament (sacramentum audibile), durch das Sakrament als verbum visibile (sichtbares Wort). Da der eigentliche Spender des Sakraments Christus selbst ist, hängt die Gültigkeit des Sakraments nicht von der Würdigkeit des Spenders, des Amtsträgers der Kirche, und des Empfängers ab, wohl aber ist die Heilswirksamkeit des Sakraments vom Glauben des Empfängers abhängig; der Unwürdige, der das Sakrament empfängt, empfängt nicht die Gnade des Sakraments.

Das Verhältnis Christi zur Menschheit, als Haupt der Menschheit, die sein Leib ist, wird noch einmal dadurch konkretisiert, daß Christus das Haupt der Kirche ist, die als Leib Christi vorgestellt wird. In diesem Bild wird die Verbindung von Kirche und Christus so intensiv, daß Augustin sagen kann: Erst Haupt und Leib zusammen sind der eine und der ganze Christus. Nirgends wird diese Verbundenheit so anschaulich wie in der Eucharistie, die ihrerseits Leib Christi genannt wird, so daß man sagen kann: Der Leib Christi (die Kirche) lebt vom Leib Christi (der Eucharistie).

Diese Kirche ist dem einzelnen als Autorität vorgeordnet, so sehr, daß Augustin den Satz formuliert: ,,Ich würde dem Evangelium nicht glauben, wenn mich nicht die Autorität der katholischen Kirche dazu bewegte." Die maßgebliche Autorität ist für Augustin das Plenarkonzil. Dem Glaubensurteil der Kirche Roms schreibt er höchste Bedeutung zu. Der Satz: *,,Roma locuta, causa finita"* (Rom hat gesprochen, die Sache ist entschieden) stammt zwar nicht wörtlich von Augustin, kann sich aber der Sache nach auf ihn berufen. Er sieht die Sache der Pelagianer durch Rom entschieden.

Die Merkmale der Kirche, die Augustin vor allem im Kampf gegen die Donatisten formuliert, sind die Einheit, die Liebe, welche die Einheit bewahrt, die Apostolizität in der Gestalt der apostolischen Lehre und ihrer Zeugen, der Bischöfe, und die Verbreitung über den Erdkreis, die Katholizität. Einen gerechten Grund, sich von der Kirche zu trennen, kann es nicht geben.

Der Kirchenbegriff Augustins ist insofern differenziert und auch nicht ganz geklärt, als er einen Unterschied vornimmt zwischen denen, die *corpore,* also äußerlich, und denen, die *corde,* dem Herzen nach, zur Kirche gehören. Damit hängt zusammen die Unterscheidung von sichtbarer und unsichtbarer Kirche, von der Kirche als der empirisch katholischen Kirche und der Gemeinde der Heiligen. Die konkrete Kirche ist ein *corpus permixtum,* eine Gemeinschaft, in der Gute und Böse gemischt sind; deshalb ist die Zugehörigkeit zu dieser Kirche noch kein sicheres Zeichen des Heils. Kirche im strengen Sinn ist die Gemeinde der Erwählten. „Die irdische Kirche ist Kirche nur im eschatologischen Sinn, indem sie auf die ecclesia praedestinata hin existiert"[20] Trotzdem: die irdische Kirche vermittelt die Gnade Christi und das Heil – in ihr wirkt Christus durch seinen Geist.

5. *Die Lehre vom Staat.* Nach Augustin ist Gott insofern der Schöpfer des Staates, als der Mensch, das Geschöpf Gottes, ein soziales Wesen ist und von Gott die Anlage empfangen hat, sich mit anderen Menschen zum gemeinsamen Wohl zusammenzuschließen. Der Zweck des Staates ist die Herstellung und Erhaltung des Friedens in einer Ordnung, die auf dem Fundament der Gerechtigkeit ruht. Staaten ohne das Fundament der Gerechtigkeit sind nach Augustin nichts anderes als große Räuberbanden (*De civitate Dei* IV, 4). Der Staat ist deshalb keine Folge der Sünde, noch weniger ist er mit der civitas terrena gleichzusetzen; ihnen können Bürger beider Reiche angehören – bis zur Aufhebung des Staates und der Kirche in der Vollendung der civitas Dei.

IV. Wirkung und Wirkungsgeschichte

Die Wirkung Augustins und seines Werkes ist kaum groß und umfassend genug anzuschlagen; sie dauert bis in die Gegenwart. „Denn er ist ein Unerschöpflicher, wie wenige unseres Geschlechts."[21]

1. *Augustins Theologie* hat das gesamte abendländische Christentum nach ihm beeinflußt. Er ist der größte Theologe des christlichen Abendlandes. Man kann sagen, daß die philosophische und theologische Arbeit bis zur Scholastik des 13. Jahrhunderts durch ihn inhaltlich und methodisch bestimmt wurde. Die Sentenzen des Petrus Lombardus, für Jahrhunderte das Text- und Lehrbuch der Theologie, sind vor allem dem Werk Augustins entnommen. Das Programm der Scholastik, das man mit Anselm von Canterburys *Credo ut intelligam* bestimmt, geht auf Augustinus zurück. Und selbst als mit Albert dem Großen und Thomas von Aquin das Werk des Aristoteles rezipiert wurde und die Theologie als Wissenschaft methodisch eine neue Gestalt annahm: in der Trennung von Wissen und Glauben, Philosophie und Theologie, in der Unterscheidung von Natur und Gnade – Augustins Bedeutung blieb bestehen und war, das zeigt das Werk des Thomas von Aquin, für die mittelalterliche Theologie so maßgebend wie Aristoteles.

Die *civitas Dei* war im Mittelalter das meist gelesene Buch. Es war die tägliche Lektüre Karls des Großen. Es hat die Staatstheorie und das Verhältnis von Kirche und Staat, von Papst und Kaiser maßgebend etwa im Investiturstreit beeinflußt. Das heißt nicht, daß die Berufung auf Augustinus immer zu Recht geschah.

Die mittelalterliche Mystik lebt von augustinischen Grundgedanken, von seinem ,,Gott und die Seele, sonst nichts" und von seiner Erfahrung der göttlichen Wirklichkeit, wie sie in allen seinen Schriften, vor allem in den *Confessiones* und in den *Soliloquien* niedergelegt sind.

Aber auch die mittelalterliche Inquisition, die Bekämpfung und Verfolgung der Ketzer, die Zwangsbekehrungen berufen sich auf Augustin. Die Reformatoren, Luther und Calvin voran, verstanden sich als Erben Augustins, vor allem seiner Theologie der Gnade, der Freiheit, der Rechtfertigung; sie übernahmen seine theologische Anthropologie in der Gestalt des *simul iustus et peccator,* gerecht und Sünder zugleich. Descartes' Anstoß der neuzeitlichen Philosophie durch das Axiom *cogito ergo sum* steht in der Gefolgschaft Augustins. Der Jansenismus des 16. und 17. Jahrhunderts, dem auch Pascal zuneigte, eine Gegenbewegung gegen Humanismus und Renaissance, ist maßgeblich von Augustinus inspiriert, vor allem von dessen Schriften gegen den Pelagianismus und dessen Menschenbild, das in der Autonomie und Selbstherrlichkeit von Renaissance und Humanismus wiederauflebte. Die Jansenisten übernahmen Augustins pessimistische Anthropologie, seine Lehre von der *massa damnata,* von der Alleinwirksamkeit der Gnade und von der Prädestination. Die kirchliche Verurteilung des Jansenismus beeinträchtigte die weitergehende Wirkung Augustins nicht.

Die Kunst des Barock bringt ihn aufs neue zu Ehren und stellt ihn dar als Bischof mit dem flammenden Herzen. Rousseaus Bekenntnisse sind denen Augustins nachgebildet, die Romantik sieht in dem ruhelosen Wanderer Augustinus ein Sinnbild ihrer eigenen Bewegung, Hegels Geschichtsphilosophie ist ohne Augustin nicht zu denken. Nietzsche nennt Augustin einen ,,unsauberen Gesellen" und ein ,,Untier der Moral". Die moderne Religionsphilosophie, den Spuren Max Schelers (†1928) folgend, ist maßgeblich an Augustin orientiert, vor allem an dessen Wegen zur Erkenntnis Gottes und an dem Primat der Liebe. Der französische Philosoph und Theologe Maurice Blondel (†1949) suchte in der Weise Augustins eine Glauben und Wissen umfassende christliche Philosophie; er bestimmt den Menschen als die zur Übernatur berufene Natur, die der Übernatur notwendig bedarf, aber zugleich unfähig ist, sie zu erreichen. Die Existenzphilosophie von Gabriel Marcel und Karl Jaspers, ebenso die Philosophie des Personalismus haben augustinische Motive aufgenommen. Augustin ist in der Theologie der Gegenwart, in der Theologie der christlichen Konfessionen – die Orthodoxie macht hier eine Ausnahme – lebendig im Pro und Contra. Es gibt kein theologisches Werk von Rang, in dem nicht Augustin begegnete. Wie sehr Augustin lebendig ist, zeigt die kaum noch registrierbare Literatur über ihn.

2. Zur Wirkungsgeschichte Augustins gehören die *Ordensgemeinschaften,* die sich nach der von ihm entworfenen Regel, der ,,regula Augustini", orientieren und aus seinem Geist zu leben bestrebt sind: vor allem mit dem obersten Grundsatz der Gottes- und der Nächstenliebe. Im weiteren Sinn werden dazu gerechnet: Die Ritterorden, die Dominikaner, die Prämonstratenser, die Ser-

viten, Trinitarier, Alexianer, Hospitaliter. Den weiblichen Zweig bilden die Augustinerinnen.

Im engeren Sinn gehören zu den Augustinern die Augustiner-Chorherren, die die von Augustinus selbst praktizierte vita communis weiterführen. Ihre Aufgabe besteht in der Pflege der feierlichen Liturgie, der brüderlichen und priesterlichen Gemeinschaft, im Studium und in der Wahrnehmung der Seelsorge in den verschiedensten Formen.

Die Augustiner-Eremiten wurden als Orden auf Grund der Augustinusregel durch Papst Alexander IV. 1526 aus mehreren Eremitenverbänden gebildet. Außer der persönlichen Heiligung widmen sich die Augustiner-Eremiten der Pfarrseelsorge, der Missions- und Lehrtätigkeit und wissenschaftlichen Studien. Innerhalb des Augustiner-Eremitenordens wurde auch die sog. Augustinerschule als philosophisch-theologische Lehrrichtung ausgebaut, die die Grundgedanken augustinischen Denkens: den Primat des Willens und der Liebe, die Souveränität der Gnade und Freiheit und das Problem der Rechtfertigung lebendig erhielten.

Sowohl die Gemeinschaft der Augustiner-Chorherren wie die der Augustiner-Eremiten bestehen bis heute. Sie haben Niederlassungen in der ganzen Welt.

3. Zur theologischen Wirkungsgeschichte Augustins gehört nicht zuletzt der *Augustinismus*. Er berührt sich mit dem bereits Gesagten und gibt ihm zugleich noch einen besonderen Akzent.

Unter Augustinismus versteht man eine bestimmte Richtung der Theologie und Philosophie, in der einzelne seiner Lehren einen entscheidenen Einfluß gewannen. Die philosophischen Lehren betreffen die Erkenntnistheorie (Illuminationstheorie), die Anthropologie, das Verhältnis von Leib und Seele, Verstand und Willen, die Schöpfungslehre mit den Formprinzipien der rationes seminales. Die theologischen Lehren betreffen die Lehre von der Trinität, der Gnade und der Prädestination sowie die Ethik.

In der Väterzeit wandte sich das theologische Interesse der Gnadenlehre zu und bewegte sich zwischen den Fronten des Semipelagianismus und des Prädestinationismus.

Das Konzil von Orange (529) lehnte die Lehre Augustins vom begrenzten Heilswillen ab, ebenso die Lehre von einer doppelten Prädestination, vertrat aber mit Augustin die absolute Notwendigkeit der Gnade für den Anfang des Heils und jedes heilbringenden Tuns.

Für die Scholastik ist zu sagen: In der Frühscholastik war Augustinus die unumstrittene theologische Autorität: vor allem in der Konzeption der Einheit von Philosophie und Theologie und in der Grundorientierung alles Denkens an der Offenbarung, in der Vorrangstellung Platons vor Aristoteles, in dem Primat des Guten vor dem Wahren, des Willens vor dem Erkennen, der Mystik vor der Spekulation (Bernhard von Clairvaux).

Die Hochscholastik ist durch eine umwälzende Erneuerung charakterisiert, durch die Rezeption des Aristoteles, der nun als der Philosoph schlechthin gilt;

die Philosophie wurde zur eigenständigen Disziplin erhoben, die aristotelische Kategorienlehre wurde zum Instrumentarium der theologischen Aussagen gemacht, die Theologie nach dem aristotelischen Wissensbegriff entworfen. Gegen diese angebliche Überfremdung erhob sich der Augustinismus des Mittelalters, der sich mit der sogenannten Franziskanertheologie verband und in Bonaventura und Duns Scotus ihre bedeutendsten Vertreter fand. Sie sprachen von der Theologie nicht als Wissenschaft, sondern als Weisheit; die Erkenntnis der Philosophie, so wichtig und wertvoll sie sein mag, trägt zum Heil des Menschen nichts bei. Die wichtigste Orientierung der Theologie muß die Heilige Schrift sein und in ihr ihre Mitte: Jesus Christus; wichtiger als die Erkenntnis ist die Nachfolge Christi.

In der sog. Spätscholastik war Aegidius Romanus (†1316) bemüht, zwischen Thomas und Augustinus eine harmonische Verbindung zu schaffen. Er gilt als der Begründer der „älteren Augustinerschule", die den Augustiner-Eremitenorden zur Domäne des Augustinismus machte. Er wurde durch Gregor von Rimini (†1358) eindrucksvoll vertreten und durch Seripando auf dem Konzil von Trient eindrucksvoll zur Geltung gebracht, vor allem im sog. Rechtfertigungsdekret, von dem Adolf von Harnack gesagt hatte: wäre es früher gekommen, wäre die Spaltung der Christenheit vermeidbar gewesen.

In Verwandtschaft zum Augustinismus stand die neuplatonische „Schule von Florenz" und nicht zuletzt der große Nikolaus von Cues (†1464), der einen Schlüsselbegriff seines Denkens, den Begriff der *docta ignorantia,* Augustinus entnahm.

Es wurde schon gesagt, daß die Reformatoren sich theologisch besonders auf Augustinus beriefen; die Scholastik und vor allem Thomas hatten sie leidenschaftlich abgelehnt. Sie erhoben den Vorwurf, Aristoteles werde zum Herrn der Schrift gemacht. Sie sahen in ihren Kämpfen eine Wiederholung der augustinischen Auseinandersetzung mit dem Pelagianismus. Das Gleiche gilt für die Rechtfertigungslehre und das Bekenntnis zum dreifachen Allein: allein die Gnade, allein das Wort, allein der Glaube. Damit verbinden die Reformatoren die Auffassung von der totalen Verderbtheit der menschlichen Natur. Calvin berief sich in seiner Prädestinationslehre ausdrücklich auf Augustinus, obwohl beide Auffassungen nicht identisch sind.

Gegen die Übertreibung Calvins und der schon genannten Jansenisten richtete sich die „jüngere Augustinerschule" im 17. und 18. Jahrhundert. Sie wurde von Seiten der spanischen Jesuiten heftig bekämpft. Papst Benedikt XIV. entschied, daß die augustinische Lehrmeinung über das Problem Gnade und Freiheit neben der des Thomas und Molina Recht und Geltung habe.

Von einem Augustinismus im strengen oder gar im exklusiven Sinn kann man heute im Zeitalter des Plurals der Theologien und der Ökumene nicht mehr sprechen, wohl aber davon, daß Augustins Theologie bis zum heutigen Tage lebendig ist und es wohl auch in der Zukunft sein wird. Deshalb ist er ein Klassiker der Theologie.

André de Halleux

CYRILL VON ALEXANDRIEN

(gest. 444)

Cyrill von Alexandrien spielt die Rolle des Hauptangeklagten in dem gegenwärtigen Prozeß, der der Christologie gemacht wird. Trägt er nicht die Verantwortung dafür, die Kontroversen ausgelöst zu haben, die das Dogma in Scholastizismus erstarren ließen und die die Menschheit Jesu entpersönlicht haben? Man ist hinfort weit entfernt von der traditionellen Hochschätzung des Überwinders des Nestorius und des Theologen der hypostatischen Union. Es könnte aber auch sein, daß die Ausgewogenheit einer unparteiischen Kritik oft überschritten wird. Denn die Schwächen, die heute der Christologie Cyrills angelastet werden, sind nur der Preis für ein Sich-Hineindenken in den Glauben des Evangeliums. Durch sein hartnäckiges Bekenntnis zum ,,Emmanuel" fordert uns dieser Kirchenvater des 5. Jahrhunderts auch heute noch heraus.

I. Leben

Als Neffe (mütterlicherseits) des Erzbischofs Theophilos von Alexandrien war Cyrill schon von Geburt aus dazu prädestiniert, das Geschlecht der ,,Pharaonen-Päpste" fortzusetzen. Eine lokale Legende läßt ihn in Nisis/Theodosien, im östlichen Nildelta, nicht weit vom heutigen Mahallat el-Kobrā, geboren werden, während eine andere seine geistliche und theologische Ausbildung mit einem fünfjährigen Aufenthalt im nitriotischen Kloster von St. Makarius unter der mehr als unwahrscheinlichen Führung von Serapion dem Weisen verbindet. Isidor von Peluse, dessen Zeugenschaft gesicherter ist, bekennt sich gleichfalls offen gegenüber dem Erzbischof von Alexandrien als geistlicher Vater. Aber Cyrill selbst macht niemals Anspielungen auf eine mönchische Vergangenheit, auch nicht, als er es sehr nötig hat, die Mönche auf seine Seite zu bringen.

Das früheste sicher bezeugte biographische Ereignis deutet bereits die Konfrontation mit Nestorius an: Im Herbst 403 begleitet der Neffe des Theophilos seinen Onkel zur sogenannten ,,Eichensynode", bei der Johannes Chrysostomus vom Bischofsstuhl von Konstantinopel abgesetzt wurde. Nachdem er selbst Erzbischof von Alexandrien geworden war, weigerte sich Cyrill hartnäckig, das Gedächtnis des Johannes, der unter dem Druck von Papst Innozenz I. fast überall ein wenig rehabilitiert worden war, wieder in die liturgischen Diptychen aufzunehmen. Die Beziehungen zu Rom waren jedoch auf irgendeine Weise vor 430 wieder hergestellt worden; denn als Papst Cölestin damals auf die Anzeige Cyrills gegen Nestorius antwortete, ist von der Affäre Chrysostomus nicht mehr die Rede.

Unsere spärlichen Informationen über die Anfänge des Episkopats Cyrills stammen von dem Historiker Sokrates, der sie ohne Wohlwollen beurteilt. Theophilos starb am 15. Oktober 412. Seine Nachfolge, um die sich sein Neffe und ein vom Militär unterstützter Archidiakon stritten, wurde in drei Tagen entschieden. Die erste Maßnahme des neuen Erzbischofs soll die Schließung der Kirchen und Einziehung der Güter, die die Gemeinschaft der Novatianer damals in Alexandrien besaß, gewesen sein. Wahrscheinlich handelte es sich dabei um die Anwendung eines Gesetzes des Honorius, das Theodosius der Jüngere soeben erneuert hatte.

Drei weitere Ereignisse, die in die folgenden Jahre hineinreichen, berichtet Sokrates, um seine These von der tyrannischen *Dynasteia* des Erzbischofs im Gegensatz zur legitimen *Exousia* des kaiserlichen Präfekten Orest darzustellen. Beauftragt, für die öffentliche Ordnung zu sorgen, beschützte dieser, obwohl er selbst Christ war, die jüdische Minderheit und die gebildeten heidnischen Kreise, gegen die Cyrill Klerus, Mönche und Laien fanatisierte. Es ist undenkbar, daß die Unruhen von 414 zwischen Christen und Juden zu einer rechtmäßigen Vertreibung der letzteren geführt haben, wie es der Historiker behauptet. Außerdem zeigt der Mißerfolg Cyrills, einen nitriotischen Mönch, der Opfer seiner waghalsigen Attacke gegen Orest geworden war, als Märtyrer verehren zu lassen, daß die Christen in Alexandrien die von ihrem Erzbischof geförderten Gewalttätigkeiten nicht rückhaltlos billigten. Im Zusammenhang mit der Ermordung der neuplatonischen Philosophin Hypatia im März 415, von der die Christen argwöhnten, sie sei vielleicht die astrologische Beraterin des Präfekten, bringt Sokrates, der besser als Damaskius im Leben Isidors informiert war, Cyrill nicht ins Spiel. Aber selbst wenn der Erzbischof ein viel zu schlauer Politiker war, um sich durch dieses verabscheuenswürdige Unternehmen kompromittieren zu lassen, bleibt doch bestehen, daß dessen Organisation nicht weniger das Werk eines seiner Kleriker war.

Was der Person und dem Wirken Cyrills jedoch seine *ökumenische Bedeutung* verlieh, war die Kontroverse um Nestorius. Von 429 bis 433 deckt sich die Biographie des Erzbischofs von Alexandrien praktisch mit der Geschichte der Kirche. Das Zeugnis der alten Historiker ist weniger bedeutend als die überreiche Dokumentation der apologetischen Sammlungen von Akten, Briefen, Predigten und Abhandlungen, die sich auf das Konzil von Ephesus, seine Vorgeschichte und seine Folgen beziehen. Hier nun, so kurz und so unparteilich wie möglich, ein Hinweis auf die entscheidenden und allseits bekannten Ereignisse, die aber immer noch die heutigen Historiker in zwei Lager scheiden.

Nestorius, seit dem 10. April 428 neuer Erzbischof von Konstantinopel, der seine theologische Ausbildung in Antiochien erhalten hatte, machte sich daran, gegen das anzugehen, was ihm eine monophysitische und theopaschitische

Christologie zu sein schien. Sein Vorgehen lief nicht ohne ernste Opposition in der Hauptstadt ab. Cyrill, schon vor Ende des gleichen Jahres von seinen Parteigängern und Freunden in Konstantinopel gewarnt, glaubte seinerseits als guter Alexandriner in der Verkündigung des Nestorius eine dualistische und adoptianistische Christologie zu erkennen, gegen die er sich schon seit mehreren Jahren voreingenommen gezeigt hatte. Die Kontroverse kristallisierte sich um die Benennung *Theotokos* oder ,,Gottesmutter", den Titel der Göttin Isis, der seit der Zeit des Origenes auf die Jungfrau Maria angewandt und seit dem 4. Jahrhundert traditionellerweise verwendet wurde, den aber Cyrill selbst in seinen früheren Schriften vielleicht nicht verwendet hatte.

Manche Kritiker sind sogar überzeugt, daß durch den Vorwurf der Häresie gegen den Erzbischof von Konstantinopel sein Kollege von Alexandrien nur Anschuldigungen moralischer und disziplinärer Art, die von einigen seiner Kleriker oder seiner Mönche gegen ihn erhoben worden waren, geschickt parierte – Anschuldigungen, die Kaiser Theodosius an die permanente Synode, die unter der Leitung des Erzbischofs der Hauptstadt stand, überwiesen hatte. Schon Zeitgenossen Cyrills warfen diesem vor, den Haß des Theophilos gegen Chrysostomus auf Nestorius übertragen zu haben. Wie stark die Rivalität zwischen den Bischofsstühlen von Alexandrien und von Konstantinopel, die sich in der übrigens unklaren Mönchsaffäre konkretisierte, auch gewesen sein mag, sie läßt dennoch nicht den doktrinalen Aspekt der Kontroverse auf einen einfachen Vorwand niederer Beweggründe zurückführen. Die kirchenpolitischen Umstände provozierten höchstens den heftigen Zusammenstoß der zwei grundlegend verschiedenen christologischen Traditionen, jener des ,,Verbum incarnatum" (des ,,fleischgewordenen Wortes") und des ,,Homo assumptus" (des ,,angenommenen Menschen").

Von diesem Zeitpunkt an, und vor allem im Jahre 430, bemühte sich Cyrill, durch eine intensive literarische Propaganda, die sich besonders an den Hof und an seine Kollegen im Bischofsamt wandte, die öffentliche Meinung gegen Nestorius zu mobilisieren. Er sorgte künftig dafür, sich an höherer Stelle durch Geschenke, von denen eine detaillierte Liste noch vorhanden ist, nützliche Hilfen zu sichern – ein wenig erbauliches Verfahren, aber vielleicht unumgänglich für jeden, der in der Reichskirche, in der jede Entscheidung letztlich vom Gutdünken des Souveräns abhing, seine Ziele erreichen wollte. Wer die Skrupellosigkeit des Erzbischofs von Alexandrien tadelt, vergißt allzu leicht, daß Nestorius, der Bischof am kaiserlichen Hof, dort ebenfalls seine Fürsprecher hatte. Außerdem war der eine wie der andere in gleicher Weise davon überzeugt, der heiligen Sache des Glaubens zu dienen.

Unter den Hilfen, die Cyrill beim Episkopat suchte, kam ihm die gewichtigste aus Rom, das eine Konsultation des Johannes Cassianus über sein antinestorianisches Dossier in dem Verdacht bestärkte, der Erzbischof von Konstantinopel sympathisiere mit dem Pelagianismus. Papst Cölestin rief die Synode am 1. August 430 zusammen und beauftragte seinen Mitbruder von Alexandrien, das Verwerfungsurteil zu vollziehen. Cyrill ließ nun seinerseits von seiner Synode *Zwölf Anathemata* bestätigen, die Nestorius unter der Strafe der Absetzung zu unterschreiben hatte. Doch bevor der Betroffene am 30. November dieses Ultimatum erhielt, hatte er Kaiser Theodosius bereits bewogen, ein ökumenisches Konzil für Pfingsten des kommenden Jahres einzuberufen. Er verbündete mit seiner Gegenoffensive den Erzbischof Johannes von Antiochien, der ihn zuerst ermutigt hatte, Konzessionen zu machen. Die Strategie in der Vorbereitung des Konzils bestand darin, die Anschuldigung dadurch zu diskreditieren, daß man die *Zwölf Kapitel* des Cyrill des sogenannten Apollinarismus beschuldigte.

In der nach Ephesus zusammengerufenen Versammlung standen sich die anwesenden Parteien nicht in gleicher Absicht gegenüber. Der Kaiser erwartete vom Konzil, auf dem er üblicherweise das Amt des Schiedsrichters für sich beanspruchte, daß es eine bisher noch offene Lehrfrage einstimmig entscheide, in deren Diskussion sich Cyrill unterwerfen müßte, der für die Krise als verantwortlich angesehen wurde. Nestorius und die Antiochener, die dieses Theater angeregt hatten, hofften, daß die theologische Diskussion mit einer Verurteilung der *Zwölf Kapitel* enden würde. Papst Cölestin betrachtete seinerseits das Konzil lediglich als ein Gremium, das den römischen Urteilsspruch zu Protokoll zu nehmen hatte. Was dagegen Cyrill betrifft, der geschickt mit den Ambitionen der orientalischen und asiatischen Kollegen spielte, die er auf seine Seite gebracht hatte, so träumte er nun davon, bei dem Prozeß gegen Nestorius zu präsidieren.

Ohne auf Johannes von Antiochien und seine Bischöfe zu warten, versammelte der Erzbischof von Alexandrien, ungeachtet der Proteste des kaiserlichen Kommissars, am 22. Juni 431 seine Anhänger. Nestorius hatte sich geweigert, vor einem Tribunal zu erscheinen, bei dem sein Gegner zugleich Richter und Partei war. Die Versammlung begann mit einer Überprüfung der Übereinstimmung der beiden rivalisierenden Christologien mit dem Glauben von Nicäa. Dann ging sie über zur disziplinären Durchführung der Urteilssprüche von Rom und Alexandrien. Sie beschließt endlich das Dekret der Absetzung des Nestorius, dem 197 Unterschriften folgen.

Inzwischen berief Johannes von Antiochien, der vier Tage später in Ephesus eintraf, sofort eine Versammlung von 50 Bischöfen ein, die die Absetzung des Cyrill und des Ortsbischofs und die Exkommunikation der Teilnehmer an der Sitzung vom 22. Juni aussprach. Das „Konzil von Ephesus“ war so ins Schisma geraten. Es blieb bis zum Ende in zwei Gegensynoden gespalten, die sich gegenseitig der Schikane und der Gewalttätigkeiten bezichtigten. Am 10. und 11. Juli erhielt die Partei Cyrills Unterstützung durch die römischen Legaten, die verspätet nach Ephesus gekommen waren. Ihrer Approbation der Verurteilung des Nestorius fügte man die Exkommunikation des Johannes von Antiochien und seiner Anhänger hinzu.

Der Kaiser versuchte daraufhin, die beiden Parteien zu versöhnen, indem er die Absetzung des Nestorius durch die eine Seite und die des Cyrill durch die andere Seite bestätigte. Im September rief er eine Delegation jeder der beiden

Synoden nach Chalcedon zusammen, aber die Anhänger Cyrills wichen dort geschickt einer Lehrdiskussion über die *Zwölf Kapitel* aus, in der sie die Antiochener in die Enge treiben wollten. Nestorius, der während des ganzen Konzils auffallend zurückhaltend blieb, erhielt die Erlaubnis, wieder in sein altes antiochenisches Kloster zurückzukehren, und sein Nachfolger auf dem Bischofsstuhl von Konstantinopel wurde am 25. Oktober geweiht. Cyrill andererseits, dem Ephesus als Aufenthaltsort zugewiesen wurde, gelang es, nach Alexandrien zu flüchten. Der Kaiser willigte daraufhin ein, die Sachlage vorläufig zu tolerieren. Er entließ die Bischöfe, ohne deswegen das Konzil formell zu beschließen.

Der Wunsch des Kaisers nach einer dogmatischen Einigung, die für den Frieden der Kirche unabdingbar war, erfüllte sich schließlich im April 433. Am Ende umfangreicher Verhandlungen, die im vorhergehenden Sommer aufgenommen worden waren, nahm Cyrill die Übereinkunft an, die ihm Johannes von Antiochien vorgeschlagen hatte. Er bezahlte die Zustimmung zum Titel *Theotokos* und die Anerkennung der Absetzung des Nestorius mit der Unterschrift unter ein christologisches Bekenntnis, das unmittelbar aus jenem abgeleitet war, das dem Kaiser von der antiochenischen Synode in Ephesus vorgelegt worden war. Man kann hierin den eigentlichen Abschluß des Konzils von 431 sehen. Seit dem Konzil von Chalcedon im Jahre 451 wird der *Rekonziliationsbrief* des Cyrill ebenso als dogmatisch angesehen, wie der *zweite Brief an Nestorius,* dem seine Anhänger in Ephesus zugestimmt hatten. Was den *dritten Brief an Nestorius* mit den *Zwölf Anathemata* betrifft, so scheint 433 eine stillschweigende Übereinkunft getroffen worden zu sein, in Zukunft dafür weder die Kanonisierung noch die Verurteilung zu verlangen.

Während seiner letzten zehn Lebensjahre blieb der Erzbischof von Alexandrien eine einflußreiche Gestalt in der Reichskirche, wenn er auch nicht mehr im Vordergrund der aktuellen Ereignisse stand. Die Quellen, die immer noch zahlreich sind, gestatten allerdings nicht mehr, seine Aktivitäten genau zu rekonstruieren. Ein ganzer Teil des antiochenischen Episkopats hatte die Verurteilung des Nestorius nicht angenommen, und einige weigerten sich sogar, Erzbischof Johannes in seine Kirchengemeinschaft mit dem Alexandriner zu folgen. 435 wurden neue offizielle Maßnahmen gegen Nestorius erlassen, der ins Exil geschickt wurde, da er versucht hatte, sich zu rechtfertigen, und gegen seine Anhänger, die unter der Strafe, das gleiche Los zu erleiden, gezwungen wurden, sich formell von ihm loszusagen. Cyrill verfolgte natürlich mit größter Aufmerksamkeit die Ausführung dieser Anordnungen, die seinen Sieg sicherten. Aber eine andere Angelegenheit beanspruchte nun den größten Teil seiner Kraft.

Seit 432 hatten einige seiner entschiedensten Anhänger das Gedächtnis des Bischofs Theodor von Mopsvestia angegriffen, den sie anklagten, er sei der theologische Lehrer des Nestorius. Es zirkulierte ein kompromittierendes, aber anonymes Florilegium, dem Erzbischof Proclus von Konstantinopel größtes Gewicht beigemessen hatte, da er 435 auf eine Konsultation armenischer Priester geantwortet hatte. Johannes von Antiochien und seine Synode, die sich im August 438 versammelte, unterzeichneten die Lehrschrift des Proclus, weigerten sich aber, das Florilegium zu verurteilen, worauf der Erzbischof von Alexandrien mit einer Warnung an seine Freunde reagierte. Am 15. Mai des darauffolgenden Jahres überbrachten anläßlich der Weihe der Kirche des hl. Stephanus in Jerusalem antiochenische Freunde Cyrill eine Bittschrift, die diesen veranlaßte, die Christologie Theodors regelrecht zu verurteilen, um die Gemüter am Hof zu Konstantinopel zu beeinflussen. Aber der feste Widerstand des Johannes von Antiochien führte dazu, vom Wunsch nach einer Verurteilung eines Toten, der im Frieden der Kirche gestorben war, und von dem Risiko, das Schisma wieder aufleben zu lassen, Abstand zu nehmen. Er mahnte Proclus zur Toleranz, und ein Edikt des Kaisers Theodosius regelte die Affäre in diesem Sinne.

Das letzte uns erhaltene Lebenszeichen Cyrills ist ein Brief an Erzbischof Domnus von Antiochien, dem Johannes im Jahr 441 nachfolgte. Er zeigte die wiederhergestellte Eintracht zwischen den beiden Bischofsstühlen und die augenblickliche Beruhigung der Streitigkeiten, die im Orient und in Konstantinopel sehr bald wieder aufflackern sollten. Cyrill starb 444, acht Jahre vor der Absetzung seines Nachfolgers Dioskur auf dem Konzil von Chalcedon. War es am 27. Juni? Die liturgischen Traditionen differieren zu sehr, als daß man das entscheiden könnte.

II. Werke

Als Hirte mit unbeugsamem Eifer, als ehrgeiziger und realistischer Politiker war Cyrill nicht nur ein Mann der Tat. Dieser große Streiter verstand es auch, theologisches Wissen und literarische Fähigkeiten in den Dienst seiner Überzeugungen zu stellen. Zweifellos hatte Erzbischof Theophilos dafür gesorgt, daß sein Neffe eine ausgezeichnete geistige Ausbildung erhielt. Tatsächlich zeigt das Werk Cyrills hellenistische Kultur und den literarischen Geschmack eines Alexandriners seiner Zeit. Die klassische Bildung stammt aus zweiter Hand, das philosophische Rüstzeug ist mehr populär als wissenschaftlich, der Stil affektiert und überladen.

Die theologischen Schriften Cyrills zeigen die Spuren Didymus' des Blinden. Man weiß nicht, ob er dessen Hörer war. Mehr noch sind seine Schriften von Athanasius inspiriert. Vielleicht kannte unser Theologe auch einige Werke der kappadokischen Väter. Wenn seine Exegese manchmal die des Origenes oder des Eusebius widerspiegelt, dann ist dies wahrscheinlich durch Hieronymus vermittelt, den er in lateinischer Sprache lesen konnte. Die Krise um den Nestorianismus veranlaßte ihn, sein Wissen über die Antiochener Schule zu erweitern, aber seine Kenntnis des Diodor von Tarsus und des Theodor von Mopsvestia scheint vor allem auf dogmatischen Florilegien beruht zu haben, einem literarischen Genus, zu dessen Verbreitung er ja auch selbst beitrug.

Mangel an kritischem Verständnis ließ ihn zumindest vier Schriften als authentisch akzeptieren, die seit dem 6. Jahrhundert als pseudo-apollinarisch anerkannt waren und die authentische Rezension des Briefes von Athanasius an den Bischof Epiktet von Korinth des verfälschten Lehrgehalts beschuldigen.

Cyrill veröffentlichte seine Schriften nicht immer sofort. Er las sie gelegentlich einem ausgewählten Auditorium vor und veröffentlichte sie im Zusammenhang mit neuen Umständen in veränderter Form. Er überwachte selbst die Verbreitung jener seiner Werke, die ihm als die wichtigsten erschienen, indem er sie seinen Korrespondenten zusandte. Diese persönliche Werbung und dazu der Eifer der Sammler garantierten, daß das Wesentliche seiner schriftstellerischen Arbeit nicht verlorengegangen ist. Die Originalschriften umfassen nicht weniger als zehn Bände der griechischen Patrologie Mignes, wo die Textentstellungen durch die Menge der Schriften, die allein in den alten Übersetzungen erhalten sind, reichlich kompensiert werden.

Aus dieser eindrucksvollen Anzahl stammen acht Zehntel der Werke aus der Zeit vor der Krise um Nestorius. Nichts spricht dafür oder dagegen, die ältesten Schriften in die Jahre vor seinem Episkopat zu datieren. Ihre absolute und ihre relative Chronologie ist unter Fachleuten umstritten, die *Osterbriefe* ausgenommen. In Fortsetzung eines Brauches, der schon bei Athanasius überliefert ist, spiegeln die 29 Briefe, die Cyrill anläßlich der Osterfeste der Jahre 414 bis 442 geschrieben hat, die pastoralen Anliegen ihres Autors wider, wenn sie sich nicht darauf beschränken, banale *Topoi* zu wiederholen. Ihre chronologische Genauigkeit macht sie zu einem geeigneten Prüfstein, um durch den Vergleich des Vokabulars, des Stils oder der Gedanken andere Schriften zeitlich einzuordnen. Man kann in ihrem Gefolge auf eine Ostertafel von 5 Zyklen zu 19 Jahren hinweisen, die dem Kaiser Theodosius zugeeignet war und die schon Denysius der Kleine in ihrer ursprünglichen Form nicht mehr kannte.

Bis zum Jahre 428 erscheint die schriftstellerische Tätigkeit des Erzbischofs von Alexandrien in dreifacher Hinsicht als *defensiv:* apologetisch gegen den Hellenismus, exegetisch gegen den Judaismus, polemisch gegen die Häresien des Arianismus und des Eunomianismus. Die *Apologetik* besteht in einer schwerfälligen (oder mühsam aufgebauten) Widerlegung einer Schrift des Kaisers Julian *Gegen die Christen,* die zu dieser Zeit bereits fast vergessen war. Cyrill analysierte zumindest die beiden ersten der drei Bücher, aber nur die Widerlegung des ersten ist vollständig erhalten. Der Brief des Theodoret spricht nur von einer Versendung und nicht vom Inhalt. Tatsächlich ist diese Arbeit schulmäßiger Gelehrsamkeit, die jeder Originalität und jedes Tiefsinns entbehrt, eher eine Art Jugendwerk. Der Autor ging noch nicht auf die Kritik an dem Ausdruck *Theotokos* ein, was er nach 428 sicherlich getan hätte. Vielleicht geschah es im Hinblick auf die Veröffentlichung, daß er seine Apologie dem Kaiser widmete.

Die *Kommentare* Cyrills *zum Alten Testament* sind durch ihre anti-jüdische Polemik und durch ihren Christozentrismus bestimmt. Zwei seiner frühesten Schriften beziehen sich auf den Pentateuch. Während der Dialog *De oratione*

Cyrill von Alexandrien (gest. 444)

die Meinung vertritt, daß die Neuheit des Evangeliums nicht dem Gesetz des Moses, dem Schatten und Typus, dessen geistige Wirklichkeit das Neue Testament darstellt, widerspricht, erörtern die *Glaphyra* oder „zierliche Erklärungen" auf mehr schulmäßige Art typologische Abschnitte der fünf biblischen Bücher, die im Dialog nicht behandelt sind.

Der *Kommentar zu den Zwölf kleinen Propheten und zu Isaias,* der Anordnung des alexandrinischen Kanons folgend, stellt eine fortlaufende Exegese dar, die dem klassischen Vorbild folgt, wo Cyrill unmittelbar von den Kommentaren des Hieronymus, die er häufig nachgeschlagen hat, wobei er gleichzeitig persönlich reagiert, abhängig ist. Seine zunehmende Beachtung des Literalsinns der Schrift und seine Abneigung gegen eine übertriebene Allegorese revolutionierten die alexandrinische Tradition von Philo bis Origenes. Ein *Kommentar* Cyrills *über die ersten 50 Psalmen* ist mit Ausnahme des Prologs nur in Katenenfragmenten erhalten.

In der Exegese des Neuen Testaments begann der Erzbischof von Alexandrien mit dem *Johannesevangelium.* Von den zwölf Büchern seines umfangreichen Kommentars sind zwei nur in Katenenfragmenten erhalten. Die antiarianische Polemik unterbricht die eigentliche Johannesexegese durch echte Abhandlungen über die Trinität oder die Christologie in einer noch vor-nestorianischen Terminologie. Während dieser Kommentar verschiedentlich als das früheste exegetische Werk Cyrills angesehen wird, datieren es andere vielleicht mit mehr Berechtigung in die Jahre 425–429, in die Epoche, in der der Autor mehr auf Widerlegung der Häresie bedacht war.

Von völlig anderer Art sind die 156 *Homilien über das Lukasevangelium.* Sie bestehen aus kurzen, lebendigen Pärenesen zu ausgewählten Perikopen. Die syrische Übersetzung, in der sie genau und beinahe vollständig erhalten sind, machte es möglich, die drei Homilien zu identifizieren und die vielen Katenenfragmente einzuordnen, die die einzigen griechischen Überreste dieses Werkes sind. Auch wenn Nestorius hier einmal namentlich erwähnt wird, so ist das christologische Vokabular doch im Kern vor-nestorianisch, und die Hypothese einer Revision kann nicht ausgeschlossen werden.

Die griechischen Katenen bieten ebenfalls unter dem Namen Cyrills Auszüge zu allen anderen Büchern des Neuen Testaments, die Apokalypse ausgenommen, die aber erst nach ihrer kritischen Edition richtig beurteilt werden können. Bisher sind nur sicher belegt ein *Kommentar zu Matthäus,* der mindestens zwei Bände umfaßte und der älter zu sein scheint als die *Homilien zu Lukas,* und ebenso ein mindestens sechsbändiger *Kommentar zum Hebräerbrief.*

Die eigentlich theologischen Werke des Erzbischofs von Alexandrien aus der Zeit vor der Kontroverse mit Nestorius umfassen zwei bedeutende *Abhandlungen zur anti-arianischen Polemik,* von denen man nicht weiß, ob man sie am Beginn seines Episkopats zwischen 412 und 420 oder in den Jahren zwischen 423 und 425 anzusiedeln hat. Der *Thesaurus* häuft in gelehrter Form eine Menge verschiedenartiger Argumente an, die vor allem die Subordination des Sohnes unter den Vater kritisch beleuchten. Ein Drittel des Materials besteht in einer bloßen Wiederholung der drei *Orationes contra Arianos;* für den Rest könnte der Autor unter anderem von einer verlorengegangenen Abhandlung des Didymus gegen Eunomius Anregungen empfangen haben. Persönlicher und literarisch wertvoller sind die sieben *Dialoge über die Trinität,* die zu Lebzeiten des Attikus von Konstantinopel zusammengestellt, aber nicht vor dem Sommer 429 publiziert wurden und die in der Form irgendwie unvollendet geblieben sind. Cyrill kannte nunmehr, vielleicht vermittelt über Didymus, die von den Kappadoziern entwickelte trinitarische Terminologie, aber er bemühte sich nicht, sie weiter zu vertiefen. Ein *Dialog über die Inkarnation,* der sich hauptsächlich gegen den christologischen Dualismus richtet, fügt sich den vorhergehenden Schriften ganz natürlich an. Diesen überarbeitete der Erzbischof von Alexandrien 430, um daraus seinen Appell an Kaiser Theodosius zu machen.

Seit Beginn der Kontroverse um Nestorius stürzte sich Cyrill allerdings in eine fieberhafte literarische Aktivität, ganz dem Kampf und der Verbreitung der Christologie hingegeben, weniger darum bemüht, den Gegner zu verstehen, als seine persönliche Überzeugung auszudrücken, die der Autor unablässig wiederholt, wobei er sie an die Zuhörer oder an die besonderen Umstände anpaßt, ohne jemals wirklich etwas anderes zu tun, als sie zu erklären. Jesus Christus ist nicht einfacher Mensch, ein Theophoros, den Gott angenommen hätte, um ihn wie einen Propheten an seine Seite zu stellen. Die Einheit Christi verlange im Gegenteil das Bekenntnis zum inkarnierten Verbum, zum Sohn Gottes, der in einer echten Einheit ohne Veränderung und ohne Vermischung Mensch geworden ist und der nach der Heilsökonomie alles menschliche Tun und Leiden sich zu eigen gemacht hat, um den Menschen zu erlösen, indem er ihn vergöttlicht.

Die polemischen oder apologetischen *Abhandlungen,* die politischen oder lehrhaften *Briefe,* die synodalen oder kathedralen *Homilien,* die diese typisch „alexandrinische" Christologie zum Ausdruck bringen, sind uns zu einem guten Teil in mehreren Sammlungen der Akten Cyrills in Ephesus erhalten geblieben. Die Authentizität oder die Unverfälschtheit einiger kleinerer Partien unterliegen dem Zweifel. Andere, wie die *Abhandlung gegen die Anthropomorphisten,* stellen eine Zusammenstellung verschiedenartiger Materialien dar; wieder andere sind nur durch bescheidene Zitationen in Florilegien oder von späteren Theologen bezeugt. Und schließlich ist das genaue Entstehungsdatum der verschiedenen Dokumente unter den Historikern je nach ihrer persönlichen Rekonstruktion der Ereignisse immer noch umstritten.

Unter der umfangreichen Korrespondenz der Jahre 429 und 430 ragen der oben bereits genannte *2.* und *3. Brief an Nestorius* heraus. Zu den größeren Schriften des Jahres 430 gehören vor allem die fünf *Bücher gegen Nestorius,* die Cyrill nach einem Florilegium verfaßte, das er nach einem aus Konstantinopel erhaltenen nestorianischen Dossier zusammengestellt hatte. Sie umfassen dann drei *Appellationen für den rechten Glauben,* die an den Hof gerichtet waren: während die an den Kaiser Theodosius eine Überarbeitung des bereits genannten *Dialogs über die Inkarnation* darstellt, betonte jene an die Kaiserinnen Pulcheria und Eudokia gerichtete die Einheit Christi, und jene an die Prinzessinnen Arcadia und Marina verteidigte vor allem den Titel *Theotokos*.

Die *Antworten an zwei Orientalen*, die die zwölf Anathemata zurückgewiesen hatten, in denen sich der Erzbischof von Alexandrien gegen den Vorwurf des Apollinarismus verteidigt, der von Theodoret von Cyrus und Andreas von Samosata gegen ihn erhoben worden war, stammen wahrscheinlich aus der ersten Hälfte des Jahres 431. Während der Haft in Ephesus verfaßte er auf Verlangen der Konzilsväter eine dritte Erklärung zu diesen „Kapiteln". Etwas früher ist die *Sammlung der sieben Homilien*, die er vor der Synode hielt, während eine *Apologie an den Kaiser* bald auf die Flucht nach Alexandrien folgt.

Vom Winter 432 und den ersten Monaten des Jahres 433 ist eine *Korrespondenz* erhalten, die sich auf die Wiederversöhnung bezieht, von der der obengenannte Brief an Johannes von Antiochien spricht. Aus der gleichen Zeitspanne, aber etwas später, scheinen die *Abhandlungen über die Inkarnation* zu stammen, von denen nur Bruchstücke in Griechisch und lateinische, syrische und armenische Übersetzungen existieren, in denen in didaktischer und apologetischer Art die wichtigsten christologischen Titel und Vorstellungen dargestellt sind.

Unter den *Briefen* von 433 bis 435 sind die an die Bischöfe Akacius und Beröa, Sukkensus von Neocaesarea, Akacius von Meliton und an den Priester Eulogus, die für diese Korrespondenten verschiedener Richtungen die Interpretationsweisen der Unionsformel präzisieren, besonders instruktiv.

Der *Dialog über die Einheit Christi*, der als die ausgeglichenste Darstellung der Christologie Cyrills gilt, stammt wahrscheinlich aus dem Jahr 437. Im folgenden Jahr stellte der Erzbischof von Alexandrien aus Florilegien seine drei *Bücher gegen Diodorus und Theodor* zusammen, die mit Ausnahme einiger spärlicher Zitationen verlorengegangen sind, und schrieb eine *Darstellung des Glaubensbekenntnisses von Nicäa*. Eine Reihe von *Briefen*, die sich auf den Angriff auf Theodor beziehen, bietet Schwierigkeiten in der chronologischen Einordnung.

III. Bedeutung

Unter einer beständigen Weiterentwicklung und einer Vielzahl von Variationen im Detail bleibt das theologische Denken Cyrills in cinigen *Grundideen* verankert, die sich erst im Laufe der Zeit präzisierten. Es handelt sich dabei mehr um fundamentale religiöse Anschauungen als um Ergebnisse einer methodischen rationalen Spekulation. Trotz einer offensichtlichen Fertigkeit und einer gelegentlichen Anwendung der aristotelischen Logik geben die Terminologie und die Formulierungen noch nicht die philosophische Begrifflichkeit und die theologische Spekulation wieder, die ihnen später beigelegt wurden. Eine synthetische Sicht des von Christus gebrachten Heils veranlaßte ihn, die

Theologie der Trinität, die Ökonomie der Inkarnation, die Sakramente der Kirche und die Eschatologie organisch miteinander zu verbinden. Man hat diese Soteriologie mit Recht als „physisch" bezeichnet und damit unterstrichen, wie sehr sie dem griechischen Ideal der Vergöttlichung entsprach. Aber das bedeutete eher, dem Erzbischof von Alexandrien eine recht kümmerliche Scholastik zu bescheinigen, als ihm die Lehre von einer selbständigen Umwandlung der ganzen Menschheit durch ihre Vereinigung mit der göttlichen Natur des inkarnierten Wortes zuzuschreiben. Denn die dogmatische Aussage hängt hier nicht von einer philosophischen Vorentscheidung ab, sondern vielmehr von einer biblischen Meditation über die Teilhabe der Söhne an der göttlichen Natur, durch ihre Einverleibung in den Sohn, der ihnen seinen Geist gibt. Wenn Cyrill auch die ontologische und sakramentale Verwurzelung des Heils unterstreicht, so vernachlässigt er deswegen keineswegs die existentielle Dimension seiner freien Annahme im Glauben.

Das Bild des großen Lehrers der alexandrinischen Christologie bliebe recht unvollständig ohne eine Untersuchung der *Einheit seiner Theologie* und ihrer spirituellen Entfaltungen, eine Untersuchung, in der die Werke vor dem Jahr 428, die durch größeren gedanklichen Reichtum gekennzeichnet sind, nicht vernachlässigt werden dürften. Aber Mittelpunkt, Schwerpunkt und, für viele unserer Zeitgenossen, der Stein des Anstoßes in jeder Würdigung Cyrills bleibt die *Christologie.* Gar nicht selten scheint die heutige Kritik wieder den doppelten Vorwurf aufzugreifen, den seine antiochenischen Gegner gegen den „Ägypter" aufführten: nämlich den des Apollinarismus und des Monophysitismus, die man für die späteren Übertreibungen und die christologischen Schismen für verantwortlich hielt.

Der Verdacht des Apollinarismus wurde mit besonderer Schärfe von J. Liébaert in einer These formuliert, deren Schlußfolgerungen immer noch Ansehen genießen. Cyrill wird hier unter die Repräsentanten der *Logos-Sarx* (Wort-Fleisch)-Christologie eingereiht. Wenn er gelegentlich die Existenz einer rationalen Seele im inkarnierten Wort anerkennt, so nur durch einen Einspruch der Orthodoxie, die seinem System jedoch fremd sei, in dem die menschliche Seele Jesu keine echte theologische Größe darstelle. Die Psychologie Christi bei Cyrill wird zur Bestätigung dieses Urteils so gekennzeichnet: Unwissenheit, Gebet und Entwicklung Jesu lösen sich in Allegorie auf, Jesu „Leiden" sind allein rein körperliche Phänomene. In alledem wäre der Erzbischof von Alexandrien der alten Problematik seines Vorgängers Athanasius verhaftet geblieben, der mit seinen arianischen Gegnern stillschweigend das Vorurteil eines seiner menschlichen Seele beraubten Christus teilte. Cyrill hätte also den ganz entscheidenden Fortschritt, den die antiochenischen Refutatoren des Apollinarismus in diesem Punkt für die Christologie erbracht hatten, ignoriert.

Eine derartige Darstellung mißbraucht äußeren Anschein und wird dem Denken Cyrills nicht gerecht. Es ist wahr, daß sich dieses ganz spontan in einer Sprache nach dem Typus Wort-Fleisch ausdrückte, bis hin zu dem

Punkt, daß der Vorwurf des Apollinarismus, der gegen seine *Zwölf Kapitel* erhoben wurde, ihn dazu veranlaßte, regelmäßig zu formulieren, daß das Fleisch des Logos durch eine rationale Seele belebt wurde. Aber diese Sorge, seinen Kritikern zuvorzukommen, bedeutet in keiner Weise die Preisgabe eines unbewußten Apollinarismus. Wenn der Erzbischof von Alexandrien den christologischen Begriff ,,Fleisch" vorzieht, dann geschieht dies in Anlehnung an die grundlegende Autorität von Joh. 1, 14, und bezeichnet damit in biblischem Sinne den Menschen in seinem Zustand der Schwäche. Er verneinte in keiner Weise das ,,Er ist Mensch geworden" des Glaubensbekenntnisses von Nicäa, und er konnte auf die individuelle Menschheit des Erlösers hinweisen.

Andererseits reduzierte Cyrill das Geheimnis der Inkarnation nicht auf das ontologische Prinzip, das seine früheste Entwicklungsstufe andeutet, denn er spricht kaum einmal von der Inkarnation, ohne Passion und Auferstehung zu erwähnen, die er als deren Ziel und Vollendung betrachtet. Durch sein gesamtes irdisches Leben eröffnet der Himmelsmensch, der zweite Adam, die Neuschöpfung. Sicher erscheint uns die Psychologie Christi bei Cyrill im Verhältnis zum Realismus in den Aussagen der Evangelien etwas gekünstelt. Aber welcher Christologie wird es je gelingen, die beiden unverzichtbaren Elemente, nämlich die Einheit der göttlichen Person und die Unversehrtheit der menschlichen Natur in Einklang zu bringen? Die byzantinische und sogar die chalcedonensische und die dyotheletische Theologie sind hier keineswegs weitergekommen. Auf jeden Fall kann man den Erzbischof von Alexandrien weder verdächtigen, das aufzulösen, was er die ,,Ökonomie" nannte, oder die ,,Pädagogik" des Logos auf eine Täuschung zurückzuführen, noch ihn beschuldigen, daß er unter dem Druck einer Anthropologie von der leidensfreien Seele die geistigen Leiden leugne, so daß er ihr in biblischem Sprachgebrauch ,,Leiden des Fleisches" zuspricht.

Die menschliche Seele Christi ist damit in den Augen Cyrills mit einer echten soteriologischen Funktion bekleidet, wenn auch diese Funktion nicht der heutigen theologischen Idee entspricht, daß das Heil aktiv durch den freien Gehorsam des Menschen Jesus vermittelt wird. Im übrigen besteht nicht darin der dogmatische Fortschritt der anti-apollinaristischen Reaktion des 4. und 5. Jahrhunderts, dessen klassischer Satz ,,Was nicht angenommen wird, ist nicht gerettet" deutlich zeigt, daß die Existenz einer rationalen Seele Christi nur deswegen betont wird, weil die menschliche Seele als Quelle der Sünde durch das göttliche Wort wieder hergestellt werden muß.

Die Bewährungslehre der Antiochener ist nicht durch ihren Anti-Apollinarismus inspiriert, sondern sie haben sie aus einer exegetischen Tradition übernommen, die ihnen übrigens Schwierigkeiten bereitete, weil sie sie mit den Aussagen des kirchlichen Kerygmas und des Glaubensbekenntnisses konfrontieren mußten. Denn auch für sie ist das Heil Christi letztlich Werk Gottes. Deswegen hat ihr Bestreben, die Titel und die göttlichen und menschlichen Eigenschaften Christi zu trennen, das Ziel, die Unveränderlichkeit Gottes festzuhalten, und nicht die Absicht, das Heilswerk auf den Homo assumptus (den Menschen, der angenommen wurde) zu beschränken. Cyrill dagegen, der weniger Skrupel hat, eine theopaschitische Sprache zu verwenden, zeigt keine andere Sorge, denn seine Psychologie Christi hält an der Leidensfreiheit des Verbum in den realen Leiden fest, an denen es zusammen mit dem Fleisch Anteil hat, um uns davon zu erlösen.

Wenn der Erzbischof von Alexandrien alle menschlichen Taten und Leiden Christi direkt dem Verbum zuordnet und wenn er die Vorstellung einer organischen Ganzheit anerkennt, so bezieht er das aus einer alexandrinischen Tradition, die vom Apollinarismus unabhängig ist. Bezüglich des anthropologischen Vergleichs des Mysteriums der Inkarnation, den man sogar bei Nestorius findet, ist festzuhalten, daß er bei Cyrill keine einfache Analogie darstellt, die unter anderen Korrektiven, die der rechte Glaube fordert, die grundlegende Heterogenität der beiden Komponenten erhält. Es verbietet sich darum, die Christologie Cyrills als ein System zu interpretieren, das nach dem Schema *Logos-Sarx* aufgebaut ist und einem platonischen Modell der Anthropologie entspricht. Für den Erzbischof von Alexandrien ist das entscheidende Kriterium nicht die Anthropologie, es ist die Christologie im strengen Sinn. Es bezieht sich nicht auf die geeinten Teile, sondern auf die Bedeutung ihrer Einigung. Mit anderen Worten: nicht das Schema *Logos-Mensch,* sondern vielmehr die Christologie des *Homo assumptus* muß man der Theologie Cyrills von der Inkarnation gegenüberstellen.

Der Vorwurf des Monophysitismus bei Cyrill, der den des Apollinarismus bestätigen soll, ist sehr wahrscheinlich. War nicht die Schrift unter dem Namen des Athanasius, aus der Cyrill die berühmte Formulierung ,,eine (einzige) Natur im göttlichen Wort inkarniert" übernahm, ein apollinaristisches Pseudepigraph? Haben sich nicht die Monophysiten, die Eutychianer ebenso wie die Severitaner in gleicher Weise auf den Bischof von Alexandrien berufen? In seinem letzten Buch über Nestorius und das Konzil von Ephesus präzisiert L. I. Scipioni den Vorwurf, indem er die Meinung vertritt, daß allein die Notwendigkeit, auf die antiochenischen Vorwürfe zu antworten, Cyrill dazu zwang, die zwei Naturen Christi zu unterscheiden, ohne daß diese Anerkennung sein zutiefst monophysitisches System irgendwie geändert hätte. Die Zustimmung zur Unionsformel von 433 wäre dann allein ein politisches Zugeständnis gewesen, eine reine Formsache, wobei der verbale Dyophysitismus im übrigen durch geschickte reservationes mentales neutralisiert wurde.

Diese Darstellung der Intention begegnet dem Erzbischof von Alexandrien mit dem gleichen Unverständnis, das sein Kritiker ihm genau in seinem Verhalten gegenüber Nestorius vorwarf, weil er sein eigenes Verständnis auf das Denken seines Gegners projiziert hatte. Man kann jedenfalls den Monophysitismus Cyrills nicht mit der Irrealität einer der beiden Naturen Christi noch durch die Umwandlung der einen in die andere oder durch diese Vermischung in eine dritte kennzeichnen. Alle diese polemischen Entstellungen, die in der Geschichte vielleicht niemals öffentlich bekannt wurden, weist Cyrill entschieden zurück, indem er das Adjektiv ,,inkarniert" der monophysitischen Formel betont. Diese letztere hat für ihn im übrigen keineswegs eine grundlegende Sicht der Christologie hervorgebracht, noch ist sie verantwortlich für diese Sicht, die sie nur zögernd und in gewissen Situationen bestätigt. Und vor allem bezieht sich hier der Begriff „Natur", was man dazu auch sagen mag, auf keine klare metaphysische Definition.

Bildete nicht schon bei Apollinarius der Monophysitismus in gewissem Umfang eine Gegenreaktion gegen die antiochenische dualistische Überlieferung, die als eine Form des Adoptianismus verstanden worden war? Beim Erzbischof von Alexandrien steht auf jeden Fall *phýsei* im Gegensatz zu *thései,* d. h. daß die „natürliche" oder „gemäß der Hypostase" erfolgte Einheit nicht mehr bedeutet, als eine echte *ontologische Einheit* im Gegensatz zu einer nur moralischen oder akzidentellen Zusammensetzung. Die monophysitische Formel verdichtete im Verständnis des Cyrill seine andauernde „alexandrinische" Auffassung, nach der die wahre „Natur", d. h. die grundlegende Wirklichkeit Christi in den Augen des Glaubens das Verbum (Wort) darstellt. Die Inkarnation ist nur eine zweite Stufe in der Entwicklung des einzigen Sohnes Gottes, dessen menschliche Gestalt im Grunde den nicht veränderte, der „wurde, indem er blieb, was er war". Diese letzte Wirklichkeit, die hier unter dem Begriff Natur betrachtet wird, entspricht offensichtlich dem, was wir als Person bezeichnen. So gesehen denkt der Erzbischof von Alexandrien gar nicht daran, nach der Union die Fortdauer der Unterscheidung des Göttlichen und des Menschlichen in Christus zu leugnen, und seine Sprache läutert sich in zunehmendem Maße vom traditionellen Sprachgebrauch der „Vermischung".

Sicher, auch die dualistischen Ausdrücke und Bilder, die er vor 428 ohne Bedenken benützte, verschwanden, seit er in der Christologie des Nestorius eine unheilvolle Aufspaltung Christi zu erkennen glaubte. Und als er die Rechtgläubigkeit des antiochenischen Dyophysitismus anerkannte, geschah das nicht, um selbst darauf zurückzukommen. Nach der Intention seiner Anhänger täuschte er in der Interpretation der Formel von 433 zu glauben vor, daß Johannes von Antiochien sich der christologischen Sicht der Christologie angeschlossen habe, nachdem er den Ausdruck Vereinigung und den Titel Theotokos angenommen hatte, und er verfälschte in dieser Betrachtungsweise den grundlegenden Dyophysitismus des antiochenischen Bekenntnisses. Aber diese Interpretation setzt keine Böswilligkeit voraus: nicht mehr als von den Orientalen verlangte die Übereinkunft gegenseitiger Duldung vom Alexandriner, daß er sich zum Streitpunkt bekehre. Man kann im übrigen die kluge Anerkennung „der Differenz in der natürlichen Qualität" der Naturen nach der Union durch Cyrill nicht unter dem Vorwand kritisieren, daß diese Unterscheidung für ihn lediglich im intellektuellen Bereich verbliebe. Denn das unterscheidende Denken ruht hier nicht auf der Illusion, sondern es drückt die unbeschädigte Fortdauer der vereinigten Teile aus; die einzige Wirklichkeit, die niemals existierte, ist ein Mensch, der nicht mit dem Verbum vereint ist. Christus, der nie „zwei" war, ist ebensowenig „aus zwei".

So gesehen ist es vielleicht übertrieben zu behaupten, Cyrill verkenne die spezifisch ontologische Ebene der christologischen Unterscheidung. Es ist richtig, daß das Konzept der Natur bei ihm noch nicht dem der Hypostase und dem prósopon entgegengesetzt ist, wie das principium quo dem principium quod. Aber die Entwicklung der dogmatischen Terminologie und ihre scholastische Interpretation hätte auch in anderen Bahnen erfolgen können, die der Rechtgläubigkeit ebenso genügt hätten. In sich verstanden, d. h. unabhängig vom post-chalcedonensischen Horizont, drückt die Christologie Cyrills mit einer noch wenig technischen Formulierung eine kraftvolle Intuition der Einwurzelung der Heilsökonomie im Mysterium des dreifaltigen Gottes aus. In der Identifizierung Jesu Christi mit dem menschgewordenen Wort, dem mit dem Vater wesensgleichen Sohn, bekennt ihn der Glaube als Emmanuel, als Gott den Heiland, in der Person, in der Gott geboren wird, leidet und stirbt, um die Menschen mit sich zu seinem göttlichen Leben aufzuerwecken.

IV. Wirkungsgeschichte

Die Spuren des Einflusses Cyrills von Alexandrien zu verfolgen würde bedeuten, die gesamte Geschichte der Christologie seit dem 5. Jahrhundert zu schreiben. Inhaltlich betrachtet sind zuerst einmal die Zeugen der schriftlich festgehaltenen Tradition, die uns in den wichtigsten Sprachen der alten Christenheit bis auf den Tag überkommen sind, nur ein kleiner Teil der literarischen Verbreitung des Erbes Cyrills durch die Jahrhunderte hindurch.

Im griechischen Original ist die Erhaltung eines Unzialpapyrus aus dem 6. Jahrhundert außergewöhnlich, denn unsere ältesten Handschriften gehen wahrscheinlich nicht weiter zurück als bis ins 11. Jahrhundert. Die Weitergabe des exegetischen Werkes dürfte bereits im 6. Jahrhundert durch den Erfolg der Bibelkatenen, der vielleicht zum Verlust des größten Teils der Kommentare zum Neuen Testament beigetragen hat, der Konkurrenz ausgesetzt gewesen sein. Unter den dogmatischen Schriften aus den Jahren vor 428 ist allein der *Thesaurus,* der die Popularität eines Handbuchs gehabt zu haben scheint, durch rund vierzig Manuskripte bezeugt. Die anti-nestorianischen christologischen Werke sind nur durch einige Zeugen bewahrt, und einige sind im griechischen Original auch verschwunden, weil sie in keine der Synodensammlungen, die unmittelbar im Anschluß an Ephesus zusammengestellt wurden, aufgenommen worden waren. Kurz nach dem Konzil von Chalcedon und vor allem zu Beginn des 6. Jahrhunderts blühten die dyophysitischen oder monophysitischen dogmatischen *Florilegien* in griechischer Sprache, die teilweise oder auch vollständig von Cyrill stammten. Dieses literarische Genre überlebte bis zum Ende der christologischen Kontroversen, und die Theologen begnügten sich für ihre patristische Dokumentation mehr und mehr damit.

Unter den alten Übersetzungen, die dafür Zeugnis ablegen, wie universell Cyrill geachtet wurde, würde man erwarten, dem Koptischen und dem Arabischen, den beiden Volkssprachen im monophysitischen Ägypten, die ersten

Plätze einräumen zu müssen; aber nur verhältnismäßig wenige authentische Schriften Cyrills sind uns auf diesem Weg überkommen. Die lateinische Tradition wurde durch die Bemühungen des Autors selbst eingeleitet, der sein *anti-nestorianisches Dossier* von 430 und später seine *Scholia de incarnatione Unigeniti* nach Rom gesandt hatte. Kurz nach dem Konzil von Ephesus übersetzte Marius Mercator den *ersten Brief an Nestorius,* die *Scholia* und die *Apologie gegen Theodoret.* Arnobius der Jüngere kannte seit der Mitte des 5. Jahrhunderts eine lateinische Sammlung von *dogmatischen Briefen* und von *Osterfestbriefen.* 519 übersetzte Dionysius Exiguus den *Brief über die Anathematismen,* um ihm eine möglichst weite Verbreitung zu sichern. Ebenfalls zu Beginn des 6. Jahrhunderts erwachte das Interesse der Lateiner an den *Akten von Ephesus,* deren Übersetzungen vor allem im Drei-Kapitel-Streit verwendet wurden.

Der Initiator der syrischen Übersetzungen Cyrills war Bischof Rabulas von Edessa, der 432 den *Appell an Kaiser Theodosius* übersetzte. Die Zahl der monophysitischen Florilegien in syrischer Sprache wuchs vor allem vom 6. bis zum 8. Jahrhundert an, dieselbe Zeit, aus der bedeutende Sammlungen von *Abhandlungen* und von *dogmatischen Briefen* Cyrills erhalten sind. Unter den *Bibelkommentaren* wurden im 6. Jahrhundert *Glaphyra* durch Moses von Agel übersetzt, und die *Homilien zum Lukasevangelium* gelangten in einer anonymen Übersetzung aus dem folgenden Jahrhundert schnell in die liturgischen Homiliarien.

Vermutlich auf einer syrischen Vorlage beruht eine Sammlung von Werken Cyrills, die in mehreren armenischen Manuskripten erhalten ist, von der die des Nerses von Lambron schon 1175 auf einer wesentlich älteren Kopie beruht. Die armenische Tradition hat gleichfalls Zitate Cyrills aus seinen großen dogmatischen *Florilegien* überliefert. Und weiterhin beruht auf dem Armenischen eine Sammlung, die 1776 ins Georgische übersetzt wurde, eine georgische Übersetzung von zumindest Teilen des *Thesaurus* ist ebenfalls seit dem 9. Jahrhundert bezeugt.

In äthiopischer Sprache gibt es endlich neben kleinen Auszügen, die ziemlich spät aus dem Koptischen oder dem Syrischen über das Arabische übersetzt wurden, eine wertvolle Sammlung, genannt der *Qērellos,* der unter anderem die *Appellationen an Theodosius* und *an die Prinzessinnen,* den *Dialog über die Einheit Christi, sechs Homilien* und einen *Brief* Cyrills umfaßt. Diese Übersetzung steht hinter der lateinischen und der syrischen nicht zurück, denn ihr ursprünglicher Kern wurde zum Beginn des 6. Jahrhunderts unmittelbar aus dem Griechischen übersetzt.

Das dogmatische Schicksal der *Christologie,* von der die Verbreitung aller dieser literarischen Überreste zeugt, fand im wesentlichen in der Zeitspanne zwischen der Rekonziliation 433 und dem Konzil von Konstantinopel 553 statt, wenn auch die Autorität Cyrills weiterhin in allen späteren Kontroversen, vom Monotheletismus bis zum Palamismus und in den Unionsverhandlungen um das *Filioque* immer wieder angerufen wurde. Bis zum ökumenischen Konzil von Chalcedon stand die Interpretation der Formel von 433 zur

Entscheidung, nach 451 wird der Cyrillianismus der Definition von Chalcedon in Frage gestellt. Der postume Sieg des Erzbischofs von Alexandrien ging offensichtlich rapide vonstatten. Seit der Mitte des Jahrhunderts trifft man außer bei notorischen Nestorianern jenseits der Grenzen des römischen Imperiums keine erklärten Gegner mehr, und der gesamte orientalische Episkopat akklamierte ihm in Chalcedon als einer nicht hinterfragbaren Autorität. Aber diese Einmütigkeit täuscht. Für die einen ist Cyrill der Theologe der *Zwölf Kapitel* und der *monophysitischen Formel,* für die anderen ist er der Mann der Rekonziliation und der Anerkennung des antiochenischen Dyophysitismus. Die Einheit der orientalischen Kirchen sollte die unausweichliche Klärung dieses grundlegenden Zwiespalts nicht überdauern.

Die Übereinkunft von 433, die die *Zwölf Kapitel* hintangestellt hatte, war trotz der Warnung, die Domnus, der Nachfolger des Johannes von Antiochien, an Dioskur, den Nachfolger Cyrills, gerichtet hatte, bald nach dem Tode Cyrills bedroht. Nicht allein die Antiochener Ibas von Edessa und Theodoret von Cyrus waren beunruhigt, sondern die Cyrill treuen Mönche von Konstantinopel, die sich auf die monophysitische Formel beriefen, schienen wieder die zweifache Konsubstantialität Christi in Frage zu stellen. Bei dem Prozeß, den ihr Anführer Eutyches vor der ständigen Synode, der Erzbischof Flavian präsidierte, im November 448 anregte, waren als Autorität allein der *zweite Brief an Nestorius* und der *Brief an Johannes von Antiochien* anerkannt. Aber die Eutycher erlangten bald vom Kaiser die Einberufung eines neuen Konzils nach Ephesus, auf dem sie ihre Christologie von 431 verschärften. Am 8. August 449 untersagte Dioscur von Alexandrien, der Präsident dieser Versammlung, die Verlesung des dyophysitischen Tomus, in dem Papst Leo die Verurteilung des Eutyches bestätigte, und setzte Flavian von Konstantinopel ab. Am 22. August wurden Ibas, Theodoret und sogar Domnus von Antiochien exkommuniziert, und der Ausdruck Cyrills „in zwei" wurde im Sinne von „zwei Naturen vor der Union, eine Natur danach" präzisiert.

Aber der Tod des Kaisers Theodosius und die darauf folgende Annäherung an Rom führten zu einer grundlegenden Veränderung der Situation. Im Oktober 451 nahm das ökumenische Konzil von Chalcedon die Beschlüsse der „Räubersynode" von Ephesus zurück. Zwischen der Sitzung vom 13., die Eutyches und Dioskur verurteilte, und der vom 28., die Theodoret und Ibas rehabilitierte, wurde am 26. feierlich eine dyophysitische Definition des Glaubens an Christus verkündet, die den Konzilsvätern durch Kaiser Marcion aufgezwungen wurde und in die die römischen Legaten einen Passus aus dem Tomus Leos hatten einfügen lassen. Chalcedon ist aber dennoch nicht einfach die Rache der antiochenischen und abendländischen Christologie über die alexandrinische. Sein Dyophysitismus richtet sich in keiner Weise gegen Cyrill, weil ja auch der *Brief Leos I.* erst dann zugelassen wurde, als seine Übereinstimmung mit der Lehre Cyrills bewiesen war. Die „Hypostase" des Glaubensbekenntnisses ist weder das „*prosopon*" der antiochenischen Tradition, noch die lateinische „*persona*" und nicht einmal die „*hypostasis*" der konstantinopolitanischen Christologie, sondern die der ,,Einheit gemäß der Hypostase" des *zweiten Briefs an Nestorius*.

Trotzdem zielte die Präzisierung Chalcedons ,,in zwei Naturen" auf die Anhänger Cyrills ab, für die die monophysitische Formel ausgeschlossen hatte, daß nach der Union zwei Naturen fortbestehen konnten. So ist es die Treue zu einem radikalen Cyrillianismus, die das Schisma hervorrufen sollte. Die Monophysiten vergaßen Eutyches völlig und warfen dem Chalcedonense vor, den Nachfolger Cyrills abgesetzt und alte Feinde Cyrills rehabilitiert zu haben. Sie interpretierten den Dyophysitismus der christologischen Definition als verwerflichen Nestorianismus und die Trennung der Aktivitäten, wie sie der *Brief Leos* vertritt, als eine Verwerfung der Aneignung, die in den *Zwölf Kapiteln* gelehrt wird. Der monophysitische Widerstand, der unmittelbar nach dem Konzil in Ägypten und in Palästina entstand, schlug Anfang des 6. Jahrhunderts auch in Syrien und in Kleinasien und von dort aus in Armenien und in Äthiopien Wurzel. Die Nationalismen, unter anderen die der Kopten und der Syrer, spielten bei der Entstehung dieser ,,altorientalischen Kirchen", die bis heute fortbestehen, eine nicht zu unterschätzende Rolle.

Beim Versuch, das Schisma, das den öffentlichen Frieden in Gefahr brachte, zu überwinden, griffen die byzantinischen Kaiser abwechselnd ohne Erfolg zu Verfolgung, Tolerierung und Kompromißbereitschaft. Die theologische Polemik zwischen den Parteigängern und den Gegnern des Chalcedonense bezog sich im wesentlichen auf die Übereinstimmung des Konzils mit der Christologie Cyrills. In Alexandrien selbst wurde (zwischen 460 und 480) ein chalcedonensisches *Florilegium* mit 244 Zitaten Cyrills zusammengestellt, um diese Übereinstimmung zu beweisen, ein *Florilegium*, das Severus, der spätere monophysitische Erzbischof von Antiochien noch um 510 in seiner *Philalethes* zu verwerfen nötig fand.

Jetzt entsteht auf seiten der Chalcedonenser der Versuch eines Kompromisses mit dem Monophysitismus auf der Grundlage dessen, was man heute Neo-Chalcedonismus nennt. Der erste große Vertreter dieser Tendenz ist der ,,Grammatiker" Johannes von Caesarea, dessen Apologie des Chalcedonense von Severus um 515 zurückgewiesen wurde. Es geht dabei darum, für den rechten Glauben sowohl die dyophysitische Formel von Chalcedon, um der Häresie der Eutychianer zu begegnen, als auch die monophysitische Formel Cyrills, um der nestorianischen Häresie zu entgehen, als gleichermaßen unverzichtbar zu erklären. Wenn auch diese Konzession die Anhänger des Severus nie zu vereinen vermochte, bewog doch Kaiser Justinian das fünfte ökumenische Konzil von 553 zur gleichzeitigen Annahme beider christologischen Formeln. Diese Tolerierung, die auch ein Dyothelet wie Maximus nicht in Frage zu stellen gedachte und die sich beispielsweise auch noch in der Christologie des Johannes Damaszenus widerspiegelt, könnte die erstaunliche Interpolation ,,aus zwei Naturen" in einer unserer wichtigsten griechischen Handschriften der Akten von Chalcedon erklären.

Parallel zum Respekt der monophysitischen Formel erarbeitete die byzantinische Scholastik des 6. Jahrhunderts eine an Cyrill orientierte Interpretation der Terminologie des Chalcedonense. Sie legte dabei klar dar, daß die einzige Hypostase des Glaubensbekenntnisses die des Verbum ist, in welcher sich die konkrete und individuelle menschliche Natur „einhypostasiert" findet. Diese Christologie findet sich erstmals zwischen 532 und 536 bei Leontius von Jerusalem. Ohne sie als solche aufzunehmen, ließ das 5. Ökumenische Konzil einen anderen Artikel des radikalen Cyrillianismus zu, nämlich den einer „Einheit nach der Zusammenführung", und ließ damit nur noch Raum für eine intellektuelle Unterscheidung der Naturen.

Während sich der byzantinische Orient so um eine neu-chalcedonensische Christologie mühte, verteidigte der Westen eher einen streng dyophysitischen, theopaschitischen Formulierungen gegenüber sehr zurückhaltenden Chalcedonianismus. So gelang es einer Delegation skytischer Mönche, die 519 nach Rom kam, nicht, die Formulierung anerkennen zu lassen: „Einer der Dreifaltigkeit hat dem Fleische nach gelitten." Zwar hat Papst Johannes II. die Rechtgläubigkeit dieser Formulierung anerkannt, aber dies geschah wahrscheinlich unter dem Drängen Kaiser Justinians. Ein noch stärkerer Druck des gleichen Justinian auf den unglücklichen Papst Vigilius veranlaßte diesen, gegen Ende des Konzils von 553 die Verurteilung der *Drei Kapitel* zu bestätigen: Theodor von Mopsvestia, dessen Denkschrift zu verfolgen Cyrill selbst abgelehnt hatte, und die beiden alten Gegner Cyrills, Theodoret und Ibas, die vom Chalcedonense rehabilitiert worden waren. Die Nachfolger des Vigilius erzwangen dabei nicht weniger als die Anerkennung des fünften Konzils im Westen. Der Beweis, daß Rom dem Neo-Chalcedonianismus nicht grundsätzlich ablehnend gegenüberstand, findet sich in den Kanones der anti-monotheletischen Synode im Lateran von 649, auf der die griechischen Mönche Papst Martin bewogen, die dyophysitischen und monophysitischen Formeln gleichermaßen anzuerkennen. Dennoch sollte die lateinische Scholastik die byzantinische Christologie erst neu entdecken, als Thomas von Aquin, der in den Konzilssammlungen und im Neo-Chalcedonianismus bei Johannes Damaszenus auf Cyrill gestoßen war, diese als Vorbilder in der Ausarbeitung seiner Christologie der Inkarnation und der hypostatischen Union benützte, der er übrigens neue metaphysische Präzisierungen verlieh.

Karl-Hermann Kandler

HUMBERT A SILVA CANDIDA

(ca. 1006 – 1061)

„Ecclesia semper reformanda" (Die Kirche muß immer erneuert werden) – mag dieser Satz auch manchmal mißbraucht werden, so trifft es doch zu, daß Erneuerungsbewegungen die ganze Kirchengeschichte durchziehen. Als 910 das Kloster Cluny gegründet wurde, war damit ein Zentrum klösterlicher Erneuerung geschaffen, das in der Folgezeit in weite Gebiete Europas ausstrahlte. Ein ähnliches Zentrum war das von Cluny unabhängige Kloster Gorze in Lothringen. Nach dem Verfall des Papsttums im 10. und beginnenden 11. Jahrhundert ließ Kaiser Heinrich III. auf der Synode von Sutri 1046 drei Päpste absetzen, denen Simonie, d. h. der Kauf ihres Amtes, vorgeworfen wurde, und in den nächsten Jahren deutsche Bischöfe zu Päpsten wählen. Der bedeutendste unter ihnen ist Bruno von Toul, als Papst Leo IX. (1049–1054). Er hatte Verbindungen zur lothringischen Klosterreform und berief Lothringer zu seinen engsten Mitarbeitern, unter ihnen Humbert. Mit Leo IX. und seinen Vertrauten ging die von Heinrich III. inaugurierte Kirchenreform auf das Papsttum über. Humbert ist zum Theoretiker der Kirchenreform geworden; zugleich war er konsequent in das Ringen um ihre Durchsetzung einbezogen. Er hat Gregor VII. (1073–1085) das theoretische Material für seinen Kampf geliefert, den durchzuführen Humbert begonnen hatte.

I. Leben

Humbert, wohl aus bäuerlichen Verhältnissen stammend, wird wahrscheinlich 1006 in Lothringen geboren und 1015 als Oblate (als Kind, das als künftiger Mönch im Kloster lebt) ins Kloster Moyenmoutier in den Vogesen gekommen sein. Offensichtlich ist er mit Leib und Seele Mönch gewesen; noch später gehörte sein Herz ganz den Klöstern. Er hat Lebensbeschreibungen von Heiligen verfaßt bzw. bearbeitet und eine Geschichte seines Klosters geschrieben. Wohl von Abt Widrich von St. Aper in Toul ist er nach Toul geholt worden und hat die Vita Gerhards von Toul, Urkunden und Responsorien zu den Tagen einiger Klosterheiliger verfaßt. Hier wird er auch um 1043–1046 das satirische Epos *Ecbasis cuiusdam captivi per tropologiam* gedichtet haben.

Schon die Werke, die in Toul und Moyenmoutier entstanden sind, verraten reformerische Besonderheiten und Forderungen wie die nach Seelsorge. So soll Gerhard von Toul die freie Bischofswahl von Kaiser Otto I. erreicht haben, die nicht einmal von diesem bestätigt zu werden brauchte. In seiner Strafrede an die Mitmönche klagt Humbert über die blinden Führer blinder Gefolgsleute, die sich überhaupt nicht darum kümmern, was sie Gott oder dem Nächsten schulden.

Humbert war ein gelehrter Mann. Das erweisen schon seine Werke, die er noch in Lothringen verfaßt hat, vor allem die *Ecbasis*. Man hat die Kenntnis der Werke vieler antiker Schriftsteller in ihr nachweisen können. Dazu kam eine gute Kenntnis des Rechts. In satirisch-ironischer Weise verhöhnt Humbert in der *Ecbasis* Mönche, die am Hof leben, und den Dünkel des Adels; er fällt ein ungünstiges Urteil über die weltliche Gewalt, wohl wegen der Ausbeutung der Klöster durch die Karolinger. Durch den Zusatz *per tropologiam* wollte Humbert in seinem satirischen Tierepos bewußt Rätsel aufgeben und bestimmte Verhältnisse treffen. Bischof Bruno von Toul schätzte sein Wissen und hatte ihn zu seinem Sekretär gemacht. Für ihn hatte Humbert Wechselgesänge zusammengestellt und zur Vertonung übergeben. So waren seine Gelehrsamkeit und sein gewandter Stil wohl die Ursache dafür, daß dieser nach seiner Papstwahl Humbert nach Rom holte.

Dort sollte Humbert zur Hauptstütze Leos, ja des Reformpapsttums überhaupt für die nächsten zwölf Jahre werden. Von jetzt an war sein Leben „ganz dem Dienst des Papsttums geweiht" (Fliche, 1915, 56). 1050 ordinierte Leo IX. Humbert zum Erzbischof von ganz Sizilien, das damals noch unter arabischer Herrschaft stand und an sich unter die Oberhoheit des byzantinischen Kaisers und damit des Patriarchen von Konstantinopel gehörte. So war diese Ernennung programmatisch und zeigte das Bestreben Leos IX., seine auf der „Konstantinischen Schenkung" beruhenden „Rechte" auf Süditalien und Sizilien geltend zu machen. Da es aber nicht möglich war, sein erzbischöfliches Amt auszuüben, ernannte Leo IX. Humbert zum Kardinalbischof von Silva Candida und machte ihn praktisch zu seinem Stellvertreter. Als einer seiner Vertrautesten gehörte er zu seiner ständigen Umgebung auch auf den zahlreichen Reisen des Papstes. Wiederholt wurde Humbert von ihm mit Legationen betraut, so 1051 nach Benevent, wo er sich an Stelle des Papstes huldigen ließ. 1052 gehörte er zum päpstlichen Gefolge in Regensburg, 1053 nahm er an Leos unglücklichem Kriegszug gegen die Normannen teil.

Wohl noch 1053 war er in Trani. Dort lernte Humbert den Brief kennen, den Erzbischof Leo von Achrida, offensichtlich im Auftrag des byzantinischen Patriarchen Michael Kerullarios, geschrieben und an Bischof Johannes von Trani gesandt hatte. Dieser enthielt heftige Angriffe gegen liturgische Gewohnheiten der abendländischen Kirche, vor allem gegen die Verwendung von Azyma, d.h. von ungesäuertem Brot beim Abendmahl. Damit hatte Michael Kerullarios dem Westen den Fehdehandschuh hingeworfen, was wohl wiederum im Zusammenhang mit der päpstlichen Politik in Süditalien zu verstehen war. Humbert übersetzte diesen Brief und verfaßte eine scharfe Antwort, den *Dialog zwischen einem Römer und einem Konstantinopolitaner*. Die

Schrift stellt eine theologische Abhandlung über den Brauch in der Westkirche dar. Der Ton der Auseinandersetzung war durch den griechischen Angriff bestimmt, die Schärfe hat nicht erst Humbert verursacht, wie ihm vielfach vorgeworfen worden ist. Auch hat Humbert diesen *Dialog* nicht sofort veröffentlicht. Deshalb mußte es nicht als Herausforderung verstanden werden,[1] als Leo IX. eine Delegation unter Humberts Leitung an den byzantinischen Kaiserhof (und nicht primär zum Patriarchen) sandte, um gegen die Normannen ein Bündnis mit Kaiser Konstantinos Monomachos zu schließen, woran auch dieser großes Interesse hatte. Inzwischen hatte Michael Kerullarios in Konstantinopel die lateinischen Klöster und Kirchen vor die Alternative gestellt, entweder den östlichen Ritus anzunehmen oder zu gewärtigen, daß sie geschlossen würden. Es war vorgekommen, daß konsekrierte Azymen mit Füßen getreten worden waren. So ist es verständlich, daß das Bündnis davon abhängig gemacht wurde, daß der Patriarch seine Haltung der Westkirche gegenüber ändere.

In Konstantinopel traf die Delegation am 24. Juni 1054 ein und wohnte im Kloster Studion, wo es bald zu einem Disput zwischen Humbert und dem gelehrten Mönch Niketas Stethatos über die Azymen und andere liturgisch-dogmatische Fragen kam. Niketas war Humbert nicht gewachsen. Nach Humberts Schilderung hat Niketas alle verdammt, ,,die leugneten, daß die heilige Römische Kirche selbst die erste aller Kirchen sei, und die es wagten, deren immer orthodoxen Glauben in irgendetwas zu tadeln". Das Auftreten der Delegation war so bestimmt, daß sich Michael Kerullarios darüber beim Kaiser beschwerte. Wiederum hat der Patriarch die Delegation nicht empfangen, weil Leos IX. Brief an ihn nicht mit der Anrede eines Ökumenischen Patriarchen versehen war. Jetzt veröffentlichte Humbert seinen Dialog. Der byzantinische Klerus stellte sich darauf hinter seinen Patriarchen. Verhandlungsbereitschaft scheint auf beiden Seiten kaum vorhanden gewesen zu sein, denn der Patriarch wies der Delegation auf einer Synode den Platz hinter den Erzbischöfen an. Auf den Protest der Delegation hin brach der Patriarch die Verbindung zu ihnen völlig ab und verbot ihnen, die Messe zu halten. Zugleich wandte er sich – verständlicherweise – gegen alle Unionspläne, die für Humbert die Anerkennung der römischen Suprematie durch den Osten einschließen mußte.[2] Verhandlungen hatten stattgefunden, insbesondere um den irenischen Kaiser zu überzeugen, so etwa über die Frage des Hervorgangs des Heiligen Geistes auch vom Sohn. Aber wirkliche Friedensbereitschaft hat auf beiden Seiten nicht bestanden. So kam es, daß Humbert am 16. Juli 1054 auf dem Hauptaltar der Hagia Sophia in Konstantinopel eine Exkommunikation des Michael Kerullarios niederlegte. Damit war der Bruch endgültig. Wie bei Niketas, so ließ auch die Exkommunikation erkennen, worum es Humbert ging: ,,Wer dem Glauben des heiligen Römischen und Apostolischen Sitzes und seinem Opfer hartnäckig widerspricht, der sei verdammt, Maranatha, und soll nicht als katholischer Christ, sondern als häretischer Prozymit[4] gehalten werden. So sei es, so sei es, so sei es!" *(Alia excommunicatio).*

Es wird heute Wert darauf gelegt zu sagen, daß Humbert selbstherrlich gehandelt, aber doch nur den Patriarchen verurteilt habe. Dieser wiederum ließ durch eine Synode am 20. Juli die Legaten verurteilen. Das war seine ,,Antwort auf die unmögliche und ungeheuerliche Bannbulle der Gesandten“ (Böhmer, 1969, 335). An eine gegenseitige Exkommunikation der beiden Kirchen wird man auf beiden Seiten kaum gedacht haben, obwohl Humberts Bericht diese Absicht zumindest nicht ausschließt. Am 18. Juli war die Delegation bereits abgereist.

Als Humbert nach Rom zurückkehrte, war Leo IX. tot. Auch unter seinen Nachfolgern hat Humbert eine Schlüsselstellung am päpstlichen Hof eingenommen. Auch wenn wir zunächst nichts Genaueres über ihn erfahren können (in dieser Zeit hat er wahrscheinlich das erste seiner *Drei Bücher gegen die Simonisten* verfaßt), so finden wir ihn 1056 als Begleiter Viktors II. in Deutschland. Otloh berichtet, daß Humbert ihm den Traum eines Römers erzählt habe, nach dem Heinrich III. wegen unzureichender Sorge für die Armen im Gericht Gottes verworfen worden sei. 1057 finden wir Humbert als Legat Viktors II. in einer sehr heiklen Mission im Kloster Monte Cassino. Er sollte dort die Einführung des frei gewählten Abtes verhindern. Humbert kam der Umstand zu Hilfe, daß wohl ohne Wissen des Gewählten einige Mönche einen Aufstand gegen Humbert inszenierten. Humbert erklärte darauf empört, in ihm sei die Heiligkeit des Papstes selbst verletzt. Nun hatte er leichtes Spiel, der Gewählte trat ,,freiwillig“ zurück, und Friedrich von Lothringen, der Humbert nach Konstantinopel begleitet hatte, wurde nach dem Willen Viktors II. Abt. Nicht nur unter Leo IX., auch unter seinen Nachfolgern hat Humbert Briefe und Bullen verfaßt und unterschrieben.

Als Viktor II. 1057 starb, schlugen Friedrich von Lothringen und wohl auch Hildebrand, der spätere Papst Gregor VII., Humbert als Papst vor, doch ließ Humbert Friedrich von Lothringen wählen (Stephan IX.). Unter ihm war Humbert Bibliothekar und unbestritten der erste Mann nach dem Papst. Schon 1058 starb Stephan IX. in Florenz. Die Anhänger der Reformpartei mußten Rom fluchtartig verlassen, da die römischen Adelsgeschlechter ihre Stunde gekommen sahen. Das Reich stand nach Heinrichs III. Tod (1056) unter der Vormundschaft der Kaiserin Agnes. Von ihr war kein Eingreifen zu befürchten. Die Häupter der Reformpartei waren außerhalb. So erhoben die Römer den Tuskulaner Benedikt X. Humbert floh nach Benevent und feierte in Monte Cassino Ostern. Hier setzte er, dem Testament Stephans IX. gemäß, Desiderius als Abt ein. Offensichtlich hat er im Frühjahr 1058 auch das zweite und dritte *Buch gegen die Simonisten* verfaßt. Gegen Benedikt X. wählten die Kardinalbischöfe in Florenz oder Siena den Florenzer Erzbischof Gerhard (Nikolaus II.). Es ist wahrscheinlich, daß auch diesmal, wohl von Hildebrand, Humbert als Papst vorgeschlagen worden war. Doch hatte Stephan IX. noch Gerhard als seinen Nachfolger genannt. Auch Gerhard war nach seiner Herkunft ein Lothringer. Der Einfluß Humberts auf ihn kann schwerlich überschätzt werden. Er behielt das Amt des Bibliothekars und war in alle Geschäfte eingeweiht. Petrus Damiani, ebenfalls ein gelehrter Reformer, aber als Asket der reformerischen Kirchenpolitik und der antisimonistischen Haltung Humberts abhold, nannte ihn und Bonifaz von Albano ,,die ganz scharfen und durchdringenden Augen" des Nikolaus und verfaßte auf ihn dies Distichon: ,,Von dem Herrn Erzbischof Humbert, der zur Rechten des Papstes saß und ich zur Linken. / Mir ward die Seite der Böcke, du nimmst den Sitz dir der Lämmer. / Der Linke hält sich rechts, links bisweilen der Rechte."[4]

Dieser Einfluß Humberts wird besonders augenfällig auf der Ostersynode von 1059. Sie stand ganz unter seinem Einfluß. Hier nötigte er Berengar einen *Eid* ab, mit dem dieser seine Abendmahlslehre widerrufen mußte, hier wurde das berühmte Papstwahldekret verabschiedet, das Humberts in seinen *Drei Büchern gegen die Simonisten* niedergeschriebene Theorie in die Praxis umsetzen sollte. Mit Recht hat man Humbert den ,,staatsmännischen Theoretiker der päpstlichen Politik" genannt, während der Papst ,,ein getreuer Schüler Humberts" war, der seine ,,theoretische Propaganda gegen die simonistischen Weihen" bestätigte (Michel, 1953, 147). Auch die Synode von 1061 war schroff antisimonistisch, gegen die laxe Haltung des Petrus Damiani gerichtet.

Humbert begleitete auch Nikolaus II. nach Süditalien, wo dieser auf Grund der ,,Konstantinischen Schenkung" die Normannen belehnte. Das war ein Eingriff in die Rechte des östlichen, aber auch des westlichen Kaisers.

Bis kurz vor seinem Tod hat Humbert die päpstlichen Geschäfte geführt und, nach eigenem Urteil, über seine Kräfte gearbeitet. Noch am 27. April 1061 hat er eine Bulle ausgefertigt. Am 5. Mai 1061 ist er gestorben. Nikolaus II. ließ ihn ehrenvoll am Lateran neben den Schutzheiligen von Silva Candida, Rufina und Secunda, in der Basilika Konstantins beisetzen.

Mit ihm verlor die Reformpartei ihren klügsten, aber auch besonders schroffen Vertreter. Zweifellos war er von der Richtigkeit seiner Anschauungen voll überzeugt. Niemand wird ihm Frömmigkeit, gepaart mit mystischvisionären Zügen, absprechen können. Nach seinem Tod war der Platz frei für Hildebrand, der als Papst Gregor VII. alles daran setzte, Humberts Ideen zu verwirklichen.

II. Lehre

Schramm hat über Humbert mit Recht geurteilt, er sei ,,der erste große literarische Vertreter des erneuerten Papsttums" gewesen und habe mit dem von ihm edierten Fragment *De sancta Romana ecclesia* (vermutlich 1053 entstanden) die erste programmatische Erklärung über das Papsttum gegeben, die unmittelbar vom Reformpapsttum selbst stammt. Sie enthält ein tiefes Gefühl für die Verantwortung des Amtes des Papstes, der in Petrus die Zügel im Himmel und auf Erden in der Hand hält (1957, 239, 241). In seiner Theorie der Reform war Humbert von großem Verantwortungsgefühl getragen. Man wird nicht

Ein Porträt des Humbertus a Silva Candida (ca. 1006–1061) ist nicht bekannt. Statt dessen zeigt die Abbildung einen thronenden Christus zwischen Kaiser Konstantin XI. Monomachos und Kaiserin Zoe (Mosaik auf der Südempore der Hagia Sophia in Konstantinopel, um 1028–1042). 1054 schickte Papst Leo IX. eine Delegation unter Humberts Leitung nach Konstantinopel, um gegen die Normannen ein Bündnis mit Kaiser Konstantin Monachos zu schließen. Am 16. Juli 1045 legte Humbertus auf dem Hauptaltar der Hagia Sophia die Exkommunikationsbulle gegen den Patriarchen Michael Kerullarios nieder.

behaupten dürfen, daß Humbert und die anderen ersten Reformer von einem Machtwillen getrieben waren (für Hildebrand–Gregor VII. wird man das freilich nicht mehr ausschließen können).

1. Humbert hat sehr bald erkannt, daß die Reform zur Durchsetzung ihrer Ziele eine Kirchenrechtssammlung brauche.[5] Michel hat wohl überzeugend nachgewiesen, daß die anonym überlieferte *Sammlung in 74 Titeln* von Humbert stammt. Sie ist das erste Rechtsbuch der Kirchenreform, das die kirchlichen Verhältnisse ordnen sollte. Humbert hat in ihr echte und gefälschte Worte verschiedener Autoren ausgewählt und zusammengestellt. Der eigentliche Impetus der Reformer kommt hier zum Ausdruck. Ihre Hauptsorge galt dem Wohl der Kirche und ihrer Klöster. Die Freiheit der Klöster, um die Humbert gerungen hat, diente dem Ziel, daß „Mönche den Dienst Gottes mit höchster seelischer Hingabe vollziehen" können (ib., 20). Darum war ihm der Stifterwille unantastbar, selbst der Bischof durfte die Klosterfreiheit nicht einschränken; darum mußte das Eigenkirchenrecht zurückgedrängt werden.

Humbert wollte möglichst altkirchliche Verhältnisse wiederherstellen, so u. a. die Hervorhebung der „Petrinischen Patriarchate" (Rom, Alexandrien, Antiochien), womit Konstantinopel ausgeschlossen worden wäre. Von daher erklärt es sich, daß Michael Kerullarios in dem von Humbert verfaßten Brief Leos IX. an ihn als Erzbischof, nicht als Patriarch angeredet wird. Humbert war nicht grundsätzlich gegen die staatliche Gewalt eingenommen. Er hatte wohl nicht vergessen, daß die Reform von Kaiser Heinrich III. ausgegangen und durch ihn Reformer auf den Stuhl Petri gekommen waren. Noch im *Dritten Buch gegen die Simonisten* erhält Heinrich III. geradezu eine Apotheose (III, 7, 206). Die weltliche Gewalt hat ihr Gewicht, wenn sie Gottes Stimme hört und der Kirche zu willen ist. Auch die Kaiser haben den Geistlichen zu folgen, denn Kirche und Staat verhalten sich zueinander wie Sonne und Mond, wie Seele und Leib, wie Haupt und Glieder. Beide lieben sich, beide brauchen und dienen sich gegenseitig, aber sie stehen nicht gleich, das Priestertum soll als Seele bestimmen. Der König soll der Kirche folgen und die Laien dem König zum Besten der Kirche und des Vaterlandes (ebd. 21, 225). Humbert lobt die Herrscher, die im Sinne der Reform gewirkt und vor allem dem Stuhl Petri gegenüber Ehrerbietung erzeigt haben, denn das habe Christus so gewollt. Er fordert die Einheit von Kirche und Welt unter uneingeschränkter Führung der Kirche, deshalb wehrt er dem weltlichen Einfluß auf die Kirche, z. B. bei der Bischofswahl, der Investitur und dem Vorsitz bei Synoden.

Im Zuge der Zeit lagen zunächst ganz andere Gedanken, vor allem die vom sakralen Kaisertum. Die Kaiser Konrad II. und Heinrich III. wurden *„vicarius Christi"* genannt und für den irdischen Bereich mit Gott in Parallele gesetzt. Der Primat der Kirche galt nur für geistliche Dinge, jedoch dort sogar eingeschränkt durch den priesterlichen Charakter des Kaisers (bzw. Königs). Demgegenüber war die *„Freiheit der Kirche"* das Motto der Reform und ihr erklärtes Ziel. Daß von hier aus leicht Machtansprüche abgeleitet werden konnten, ergibt sich von selbst. Doch hat Humbert eine menschlich und geistig reine

Kirche auf Erden erstrebt. Das wird in der Anrufung des Heiligen Geistes am Beginn des *Dritten Buches gegen die Simonisten* deutlich. Schon auf der Frühjahrssynode von Reims 1049 fanden Humberts Forderungen z. B. nach freier Bischofswahl ihren ersten Niederschlag, ein Gedanke übrigens, der nie ausgestorben war, aber in Spannung zum germanischen Eigenkirchenrecht stand. Humberts Forderungen stellten einen ,,tiefen Eingriff in die gewohnheitsrechtlich bestehende Kirchenverfassung" dar (Hampe, 1953, 100). Später betont er, ,,Sache der Fürsten ist es nicht, Kirchen Gottes zu schaffen, sondern die geschaffenen zu verteidigen" (III, 15, 217).

Humberts Kampf folgt aus dem Wesen der Kirche, wie er sie versteht, aus ihrer unermeßlichen Bedeutung für Zeit und Ewigkeit.

2. In diesem Zusammenhang ist Humberts Kampf um den römischen Primat zu verstehen. Mit seiner Sentenzensammlung hat er dazu die kirchenrechtliche Grundlage gegeben. Daß die ,,Konstantinische Schenkung" kräftig für die Behauptung des Primats von Rom benutzt worden ist, versteht sich von selbst. Sie hatte auch den Rechtstitel für die Übertragung des Erzbistums Sizilien an ihn abgegeben.

Nicht erst bei Gregor VII., schon bei Humbert finden wir das *,,römische Prinzip"*: Allein der römische Stuhl schafft in allen Dingen endgültiges Recht. Die bisherigen Kirchenrechtssammlungen, auch die *Pseudoisidorischen Dekretalen,* atmeten episkopalen Geist. Durch Humberts Sentenzensammlung wird fast die ganze kirchliche Gesetzgebung Päpsten in den Mund gelegt. Was mit Rom nicht übereinstimmt, hat keine Gültigkeit. So verwarf Humbert im Streitgespräch mit Niketas das Konzil von 692, weil ,,der erste und apostolische Stuhl die Kapitel niemals angenommen hat".[6] Für Humbert ist Rom die Angel und das Haupt der ganzen Kirche, ihre Mutter und ihr Fundament. Der Stuhl Petri ist die oberste Instanz, von ihm können alle Sentenzen, die Bischöfe und Synoden aufgestellt haben, aufgehoben werden. Er kann von niemandem gerichtet werden, aber über alle richten. Er kann Bischöfe ab- und versetzen. Man kann Gott nicht zum Vater haben, wenn man nicht mit der Weltkirche, mit Rom in Einheit lebt. Humbert ist davon überzeugt, daß der Primat Roms von Christus gewollt ist. Der Papst ist Petrus heute.

Dem Primat Roms im Sinne der Freiheit der Kirche sollte auch das Papstwahldekret von 1059 dienen, das Humberts Handschrift trägt. Auch wenn es schon 1061 bei der nächsten Wahl nicht eingehalten worden ist, waren mit ihm Weichen für die Zukunft gestellt. Es hebt die Kardinalbischöfe hervor. Das kanonische Recht wird den Verhältnissen Roms angepaßt, Volk und Adel treten in den Hintergrund. Dem Kaiser wurde nur noch ein Bestätigungsrecht zuerkannt. Das mag als Kompromiß angesehen werden, doch waren auch kaiserlich Gesinnte bei der Synode zugegen. Stephan IX. war auf jeden Fall ohne Abwarten der kaiserlichen Zustimmung konsekriert worden. Das Dekret verwirklicht wesentlich Humberts Forderungen, daß die Bischöfe die Fürsten führen sollen, auf der obersten Ebene.

3. Die berühmteste Abhandlung Humberts sind zweifellos seine *Drei Bücher*

gegen die Simonisten. Die Simonie war seit 451 mit Strafen bedroht, trotzdem aber gang und gäbe. Gregor VI., ein Mann ernsten Lebenswandels, der Reform nahestehend, hatte dem berüchtigten Papst Benedikt IX. die Würde abgekauft, um ihn aus dem Amt zu entfernen. Dafür hatte Kaiser Heinrich III. auch ihn 1046 unerbittlich abgesetzt.

Humbert faßte den Begriff Simonie viel weiter als bisher. Jede Investitur, also Belehnung mit einem kirchlichen Amt, mit einem Bistum oder einer Abtei, durch einen Laien mit Ring und Stab, nannte Humbert Simonie. Sie kam aus dem germanischen Eigenkirchenrecht und war im 10. Jahrhundert im ganzen Abendland üblich geworden und versinnbildlichte die Oberhoheit des Landesherrn über die Kirche. Nur: Waren die Papsteinsetzungen Heinrichs III., also auch die Leos IX., im Grunde nicht auch Laieninvestitur?

In einem rigorosen Kampf hat Humbert die völlige Ungültigkeit simonistischer Weihen durchzukämpfen versucht. Nun war es katholische Lehre, daß keine Ordination wiederholt werden dürfe. Dieser Grundsatz wurde auch für simonistische Weihen geltend gemacht. Dem entgegnete Humbert, daß Simonie Häresie sei und ein Simonist keinen Heiligen Geist habe und deshalb ihn auch nicht spenden könne. Die Simonie erschien ihm im Kampf um die Freiheit der Kirche als Krebsgeschwür. Deshalb rang er um die freie Bischofswahl, deshalb 1059 um die freie Papstwahl. „Welches freie Urteil werden Klerus, Volk, Adel oder Metropolit über die Leiter einer Kirche haben können, die schon gegeben sind“, nämlich vom Fürsten (III, 6, 205)? Die Bischofswahl durch Klerus und Volk in Übereinstimmung mit dem Metropoliten ist ihm unverrückbare Norm. Auch den Fürsten gegenüber forderte er eine radikale Haltung. Die Zurückhaltung Heinrich III. gegenüber behielt er bis zu dessen Tode bei. Besonders aber gegen Heinrich I. von Frankreich und gegen die Ottonen richtete sich sein Zorn; diese hätten „mehr als alle Könige vor ihnen sich das priesterliche Amt angemaßt“ (III, 15, 217).

Wer schuldig geworden war, für den gab es keine Buße mehr, sondern nur noch Absetzung. Selbst wer unwissentlich von einem Simonisten geweiht worden war, wurde vom Amt dispensiert, künftig abgesetzt bzw. mußte durch neue Handauflegung (wieder) ordiniert werden. So bestimmte es die Ostersynode von 1060, die damit Humberts Forderung entsprach: „Wenn nach einem Häretiker ein katholischer (Bischof) weiht, so ist das die richtige und einzige Ordination und überhaupt keine Reordination.“ (I, 8, 110) Zu solchen *„Reordinationen“* ist es in der Tat gekommen. Während Petrus Damiani geneigt war, in seinem *„Liber gratissimus“* (1051) alle von Simonisten gespendeten Weihen als gültig, wenn auch für Simonisten selbst heilsunwirksam, anzuerkennen, betonte Humbert ihre völlige Ungültigkeit.[7] Hier standen sich zwei theologische Anschauungen innerhalb der Reformpartei gegenüber. Petrus Damiani ging von der Taufe aus. Wie Christus und nicht der Priester Urheber der Taufe sei, so auch der Ordination. Auf den Einwand hin, Simonisten seien Häretiker, unterschied er zwei Gruppen von Häretikern, solche, die im Glauben an die Trinität irren, und solche, die im Glauben an die Trinität mit der Kirche übereinstimmen. Die Ordination dieser Häretiker sei gültig, wie die der Novatianer einst als gültig anerkannt, aber die der Arianer von Innozenz I. verworfen worden waren. Auf diesen beruft sich nun Humbert: Die Dekretale *Ventum est* beziehe sich auf Häretiker, die im Glauben an den Heiligen Geist irrten. Er wird nicht müde darzulegen, daß die Simonisten den Heiligen Geist nicht haben und ihn darum auch nicht spenden können. Darum handele es sich auch nicht um Reordinationen, wenn von Simonisten Ordinierte (wieder) ordiniert werden. Die Simonisten haben nur die leere Form, aber nicht den Inhalt des Sakraments. Ihre Weihen sind „als vollkommen nicht geschehen zu betrachten": „Bei den Häretikern sind nur die sichtbaren Sakramente (d. h. Elemente) ohne irgendeine unsichtbare Heiligung, welche ohne Zweifel der Heilige Geist ist, zurückgeblieben" (II, 28, 174). Humbert will mit dieser im Grunde cyprianischen Sakramentstheologie in einer Linie mit Augustin stehen, der erklärt hatte, wer sich von der Kirche getrennt habe, könne den Geist Gottes nicht haben.[8] Darum sind ihre Sakramente gar keine Sakramente, selbst ihre Taufen sind null und nichtig.

War Humbert auch Theoretiker, so ging er doch von der Praxis aus und kämpfte darum, die Theorie wieder in Praxis umzusetzen. Das wird an seinem Ringen um die freie Bischofswahl deutlich. Er bestimmte die Investitur als geistlichen Akt. Die dabei verliehenen Zeichen, Ring und Stab, sind Sinnbilder des Hirtenamtes, durch sie wird das Bischofsamt verliehen. Einen besonderen Impetus erhielten Humberts Forderungen nach Beseitigung der Laieninvestitur durch die Tatsache, daß nach Heinrichs III. Tod seine Frau Agnes letztlich die Investitur vornahm.

Humbert hat die letzte Konsequenz gezogen. Jede Laieninvestitur ist Simonie und damit Häresie. Er ging so weit, den Widerstand des Volkes gegen Fürsten zu fordern, welche die Kirche vergewaltigen (III, 16, 218). Auf der Synode von 1059, auf der das Papstwahldekret erlassen und Berengar zum Widerruf gezwungen wurde, wurde den Klerikern verboten, ein Amt aus der Hand eines Laien, sei es mit oder ohne Geld, zu empfangen, und wurden die Laien zum Widerstand gegen ungehorsame Priester aufgerufen. Humbert hatte sich mit seinen Forderungen durchgesetzt.

4. Zuletzt sei auf Humberts Aussagen zum Abendmahl eingegangen.[9] Es handelt sich einmal um die Äußerungen im Kampf um die Azyma, das ungesäuerte Brot als Abendmahlselement, im Gegensatz zur Ostkirche, dann um die Aussagen im Abwehrkampf gegen Berengars Symbolismus. Auch die Stellungnahmen zur Abendmahlslehre sind also in konkreten Lehrstreitigkeiten entstanden.

Im 9. Jahrhundert hatte sich im Abendland die Verwendung von Azyma bei der Eucharistie durchgesetzt. Im Osten war man dabei geblieben, Prozymum, das gesäuerte Brot, zu gebrauchen. Im Osten wurde stets das Liturgische stark dogmatisch interpretiert. So entsprach es dem östlichen Empfinden, den entstandenen liturgischen Unterschied hochzuspielen, als man einen Streitpunkt gegen den Westen gebrauchen konnte. Neben vielen anderen angeblichen Judaismen empfand man im Osten die Azyma als jüdisch. Die Christen unterschieden sich von den Juden auch darin, daß sie bei dem aus dem jüdischen Paschamahl durch Christi Stiftung entstandenen Abendmahl eben nicht ungesäuertes Brot wie diese (Ex 12, Mk 14, 12) nahmen, sondern gesäuertes Brot. Für sie waren Azyma überhaupt kein Brot, nicht mit dem Heiligen Geist erfüllt, sondern ,,trockener Kot". Konsekrierte Azyma konnten deshalb für sie nicht Leib Christi sein.

Humbert fiel nun die Aufgabe zu, den Brauch der Westkirche theologisch zu begründen. Er empfindet zu Unrecht den Vorwurf der Griechen zuerst einmal als neu. Dann begründet er die Verwendung von Azyma exegetisch. Christus habe beim ersten Abendmahl in der Nacht, da er verraten war, die vom Gesetz vorgeschriebenen Azyma verwandt, sonst hätte er das Gesetz nicht erfüllt, sondern übertreten; dann wäre er am Kreuz auch nicht für unsere, sondern für seine eigenen Sünden gestorben. Christus hat aber in der Nacht seines Verrats das alte Pascha zelebriert und den Jüngern befohlen, ein neues zu feiern. Für Humbert ist das alte Pascha der Typos des Abendmahls, dieses die Erfüllung des Verheißenen. Weiter hält er das Azymum für das reinere, ursprünglichere Element; es ist ein Symbol der Reinheit und Wahrheit und weist auf die unbefleckte Empfängnis des Gottmenschen hin. Ein Teig, dem Sauerteig zugefügt sei, sei unrein. Stets sei der Sauerteig als Bild für schlechte Sitten gebraucht worden. Er begründet den Brauch auch etymologisch. Hatten die Griechen gesagt, Azymum könne nicht Brot genannt werden, da *,,artos"* von *,,airo"*, d. h. *,,heben"*, herkomme, so kann Humbert nachweisen, daß gesäuertes und ungesäuertes Brot unterschiedslos *,,artos"* genannt werde.

In diesem Zusammenhang kommt Humbert überhaupt auf das Verhältnis von Gesetz und Evangelium bzw. Altem und Neuem Testament zu sprechen.[10] Er ist bestrebt, die Kontinuität zwischen beiden Testamenten hervorzuheben, wobei er jedoch die Überhöhung des Alten durch das Neue Testament betont; es ist das gleiche und doch nicht das gleiche. Die Fülle des Gesetzes ist die Liebe. So hat Christus es erfüllt. In ihm geschieht der Übergang vom tötenden Buchstaben des Gesetzes zum lebendigmachenden Geist. Dabei ist Christus im Grunde ein neuer Gesetzgeber, das Gesetz wird durch das Evangelium nur umgestaltet: ,,Das Evangelium ist nichts anderes als die Auslegung des Gesetzes."

Sosehr Humbert die Azyma als das einzig rechtmäßige Abendmahlselement auch begründet, er anerkennt auch den Herrenleib im gesäuerten Brot, obwohl er in der *Exkommunikation* die Prozymiten Häretiker nennt, dies aber wohl weniger wegen ihrer Verwendung von Prozyma als vielmehr wegen ihrer Nichtübereinstimmung mit dem römischen Stuhl.

1059 mußte Berengar seine Abendmahlslehre in Rom widerrufen, die bereits vorher dreimal verworfen worden war. Man kann seine Abendmahlslehre so zusammenfassen: ,,1. Brot und Wein bleiben nach der Konsekration unversehrt auf dem Altar ... 2. Die Konsekration verändert also nicht die Beschaffenheit von Brot und Wein, sondern sie fügt ihnen einen zusätzlichen

Wert hinzu, der darin besteht, daß sie ‚Sakramente' oder ‚Zeichen' des Leibes und Blutes Christi sind ... 3. Es ist nötig, daß es eine Übereinstimmung zwischen den Sakramenten und den durch die Sakramente bezeichneten Realitäten gibt ... 4. Man kann sagen, daß durch die Konsekration Brot und Wein der wahre Leib und das wahre Blut Christi geworden sind."[11]

Demgegenüber hat Humbert Berengar gezwungen, seine Lehre zu widerrufen. Geschickt nimmt Humbert in dem *Eid,* den Berengar schwören muß, Ausdrücke auf, die Berengar bisher gelehrt hat. Ohne „kapernaitische" (vgl. Joh. 6) Wendungen oder Wandlungsaussagen, wie sie damals, vor der Dogmatisierung der Transsubstantiationslehre, im Zuge der Zeit gelegen hätten, zu gebrauchen, muß Berengar beschwören, daß nach der Konsekration Brot und Wein der wahre Leib und Blut Christi sind. Also Leib und Blut Christi und nicht nur Brot und Wein werden in Wahrheit angefaßt, gebrochen und mit den Zähnen zerrieben. In krasser Form wird damit die substantiale Gegenwart des Leibes und Blutes Christi betont, ohne sie zu erklären. Es geht Humbert um das Daß, nicht um das Wie der Gegenwart, während Berengar bei seinen Spekulationen über das Wie das Daß der Gegenwart verloren hatte. Humbert schließt in dem vorgelegten Eid nicht aus, daß auch nach der Konsekration Brot und Wein Brot und Wein bleiben, sie sind aber auch Christi Leib und Blut.

Bedeutsam ist, über die konkreten Streitigkeiten hinaus, einmal, daß Humbert die Siebenzahl der Sakramente bereits kennt (Kandler, 1971, 72–75), dann aber vor allem, daß er „den Leib Christi allein" als den Inhalt des Abendmahls bestimmt. Er durchbricht damit die Sicht des Abendmahls, die den Heiligen Geist als seinen heilswirkenden Faktor ansieht, wie dies in der Ostkirche, aber auch über Jahrhunderte hinweg im Abendland geschehen war. Humbert stellt dagegen Christus in den Mittelpunkt, wenn er auch an einer Stelle den Heiligen Geist einmal den Inhalt des Sakraments nennt und die Konsekration von Brot und Wein „durch Anrufung der ganzen Trinität" geschehen läßt. Als Sakramentsinhalt kann er aber auch den ganzen Christus, nicht nur Teile seines Leibes und Blutes sehen. Gegen Niketas betont er: „Wer das Brot Gottes ißt, ißt das Fleisch (Gottes) Christi, wer aber sein Fleisch ißt, der ißt Christus."

Das Brotbrechen deutet Humbert auf den Tod Christi und nennt das Abendmahl „das Sakrament des Herrenleidens". Da es Vergebung der Sünden bringt, ist es zugleich „lebendigmachendes Sakrament", das Freude bringt und uns zum Himmel emporhebt. Es ist die Speise der Gläubigen zwischen Christi erster und zweiter Ankunft. Nur die Glaubenden empfangen damit Leben, die Nichtglaubenden den Tod. So sehr er eine enge Verbindung zwischen dem Kreuzesopfer und dem jeweils gefeierten Abendmahl auch sieht, eine ausführliche Meßopferlehre ist bei Humbert nicht zu finden (ebd., 78–86).

III. Bedeutung

Die Bedeutung Humberts liegt vor allem darin, der Kirchenreform des 11. Jahrhunderts das theologische Material für ihren Kampf um die Freiheit der Kirche geliefert zu haben. Die weitere Entwicklung, die besonders mit dem Namen Papst Gregors VII. verbunden ist, ist ohne Humberts Schriften und ohne sein Wirken undenkbar. War es auch zu seinen Lebzeiten noch nicht zum großen Kampf mit dem abendländischen Kaisertum im sogenannten *Investiturstreit* gekommen, so entsprach Gregors VII. Angriff 1075 gegen Simonie und Laieninvestitur und die Aufforderung zum ,,kirchlichen Streik" der Laien (Hampe, 1953, 128) gegen simonistische Priester Humberts Forderungen zwei Jahrzehnte früher. Sicher ist Gregor VII. die berühmtere Persönlichkeit, aber sein Stern ging erst nach Humberts Tod auf. Er ist der Vollstrecker der Forderungen Humberts geworden.

Es ist bisher nicht genügend beachtet worden, daß die Kirchenreform von der Klosterreform ausging. Das wird daran deutlich, daß es von Anfang an um die Sicherstellung der Klosterfreiheiten ging, um die Bekämpfung der Priesterehe unter Betonung des gemeinsamen Lebens der Priester und um die Betonung des Gehorsams.

Das Leben Humberts war ,,ganz dem Dienst des Papsttums geweiht". Für seine *Kirchenrechtssammlung,* die erste der Reform, hat er die Quellen, echte und gefälschte, so ausgewählt, formuliert, zusammengeordnet und zu gesteigerter Wirkung gebracht, daß in ihr die Reformpartei das nötige Handwerkszeug im Kampf um die Freiheit der Kirche parat hatte. In all seinen Überlegungen und Kämpfen stand als Garant dieser Freiheit der römische Primat. Das ist in seinem Kampf gegen die Simonie, gegen die Ostkirche, ja auch für die Azyma und gegen Berengar deutlich geworden. Für den Kampf scheinen Humbert fast alle Mittel erlaubt gewesen zu sein. Die Vorwürfe gegen die Griechen waren zum Teil maßlos, mit Niketas und auch mit Michael Kerullarios ist er sicher nicht brüderlich umgegangen. Aber seinen Kampf für die Freiheit der Kirche sah er begründet im Wesen der Kirche, wie er sie verstand, von ihrer unermeßlichen Bedeutung für Zeit und Ewigkeit.

Die Begründung der Azyma war geschickt. Überlegen hat er die ostkirchlichen Angriffe theologisch abgewehrt. Alle späteren Erörterungen dieser Streitfrage zwischen Ost- und Westkirche haben das Niveau der Schriften Humberts nicht überboten. Im Streit um Berengars Abendmahlslehre gelang es ihm, Berengar einen Eid abzuverlangen, der die kirchliche Lehre in kraßrealistischer Form aussprach. Zugleich mit diesen zeitbedingten Äußerungen erfolgen seine über die Zeit hinausweisenden Aussagen über die Konsekration von Brot und Wein, über den Sakramentsinhalt, den er als ,,den Leib Christi allein" bestimmt, und über die Wirkung des Abendmahls, des ,,Sakraments des Herrenleidens", das Leben und Freude in dieser Zeit für die Ewigkeit bringt.

IV. Weiterwirkung

Humbert ist die stärkste Kämpfer- und Führernatur des Westens um die Mitte des 11. Jahrhunderts gewesen, eine von ihren Ideen hingerissene Persönlichkeit, die die hochmittelalterliche Vorherrschaft der Kirche über den Staat angebahnt hat. Man hat Humbert den „Sturmvogel der päpstlichen Reform" genannt und einen „Ketzerhammer gegen die Simonisten" (Michel, 1943/1952, VII). Zweifellos war er „einer der leidenschaftlichsten Verfechter des päpstlichen Primatsanspruchs" (Kottje, 89). Sein rigoroser Papalismus führte ihn dazu, die Gesundheit des gesamten Leibes der Kirche vom Zustand Roms abhängig zu sehen. Die Entscheide des Papstes sollten für die ganze Kirche Richtschnur sein; niemand könne ihn zur Rechenschaft ziehen, außer er irre vom Glauben ab. Alle Gewalt in der Kirche ist nur Teilhabe an der päpstlichen Gewalt. Gewiß hat Humbert „erheblichen Anteil am Aufbruch des neuen Denkens in der Kirche" (ebd., 74). Es kann nicht übersehen werden, daß der *Dictatus papae* Gregors VII., eine Zusammenstellung von 27 Leitsätzen, wesentlich die Gedanken Humberts enthält. Gerade auch seine Petrusmystik, seine Anschauung, Petrus wirke in ihm und bevollmächtige ihn zu uneingeschränkter Autorität über die ganze Kirche, hat Gregor von Humbert. Schon bei ihm finden wir den Gedanken, daß der Papst in Petrus die Zügel im Himmel und auf Erden in der Hand hat. Die Entwicklung des kirchlichen Lehramtes bis hin zur Unfehlbarkeit des Papstes hat bei Humbert ihren Ausgang genommen.

Sein rigoristischer Kirchenbegriff, von cyprianisch-augustinischem Geist geprägt, hat sich zuletzt nicht durchsetzen können. Die Simonie blieb zwar verworfen, insofern hatte Humberts Kampf bleibenden Erfolg. Aber daß Weihen der Simonisten nicht nur für die Schuldigen heilsunwirksam, sondern grundsätzlich ungültig seien und deshalb von Simonisten Ordinierte nicht ordiniert seien und keine Sakramente spenden könnten, hat sich auf die Dauer nicht gegen Petrus Damianis Gegenposition durchsetzen lassen. Doch hat Humbert bleibenden Erfolg damit gehabt, daß die Sakramente von weltlichen Einflüssen unabhängig verwaltet werden müßten.

Tragisch blieb der Bruch mit der Ostkirche. Die Unterschiede in der Liturgie, die Vertiefung der geistigen Gegensätze durch politische Ereignisse und gewiß auch ungeschicktes, ja schuldhaftes Verhalten auf beiden Seiten hat zu den Ereignissen vom 16.–20. Juli 1054 geführt. Der Bruch sollte über 900 Jahre hinweg andauern. Das hat sicher keiner der Beteiligten damals angenommen, aber es wird deutlich, wie tief die gegenseitige Entfremdung vorangeschritten war. Es war der Endpunkt einer langen Entwicklung. Inzwischen ist zwar nicht das *Schisma* beendet, aber der Bann über Michael Kerullarios ist am 7. Dezember 1965 während des II. Vatikanischen Konzils aufgehoben worden. Damals ist Humberts Name selbst in den Massenmedien zu hören gewesen.

Humberts theologische Begründung der Azyma als Brotelement im

Abendmahl war ebenso originell wie erschöpfend. Humberts Formel, die Berengar 1059 beschwören mußte, war erfolgreich, zugleich aber auch bis heute heftig umstritten. Die abendländische Kirche des Mittelalters verdankt ihre Abendmahlslehre der Auseinandersetzung mit Berengar, wobei Humberts Formel ihr die Grundlage gegeben hat. Die Antiberengarier haben seine Formel weitgehend ihren Überlegungen zugrunde gelegt und auf ihr aufgebaut. Sie faßt zusammen, was bis 1059 von kirchlicher Seite aus gegen Berengar festgehalten werden mußte, nämlich die „Realpräsenz" des Leibes und Blutes Christi. Zugleich aber gab sie die Grundlage für den weiteren Ausbau der kirchlichen Lehre, etwa wie das Brotbrechen zu verstehen sei, ob etwa der Leib Christi selbst gebrochen werden könne, wie sich die Elemente Brot und Wein zur Wahrheit des Leibes und Blutes Christi verhielten. Daß in jedem Element mit Christi Leib und Blut der ganze Christus gegenwärtig sei und daß die Wirkung des Heiligen Geistes auf die Vergegenwärtigung des Leibes und Blutes Christi ausgeschaltet wird, diese Aussagen in seinem Streit mit der Ostkirche blieben für den Westen gültig. Noch heute steht aber die römisch-katholische Theologie dem Eid Berengars kritisch gegenüber und tadelt ihr unzulängliches Substanzverständnis. Luther dagegen hat ihn als Zeugnis der Realpräsenz des Leibes und Blutes Christi lobend erwähnt.[12] Humberts Abendmahlslehre bedeutet eine Wende, durch sie erhält die abendländische Abendmahlslehre ihre realistische Ausformung und ihre Ausrichtung auf die Heilswirksamkeit des Sakraments.

Richard Heinzmann

ANSELM VON CANTERBURY

(1033/1034–1109)

Im allgemeinen Bewußtsein verbindet sich mit dem Namen Anselm von Canterbury vor allem der seit Kant so genannte ontologische Gottesbeweis; jener berühmte Gedanke, Gott sei „etwas, über das hinaus Größeres nicht gedacht werden kann: aliquid quo nihil maius cogitari potest". Bis in die moderne Philosophie hinein hat dieser Gedanke immer wieder die Geister beschäftigt, bald vorbehaltlose Zustimmung, bald ebenso entschiedene Ablehnung erfahren. Anselm hat mit dieser genialen Entdeckung der Philosophie ein bleibendes Thema gegeben und ist selbst damit in die Geschichte der Philosophie eingegangen. Es war aber nicht das Denken Anselms, dem die Aufmerksamkeit galt und gilt, sondern nur dieser eine Gedanke; man hat ihn abgelöst von seinem Ursprung, in je anderen und neuen Zusammenhängen und Systemen bedacht. So hat die Geschichte dieses Gedankens so weit von Anselm selbst weggeführt, daß es heute, wenn überhaupt, nur unter großen Anstrengungen gelingt, zu seinem ursprünglichen Sinn zurückzufinden, zu sehen, daß Anselm nicht Philosoph, sondern Theologe ist, was natürlich Philosophie einschließt, und daß auch sein berühmtes Argument von diesem theologischen Ansatz nicht isoliert werden darf, wenn es das sein soll, was Anselm damit wollte und meinte.

Wenn hier von Klassikern der Theologie gehandelt werden soll, dann muß Anselm von Canterbury an zentraler Stelle stehen. Es ist nicht so, daß er auch dazu etwas zu sagen hätte, sondern diese Problematik ist sein eigentliches Thema; er ist einer der ganz großen theologischen Denker, und dies sowohl im praktischen Vollzug von Theologie wie auch in der theoretischen Reflexion. Dieser Sachverhalt war wohl gemeint, wenn man ihm den Ehrentitel *Vater der Scholastik* gegeben hat. Seitdem Martin Grabmann in seiner Geschichte der scholastischen Methode diese irreführende und von seinen eigenen Ausführungen nicht gestützte Bezeichnung übernommen hat, findet man, von ganz wenigen Ausnahmen abgesehen, kaum einen Aufsatz über Anselm von Canterbury, in dem diese Bezeichnung nicht zur Charakterisierung Anselms und seines Denkens wiederholt wird. Gleichwohl sind dagegen so schwerwiegende Bedenken geltend zu machen, daß das berechtigte Anliegen solcher Ehre richtiger zum Ausdruck gebracht wäre, wenn man diesen umfassenden Anspruch zurücknähme und in Anselm nur einen bedeutenden Wegbereiter, aber eben nur einen Wegbereiter unter anderen der philosophisch-theologischen Scholastik sieht. Der hohen Bedeutung Anselms wird damit in keiner Weise Abbruch getan. Man wird aber der Scholastik und Anselm auf solche Weise gerechter. Denn vieles ist für die Scholastik kennzeichnend, was wir bei Anselm nicht finden; anderes gibt es bei ihm, was für die Scholastik gerade nicht charakteristisch ist. In jedem Fall ist es methodisch unzulässig, undifferenziert von Anselm auf die Scholastik oder von der Scholastik auf Anselm zu schließen. Wenn man ihn auch nicht ohne weiteres mit der Scholastik identifizieren darf, so kann man seine Persönlichkeit und sein Denken doch nur im Horizont und auf dem Hintergrund dieses umfassenden geistesgeschichtlichen Aufbruchs verstehen und angemessen würdigen. So ist es für den Gang dieser Überlegung, der die Aufgabe gestellt ist, den Ansatz seines Denkens und damit seinen Grundgedanken zu entfalten, erforderlich, wenigstens andeutend die Ansätze und die Impulse jenes Prozesses zu skizzieren, der über die Vor- und Frühscholastik in der Hochscholastik schließlich zur vollen Entfaltung kam. Die Entwicklung der theologischen Scholastik ist ja vornehmlich Geschichte des theologischen Denkens.

I. Geistesgeschichtlicher Hintergrund

Im historischen Verständnis, als Bezeichnung für diese geistige Bewegung des lateinischen Mittelalters, ist mit dem Begriff Scholastik keinerlei Wertung, schon gar keine Abwertung verbunden. Diese Epoche hat sich selbst dem Wort und der Sache nach so verstanden: als Wissenschaft der Schule. Es ist dies die spezifisch mittelalterliche Gestalt von Wissenschaft ganz allgemein. Vor der Theologie wurden Philosophie, profane und kirchliche Rechtswissenschaft wie auch die Medizin nach scholastischer Methode betrieben. Lehren und Lernen sind das Anliegen, die Funktion der Vermittlung der Impuls dieser Art von Wissenschaft. So geht von der Schule der Begriff auf die dort geübte und praktizierte Methode des Erwerbs und der Vermittlung von Wissen über. Diese Arbeit vollzieht sich an Texten und ist auf solche Weise der Autorität und der Tradition verbunden. Zugleich soll aber mehr geleistet werden, als es in der Zeit zwischen Patristik und Scholastik, einer fast ausschließlich rezeptiven Epoche, der Fall war. Da begnügte man sich, zu exzerpieren, zu kompilieren und grammatisch zu erklären. Zahllose Sentenzensammlungen belegen diese Arbeit. Eine echte geistige Auseinandersetzung und Aneignung kam dabei jedoch kaum zustande. Auch die in dem monastischen Bibel- und Väterstudium geübte mehr meditativ-mystische Beschäftigung mit der Tradition wurde dem neuen Anspruch nicht gerecht. Diese dient nämlich primär der subjektiven und persönlichen Vervollkommnung, nicht so sehr der objektiven Wissensvermittlung.

Da es der scholastischen Texterklärung nicht um den Wortlaut geht, sondern um den Sinn, die Aussage der Texte, erheben sich naturgemäß Fragen, und so erhält die quaestio ihre zentrale Stellung in dieser Methode. Wenn eine

Autorität mehrdeutig ist, wenn es Divergenzen verschiedener Autoritäten zur gleichen Sache gibt oder wenn zwei Autoritäten sich direkt widersprechen, dann bedarf es einer unterscheidenden und entscheidenden Instanz, die jetzt aber nicht wieder eine andere Autorität sein kann. Diese Instanz ist die ratio, die Vernunft, der auf solche Weise im strengen Sinne des Wortes entscheidende Bedeutung in der Scholastik zukommt. Jede Autorität muß jetzt ihren besonderen Rang ausweisen oder sich vor der ratio rechtfertigen. Dem Magister steht es schließlich zu, das richtige Verständnis festzulegen, zu determinieren. Dabei ist er aber nicht nur Interpret eines Textes oder einzelner auctoritates; das Problem selbst steht zur Frage und fordert und erhält eine Antwort. Dieser Prozeß wissenschaftlicher Erkenntnis findet in der klassischen Form der quaestio, wie sie etwa bei Thomas von Aquin voll ausgebildet ist, seine literarische Form: Nach der Aufstellung der Frage wird in den einleitenden Argumenten das Wissen der Vergangenheit aufgenommen, Autoritäten pro und contra kommen zu Wort. Damit wird die Problematik entfaltet und zugleich historisch belegt. Im Horizont der auf solche Weise eingebrachten Tradition wird in der Antwort die Problematik vertieft und durch den Magister entschieden. Abschließend wird dann zu den einzelnen Argumenten Stellung bezogen.

Der kritische Einsatz der ratio im Umgang mit der auctoritas hat jedoch die hohe Achtung vor der Tradition nie in Frage gestellt. Es kommt darin nur die Überzeugung zum Ausdruck, daß wirkliche Aneignung und damit verbunden Weitergabe nur in kritischer Auseinandersetzung möglich sind. Das Bewußtsein, wie Zwerge auf den Schultern von Riesen zu stehen (Bernhard v. Chartres), deren Wissen es sich anzueignen und zu vermitteln gilt, macht die Offenheit dieser Epoche aus und ermöglicht zugleich jenen in ihr sich vollziehenden umfassenden Rezeptionsprozeß.

So wie die Strukturen dieses Denkens von den Bedürfnissen und Erfordernissen der Schule bestimmt sind, so sind auch die eigentümlichen literarischen Formen weitgehend aus dem Unterricht herausgewachsen: Die Kommentare, Sentenzensammlungen, Sentenzenkommentare (zu den Sentenzen des Petrus Lombardus), Quaestionensammlungen und schließlich die großen systematischen Summen des 13. Jahrhunderts.

Für die Theologie gewinnt die Scholastik insbesondere dadurch überragende Bedeutung, daß sie jetzt erst zur Wissenschaft wird, zu einem nach methodischen Grundsätzen erarbeiteten und durchreflektierten System des Glaubenswissens. Damit sind jedoch für die Theologie dieser Zeit auch besondere Schwierigkeiten und Probleme verbunden. Die auctoritas in der Theologie ist letztlich nicht irgendeine Autorität, sondern die Autorität Gottes, das Wort Gottes selbst, das im Glauben vernommen wird. Damit gewinnt das Problem auctoritas-ratio im Vergleich zu anderen Disziplinen im Raum der Theologie eine völlig neue Dimension: Es impliziert das Verhältnis Gottesweisheit – Weltweisheit, Theologie – Philosophie, Gnade – Natur. Naturgemäß gewinnt damit das jeweilige philosophische Vorverständnis in der Theologie hohes

Gewicht. So tritt die scholastische Wissenschaftlichkeit in Gegensatz zu dem neuplatonisch-augustinischen Weltverständnis mit seiner starken Jenseitsorientierung und der damit verbundenen Abwertung der konkreten Wirklichkeit, die nur Symbol, Bild, Metapher und Hinweis auf das jenseitig Eigentliche ist. Die Aufwertung der menschlichen ratio, die sich im begrifflichen Denken anzeigt, leitet eine Entwicklung ein, welche schließlich unter dem Einfluß der aristotelischen Philosophie im 13. Jahrhundert zu einem völlig neuen und positiven Weltverständnis führt. Thomas von Aquin hat die Eigenwirklichkeit der Welt als Schöpfung und damit eben auch der menschlichen ratio mit großem Nachdruck herausgearbeitet. Die Verhältnisbestimmung von Glauben und Wissen, von fides und intellectus wird damit zu dem Thema, welches diese Epoche durchzieht. Schon Boethius, der in vielfacher Hinsicht von hoher Bedeutung für das Werden der Scholastik ist, vor allem als Vermittler aristotelischer Logik, hatte es als Aufforderung formuliert: „fidem, si poteris, rationemque coniunge" (Verbinde, wenn du kannst, Glauben und Vernunft) (*Utrum pater et filius ac spiritus sanctus de divinitate substantialiter praedicentur,* PL 64, 1302). Von dieser formalen Bestimmung her läßt sich dann aber auch das Ende dieser Epoche damit charakterisieren, daß die Verbindung von Glauben und Wissen wieder zerbricht, daß man beide Dimensionen bewußt trennt.

Wenn nun in solcher Weise das methodisch durchgeführte Bemühen der Verbindung von fides und ratio für die scholastische Theologie charakteristisch ist, dann ist einsichtig, daß eben die Philosophie in der Gestalt der ratio dabei eine maßgebliche Rolle spielt. In der frühen Phase dieser Entwicklung, der Vor- und Frühscholastik, ist die Philosophie identisch mit der Dialektik oder Logik, einer der septem artes liberales (der sieben freien Künste). Sie bietet das methodische Instrumentarium, die Technik für die formalen Operationen an den Texten. Schon Augustinus hatte sie als Handwerkszeug zum Verständnis der Heiligen Schrift empfohlen.

In der Mitte des 12. Jahrhunderts wird dann die ganze aristotelische Logik (logica vetus et nova), vor allem aber die Lehre vom Beweis bekannt. Mit der Rezeption der metaphysischen Schriften des Aristoteles einschließlich seiner arabisch-jüdischen Kommentatoren erhält diese ganze Entwicklung noch einmal einen neuen und einschneidenden Impuls, der in den großen Synthesen des 13. Jahrhunderts seinen Niederschlag und in der Gründung der Universität ihren schulischen und organisatorischen Ausdruck findet.

Der Grundsatz scholastischer Theologie, der methodische Versuch einer positiven Verhältnisbestimmung von fides und ratio, war von Anfang an keineswegs unumstritten. Vor allem in monastischen Kreisen mit ihrer starken Traditionsgebundenheit stand man dem Bemühen eher skeptisch, wenn nicht ablehnend gegenüber. Diese Haltung ist verständlich, wenn man an die formallogischen Spielereien der Hyperdialektiker denkt, die mit den Syllogismen rein mechanisch mit Worten Probleme lösen wollten, ohne Einblick in die tieferen Zusammenhänge. Die Kritik der Antidialektiker, als Gegenbewegung hervorgerufen, hatte es leicht, dagegen anzutreten. Zugleich zeigt sich dabei aber, daß die Motive solcher Ablehnung und damit die eigentliche Problematik tiefer liegen. Petrus Damiani (1007–1072), der bekannteste unter den Antidialektikern des 11. Jahrhunderts, äußert sich aus seiner pessimistisch-heilsgeschichtlichen Sicht des Menschen heraus ganz unmißverständlich, die reine Philosophie sei eine Erfindung des Teufels, die Gesetze der Logik seien vor Gott ungültig, alles müsse der Theologie unterworfen werden (Petrus Damiani, *De sancta simplicitate,* PL 145, 695). Hier wird deutlich, daß es um mehr und anderes geht als die Zurückweisung extrem dialektischer Entartungserscheinungen. Auch eine sinnvolle Anwendung der Dialektik in der Theologie wird verworfen.

Im 12. Jahrhundert wiederholt sich diese Kontroverse, jetzt auf höherem Niveau zwischen Peter Abaelard mit seiner programmatischen Schrift *Sic et non* und Gilbert von Poitiers auf der einen und Bernhard von Clairvaux und Wilhelm von Saint Thierry auf der anderen Seite. Es sind zwei verschiedene Ansätze von Theologie: die in höherem Maße in der neuplatonisch-augustinischen Tradition stehende monastische und die scholastische Theologie.

Zur Überwindung des ersten erbitterten Streites zwischen Dialektikern und Antidialektikern im 11. Jahrhundert hat neben anderen vor allem Lanfranc (1089) beigetragen. Er war für den Einsatz der Dialektik in der Theologie und praktizierte dies auch, sah aber gleichzeitig die berechtigten Anliegen der anderen Seite, griff diese auf und bahnte damit einer ausgewogenen Verhältnisbestimmung von Glauben und Vernunft den Weg.

In dieser Phase der Entwicklung der scholastischen Theologie, am Übergang also von der Vor- zur Frühscholastik, und aus diesem Kontext heraus wird nun der Mönch Anselm von Canterbury, der Schüler Lanfrancs, seinen alle bisherigen Versuche weit überragenden exemplarischen Beitrag zum theologischen Denken leisten.

II. Leben

Über das Leben und die kirchliche Wirksamkeit des heiligen Anselm sind wir recht gut unterrichtet. Die Hauptquellen sind die beiden Werke seines Schülers, Sekretärs und Biographen Eadmer: *Vita sancti Anselmi archiepiscopi Cantuariensis* (ed. Southern) und die *Historia novorum in anglia* (ed. Rule). Daneben kommt aber auch der umfangreichen *Briefsammlung* Anselms als Quelle hohe Bedeutung zu.

Anselm wurde im Jahre 1033 oder 1034 in Aosta im nördlichen Piemont geboren. Sein Vater Gundulf kam aus der Lombardei, seine Mutter Ermenberga aus Aosta. Beide Elternteile stammten aus Adelsfamilien. Sie führten ein feudales Leben, das jedoch durch den Lebenswandel des Vaters belastet war. Die häuslichen Auseinandersetzungen und vor allem der Tod der Mutter, die großen Einfluß auf die religiöse Erziehung Anselms hatte, waren wohl der

Anselm von Canterbury (1033/1034–1109)

Anlaß dafür, daß Anselm seine Familie verließ. Sein Studienweg führte ihn durch Burgund und Frankreich, schließlich in die Normandie nach Bec in die Klosterschule seines Landsmannes Lanfranc. Mit siebenundzwanzig Jahren trat er dort als Novize in den Benediktinerorden ein. Schon drei Jahre später 1068 übernahm er nach dem Weggang von Lanfranc als Prior in Bec die Leitung der Klosterschule. Nach dem Tode des Abtes wurde er in dieses Amt gewählt und empfing 1079 die Abtweihe. Bereits als Prior und noch mehr als Abt hatte er vielfältige Aufgaben auch außerhalb der Abtei wahrzunehmen. Nachdem Lanfranc 1070 zum Erzbischof von Canterbury erhoben worden war, hat er Mönche von Bec zu sich gerufen, um mit ihnen die Reform der Kirche Englands voranzutreiben. Von fünf durch Anselm neugegründeten Prioraten lagen zwei in England. Auf einer seiner Visitationsreisen lernte er den angelsächsischen Mönch Eadmer kennen, den er als Sekretär verpflichtete. In der Zeit, die Anselm der Schule und dem Konvent in Bec vorstand, entfalteten sich dort in gleichem herausragenden Maße Wissenschaft und geistliches Leben. Als sich Anselm 1092/93 in Angelegenheiten seines Klosters in England aufhielt, wurde er unter sehr fragwürdigen Umständen als Nachfolger von Lanfranc, der schon vier Jahre vorher gestorben war, Erzbischof von Canterbury. Obwohl er gegen seinen ausdrücklichen Willen mit physischer Gewalt dazu gezwungen worden war, übernahm er schließlich das Amt. Am 4. Dezember 1093 wurde er geweiht. Als Erzbischof von Canterbury war Anselm gleichzeitig Primas der in 15 Diözesen gegliederten Kirche Englands.

Anselm empfand dieses Amt, für das er sich in keiner Weise geeignet fühlte, als große Last, und es brachte ihm in der Tat vielfältige Lasten. Im Investiturstreit kämpfte er für die Rechte des Papsttums und für die Freiheit und Unabhängigkeit der Kirche vom englischen König. Dabei standen häufig auch seine Mitbischöfe auf der gegnerischen Seite. Zweimal mußte er für je drei Jahre ins Exil gehen. 1107 wurde schließlich im Konkordat von London diese Auseinandersetzung mit einem Kompromiß beendet. Die innerkirchliche Kontroverse um den Primatsanspruch des Erzbischofs von Canterbury vor allem gegenüber dem Erzbischof von York konnte Anselm nicht mehr zu Ende führen. Den Reformbemühungen Anselms im äußeren Bereich des Verhältnisses von Kirche und Staat entsprachen seine Bemühungen um die innere Reform, die geistige und geistliche Erneuerung des Klerus. Mit großer Anstrengung arbeitete er für die Durchsetzung der gregorianischen Reform. Daß er dabei die vita religiosa der Mönche zum Modell des Klerus nahm, ist neben äußeren Umständen einer der inneren Gründe des Scheiterns dieser Bemühungen. Am 28. April 1109 starb Anselm. In seiner Kathedrale wurde er neben seinem Amtsvorgänger Lanfranc beigesetzt.

III. Werke

Das literarische Werk – es liegt in einer von Franziskus Salesius Schmitt OSB durchgeführten vorbildlichen kritischen Neuausgabe vor – ist nicht sehr umfangreich und läßt sich deshalb relativ gut überblicken. Es zeichnet sich durch beachtliche innere Kontinuität aus; seine bewegte Lebensgeschichte hat darin keinen Niederschlag gefunden. Auch wenn man von einer ersten Schaffensperiode in Bec (1063–92) und einer zweiten als Erzbischof von Canterbury (1093–1109) spricht, so ist diese Einteilung rein von außen an das Werk herangetragen; es entspricht ihr keine innere Zäsur im Denken Anselms.

Nicht nur durch den Biographen, sondern vor allem auch durch Anselm selbst in den Prologen zu den einzelnen Schriften erhalten wir wichtige und ausführliche Informationen über deren Entstehungsgeschichte.

Anselms erstes Werk, *Monologion* (Selbstgespräch), trug zunächst den Titel *Ein Beispiel des Nachdenkens über die Begründung des Glaubens (Exemplum meditandi de ratione fidei)*. Es handelt von der Existenz Gottes, seinen Eigenschaften und der Trinität. Auch das *Proslogion (Anrede)* trug zunächst eine andere sehr bezeichnende und für das Denken Anselms aufschlußreiche Überschrift: *Fides quaerens intellectum (Der Glaube, der nach Einsicht sucht)*. In diesem Traktat entfaltet Anselm sein berühmtes Argument, das er dann in seiner Widerlegung *(Quid ad haec respondeat editor ipsius libelli)* der Einwände Gaunilos *(Quid ad haec respondeat quidam pro insipiente)* verteidigt und vertieft. Während diese beiden Opuscula für die Mitbrüder geschrieben wurden, sind die folgenden genannten Werke aus der Unterrichtstätigkeit herausgewachsen: *De grammatico, De veritate, De libertate arbitrii, De casu diaboli*. Gegen Roscellin von Compiègne richtet sich die *Epistola de incarnatione verbi (Ein Lehrbrief über die Menschwerdung des Wortes)*. Mit derselben Thematik befaßt sich Anselm in der christologischen Untersuchung *Cur deus homo (Warum Gott Mensch wurde)*. Die Erlösungslehre ist Gegenstand der Schrift *De conceptu virginali et de originali peccato (Über die jungfräuliche Empfängnis und die Erbsünde)*. Neben den Traktaten *Über den Hervorgang des Heiligen Geistes (De processione spiritus sancti)* und *Über die Vereinbarkeit des Vorherwissens, der Vorausbestimmung der Gnade Gottes mit dem freien Willen (De concordantia praescientiae, praedestinationis et gratiae dei cum libero arbitrio)* sind vor allem noch Anselms zahlreiche *Orationes sive Meditationes* und das umfangreiche Korpus seiner *Briefe* zu nennen. Daß Anselm als literarische Form sehr häufig den Dialog wählt, ist für sein Denken sehr bezeichnend.

IV. Theologische Methode

Anselm von Canterbury ist in seinem ganzen Denken und Werk, und das ist seine ausgesprochene Absicht, an Augustinus orientiert. Es ist deshalb nur eine innere Konsequenz, wenn er sich auch mit seinem theologischen Programm:

„credo ut intelligam“ (ich glaube, damit ich einsehe) Augustinus anschließt und damit diesen seinen methodischen Ansatz zugleich in der Schrift (Isaias 7, 9) begründet. In seinem Verständnis der Theologie als intellectus fidei (Glaubenseinsicht) kommt sein wissenschaftliches Programm ebenso zum Ausdruck wie in dem ursprünglichen Titel des *Proslogion: „fides quaerens intellectum“ (Glaube auf der Suche nach Einsicht).* Gegenüber Augustinus, dessen Theologie noch mehr von der *meditatio* bestimmt war, wenngleich natürlich das diskursive Denken nicht fehlte, ist das Neue und in die Zukunft Weisende dieses der Tradition entnommenen Ansatzes bei Anselm seine konsequente Durchführung und die stärkere Betonung der ratio, was sich vor allem in den rationes necessariae (den notwendigen Gründen) manifestiert, wovon später zu sprechen sein wird. Es geht Anselm dabei nicht nur um die einzelnen Glaubensinhalte, sondern auch um die systematische Erhellung der Kohärenz des Ganzen des Glaubens.

Alle methodischen Aussagen Anselms lassen ebenso wenig wie der praktische Vollzug von Theologie bei ihm einen Zweifel daran, daß für ihn der Glaube die unabdingbare Voraussetzung, der Ausgangspunkt und die bleibende Norm solchen denkenden Bemühens ist.

Die Begriffe fides und credo umfassen, und darauf ist sorgsam zu achten, zwei Dimensionen, den subjektiven wie den objektiven Bereich, den Glaubensakt als fides qua ebenso wie den Glaubensinhalt, die fides quae. Theologie als intellectus fidei ist Einsicht aus dem Glauben in den Glauben. Der Glaube ist demnach in doppelter Hinsicht Voraussetzung. Die Theologie entnimmt den Gegenstand, den Inhalt und die Befähigung zum Vollzug der Einsicht aus dem Glauben. Es genügt deshalb nicht, in neutraler Distanz Glaubensinhalte wie Axiome entgegenzunehmen, um diese dann mit den Gesetzen des Denkens zu erfassen und miteinander zu verknüpfen. Durch das Denken von theologischen Inhalten ist noch kein theologisches Denken gegeben. Das Denken selbst als solches muß von innen heraus eine theologische Qualität erhalten. Anselm sieht und versteht den Menschen nicht in einer philosophisch-metaphysischen, theologisch irrelevanten Wesensbestimmung, sondern in seiner konkreten postlapsarischen heilsgeschichtlichen Lage, d.h. in seinem durch die Sünde gebrochenen Verhältnis zu Gott. Daß diesem Sachverhalt grundlegende Bedeutung zukommt, manifestiert sich unter anderem darin, daß Anselm gerade sein methodisch grundlegendes Werk, das *Proslogion,* mit einem umfassenden Bekenntnis zu dieser heilsgeschichtlichen Lage des Menschen beginnt (cap. 1, Opera omnia I, 97–100). Der gefallene Mensch, der homo incurvatus, ist nicht nur in seinen sittlichen Kräften, sondern auch in seiner rationalen Fähigkeit, zumal im Hinblick auf die Gotteserkenntnis, erheblich beeinträchtigt. Vor dem Sündenfall hätte er auch zur Erkenntnis Gottes des Glaubens nicht bedurft. In der postlapsarischen Situation ist für den Menschen jedoch eine eigene erneute Befähigung erforderlich, um der Frage nach Gott im weitesten Sinne in angemessener Weise nachgehen zu können: diese Befähigung geschieht im Akt des Glaubens, theologisch gesprochen im rechtfertigenden Glauben im umfassenden Verständnis. Der durch den Glauben gereinigte und erleuchtete und in seiner Kraft wieder hergestellte Intellekt ist das Subjekt möglicher Theologie (*Epistola de incarnatione verbi,* cap. 1, op. omnia I, 3–10). Weil in solcher Weise die Glaubenseinsicht Gabe Gottes ist, der den menschlichen Intellekt dazu befähigt, leitet sich daraus nach Anselm geradezu eine Verpflichtung für den Menschen ab. Es wäre für ihn eine Nachlässigkeit, wenn der Mensch der begrifflichen Anstrengung und Mühe, das Geglaubte zu verstehen, ausweichen würde (*Cur deus homo,* lib. I, cap. 1, op. omnia II, 47–49). Der Mensch ist aufgerufen, über das einfache Entgegennehmen des Glaubens hinaus fortzuschreiten, zur Einsicht in den Glauben. Die Glaubenseinsicht steht zwischen dem positiven Glauben und der Schau, welcher der Mensch erst im Jenseits teilhaftig wird (*Cur deus homo,* Commendatio, op. omnia II, 39–41). Mit diesem Anspruch wendet sich Anselm gegen einen reinen Autoritäts- und Faktenglauben und damit gegen eine bestimmte Richtung seiner Zeit, da ein derartiger Glaube der rationalen Würde und der Verantwortlichkeit des Menschen unangemessen ist.

In solcher Weise ist also der Glaube in seiner subjektiven Dimension als fides qua konstitutiv für das Denken im Vollzug des intellectus fidei.

Daß der Glaube im objektiven Verständnis, der Glaubensinhalt, von Anselm vorausgesetzt wird, ergibt sich aus der Sache selbst. Die rationale Bemühung muß sich dabei aber in Konfliktsfällen der Autorität der Schrift unterwerfen. Nur in Fragen, in denen sich aus der Schrift keine Eindeutigkeit der Antwort erheben läßt, steht der ratio die Freiheit der Meinung und die Entscheidung zu (*Cur deus homo,* lib. I, cap. 18, op. omnia II, 82).

Damit ist die doppelte Funktion des Glaubens in dem Vorgang des intellectus fidei, des theologischen Denkens, umrissen. Der Prozeß der Glaubenseinsicht selbst soll aber, und das betont Anselm immer wieder und mit großem Nachdruck, sola ratione (allein durch die Vernunft) vor sich gehen, mit notwendigen Gründen, ohne die Autorität der Schrift, als ob man von Christus nichts wüßte: ,,necessariis rationibus, sine scripturae auctoritate" (*Epistola de incarnatione verbi,* cap. 6, op. omnia II, 20); ,,remoto Christo, quasi nihil sciatur de Christo" (*Cur deus homo,* Praefatio, op. omnia II, 42).

Ähnlich wie der Glaubensbegriff hat auch der Begriff der ratio zwei innerlich aufeinander bezogene und einander zugeordnete Dimensionen. Als subjektiver Begriff meint er die Vernunft als Fähigkeit des Menschen. Ihm entspricht auf der objektiven Seite die ratio rei, der objektive Grund für eine Sache, ihre innere Rationalität. Die ratio in beiden Dimensionen wird durch ihre Notwendigkeit näher charakterisiert. Der Beweis als Denkvorgang muß notwendig vollzogen werden, er muß stringent sein, logische Folgerichtigkeit muß gewährt werden. Dabei wird er auf die innere Notwendigkeit der Sache selbst, auf die ratio necessaria im objektiven Verständnis stoßen. Solche nach dieser Methode erlangte und aufgedeckte innere notwendige Rationalität erfüllt die Forderung von Wissenschaft im strengen Sinne.

Auf den Glauben und das Glaubenswissen angewendet bedeutet das, daß der

Glaubende die ratio necessaria des Glaubens zu erhellen sucht, daß er Einsicht gewinnen will in die innere Sinnhaftigkeit und in die Vernünftigkeit der Glaubensinhalte. So wird aus dem positiven Glaubenssatz eine logisch formulierte Aussage, die den denknotwendigen Beweisgrund aufzeigt. Wenn der einzelne Glaubensinhalt von dieser inneren Logik getragen ist, dann muß auch das Ganze des Glaubens in seinem Zusammenhang von solcher notwendigen Rationalität getragen und durchzogen sein, es muß einen Ansatz geben, aus dem auf dieser Ebene durch Deduktion das Ganze des Glaubens, Gott in seinem metaphysischen Wesen und seinem geschichtlichen Handeln in der Welt, als notwendig, nicht nur konvenient, aufgewiesen werden kann. Es muß gezeigt werden können, daß auch die Geschichte des Heils nicht nur faktisch so ist, sondern so sein muß. Es kommt darin Anselms Überzeugung zum Ausdruck, daß auch die geschichtliche Erscheinung des Logos von einer inneren Rationalität geprägt ist, und daß der Mensch als rationales Wesen diese zumindest andeutungsweise aufzudecken und einzusehen imstande ist.

Diese Absicht und dieses Bemühen machen Anselms Forderung nach dem methodischen Prinzip sola ratione unmittelbar einsichtig. Wenn es um den intellectus fidei geht, dann muß zwar der Ausgangspunkt der Glaube sein, die auctoritas kann aber nicht als Begründung herangezogen werden. Sie wird also als Beweismittel ausgeschlossen, als Ausgangspunkt solchen denkerischen Bemühens bleibt sie unangetastet.

Auf der Suche nach einem zentralen Ansatz, von dem aus all das geleistet werden kann, ist Anselm auf sein berühmtes *unum argumentum* gestoßen; es ist ihm, als er schon aufgeben wollte, zugefallen. Im *Proslogion* hat er diesen Gedanken entfaltet und dabei sein wissenschaftliches Programm von Theologie als *fides quaerens intellectum* demonstriert und praktiziert.

Nach dem einleitenden Kapitel mit seinem Bekenntnis zur heilsgeschichtlichen Lage des Menschen und der eingrenzenden Zielsetzung: ,,Desidero aliquatenus intelligere veritatem tuam, quam credit et amat cor meum" (Ich verlange danach, einigermaßen Deine Wahrheit einzusehen, die mein Herz glaubt und liebt; cap. I, op. omnia I, 100), entfaltet Anselm seinen Gedanken.

Der Ausgangspunkt ist eine Glaubensaussage, der erste Artikel des Symbolums. ,,Et quidem credimus te esse aliquid quo nihil maius cogitari possit" (Wir glauben, daß Du Etwas bist, über das hinaus Größeres nicht gedacht werden kann; cap. 2, op. omnia I, 101). Der hier eingeführte Gottesname, diese Quasi-Definition steht zwar so nicht in der Schrift, bringt jedoch die Offenbarungswahrheit von der absoluten Transzendenz Gottes in angemessener Weise zum Ausdruck. Durch den Einwand des insipiens, des Toren, der Gott leugnet, kommt die Argumentation in Gang. Als nur geglaubter, ist dieser Satz noch nicht evident, noch nicht einsichtig, er besagt noch nichts. So muß an dieser Stelle das Denken einsetzen, um die Tragweite dieser Aussage zu erfassen und zu erhellen. Wenn der Tor diesen Gedanken vernimmt, dann ist dieser zumindest in seinem Verstande, auch wenn er noch nicht einsieht, daß dieses, was in seinem Verstande gedacht ist, auch existiert. Da aber etwas, über das hinaus Größeres nicht gedacht werden kann, nicht nur im Verstande sein kann, weil ein wirklich Existierendes größer wäre und das Gedachte damit nicht das wäre, worüber hinaus Größeres nicht gedacht werden kann, muß es auch existieren. Daraus ergibt sich: Es gibt ohne Zweifel etwas, über das hinaus Größeres nicht gedacht werden kann, sowohl im Verstande wie auch in der Wirklichkeit. In der Umkehrung des Gedankengangs zeigt Anselm dann, daß von etwas, über das hinaus Größeres nicht gedacht werden kann, gar nicht gedacht werden kann, es existiere nicht. So gewinnt Anselm als Ergebnis der Denkbemühung die Einsicht: ,,Sic ergo vere est aliquid quo maius cogitari non potest, ut nec cogitari possit non esse" (So wahrhaft wirklich also existiert Etwas, über das hinaus Größeres nicht gedacht werden kann, daß es als nicht existierend auch nicht gedacht werden kann; cap. 3, op. omnia I, 103).

Diese Einsicht wird schließlich als Einsicht in die ursprüngliche Glaubensaussage verifiziert: ,,Sic ergo vere es, domine deus meus, ut nec cogitari possis non esse" (So wirklich also bist Du, Herr, mein Gott, daß Du als nichtexistierend auch nicht gedacht werden kannst; ib.). Dieser Aufweis des Daseins Gottes ist der Urbeweis und die Grundlage für alle weiteren Beweise, die Anselm noch führt. Er ist in der Tat das unum argumentum.

Der Mönch Gaunilo, ein Zeitgenosse Anselms, war von dem Argument nicht überzeugt und stellte sich in seinem *Liber pro insipiente* (*Quid ad haec respondeat quidam pro insipiente,* op. omnia I, 125–129) auf die Seite des Toren. Der Übergang vom esse in intellectu (sein im Verstand) zum esse in re (sein in Wirklichkeit) ist für ihn nicht einsichtig. Er formulierte damit einen Einwand, der seither immer wieder gegen Anselm erhoben wurde und wird. Es handle sich dabei um einen unberechtigten Übergang von der Ordnung des Denkens in die Ordnung des Seins. Daß Anselm aber grundsätzlich zwischen esse in re und esse in intellectu zu unterscheiden imstande war, hat er schon im zweiten Kapitel des *Proslogion* gezeigt. Gleichwohl war für Anselm dadurch ein Anlaß gegeben, seinen Gedanken noch einmal zu entfalten und auf die Einwände ausdrücklich einzugehen.

Da es hier die Aufgabe ist, das theologische Denken Anselms zu entfalten, ist es nicht erforderlich, auf die philosophischen Implikationen näher einzugehen. Auch auf eine Auseinandersetzung mit den wichtigsten Interpretationstypen des Proslogion-Arguments muß verzichtet werden. Weil aber dieses Argument als ontologischer Gottesbeweis in die Geschichte eingegangen ist, muß gerade von Anselm und seinem theologischen Ansatz her dazu ein Wort gesagt werden, wird doch dadurch sein theologisches Denken erhellt.

Von einem ontologischen Gottesbeweis spricht man ganz allgemein dann, wenn von einem bloßen Begriff Gottes ausgehend die Existenz Gottes bewiesen wird, d. h. also auf rein apriorischem Wege. Die offene Frage ist dabei, auf welchem Wege ein so merkwürdiger Gedanke wie dieses ,,Etwas, über das hinaus Größeres nicht gedacht werden kann" in das Denken des Menschen kommt. Obwohl es in den vielen Publikationen über Anselm kaum zur Kenntnis genommen wird, ist diese Frage, wie mir scheint, von Anselm eindeutig beantwortet, und zwar in doppelter Hinsicht. Zum ersten: Der in Frage stehende Begriff ist, wie gezeigt wurde, eine Glaubensaussage, und kommt damit vom Glauben ins Denken, er ist also im Denken bezogen auf die vorgängige Erfahrung des Glaubens und insofern ein aposteriorischer Gedanke. Was dann denkend entfaltet wird, ist eigentlich kein Gottesbeweis, sondern der Aufweis der inneren Sinnhaftigkeit, der Rationalität dieses Glaubensgegenstandes. Im Prooemium spricht Anselm ausdrücklich von einem Argument, das allein hinreicht, um zu stützen, daß Gott in Wahrheit existiert (*Proslogion,* Prooemium: ad astruendum quia Deus vere est, op. omnia I, 93). Stützen kann man aber nur etwas, das vorher und auf andere Weise gegeben ist, in unserem Fall durch den Glauben. Die ratio beweist dann nicht, sondern versucht zu verstehen (intelligere), daß rational verantwortbar ist, solches zu glauben.

Zum zweiten: Auch metaphysisch ist der Gedanke des ,,Über das hinaus Größeres nicht gedacht werden kann" ein aposteriorischer. In seiner Antwort auf den Einwand Gaunilos stellt Anselm diesen Sachverhalt klar heraus. In der Auseinandersetzung mit dem insipiens, der die Autorität der Schrift nicht anerkennt, trägt naturgemäß der Hinweis auf den Glauben als Antwort auf die Frage nach der Herkunft dieses Gedankens nicht. Anselm greift deshalb zurück auf Überlegungen, die er schon im Monologion angestellt hatte, und führt von der Erfahrung in dieser Welt aufsteigend zu seinem einen Argument. Aus den Dingen, über die hinaus Größeres gedacht werden kann, führt der Gedanke zu dem quo maius cogitari non potest: ,,Est igitur, unde possit conici quo maius cogitari nequeat. Sic itaque facile refelli potest insipiens, qui sacram auctoritatem non recipit, si negat quo maius cogitari non valet ex aliis rebus conici posse" (Es gibt also etwas, woraus sich vermuten läßt, daß darüber hinaus Größeres nicht gedacht werden kann. Daher kann auf solche Weise der Tor, der die heilige Autorität nicht annimmt, leicht widerlegt werden, wenn er leugnet, daß man zu dem Begriffe dessen, worüber hinaus Größeres nicht gedacht werden kann, von anderen Dingen aus gelangen könne; *Quid ad haec respondeat editor ipsius libelli,* op. omnia I, 137). Den Gläubigen verweist er dabei noch auf Röm. 1, 20, wo Paulus davon spricht, daß Gott aus den Werken der Schöpfung erkannt werden kann.

Dieser zweite Gedankengang Anselms darf nicht als nur apologetischer Zusatz für Ungläubige abgetan werden. Er ist schon im *Proslogion* selbst, wenn auch nicht so explizit, enthalten, und gehört wesentlich zu Anselms theologischem Denken. Verstanden werden kann eine Glaubenserfahrung nur von der Erfahrung der Schöpfung her, mit anderen Worten: Die Erfahrung der Kontingenz ist die Bedingung für ein mögliches Verstehen des Absoluten. Aus diesem einen Argument heraus wird von Anselm die ganze Theologie entworfen und entfaltet. Er gewinnt damit einen systematischen und zugleich systembildenden Ansatz. In der *Epistola de incarnatione verbi* und in *Cur deus homo* führt er diese Methode für die Menschwerdung Gottes und in *De processione spiritus sancti* für den Hervorgang des Geistes aus dem Vater und dem Sohne durch.

Der methodische Ansatz Anselms, sein Bemühen um die Glaubenseinsicht, hat ihm im Laufe der Geschichte und auch heute immer wieder den Vorwurf eingebracht, er sei ein Rationalist oder er stehe zumindest ständig in der Gefahr, die Geheimnisse des Glaubens rationalistisch aufzuheben. Man hat die Meinung geäußert, die große Tradition der theologia negativa, hätte bei Anselm keinen Anklang gefunden. Neben der meditativ-mystischen Grundhaltung seines Denkens, neben zahllosen anderen Stellen ist es vor allem ein Text im *Proslogion* selbst, der die Unhaltbarkeit solcher Kritik aufdeckt. Anselm greift dort den Gedanken seines unum argumentum auf und formuliert das Grundanliegen negativer Theologie ausdrücklich, nämlich, daß Gott größer ist, als gedacht werden kann: Quod maior sit quam cogitari (*Proslogion,* cap. 15, op. omnia I, 112).

Demgegenüber scheint in dem Anselmschen Ansatz eine andere Gefahr für die Theologie näher zu liegen. Jeder Versuch einer theologischen Systematik mit wissenschaftlichem Anspruch steht vor dem für christliche Theologie charakteristischen Problem der Dualität von sogenannten Wesenswahrheiten und Tatsachenwahrheiten, von Metaphysik und Heilsgeschichte. Die für christliche Theologie unabdingbare Christozentrik verurteilt jeden Versuch eines geschlossenen Systems der inneren Notwendigkeit, der durchgehenden ratio necessaria letztlich zum Scheitern. Das, wenn auch nur methodische, remoto Christo (von Christus Absehen) zeigt die Grenzen solchen theologischen Denkens. Der eminent heilsgeschichtliche Ansatz in der formalen Bestimmung der ratio als fide purganda (der Vernunft, die durch den Glauben gereinigt werden muß) findet in der theologisch materialen Systematik keine adäquate Entsprechung.

Gleichwohl läßt sich Anselms theologisches Denken als eine geniale und herausragende, in der Geschichte des theologischen Denkens fast einmalige Verbindung von meditatio und speculatio charakterisieren. Anselms Denken nimmt seinen Ausgang im formalen Glaubensakt und im subjektiven Bereich des Gebetes und der Meditation und geht über in die Spekulation, die dann ihrerseits wieder in Gebet und Meditation einmündet. Anselm ist seinem Ansatz und seiner Absicht nach Theologe. So großartig seine philosophische Spekulation auch sein mag, sie stellt mit diesem theologischen Ansatz eine letzte innere Einheit dar. Das ist das eigentümliche dieser geschichtlichen Situation. Es war in der Patristik noch nicht möglich und es wird in der Hochscholastik nicht mehr möglich sein. Die Philosophie ist noch keine der Theologie gegenüber selbständige und eigenständige Größe. Anselm kennt keine Trennung zwischen einer theologia naturalis (natürliche Theologie) und einer theologia supranaturalis (übernatürliche Theologie). Es gibt bei ihm keine philosophische Gotteslehre, wie etwa bei Thomas von Aquin, der die Gottesbeweise sachlich und methodisch der fides quaerens intellectum vorordnet. Diese Tatsache allein deutet schon an, welcher Wandel sich hier vollzogen hat. Auch das unum argumentum ist, wie wir gesehen haben, bei Anselm als Gottesbeweis intellectus fidei. So bleibt sein Denken durchgehend und ausschließlich theologisch bestimmt. Er ist aufs Ganze gesehen mehr monastischer als scholastischer Theologe.

V. Wirkungsgeschichte

Anselm von Canterbury nimmt in der eingangs skizzierten Entwicklung der Scholastik dem Rang seiner Persönlichkeit und seines Denkens nach eine Sonderstellung ein. Die auf ihn folgende Epoche der Frühscholastik ist keineswegs die direkte Fortführung seiner Spekulation. Er hat keine Schule begründet und ist in der Institution der Schule im Grunde genommen nicht zum Zuge gekommen, sosehr der Ruf von Bec mit Anselms Namen in Verbindung gebracht wird. Mit der Verhältnisbestimmung von auctoritas-ratio hat Anselm das Grundthema der Scholastik aufgegriffen und in einer großartigen und exemplarischen Weise vorangetrieben und für sich beantwortet. Damit wurde er in formaler Hinsicht zu einem wichtigen Wegbereiter der scholastischen Theologie. Was einzelne Themen betrifft, so lassen sich im 12. und beginnenden 13. Jahrhundert vor allem in Kreisen monastischer Theologie, jedoch auch hier nur vereinzelt, Einflüsse der Gotteslehre, seiner Theologie der Rechtheit und Freiheit des Willens und der Erbsünde nachweisen. Größere Bedeutung gewann Anselms großartige, aber doch auch einseitige Heils- und Erlösungslehre, die sogenannte Satisfaktionstheorie.

Seinem methodischen Ansatz gemäß fragt er nach der ratio necessaria, nach einer letzten inneren Begründung und einem notwendigen Grund für die Menschwerdung: *Cur deus homo?* Die Antwort auf das damit aufgeworfene Problem entfaltet Anselm von seinem Verständnis der Sünde her. Sünde ist Verweigerung der Gott geschuldeten freien Unterordnung; sie ist Verletzung seiner Ehre, auf die er ein Anrecht hat. Diese darin gelegene Störung der Schöpfungsordnung, des Grundverhältnisses von Schöpfer und Geschöpf, ist unerträglich. Sie kann auch von Gott nicht einfach ignoriert werden, er kann auf Wiedergutmachung nicht verzichten, sondern muß darauf bestehen. Da Sünde also wesentlich Sünde gegen Gott ist, sieht Anselm darin eine unendliche Schuld. Der Mensch als endliches Subjekt der Sünde gerät so in die aussichtslose Situation einer von ihm absolut geforderten, aber grundsätzlich nicht erbringbaren Genugtuung. Damit zeichnet sich die innere Logik des Gedankenganges bereits ab: Der Mensch hat gesündigt, die geforderte Genugtuung kann er nicht leisten. Gott aber kann darauf nicht verzichten. Das führt zu der Alternative: satisfactio aut poena (*Cur deus homo,* cap. 15), unendliche Genugtuung oder ewige Verwerfung. Da aber Gott den Menschen zu ewigem Heil geschaffen hat, kann endgültige Verwerfung nicht sein letztes Wort sein. Daraus ergibt sich die Inkarnation mit Notwendigkeit: nur der Gott-Mensch Jesus Christus kann die vom Menschen geforderte unendliche Genugtuung leisten.

In seiner Satisfaktionstheorie übernimmt Anselm zweifellos Vorstellungen des germanischen Ehrverständnisses und der daraus resultierenden rechtlichen Strukturen. Wegen der gleichen Gewichtung von Schuld und Genugtuung macht man ihm den Vorwurf einer vordergründigen juristischen Lösung des Problems. Die Möglichkeit, daß Gott aus reiner Liebe vergeben könne, sei nicht in Betracht gezogen. Solcher gängigen Kritik gegenüber ist zu sagen, daß sie in dieser Form ihrerseits zu vordergründig bleibt, da die tieferen theologischen Zusammenhänge zwischen Gerechtigkeit, Wahrheit und Barmherzigkeit Gottes, wie sie sich bei Anselm aufzeigen lassen, dabei nicht berücksichtigt werden. In jedem Fall hat Anselm mit seiner Satisfaktionstheorie die Entwicklung eines zentralen dogmatischen Gegenstandes nachhaltig beeinflußt. Auch die Bemühungen der Benediktiner von Salamanca im 17. Jahrhundert führten zu keinem Durchbruch auf breiterer Basis. Anselm wurde zwar in kirchlichen Dokumenten dieser Zeit als doctor bezeichnet, aber nie offiziell zum Kirchenlehrer erhoben.

In der Sicht der Geistes- und Wirkungsgeschichte bleibt Anselms herausragende Leistung, Gott gedacht zu haben, als „etwas, über das hinaus Größeres nicht gedacht werden kann", und gezeigt zu haben, daß daraus dessen Existenz einsichtig gemacht werden kann. Man braucht nur einige Namen der Denker zu nennen, die sich damit auseinandergesetzt haben, um zu zeigen, wie sehr dieser Grundgedanke Anselms Geschichte gemacht hat: Thomas v. Aquin, Bonaventura, Duns Scotus, Wilhelm von Occam, Descartes, Leibniz, Kant, Hegel. Vertreter der mathematischen Logik setzten sich damit ebenso auseinander wie die analytische Philosophie. Gerade in den letzten Jahrzehnten ist das Interesse an dem ontologischen Argument und an damit zusammenhängenden philosophischen Problemen eher noch gewachsen. Es ist dies jedoch die Wirkungsgeschichte eines einzelnen Gedankens, den man nicht nur aus dem größeren Kontext, sondern sogar noch aus dem Zusammenhang des Satzes, in dem er ursprünglich stand – „credimus te esse aliquid quo maius cogitari non potest" (wir *glauben,* Du bist Etwas, über das hinaus Größeres nicht gedacht werden kann) –, herausgerissen und so gewissermaßen entwurzelt hat. Wenn man sich dessen bewußt ist, kann dagegen nichts gesagt werden. Nur sollte man die sich aufgrund einer je anderen philosophischen Konzeption ergebenden Inkonsequenzen nicht voreilig Anselm anlasten. Das unum argumentum Anselms ist nicht identisch mit dem ontologischen Argument in der Geschichte der Philosophie.

Ulrich Köpf

BERNHARD VON CLAIRVAUX

(1090–1153)

Es ist nicht selbstverständlich, daß wir Bernhard, den Abt von Clairvaux, unter die Klassiker der Theologie zählen. Durch sein ausgedehntes Wirken hat er ein halbes Jahrhundert abendländischer Geschichte geprägt; sein glänzender Stil hat ihm den Ehrentitel *doctor mellifluus* („honigsüßer Lehrer") eingetragen; seine Rechtgläubigkeit galt immer als vorbildlich. Doch bei aller Hochschätzung als „Meister der Politik", als hinreißender Prediger, geisterfüllter Seelsorger und wirkungsmächtiger Schriftsteller wird er bis heute als Theologe nicht ganz ernst genommen. Wichtige Anstöße zu einer angemessenen Würdigung seiner theologischen Bedeutung verdanken wir besonders zwei Forschern: Der französische Philosoph Étienne Gilson hat 1934 Bernhard als Systematiker der Zisterziensermystik dargestellt und auf die Verankerung seiner Theologie in der Lebenssituation des Mönchs hingewiesen. Nach dem 2. Weltkrieg hat dann der luxemburgische Benediktiner Jean Leclercq gezeigt, daß es neben der scholastischen eine zwar andersartige, aber durchaus gleichrangige monastische Theologie gibt und daß Bernhards Werk nur im Rahmen dieser Theologie recht verstanden werden kann.

I. Leben

Das *Leben* Bernhards fällt im wesentlichen in die erste Hälfte des 12. Jahrhunderts; es umschließt die Zeit vom Ersten bis zum Zweiten Kreuzzug. Sein Mittelpunkt ist ein burgundisches Kloster; von hier aus besucht Bernhard Frankreich, Italien und Deutschland, und sein Einfluß reicht über das Abendland hinaus. Der Sohn eines burgundischen Adligen, 1090 zu Fontaines bei Dijon geboren, trat mit etwa dreiundzwanzig Jahren in ein strenges Reformkloster ein, um sich der Welt zu entziehen, und hat doch aus dieser Abgeschiedenheit heraus bis zu seinem Tode 1153 machtvoll in die Welt hinein gewirkt. Sein Wirken nach außen erstreckt sich auf drei Bereiche: auf die Bemühung um den Zisterzienserorden und um das Mönchtum seiner Zeit im allgemeinen, auf die Kirchenpolitik und auf die Wissenschaftspolitik.

1. Ordenspolitik

Um das Jahr 1113 erlebte Bernhard seine *conversio*. Bezeichnend, daß er nicht sogleich allein in ein Kloster eintrat, sondern in längerer Vorbereitungszeit eine Schar von Verwandten und Freunden für sein Vorhaben gewann, so daß er schließlich mit einem Gefolge von etwa 30 adligen Gefährten die Aufnahme in den Konvent von Cîteaux erbat. Cîteaux war 1098 von Robert, Abt von Molesme, als Reformkloster gegründet worden. Reform – das heißt zu dieser Zeit Abkehr von der Entwicklung, die sich in den einst von Cluny und Gorze aus reformierten oder gegründeten Klöstern vollzogen hatte, Abkehr von jeder Anpassung an die Welt und Rückkehr zur strengsten Befolgung der Regel Benedikts. Cîteaux wurde das Mutterkloster des ersten Ordens im eigentlichen Sinne, des Zisterzienserordens. Als Bernhard eintrat, besaß die Bewegung bereits ein Tochterkloster; 1114 und 1115 folgten unmittelbar von Cîteaux aus drei weitere Gründungen, darunter Clairvaux. Bernhard selbst wurde als Abt ausgesandt, um ein neues Kloster zu errichten; er wählte nach Art der Zisterzienser als Standort ein einsames Seitental der Aube. Als Abt von Clairvaux hat er die Geschicke der jungen Bewegung maßgebend gelenkt. Er hat von hier aus eine überraschende Zahl neuer Niederlassungen begründet; bei seinem Tod bestanden insgesamt 344 Zisterzienserklöster, davon allein 166 Filialklöster von Clairvaux.

Mit allen Kräften und auf allen möglichen Wegen hat Bernhard die Konsolidierung und Ausbreitung des neuen Reformordens gefördert. Die enge Bindung der über ganz Europa verstreuten Tochterklöster an ihre Mutterklöster verschaffte den leitenden Äbten Information, Kontrolle und Einfluß auf die verschiedensten Bereiche innerhalb und auch außerhalb des Ordens. Bernhard schaltete wie ein Fürst; Clairvaux glich unter ihm einem Verwaltungszentrum, dessen Mitte die Kanzlei bildete, in der ständig mehrere Sekretäre für den Abt tätig waren. Aber stärker noch als an der äußeren Verfassung des Ordens hat er an der Formung zisterziensischer Spiritualität mitgearbeitet. Neben der theoretischen, grundsätzlichen Auseinandersetzung mit dem cluniazensischen Mönchtum stand die konkrete Alltagsarbeit: Bernhard mußte in zahlreichen Briefen individuell beraten, ermahnen und auch kämpfen. In Abt Petrus von Cluny, der durch seine milde und ausgleichende Haltung den Ehrentitel *Venerabilis* („der Ehrwürdige“) wohl verdient hat, besaß der Abt von Clairvaux einen bedeutenden, in mancher Hinsicht ebenbürtigen Gegenspieler. Mit ihm verkehrte er trotz sachlicher Gegensätze durchaus freundschaftlich.

Aber allein durch geistige Führung, durch persönliche Ratschläge und literarische Polemik ließ sich der neue Orden nicht festigen und vergrößern. Dazu gehörten weltliche Geschäftstüchtigkeit und oft auch massives Eingreifen in die allgemeine Politik. Selbst das anspruchslose Leben in einem Zisterzienserkloster bedarf gewisser materieller Grundlagen – zumindest des Bodens, auf dem und von dem eine Mönchsgemeinschaft leben kann. Bernhard hat sich vielfältig um Schenkungen bemüht, er hat sich ferner eifrig für die Ernennung zisterzienserfreundlicher Bischöfe eingesetzt, die dem Orden Eingang in ihre Diözese verschafften, und hat unbedenklich Wahlen angefochten, in denen ein ihm nicht genehmer Kandidat zum Zuge gekommen war.

2. *Kirchenpolitik*

Mit diesen Vorgängen sind wir bereits in die französische Kirchenpolitik vorgestoßen, in der Bernhard eine gewichtige Stimme besaß. Er hat darüber hinaus auf die internationale Politik bedeutenden Einfluß genommen. Es gibt zwei Höhepunkte seines Wirkens: Im ersten rettete er die Einheit der abendländischen Christenheit; im zweiten mündete sein Anstoß in eine Katastrophe.

Als Papst Honorius II. in der Nacht vom 13. auf den 14. Februar 1130 starb, waren die Papstwähler in die Anhänger zweier rivalisierender römischer Adelsfamilien gespalten. Nachdem der kleinere Teil von ihnen in einem irregulären Verfahren den Frangipani-Kandidaten gewählt hatte (Innozenz II.), setzte die Majorität, unterstützt von zahlreichen Klerikern und der Masse des Volks, ein Mitglied der Familie Pierleoni dagegen: Anaclet II. Diese Doppelwahl begründete ein Schisma, das bis 1138 dauerte. Der Streit ließ sich nicht durch Rechtsgründe schlichten; wie so oft in der Kirchengeschichte mußten die Machtverhältnisse entscheiden. Während sich Anaclet auf den römischen Adel und auf König Roger II. von Sizilien stützen konnte, fand der aus Rom geflohene Innozenz im Westen Europas Unterstützung. Daran hat Bernhard entscheidenden Anteil. Er gewann König Ludwig VI. von Frankreich und Heinrich I. von England für Innozenz und begleitete schließlich den Papst nach Lüttich zu einem Treffen mit dem deutschen König Lothar von Supplinburg (22. März 1131). Auf mehreren Reisen durch Frankreich und Italien und in langwierigen Verhandlungen gelang es ihm, dem Papst seiner Wahl weitgehend Anerkennung zu verschaffen und damit einen Zerfall der abendländischen Christenheit zu verhindern.

Gegen das Ende seines Lebens griff der Abt von Clairvaux weit über das Abendland hinaus. 1144 hatte Zengi, der Emir von Aleppo, Edessa erobert und bedrohte unmittelbar Antiochien und Jerusalem. Dadurch erhielt der Wunsch nach einem neuen *Kreuzzug* Nahrung. Papst Eugen III. verlieh ihm Gestalt in einer an den französischen König Ludwig VII. gerichteten Bulle. Eugen hat auch Bernhard veranlaßt, beim Hoftag von Vézelay eine Predigt zu halten, die ungeheuren Eindruck machte. Leider ist sie – wie alle Kreuzzugspredigten Bernhards – verloren; wir besitzen jedoch noch Briefe, in denen er zum Zug nach Osten aufruft. Nach dem Tag von Vézelay reiste er durch Frankreich, durch Flandern und wiederholt den Rhein aufwärts und abwärts – immer mit gewaltigem Erfolg. Einer Judenverfolgung, die aus der Kreuzzugsstimmung heraus im Rheinland entfacht worden war, trat er dabei nachdrücklich entgegen. Bernhards Einsatz hat das Abendland zum Zweiten Kreuzzug getrieben. Was uns heute aufs äußerste befremdet: daß der Mönch, ein Prediger der Liebe, der Demut und der stillen Beschauung, all seine Kraft einsetzt, um widerstrebende Politiker zu einem aufwendigen und riskanten Kriegszug zu verleiten, das hat Bernhards Ruhm in den Augen seiner Zeitgenossen nur erhöht. Das vollkommene Scheitern des Unternehmens hat freilich sein Ansehen und sein Selbstbewußtsein vorübergehend beeinträchtigt. Trotzdem bemühte er sich sogleich, einen neuen Zug ins heilige Land vorzubereiten, und erst der Tod nahm ihm diese Aktivitäten aus der Hand.

3. *Wissenschaftspolitik*

Nicht sein politisches Engagement, sondern sein Eingreifen in den Wissenschaftsbetrieb seiner Zeit hat Bernhards Ruf auf lange Sicht geschadet. Zweimal hat der Abt die Verurteilung bedeutender zeitgenössischer Theologen durch kirchliche Gremien herbeigeführt – weniger durch die Kraft seiner Argumente als durch sein Verhandlungsgeschick und durch das Gewicht seiner persönlichen Beziehungen.

Am bekanntesten ist sein Streit mit *Petrus Abaelard,* einem genialen, von persönlichem Unglück verfolgten Bretonen, der sich darum bemühte, die Existenz eines öffentlichen Lehrers der Philosophie und der Theologie mit monastischen und sogar eremitischen Lebensidealen zu verbinden. Das ursprünglich freundschaftliche Verhältnis der beiden keineswegs von vornherein zu Gegnern bestimmten Männer verkehrte sich etwa 1139/40 in bittere Feindschaft, als Bernhard sich unter dem Einfluß seines Freundes Wilhelm von St. Thierry entschloß, gegen Abaelards Theologie ins Feld zu ziehen. In verschiedenen Briefen an Papst Innozenz II. und an die Kardinäle klagte er ihn einer Reihe theologischer Irrtümer an. Er nahm vor allem Anstoß an Abaelards Versuchen, trinitarische, christologische, anthropologische und soteriologische Dogmen bzw. Sätze der Tradition mit Hilfe der neu erarbeiteten Mittel der werdenden Scholastik verständlich zu machen. Diesen Bemühungen um ein Begreifen der Glaubensinhalte stand er mißtrauisch gegenüber, und aus gewissen – dazu noch unzutreffend zitierten – Aussagen leitete er das Recht ab, den Gegner unter die Ketzer alter und neuer Zeit einzureihen. Es gelang Bernhard, eine Provinzialsynode zu Sens, die Abaelard als Schiedsgericht zur Beurteilung einer wissenschaftlichen Diskussion aufgesucht hatte, zu einem Tribunal umzuwandeln, vor dem der Angeklagte zwischen Unterwerfung und Verurteilung zu wählen hatte. Abaelard appellierte an den Papst. Aber wieder bedrängte Bernhard die Kurie mit Briefen, und während sein Gegner noch an der Verteidigungsschrift arbeitete, sprach der Papst bereits das Verdammungsurteil aus. Abaelard unterwarf sich nun und flüchtete sich zu Petrus Venerabilis nach Cluny, wo er bereits 1142 starb.

Im Schatten seines Vorgehens gegen Abaelard steht Bernhards Verhalten gegen Gilbert Porreta, Bischof von Poitiers. Auch er gehört zu den großen Philosophen und Theologen des 12. Jahrhunderts. Anstoß erregten einige seiner Aussagen zur Gotteslehre, insbesondere die aus dem Unterschied von

Wesen und Wesenheit erschlossene Trennung von Gott und Gottheit sowie drei daraus gefolgerte Sätze. Im Anschluß an ein Konzil der Erzdiözese Reims 1148 zwang ihn Bernhard zum Widerruf, der freilich seine persönliche und wissenschaftliche Existenz nicht vernichtete.

Die knappen Hinweise auf die drei großen Bereiche seines Wirkens nach außen lassen die Spannungen ahnen, die Bernhards Leben durchzogen. Wir haben einen Blick auf das seltsame Schauspiel geworfen, in dem sich ein offenbar zu stärkstem Handeln befähigter junger Mann aus der Welt zurückzieht, um aus der Abgeschlossenheit des Klosters heraus desto kräftiger in die Welt hinein zu regieren. Die Problematik dieses Lebens erscheint noch deutlicher, wenn wir bedenken, daß Bernhard im Kloster nicht nur asketische Weltferne, sondern vor allem die vollkommene Stille sucht, in der allein geistliches Erleben gedeihen kann. Der Abt hat die Mißklänge in seinem Leben schmerzlich empfunden und durch ein eindrucksvolles Bild beschrieben: „Es schreit zu euch mein widernatürliches Leben, mein beladenes Gewissen. Ich führe nämlich – gewissermaßen als eine Chimäre meines Jahrhunderts – weder das Leben eines Geistlichen noch das eines Laien. Denn schon längst habe ich zwar nicht das Mönchsgewand, aber doch die Lebensweise des Mönchs abgelegt ...“ (*Ep*. 250, 4).

II. Werke

Bernhards Werke lassen sich in drei Gruppen einteilen:

1. *Briefe*

Wir besitzen mehr als 500 Briefe Bernhards, die sein Wirken fast von den ersten Jahren in Clairvaux bis zu seinem Tode dokumentieren. Die kleinsten bestehen aus wenigen Worten, die größten tragen den Charakter theologischer Abhandlungen. Sie sind an Laien und Kleriker, an Grafen und Bischöfe, an Könige und Päpste, an entlaufene Mönche und befreundete Äbte gerichtet und lassen die ganze Weite seiner Tätigkeit erkennen. Sie bilden das wichtigste Zeugnis seines Vorgehens gegen Abaelard; vor und nach dem Konzil von Sens hat er die Kurie förmlich mit Schreiben überschüttet. Die Briefe bezeugen aber nicht nur Bernhards politisches Wirken. Er zeigt sich in ihnen als geistlicher Ratgeber (z. B. *Ep*. 106); er handelt über Wesen und Stufen der Liebe (*Ep*. 11) oder liefert gar einen theologischen Traktat über die Taufe u. a., in dem er nach scholastischer Manier aus Vernunftgründen und Sätzen der Überlieferung (*ratio* und *auctoritas*) argumentiert (*Ep*. 77).

2. *Predigten*

Bernhard muß ein faszinierender Prediger gewesen sein. Die erhaltenen Predigten und Predigtteile machen etwa sechzig Prozent seines Werkes aus. Es handelt sich dabei um drei große Komplexe: Am gewichtigsten ist eine geschlossene Reihe von 86 (von 1135 bis 1153 gehaltenen) *Predigten über das Hohelied* (*Sermones super Cantica Canticorum;* abgekürzt: *SC*). Sie legen, kontinuierlich Vers für Vers und oft Wort für Wort betrachtend, etwa ein Viertel der Dichtung aus (genau: 1, 1–3, 1). – Daneben stehen gegen 120 *Einzelpredigten auf die Feste des Kirchenjahres* (einschließlich der Heiligenfeste) sowie zwei *kürzere Predigtreihen über Lk. 1, 26–27* und *über Psalm 90.* – Dazu kommen schließlich fast 500 vorwiegend kurze und kürzeste Texte, von denen 125 unter dem Titel *Sermones de diversis* („Predigten über verschiedene Themen"), der Rest in drei Sammlungen *Sententiae* („Kurztexte") und einer Reihe von acht *Parabolae* („Gleichnisse") überliefert ist. Bei all diesen Stücken handelt es sich um Predigtfragmente sowie um Schemata, Stilübungen und andere Vorarbeiten für Predigten. Sicher gehen viele unter den überlieferten Sermones auf gehaltene Predigten zurück; andere sind von vornherein nur für die Lektüre entworfen. Viele Texte hat Bernhard selbst in die vorliegende sprachliche Form gebracht oder gar in verschiedenen Fassungen ausformuliert, manche hat er in Gemeinschaft mit einem Sekretär überarbeitet, und an andere hat der Sekretär die letzte Hand gelegt. Angesichts so verwickelter Textverhältnisse arbeitet die moderne Forschung mit einem abgestuften Begriff der Authentizität. Dieser Sachverhalt erschwert auch die Datierung und damit jeden Versuch, eine Entwicklung in Bernhards Denken zu erkennen. – Die erhaltenen Predigten spiegeln nicht mehr die ganze Breite von Bernhards Tätigkeit wider, sondern im wesentlichen nur seine Sorge für das innerklösterliche Leben. Die politischen Ansprachen sind verloren, und nur einzelne Sermones lassen erkennen, wie er zu aktuellen Anlässen Stellung nimmt – so die Hoheliedpredigten 65 und 66, die auf die 1143 in Köln entdeckten Ketzer eingehen.

3. Abhandlungen

Bernhard hat acht kleine Abhandlungen hinterlassen. Vier von ihnen sind konkreten monastischen Anliegen gewidmet. In der *Apologia* an Wilhelm von St. Thierry entwickelt der Abt von Clairvaux seine Auseinandersetzung mit dem cluniazensischen Benediktinertum. Ein Buch *De praecepto et dispensatione* erörtert das in dieser Auseinandersetzung besonders brennende Problem des monastischen Gehorsams und der Verbindlichkeit von Regel und Gelübden. In der Schrift *De laude novae militiae* entfaltet Bernhard die geistigen Grundlagen des neuen Ordens der Tempelherren und in der *Vita Sancti Malachiae*, der Biographie des 1148 auf der Durchreise in Clairvaux verstorbenen Malachias, Erzbischofs von Armagh (Irland), stellt er seinen Zeitgenossen das Bild eines wahren Mönchs vor Augen. – Vier weitere Schriften haben eine allgemeinere theologische Zielsetzung. Das Buch *De gradibus humilitatis et superbiae* („Über die Stufen von Demut und Hochmut") bietet einen ins Grundsätzliche vordringenden Kommentar zu der für das monastische Leben grundlegenden Demutsforderung der Regel Benedikts (c. 5). In seinem Werk *De diligendo Deo*

Bernhard von Clairvaux (1090–1153)

(,,Über die Liebe zu Gott") stellt Bernhard den Aufstieg des Menschen zu Gott auf einem viergestuften Weg der Liebe dar. Einem zentralen, theologiegeschichtlich schwer befrachteten Thema wendet sich die Schrift *De gratia et libero arbitrio* (,,Über Gnade und freien Willen") zu. Die umfangreichste unter den Abhandlungen ist äußerlich eine Gelegenheitsarbeit aus Bernhards letzten Jahren, an Papst Eugen III., einen früheren Mönch von Clairvaux, gerichtet: *De consideratione* (,,Über die Betrachtung"). Sie stellt eine kunstvoll aufgebaute, dogmatische Darlegungen mit konkreten Ratschlägen verbindende Anweisung zur rechten Amtsführung für den Papst dar.

III. Würdigung

Der knappe Überblick über Bernhards Leben und Werke ließ bereits *Schwierigkeiten* bei einer angemessenen *Würdigung* seiner Eigenart als Theologe ahnen. Muß man nicht aus seinem verständnislosen und intriganten Vorgehen gegen die bedeutendsten Vertreter einer zukunftsträchtigen Schultheologie auf Unverständnis gegenüber aller Wissenschaft schließen? Bestätigt nicht sein Verhalten gegen Gilbert Porreta und gegen Abaelard durch die Praxis das, was er wiederholt theoretisch ausgesprochen hat? ,,Was lehrten oder lehren uns die heiligen Apostel? Nicht das Fischer- oder Zeltmacherhandwerk oder ähnliches, nicht wie man Platon liest, nicht wie man die Spitzfindigkeiten des Aristoteles erörtert, nicht wie man immer lernt, ohne jemals zur Erkenntnis der Wahrheit zu gelangen. Sie haben mich leben gelehrt!" (*Petr.Paul.* 1, 3). Wer so das Leben gegen das Erkenntnisstreben setzt, erweckt Mißtrauen gegen seine wissenschaftliche Haltung. Das Ideal der neuzeitlichen Wissenschaft: Wissen aus Wissensdurst, Wissen um seiner selbst willen, lehnt Bernhard ausdrücklich ab: ,,Es gibt Menschen, die allein zu dem Ziele wissen wollen, damit sie wissen; das ist schändliche Neugier" (*SC* 36, 3).

Auch die äußere Form seiner Werke trennt ihn von den großen Theologen seiner Zeit. Der theologische Fortschritt im 12. Jahrhundert besteht v.a. in einer zweifachen Entwicklung der Methode: zum einen in der umfassenden Systematisierung des Stoffes; zum andern in der Ausbildung von Verfahren und Werkzeugen zur Durchdringung dieses Stoffes und der mit ihm verknüpften Probleme. Die philosophische Disziplin der Dialektik (Logik), die zu dieser Zeit durch das Bekanntwerden der gesamten Schriften des Aristoteles einen gewaltigen Aufschwung nimmt, stellt die Mittel für diese Arbeit bereit: Definition, Distinktion, logischen Schluß, ein Schema zur Problemlösung *(quaestio)* u.ä. Bernhard zeigt gelegentlich, daß er diese Methoden kennt, etwa indem er schulgerecht Begriffe definiert und Distinktionen durchführt (z.B. *De consideratione* 2, 5ff). Um so schwerer fällt ins Gewicht, daß er sich diesen Mitteln gegenüber offenbar sehr zurückhaltend verhält. Er kennt sie; aber er legt keinen Wert auf sie. Er schreibt kein Werk im Stil der zeitgenössischen Sentenzensammlungen und Summen; er zerlegt seine Gedankengänge nicht in einzelne Schritte, von denen jeder durch zahlreiche Argumente und eine vereinheitlichte Form nach allen Seiten abgesichert ist. Seine geistliche Kraft entfaltet sich vielmehr am eindrucksvollsten in seinen Predigten, durch die er in einer von biblischen Reminiszenzen gesättigten Sprache, oft assoziativ von einem Thema zum andern springend und Bild an Bild reihend, seine Hörer und Leser bezwingt. Es kann nicht wundernehmen, wenn man diesem Mann den Rang eines Theologen absprach und wenn man ihn unter die Erbauungsschriftsteller einreihte. Im Protestantismus hat wohl Albrecht Ritschl die Grundlagen eines solchen Mißverständnisses befestigt; ihm gilt Bernhard als „der classische und maßgebende Vertreter der eigenthümlich katholischen Devotion" (*Die christliche Lehre von der Rechtfertigung und Versöhnung,* Bd. 1, ^{2}1882, 109f). Von ihm sind die großen Dogmenhistoriker zu Beginn unseres Jahrhunderts abhängig, v.a. Adolf von Harnack und Reinhold Seeberg. In ihren Darstellungen erscheint Bernhard nicht als Klassiker der Theologie, sondern der Frömmigkeit.

Diese Sicht, die noch heute die Lehrbücher beherrscht, ist deshalb falsch, weil sie Bernhards Werk an einem problematischen Maßstab mißt. Sie nimmt ihren Begriff von Theologie gerade von jener Gestalt theologischer Arbeit, von der sich der Abt bewußt ferngehalten hat: von der scholastischen Theologie. Die Problematik eines solchen Verständnisses wird der tiefer dringenden Betrachtung immer deutlicher. Unter dem leichten Gewand seiner Bilder und seiner eleganten Formulierungen verbergen sich gewichtige Fragestellungen, scharfsichtige Analysen und zukunftweisende Einsichten. Seine gelegentliche Polemik gegen die Aufnahme philosophischer Elemente trifft durchaus auch ihn selbst. Allerdings führt er fremde Äußerungen nicht, wie der Scholastiker, als durch die Tradition vorgegebene und deshalb beachtenswerte Aussagen ein, sondern er verwendet sie dort, wo er sie nachvollziehen und aus eigener Erfahrung und Erkenntnis gebrauchen kann. Bernhard hat weder zum Fortschritt der scholastischen Methode noch zur Entwicklung von Lehrinhalten oder gar zur Ausbildung von Dogmen Wesentliches beigetragen. Er verdient den Namen eines Klassikers der Theologie dafür, daß er einen bestimmten *Stil* theologischer Arbeit in klassischer Weise ausgebildet hat. An seiner Theologie lassen sich drei Komponenten unterscheiden, die eng miteinander zusammenhängen: sie ist monastische Theologie, sie ist Theologie der Mystik und sie ist Theologie der religiösen Subjektivität.

1. Bernhard als monastischer Theologe

Monastische Theologie ist eine Theologie von Mönchen für Mönche, die sich nicht in den Formen des Schulbetriebs vollzieht, sondern im Rahmen klösterlichen Lebens: religiöse Rede als Anweisung zur monastischen Lebensführung und als Anleitung zur Deutung monastischer Erfahrung. Sie reflektiert deshalb besonders die eigentümliche Situation des Mönchs. Das heißt einmal: Sie setzt die Scheidung von Klosterleuten *(religiosi)* und Weltleuten *(saeculares)* voraus.

Bernhard kann sich zwar gelegentlich (wie in seiner Predigt *De conversione* vor dem Pariser Klerus 1139/1140) auch an einen weiteren Kreis wenden; doch der Mittelpunkt seines geistlichen Lebens und Bezugspunkt seiner theologischen Bemühungen bleibt immer die Mönchsgemeinde seines Klosters Clairvaux. Die gemeinsame Lebensmitte schafft Einverständnis zwischen Prediger und Hörern, zwischen Autor und Lesern; sie schafft gemeinsame Verstehensbedingungen als Grundlage aller Beschäftigung mit gewissen Themen und Texten. „Vor euch, Brüder", sagt Bernhard zu Beginn seiner ersten Hoheliedpredigt, „muß man andere Dinge sagen oder doch auf andere Weise reden als vor den andern Menschen aus der Welt." Das Leben des Mönchs steht unter besonderen Bedingungen; seinen Rahmen bestimmt die Regel Benedikts, der die zisterziensische Reformbewegung mit besonderer Strenge folgt. Leben nach der Regel: das heißt vor allem Gehorsam, Verzicht auf eigene Lebensplanung im Großen wie auf die Freiheit in den vielen Einzelentscheidungen des Alltags und Fügung unter einen ein für allemal anerkannten fremden Willen. Es heißt nicht nur Verzicht auf persönlichen Besitz und Geschlechtsleben, sondern auch auf die Geborgenheit in der Familie und im überkommenen sozialen Stand. Obwohl die Mönchsgemeinde bereits im irdischen Leben mancherlei Ausgleich für solchen Verzicht bietet, widerstreben all jene Forderungen den natürlichen Anlagen und Neigungen des Menschen und rufen inneren Widerspruch hervor. Deshalb ist die monastische Grunderfahrung schlechthin die Anfechtung. Bernhard kann mit Hiob (7, 1) klagen: „Ein fortwährender Kampf (d. h. Anfechtung) ist das Leben des Menschen auf Erden!" (z. B. *QH* 14,4). Er gibt auch ausführliche, erfahrungsgesättigte Analysen des Phänomens. So lassen sich vier spezifische Arten der Anfechtung nach den Entwicklungsstufen des Mönchs unterscheiden: Den Anfänger quält die Furcht vor den Einschränkungen und der Härte des neuen Lebens. Wer diese Schwäche überwunden hat, den bedroht die Neigung zur Selbstzufriedenheit. Ist man dieser Versuchung erlegen, so regt sich sogleich der innere Zwang zur Heuchelei; hat man aber alle äußeren Anfechtungen besiegt und den Gipfel monastischen Lebens erreicht, so droht die gefährlichste Versuchung: Übertreibung, die zum Fall führt (*SC* 33, 9–13). Nach einem alten Schema werden die Anfechtungen auf das Fleisch, die Welt und den Teufel als ihren Herrn zurückgeführt. Doch für den Christen hat der Teufel keine selbständige Macht; hinter seinem Wirken steht letzten Endes Gott. Deshalb zielen die Anfechtungen auch nicht auf unser Verderben, sondern dienen zur Prüfung und wollen zum Heil in der Bewährung hinführen (z. B. *Sermones de diversis* 3, 1).

Am Beginn des Mönchslebens stehen nicht Erfahrungen der Bewährung, sondern des Versagens. Bernhard bleibt freilich nicht bei der in der Mönchsliteratur so häufigen Klage über die Schwäche des Fleisches stehen, sondern beschreibt in einer von Paulus inspirierten und an Augustin gemahnenden Eindringlichkeit den Zwang zur Sünde. Seine Ausführungen fließen nicht aus einer überkommenen Erbsündentheorie; sie sind Ausdruck seiner persönlichen Erfahrung. In der Diskussion über Freiheit und Notwendigkeit faßt er diese

Grunderfahrung in die Worte: ,,Mich wirst du nicht vom Glauben an den Zwang abbringen, den ich erleide, den ich in mir selbst erfahre, gegen den ich beständig ankämpfe", und er ruft aus: ,,Wer wird mich aus meinen Händen befreien? Denn was ich will, das tue ich nicht; ich selbst hindere mich daran – kein anderer. Und was ich hasse, das tue ich; ich selbst zwinge mich dazu – kein anderer ..." (*SC* 81, 9). Der Mönch empfindet solchen Zwang besonders schmerzlich, da er in der Einsamkeit seiner Zelle besonders intensiv auf die Regungen seines Innern achtet.

Auch in seiner Beschreibung der Heilserfahrung stellt Bernhard Maßstäbe für eine christliche Theologie auf; besonders lenkt er den Blick auf den irdischen Jesus. Im Umgang mit dem Menschen Jesus, in der Vertiefung in seinen Lebensweg, v. a. aber in seine vielfältigen Mühen und Leiden von der Kindheit in der Krippe bis hin zu Passion und Kreuzestod (vgl. *SC* 43, 3), erfahren wir unser eigenes Leiden als Heil. Wir erfahren die Wahrheit des Herrenwortes: ,,Mein Joch ist süß und meine Last ist leicht" (Mt. 11, 30). Diese Aussage hat keinen überzeitlichen Gehalt; sie gilt nur für den, der ihre Wahrheit an sich selbst erfährt (*QH* 15,1). Wie der Soldat seine eigenen Wunden nicht spürt, solange er die seines Feldherrn betrachtet, so stärkt uns die Vertiefung in die Wunden Jesu (*SC* 61, 7f). So kann Bernhard den Mittelpunkt seines Erlebens in dem berühmten Satz bezeichnen: ,,Das ist meine feinere, meine innerliche Lebensauffassung: Jesum zu kennen, und zwar als den Gekreuzigten" (*SC* 43, 4). Die Versenkung in Leiden und Tod Jesu führt uns zu einem zweiten Gedankenkomplex.

2. Bernhard als Theologe der Mystik

Monastische Frömmigkeit muß nicht in mystischen Erfahrungen gipfeln. Aber das Kloster bietet wie kein anderer Ort äußere Voraussetzungen (Abgeschiedenheit, Muße, Stille) und Anregungen (Meßfeier, Stundengebet, Lesungen) dafür; hier kann mystisches Erleben geradezu methodisch herbeigeführt und gepflegt werden. Im Abendland ist eine eigenständige Mystik – wenn wir von Ansätzen bei Augustin absehen – erst im 12. Jahrhundert entstanden: besonders im Zisterzienserorden und am Chorherrenstift von St. Victor in Paris. Die großen deutschen Mystikerinnen und Mystiker waren Nonnen und Seelsorger an Nonnenklöstern. Bernhard ragt nicht durch die Intensität seines mystischen Erlebens hervor. Er ist kein Visionär, wie etwa Mechthild von Magdeburg; er weist immer wieder auf die Grenzen seiner persönlichen Erfahrung hin (z. B. *Ep.* 11, 8) und betont, daß die Pflicht zu Predigt und Seelsorge neben dem Streben nach beschaulicher Ruhe nicht zu kurz kommen dürfe (z. B. *SC* 41, 5f). Trotz solcher Einschränkungen sind seine Ausführungen erfahrungsgesättigt und phänomennah. Die Lücken seiner eigenen Erfahrung schließt er durch umfassende, in ihrem Umfang bisher nur teilweise untersuchte Einbeziehung vorchristlicher (platonisch-neuplatonischer) und christlicher Überlieferung. Hauptquelle ist wohl Augustin; daneben greift er aber auch intensiv auf Origenes zurück, dessen Werk im 12. Jahrhundert geradezu eine Renaissance erlebte und dessen Schriften in lateinischer Übersetzung auch in der Bibliothek von Clairvaux vorhanden waren.

Bernhard entfaltet seine Theologie der Mystik vor allem in der Auslegung des Hohenliedes. Diese Sammlung von Liedern, in denen Braut und Bräutigam ihre Liebe besingen, bietet ihm Gelegenheit, in breiter Allegorese, d. h. in der Aufdeckung eines hinter dem Wortlaut verborgenen tieferen Sinnes, das Verhältnis der Seele zu Gott darzulegen. Dieses Verhältnis ist abgestuft. Im Anschluß an den Eingang des Hohenlieds: ,,Er küsse mich mit dem Kusse seines Mundes!" (1, 1) entwickelt Bernhard an der Unterscheidung dreier Arten von Küssen drei Stufen religiöser Entwicklung: von der Reinigung von Befleckung in Reue und Buße über die Bewährung durch gute Werke bis zur vollkommenen Begegnung mit Gott in der Kontemplation (vgl. *SC* 3f). In diesen Rahmen zeichnet er eine Fülle geistlicher Erfahrungen ein – ohne jede Neigung zu ödem Schematisieren. Wir betrachten nur wenige Beispiele.

Auch im geistlichen Leben bilden Unheilserfahrungen den dunklen Grund, aus dem sich die Seele aufzuschwingen sucht. Der Zustand der Gottferne wird vornehmlich durch Empfindungen des Tastsinnes veranschaulicht: ,,Oft war mir selbst . . ., insbesondere am Anfang meiner neuen Lebensweise, das Herz hart und kalt, als ich den suchte, den meine Seele lieben wollte . . . Als ich den suchte, bei dem mein Geist sich erwärmen und ausruhen könnte, zumal wenn er betäubt und schlaff war, und als sich nirgends jemand zeigte, der mir zu Hilfe gekommen wäre und unter dessen Einwirkung sich die starre Winterkälte gemildert hätte, die meine inneren Sinne zusammenschnürte, und die Süße des Frühlings und geistige Wonne zurückgekehrt wäre, da wurde meine Seele immer schlaffer, füllte sich mit Ekel und fiel vor Überdruß in Schlaf, traurig und beinahe verzweifelnd und zu sich selbst brummend: Wer wird vor dieser Kälte bestehen?" (*SC* 14, 6). Doch die Rettung aus solch bedrückendem Zustand kommt oft plötzlich und von unvermuteter Seite: etwa durch die Anrede oder auch nur durch den Anblick eines geistlichen Menschen, zuweilen sogar aus der bloßen Erinnerung werden innere Kräfte lebendig, die jene Erstarrung lösen. Die alte Vorstellung von einem stufenweisen Aufstieg bildet nur einen sehr weiten Rahmen; Bernhard betont immer wieder die Momente, die einem Automatismus mystischen Lebens widersprechen. Der Umschlag von der Unheils- zur Heilserfahrung erfolgt plötzlich und ist ganz unberechenbar. ,,Oft treten wir lauen und trockenen Herzens vor den Altar und versenken uns ins Gebet. Während wir aber dastehen, ergießt sich plötzlich Gnade in uns, weitet sich unsere Brust und erfüllt eine Woge frommer Empfindung unser Inneres . . ." (*SC* 9, 7). Die mystische Erfahrung ist selten und von kurzer Dauer. Sie läßt sich einem Schlaf oder gar dem Tod vergleichen: In der intensiven Versenkung wird die Seele gleichsam sich selbst entrissen und in den Bann einer überlegenen Macht gezogen, in dem sie die Süße der künftigen Herrlichkeit vorweg kostet (z. B. *SC* 52). ,,Zuweilen überschreitet die Seele den Bereich ihrer körperlichen Sinne und trennt sich sogar von ihnen, so daß sie, die das göttliche Wort wahrnimmt, ihrer selbst nicht mehr gewahr ist. Das geschieht, wenn der Geist – durch die unaussprechliche Süße des Wortes angelockt – sich gleichsam sich selbst stiehlt, ja vielmehr geraubt wird und seiner eigenen Gewalt entgleitet, um das Wort zu genießen." Doch die Erinnerung an solches Erleben ruft sogleich die Klage hervor: „Ein süßer Verkehr, doch ein kurzer Augenblick und eine seltene Erfahrung!" (*SC* 85, 13).

Wie verhält sich dieser Umgang mit dem göttlichen Wort zur Versenkung in den leidenden und gekreuzigten Jesus? Bernhard sagt mehrfach, die Erscheinung Jesu im Fleisch solle den fleischlichen Menschen über die fleischliche Liebe zu einem geistigen Verhältnis zum Gottessohn hinführen (z.B. *SC* 20, 6. 8). Danach ist die Betrachtung des Gekreuzigten nur eine Vorstufe zur Schau Christi in seiner Herrlichkeit (z.B. *SC* 45, 6). Man hat aus diesen Äußerungen den Schluß gezogen, der irdische Jesus spiele in Bernhards Mystik nur eine höchst untergeordnete Rolle. Diese Deutung übersieht, daß der mystische Weg immer in einer seltenen, kurzen und inhaltsleeren Erfahrung gipfelt. Man darf deshalb einen Typus der Mystik nicht allein nach seinem höchsten Erlebnis beurteilen; wichtiger noch ist der Ausgangspunkt. Bernhards Einsatz beim Leidenden und Gekreuzigten gibt seiner ganzen Mystik ihre eigentümliche Färbung.

Wir konnten nur einen flüchtigen Blick auf Bernhards Theologie der Mystik werfen. Der Heilige hat weder als erster mystische Phänomene analysiert noch wie die großen spanischen Mystiker des 16. Jahrhunderts eine geschlossene Darstellung mystischen Lebens entworfen. Seine Bedeutung als Theologe der Mystik liegt in der Kraft, mit der sein Denken zentrale Tatsachen dieses Lebens umkreist, in der Klarheit, mit der er mystische Erfahrungen schildert und analysiert, und in der Entschiedenheit, mit der er sie in eine umfassende Theologie der religiösen Subjektivität einbezieht.

3. Bernhard als Theologe der religiösen Subjektivität

Die neuere Forschung verbindet mit dem monastischen Charakter der Theologie Bernhards zwei Prädikate: diese Theologie sei – verglichen mit der scholastischen – zum einen unsystematisch, zum andern konservativ. Sie führe die Tradition der patristischen Theologie im Mittelalter fort. Diese Sicht wird Bernhard nicht voll gerecht. Sein systematisches Vermögen hat sich freilich weder in der Methodik schulgerechter Quaestionen noch in der Architektonik einer großen Dogmatik niedergeschlagen. Es erweist sich vielmehr gerade in jenem Punkt, in dem seine Theologie auch modern ist: in der Folgerichtigkeit, mit der sein Denken um das religiöse Subjekt kreist. In seinem unablässigen Bemühen um dieses Subjekt ist Bernhard ein Klassiker der Theologie.

Den großen Rahmen seines Denkens steckt ein Begriffspaar ab, das auf die vorchristliche Antike zurückgeht: *Selbsterkenntnis und Gotteserkenntnis*. Beide hängen untrennbar zusammen, wobei aber eine eindeutige Abfolge erkennbar ist: Selbsterkenntnis ist unabdingbare Voraussetzung für Gotteserkenntnis.

Allerdings ist ohne ein (wenigstens vorläufiges) Wissen um Gott auch alle Selbsterkenntnis unmöglich. – In diesem Rahmen wird Bernhards Stellung zur Wissenschaft verständlich: Er lehnt nicht nur Wißbegierde um der Ehre und des Gewinns willen ab, sondern genau so das reine Erkenntnisstreben der Erkenntnis wegen. Selbsterkenntnis heißt nicht: unbeteiligte Einsicht in die Menschennatur, Gotteserkenntnis nicht: Spekulation über Sein und Wesen Gottes abgesehen von seiner Beziehung zu uns. Beide verbindet das Interesse am Heil: ,,Beachte, daß beide Arten der Erkenntnis dir zum Heil notwendig sind, so daß du keine entbehren kannst, ohne dein Heil zu verfehlen!" Allein *das* Wissen hat einen Wert für uns, das unserem Heil dient (*SC* 36).

Die Frage nach der Heilsbedeutung verbindet sich für Bernhard aufs engste mit dem Interesse am *religiösen Subjekt.* So durchziehen die Hinweise auf die Bedeutung der Heilsgeschichte für uns sein ganzes Werk. Er weiß natürlich mit der Tradition, daß alles individuelle Heil des Christen auf Voraussetzungen beruht, die unabhängig vom religiösen Subjekt gegeben sind, und daß erst die Ankunft des göttlichen Wortes im Fleisch seine Ankunft im Herzen des einzelnen Menschen hier und heute ermöglicht hat. Aber nur jenes Heil ist für den Menschen bedeutsam, das sich an ihm und in ihm als Individuum ereignet (z. B. *Adv.* 1,10). Bernhard betont immer wieder, daß Gott *für uns* Mensch geworden ist: Unseretwegen *(propter nos)* ist Christus auf die Welt gekommen (z. B. *Adv.* 1,7); für uns *(pro nobis)* hat er in der Beschneidung sein Blut vergossen (z. B. *Circ.* 1,3); zu unserer Reinigung *(nobis lavandis)* hat er sich taufen lassen (*Epiph.* 1, 6) und alles, was er erlitt, hat er für uns *(pro nobis)* erlitten (z. B. *Quadr.* 1,1). Endlich: ,,Wie alle übrigen Taten dessen, der für uns geboren und uns geschenkt ist, so ist auch seine Himmelfahrt unseretwegen geschehen und kommt uns zugut" (*Asc.* 4, 2). Gottes Hingabe an uns entspricht unserer Bedürftigkeit. In Bernhards Anthropologie stehen platonische und paulinische Elemente teilweise unausgeglichen nebeneinander. Seine monastische Lebensauffassung und seine Vorstellung vom mystischen Weg über Reinigung und gute Werke zur Vollendung legen ihm nahe, den Kräften des Menschen ein gewisses Vertrauen entgegenzubringen und Verdienste anzuerkennen. Doch sein Wirklichkeitssinn lehrt ihn die Grenzen eng abzustecken. Bevor wir Gott suchen und lieben können, hat uns immer schon Gott gesucht und geliebt (z. B. *SC* 57, 6). Gottes Gnade kommt allem menschlichen Handeln zuvor (z. B. *SC* 78). So kann Bernhard unter Aufnahme von Röm. 4, 5 in einer auf Luther vorausweisenden Deutlichkeit über die *Rechtfertigung* reden: ,,Wen immer voll Reue über seine Sünden nach der Gerechtigkeit hungert und dürstet, der soll an dich glauben, der du den Gottlosen rechtfertigst, und allein durch den Glauben *(solam per fidem)* gerechtfertigt wird er Frieden mit Gott haben" (*SC* 22, 8).

Bernhard kennt drei Arten der Gotteserkenntnis: den Schluß aus der Schöpfung auf den Schöpfer; Eingebung, wie sie den Vätern zuteil wurde; endlich als Krönung die Erfahrung in der persönlichen Begegnung mit Gott (vgl. *SC* 31, 3ff). Erfahrung – dieser vieldeutige und schwer faßbare Begriff spielt in seinem Verständnis des religiösen Subjekts eine zentrale Rolle. Während wir heute erst wieder darum bemüht sind, diesen längst von den Naturwissenschaften beanspruchten Begriff für den Gebrauch in Religion und Theologie zurückzugewinnen, hat schon Bernhard mit einer Konsequenz, die für seine systematische Kraft aufschlußreich ist, einen rein religiösen Erfahrungsbegriff herausgearbeitet. Erfahrung ist zunächst einmal Quelle religiöser und theologischer Erkenntnis (z. B. *SC* 6, 9: Erfahrung als Lehrerin). Erfahrung kann aufgezeichnet und weitergegeben werden; so stellt die hl. Schrift einen unermeßlichen Schatz an religiösen Erfahrungen der Väter, der Propheten und Apostel bereit, auf den wir zurückgreifen, wenn wir unsere eigenen Erfahrungen interpretieren (z. B. *SC* 29, 3) oder wenn wir an die Grenzen unserer individuellen Erfahrungsfähigkeit stoßen (z. B. *De consideratione* 5, 24). – Eigene Erfahrenheit ist aber auch die Voraussetzung für das Verstehen fremder Erfahrung und fremden Lebens überhaupt und damit die Bedingung für das Verständnis der Texte, in denen Erfahrung aufbewahrt ist. Deshalb appelliert Bernhard am Anfang seiner Hoheliedpredigten an die Erfahrung seiner Hörer (Leser) (bes. *SC* 3, 1). – Schließlich schafft eigene Erfahrung Relevanz und Gewißheit. Religiöse Aussagen gewinnen für uns nur dadurch Bedeutung, daß sie uns zu eigener religiöser Erfahrung anregen (z. B. *SC* 32, 3). Das ganze religiöse Leben und Erleben stellt sich demnach als ein umfassender Erfahrungszusammenhang dar: Auf dem Grund ursprünglicher, eigenster Erfahrungen wirkt die in unserer religiösen Überlieferung (besonders in der hl. Schrift) aufbewahrte Erfahrung und leitet zu neuer, gegenwärtiger Erfahrung an.

Wie die Betonung der Heilsbedeutung und die Hervorhebung der Selbsterkenntnis als Voraussetzung der Gotteserkenntnis, so zeigt auch der prägnante Gebrauch des Erfahrungsbegriffs, daß für Bernhard die Theologie ihren Ausgangspunkt in der Reflexion auf das religiöse Subjekt hat.

IV. Wirkung

Auch als Theologe hat Bernhard bereits zu Lebzeiten eine große, wenngleich nicht unumstrittene *Wirkung* ausgeübt. Selbst Angehörige seines Ordens, wie der Geschichtsschreiber Otto, Bischof von Freising, konnten sein Vorgehen gegen Abaelard und Gilbert Porreta mißbilligen. Doch wenn auch sein Verhalten gelegentlich getadelt wurde, so galt Bernhard religiös und theologisch immer als Muster an Rechtgläubigkeit. Selbst sein Widerspruch gegen eine zu seiner Zeit weit verbreitete und später zum Dogma erhobene Anschauung, die Lehre von der unbefleckten Empfängnis Mariae (vgl. *Ep.* 174), hat nicht verhindert, daß er zu allen Zeiten als großer Lehrer der Mariologie gefeiert wurde. Bereits einundzwanzig Jahre nach seinem Tode (1174) wurde er heiliggesprochen; 1830 nahm ihn Papst Pius VIII. in den Kreis der Kirchenlehrer auf.

Von der ungewöhnlich breiten Wirkung seiner Schriften zeugt heute die Fülle der Handschriften, die sich – über ganz Europa verstreut – erhalten haben. Wir kennen mehr als 1500 Manuskripte, von denen über 600 noch aus dem 12. Jahrhundert stammen. Während etwa Abaelards *Sic et non* in 11, seine *Ethica* gar nur in 5 Handschriften bewahrt ist, liegt Bernhards *De consideratione* in über 160 und selbst seine *Vita Malachiae* in rund 60 Abschriften vor. Auch manche Schrift anderer Autoren ist unter seinem berühmten Namen auf uns gekommen.

Bernhards Werk stellt den Höhepunkt monastischer Theologie dar. Es faßt die Anregungen der Tradition zusammen und hat nicht nur im Zisterzienserorden und im gesamten von der Regel Benedikts geprägten Mönchtum, sondern auch in den Bettelorden gewirkt. Durch seine Theologie der Mystik hat er eine ausgedehnte Zisterziensermystik hervorgerufen; seine *Hoheliedpredigten* wurden von zwei Ordensgenossen fortgeführt: Kap. 3, 2–5, 10 von Gilbert von Hoyland († 1172) und Kap. 5, 8–8, 14 von Johannes von Ford († 1214 oder 1220). Weit über den eigenen Orden hinaus hat Bernhards Reflexion auf mystische Phänomene die mystische wie die scholastische Literatur der folgenden Jahrhunderte befruchtet. Seine Theologie der religiösen Subjektivität und sein prägnanter *Erfahrungsbegriff* haben weit ausgestrahlt: im 13. Jahrhundert auf die franziskanische Theologie, im 14. und 15. Jahrhundert vor allem auf außerhalb der Schulen stehende Autoren (z. B. Johannes Gerson).

Die Reformation hat die Wertschätzung Bernhards nicht unterbrochen; sie hat sogar gewisse Seiten seiner Theologie erst voll zur Wirkung kommen lassen. Nach Augustin verdankt Martin Luther wohl Bernhard am meisten. Während er seine Theologie des Mönchtums und das damit verbundene Vertrauen auf die Kräfte des Menschen verwirft, hat er von seiner Christologie und von seiner Auffassung des religiösen Subjekts wichtige Anregungen empfangen. Hier müssen die Hinweise auf das auch für die Reformatoren grundlegende Begriffspaar Selbsterkenntnis und Gotteserkenntnis, auf Luthers Hermeneutik und auf die Intensität, mit der er den Erfahrungsbezug der Theologie bedenkt, genügen. Auch in nachreformatorischer Zeit hat der Protestantismus Bernhard immer hoch geschätzt und viel gelesen.

Einen ersten Bruch mit dieser Wirkung brachte die Aufklärung, deren Urteil sich beispielhaft in einer Äußerung Friedrich Schillers spiegelt: „Er haßte und unterdrückte nach Vermögen alles Strebende und beförderte die dickste Mönchsdummheit ..." (*Brief an Goethe* vom 17. März 1802). Als seit Mitte des 19. Jahrhunderts die kritische Erforschung mittelalterlicher Philosophie und Theologie einen mächtigen Aufschwung nahm, sah man in Bernhard vorwiegend den Gegner Abaelards, den Kirchenpolitiker und Erbauungsschriftsteller, der sich den zukunftsträchtigen Tendenzen seiner Zeit in den Weg stellte. Gemäß dem eigenen (oft durch die kirchenpolitischen Auseinandersetzungen der Zeit bestimmten) Standpunkt konnte man entweder Abaelard als Aufklärer feiern und Bernhard als Reaktionär abtun oder aber Abaelard als Irrlehrer und fragwürdigen Charakter brandmarken und Bernhard als Hüter des rechten Glaubens preisen. Damit hat Abaelard nachträglich einen Sieg über seinen größten Gegner davongetragen. Der Fortgang der Forschung hat die Unhaltbarkeit dieses Bildes aufgedeckt. Weitere Untersuchungen werden die in die Zukunft weisenden Elemente in Bernhards Werk noch deutlicher erkennen lassen und ein differenzierteres Bild dieses sicherlich sehr zwiespältigen Menschen ermöglichen.

Werner Dettloff

BONAVENTURA

(um 1217–1274)

In demselben Jahre wie Thomas von Aquin starb auch der andere große Theologe des Mittelalters: Bonaventura. Er ist in der Kirche bei weitem nicht so bekannt wie Thomas, und auch sein Einfluß auf die Entwicklung der Theologie ist mit dem des Thomas von Aquin kaum vergleichbar. Dennoch wäre es ungerecht, wenn man ihn neben Thomas einfach vergäße, zumal er zu seiner Zeit vermutlich spürbarer auf das Leben der Kirche eingewirkt hat als Thomas, nicht zuletzt aber, weil er die religiöse Reform aus dem Ursprung, die Franziskus der Kirche des Mittelalters brachte, ins Theologische übertrug. Gottlieb Söhngen hat es einmal treffend so formuliert: Franziskus brachte die Rückkehr zur evangelischen Lebensform, Bonaventura die Rückkehr zur evangelischen Wissensform.

I. Leben

Die Biographie eines Zeitgenossen besitzen wir über Bonaventura nicht, wir wissen daher nur in groben Umrissen über sein Leben Bescheid. Er ist um 1217 in Bagnoregio bei Viterbo geboren und stammte aus der Familie der Fidanza di Castello. Sein Vater war wahrscheinlich Arzt. Wie Bonaventura selbst berichtet (Legenda minor VII, lectio 8; VIII, 579a), wurde er als Kind durch die Anrufung des hl. Franziskus von schwerer Krankheit geheilt. Das mag mit zu seiner großen Verehrung des Heiligen von Assisi beigetragen und ihn schließlich auch mit dazu bewogen haben, nach seinen Studien in Paris 1236–1242 im Jahre 1243 selbst in den Franziskanerorden einzutreten. Sein Leben und Wirken innerhalb des Ordens gehörte zunächst weiter der Wissenschaft. Er erwarb das Lizenziat, wurde mit etwa 35 Jahren zum Doctor der Theologie promoviert und schließlich Magister regens – ,,ordentlicher Professor" – an der Pariser Universität. Vermutlich einige Monate vorher, im Februar 1257, wählte ihn der Orden zu seinem Generalminister. Im Jahre 1273 ernannte ihn Papst Gregor X. zum Kardinalbischof von Albano und berief ihn an die Kurie, wo er maßgeblich an den Vorbereitungen zum 2. Konzil von Lyon und beim Konzil, insbesondere den Unionsverhandlungen mit den Griechen, mitarbeitete. Bonaventura war sehr erfolgreich, starb aber vor dem Ende des Konzils am 15. Juli 1274 in Lyon. 1482 wurde er von Sixtus IV. heiliggesprochen und 1588 von Sixtus V. zum Kirchenlehrer ernannt.

Bonaventura (um 1217–1274)

II. Werke

Die zahlreichen Werke Bonaventuras liegen in einer vorbildlichen kritischen Ausgabe der Franziskaner von Quaracchi vor (10 Bde., 1882–1902). Sie bietet nicht nur einen ausgezeichneten Text, sondern auch verschiedene Register, weiterführende Anmerkungen und Scholien, welch letztere mit gewissen Vorbehalten zu behandeln sind, da ihre Verfasser – es war die Zeit der Thomasrenaissance unter Leo XIII. – sich mitunter allzusehr bemühen, Bonaventura mit Thomas von Aquin in Einklang zu bringen, was weder berechtigt noch dem Bonaventuraverständnis dienlich ist. Nicht alle Werke Bonaventuras sind zeitlich genau zu fixieren. Im einzelnen lassen sich verschiedene Gruppen unterscheiden. An erster Stelle sind die philosophisch-theologischen Schriften zu nennen: die *Commentarii in quatuor libros Sententiarum Petri Lombardi* aus den Jahren 1248–1255 (Bde. I–IV); die *Quaestiones disputatae de scientia Christi, de mysterio Ss. Trinitatis* und *de perfectione evangelica* (Bd. V, 1–198); das vor 1257 entstandene *Breviloquium,* ein Abriß der Theologie (ebd., 199–291); das im Oktober 1259 geschriebene *Itinerarium mentis in Deum* (ebd., 193–316); das *Opusculum de reductione artium ad theologiam* (ebd., 319–325); die nur durch Hörernachschriften (Reportationes) erhaltenen und unvollendet gebliebenen *Collationes in Hexaemeron* aus dem Jahre 1273, in denen Bonaventura zu aktuellen Zeitfragen Stellung nimmt (ebd., 327–454); die *Collationes de septem donis Spiritus Sancti* (ebd., 455–503); die *Collationes de decem praeceptis,* die 1267 oder 1268 entstanden sind (ebd., 505–532); schließlich die *Sermones selecti de rebus theologicis* (ebd., 533–559). Hinzu kommen *Kommentare* bzw. *Collationes zu den Büchern Ecclesiastes, Sapientia, zum Lukas- und zum Johannesevangelium* (in den Bdn. VI und VII). Mit Ausnahme des *Lukaskommentars,* der in seinen Grundzügen aus dem Jahre 1248 stammen dürfte und in seiner jetzt vorliegenden Form eine Überarbeitung der ursprünglichen Fassung darstellt, welche die Vorlesung Bonaventuras als Bibelbakkalar war, sollten die Schriftkommentare wohl in der Zeit entstanden sein, als Bonaventura Magister war. Zu nennen wären weiter mehrere mystische Schriften, unter denen *De triplici via* besonders hervorgehoben sei, und Werke, die den Franziskanerorden betreffen und unter denen den beiden Franziskusviten besondere Bedeutung zukommt (alle im Bd. VIII). Nach der *Introductio cum opusculo de arte praedicandi* enthält der IX. Bd. die *Predigten* Bonaventuras, über deren besonders gelagerte Echtheitsprobleme die *Prolegomena* der Herausgeber (XI–XXI) informieren.

III. Bedeutung

Die Leistung und Eigenart des Theologen Bonaventura kann unter verschiedenen Gesichtspunkten betrachtet werden. Man kann etwa der Frage nachgehen, welche Rolle er als Vertreter des Augustinismus im Mittelalter gespielt hat, oder man kann ihn von seiner Stellung zum damals mehr und mehr Bedeutung gewinnenden Aristotelismus her interpretieren. Damit würde man jedoch kaum das Wesentliche treffen. Das Charakteristische seiner Persönlichkeit werden wir wohl am besten erkennen, wenn wir ihn von seinen geistigen Wurzeln her zu verstehen und auf dem geschichtlichen Hintergrund seiner Zeit zu sehen suchen. Er war besonders intensiv und engagiert in das geistige Leben seiner Zeit einbezogen, das sich für ihn in der im 13. Jahrhundert wahrhaft bewegten Welt der Universität und der damals nicht minder bewegten Welt des Franziskanerordens abspielte, wobei dem geistigen Erbe des Franziskus von Assissi nicht nur für die geistige Prägung des Menschen, sondern auch des Theologen Bonaventura unstreitig die entscheidende Bedeutung zukam.

Die Kirche war nach außen hin vielleicht niemals mächtiger als zur Zeit des Franziskus, aber nach innen war sie vielleicht auch niemals bedrohter als gerade in dieser Zeit. An der Wende zum Hochmittelalter, im 12. und 13. Jahrhundert, bricht im Leben der Kirche eine Kluft auf, die wahrscheinlich größer ist als die, welche sich 200 Jahre später durch Humanismus und Renaissance zwischen Mittelalter und Neuzeit auftat. Diese Wende zum Hochmittelalter ist weitgehend gekennzeichnet durch das Erwachen des Einzelmenschen, der in verschiedenen Bereichen das Gefüge der alten Ordnungen sprengt. Das gilt für Wissenschaft, Handel, Industrie und Politik, für Poesie, Architektur und bildende Kunst. Auch in Philosophie und Theologie ist eine ähnliche Entwicklung zu beobachten. Zunehmend wird die Lehre der Kirche vor den Richterstuhl der menschlichen Vernunft gezogen, damit sie ihre Gültigkeit und Verbindlichkeit ausweise. An die Stelle williger Traditionsgläubigkeit tritt mehr und mehr die selbständige Bearbeitung des Lehrgutes mit den Kräften der eigenen Vernunft. So entsteht die mittelalterliche Scholastik aus dem Verlangen nach einer wissenschaftlich begründeten Theologie in einer Umwelt, die überzeugt sein will.

Von dieser Entwicklung bleibt naturgemäß auch das religiöse Leben nicht unberührt. Auch hier tritt der Gemeinschaftsgedanke immer mehr zurück und das Persönliche, der Einzelne in den Vordergrund. Nicht zuletzt unter dem Einfluß der Kreuzzüge treten die menschlichen Züge des Lebens Jesu in den Mittelpunkt des religiösen Lebens und Erlebens des einzelnen Christen. Man sah die Erlösung sich nicht so sehr in dem mehr Unpersönlichen eines Volksganzen, einer Gemeinschaft vollziehen, sondern vielmehr in dem ganz Persönlichen der Einzelseele. Der einzelne Christ wird auch im religiösen Bereich selbständiger und damit verantwortungsbewußter und mündiger. Es ist kein Zufall, daß in dieser Zeit das sakramentale Leben in der Kirche stark zurücktritt, während das asketische Tun auch im Sinne der Eigenleistung immer mehr betont wird.

Das neue Christusbild und die neue religiöse Selbständigkeit des einzelnen Christen fanden ihren Ausdruck in dem neuen Ideal der Christusnachfolge: Man ist vor allem bestrebt, Christus in seinem gott*menschlichen* Leben nachzufolgen und zwar nicht nur als Glied einer Gemeinde, als Volk Gottes, sondern vor allem als einzelner Christ. Der einzelne fühlte sich aufgerufen und verpflichtet, das Leben Jesu in seinem persönlichen Leben nachzuahmen, ein vom Evangelium geprägtes Leben zu führen. Das „Leben nach dem Evangelium", oder auch das „apostolische Leben" wurde zum bestimmenden religiösen Ideal der Zeit. Überall, wo im 12. und 13. Jahrhundert religiöse Kräfte neuer Art lebendig und wirksam werden, sind sie von dieser „evangelischen Bewegung" erfaßt.

Die Entwicklung begann zwar im Schoße der Kirche und griff ein im eigentlichen Sinne urchristliches Anliegen auf, sie verblieb jedoch weitgehend nicht im Raum der Kirche. Es kam bald zu einer Konfrontation zwischen der hierarchischen Kirche mit ihrer auf die sakramentale Weihe und die apostolische Amtsnachfolge gegründeten Ordnung und den Einzelchristen, die sich von Gott besonders berufen und begnadet fühlten und sich nicht auf die apostolische Nachfolge bezüglich der Ämter, sondern auf das apostolische Leben der einzelnen beriefen, worin allein sie die Berechtigung zu apostolischem Handeln sahen. Manche Glieder dieser evangelischen Bewegung – wie etwa die Waldenser – trennten sich schließlich von der Kirche. Sie begnügten sich nicht damit, außerhalb der Kirche ihre Ideale eines apostolischen Lebens zu verwirklichen, sondern sie nahmen auch das Richteramt über die bestehende Kirche für sich in Anspruch. Unterstützt wurden sie durch eine andere Bewegung, die zwar nicht eigentlich auf dem Boden des Christentums entstanden ist, aber zum Teil christliche Züge annahm und sich im Kampf gegen die hierarchische Kirche mit ihnen zusammenfand: die Katharer. Es würde den hier verfügbaren Rahmen überschreiten, auf Einzelheiten einzugehen, so interessant dies auch wäre. Wir können aber auch auf Grund der wenigen Andeutungen ermessen, was es für die damalige Kirche bedeutete, daß – wie es Innozenz III. in dem von Thomas von Celano berichteten Traum gesehen haben soll – da jemand aus jenem anderen Lager, nämlich der neuen Bewegung, kam und die Kirche stützte: Franziskus, der wie ein „Ketzer" lebt, aber dennoch zur Kirche hält und katholisch ist. Auch er sah, wo die Kirche versagte und nicht dem Evangelium entsprach. Seine Reaktion war aber weder Kritik noch Polemik, sondern das schlichte Bekenntnis und Leben des rechten Glaubens. Dabei betonte er gerade das, was die „Ketzer" in Frage stellten, wie etwa den unbeirrbaren Glauben an Gott als den *einen* Herrn, der Himmel *und* Erde, Geistiges *und* Körperliches geschaffen hat und seinen Sohn wahrhaft Mensch werden ließ, um uns zu erlösen, oder was sie hochmütig für sich beanspruchten: das Leben in Armut und Christusnachfolge. Hinzu kam, alles umfassend, sein unbeirrbarer Glaube an das Wort Gottes in der Hl. Schrift. Die geläufige Formel von Franziskus als dem „katholischen und ganz apostolischen Mann" ist erst auf dem eben skizzierten geschichtlichen Hintergrund in ihrer vollen Bedeutung zu verstehen.[1]

Wie eingangs erwähnt, hat Bonaventura ins Theologische übertragen, was Franziskus für das religiös-kirchliche Leben seiner Zeit gewollt hat: die Rückkehr zum Evangelium. Bonaventura tat das ganz im Sinne des „exire de saeculo". Diese Formel aus dem Testament des Franziskus, „aus der Welt herausgehen", „die Welt verlassen", enthält ein ganzes Programm: sie ist die Grundform franziskanischen Lebens und umfaßt die „Verachtung der Welt" im biblischen Sinne, das Hintansetzen von allem, was nicht Gott ist, und das Verlangen nach Gott. Sie besagt kurz das, was das Evangelium metánoia nennt und was wir im allgemeinen – vielleicht allzu blaß – mit „Bekehrung" wiedergeben. Gegen die franziskanische Prägung der Theologie Bonaventuras spricht es keineswegs, daß er neben Pseudo-Dionysius, Hugo v. St. Viktor und Bernhard v. Clairvaux vor allem Augustinus sehr viel verdankt und sich in seinen theologischen Schriften auf diese und kaum auf Franziskus beruft. Das *Itinerarium mentis in Deum,* das wie in einem Kern das Konzept seiner ganzen Theologie enthält und wesentlich von Franziskus ausgeht, sollte man in dem Zusammenhang nicht übersehen. Im übrigen wird es sicher kein Zufall sein, daß Bonaventura und andere Franziskanertheologen Augustinisten waren. Wenn franziskanische Christlichkeit und Augustinismus sich als wesensverwandt zusammenfanden, hebt das eine die Bedeutung des anderen nicht auf.

Es gibt verschiedene Möglichkeiten zu zeigen, in welcher Weise Bonaventura wesentliche Anliegen des Franziskus aufgenommen und theologisch verarbeitet hat. Wir müssen uns hier mit einem Ausschnitt begnügen, der jedoch einen instruktiven Eindruck vermitteln dürfte – nicht zuletzt, weil Bonaventuras Theologie nicht ein System der Wahrheitsfindung im üblichen Sinne, sondern ein Kosmos ist. Romano Guardini sagte einmal, man kann darin spazieren gehen wie in einer gotischen Kathedrale; und von der Theologie Bonaventuras gilt, was einmal von der Gotik gesagt wurde: daß sie nicht einen Stein auf den anderen baute, sondern einen Stein gegen den anderen ausbalancierte. Probleme, Begriffe und Theorien greifen bei Bonaventura so ineinander, sind so miteinander verbunden, daß man nahezu immer das Ganze berührt, wenn man sich mit einem Teil beschäftigt. Um beim Bilde von der Kathedrale zu bleiben: Auch wenn man gleichsam zu einem Seiteneingang eintritt, bekommt man – wenn auch unter einem jeweils besonderen Aspekt – das Ganze in den Blick.

Aus den sich anbietenden Möglichkeiten sei nun ein Thema gewählt, mit dem sich die christliche Theologie zu allen Zeiten beschäftigt hat und auch beschäftigen muß und das zugleich ein urfranziskanisches Thema ist: das Verhältnis zur Welt. Bonaventuras Verhältnis zur Welt ist zwiespältig nicht nur im Sinne der Bibel, die auch nicht nur von der Welt als dem herrlichen Werke Gottes spricht, sondern ebenso von der Welt, die mit ihrer Eitelkeit und Verlockung eine ständige Gefährdung unseres Heiles ist. Ähnlich wie Franziskus, der uns nicht nur den Sonnengesang hinterlassen hat, sondern auch – Kind seiner Zeit und einer langen pseudochristlichen Tradition – aus einem ausgesprochen leibfeindlichen Asketismus heraus seinen Leib, den „Bruder Esel", sehr schlecht behandelt hat, was er am Ende seines Lebens auch zugab, – ähnlich dieser Zwiespältigkeit findet sich auch bei Bonaventura nicht nur jener wesentlich von Franziskus bestimmte genuin christliche Symbolismus, für den die geschaffene Welt Spur, Gleichnis und Bild des Schöpfers ist, sondern wir begegnen bei ihm auch vielen Gedanken, die hellenistisch-neuplatonischen Ursprungs sind und vor allem über die augustinische Tradition zu ihm gelangten und ihn keineswegs immer ein unbefangenes Ja zu den Schöpfungsgegebenheiten sagen lassen.

Zu den aufschlußreichsten Texten über Bonaventuras Weltverständnis gehört die Einleitung zu seinem *Kommentar zum Predigerbuch* des Alten Testaments (Bd. VI, 3–9), dessen Thema die vielfältige Eitelkeit der Welt ist. Es ist jedoch nicht wenig charakteristisch für Bonaventura, daß er gegenüber dem doch rein negativen Ausruf des Predigers in 1, 2: „O Eitelkeit der Eitelkeiten, alles ist Eitelkeit!" der Einleitung zu seinem Kommentar den ganz und gar positiven Psalmenvers (39, 5) voranstellt: „Selig der Mann, der seine Hoffnung auf den Herrn setzt und sich nicht um Eitelkeiten und trügerische Narreteien kümmert." Aufgabe des Weisen ist es, den Weg zu lehren, auf dem man zur Seligkeit gelangen kann. Um die Seligkeit zu erlangen, muß man das Ewige lieben, das Gegenwärtige verachten und außerdem wissen, wie man inmitten eines verderbten Geschlechtes zu leben hat. Der weise Salomon, sagt Bonaventura, hat dies erkannt und darum drei Bücher geschrieben: das Buch der Sprüche, in dem er den Sohn lehrt, weise in der Welt zu wandeln, das Buch „Der Prediger", in dem er das Gegenwärtige verachten, und das Hohe Lied, in dem er das Himmlische lieben lehrt. Daß wir an Bonaventuras Zuweisung der drei Bücher an Salomon keinen Anstoß nehmen, versteht sich von selbst. Wichtig ist für uns, daß er sie als eine gewisse Einheit sieht. Das Einheitsprinzip ist für ihn die Weisheit; denn zu dem „weise in der Welt wandeln", dem Thema der Sprüche, gehört letzten Endes auch die richtige Einschätzung des Irdischen und des Himmlischen, welche die Themen des Predigerbuches und des Hohen Liedes sind. Im Predigerbuch und in Bonaventuras Kommentar dazu geht es um die richtige Einschätzung – das heißt, wie er es sieht: um die Verachtung – des Irdischen. Warum das Irdische zu verachten ist, legt er grundsätzlich in der Einleitung zu seinem Kommentar dar. Selig ist, wer seine Hoffnung auf Gott setzt, eitel, wer sein Heil in der Welt sucht. Diese These wird durch vier Argumentenpaare gestützt. Für das Hoffen auf Gott spricht erstens, daß Gott von seinem Wesen her selig ist, selbst in seiner Seligkeit steht und deshalb auch in der Lage ist, dem auf ihn Hoffenden durch Teilhabe an seiner Seligkeit Halt zu geben; die Welt hingegen, die nicht in sich selbst steht, vermag dem, der sich auf sie verläßt, kein Halt zu sein. Gott allein besitzt zweitens alle Güter in Fülle und gibt dem, der auf ihn setzt, teil an seiner Fülle und so Erfüllung; die Welt hingegen, die nur Schatten des Ewigen ist, vermag den Menschen, der für das Ewige geschaffen ist, nicht zu erfüllen. Gott, der unveränderlich in sich selbst ruht, vermag drittens dem auf ihn Hoffenden Ruhe und Frieden zu schenken; die Welt hingegen, die nicht in sich selbst ruht, kann dem, der sich ihr hingibt, keine Ruhe bieten. Gott, der in ewigem Genuß seiner selbst selig ist, kann viertens auch dem Menschen, der auf ihn hofft, unbegrenzbare Dauer des seligen Genießens schenken, die Welt vermag auch das nicht; die Welt genießen zu wollen, gereicht dem zum Schaden, der es versucht.

Das in dem Zusammenhang zitierte Herrenwort aus Mt 16, 26: „Was nützt es dem Menschen, wenn er die ganze Welt gewinnt, aber an seiner Seele Schaden leidet", gibt Bonaventura das Stichwort, um den vielfältigen – genau gesagt, den zweimal vierfachen, nämlich je inneren und äußeren – Schaden aufzuzeigen, den der Mensch erleidet, der die Welt „gewinnt", oder in der früheren Ausdrucksweise: der seine Hoffnung nicht auf den Herrn, sondern auf die Welt setzt. Die Welt spiegelt Erhabenheit vor und weckt dadurch Hochmut; sie spiegelt Wonnen vor und weckt dadurch Genußsucht; sie gibt Genügen vor und weckt dadurch Habgier; sie spiegelt Weisheit vor und verlockt dadurch zur Neugier. Durch alles das wird der Mensch innerlich eitel. Diese vierfache innere Eitelkeit bleibt jedoch nicht auf das Innere des Menschen beschränkt, sie wirkt sich vielmehr auch nach außen hin aus. Der Hochmut macht den Menschen unfruchtbar, d. h., er beraubt ihn der Frucht des guten Werkes; die Genußsucht macht ihn zu einem aufgeputzten Stutzer; die Habgier macht übergeschäftig und unterwirft vielen Mühen; die Neugier und die der Neugier zugeordnete Weltweisheit schließlich macht den Menschen zu einem eitlen Schwätzer.

In dieser vierten inneren und äußeren Eitelkeit, der Haltung des Menschen, der sich der „Weltweisheit" ergibt, begegnen wir Lieblingsgedanken Bonaventuras, die zu einem Teil zugleich in den größeren Zusammenhang der mittelalterlichen Lebenslehre gehören. Mit der Weisheit, welche die Welt dem Menschen vorspiegelt, ist die „Weltweisheit" gemeint, von der in 1 Kor 1, 20 die Rede ist, wo es heißt: „Als Torheit hat Gott die Weisheit dieser Welt erwiesen." Und die Eitelkeit dieser törichten Weltweisheit liegt nach Bonaventura darin, daß sie umherirrt, daß sie eine sapientia *erronea* (irrende Weisheit) ist. Dieses Umherirren steht in engem Zusammenhang mit der Neugier, zu der die Weltweisheit den Menschen verlockt, und es ist letzten Endes nichts anderes als jene *vagacitas mentis,* jene Unrast des Geistes, die zusammen mit der Neugier, der *curiositas,* Symptom einer geistlich-seelischen Erkrankung des Menschen ist, die das Mittelalter auf eine religiöse Krise zurückgeführt hat. Diese Krankheit hat den Namen *acedia* und ist jene siebte Haupt- bzw. Quellsünde, die wir – zumindest noch zu Zeiten des alten Katechismus – als „Trägheit" gelernt haben, was allerdings den Sinn des Gemeinten nur sehr unvollständig wiedergibt. Eine moderne Parallele hat die mittelalterliche Lehre von der acedia in der Analyse des alltäglichen Daseins Martin Heideggers in seinem Werk *Sein und Zeit* (Erste Hälfte, Tübingen 1979, 15. Aufl., 167–180), wo – allerdings ohne religiöse Deutung und Wertung – das Gerede, die Neugier und die Zweideutigkeit als charakteristische Merkmale der Verfallenheit unseres alltäglichen Daseins aufgezeigt werden.[2]

Bleiben wir jedoch beim Problem der „Weltweisheit" für Bonaventura. Es handelt sich dabei um die Menschenweisheit, die nicht das Nützliche, sondern das Wandelbare erkennt und deshalb vor Gott zur Torheit wird. Wenn Bonaventura hier vom „Nützlichen" spricht, so denkt er nicht an irgendeinen Nutzen im landläufig-irdischen Sinne. Wir gehen nicht fehl, wenn wir in dieser Aussage eine Version seines bekannten Urteils über die Philosophen aus den *Collationes in Hexaemeron* sehen: daß die Philosophen keine Erkenntnis, kein Wissen vermitteln können, das zur Vergebung der Sünden, also zum Heile führt.

Die „Weltweisheit" ist für Bonaventura ein wichtiger Bereich der „Welt", und damit stellt sich für ihn zugleich die Frage nach der Bedeutung der Philosophie – diese allerdings unter einem ganz bestimmten Aspekt betrachtet und gewertet, nämlich unter dem der Heilsbedeutsamkeit. Näherhin geht es dabei um die Überlegenheit der heilsbedeutsamen Weisheit aus der Hl. Schrift, der Gottesweisheit, gegenüber der heilsunbedeutsamen Welt- bzw. Menschenweisheit, und nicht zuletzt eben auch um den Niederschlag, den diese Weltweisheit in der Philosophie gefunden hat.

Die Philosophie selbst ist Bonaventura wohl vertraut, und er hat sie an sich auch sehr hoch geschätzt. Platon habe die Sprache der Weisheit und Aristoteles die Sprache der Wissenschaft gesprochen, sagt er einmal (*Serm. sel. de rebus theol.* IV, 18; V, 572a), und beides ist aus seinem Munde durchaus ein hohes Lob. Anders allerdings urteilt Bonaventura über die Philosophie, wenn er sie der Theologie gegenüberstellt und sie demgemäß unter theologischem Aspekt wertet.

Theologie ist für Bonaventura Heilslehre und theologisches Erkennen und Wissen dementsprechend heilsbedeutsames Erkennen und Wissen. In theologischer Sicht, d. h. mit Rücksicht auf die Heilsbedeutsamkeit, spricht er über die Philosophie kurz und bündig das schon erwähnte Urteil: Bei den Philosophen gibt es kein Wissen zur Vergebung der Sünden (*Coll. in Hex.* XIX, 7; V, 421a). Von diesem Gesichtspunkt aus müssen wir sein mitunter hartes Urteil über die Philosophie und die Philosophen verstehen. Als Quelle theologischer, heilsbedeutsamer Erkenntnis nimmt die Philosophie keinen bedeutenden Platz ein. Eigentliche Quelle heilsbedeutsamer Erkenntnis ist und bleibt für ihn die Hl. Schrift. Weil ihr Sinn aber nicht immer ohne weiteres zu verstehen ist, müssen wir die Summen der Magister heranziehen, die selbst wiederum weitgehend auf die Schriften der Kirchenväter zurückgreifen, die ihrerseits oft die Philosophen zitieren, weshalb wir eben auch in der Philosophie Bescheid wissen müssen. Je mehr „Wasser" der Menschenweisheit auf diese Weise sozusagen in den „Wein" der Gottesweisheit gelangt, desto vorsichtiger müssen wir sein, damit wir nicht eine Umkehrung des Wunders von Kana erleben. Die größte Vorsicht ist dabei gegenüber der Philosophie selbst geboten, und man muß sich vor einer bloßen Wissensgier hüten. Man muß die Philosophie an dem Platz lassen, an den sie innerhalb der hierarchischen Ordnung gehört. Der Wissensdrang muß gemäßigt werden; denn er ist letzten Endes nichts anderes als ein Zeichen von Neugier und Hochmut. Diese Mäßigung erfolgt daher durch das Gegenteil des Hochmuts, durch Demut und

Entäußerung, wofür Christus das Vorbild ist, der sie in der vollkommensten Weise am Kreuze vollzogen hat.

An der Überheblichkeit, am Hochmut liegt es für Bonaventura auch, daß die Philosophen ihre Unzulänglichkeit gar nicht einsehen und sich selbst von der Gottesschau ausschließen, weil sie sich zu sehr auf sich selbst verlassen, statt ihre Rettung im Glauben an den Mittler, an Jesus Christus zu suchen. Scharf und eindringlich wandte sich Bonaventura in seiner berühmten Predigt *Christus unus omnium magister* (Christus der einzige Lehrer aller) gegen das ungebührliche Überhandnehmen der Philosophie in der Theologie. Er hat diese Predigt wahrscheinlich während der averroistischen Wirren an der Pariser Universität gehalten. Christus ist unser einziger Lehrer, und infolgedessen stellt weder Aristoteles noch Platon die wahre Weisheit dar. Die Philosophen, die sich nur auf ihr natürliches Verstandeslicht verließen, gelangten zu keiner heilswirksamen Gotteserkenntnis; auf diese allein aber kommt es Bonaventura an. Sie stürzten in die Finsternis, weil sie nicht das Licht des Glaubens hatten, jene Weisheit aus der Hl. Schrift, welche die Herzen reinigt und die Finsternis erleuchtet, welche die Krankheit erkennen lehrt und auch auf den Arzt und die Medizin hinweist.

Man würde es sich zu leicht machen, wollte man Bonaventuras Absage an die Philosophie mit einem bloßen Festhaltenwollen am traditionellen Denken erklären, das sich zu seiner Zeit vor allem gegen das Eindringen des Aristoteles wehrte. Bonaventura interessiert letztlich nur ein Wissen, das zum Heile führt, weil es den Kern der Wahrheit – der Wahrheit der Dinge, des Lebens, des Geschickes – erschließt. Seine Absage an das selbstherrliche Wissen des Menschen hat einen zutiefst theologischen Grund: in ihrer Selbstherrlichkeit verkennen die Philosophen, die bewußt und ausdrücklich gleichsam nur auf ihren eigenen Füßen stehen wollen, unsere erbsündliche Situation. Sie wissen nicht oder wollen nicht wissen, daß unserem Erkennen durch die Sünde unserer Stammeltern Grenzen gesetzt wurden, die ihm ursprünglich nicht gesetzt waren; daß uns zwar das Verlangen nach der Wahrheit geblieben ist, wir aber die Fähigkeit verloren haben, sie aus eigenen Kräften ganz zu finden. Alle Philosophie, alle bloße ,,Weltweisheit' ist deshalb – nach Bonaventura – im Hinblick auf das einzig und allein Entscheidende von vornherein zur Aussichtslosigkeit verurteilt.

Zu dieser Sicht der Philosophie wird sicher manches zu sagen und vielleicht auch manches dagegen anzumelden sein. Es ist aber doch auf jeden Fall eine Sicht, die vom theologischen Standpunkt aus nicht ohne weiteres abgetan werden kann. Bonaventura befindet sich mit seinem Urteil über die ,,Weltweisheit" keineswegs in schlechter Gesellschaft; denn was meint der Verfasser von Weish 3, 19 anderes, wenn er schreibt: ,,Wenn sie soviel erkennen konnten, daß sie die Welt erforschten, wie kam es, daß sie dann nicht schneller den Herrn von alledem fanden?" Auch Röm 1, 21 wäre zu erwähnen, wo Paulus davon spricht, daß sie zwar Gott erkannten, ihn aber nicht so verherrlichten, wie es sich gehört hätte, das heißt, daß sie bei aller Erkenntnis eben doch zu keiner heilswirksamen Gotteserkenntnis gelangten und deshalb in Torheit und Finsternis fielen.

Es hat begreiflicherweise verschiedene Versuche gegeben, Bonaventuras Einstellung zur Philosophie näher zu erklären. So glaubte man etwa, bei ihm eine Abneigung gegen die Philosophie feststellen zu können, die sich von der Gegnerschaft zu einzelnen philosophischen Lehren über die Ablehnung der Philosophie selbst sogar bis zur Ablehnung der mit philosophischen Mitteln und Methoden arbeitenden Theologie steigerte. Demgegenüber läßt sich erweisen, daß es bei Bonaventura einen Ausgangspunkt gibt, von dem aus eine eindeutige Linie auch zu seinen so verschieden voneinander erscheinenden Stellungnahmen zur Philosophie führt. Was immer Bonaventura über die Philosophie – oder sagen wir es wieder biblisch: über die Weltweisheit – gesagt hat, paßt ganz und gar in die geistige Atmosphäre, in der er von vornherein stand, und dem widerspricht nicht, daß er seine Einstellung, den jeweiligen Umständen entsprechend, mit unterschiedlicher Deutlichkeit und Akzentuierung und gegebenenfalls auch polemischer Schärfe ausspricht.

Wir finden bei Bonaventura von Anfang an nicht nur einen auf einige Themen beschränkten Antiaristotelismus, sondern auch schon das, was in seinen Spätschriften unter geschichtstheologischem Aspekt als eine Art Antiphilosophismus zutage tritt. Das aber ist letzten Endes nichts anderes als die Haltung, die für Franziskus von der Bibel her bestimmt war und die sich Bonaventura durch seine innere Bindung an Franziskus offenbar von Anfang an auch selbst zu eigen gemacht hatte.

Wie die Bibel, besonders Paulus, so unterscheidet auch Franziskus zwischen der Weisheit dieser Welt und der Weisheit aus Gott. Und wie der Weltweisheit, so begegnet er auch aller Theologie, in dem Maße sie sich nach dieser Weltweisheit hin orientiert, mit größtem Mißtrauen. Franziskus sagte aber auch, daß und unter welchen Voraussetzungen er das Theologiestudium unter seinen Brüdern billigte und durchaus guthieß. Ehrfurcht vor der wahren Gottesgelehrtheit und Mißtrauen gegenüber der falschen bezeugt nicht zuletzt der lange umstrittene, nach der neuesten Forschung aber doch als echt anzusehende Brief an Antonius von Padua, den Franziskus um seiner Gottesgelehrtheit willen als seinen „Bischof" anredet und dem er schreibt: „Es gefällt mir, daß du den Brüdern die heilige Theologie vorträgst, wenn sie bei diesem Studium nur nicht den Geist des Gebetes und der Hingabe (devotio) auslöschen . . ."

Worum es Franziskus ging, ist schließlich daraus zu ersehen, daß er dasselbe, was er mitunter gegen die Wissenschaft und gegen das Studium sagt, auch gelegentlich gegen die Handarbeit einwendet und warnend zu bedenken gibt. Studium wie Handarbeit will er immer der devotio untergeordnet wissen, die für ihn noch keineswegs die moderne, mehr gefühlsbetonte „Andacht", sondern Haltung und Tat zugleich ist, durch die sich der Mensch ganz Gott zur Verfügung stellt. Franziskus geht es immer darum, daß der Mensch, ob er mit seinen Händen arbeitet oder studiert, den „Geist des Herrn" besitzt und nicht verliert. Die gleiche Einstellung liegt ganz offenkundig auch der Haltung Bonaventuras zur Weltweisheit, zur Philosophie zugrunde. Er wendet sich nicht eigentlich gegen das Studium profaner Dinge, sondern gegen ein profanes Studium, das heißt, gegen ein Studium ohne die Orientierung nach dem einen Notwendigen.

Auch das, was in den Spätschriften Bonaventuras als ,,prophetischer Antischolastizismus" in Erscheinung tritt, fügt sich organisch in die Haltung und Denkweise, die wir von Anfang an bei ihm finden. Jener prophetische Antischolastizismus entspricht durchaus dem Vorrang, den für ihn von vornherein die Liebe vor dem Erkennen hatte. Letztes Ziel aller Theologie ist die mystische Vereinigung mit Gott. Wie sehr diese Haltung Bonaventura zu eigen war, läßt sich nicht nur durch viele Stellen seiner Werke belegen, es erweist sich auch unmittelbar etwa in dem Gespräch mit Bruder Ägidius, der ihm immer wieder sagte, eine arme, unwissende alte Frau könne Gott mehr lieben als er, der gelehrte Bruder Bonaventura. Er wäre schließlich auch kein christlicher Theologe gewesen, wenn er dem Frieden der ekstatischen Vereinigung mit Gott nicht den Vorzug vor dem Bemühen theologischer Spekulation gegeben hätte. Den entscheidenden Grund dafür, daß er dieser Überzeugung jedoch mitunter einen so intensiven Ausdruck gab, werden wir in dem konkreten Beispiel mystischer Kontemplation zu sehen haben, das Franziskus für ihn war, auch wenn er darüber hinaus Dionysius Pseudoareopagita, Hugo von St. Viktor und Bernhard von Clairvaux reiche Anregungen in der gleichen Richtung verdankte. Das schon erwähnte, ausdrücklich von Franziskus ausgehende *Itinerarium mentis in Deum* dürfte dafür ein untrügliches Zeugnis sein.

Wenn vom Verhältnis eines Scholastikers zur Philosophie, zur Weltweisheit, die Rede ist, drängt sich die bekannte Formel von der Philosophie als ,,Magd der Theologie" auf. Deshalb soll noch kurz gefragt werden, ob sich diese Formel auch im Sinne Bonaventuras auf das Verhältnis von Philosophie und Theologie anwenden läßt. Vergegenwärtigt man sich die vorliegenden Interpretationen bonaventuranischen Denkens, wird man den Eindruck gewinnen müssen, daß diese Frage zu bejahen ist. Eine Untersuchung aus neuester Zeit hat überzeugend dargetan, daß der Gedanke durch Bonaventura eine nicht unwichtige Umdeutung erfahren hat.[3] Um es vielleicht ein wenig überspitzt zu formulieren: im Sinne Bonaventuras kann man fast eher von der Theologie als Magd der Philosophie sprechen als umgekehrt; denn letzten Endes ist es die Hl. Schrift, die den natürlichen Dingen und Wissenschaften dient.

Bonaventura geht davon aus, daß die geschaffene Welt ein Buch ist, das Gott geschrieben hat und in dem der Mensch vor dem Sündenfalle auch zu lesen verstand. Der Mensch vor dem Sündenfalle erkannte die Spuren, die Gott in der Welt hinterlassen hat. Die geschaffenen Dinge waren für ihn Bilder, in denen er den Schöpfer wahrnahm, den sie darstellten, und er wurde so zum Lobe, zur Verehrung und zur Liebe Gottes geführt. Durch den Sündenfall aber verlor der Mensch die Fähigkeit, im Buche der Schöpfung zu lesen. Er verstand die Sprache dieses Buches nicht mehr, er brauchte gleichsam einen erhellenden Kommentar zu diesem Buche, und dieser Kommentar ist das Buch der Hl. Schrift, das die Bild- und Gleichnishaftigkeit der Schöpfung als Buch Gottes wieder deutlich werden läßt und so schließlich dazu hilft, daß der Mensch durch die Schöpfung wieder zur Erkenntnis, zum Lobe und zur Liebe Gottes – in einem Wort: zum Heile – geführt wird. (*Coll. in Hex.* XIII, 12; V, 390a) Nicht die natürlichen Dinge und Wissenschaften dienen also letzten Endes der Hl. Schrift und damit der Theologie, sondern die Hl. Schrift dient diesen. Die natürlichen Dinge und Wissenschaften erfahren erst durch die Hl. Schrift etwas von dem in ihnen selbst liegenden Aussagewert: daß sie nämlich unter der Hülle scheinbarer Profanität Heilswahrheiten verbergen, die erst durch die Hl. Schrift wieder ans Licht gezogen werden.

Aus alledem wird deutlich, welche unterschiedliche Rolle die Philosophie bei Bonaventura und etwa bei Thomas von Aquin spielt. Sie ist bei Bonaventura einerseits höher, anderseits aber auch geringer bewertet: höher, weil sie sich – als Weltwissen im umfassenden Sinne – im Lichte der Hl. Schrift als Trägerin von Heilsaussagen verstehen darf; geringer, weil sie ihr eigentliches Selbstverständnis nicht aus sich selbst gewinnt, sondern erst durch die Hl. Schrift und die sie interpretierende und vermittelnde Theologie erlangt.

Die Welt erweist sich zwar nicht zuletzt durch ihre ,,Weisheit" als ,,eitel", sie bleibt aber doch nicht sich selbst überlassen. Sie erfährt vielmehr gerade von der Hl. Schrift, von der Theologie, was sie in Wahrheit bedeutet: daß mit allem, was sie ist, letzten Endes Christus gemeint ist und alles Bemühen um Erkenntnis, in welchem Bereich auch immer, auf Christus hinzielt. Die Voraussetzung allerdings, daß die Welt das begreift, besteht wesentlich darin, daß sie ihre Grenzen erkennt und sich ohne Anmaßung dem öffnet, der allein sie zur Wahrheit führen kann.

Mit alledem sind zwei wesentliche Anliegen franziskanischen Denkens und bonaventuranischer Theologie berührt. Es ist erstens die Schöpfungstheologie Bonaventuras, die sich nicht damit begnügt, mehr oder weniger detailliert festzustellen, daß Gott die Welt geschaffen hat und daß diese Welt der Schauplatz unseres Kampfes zwischen Gut und Böse ist, sondern die durch ihr vielfältiges Bemühen, den Gottesspiegel in den Kreaturen aufzuhellen, die Schöpfung als von Gott geschriebenes Buch für den Menschen mit Hilfe des Buches der Hl. Schrift wieder lesbar zu machen, eine wahrhaft positive Sicht der Schöpfung bietet, die im Franziskus des Sonnengesanges ihr unverkennbares Leitbild hat. Es ist zweitens die zentrale Stellung Christi, die das Leben und die Frömmigkeit des Franziskus bis ins Letzte geprägt und die Bonaventura in einzigartiger Weise in seiner Gesamtschau des Universums in hierarchischer Ordnung und heilsgeschichtlicher Sicht aufgezeigt hat.

IV. Wirkungsgeschichte

Eine Wirkungsgeschichte Bonaventuras im eigentlichen Sinne läßt sich kaum darstellen. Es gibt keine Bonaventura-Schule, wie es etwa eine Thomas- oder Scotus-Schule gibt. Es läßt sich lediglich feststellen, daß er einen besonderen Einfluß auf die Mystik – nicht zuletzt die deutsche Mystik – ausgeübt hat[4] und daß einzelne seiner Gedanken aufgegriffen wurden. Der deutsche Bonaventura-Kongreß anläßlich des 700. Todestages Bonaventuras im Jahre 1974, der sich ausdrücklich mit seiner Wirkungsgeschichte befaßte, hat in der Tat auch nur Beiträge in den eben genannten Richtungen geboten.[5]

Romano Guardini hat nach seinen eigenen Worten an Bonaventura erfahren, wie ein großer Geist, der kein bloßer Rationalist war, mit seinem ganzen Wesen in der Offenbarung sub specie veritatis (unter dem Aspekt der Wahrheit) Wohnung genommen und in der Quaestio, der literarischen Form scholastischer Problembehandlung, nicht so sehr den Beweis als vielmehr das Funkeln der verschiedenen Aspekte der Wahrheit gesucht hat.

Es wird nicht immer leicht sein, Bonaventuras Gedanken zu folgen und noch weniger, ihnen auch zuzustimmen. Vielleicht liegt darin auch ein Grund dafür, daß er, wie schon erwähnt, keine Schule gebildet hat. Seine Gedanken können gerade für den Menschen, der sich redlich um die Wahrheit bemüht, etwas Provozierendes an sich haben. Sie fordern heraus wie das Evangelium, das hier für die Hl. Schrift, die Gottesoffenbarung insgesamt steht und zu dem Bonaventura wie Franziskus die Menschen zurückführen wollte. Seine Gedanken haben jedoch auch etwas von der Faszination des Evangeliums an sich. Als ob es sich von selbst verstünde, hat er auf ganz und gar positive Weise etwas demonstriert, was für den Christen immer grundlegend wichtig ist: einen absolut konsequenten Glauben. Er hat beispielhaft dargetan, was Romano Guardini einmal so formuliert hat: daß die göttliche Offenbarung und ihr rechtes Verständnis immer das Aktuellste sind, weil alle Dinge und Werte unseres Lebens im richtig verstandenen und gelebten Christentum am besten aufgehoben und geborgen sind.

Ulrich Kühn

THOMAS VON AQUIN

(1225–1274)

Thomas von Aquin verdient als Klassiker der Theologie aus verschiedenen Gründen besondere Beachtung. In ihm hat das mittelalterliche Denken seine umfassendste *Synthese* gefunden, eine Einheit von philosophischem und theologischem Denken, von natürlich-weltlicher und geistlicher Lebens- und Weltbetrachtung, wie sie vor Thomas nicht erreicht wurde und nach ihm bald wieder verlorenging. Eine solche Synthese vermochte und vermag bis in die Gegenwart hinein eine immer neue Faszination auszuüben. Wegen solcher „katholischen", d. h. universalen Geisteshaltung gilt Thomas in der katholischen Kirche als „engelgleicher Lehrer" (doctor angelicus) oder als „allgemeiner Lehrer" (doctor communis), und seine Lehre soll nach dem katholischen Kirchenrecht (Codex iuris Canonici can. 1366 § 2) aller philosophischen und theologischen Ausbildung zugrunde liegen. Bereits Johannes XXII. hatte ihn 1323 heiliggesprochen, und 1567 war ihm von Pius V. die Würde eines „Kirchenlehrers" zuerkannt worden. Neuerdings hat Thomas auch im ökumenischen Gespräch eine zunehmende Bedeutung erlangt, besonders in Form von Gegenüberstellungen seines Denkens mit dem Martin Luthers, die zur Einsicht in überraschende Konvergenzen geführt hat.[1] So gewinnt Thomas als originale Ausprägung katholischen Denkens wie als Vätererbe auch der evangelischen Kirche und Theologie gegenwärtig eine die abendländische Christenheit verbindende Bedeutung.

I. Leben

Thomas wurde (wahrscheinlich) 1225 als jüngster Sohn des Grafen Landulf von Aquino auf Schloß Roccasecca zwischen Rom und Neapel geboren. Er entstammte einer Familie langobardischen Ursprungs, die unter Kaiser Friedrich II. in mancherlei Beziehungen zum kaiserlichen Hof und zur kaiserlichen Politik kam, einer Politik, die bald nach Thomas' Geburt von der Auseinandersetzung zwischen Kaiser und Papst bestimmt wurde. Thomas wurde mit 5 Jahren in das berühmte Ursprungskloster des Benediktinerordens Montecassino gebracht und damit als „Oblate" Gott und dem hl. Benedikt geweiht. Bis zum 14. Lebensjahr wurde er in benediktinischem Geist erzogen. Aufgrund von Kriegswirren mußte er 1239 Montecassino verlassen und wurde von der

Familie zum Studium zunächst der *artes liberales* (allgemeinbildendes Grundstudium) an die 1224 gegründete Universität Neapel geschickt. Die Universitäten waren im Unterschied zu den traditionellen bischöflichen oder Klosterschulen Stätten freien geistigen Ringens und freier Bildung. Hier kam Thomas durch Petrus von Hibernia in erste Berührung mit Aristoteles. In Neapel geriet er auch in Kontakt mit dem erst 1216 bestätigten, von dem Spanier Dominikus gegründeten Predigerorden, in den er 1243 gegen den Willen der Familie eintrat. Auch nach seinem Eintritt versuchte die Familie noch, ihn von diesem Entschluß abzubringen. Mit diesem Schritt trat Thomas an die vorderste Front der Kirche, die sich in den Bettelorden ihres Verkündigungs- und Lehrauftrages in revolutionärer Weise bewußt geworden war. Universität und Dominikanerorden bedeuteten für Thomas und seinen ganzen weiteren Lebensweg beides, „Bruch mit der Welt und Gegenwart in ihr" (M.-D. Chenu).

In den Jahren 1245–1248 studierte Thomas in Paris oder Köln, ab 1248 war er jedenfalls Schüler Alberts des Großen in Köln, wo er auch die Priesterweihe empfing (1250). 1252 wurde er auf Vorschlag seines Lehrers nach Paris berufen und nahm seine Lehrtätigkeit als Baccalaureus am dortigen Studienzentrum des Dominikanerordens auf, zunächst für die biblischen Schriften, sodann für den Unterricht anhand der Sentenzen des Petrus Lombardus, des gebräuchlichen dogmatischen Lehrbuchs. Daraus entstand sein erstes Hauptwerk, der *Sentenzenkommentar*. 1256 erhielt Thomas die Lehrbefugnis als Magister und wurde 1257 in die Körperschaft der Professoren der Universität Paris aufgenommen. Damit stand er auf der Bühne des Geisteskampfes des Mittelalters. Neben seiner Lehrtätigkeit, zu der auch das Abhalten von Disputationen gehörte (ihren Niederschlag finden wir in den *Quaestiones disputatae* des Thomas), war er in Auseinandersetzungen um die Stellung der Bettelorden verwickelt sowie in solche mit der nichtchristlichen arabisch-islamischen Philosophie und deren Aristoteles-Auslegung (Averroes, 1126–1198). Außerdem hatte er König Ludwig IX. zu beraten.

1259–1268 lehrte Thomas an der Kurie und (z. T. als Rektor) an italienischen Dominikanerschulen. In dieser Zeit (bis 1264) entstand das noch in Paris begonnene zweite Hauptwerk, die *Summe wider die Heiden (Summa contra Gentiles)*. Es handelt sich um eine Gesamtdarstellung (Summe) des christlichen Glaubens, die in besonderem Maße um eine auch von Nichtchristen verstehbare Argumentation und Darstellungsweise bemüht ist. Neben der durch die politische Situation bedingten Beschäftigung mit der ostkirchlichen Theologie (Schrift *Gegen die Irrtümer der Griechen*) entstanden Kommentare zu verschiedenen Büchern der Hl. Schrift und zu Schriften des Aristoteles. In dieser Zeit verfaßte Thomas (möglicherweise) auch die Abendmahlshymnen für das 1264 eingeführte Fronleichnamsfest. Außerdem begann er 1266 die Arbeit an der *Summe der Theologie (Summa theologiae)*, seinem dritten und krönenden Hauptwerk, in dem sein Denken und zugleich das Denken des Mittelalters überhaupt seinen Höhepunkt erreicht.

Der zweite Pariser Aufenthalt (1269–1272) sieht Thomas wieder in heftigen

Auseinandersetzungen: um die Lebens- und Arbeitsform der Bettelorden (Schrift *Über die Vollkommenheit des geistlichen Lebens*), um die averroistische Aristotelesdeutung des Philosophen Siger von Brabant, der in Paris mit Erfolg und Einfluß lehrte (Schrift *Über die Einheit des Verstandes*) sowie um seine eigene Aristotelesdeutung (Schrift *Über die Ewigkeit der Welt*), die ihm von konservativ-augustinischen Theologen als heimlicher Averroismus, den die Kirche 1270 verurteilt hatte, angelastet wurde. Thomas stand also wegen Aristoteles in einem Zwei-Fronten-Kampf. Zugleich arbeitete er am zweiten, umfänglichsten Teil der Theologischen Summe.

Die letzten Lebensjahre (1272–1274) verbrachte Thomas in Neapel, wo er eine Ordensschule gründen sollte. Möglicherweise entstand hier das (unvollendete) *Kompendium der Theologie,* eine katechismusartige Zusammenfassung des Glaubens nach den drei theologischen Tugenden Glaube, Hoffnung und Liebe. Vor allem arbeitete Thomas am dritten Teil der *Theologischen Summe,* die er jedoch ebenfalls unvollendet zurückließ. Eines Tages hörte er auf: „Verglichen mit dem, was ich geschaut habe, kommt mir alles, was ich geschrieben habe, vor wie Spreu", soll er nach einer Eucharistiefeier gesagt haben. Er starb in der Zisterzienserabtei Fossanuova am 7. März 1274 auf dem Weg zum Unionskonzil von Lyon, wohin Gregor X. ihn berufen hatte. Begraben ist er in Toulouse. Seine Lehre wurde nach seinem Tode zunächst verschiedentlich verurteilt (1277 in Paris, 1284/86 in Canterbury), ehe sie ab 1309 für den Orden verbindlich wurde.

II. Werk

Das umfangreiche Werk des Thomas liegt in mehreren Gesamtausgaben vor, deren neuere allerdings noch unabgeschlossen sind.[2] Fast alles, was Thomas geschrieben hat, ist „direkter oder indirekter Ausfluß seiner berufsmäßigen Lehrtätigkeit",[3] es ist Schultheologie, *Scholastik,* deren Lektüre dem modernen Leser nicht geringe Schwierigkeiten bereitet. Das Bemühen, den behandelten Text oder Gegenstand in seinen Zusammenhängen zu begreifen, Einwände sorgfältig zu formulieren und in logisch einwandfreier Form zu widerlegen, die eigenen Thesen mit äußerster Sorgfalt zu begründen und – unter Zugrundelegung der geltenden Autoritäten wie Hl. Schrift und Glaubensbekenntnis der Kirche – zu beweisen, mutet dem Leser ein außerordentlich hohes Maß an gedanklicher Konzentration zu. Weithin verwendet Thomas das Darstellungsmittel von Quaestionen und Artikeln, eine zur literarischen Form gewordene Stilisierung akademischer Disputationen, wie sie an den mittelalterlichen Universitäten – und mit Vorliebe von Thomas selbst – geübt wurden. Eine Quaestio behandelt einen Gegenstand in der Weise, daß zu diesem Gegenstand eine Reihe von Fragen aufgeworfen werden, die dann in den einzelnen sog. Artikeln im Disputationsstil abgehandelt werden. In einem solchen Artikel werden jeweils nach der Formulierung der aufgeworfenen Frage zwei gegen-

Thomas von Aquin (1225–1274)

läufige Reihen von Argumenten vorgetragen, die zwei gegensätzliche Beantwortungen der gestellten Frage nahelegen (die erste Reihe eingeleitet mit ,,Videtur quod . . . praeterea . . ." etc.; die zweite Reihe eingeleitet mit ,,Sed contra . . . praeterea . . ." etc.). Sodann erfolgt eine grundsätzliche Erörterung des Sachverhaltes (,,Respondeo dicendum . . ."), und es schließt sich die ausdrückliche Widerlegung der zuerst genannten Reihe von Argumenten an, jener Argumente, die gegen die von Thomas selbst für richtig gehaltene Antwort sprechen. Das Hauptwerk des Thomas, die *Summa theologiae,* besteht aus ungefähr 600 Quaestionen mit insgesamt über 3000 Artikeln und ist eine dementsprechend aufwendige Lektüre. Solches methodisch aufbereitete Fragen und Hinterfragen auch des Selbstverständlichen (z. B.: Gibt es Gott? Ist Gott ein Körper? – Fragen, deren Beantwortung sich im Mittelalter zunächst einmal von selbst verstand) dient in einer unerhörten Weise dem tieferen Verstehen des Sachverhaltes, wenn darin natürlich auch Gefahren des Formalismus und der Spitzfindigkeit lauern. Daneben finden sich auch andere Darstellungsweisen: die Texterklärung, die in Form von genauer Analyse eines vorgegebenen Textes zur Erfassung seines Sinngehaltes vordringt; aber auch die fortlaufende Abhandlung eines Gegenstandsbereiches in Kapiteln und mit argumentierenden Unterabschnitten, wie sie am ehesten unserer heutigen Art wissenschaftlicher Abhandlungen entspricht

Man kann das umfangreiche Werk des Thomas, das zu einem Teil erst nach seinem Tode veröffentlicht worden ist, in vier Gruppen einteilen:[4]

1. *Kommentare:* Es existieren 13 Kommentare zu Schriften des Aristoteles, u. a. zur Metaphysik und zur Nikomachischen Ethik. Sodann schrieb Thomas 9 z. T. umfangreiche Kommentare zu Büchern der Hl. Schrift (u. a. zum Matthäus- und zum Johannes-Evangelium sowie zu den Paulus-Briefen). Schließlich kommentierte er Werke des Dionysius Areopagita und des Boethius.

2. *Systematische Hauptwerke* sind der große *Kommentar zu den Sentenzen* des Petrus Lombardus (1253–1256), die *Summa contra Gentiles* (1259–1266), die *Summa theologiae* (1266–1273). Auch das (unvollendete) *Compendium theologiae,* dessen Entstehungszeit ungeklärt ist, gehört zu den Gesamtdarstellungen der christlichen Lehre. Neben der unterschiedlichen Art der Darstellung – die *Summa contra Gentiles* verfährt im Unterschied zur *Summa theologiae* z. B. nicht im disputierenden Stil von Quaestionen und Artikeln, sondern im Stil einer Abhandlung nach Kapiteln – ist es besonders reizvoll, die unterschiedlichen Gesamtkonzeptionen in der Anordnung des abgehandelten Stoffes zu vergleichen und die diesbezügliche Gedankenentwicklung bei Thomas zu beobachten.

3. *Quaestiones disputatae:* Hier handelt es sich im wesentlichen um nachträgliche Systematisierungen und Zusammenfassungen tatsächlich von Thomas gehaltener akademischer Disputationen. Die Argumentationsreihen und klärenden Darlegungen in den einzelnen Artikeln sind weithin umfangreicher als diejenigen in den in der Regel relativ knapp formulierten Artikeln der als Lehrbuch für Studenten gedachten *Summa theologiae.* Es existieren 7 Disputa-

tionensammlungen mit insgesamt 63 Quaestionen (Einzeldisputationen) in 510 Artikeln. Am berühmtesten sind die unter dem Titel *De Veritate* zusammengefaßten 29 Quaestionen. Zu diesen 7 Sammlungen kommen noch die 12 sog. *Quaestiones quodlibetales* hinzu, nachträgliche Zusammenfassungen von Disputationen ohne vorher festgelegtes Thema.

4. *Opuscula* werden die mancherlei philosophischen und theologischen Gelegenheitsschriften genannt. Zum Teil sind es direkte Antworten auf Fragen, die an Thomas gerichtet worden waren, zum Teil sind es auch predigtähnliche Auslegungen (z. B. des Vaterunsers, des Ave Maria, des Apostolischen Glaubensbekenntnisses, der Zehn Gebote). Berühmt – und sehr diffizil! – ist die philosophische Frühschrift *Vom Sein und Wesen* (*De ente et essentia,* 1225), wichtig auch die bereits früher erwähnte an Papst Urban IV. gerichtete theologische Schrift *Gegen die Irrtümer der Griechen* (*Contra errores Graecorum,* 1263). Zu den besonders bemerkenswerten literarischen Erzeugnissen des Thomas gehören schließlich die ebenfalls bereits erwähnten Hymnen zur Eucharistie, die er im Zusammenhang der Einführung des Fronleichnamsfestes schrieb.

III. Lehre

Thomas war vor allem und eigentlich *Theologe.* Philosoph war er, weil und sofern das für ihn theologisch notwendig war. Er war keineswegs der erste Theologe, der sich auf Aristoteles stützte. Aber er war der erste, der in solchem Umfang nicht nur die logischen Schriften, sondern die auf dem Umweg über die arabische Philosophie neu erschlossenen naturwissenschaftlichen und metaphysischen Schriften des Aristoteles verwendete. In diesen Schriften lehrte Aristoteles das hohe Mittelalter, die Welt nicht in erster Linie – wie im augustinisch-platonischen Denken – als Symbol für die ewigen göttlichen Dinge anzusehen, sondern ihre Bedeutung zunächst in ihr selbst zu suchen, d. h. für den Christen: sie als Schöpfung Gottes ernst zu nehmen. Hier lag denn auch der entscheidende theologische Anlaß für Thomas, sich für den neu entdeckten Aristoteles allen Bestreitern gegenüber einzusetzen. ,,Thomas a Creatore" hat man ihn kürzlich nicht ohne Grund genannt. Damit mußten Spannungsmomente in seinem System auftreten: nicht nur zu augustinisch-platonischen Denkelementen, wie sie sich etwa im Gesamtaufriß seines Systems, aber auch in vielen Einzellehren zeigen, sondern vor allem zum biblischen Denken. Hat Thomas die biblische Botschaft an Aristoteles verraten, wie die Reformation meinte? Thomas hat das auch von ihm gesehene Problem so gelöst, daß er Aristoteles nur ,,gereinigt" übernahm (sog. *expositio reverentialis*), im übrigen aber das philosophisch Erkannte dem nur durch die Offenbarung Erkennbaren wie die Natur der Übernatur zuordnete. So entstand ein Lehrgebäude von imponierender Größe, das eine einmalige ,,übergängliche Situation" zwischen Antike und Neuzeit (H. U. v. Balthasar) markiert und alsbald von der im Spätmittelalter einsetzenden, im Grunde schon neuzeitlichen Kritik an der Möglichkeit einer solchen geschlossenen Konzeption attackiert wurde. Dieses System war aber die in jenem geschichtlichen Augenblick notwendige und legitime und daher auch uns heute angehende Weise, das im Wandel der Zeiten und Denkformen eine Evangelium zur Sprache zu bringen.

Es gibt mehrere umfangreiche Darstellungen der *Philosophie* des Thomas (von A. D. Sertillanges, H. Meyer, E. Gilson; der Ethik von M. Wittmann). Jedoch ist in letzter Zeit die Frage gestellt worden, ob eine solche Darstellung, wenn sie von der Einordnung der Philosophie des Thomas in die theologische Gesamtschau absieht (was bei E. Gilson ausdrücklich *nicht* geschieht), nicht von vornherein zu einer Verzeichnung des Ganzen, zumindest zu einer Verkürzung der philosophischen Perspektive führen muß. Damit ist allerdings nicht in Abrede gestellt, daß Thomas auch auf philosophischem Gebiet Wichtiges und Selbständiges geleistet hat. Das trifft für die drei großen philosophischen Bereiche zu, in denen er gearbeitet hat: die Naturphilosophie, die philosophische Lehre vom Menschen und die Metaphysik als Lehre vom Seienden schlechthin.[5]

Die Natur faßt Thomas im Anschluß an Aristoteles als ein dynamisches Geschehen auf, in welchem Wirkliches in ständigem Prozeß aus Möglichem entsteht. Für seine philosophische Auffassung vom Menschen ist u. a. die Bestimmung der Einheit von Seele und Leib charakteristisch, wonach die Seele die substantielle Form des Leibes ist, dieser also ohne die Seele gar nicht als wirklich gedacht werden kann, umgekehrt aber die Seele ihre Tätigkeit niemals anders als in und mit dem Körper als ihrem Organ ausübt. Dadurch wird die in der traditionellen Philosophie vorliegende Tendenz abgewiesen, derzufolge die Dimension des Leiblichen im Menschen deutlich abgewertet wurde. Wichtig ist im übrigen etwa die – sich an Aristoteles anschließende – Auffassung, daß unter den verschiedenen Seelenvermögen der Intellekt das vornehmste sei, als rangmäßig dem Willen vorgeordnet. Allerdings tritt dort, wo der Gegenstand von Intellekt und Wille seinsmäßig *über* dem Menschen liegt – also vor allem, wenn Gott dieser Gegenstand ist –, der Wille als seelisches Strebevermögen, das die Seele zu dem Gegenstand hinzieht, an die erste Stelle gegenüber dem Intellekt, der den Gegenstand bzw. dessen intellektuell erfaßbares Wesensbild in die Seele hineinholt. Auf diese Weise lehrt Thomas, daß die (im Willen verankerte) Liebe zu Gott die Erkenntnis Gottes an Wert letztlich überragt.

In der allgemeinen Metaphysik des Thomas ist der Seinsbegriff u. a. in der Hinsicht bemerkenswert, daß Sein als solches zugleich Gutsein ist, ebenso wie es insgesamt Eines ist und ihm, sofern es als Sein erkannt wird, Wahrheit zukommt. Deshalb gilt im Blick auf das Seiende (als am Sein Teilhabendes): ens et verum et bonum et unum convertuntur; d. h.: Seiendes als Seiendes ist auch Wahres und Gutes und Eines. Seiendes entsteht dadurch, daß Wesenheiten (essentiae) das Sein (esse) in sich aufnehmen, am Sein (esse) partizipieren. Die Auffassung, daß die Dinge, sofern sie *sind,* eo ipso auch *gut* sind, ist eine metaphysische Aussage, die in ganz deutlicher Korrespondenz zum Schöpfungsglauben steht (vgl. Gen 1, 31). Auch von Gott redet die thomanische Metaphysik. Gott ist äußere Ursache des Seienden. Die Existenz Gottes und das Geschaffensein der Welt durch Gott (nicht allerdings der zeitliche Anfang der Welt!) sind philosophisch beweisbar. Das Wesen Gottes wird philosophisch zentral als „das für-sich-bestehende Sein" (ipsum esse per se subsistens) bestimmt, von dem gilt, daß hier Wesenheit und Sein (essentia und esse) identisch sind, so daß es genauer eben dieses Sein Gottes ist, an dem alle anderen Seienden als von Gott Geschaffene partizipieren. Die von Gott geschaffene Welt ist gegliedert in verschiedene Stufen seinshafter Vollkommenheit, deren Ordnung wesentlich zu den Vollkommenheiten alles Seienden gehört. An diesen Seinsstufen und ihrer Ordnung sind auch die Prinzipien der Ethik des Thomas orientiert, die inhaltlich als umfassende Tugendlehre konzipiert ist.

Ihren systematischen Ort haben diese (und alle anderen) philosophischen Lehren – auch dann, wenn sie von ihm in Form eines Kommentars zu einer Aristoteles-Schrift entwickelt werden – in der *theologischen Gesamtkonzeption* des Thomas, die man als Form-Einheit von Theologie und Philosophie bezeichnen kann. Diese theologische Gesamtkonzeption liegt uns in den großen Hauptwerken des Thomas in mehreren Entwürfen vor. Die neuere Thomasforschung hat in zunehmendem Maße ihr Augenmerk auf die theologische Aussage gerichtet, die im Aufbau dieser Hauptwerke des Thomas als solchem liegt. Die reifste Gestalt, die Thomas seiner theologisch-philosophischen Gesamtschau gegeben hat, haben wir in der *Summa theologiae* vor uns, die nach dem dem Neuplatonismus entlehnten Schema von Ausgang (exitus) und Rückkehr (reditus) gegliedert ist, das bereits im *Sentenzenkommentar* eine grundlegende Rolle spielte: Von Gott (Teil I) zu Gott (Teil II) durch Christus (Teil III). Der I. Teil der *Summa theologiae* handelt demzufolge von Gott, dem Einen und dem Dreieinigen, sowie von der Welt als Schöpfung. Thema des II. Teiles ist der Weg des Menschen zu Gott als seinem letzten Ziel, eine großangelegte theologisch-philosophische Ethik, die ihrerseits zweigeteilt ist (sog. *Prima Secundae* = 1 II, enthaltend die Grundprinzipien des Handelns: Glückseligkeit des Menschen, allgemeine Lehre von den Leidenschaften und den Tugenden, Lehre von Sünde, Gesetz und Gnade; und sog. *Secunda Secundae* = 2 II, enthaltend ausführliche Abhandlungen über die drei theologischen Tugenden Glaube, Hoffnung, Liebe, über die vier Kardinaltugenden Klugheit, Gerechtigkeit, Tapferkeit, Mäßigung sowie über Stände und Lebensformen einschließlich der sog. evangelischen Räte). Im III. Teil schließlich findet man die ausführliche Christologie und die Lehre von den Sakramenten als Instrumenten des Christusheils. Dieser Teil ist unvollendet geblieben; er ist später durch das sog. *Supplementum* ergänzt worden, in dem aus Materialien des umfangreichen Frühwerkes des Thomas der Schluß der Lehre von den Sakramenten und die Lehre von den letzten Dingen (Eschatologie) zusammengestellt wurde.

Der Plan der *Summa theologiae* und die in ihm angelegte Gesamtkonzeption haben zu der Frage geführt, ob darin die zentrale Stellung Jesu Christi für Glauben und Theologie in genügendem Maße gewahrt sei oder ob nicht durch das neuplatonische Verstehensschema von Ausgang und Rückkehr und die durchgehende Bestimmtheit der Darstellung von materialen und formalen philosophischen Elementen ganz allgemein die grundlegende Bedeutung der Heilsgeschichte im Ganzen des christlichen Glaubens und damit natürlich auch Person und Werk Jesu Christi allzusehr im Hintergrund bleiben. Im Anschluß an die Einsichten des französischen Altmeisters der Thomasforschung M.-D. Chenu ist jedoch in zunehmendem Maße auf die Offenheit des (ursprünglich in der Tat ungeschichtlich-philosophischen) Schemas von Ausgang und Rückkehr für eine heilsgeschichtliche Interpretation, wie sie Thomas tatsächlich vornimmt, hingewiesen worden, in deren Dienst letztlich auch die übrigen philosophischen Elemente des Systems stehen. Daß speziell die Christologie nur scheinbar am Rande der Gesamtkonzeption des Thomas steht, wird schon aus dem Vergleich mit den anderen Gesamtdarstellungen des christlichen Glaubens durch Thomas, besonders mit dem *Sentenzenkommentar* und dem *Compendium theologiae,* deutlich. Es zeigt sich aber auch, wenn man den inneren Duktus des in der *Summa theologiae* vorliegenden Gesamtentwurfs sorgfältig genug betrachtet, vor allem bezüglich des Verhältnisses von Teil II und Teil III zueinander. Wie stellt sich dieser Duktus dar?

Nach den ausführlichen theologisch-philosophischen Erörterungen des I. Teiles über Gottes Dasein und Gottes Wesen als des Einen und Dreieinigen (hier bereits ein erstes Kapitel Christologie!), über Erschaffung und Gestalt der Welt insgesamt und des Menschen im besonderen sowie über Gottes Welterhaltung und Gottes Weltregierung – das Ganze ist zu denken als der große geschichtliche *Exitus* (Ausgang) der Welt von Gott – setzt der umfangreiche II. Teil mit 5 Quaestionen über die Glückseligkeit des Menschen ein, die in der vollkommenen Schau Gottes besteht. In diesen 5 Quaestionen haben wir das Grundmotiv aller weiteren in Teil II und Teil III der *Summa theologiae* folgenden Ausführungen über den Weg des Menschen zu Gott – also den großen geschichtlichen *Reditus* (Rückkehr) des Menschen zu Gott – vor uns. Der Mensch kann und soll sein ihm vom Schöpfer vorgestelltes und wesensmäßig eingepflanztes Ziel durch Eigentätigkeit erreichen, und zwar auf dem Weg von Tugenden im Sinne religiöser und moralischer Grundgestimmtheiten sowie der Handlungen, die aus diesen Grundgestimmtheiten resultieren. Im Lichte jenes Ausgangspunktes unterscheidet Thomas zwei Kategorien von Tugenden, wie sich besonders deutlich in der material ausgeführten Tugendlehre der 2 II zeigt: die sog. theologischen (übernatürlichen) Tugenden Glaube, Hoffnung und Liebe, die der Mensch von Gott gnadenhaft verliehen bekommt, und die im natürlichen Bereich liegenden sog. Kardinaltugenden, von denen bereits Aristoteles gehandelt hatte, Tugenden, die man sich selbst durch sein konstantes Tun erwirbt. Aber diese beiden Kategorien von Tugenden dürfen im konkreten Lebensvollzug des Menschen, sofern er tatsächlich auf jenes –

übernatürliche – Ziel hin ausgerichtet ist, nicht als voneinander getrennt gedacht werden. Vielmehr müssen die Kardinaltugenden von den theologischen Tugenden gewissermaßen umschlossen sein, damit auch sie auf jenes Ziel ausgerichtet sind.

Das Beschreiten des so programmierten Weges ist ein Vorgang aus jener Eigentätigkeit und Freiheit heraus, die dem Menschen vom Schöpfer unverlierbar gegeben ist. Jedoch ist diese Eigentätigkeit und Freiheit in dreierlei Hinsicht in das Wirken Gottes eingebettet: hinsichtlich seines ,,natürlichen" Funktionierens wie alles geschöpfliche Geschehen in die Allwirksamkeit Gottes als der ,,ersten Ursache"; hinsichtlich der übernatürlichen Gesamtausrichtung, die sich in den theologischen Tugenden und den ihnen entsprechenden Handlungen verwirklicht, in die besondere, dieses alles erst ermöglichende Gnadenwirksamkeit Gottes; hinsichtlich der Überwindung der (Erb-)Sünde als angeborener Selbstliebe und Abwendung von Gott in die die Welt erlösende Tat und Gabe Christi als die konkrete Weise der Gnadenwirksamkeit Gottes in der gefallenen Welt. Christus wäre nicht Mensch geworden, wenn die Sünde dieses nicht notwendig gemacht hätte. Faktisch ist aber für die Menschen unter der Erbsünde Gnade nur als Gnade von Christus her zugänglich und ist also das Gelingen des gesamten in Teil II der *Summa theologiae* gezeichneten Weges zur Glückseligkeit angewiesen auf *den* ,,Weg, der Christus als Mensch für unser Streben zu Gott ist" (Christus qui secundum quod homo via est nobis tendendi in Deum, I q. 2 prol.). Christus vereinigt in seiner Person göttliche und menschliche Natur und verdient uns durch sein Leben und Leiden das Heil. Über sein Menschsein und die Sakramente kommt die heilschaffende, Vergebung und neues Leben wirkende Gnade zu uns. So kommt der Mensch und damit zugleich der Schöpfer zu seinem Ziel, und es ist von daher durchaus nicht unberechtigt, Christus als die heimliche Mitte des ganzen, sehr verschiedene Elemente in sich vereinigenden Systems des Thomas anzusehen.

IV. Bedeutung

Die Bedeutung dieser gewaltigen, im vorstehenden nur kurz angedeuteten theologisch-philosophischen Synthese greift weit über ihren geschichtlichen Ort, an dem sie so etwas wie die Kulmination mittelalterlichen Denkens darstellt, hinaus. Nicht zufällig wird sie bis in die Gegenwart hinein als besonders eindrucksvoller und richtungweisender Ausdruck ,,katholischen", nämlich universalen Geistes angesehen, als Erfüllung der Sehnsucht, alles zunächst auch nichttheologisch mögliche Nachdenken und Forschen über Welt und Menschen einzubeziehen in das Nachdenken über Gottes Wirken als Schöpfer und über seinen Heilswillen mit der Menschheit. Und dies einfach deshalb, weil nach der Überzeugung des christlichen Glaubens ja tatsächlich alles in Christus zur Vollendung und zur Einheit finden soll. Auch über den Bereich konfessionell-katholischen Denkens hinaus wird das Werk des Thomas immer neu die Bedeutung einer Anfrage, eines Impulses haben müssen. Folgende Aspekte wären dabei besonders hervorzuheben.

Thomas hat Mut zum durchdringenden Verstehen und Durchdenken des Glaubens besessen, und er hat dabei entschlossen von philosophischen Methoden und philosophischem Gedankengut Gebrauch gemacht. Wo die Tat Martin Luthers schlechthin als Befreiung der Theologie von der Philosophie gepriesen wird[6] und wo theologische Anleihen bei der Philosophie in den Verdacht geraten, daß hier das Evangelium verraten werde, stellt Thomas in der Universalität seines denkenden Verstehens des Glaubens die Frage: Wird bei solcher Verdächtigung nicht Wesentliches von der Verantwortung, in die das Evangelium hinsichtlich des umfassenden Nachdenkens über Welt und Mensch überhaupt stellt, preisgegeben? Damit hängt unmittelbar ein Zweites zusammen: Thomas hat mit den Mitteln der aristotelischen Metaphysik die Welt in ihrer positiven Bedeutung, ihrer Größe und ihrer schöpfungsbedingten Eigenständigkeit für den Glauben zurückgewonnen. Er hat sich nicht gescheut, auch den Weg des Menschen zum Heil unter voller Einbeziehung des menschlichen Eigen-Seins und -Handelns aus Freiheit zu beschreiben, und er hat Christus als den verstehen gelehrt, der uns in solche Freiheit zurückführt, durch das Gesetz seines Geistes, das kein Gesetz von Buchstaben ist. Dies ist eine Anfrage an eine Theologie, die eine freie Entfaltung des Menschen im Heilszusammenhang von vornherein unter den Verdacht verderblicher Selbstgerechtigkeit stellt. Es ist allerdings zugleich auch eine Anfrage an eine säkulare Lebens- und Geisteshaltung, die der Meinung ist, zu einer vollen Würdigung der Weltlichkeit der Welt und des freien Menschseins des Menschen könne es nur im Zuge einer Verneinung des Glaubens an Gott kommen. Ist das wirklich wahr? Thomas ist drittens ein bleibendes und eindrückliches Beispiel einer Theologie, die bei allem Mut zum radikalen Denken und zur Weltoffenheit des Glaubens aus einer tiefen Ehrfurcht heraus konzipiert ist. Das ist die Ehrfurcht eines im Angesicht Gottes betend gelebten Lebens, die darum weiß, daß die Theologie vor einer letzten unüberschreitbaren Grenze steht: vor dem Geheimnis Gottes, das auch die Theologie selbst zu einer Form der Anbetung werden läßt. Das zeigt sich z. B. da, wo man mit Recht ein „negatives Element" im Denken des Thomas konstatiert hat: „Weil wir von Gott nicht wissen können, was er ist, sondern nur, was er nicht ist, können wir nicht darüber nachdenken, auf welche Weise Gott ist, sondern vielmehr nur darüber, auf welche Weise er nicht ist" (Quia de Deo scire non possumus quid sit, sed quid non sit, non possumus considerare de Deo quomodo sit, sed potius quomodo non sit. I q. 3 prol.). Dieser Satz steht wie eine große Klammer vor dem Beginn der Lehre vom Wesen Gottes.

Es darf allerdings wohl nicht übersehen werden, daß es sozusagen nur ein – glücklicher – Augenblick der Geistesgeschichte war, in dem jene Synthese, wie Thomas sie vorgelegt hat, möglich war. Bereits die spätere Scholastik hat sie in dieser Form nicht zu halten vermocht, und im weiteren Verlauf der Neuzeit – deren Aufbruch man interessanterweise immer wieder einmal bei

Thomas' entschlossener Hinwendung zur Welt gesehen hat – sind Weltgefühl und Weltverständnis einerseits, Glaube andererseits immer mehr auseinandergebrochen. Lag in der thomanischen Synthese selbst vielleicht eine Spannung, die solches Auseinanderbrechen, solche Emanzipation des Weltlichen vom Geistlichen je länger desto weniger verhindern konnte? Und könnte das wiederum damit zusammenhängen, daß die Welt, die Thomas voll in sein Denksystem integrieren wollte, von ihm darin letztlich doch noch nicht ernst genug genommen wurde, daß sie eine seufzende, zerrissene Welt ist, eine Welt voller Leid und Anfechtung, eine Welt, die noch auf ihre volle Erlösung wartet? Solche Fragen schmälern indessen nicht das tiefe Recht, mit dem Thomas theologisch und philosophisch in so einmaliger Weise das große Ja Gottes des Schöpfers und Erlösers zu seiner von ihm geliebten Schöpfung artikuliert hat.

V. Wirkungsgeschichte

Seine Wirkungsgeschichte im engeren Sinne hat Thomas in der katholischen philosophisch-theologischen Schule des Thomismus gehabt, jener Schule, die sich seit dem 14. Jahrhundert dem Werk des Thomas besonders verpflichtet wußte. Man kann drei Perioden unterscheiden. Der ältere Thomismus des 14. und 15. Jahrhunderts – im wesentlichen im Dominikanerorden zu finden – ging von Paris und Neapel aus. Zu nennen sind hier Herveus Natalis (†1323), Johannes von Neapel (†nach 1336) sowie in späterer Zeit der in Paris wirkende Johannes Capreolus (1380–1440), der „princeps Thomistarum", berühmt durch seine *Defensiones D. Thomae de Aquino,* und der Spanier Juan de Torquemada (†1468). – Am Beginn des Thomismus des 16. und 17. Jahrhunderts stehen die klassischen Kommentare des Dominikanergenerals Thomas de Vio Cajetan (1469–1534) zur *Summa theologiae* und des Dominikanergenerals Franziskus Sylvestris von Ferrara (1474–1528) zur *Summa contra Gentiles.* Zentrum des Thomismus war in der folgenden Zeit Spanien mit der Dominikanerschule von San Estaban in Salamanca (Franz von Vitoria, †1546, Dominikus Soto, †1560, Melchior Cano, †1560, Dominikus Bánez, †1604, Bartholomäus Medina, †1580, Johannes a S. Thoma, †1644). Ausgehend vom Streit mit dem Jesuiten Ludwig Molina (1535–1600) über dessen Lehre von den freien menschlichen Handlungen im Verhältnis zu einem bloßen göttlichen Vorherwissen (sog. *scientia media*), dem Bánez die physische Vorherbestimmung aller menschlichen Akte *(praemotio physica)* entgegensetzte, unterscheiden sich fortan die strengen Thomisten von den sich auch auf Thomas berufenden Molinisten. – Der Neuthomismus entstand im Zuge des sich erneuernden Katholizismus des 19. Jahrhunderts und hatte als einen seiner einflußreichsten Förderer Joachim Pecci, den späteren Leo XIII., der als Papst in seiner Enzyklika *Aeterni Patris* (1879) eine Art Magna Charta des Neuthomismus vorlegte, der damit zur offiziellen katholischen Doktrin wurde. Weitere offizielle Schritte waren das Motu Proprio *Doctoris Angelici* Pius' X. (1914), die sehr umstrittenen 24

Thomas-Thesen der Studienkongregation (1914), der Canon 1366 § 2 des Codex iuris canonici (1917), die Enzykliken *Studiorum ducem* Pius' XI. (1923) und *Humani generis* Pius' XII. (1950). Der Neuthomismus versteht sich vor allem als katholische *Philosophie,* und zwar – verglichen mit Thomas selbst – in einer problematischen Isoliertheit. In der Einschätzung des Thomas steht neben Neuthomisten strenger Observanz, die das Denken des Thomas für überzeitlich bis in die Begrifflichkeit hinein halten (z. B. J. Maritain, H. Woroniecki), der kritische Neuthomismus, der die Geschichtlichkeit des Thomas ernst nimmt und ihm – teils vermittelnd, teils abgrenzend – andere Philosophien an die Seite stellt (J. Hessen, G. Söhngen, J. B. Lotz, H. U. v. Balthasar, K. Rahner, M. Müller, B. Welte). Diese letztere Sicht dürfte durch das II. Vaticanum unterstützt worden sein, in dessen Dokumenten in starkem Maße Elemente nichtthomistischen Denkens zum Tragen kommen, das ja in der franziskanischen Theologie von jeher seine auch institutionalisierte Heimat hatte. Da andererseits die neuere Thomasforschung gezeigt hat, daß die thomistische Schulphilosophie und -theologie der Weite und Dynamik im Denken des Thomas in vielem nicht gerecht wird – abgesehen von ganz direkten Lehrneuerungen –, unterscheidet man heute zwischen thomistischem (der Schule entstammendem) und thomanischem bzw. thomasischem (Thomas selbst zugehörigem) Gedankengut.

Im Raum der evangelischen Theologie hat Thomas nur begrenzten Einfluß gewinnen können, was teils an der Skepsis gegenüber allem spezifisch Katholischen überhaupt, teils – spezieller – an der kritischen Einstellung gegenüber ontologisch-metaphysischem Denken im Bereich der Theologie lag. Luther selbst hat Thomas einen Schwätzer genannt, der der aristotelischen Metaphysik erlegen sei.[7] Man wird dabei allerdings berücksichtigen müssen, daß Luther den originalen Thomas kaum gekannt hat. Einen positiveren Zugang zu Thomas hatte die für metaphysische Fragestellungen und sogar für Aristoteles offene protestantische Orthodoxie. So finden sich z. B. in den *Loci theologici* von Johann Gerhard positive Bezugnahmen auf Thomas.[8] Ein ganz neues Interesse für Thomas begegnet in der evangelischen Theologie des 20. Jahrhunderts, im Zuge der Überwindung der liberalen Theologie des 19. Jahrhunderts wie auch im Zusammenhang einer neuen Begegnung katholischen und evangelischen Denkens insgesamt. So wundert sich Karl Barth darüber, daß seine Kritiker ihm vorwerfen, er sei „in der Lage, Anselm und Thomas auch ohne Zeichen des Abscheus zu zitieren".[9] Gerhard Ebeling hat eindringende Studien zur Gotteslehre des Thomas vorgelegt.[10] Darüber hinaus zeigt eine Reihe weiterer Arbeiten zu Thomas aus dem Raum der evangelischen Theologie der Gegenwart,[11] daß es ein zunehmendes Empfinden dafür gibt, daß sowohl in der Gesamtkonzeption dieses mittelalterlichen Theologen wie in seinen weithin ontologisch-metaphysischen Fragestellungen, die indessen die „Anthropozentrik" des Heilshandelns Gottes in Jesus Christus gerade nicht unkenntlich machen, sondern zu deren besserem Verstehen anleiten,[12] unabgegoltene Anfragen an Fragestellungen und Methoden der evangelischen Theologie enthalten sind. Die bereits eingangs erwähnte ,,ökumenische" Begegnung von Thomas und Luther in Arbeiten sowohl katholischer wie evangelischer Theologen läßt hoffen, daß die gemeinsame Neubesinnung auf diesen theologischen Klassiker auch ein Schritt auf dem Wege zur Einheit der Christenheit ist.

Werner Dettloff

JOHANNES DUNS SCOTUS

(1265/1266–1308)

Neben Bonaventura ist Johannes Duns Scotus der bedeutendste Theologe des Franziskanerordens. Ihm kommt insofern sogar noch größere Bedeutung zu, als er einer der großen Schulbildner des Mittelalters war, was von Bonaventura in dem Sinne nicht gesagt werden kann. Wie Bonaventura nahm auch Duns Scotus wesentliche Anliegen des hl. Franziskus auf, auch wenn das auf den ersten Blick nicht so deutlich wird wie bei Bonaventura. Seiner feinsinnigen spekulativen Kraft wegen erhielt er den Beinamen „Doctor Subtilis", und weil er in entscheidender Weise die Entfaltung der Lehre von der unbefleckten Empfängnis Mariens vorbereitet hat, bekam er außerdem den Ehrentitel „Doctor Marianus".

I. Leben

Das genaue Datum der Geburt des Duns Scotus ist unbekannt. Die Angaben schwanken zwischen dem 23. Dezember 1265 und dem 17. März 1266. Der Beiname weist darauf hin, daß er aus Schottland, wahrscheinlich aus dem heutigen Duns stammte, wo sich auch Hinweise auf seine Familie aus späterer Zeit finden. Seine Eltern waren reiche Grundbesitzer, die als Wohltäter mit dem Franziskanerorden verbunden waren. Außerdem gehörte ein Onkel dem Orden an. Dieser wurde später Generalvikar und hat wohl mit dazu beigetragen, daß Johannes im Alter von 15 Jahren in den Orden eintrat. Am 17. März 1291 wurde er zum Priester geweiht. Seine Studien absolvierte er in Paris und in Oxford. Um 1300 kommentierte er die Sentenzen des Petrus Lombardus in Cambridge, danach in Oxford und 1302/3 in Paris. Dort wurde er in den Streit zwischen Philipp dem Schönen und Bonifaz VIII. hineingezogen. Duns Scotus weigerte sich, die Petition des Königs gegen den Papst zu unterschreiben, und deshalb mußte er Paris für eine Zeit verlassen. Im Jahre 1305 erwarb er, wieder nach Paris zurückgekehrt, dort den Doktorgrad und wurde Magister regens. 1307 ging Duns Scotus nach Köln, wo er am 8. November 1308 gestorben ist. In der Kölner Minoritenkirche ist er begraben.

II. Werk

Während uns von den Werken anderer großer Scholastiker wie Thomas von Aquin oder Bonaventura schon seit langer Zeit gute Textausgaben zur Verfügung standen, wurde erst verhältnismäßig spät damit begonnen, die Schriften des Duns Scotus mit den Mitteln und Methoden der modernen Literar- und Textkritik zu bearbeiten. Grund dafür dürfte nicht zuletzt gewesen sein, daß die Werke des Duns Scotus zum Teil nur als Hörernachschriften *(Reportationen)* erhalten waren, denen ein recht unterschiedlicher Wert zukam. Außerdem hat Duns Scotus sein Hauptwerk, den für die Herausgabe bestimmten großen Kommentar zu den Sentenzen des Petrus Lombardus, die *Ordinatio,* nicht selbst vollenden können, und die verschiedenen Versuche, die Lücken dieser Ordinatio zu schließen, gaben und geben der Forschung immer noch schwierige Fragen auf. Hinzu kommt schließlich, daß im Laufe der Zeit Duns Scotus Werke zugeschrieben wurden, die nicht von ihm stammen.

Im wesentlichen waren also zwei Aufgaben zu lösen: die echten Schriften des Duns Scotus mußten von den unechten geschieden (bei der *Ordinatio* sogar die echten von den unechten Ergänzungen) und aus den überlieferten Textfassungen mußte jeweils die beste erarbeitet werden. Die Fragen nach Echtheit und Unechtheit können als gelöst betrachtet werden, die Textfragen hingegen werden die mit der kritischen Ausgabe betraute Commissio Scotistica noch lange Zeit beschäftigen. Besondere Verdienste um die Lösung der literar- und textkritischen Fragen haben sich erworben E. Longpré und besonders C. Balič, der die wichtigsten Vorarbeiten für die kritische Ausgabe (*I. Duns Scoti Opera omnia,* Civ. Vaticana ab 1950) geleistet und diese selbst bis zu seinem Tode betreut hat (s. dazu die *Disquisitio historico-critica* zur Editio Vaticana I, 9*–329*, Anm. 1; ferner die *Praefatio* zum Band XVI der Editio Vaticana, X und C. Balič, *Ratio editionis criticae Operum omnium I. Duns Scoti,* 3 Bände, Rom 1939–1951).

Im einzelnen sind gemäß der genannten Disquisitio-historico-critica folgende Werke des Duns Scotus als echt anzusehen:

1. An erster Stelle sind zu nennen die Kommentare zu den vier Büchern der Sentenzen des Petrus Lombardus. Seit dem 14. Jahrhundert wurde allgemein angenommen, daß Duns Scotus zunächst in Oxford und dann in Paris die Sentenzen kommentiert habe. Später, etwa im 17. Jahrhundert, setzte sich die Ansicht durch, daß von Duns Scotus zwei authentische Sentenzenkommentare vorliegen: das sogenannte *Opus Oxoniense* und das *Opus Parisiense.* Diese Meinung hat auch Lucas Wadding vertreten. Nach dem heutigen Stand der Forschung muß man jedoch davon ausgehen, daß es nur einen authentischen Sentenzenkommentar gibt, den Duns Scotus selbst für die Herausgabe bestimmt hat, der aber nicht vollständig ist: die *Ordinatio.* Diese ist der Grundbestand des Textes, der als „Opus Oxoniense" in die bis jetzt vorliegende Gesamtausgabe der Scotuswerke von Vivès (Paris 1891–1895) eingegangen war

(Bände VIII–XXI). Die übrigen Bestandteile sind teils Ergänzungen, die von Duns Scotus selbst stammen, teils Anmerkungen von Schülern, teils Zusätze der Herausgeber. Die literarkritische Forschung hat hier noch umfangreiche und zum Teil sehr schwierige Arbeit zu leisten. In der kritischen Editio Vaticana liegen bis jetzt das ganze I. Buch und die Distinktionen 1–3 des II. Buches vor (Bände I–VII). Neben dieser *Ordinatio* gibt es verschiedene Hörernachschriften der Sentenzenvorlesungen des Duns Scotus. Besonderes Interesse verdient unter diesen die *Lectura prima* von Oxford, die vor der Editio Vaticana (Bände XVI und XVII) nur in drei Handschriften zugänglich war. Von den Pariser Vorlesungen gibt es zahlreiche Nachschriften, kurze, längere, wertvolle und weniger wertvolle und auch Bearbeitungen. Die sogenannte *Reportatio examinata* verdient unter ihnen besondere Beachtung, weil sie von Duns Scotus selbst durchgesehen und gewissermaßen approbiert sein soll. Die auf Wadding zurückgehende Textfassung der Reportatio Parisiensis ist bei Vivès (Bände XXII–XXIV) gedruckt.

2. Ferner sind *Collationes Parisienses* und *Collationes Oxonienses* und Disputationen überliefert. Unter diesen kommt dem *Quodlibet* besondere Bedeutung zu, das 21 Quaestionen enthält (Vivès, Bände XXV–XXVI) und aus der Zeit zwischen der Pariser Vorlesung und der Abfassung der Ordinatio stammen dürfte.

3. Weiter hat Duns Scotus auch verschiedene klassische philosophische Schriften kommentiert. Als echt anzusehen sind seine Kommentare *super libros Metaphysicorum Aristotelis* (Vivès, Bände V–VII), *super libros Aristotelis De anima* (Band III), *super Porphyrium* (I), *super Praedicamenta* (I), die beiden Kommentare *super librum Peri hermeneias* (I) und *super librum Elenchorum* (II).

4. Schließlich sind die beiden Traktate *de primo principio* (Vivès IV) und die lange umstrittenen *Theoremata* zu nennen, deren Echtheit C. Balič jedoch erwiesen hat.

Allgemein ist zu sagen: Die Werke des Duns Scotus sind in zahlreichen Handschriften erhalten und wurden auch häufig gedruckt. Die größte Bedeutung für lange Zeit erlangte die Ausgabe von L. Wadding (Lyon 1639), deren Text auch die Ausgabe von Vivès bietet. Für die Bücher I und II der *Ordinatio* hat M. F. Garcia einen etwas besseren Text erarbeitet (Quaracchi 1912 und 1914), die erste im eigentlichen Sinne kritische Ausgabe ist die erwähnte *Editio Vaticana,* die aber noch lange nicht vollendet ist. Zumal bei Texten, die von dieser Ausgabe noch nicht erfaßt sind, müssen für die Forschung zu den vorhandenen Drucken verfügbare Handschriften herangezogen werden.

III. Bedeutung

Wie Bonaventura so ist auch Duns Scotus in seinem theologischen Denken entscheidend von der durch Franziskus von Assisi geprägten – oder besser gesagt: akzentuierten – Christlichkeit bestimmt, auch wenn dies bei ihm an-

Johannes Duns Scotus (1265/1266–1308)

ders in Erscheinung tritt als bei Bonaventura. Was diese Franziskanertheologen kennzeichnet, ist nicht, daß sie mit einer gewissen Vorliebe bestimmte Thesen vertreten, sondern daß sie in einer ganz bestimmten Weise denken und auf ganz bestimmte Anliegen Wert legen. Franziskanische Christlichkeit und augustinische Tradition vereinigen sich dabei in der Regel zu einer fruchtbaren Synthese. Jene Grundanliegen, die auf Franziskus zurückgehen, waren im wesentlichen: das biblisch-heilsgeschichtliche Denken, die zentrale Stellung Christi, die besondere Bedeutung des Menschseins Christi und das Bild Gottes als des Allerhöchsten, des Allwirkenden und des Allgütigen.[1]

Wenn nach der Stellung der Bibel im Werk und im Denken eines Theologen gefragt wird, geht es dabei ohne Zweifel um das legitimste Kriterium für seine Beurteilung. Ob und wieweit ein Theologe ,,biblisch" denkt oder biblisch-heilsgeschichtlich orientiert ist (im Gegensatz zu einer mehr abstrakt-metaphysischen Denkweise), ist nicht schon mit dem Hinweis beantwortet, wie häufig oder wie selten er die Heilige Schrift zitiert. Mangelnde Schriftzitation kann Ausdruck unbiblischen Denkens sein, ist jedoch nicht ohne weiteres damit gleichzusetzen. Man wird vielmehr danach zu fragen haben, wieweit sich ein Theologe in seinen Lösungen und auch schon in seinen Fragestellungen von der in der Bibel niedergelegten göttlichen Offenbarung leiten läßt, wieweit das in der Bibel bezeugte göttliche Heilshandeln und das Heilsgeschehen das Denken eines Theologen bestimmt.

Von einer biblischen Redeweise, wie wir sie etwa bei Bonaventura finden, merkt man nun bei Duns Scotus nichts. Er zitiert öfter Aristoteles als die Heilige Schrift, und das begriffliche Denken, das man im allgemeinen dem heilsgeschichtlich-bildhaften Denken der Bibel gegenüberstellen kann, ist bei Duns Scotus bis zum äußersten entfaltet. Dennoch erweisen sich bei näherem Zusehen der Denkansatz und die theologische Konzeption des Duns Scotus auffallend als biblisch-heilsgeschichtlich bestimmt, auch wenn dann die Gedanken selbst mit einzigartiger begrifflicher Schärfe entwickelt und oft genug in durchaus unbiblischer Sprache zum Ausdruck gebracht werden.

Besonders aufschlußreich ist in dem Zusammenhang, wie Duns Scotus die Philosophie einsetzt, welche Funktion er ihr im Rahmen der Theologie einräumt: ob wir es bei ihm mit einer wenigstens weitgehend theologisch bedingten Philosophie oder einer philosophisch dirigierten Theologie zu tun haben.

Die Philosophie ist eine Größe und eine Realität, die für Duns Scotus durchaus existiert und mit der er meisterhaft umzugehen weiß: man denke an seine Seinsmetaphysik, seine Entwicklung der distinctio formalis oder seinen philosophischen Aufweis der Existenz Gottes. Duns Scotus schätzt die Möglichkeiten der Philosophie keineswegs gering; er ist nur der Meinung, daß diese Möglichkeiten von den Theologen viel weiter ausgeschöpft werden können als von den Philosophen.

Die Eigenständigkeit der Philosophie gegenüber der Theologie ist bei Duns Scotus in doppelter Hinsicht eingeschränkt: 1. Wo die Offenbarung gesprochen hat und wo von der Offenbarung her nur *eine* von mehreren philo-

sophisch diskutablen Thesen nach Ansicht des Duns Scotus richtig sein kann, scheiden für ihn die anderen Thesen auch als philosophische Thesen aus. Damit hängt zusammen, daß es sich beim philosophischen Aufweis bzw. bei der philosophischen Stütze theologischer Wahrheiten für Duns Scotus grundsätzlich nicht um mehr zu handeln braucht als darum, daß die betreffenden theologischen Wahrheiten als philosophisch möglich dargetan werden. Duns Scotus macht Aristoteles nie einen Vorwurf, diese oder jene Meinung vertreten zu haben, er hält aber christliche Theologen für unentschuldbar, wenn sie an philosophischen Thesen festhalten, die von der Offenbarung her anders lauten müßten. 2. Philosophische Fragestellungen und Thesen sind bei Duns Scotus letztlich oder zumindest weitgehend theologisch bedingt. Mit anderen Worten: philosophische Fragestellungen und Lösungen erfolgen bei Duns Scotus weitestgehend von einem theologischen Ansatz aus und unter einem theologischen Aspekt.

Von da aus wird verständlich, warum man nicht eigentlich oder in welchem Sinne man höchstens von einer „Philosophie des Duns Scotus" sprechen kann: Wegen der letztlich theologischen Bedingtheit seiner philosophischen Fragestellungen und Thesen hat Duns Scotus selbst kein geschlossenes philosophisches System entwickelt, und man wird ihm wohl auch nicht gerecht, wenn man nachträglich versucht, das System einer scotischen Philosophie zu konstruieren.[2] Eine solche Feststellung wird man mehr oder weniger auf alle christlichen Denker des Mittelalters ausdehnen müssen, von Duns Scotus gilt sie jedoch in hervorragendem Maße.

Die beiden vorhin genannten Sachverhalte, welche die nur relative Eigenständigkeit der Philosophie bei Duns Scotus näher bestimmen, lassen sich nicht immer scharf voneinander trennen. Deshalb soll ihr Vorhandensein auch nicht schematisch gesondert voneinander, sondern im Zusammenhang aufgezeigt werden.

Duns Scotus geht von der konkret heilsgeschichtlichen, also einer nur dem von der biblischen Offenbarung belehrten Theologen bekannten Situation aus, wenn er in der 1. Quaestio des Prologs zur *Ordinatio* die Frage nach der Notwendigkeit der Theologie formuliert. Er stellt die Frage nicht so, wie sie etwa dem entsprechenden Artikel bei Thomas von Aquin zugrunde liegt,[3] d.h., er fragt nicht nach der Notwendigkeit einer sacra doctrina als solcher, sondern er fragt: „Ob es für den Menschen *in seinem jetzigen Zustand,* also im Zustand der gefallenen Natur, notwendig ist, daß ihm eine besondere Lehre auf übernatürliche Weise eingegeben werde, die der Verstand mit seinem natürlichen Licht nicht erreichen kann."[4] In der Lectura prima lautete die Frage: „Ob es für den Menschen *im Pilgerstand* notwendig ist, daß ihm eine Lehre auf übernatürliche Weise geoffenbart werde."[5]

Die Frage nach der Verfassung des menschlichen Intellekts löst Duns Scotus nicht von der konkreten Beobachtung, sondern von der Offenbarung aus: Der menschliche Intellekt ist seiner Natur nach auch zur intuitiven geistigen Erkenntnis fähig und nicht nur zur abstraktiven; der Grund dafür ist ein theologischer: weil Gott sonst dem Menschen für die visio beatifica (beseligende Gottesschau) einen neuen Intellekt geben müßte. Daß der Mensch im gegenwärtigen Heilsstand, also nach dem Sündenfalle, faktisch auf die abstraktive Erkenntnis eingeschränkt ist, beruht auf göttlicher Anordnung und ist eine Folge der Erbsünde.[6]

Die nach Duns Scotus philosophisch offene Frage nach der Unsterblichkeit der Seele löst dieser theologisch mit dem Hinweis auf Mt 10, 28: ,,Ihr sollt ... vor denen keine Frucht haben, die nur den Leib töten, die Seele aber nicht töten können."[7] Das Verhältnis der Seele zu ihren Potenzen untersucht Duns Scotus im Zusammenhang mit der Frage, worin das Bild der Dreifaltigkeit in der Menschenseele besteht. Näherhin lautet die seiner philosophischen Überlegung zugrunde liegende Frage, ob das Bild der Dreifaltigkeit in der Seele in drei real unterschiedenen Fähigkeiten zu sehen ist.[8] Duns Scotus unterscheidet die Seelenpotenzen nicht real, sondern nur formal vom Wesen der Seele und voneinander, weil es ihm letztlich darauf ankommt, daß das Vornehmste in der Seele, die essentia, Gott in der fruitio (Genuß) erreichen muß; da die fruitio aber eine Sache des Willens ist, kann der Wille nicht real von der essentia der Seele verschieden sein, weil es sich in der Seligkeit schließlich nicht um eine voluntas beata oder einen intellectus beatus, sondern um eine anima beata handelt.[9]

Die theologische Bedingtheit philosophischer Thesen bei Duns Scotus wird noch in einem anderen wichtigen Zusammenhang deutlich: im Hinblick auf seinen Personenbegriff. Duns Scotus greift in seiner Personlehre nicht so sehr auf Boethius zurück als vielmehr auf Richard von St. Viktor. Während Boethius seinen Personbegriff durch Wesensbestimmung mit Hilfe der Ordnungsbegriffe genus und differentia, also auf logischem, nicht auf ontologischem Wege gewonnen hat,[10] sah Richard von St. Viktor die Person nicht nur durch das bestimmt, was sie ist, sondern auch durch das, woher sie ihr Wesen hat. Auf die Ursprungsbeziehung kam es ihm an. War Boethius für seine Persondefinition von der Theologie nur mehr angeregt, diese selbst jedoch dann mit Hilfe der aristotelisch-porphyrianischen Philosophie gegeben, so ging Richard von St. Viktor unmittelbar von der Trinitätslehre aus.[11] Wenn die Persondefinition auch die göttliche Personalität umfassen soll, muß sie das enthalten, was die göttlichen Personen unterscheidet: die jeweilige Ursprungsbeziehung. Der Personbegriff hat demnach ein Zweifaches zu bezeichnen: das Wesen und die Ursprungsbeziehung. Bei Richard von St. Viktor knüpft Duns Scotus an. Eine Untersuchung seines Personbegriffes ergibt, ,,daß ontische Personalität nicht in sich ruhender Selbstbesitz, sondern aus sich herausstehender Gegenüberstand ist. Dieser ist notwendig ein je selbständiger, und insofern besitzt die Person sich selbst, aber sie besitzt damit nichts anderes als die Unmitteilbarkeit ihres Gegenüberstandes."[12] Die göttlichen Personen sind durch die jeweils identische Natur einerseits und die jeweils eigene Relation anderseits konstituiert. Diese jeweils eigene Relation hat die *Un*mitteilbarkeit der Personen zur Folge (also eine Verneinung), ist selbst aber eine positive

Realität, wie auch der personale Modus, also das, wodurch die göttliche Person unmitteilbar wird, in sich positiv ist. Dazu kommt noch, daß dieses „Nicht" den anderen Personen gegenüber in Gott keinen privativen (einen Mangel ausdrückenden) Charakter hat, sondern Ausdruck höchster Seinsfülle ist, da die eine göttliche Natur drei Formen des unmitteilbaren Daseins besitzt.[13]

Anders liegen die Dinge jedoch bei der menschlichen Person. Mit derselben Entschiedenheit, mit der Duns Scotus sich dafür einsetzt, daß die göttliche Personalität durch eine positive Realität konstituiert wird, lehnt er dies für die menschliche Person ab. Nach Duns Scotus gibt es im Kreaturbereich kein von der Natur real verschiedenes positives Konstitutivum der Person, und der Grund dafür ist ein theologischer: wenn die menschliche Personalität durch eine positive Entität konstituiert wäre, dann könnte diese nicht in die Einheit mit der zweiten göttlichen Person aufgenommen werden.

Nach allgemeiner thomistischer Lehre besteht zwischen menschlicher Natur und menschlicher Person ein realer Unterschied, und infolgedessen läßt sich nach dieser Lehre das Personsein des Menschen von der Natur des Menschen gleichsam real ablösen, so daß die Natur des Menschen unangetastet bleibt, auch wenn sie das Personsein verliert. Die Vereinigung des Logos mit der menschlichen Natur wäre dann also in der Weise zu erklären, daß das menschliche Personsein Christi durch das Personsein des göttlichen Logos abgelöst wird, das an die Stelle dieses menschlichen Personseins tritt. Die hypostatische Vereinigung erfolgt also nach dieser Auffassung durch die Wegnahme dessen, was der Mensch normalerweise über seine Natur hinaus und real verschieden von ihr besitzt: des Personseins; und der reale Einheitspunkt ist das, was der Logos an die Stelle der weggefallenen menschlichen Subsistenzweise setzt: das Für-sich-Sein der zweiten göttlichen Person. In der Form wurde diese Erklärung unter Berufung auf gewisse Grundlehren des Thomas von Aquin vor allem von der durch den Dominikaner Bañez begründeten Thomistenschule gegeben.[14]

Duns Scotus lehnt den realen Unterschied zwischen Wesen und Dasein, Natur und Person in den geschaffenen Seienden ab; sie unterscheiden sich nur formal.[15] Da außerdem für Duns Scotus das esse existentiae (Sein der Existenz) nicht mit der Person, sondern mit der Natur zusammenfällt, gibt es in Christus, den zwei Naturen entsprechend, auch zwei esse existentiae.[16] Es erhebt sich nun die Frage, wo dann nach Duns Scotus der Einheitspunkt der Naturen in Christus liegt, wenn nicht, wie nach der thomistischen Lehre, im ewigen Dasein des göttlichen Logos. Der Schlüssel zur Lösung dieser Frage liegt für Duns Scotus in seinem Personbegriff, näherhin in seiner viel kritisierten These von der negativen Bestimmtheit der menschlichen Personalität. In diesem Zusammenhang geht es nun nicht um das Für und Wider dieser These, sondern um ihre Bedeutung im scotischen Denken.

Die negative Bestimmtheit der menschlichen Personalität meint nach Duns Scotus im Grunde nicht Negation schlechthin und auch nicht nur eine Privation, also nicht nur das Fehlen von etwas, das eigentlich vorhanden sein sollte, sondern sie setzt durchaus ein positives Zugrundeliegendes voraus, das für keine weiteren Formen mehr aufnahmefähig ist. Dieses positive Element der menschlichen Personalität muß in der Tendenz zu sich selbst gesehen werden. Diese Tendenz zu sich selbst ist die Bejahung, die „affirmatio, auf Grund deren erst das Nicht allen anderen Personen gegenüber möglich wird".[17] Man kann also sagen, daß die ontische Personalität des Menschen die Verneinung einer aktuellen Abhängigkeit von anderen Personen auf Grund der Bejahung der eigenen Natur ist. Auch die menschliche Personalität ist ebenso wie die göttliche selbständiger Gegenüberstand, der allerdings zunächst rein negativer Natur ist: Der Mensch steht als Person einer anderen Person nur insofern gegenüber, als er selbst diese andere Person nicht ist, sie also aktuell verneint. Der Mensch kann sein eigenes Selbst nur bejahen, indem er das Selbst der anderen aktuell verneint; denn das andere Selbst ist in der gleichen Weise logisch und real unmitteilbar wie sein eigenes. Der personale Gegenüberstand des Menschen ist also nicht real und positiv wie der personale Gegenüberstand in der göttlichen Trinität, sondern er ist ein denkend hergestellter und negativer.[18]

Auf die Christologie angewandt besagt das: Die menschliche Natur Christi verliert durch ihre Vereinigung mit dem göttlichen Logos ihr eigenes Personsein im Sinne jener aktuellen Unabhängigkeit und damit nichts Positives, sondern nur etwas Negatives. Sie wird in keiner Weise geschmälert, was geschehen würde, wenn nach Duns Scotus die menschliche Personalität durch etwas Positives konstituiert wäre. Im Anschluß an *Rep. Par.* III, d. 12, q. u., n. 5 (Vivès XXIII, 327bf.) läßt sich das näherhin so formulieren: Während bei den Geschöpfen allgemein Person und Natur real identisch sind, fehlt der menschlichen Natur Christi die menschliche personale Subsistenz. Deren Stelle übernimmt die Person des göttlichen Logos, die damit nicht nur die göttliche, sondern auch die menschliche Natur Christi als ihr Personsein trägt. Das heißt, die Person des göttlichen Logos hebt die aktuelle Abhängigkeit der menschlichen Natur Christi von ihrem menschlichen Suppositum auf und tritt als äußeres Suppositum an die Stelle jenes menschlichen Suppositums.

Wie weit die Personlehre des Duns Scotus überzeugt, mag dahingestellt bleiben. Worauf es hier ankommt, ist zu zeigen, daß Duns Scotus seine theologischen Spekulationen nicht auf einen philosophisch vorgegebenen Personbegriff abstimmt, sondern den Personbegriff mit Rücksicht auf die Theologie, näherhin auf seine Anwendbarkeit in der Trinitätslehre und in der Christologie, entwickelt. Demgegenüber dürfte kaum zu bestreiten sein, daß die Lehre des Thomas von Aquin von der hypostatischen Union wesentlich von seiner Seinsmetaphysik bestimmt ist.[19] Neben seiner speziellen Anwendbarkeit in der Trinitätslehre und der Christologie ist jedoch eine besondere theologisch-anthropologische Bedeutung des scotischen Personbegriffes nicht zu verkennen. Die Betonung dessen, daß der Selbstand der menschlichen Person Gegenüberstand ist, daß er auf einer Relation beruht, die ihr göttliches Urbild in der

Trinität und ihre vollkommenste irdische Verwirklichung in Christus besitzt, enthält zugleich fruchtbare Hinweise auf die Gottebenbildlichkeit des Menschen und seine Christusbezogenheit, auf seine Kreatürlichkeit, und sie schafft nicht zuletzt auch eine besondere Grundlage für die theologische Sicht der zwischenmenschlichen Beziehungen.

Die Ausbildung des Personbegriffes und seine Anwendung in der Christologie durch Duns Scotus muß noch in einem größeren Zusammenhang gesehen werden. Um die Bedeutung des Menschseins Christi theologisch herauszustellen und die Vollständigkeit und Unversehrtheit der menschlichen Natur Christi zu wahren, geht Duns Scotus in seiner Lehre von der hypostatischen Union und von der menschlichen Natur Christi bis an die Grenze des Möglichen. Auch bei seiner These von der negativen Bestimmtheit der menschlichen Personalität verfolgt er dieses Anliegen ebenso konsequent wie in seinen fürs erste vielleicht befremdenden Thesen von den zwei esse existentiae und den zwei filiationes (Sohnschaften) in Christus, von der nicht absoluten Unendlichkeit der Verdienste Christi (weil diese, aus der nicht absolut unendlichen menschlichen Natur Christi als ihrem principium quo – Ursprungsprinzip – hervorgehend, nicht absolut unendlich sein können, ihnen lediglich mit Rücksicht auf die sie tragende Person des göttlichen Logos eine relative Unendlichkeit zukommt), von der nicht absoluten Unfähigkeit Christi zur Sünde und von der nicht absolut unendlichen Heiligung der menschlichen Natur Christi durch die hypostatische Union. Seine oft sehr theoretisch-spekulativen Ausführungen erweisen sich hier letztlich als von dem Zentralthema der Bibel geleitet: vom „Wort, das Fleisch geworden ist". Ein Grundanliegen franziskanischer Christlichkeit hat Duns Scotus auf seine Weise theologisch aufgenommen.

In engem Zusammenhang damit steht ein weiteres Franziskusanliegen, das Duns Scotus aufgegriffen hat: die Zentralstellung Christi. Duns Scotus hat in entscheidender Weise das theologische Rüstzeug für die Lehre von der absoluten Prädestination Christi bereitgestellt: daß der Gottessohn auch Mensch geworden wäre, wenn Adam nicht gesündigt hätte.

Was über die dargelegten Einzelheiten hinaus Duns Scotus jedoch als durchaus biblisch orientierten und geprägten Theologen kennzeichnet, ist das große Thema seiner Theologie: das persönliche Wollen und Wirken, das Heilswirken Gottes, der allein gut ist und alles in allem und allen wirkt, was sich vor allem wohl an seiner Rechtfertigungslehre aufweisen läßt. Deren Kernstück ist die sogenannte Akzeptationstheorie, die vor allem die Fragen zu beantworten sucht, worauf es letztlich beruhe, daß ein Mensch das ewige Leben erlangt und daß bestimmte menschliche Handlungen für das ewige Leben verdienstlich sind. Duns Scotus hat seine Rechtfertigungslehre in engster Verbindung mit der Gotteslehre konzipiert: Der erste und einzig notwendige Gegenstand des göttlichen Willens ist das Wesen Gottes, ist Gott selbst. Gott ist absolut vollkommen, er bedarf keiner Ergänzung von außen und steht deshalb allem Nichtgöttlichen in absoluter Freiheit gegenüber. Mit anderen Worten: Gott kann von nichts Außergöttlichem zu irgendeinem bestimmten Verhalten im eigentlichen Sinne genötigt werden. Diese absolute Freiheit Gottes ist jedoch keine Willkür, weil sein Wesen absolute Gutheit und nicht – wie ein geschöpflicher Wille – zum verkehrten Wollen fähig ist. Der mit dem Wesen Gottes identische Wille Gottes kann nicht anders als absolut guter Wille sein. Wendet man nun das Prinzip von dem einzig notwendigen Gegenstand des göttlichen Willens konsequent in der Rechtfertigungslehre an, dann ergibt sich, daß für Gott keine absolute Notwendigkeit besteht, einem Menschen, der die Gnade besitzt, bzw. für einen mit der Gnade gewirkten Akt den Lohn des ewigen Lebens zu geben. Nichts Geschaffenes vermag Gott zu einem solchen Willensakt im strengen Sinne zu nötigen, und auch die Gnade, als Gnadenhabitus verstanden, ist etwas Geschaffenes. Gott ,,muß" die Gnade gewissermaßen in ihrem objektiven Sein und Gutsein akzeptieren, weil Sein und Gutsein jedes Geschaffenen Sein und Gutsein des göttlichen Wesens nachahmen, und die Gnade verleiht dem menschlichen Handeln auch eine größere Vollkommenheit, als es sie ohne diese hätte, weil die Gnade den Menschen in einer besonderen Weise in die göttliche Liebesbewegung selbst einbezieht. Gott ,,muß" der Gnade wegen aber nicht das ewige Leben schenken. Nur aus der Offenbarung wissen wir, daß Gott einen Menschen, der die Gnade besitzt, zum ewigen Leben annimmt und daß er die Akte, die in Verbindung mit der Gnade gewirkt sind, mit dem ewigen Leben belohnen will. Das ist aber eben so, weil Gott es so angeordnet hat (de potentia ordinata) und nicht etwa, weil es so sein muß (de potentia absoluta). An sich (de potentia absoluta) – und das ist gewissermaßen die Kehrseite dieser These – könnte Gott auch einen rein natürlich guten Menschen (also einen Menschen, der jenen Gnadenhabitus nicht besitzt) zum ewigen Leben annehmen und einen rein natürlich guten (ohne die Beteiligung der Gnade gewirkten) Akt mit dem ewigen Leben belohnen. Der eigentliche Grund für die Verdienstlichkeit, die ,,ratio meriti", ist die göttliche Akzeptation, Grund für die Akzeptation ist in der gegenwärtigen Heilsordnung (de potentia ordinata) jedoch in erster Linie die Gnade. Verdienstlichkeit und Gnadenhaftigkeit sind zwei verschiedene Sachverhalte.

V. Wirkungsgeschichte

Im Unterschied zu Bonaventura hat Duns Scotus eine einflußreiche und bedeutende Schule begründet. Sein geistiges Erbe hat aber kaum wirkliche und ebenbürtige Hüter gefunden. Dazu mag manches mitgewirkt haben – nicht wenig sicher die Tatsache, daß nicht alle Werke des Duns Scotus gleich verbreitet waren, daß aber nur aus allen zusammen das vollständige Bild seiner Lehre zu gewinnen ist. Wenn der eine oder andere Gesichtspunkt außer Betracht bleibt oder mancher wichtige Zusammenhang übersehen wird, dann können seine Thesen zu Auffassungen führen, für die sich niemand mehr ernsthaft auf ihn berufen kann. Die Entwicklung im 14. Jahrhundert hat das gezeigt. Dabei hat Scotus gerade in seiner Rechtfertigungslehre rund 200 Jahre vor Luther in einer sehr engagierten und nicht minder fundierten Weise eines der wichtigsten reformatorischen Anliegen vertreten: die Betonung der absoluten Unverfügbarkeit Gottes. Vielleicht täte man auf katholischer Seite gut daran, sich bewußter von Duns Scotus leiten zu lassen, wenn man im Zusammenhang mit der Rechtfertigung von Verdienst und Lohn spricht. Gerade Duns Scotus ist es eindrucksvoll gelungen darzutun, daß es sich dabei weder um menschliche Anmaßung handelt, noch daß damit einer auf irgendeine Nötigung Gottes abzielenden Werkgerechtigkeit das Wort geredet werden soll und darf. Da nach dem Willen Gottes der Mensch durch die göttliche Gnade nicht zu seinem Heile gezwungen wird, sondern aus freier Verantwortung und Entscheidung mit der Gnade zu seinem Heile mitzuwirken hat, ist es in diesem Sinne eben sein ,,Verdienst", wenn er dem göttlichen Gnadenruf folgt, wie es seine verhängnisvolle Schuld ist, wenn er sich ihm versagt. Das von seiner Wurzel her bis zum Schluß Gnadenhafte des Rechtfertigungsgeschehens und damit eben auch des ,,Verdienens" und des Lohnes bleibt dabei unangetastet. Es wird indes deutlich hervorgehoben, daß auch der einzelne Mensch für sein Heil sittliche Mitverantwortung trägt und dementsprechend zu seinem Heile mit der Gnade Gottes mitwirken muß. Aller Lohn selbst ist und bleibt Gnadenlohn. Diese Wahrheit, die das Gleichnis Jesu von den Arbeitern im Weinberg unübersehbar vor Augen führt, ist von Duns Scotus mit überzeugender Konsequenz gelehrt worden.

Ohne das an Augustinus orientierte Denken preiszugeben, verstand es Duns Scotus, soweit seine theologischen Prinzipien es erlaubten, Aristoteles weitestgehend zu integrieren, und er verstand es vor allem, bei höchster ,,Anstrengung des Begriffes" im Gewande subtilster Spekulation (den Ehrentitel ,,Doctor Subtilis" trägt er nicht ohne Grund), franziskanische Grundanliegen aufnehmend, eine zutiefst biblisch-heilsgeschichtlich orientierte Theologie zu entfalten.

Johannes Karl Schlageter

WILHELM VON OCKHAM

(ca. 1288–ca. 1348)

Einen Theologen wie Wilhelm von Ockham, der vermutlich seinen Widerspruch gegen die Kirche seiner Zeit bis zu seinem Tode durchgehalten hat und dessen Werk Krise und Ende einer Epoche anzeigt, kann man nicht mit dem üblichen Bild eines „Klassikers" identifizieren. Doch das Problematische an Ockham macht ihn gerade zum führenden Theologen des Umbruchs, der in der christlichen Überlieferungsgeschichte damals im Gang war. Wenn also die Problematik des Übergangs nicht als Abstieg von der Höhe der Vergangenheit, sondern als die Zukunft entscheidende Suche nach einer neuen Orientierung verstanden wird, kann die bedeutende Prägekraft, der geschichtliche Rang des Theologen Wilhelm von Ockham nicht bestritten werden. Damit allerdings soll und kann Ockham dem Streit der Meinungen, den er selbst gesucht hat, auch heute nicht entrückt werden.

I. Leben

Über die Lebensgeschichte Ockhams läßt sich auf Grund der Dokumente, die bis heute bekannt sind, in vielen Punkten keine Klarheit gewinnen.[1] Vermutlich wurde er aber etwa 1288 in dem Dorf Ockham in Surrey/England geboren und trat nach Beginn des 14. Jahrhunderts dem Orden des Franziskus von Assisi bei. Damit wird sein ganzes Leben von einer damals schon festgeprägten spirituellen und theologischen Tradition innerhalb der mittelalterlichen Kirche bestimmt. Noch am Ende seines Lebens verantwortet er von seiner Entscheidung für diesen Lebensweg her alles, was er eben auch im Widerspruch gegen die „offizielle" Kirche seiner Zeit getan und geschrieben hat.[2] Im Dunkel bleibt allerdings, wieweit Ockham schon als junger Mensch die Bedeutung seines Anschlusses an die franziskanische Tradition erfaßte, doch läßt sich tatsächlich Ockhams Leben und Werk nur von daher verstehen. Er lernt in seinem Heimatland die gemäßigte Form dieser Tradition kennen, die weniger auf strenge Armut als auf gemeinschaftliches Leben und auf seelsorgliche und theologische Arbeit Wert legt. Die besondere Oxforder Variante franziskanischer Theologie wurde ja gerade zu der damaligen Zeit von Johannes Duns Scotus so glanzvoll präsentiert, daß selbst ein kritischer Geist wie Ockham stets von diesem Mitbruder sich angesprochen und angeregt wußte, wenn er auch vermutlich nie ein persönlicher Schüler des Scotus war. Ausgebildet wurde freilich Ockhams kritische Intelligenz durch die gerade in England aufblühende scholastische Logik, die er nach eigenem Zeugnis schon sehr früh kennen und schätzen lernte.[3] 1318, also wohl mit 30 Jahren, hält er sich in Oxford auf.[4] Und etwa um diese Zeit müssen die Vorlesungen stattgefunden haben, die Ockham als „sententiarius", – man könnte sagen – als Promovend, über die Sentenzenbücher des Petrus Lombardus zu halten hatte. Schon hier erbringt Ockham eine bedeutende philosophische und theologische Leistung, die offensichtlich von Anfang an Aufsehen erregte und zu ersten Auseinandersetzungen führte. Ockham beschäftigt sich in den kommenden Jahren weiter mit dieser Thematik, indem er seinen Sentenzenkommentar verbessert und erweitert, so daß der maßgebende Text heute in verschiedenen Redaktionen vorliegt.[5] Zur selben Zeit beschäftigt sich Ockham mit der Auslegung der für die Scholastik maßgebenden Bücher antiker Logik und Philosophie, vor allem mit den Werken des Aristoteles, die er anscheinend insgesamt zu kommentieren vorhatte. Vielleicht hat er während dieser Zeit eine philosophische Lehrtätigkeit in einem Ordensstudium aufgenommen. Für Ockham jedenfalls stehen philosophische und theologische Arbeit in diesen Jahren akademischer Tätigkeit in enger Verbindung, und dominierend ist immer, auch in seinen ausgesprochen logischen und philosophischen Werken, sein theologisches Interesse. Ockham entfaltet dabei seine grundlegende philosophische Position einer Philosophie der Sprache,[6] mit deren Hilfe er die Bedeutung der Logik für die Präzisierung des philosophischen und theologischen Denkens begründen und die herkömmliche Sprache der scholastischen Philosophie und vor allem Theologie als nicht präzise kritisieren kann. Weil es ihm wie anderen Franziskanertheologen (Bonaventura, Scotus) darum geht, die christliche Theologie ausschließlich auf die Geschichte biblischer Offenbarung und ihrer kirchlich-authentischen Auslegung zu gründen, kritisiert Ockham in erster Linie, daß die Eigenart christlicher Theologie durch die zu enge Bindung theologischen Denkens an eine bestimmte philosophische Sprache nicht mehr genügend deutlich wird. Denn weil mit philosophischen Vor-Urteilen an die Glaubensaussagen herangegangen wird, werden sie nicht in ihrem *ursprünglichen und eigentlichen Sinn* verstanden.[7] Wenn Ockham so die Philosophie aus dem Raum theologischer Glaubensbegründung hinausweist und ihre Autonomie betont, dann weiß er sich im Einklang mit der Intention der Philosophie selbst, die ursprünglich und in ihren konsequentesten Vertretern keineswegs christlicher Theologie zu Diensten sein will.[8]

Die vor allem von Thomas von Aquin und seiner Schule vertretene Synthese von Philosophie und Theologie wird damit in Frage gestellt. Der Oxforder Thomist Johannes Lutterell führt daher den entscheidenden Kampf gegen Ockhams Theologie, wohl schon als Kanzler der Universität, aber nach seiner Absetzung vor allem vor der päpstlichen Kurie in Avignon, wo er Ockham 1332 wegen gefährlicher Glaubensirrtümer anklagt. Ockham wird dorthin zitiert und vor eine von Papst Johannes XXII. berufene theologische Untersuchungskommission gestellt, zu der sein Gegner Johannes Lutterell gehörte. Wenn sich auch die Kommission die Anklage Lutterells nicht einfach zu eigen macht, so gibt sie schließlich ihr Gutachten in seinem Sinn ab. Die dabei abfallenden Zensuren zeigen, daß sich diese Theologen ihre Aufgabe zu leicht gemacht haben; denn bevor man einige extreme und gewagte Thesen Ockhams mit den schlimmsten Verurteilungen belegte, mußte man sich zuerst um das Anliegen bemühen, das Ockham mit seiner Theologie verfolgte. Ungeklärt ist bis heute, weshalb sich Papst Johannes XXII. niemals öffentlich und formal den Urteilsspruch seiner Theologen zu eigen machte. Ockham selbst konnte während all dieser Zeit seine Gedankengänge weiterverfolgen und sie in besonders wirkungsvoller Weise und gänzlich unbehindert durch die Ausarbeitung und Darlegung seiner Logik weitervermitteln.[9]

Seit 1328 nimmt Ockhams Leben eine Wende, die mit dem Prozeß über seine Schultheologie eigentlich nichts zu tun hat. Nur ist Ockham eben zu der Zeit in Avignon, als dort der bisher schwelende Konflikt zwischen der Führung des franziskanischen Ordens und Johannes XXII. aufflammt. Es geht dabei um die Armut der Ordensgemeinschaft, die von Ordensmehrheit und Ordensführung nach einem sehr gemäßigten Verständnis praktiziert und dennoch mit der im Evangelium bezeugten Armut Jesu und seiner Jünger identifiziert wurde. Als Ockham sich vom Generalminister Michael von Cesena in den Konflikt hineinziehen läßt, hat dieser sich bereits zu einem ernsthaften theologischen und politischen Streit ausgeweitet. Denn 1324 hatte Ludwig der Bayer, der vom Papst nicht anerkannte Kaiser, sich in seiner *Sachsenhausener Appellation* den franziskanischen Vorwurf zu eigen gemacht, Johannes XXII. vertrete in seiner Armutsentscheidung *Cum inter nonnullos* (1323) gegen die bisherige Doktrin des Ordens und der Kirche eine falsche Auffassung von der Armut Jesu Christi und damit von Jesus selbst. Davon überzeugt sich 1328 auch Ockham und glaubt, Michael von Cesena in die offene Rebellion gegen den vermeintlich häretischen Papst folgen zu müssen. Ockham muß daher in Zukunft seine theologischen Fähigkeiten und Methoden auf einem Kampffeld anwenden, das er bisher noch nicht kannte, im Bunde mit Kampfgefährten, die seine theologischen Grundüberzeugungen nicht teilen. Doch Ockham wird nach der Flucht der rebellischen Franziskaner zu Kaiser Ludwig, nachdem sie diesem auf seinem Rückzug nach München gefolgt sind, erstaunlich rasch zum führenden geistig-theologischen Gegenspieler der päpstlichen Partei.

Seit etwa 1332 erscheinen Ockhams eigene Streitschriften, in denen er ein Bild von Jesus Christus und der Kirche entwirft, das er dem nach seiner Überzeugung falschen Machtanspruch des Stellvertreters Christi entgegenhält und in dem er seine fundamentalen theologischen Anschauungen sichtbar macht. Ockham schaltet sich dabei nicht nur selbst in die schon lange währenden mittelalterlichen Auseinandersetzungen zwischen laikalem und papalklerikalem Denken ein, sondern vor allem bringt er die dabei entwickelten Gedankengänge in die fundamentale Theologie selbst ein, besonders im Eingehen auf die Position des Marsilius von Padua. In seinem Hauptwerk, dem *Dialog über Kaisertum und päpstliche Vollmacht,* in dessen beiden heute erhaltenen Teilen,[10] gibt Ockham einen breiten Überblick über die zeitgenössische Diskussion. Ohne seine eigene Position ausdrücklich zu nennen, argumentiert er für eine Kirche, die franziskanischem Glaubens- und Gemeinschaftsverständnis mehr entspricht als die nach Herrschaft strebende Kirche seiner Zeit. Es geht ihm dabei um die Nachfolge des irdischen Jesus in seiner Armut und Machtlosigkeit, die die Kirche unabhängig machen kann vom *weltlichen* Interesse an Macht und Besitz und selbstlos im *geistlichen* Dienst für das Heil der Menschen. Ockham weiß natürlich, daß die Kirche des Mittelalters zu Macht und Reichtum gekommen ist, und er plädiert nicht wie Marsilius von Padua für eine umfassende Verstaatlichung des Kirchengutes und für die Entmachtung der Kirchenfürsten. Doch was der Kirche zugefallen ist, kann ihr auch eines Tages genommen werden; so sollte sie sich wieder mehr auf die Macht Gottes verlassen, durch dessen Heilsverheißung sie allein in der Welt Bestand hat, und deswegen an Reichtum und Macht nur insoweit festhalten, als sie damit gegen menschliche Not und für menschliches Heil Sorge tragen kann.

Diese entscheidenden Argumente Ockhams werden in seinem gesamten kirchenpolitischen Schrifttum immer wieder deutlich.[11] Und er scheint davon überzeugt, daß seine Argumente, auch wenn er sie nicht immer als die seinen erkennen lassen mag, allein auf Grund ihrer Wahrheit einleuchten.

Ockhams theologisches Selbstbewußtsein, ja sein geradezu prophetisches Sendungsbewußtsein,[12] bleibt bis in seine letzten Lebensjahre ungebrochen, obwohl seine Kampfgefährten entweder sterben oder sich mit dem Papsttum von Avignon versöhnen. Doch trotz allem Wandel in seinen persönlichen, wie auch in den kirchlichen und politischen Verhältnissen[13] hält Ockham an der Überzeugung fest und bringt sie in seiner letzten Schrift 1347 wie in einem Testament zum Ausdruck, daß er sich als Theologe und Franziskaner gegen die in der Papstkirche, der „ecclesia avinionica", andauernde Fehlentwicklung wehren muß, und sei es auch nur in der Hoffnung, daß andere seine Aufgabe weiterführen.[14]

Daher ist bis heute umstritten, ob Ockham sich vor seinem Tod doch noch mit der Kirche versöhnen wollte, wie es sich aus einem Schreiben Papst Klemens' VI. von 1349 zu ergeben scheint. Solange die letzte Zeit seines Lebens und sein Todesdatum nicht genauer und sicherer bekannt sind, kann diese Frage nicht abschließend beantwortet werden.[15] Ockhams theologische Bedeutung bleibt von dieser Frage unberührt, weil jedenfalls die kritisch-rebellische Tendenz eines Großteils seines Werkes niemals ausdrücklich zurückgenommen wurde und bis heute zu Ockhams geschichtlicher Wirkung entscheidend beiträgt.

II. Werk

Schon Ockhams Lebensgeschichte lehrt uns, woher sein theologisches Denken kommt, wie es sich grundlegend ausformt und sich in zwei ganz unterschiedlichen Bereichen entfaltet. Denn der erste Teil, Ockhams akademisches Schrifttum, ist in der ganzen Anlage auf die damals übliche Art akademischer Lehre und Diskussion zugeschnitten, aus der es stammt und in die es wieder einfließen soll. Demgegenüber ist der zweite Teil, Ockhams kirchenpolitisches Schrifttum, trotz der öfters akademisch komplizierten Gedankengänge nicht nur für Adressaten aus diesem Kreis bestimmt, sondern wendet sich an ein möglichst breites Publikum, gerade an gebildete Laien. Und bei aller Freude am Wechselspiel theoretischer Diskussion, die Ockham nie ganz verleugnen kann, sind die kirchenpolitischen Schriften geprägt vom Ernst und von der Unerbittlichkeit eines Kampfes auf Leben und Tod, um Heil und Unheil, den sie ja mitentscheiden sollen. Aus den wechselnden Situationen dieses Kampfes versteht man ihren gelegentlichen Opportunismus ebenso wie ihre manchmal brutale Schärfe, die bei einem Theologen vom Range Ockhams unangenehm berühren. Aber man findet hier auch die Leidenschaft für die eine Heilswahrheit, die man in den ruhigen, wissenschaftlich sachlichen, ja oft langatmigen Analysen und Erörterungen der akademischen Schriften nicht auf den ersten Blick erkennen wird.

1. Akademisches Schrifttum

Man hat Ockham gelegentlich den Vorwurf gemacht, an der Wahrheit des Glaubens eigentlich gar nicht interessiert zu sein, sondern sich völlig auf theologisch fruchtlose, ja gefährliche, logische und philosophische Gedankenspiele zu konzentrieren.[16] Nun zeigt eine Übersicht über sein akademisches Schrifttum, daß hier tatsächlich Problemstellungen aus Logik und Philosophie, vor allem aus der Sprachphilosophie, einen breiten Raum einnehmen, selbst in den theologisch intendierten Schriften. Eine umfassende Darstellung von Ockhams Werk ist also nicht möglich, ohne auf diese Gedanken einzugehen. Doch da es hier um Ockham als Theologen geht, genügt es, Ockhams logischem und philosophischem Denken nur insoweit zu folgen und es zu verstehen, als es für die Ausformung und Entfaltung seiner Theologie von Bedeutung ist. Das wird auch dadurch nahegelegt, daß Ockham in seiner akademischen Arbeit von theologischem Interesse geleitet war.

Man nennt Ockham üblicherweise einen *Nominalisten*. Aber Ockham vertritt jedenfalls keinen extremen Nominalismus, d. h., für ihn sind die Begriffe der menschlichen Sprache nicht nur völlig beliebige Namen ohne eigentliche Beziehung zur gemeinten Wirklichkeit und daher nur willkürlich subjektiv oder konventionell erfunden. Im Gegenteil, die Begriffe der menschlichen Sprache sind in ihrer eigentlichen geistigen (mentalen) Bedeutung so eindeutig

Wilhelm von Ockham (ca. 1288–ca. 1348)

und ausschließlich Zeichen der gemeinten Wirklichkeit, daß sie diese Zeichenhaftigkeit von Natur aus ohne menschliches Zutun haben. Das schließt freilich nicht aus, daß man die Begriffe, insofern sie Lautsymbole sind, nicht in ihrer eigentlichen geistigen Bedeutung gebraucht, etwa um zu lügen oder um eine Erkenntnis zu behaupten, die man in Wirklichkeit gar nicht hat. So wird man ohne rechtes Verständnis der erkennenden Begriffsbildung und des logischen Begriffsgebrauchs vage Vorstellungen und Vermutungen von Erkenntnisaussagen, deren Begriffe die Wirklichkeit zeigen, nicht unterscheiden können und sich und andere täuschen. Entscheidend für das rechte Verständnis der Begriffsbildung ist nach Ockham die Einsicht, daß zuerst in der Anschauung (Intuition) des unmittelbar und einzeln gegebenen Seienden dieses – ohne Zutun des Subjekts – von selbst zu Begriff kommt. Wenn diese einmal gemachte Wahrnehmung mit anderen früheren Wahrnehmungen in Zusammenhang gebracht und all das zusammen in der schwierigen Arbeit der Abstraktion begriffen wird, die auf strikte Logik angewiesen ist, dann erst werden allgemeine Begriffe und Aussagen gewonnen. Jeder Zusammenhang zwischen Wahrnehmungen, der sich nicht logisch zwingend ergibt, beruht auf einem Vorurteil, das keinen Erkenntniswert hat, bzw. auf einem Fehlurteil. Daher formuliert Ockham sein Sparsamkeitsprinzip: ,,Vielheit darf nicht ohne Notwendigkeit behauptet werden.“[17] Vor allem gegen den bisherigen philosophisch-theologischen Universalismus, der in allem allgemeine Wesenheiten, allgemeine Strukturen, sah, durch die das Einzelne erst begreifbaren Sinn erhält, hat Ockham dieses Prinzip angewendet. Solche Ansichten sind nach Ockham wertlos, weil sie weder der Eigenart der einzelnen Wesen entsprechen, noch auf logisch strikt feststellbaren Beziehungen unter ihnen beruhen.[18]

Ockhams Bemühen um die Präzision der Begrifflichkeit und um die strikte Logik des abstrakten Denkens erinnert in der *Tendenz* an die methodische Exaktheit, die sich dann die neuzeitliche Wissenschaft zu eigen macht. Hier vollzieht sich noch im Rahmen des mittelalterlichen Denkens die Abkehr von jenen kosmischen Zusammenhängen, die in philosophischer und theologischer Muße rein spekulativ theoretisch erfaßt und so behauptet werden. Ockhams Denken wendet sich dagegen dem zu, was im einzelnen der unmittelbaren Anschauung und Berührung gegeben ist und aus dem sich erst in intellektuell-technischer Arbeit weiteres herausstellt, bzw. herstellen läßt. In diesem Sinn könnte man von einem Einbruch bürgerlicher Arbeitserfahrung in die spekulative Muße der bloß Besitzenden sprechen.

Ockhams Philosophie und Logik, die sich um das einzelne kümmern, freilich letztlich um die Präzision seiner intellektuellen Erfassung und damit um die exakte Arbeit wissenschaftlicher Verständigung, verfolgen bei all dem ein maßgebendes theologisches Interesse. Denn Ockham sieht auf Grund franziskanischer Tradition Gottes Wirken in dieser Welt nicht im überzeitlichen Glanz kosmischer Ordnungen und Zusammenhänge. Gerade im Einzelnen, in seiner Unscheinbarkeit und Zufälligkeit, in seiner geschichtlichen Einmaligkeit und Vergänglichkeit nimmt er Gottes Kreatur wahr als das uns von Gott

Gegebene und zu Begreifende. Dieses theologische Interesse zeigt sich besonders in Ockhams Ideenlehre. Gott hat nach Ockham keine allgemeinen Ideen, die dann erst noch geschichtlich individuell realisiert, in die irdisch konkrete Wirklichkeit erniedrigt, werden müssen. Schon immer hat Gott nur das als seine Idee im Sinn, was geschichtlich individuell wirklich wird oder wirklich werden kann.[19]

Damit verfolgen Ockhams Philosophie und Logik noch ein weiteres theologisches Interesse. Ockham bezieht sich hier wie in seiner Theologie auf die Uneingeschränktheit göttlicher Schöpfermacht und damit auf die Absolutheit göttlich schöpferischer Freiheit. Das ist die entscheidende Grundüberzeugung Ockhams, die er allein der Glaubenstradition entnimmt. Doch er folgt dieser Überzeugung auch in seinem philosophischen und logischen Denken. Nur das Gegebene läßt sich wahrnehmen und als Wirklichkeit begreifen. Die Beziehungen, die sich zwischen dem in der Wahrnehmung Gegebenen herstellen lassen, können daher keinen allgemeinen Rahmen entwerfen, an den Gott in seinem Schaffen gebunden war oder ist. Alles ist möglich, womit Gott sich selbst nicht widerspricht.

Auf diesem Grundsatz beruht die große Leistung von Ockhams Theologie. Was sie für den heutigen Leser so schwer zugänglich macht, ist gerade dieses Durchdenken der unbegrenzten Möglichkeiten, die Gott auf Grund seiner absoluten, von keiner kreatürlichen Gegebenheit bedingten, schöpferischen Macht und Freiheit zur Verfügung stehen. Dieses Spiel mit widerspruchslos ausdenkbaren und logisch vertretbaren göttlichen Möglichkeiten erscheint heute ohne ernsthaften Sinn und gibt deshalb immer wieder zu Mißverständnissen Anlaß. So schreibt etwa Hans Blumenberg: „Der Gott, der nur dem logischen Prinzip des Widerspruchs unterworfen ist, ist zugleich der Gott, der sich selbst zu widersprechen vermag, dessen Schöpfung nicht den Willen zur Vernichtung ausschließt, der über jeder Gegenwart als Ungewißheit der Zukunft steht, also letztlich der Gott, dessen Wirken die Annahme immanenter Gesetze nicht zuläßt und der alle rationalen ‚Konstanten' in Frage stellt."[20] Ockham kritisiert rationale Konstanten und immanente Gesetze nur insofern, als sie vorgefertigte Konstruktionen einer bestimmten Sicht der Wirklichkeit sind, die die Problematik und Kontingenz, die Einzigartigkeit und Gebrochenheit der Wirklichkeit durch Verweis auf ihre göttliche Herkunft hinwegzuinterpretieren sucht. Wenn Gott schöpferisch handelt, handelt er immer sinnvoll. Dieser Sinn ist also auch als Ordnung, als Zusammenhang, erkennbar. Aber er kann nicht schon vorweg gewußt werden, sondern ergibt sich allein aus den einzelnen Resultaten göttlichen Handelns. Das gilt schon für den im Schöpfungsgeschehen gegebenen Zusammenhang, erst recht aber für den Sinn, der sich aus dem Geschehen von Offenbarung und Erlösung ergibt, weil er sich allein dem demütigen Hinhören auf das, was Gott zu sagen hat, erschließt. Eine Theologie also, die meint, Gott könne nur so und nicht anders sinnvoll handeln, verabsolutiert nach Ockham eine stets begrenzte philosophische oder theologische Sinnerfassung, unterwirft ihr das göttliche Handeln und sieht es daher nicht mehr genügend in seinen einzelnen Daten. Dagegen will Ockham mit seinem Possibilitätenspiel angehen. Ockhams Gnaden- und Akzeptationslehre etwa zeigt, daß er keineswegs den sinnvollen Zusammenhang im Geschehen von Begnadigung und Vollendung leugnet. Aber dieser Sinn liegt dem Theologen, der ja selbst noch auf dem Wege, ,,in statu viatoris", ist, keineswegs von vornherein vor. In dem Maße, in dem er offenbar wird, ergibt er sich aus den einzelnen, unverfügbar freien Schritten göttlichen Heilshandelns, wie sie in Hl. Schrift und kirchlicher Lehre mitgeteilt werden.[21] Daß Ockham bei dem Spiel mit möglichen Alternativen auch zu Thesen kommt, deren Sinn nicht mehr einleuchtet und die vielleicht über die Grenze theologischer Aussage hinausgehen, soll nicht einfach geleugnet werden. Aber Ockhams Anliegen kann heute eher verständlich werden.

Wie in unserer Zeit die im 19. Jahrhundert rekonstruierte Scholastik, die sog. Neuscholastik, an ihrem Widerspruch zum Wirklichkeitsverständnis der Zeit, an ihrer Diskrepanz zu den modernen Wissenschaften und zur neuzeitlichen Philosophie scheiterte, so mußte Ockham bei seinen logischen und sprachphilosophischen Analysen etwas Ähnliches feststellen. Die Sprache der Theologie war in ein sehr problematisches Verhältnis zur gegebenen Wirklichkeit geraten, wie sie ein beginnendes wissenschaftliches Denken und eine Philosophie, die sich vom Gängelband der Theologie löste, neu und präziser erfaßte. Ockham versucht in dieser Situation keinen ,,revolutionären" Durchbruch, sondern er will die konventionelle Sprache der scholastischen Theologie nur insoweit präzisieren, daß sie mit den autonomen Bereichen von Wissenschaft und Philosophie im Gespräch bleiben kann. Doch dort, wo die theologische Sprache in ihrer Bedeutung geradezu dogmatisch festgelegt ist, wie etwa in der Transsubstantiationsdoktrin oder in der Lehre von der geschaffenen Gnade, muß Ockham an Begriffen festhalten, die den Gegebenheiten eigentlich nicht zu entsprechen scheinen. So scheint z. B. die materiell quantifizierbare Wirklichkeit von Brot und Wein sich im Wandlungsgeschehen der Messe unverändert durchzuhalten, so daß es sich bei der wirklichen Gegenwart Christi eher um ein Miteinander von zwei Substanzen (Konsubstantiation) handeln müßte. Ockham hält jedoch die definierte Begrifflichkeit fest, auch wenn er nun bei dem neuen, sehr handgreiflich quantitativen Verständnis materieller Wirklichkeit an eine Reihe von Wundern denken muß, die auf eine Art von Sinnestäuschung hinauslaufen. Denn der, der um die Wandlung nicht weiß, muß sich doch über die ihm anscheinend unmittelbar gegebene Wirklichkeit von Brot und Wein täuschen.[22] Hier könnte Blumenbergs Vorwurf zutreffen, daß Ockham die rationale Erfaßbarkeit der Weltwirklichkeit und damit eine ,,rationale Konstante" durch Berufung auf Gottes unbegrenzte schöpferische Macht außer Kraft setzt. Wenn Ockham am Begriff der geschaffenen Gnade festhält, wie er als eingegossene Eigenschaft (habitus) der menschlichen Seele definiert wurde, rechnet er nicht mit einer Art von Täuschung unserer Wahrnehmung. Denn wenn auch die geschaffene Gnade – so verstanden – kein wahrnehmbarer Sachverhalt der seelischen Wirklichkeit ist, handelt es sich eben um eine der irdischen Wahrnehmung nicht zugängliche Größe.[23]

Die beiden Beispiele zeigen den Grund für Ockhams Schwierigkeiten mit der scholastischen Sprache. Das Bilddenken der mittelalterlichen Kirche und Welt wollte religiös geistige Vorgänge möglichst anschaulich materiell auffassen, während die heraufkommende neue Zeit die Bereiche des in der Anschauung unmittelbar Gegebenen und der personalen Begegnung, des religiös geistigen Hörens und Verstehens, so strikt wie möglich unterscheidet.

2. *Kirchenpolitisches Schrifttum*

Ockhams kirchenpolitische Schriften werden meist nur als Zeugnisse einer sozialen und politischen Auseinandersetzung gewertet. Und doch hat Ockham im Streit der rebellischen Franziskaner gegen das Avignoneser Papsttum auch Argumente entwickelt, die zu grundlegenden Fragen christlicher Theologie in neuer, bemerkenswerter Weise Stellung nehmen.[24] Zwar liebt er auch hier das Spiel mit sehr unterschiedlichen Lösungsmöglichkeiten. Doch geht es nicht mehr um die Possibilitäten Gottes *außerhalb* der von ihm geschaffenen und offenbarten Ordnung. Hier muß Ockham fragen, welchen grundlegenden Sinn die göttliche Ordnung in Schöpfung und Offenbarung hat, wie die schöpferische Macht und Freiheit Gottes auf Grund dieser Ordnung zu verstehen ist und wie deshalb göttliche Ordnung und göttliche Freiheit geschichtlich konkret erfaßt und menschlich erlebt werden können. Ockham hat diese Fragen in seinen Streitschriften nicht systematisch behandelt. Doch da die entscheidenden Argumente, wenn auch in manchen Abwandlungen und Lernfortschritten, immer wiederkehren, läßt sich Ockhams Auffassung auch systematisch zusammenfassen.

Ausgehend von seinem Interesse an dem konkreten Geschehen von Schöpfung und Offenbarung, wie es sich im Einzelnen, in geschichtlicher Singularität und Kontingenz, zeigt, will Ockham die konkrete, gegenwärtig gültige Ordnung von Kirche und Welt, von geistlichem und weltlichem Bereich verstehen und darstellen. Von entscheidender Bedeutung sind dabei die geschichtlichen Zäsuren im Geschehen von Schöpfung und Offenbarung, nämlich der Sündenfall der Menschen und die Krise des Kreuzestodes Christi.

Die Deutung der weltlichen Ordnungen vom Sündenfall her hat in der christlichen Theologie schon eine lange, vor allem augustinische Tradition. Daß die gegenwärtige soziale und politische Ordnung nicht „natürlich" ist im Sinne, in der Intention des ursprünglichen Schöpfungsgeschehens, sondern nur entsteht, weil das Verhältnis des Menschen zu Gott, zum Mitmenschen und zur Welt seit dem Sündenfall gestört ist, das ist allgemeine Überzeugung der mittelalterlichen Theologie. Aber bei Ockham erhält dieses Thema eine besondere Variante. Auf der einen Seite kann es seit dem Sündenfall keine geradezu überzeitliche weltliche Ordnung mehr geben, etwa in der Art wie der Aristoteliker Marsilius von Padua die ideale Staatsverfassung zeichnet. Die auf Grund der Notwendigkeit, unter verderbten Menschen Ordnung zu erreichen, von Gott gegebenen Fähigkeiten zur territorialen Abgrenzung von Eigentum und zur Institution politischer Macht können nur geschichtlich kontingente Ordnungen im sozialen und politischen Bereich hervorbringen. Sie sind so lange und nur so lange sinnvoll, als sie die notwendige und nützliche Ordnung darstellen und insofern auch von Gott gewollt sind. Aber wenn eine *neue* Ordnung notwendig und nützlich wird, weil Gott es so will, etwa bei der Übergabe des gelobten Landes an das Gottesvolk Israel, oder weil in einer sozialen oder politischen Krisensituation Menschen es vernünftig begründet so wollen, dann muß die bisherige Ordnung geändert werden. Ockham wendet sich allerdings entschieden gegen die papalistische Auffassung, die Kirche dürfe auf Grund ihrer *geistlichen* Autorität eine neue soziale und politische Ordnung schaffen oder sei Garant der rechten Ordnung von Eigentum und Macht. Jesus hatte in Armut und Machtlosigkeit kein Interesse an der Änderung sozialer und politischer Ordnung, sondern wollte selbstlos die Menschen zu einem geistlich-eschatologischen Heil führen. Von Jesus her hat die Kirche, insofern sie Gemeinschaft der Glaubenden ist und geistliche Autorität hat, keinerlei Vollmacht über die Ordnung des weltlichen Bereichs. Das gilt vor allem für jene, die die geistliche Autorität der Kirche ausüben, d. h. für den Klerus, für den Papst. Insoweit aber auch auf die Christen soziale und politische Verantwortung zukommt, fällt sie den ,,Weltleuten", den Laien, zu, und zwar als rein weltliche Aufgabe und Autorität. Nur im extremen Notfall, wenn keine legitime laikale Autorität da ist, kann sich etwa auch der Papst als Sprecher der römischen Bürger in einen politischen Konflikt einschalten. Ockham denkt dabei an die ,,translatio imperii", an die Übertragung des römischen Kaisertums an die deutsche Nation.

Auf Grund ihrer Stiftung durch Jesus Christus hat also die Kirche keine weltliche Macht. So zeigt es sich gerade auch in der entscheidenden Krise des Offenbarungsgeschehens, in der Ablehnung und Hinrichtung Jesu: Er und die Seinen haben keine weltliche Macht und können sich auf die weltliche Macht des Imperiums, des Pilatus, nicht verlassen. Christi Reich ist nicht von dieser Welt.

In der Krise des Offenbarungsgeschehens wird auch sichtbar, daß der Glaube, die Treue zu Jesus Christus, Sache der ganzen Gemeinschaft der Glaubenden ist, und zwar unmittelbar, nicht erst vermittels des kirchlichen Amtes. Denn nicht die berufenen Apostel, schon gar nicht Petrus, stehen in dieser Krise zum Gekreuzigten, sondern die Frauen, ja, wie Ockham mit Berufung auf eine verbreitete mittelalterliche Überzeugung immer wieder betont, in den Stunden des Karsamstags nur noch die Mutter Jesu.[25] So darf sich auch niemand in seinem persönlichen Glauben ausschließlich auf die Nachfolger der Apostel, auf die Bischöfe und den ganzen Klerus, auf den Papst und auf das allgemeine Konzil verlassen; denn auch sie alle können in einer schweren Krise den wahren Glauben, die Treue zu Jesus Christus, verlieren. So ist der Glaube die gemeinsame Sache von allen und die persönliche Sache jedes Einzelnen. Ja, jeder Einzelne muß bis zum letzten für die gemeinsame Sache des Glaubens eintreten; denn sie muß im Extremfall gegen die irrende kirchliche Mehrheit verteidigt werden, vielleicht von wenigen Unbedeutenden und Ungebildeten, die sich weder auf weltliche Macht, noch auf kirchliches Amt, noch auf theologisches Wissen stützen können.

Bei dieser Theologie der Krise, die Ockham in allen kirchengeschichtlich denkbaren Möglichkeiten vorstellt, wirkt sich Ockhams Philosophie der Gemeinschaft aus, nach der nur das Zusammenwirken freier Individuen im Interesse einer gemeinsamen Sache eine gemeinsame Ordnung hervorbringt und aufrechterhält.[26] Und sie verbindet sich mit dem franziskanischen Gedanken, daß es für die Sache des Evangeliums gerade auf die Kleinen und Armen ankommt. In der persönlichen Situation Ockhams, in jener zunehmenden Isolierung von der kirchlichen Mehrheit, spitzt sich das Bewußtsein, in einer extremen Krise zu leben, immer mehr zu und führt zu einer Art Kreuzestheologie, in der immer radikaler nach dem gefragt wird, was sich auch in dieser Krise als Gottes Offenbarung behauptet und behaupten läßt.

Anders als später Martin Luther meint Ockham, daß die mittelalterliche Kirche im Grundbestand ihrer Glaubenstradition noch gesund ist. Nur durch den Absolutismus des Papsttums ist die Kirche jüngst in eine schwere Krise geraten, die sowohl gewagte politische Notlösungen wie eine grundlegende theologische Neubesinnung erfordert. Ockham entwickelt daher in langen Erörterungen eine ausführliche theologische Lehre und eine detaillierte politische Strategie für den kirchlichen Notstand, nach der etwa Laien, z. B. politische Machthaber, aber auch Frauen, sich im Interesse des gemeinsamen Glaubens über jedwede hierarchische, klerikale oder auch patriarchalische Ordnung hinwegsetzen dürfen, wenn sie damit der Kirche in ihrer Krise zu helfen vermögen. Vor allem aber – und das scheint ein sehr bedeutender Beitrag Ockhams zur Theologie – entfaltet er eine theologische Hermeneutik, in der er die Auslegungsgeschichte der Hl. Schrift als des grundlegenden Offenbarungsdokuments neu zu zeichnen versucht.[27] Marsilius von Padua wollte sich allein auf die Hl. Schrift, und zwar im Verständnis der ökumenischen, d. h. altkirchlichen Konzile, stützen. Dieser Auffassung hat Ockham zuerst seinen bekannten Katalog katholischer Wahrheiten entgegengestellt, nach dem es für die Begründung von Glaubenswahrheit sowohl auf die Hl. Schrift, wie auch auf seit Jahrhunderten bewährte Glaubenstradition ankommt. Möglich ist allerdings auch, daß durch eine im Wunder beglaubigte, neue Offenbarung Glaubenstradition entsteht. Ockham will mit dieser Konzeption den Biblizismus des Marsilius vermeiden, zugleich aber willkürliche Verfügung über den Glauben der Kirche, vor allem von Seiten des kirchlichen Amtes, ausschließen. Aber er gerät in die Gefahr, die Glaubenstradition in drei Ströme aus unterschiedlichen Offenbarungsquellen zu scheiden und damit die Einheit des kirchlichen Glaubens nicht mehr darstellen zu können. Gegen Ende seines Lebens hat Ockham aber in erneuter Auseinandersetzung mit Marsilius von Padua eine theologische Hermeneutik entwickelt, die die gesamte Glaubenstradition nur noch als die eine fortschreitende Auslegungsgeschichte der Hl. Schrift zeichnet, durch die in der Kirche der eigentliche und ursprüngliche Sinn der Offenbarung immer mehr deutlich wird, bzw. in einer geschichtlichen Stunde auch charismatisch neu gesehen werden kann. In der aktuellen Situation vertraut Ockham auf eine neue, von Gott geschenkte Einsicht in den eigentlichen und ursprünglichen Sinn der Hl. Schrift, die aus der gefährlichen Krise herausführen kann. Um diese Einsicht bemüht er sich in seiner Theologie, indem er den Absolutheitsanspruch des Papsttums bestreitet und ein neues Bild kirchlicher Führung entwirft. Ockham denkt im Ernst daran, ob man nicht in der gegenwärtigen Situation das monarchische Papsttum mit seiner Tendenz zur Autokratie in ein kollegiales Gremium verwandeln sollte. Vor allem aber soll das Lehramt wieder stärker auf die notwendige gesamtkirchliche Zustimmung verwiesen werden.

Das Amt kirchlicher Leitung soll auf überzogene Machtansprüche vor allem im weltlichen, aber auch im geistlichen Bereich verzichten und sich mehr als selbstloser Dienst am Heil der Menschen verstehen, der sich am Beispiel des armen und machtlosen Jesus Christus orientiert und so die vom Evangelium gegebene christliche Freiheit bewahrt, bzw. wieder herstellt. Aus dem Versuch des Papsttums, die Menschen in seine Gewalt zu bringen, sie zu versklaven, ist die gegenwärtige Krise entstanden. Die Wiederherstellung christlicher Freiheit wird die Not wenden.

III. Bedeutung und Wirkung

Daß Ockhams Theologie eine bedeutende Leistung darstellt, ist wohl deutlich geworden. Vor allem hat Ockham in Krisenzeiten der theologischen Sprache und des kirchlichen Lebens zu denken gegeben. Gewiß sind die von ihm angewandten Methoden und die von ihm gegebenen Lösungsvorschläge nicht immer überzeugend, ja manchmal extrem und wohl auch gefährlich. Dennoch hat man oft auf Ockham zurückgegriffen, wenn es in einer Krise neue Wege zu erkunden galt. Vor allem seine Kritik einer verabsolutierten Autorität und einer aus Machtinteressen manipulierten Tradition bleibt aktuell, wie auch Ockhams Hinweise auf eine am Weg Jesu orientierte und Freiheit gebende Kirche, deren Autorität Dienst ist und die für alle und für jeden einzelnen Verantwortung und Hilfe sein soll.

In starkem Maß hat Ockhams Denken die beiden schwierigen Jahrhunderte von seiner Lebenszeit bis auf den Höhepunkt der Reformation bestimmt. Nicht nur daß die *via moderna,* die von Ockham herkommende theologische Schule, die meisten Universitäten Europas beherrschte, daß Ockhams Logik die Entwicklung des wissenschaftlichen und mathematischen Denkens stimulierte, scheint wichtig, sondern viel mehr noch, daß Ockhams kritische Theologie in einer tiefgreifenden epochalen Krise das Bewußtsein schärfte und bei der Suche nach neuen, ungewöhnlichen Wegen aus dieser Krise anleitete.

Entscheidend aber ist, daß die von Ockham angeregten Menschen diese Suche immer noch als christliche Theologen unternahmen, sei es, daß sie sich ausdrücklich an Ockhams Gedankengänge hielten wie viele Denker des Konziliarismus im 14. und 15. Jahrhundert, oder daß sie über Ockham hinausgingen wie Wyclif und Hus und vor allem Martin Luther. Daß die Epochenkrise auch zur paganen, ja antichristlichen Ablehnung der kirchlichen Tradition führen konnte, das wird schon in der Renaissance, aber erst recht im Fortschreiten der neuen Epoche deutlich. Daß nicht allein diese Reaktion das Gesicht der Neuzeit bestimmt und ihr Legitimität verleiht,[28] das ist vor allem einer christlichen Theologie zu verdanken, die neue Wege wagte und sich dabei – wenigstens angeregt durch Ockham – um die Reform der Christenheit verdient gemacht hat. Säkular kommt dadurch ein neues, autonomes Verständnis von Staat und Gesellschaft, von Geschichte und Natur zur freien Entwicklung, das vorher durch die vorwiegend tradierenden Denk- und Lebensformen mittelalterlicher Kirche und Welt behindert war.

Wenn die Probleme, die die neuzeitliche Entwicklung mit sich bringt, heute wieder mehr bewußt werden, dann sind von Ockham in dieser Situation keine Ratschläge zu erwarten, aber vielleicht doch der Hinweis, daß gerade christlicher Glaube an Gott, der immer wieder neu und überraschend auf die Menschen zukommt, uns ermutigt, auch heute neue und ungewöhnliche Wege zu suchen. Gerade die christlichen Kirchen brauchen diesen Mut, wenn sie sich endlich neu vereinen und den Menschen auf dem Weg in die Zukunft dienen und helfen wollen.

Dorothea Wendebourg

GREGORIOS PALAMAS

(1296–1359)

„Ewig sei das Andenken Gregors, des hochheiligen Erzbischofs von Thessaloniki ... er hat mit Weisheit und außerordentlichem Mut für die allgemeine Kirche Christi und für die wahren, unfehlbaren Lehren über die Gottheit in Schriften, Reden und Diskussionen gekämpft und die eine Gottheit, den einen Gott in drei Personen, der Wirkkraft, Willen und Allmacht besitzt und ungeschaffen ist, unaufhörlich verkündet; das hat er getan in Übereinstimmung mit den Heiligen Schriften und mit den Theologen, ihren Auslegern, d. h. Athanasius und Basilius, Gregor, Johannes und Gregor, dazu Kyrill, Maximus dem Philosophen und dem Theologen aus Damaskus, aber auch den übrigen Vätern und Lehrern der Kirche Christi, und hat in Worten und Taten gezeigt, daß er ihrer aller Genosse, Echo, Gleichklang, Partisan und Mitstreiter ist."[1]

Mit diesen Worten feiert die orthodoxe Kirche seit 600 Jahren in der Liturgie jedes ersten Fastensonntags den spätbyzantinischen Theologen Gregorios Palamas und bekräftigt die kirchenamtliche Geltung seiner Lehre – wer sich nicht dazu bekennt, fällt folgerichtig unter das kurz zuvor erklungene feierliche Anathema.

Der Mann, dem die liturgische Akklamation gilt, wird darin in den Kreis der höchsten Autoritäten eingegliedert, die die orthodoxe Kirche und Theologie kennen; er wird gekennzeichnet als Lehrer der Kirche, als Kirchenvater, der – zumindest so weit – letzte ihrer langen Reihe. Dieser Reihe ließe sich auch heute keine weitere, jüngere Gestalt von derselben Bedeutung im gesamtorthodoxen Raum anfügen. Denn die offizielle Übernahme der Aussagen Palamas', des „Palamismus", stellt die letzte verbindliche Neu- oder Weiterentwicklung kirchlicher Lehre in der Orthodoxie dar.

I. Leben

Geboren 1296, stammte Gregorios Palamas von aristokratischen Eltern, die gegen Ende des dreizehnten Jahrhunderts von Kleinasien nach Konstantinopel übergesiedelt und im Senat und am Hof zu Einfluß gelangt waren. Gregor selbst genoß seine Erziehung unter Protektion des Kaisers, eine Erziehung, die sich im Rahmen der Allgemeinbildung des kultivierten Byzantiners hielt. Daneben stand er unter dem Einfluß von Athosmönchen, die ihn in der mystischen Praxis des Hesychasmus unterwiesen. So kam es nicht von ungefähr, daß er im Alter von zwanzig Jahren seiner bisherigen Lebensweise den Rücken kehrte: Er trat mit allen noch lebenden Mitgliedern seiner Familie in den Mönchsstand ein. Fünf Jahre lebte er auf dem Athos, unter geistlicher Leitung eines hesychastischen Mystikers. Von türkischen Überfällen bedrängt, verließ er mit Freunden den Heiligen Berg und zog sich, nach kurzem Aufenthalt und Priesterweihe in Thessaloniki, auf einen Berg bei Beroea zurück. Fünf Jahre verbrachte die Gruppe dort nach den Regeln des hesychastischen Lebens: Die Woche über widmete sich jeder für sich dem mystischen Gebet, am Wochenende trafen sich alle zur Feier des Abendmahls. Diesem Aufenthalt machten serbische Überfälle ein Ende. Palamas kehrte auf den Athos zurück. Hier setzte er sein bisheriges Leben fort, zudem begann er zu schreiben, hauptsächlich Werke, deren Thema in Zusammenhang mit dem mönchischen Leben stand, außerdem aber auch Abhandlungen über den ewigen Ausgang des Heiligen Geistes, einen der Hauptpunkte in der Kontroverse mit der lateinischen Theologie. Die Beschäftigung mit dieser Frage führte zu dem Ereignis, das Gregors Leben völlig verändern und aus ihm einen Kirchenlehrer der Orthodoxie machen sollte: zum Zusammenstoß mit einem in Konstantinopel zu Ansehen gekommenen griechischen Mönch aus Kalabrien namens Barlaam. Der *„Hesychastenstreit“* begann.

Gelegentlich einer Debatte über erkenntnistheoretische Probleme in der Theologie, speziell in der Geistfrage, mit Palamas aneinandergeraten, fing Barlaam an, die Spiritualität der Kreise zu untersuchen, zu denen sein Gegner gehörte. Was er dort vorfand, erschien ihm skandalös. Alsbald begann er, die hesychastischen Mönche zu attackieren.

Palamas übernahm die Verteidigung des Hesychasmus gegen diese Angriffe. Zum Auftakt verfaßte er die „Triaden“, Traktate „Zur Verteidigung derer, die heiligmäßig die hesychastische Praxis ausüben“ (1338–41). Schon hier trat hervor, was das Kennzeichen des Palamismus bilden sollte: Gregor beschränkte sich nicht darauf, den Hesychasmus auf der Ebene der spirituellen Praxis zu verteidigen, sondern begründete ihn dogmatisch mittels eines theologischen Systems, nämlich dem der ontologischen Unterscheidung zwischen Wesen und Energien in Gott. Entscheidend war, daß sich die Autoritäten des Athos hinter diese Lehre stellten, indem sie sie im „Hagioreticus Tomus“ offiziell gutheißen (1341); fortan hatte sie als Sache des Heiligen Berges selbst zu gelten.

Der Disput schlug höhere Wellen, als beide Seiten versuchten, die kirchlichen und politischen Autoritäten, Patriarch, Kaiserhaus, Aristokratie, auf ihre Seite zu ziehen. Im Jahre 1341 kam es zu zwei Synoden, aus denen Palamas als Sieger hervorging, zunächst hinsichtlich der hesychastischen Praxis, zaghaft dann auch schon im Blick auf seine theologische Begründung dafür.

Doch die Kontroverse war noch nicht ausgestanden. Vielmehr verband sie sich nun mit politischen Verwicklungen. 1342 brach in Konstantinopel ein Bürgerkrieg aus zwischen dem Kaiserhaus und dem Patriarchen einerseits und einem Thronprätendenten aus der Aristokratie andererseits. Palamas stand auf Seiten des Prätendenten. Die politische Haltung der kaiserlichen Partei verband sich nun bei einem Teil ihrer Mitglieder mit einem Kampf gegen Gregors Lehre. Er wurde zunächst in Klosterhaft gehalten, dann ins Gefängnis geworfen; mehrere Synoden verurteilten ihn, zuguterletzt traf ihn die Exkommunikation (1344). Mittlerweile verfaßte er eifrig Schriften zur Verteidigung seiner Lehre.

1347 war der Bürgerkrieg zu Ende, Gregors Partei hatte gesiegt. Dieser Sieg bedeutete auch den seiner Lehre in der Kirche: Ihre Anhänger begannen, die Bischofssitze einzunehmen, das Bekenntnis, das jeder Bischof bei seiner Weihe abzulegen hatte, nahm palamitische Sätze in sich auf. Palamas selbst wurde Metropolit von Thessaloniki, konnte sein Amt wegen dort herrschender sozialer Unruhen allerdings erst 1350 antreten. Das folgende Jahr brachte den endgültigen Triumph des Palamismus: Er wurde, auf der Grundlage der Entscheidungen von 1341, zur offiziellen Lehre der byzantinischen Kirche erklärt, über seine Gegner das Anathema ausgesprochen; nach und nach sollten auch die anderen orthodoxen Kirchen diese Entscheidung übernehmen.

Gregors kirchliche Position war nun unerschütterlich, auch wenn er seine Lehre immer wieder gegen Kritik zu verteidigen hatte. Im übrigen waren die acht Lebensjahre, die ihm noch blieben, ausgefüllt mit bischöflichen Amtspflichten und gelegentlichen Vermittlungsdiensten bei politischen Streitigkeiten, eines davon verbrachte er in türkischer Gefangenschaft. Er starb 1359 in Thessaloniki. Sehr bald begann man an verschiedenen Orten, ihn kultisch zu verehren, und 1368 folgte die offizielle Kanonisation. Sein Name und seine Lehre gingen in das anfangs zitierte ,,Synodikon der Orthodoxie" ein, das am Sonntag der Orthodoxie, dem ersten der Fastenzeit, vorgetragen wird, und der zweite Fastensonntag sowie der 14. November, Gregors Todestag, wurden seinem Gedächtnis geweiht.

II. Spiritualität

Palamas' Leben und Wirken fallen in die Zeit, in der Byzanz seinem Ende entgegengeht; das Reich ist schon nicht mehr als ein Kleinstaat und, politisch zerrissen, sozial und wirtschaftlich zerrüttet, den Attacken der Feinde ringsum – der italienischen Seerepubliken im Westen, der Serben im Norden, der Türkei im Südosten – widerstandsunfähig ausgeliefert, wie Gregors eigene Biographie zeigt. Andererseits steht diese selbe Epoche kulturell ganz besonders glänzend da: Kunst und Wissenschaft, Rhetorik und Philosophie kommen noch einmal zu höchster Blüte, die Antike wird noch einmal begeistert aufgenommen – der ,,Humanismus", die ,,Renaissance" der Paläologenzeit.

Gregor will kein Glied in dieser Bewegung sein. Vielmehr setzt er sich von allem weltlichen Wissen, gipfelnd in der Philosophie, radikal ab: Die Wahrheit, die man dadurch erreiche, stehe völlig unnötig und wertlos neben der, die

Gregorios Palamas (1296–1359)

eigentlich Wahrheit sei[2] – anders ausgedrückt, die Philosophie soll mit Erkenntnis der Wahrheit gar nichts zu tun haben. Was darin nützlich sein möge, sei so mit Falschem und damit Gefährlichem gemischt wie ein Gebräu aus Gift und Honig – kein Wunder, daß alle oder die meisten Häresien aus der Beschäftigung mit ihr stammten.[3]

Die letzte Aussage zeigt, was für Palamas das Kriterium der Wahrheit ist: die Erkenntnis Gottes; sie allein liegt ihm am Herzen und soll allen Christen am Herzen liegen. Dorthin aber führt für ihn nur ein Weg: die unmittelbare Erfahrung (peira), die Schau Gottes. Wozu dann die Beschäftigung mit der Welt, mit den Regeln des eigenen Denkens usw., die Philosophie und Wissenschaft betreiben, und mit dem, was früher, gar im Heidentum, zu diesen Themen gesagt worden ist – das alles sei zumindest Ablenkung, meist geradezu der Schritt vom Weg.

Die Alternative, die Gregor hier behauptet, stellt die Gotteserkenntnis nicht nur in Gegensatz zu bestimmten wissenschaftlichen Theorien und philosophischen Systemen. Vielmehr schließt der Zwang zur Unmittelbarkeit *jeden* Einsatz des Denkens auch im Dienst der Gotteserkenntnis aus. Nach Vermittlung mit der Welterfahrung und den hierfür gültigen Kategorien zu suchen, wird damit zu einem sinnlosen, wenn nicht irreleitenden Unterfangen. Aber nicht nur das, auch die Beschäftigung mit dem Evangelium und der kirchlichen Tradition – beide gegenständlich-fremd, nicht einfach in Unmittelbarkeit aufzulösen – muß demselben Verdikt verfallen. Natürlich läßt es die Überlieferung nicht zu, solche Beschäftigung zu verbieten, doch wer sich ihr hingibt, ist nicht auf der Höhe des eigentlichen Christentums, der Unmittelbarkeit des Zeitalters im Geist: Die Schau Gottes verhalte sich zur Gotteserkenntnis aus dem Evangelium wie dieses selbe Evangelium zum mosaischen Gesetz.[4] Warum sollte man sich noch mit dem Vorläufigen abgeben, das Gegenständliche der unmittelbaren Erfahrung vorziehen? Und wer noch nicht am Ziel angelangt ist, dem wird empfohlen, sich daran auszurichten, indem er den bereits Vollendeten Verehrung, Glaube und Liebe entgegenbringt.[5]

Diese Aussagen sind nicht „typisch byzantinisch", im Gegensatz etwa zur mehr oder weniger „rationalistischen" Philosophie und Theologie des Westens von der Scholastik bis zu Kant und der Moderne. Sie stellen vielmehr auch in Byzanz einen völlig einseitigen Entwurf dar, im radikalen Gegensatz zu weiten Strömungen der dortigen Tradition.

Für Palamas' „humanistische" Zeitgenossen etwa gab es die Alternative „hie Gegenstandserkenntnis und vernünftiges Denken, hie Gotteserkenntnis" gar nicht.[6] Sie verstanden sich eingeordnet in ein „christliches Weltbild"; in einem solchen aber hat die wissenschaftliche und philosophische Beschäftigung mit der Welt, mit allem dem Menschen von sich aus Erfaßbaren, wie sie zu einem – wie vag auch immer definierten – Humanismus gehört, trotz aller Eigengesetzlichkeit immer auch religiösen Stellenwert, und ruht umgekehrt das christliche Selbst-, Welt- und Gottesverständnis nicht unbeeinflußt von ihr in sich. Auf der anderen Seite schließt diese Anschauung nicht aus, daß es

Begegnungen mit Gott, Gotteserkenntnis geben kann, die vom Bezug zur Welt und zu allem dem Denken Erreichbaren unabhängig sind; solche Begegnungen werden per definitionem nicht machbar, sondern vom Gegenüber Gott frei geschenkt, damit aber auch in keiner Weise nachprüfbar und für jedermann zwingend sein.

Aber nicht nur der Humanismus, auch die Mystik in Byzanz kennt in einem Großteil ihrer Vertreter Palamas' Alternative nicht. Sie zielt wie er auf die unmittelbare Gottesschau, doch das heißt nicht, sie betrachte die Welterkenntnis als gottlos und den Bezug auf das Evangelium als überholt und überflüssig. Die mystische Tradition, die in der byzantinischen Kirchengeschichte die größte Rolle spielt, ordnet vielmehr die gegenständliche und die unmittelbare Gotteserkenntnis als zwei notwendig miteinander verbundene Stufen des Aufstiegs zu Gott hintereinander.[7] Am Anfang dieser Tradition steht, inspiriert von Origenes, Evagrius aus dem Pontus (346–99), thematisch, wenn auch nicht schulbildend, auch Gregor von Nyssa, auf dem Höhepunkt – jedenfalls der systematischen Geschlossenheit nach – Maximus der Bekenner, dazwischen und dahinter viele andere, die mit ihnen das Rückgrat der Konzeption teilen, unterschiedlich akzentuiert, mehr oder weniger ausdrücklich, mehr oder weniger integriert.

D. h. konkret: Bevor der Mystiker, durch asketische Übung und tugendhaftes Handeln von der Welt äußerlich und emotional so unabhängig wie möglich geworden (Grundstufe der Praxis), Gott in unvermittelter Schau erfährt (Zielstufe der theologia), sucht er ihn in Schöpfung und Heilgeschichte (Stufe der theoria physiké). Er betrachtet die Welt und kommt zu dem Schluß, daß sie, wirklich durchschaut, zwangsläufig zu Gott führt, weil nur er als prägender, schöpferischer Grund sie verständlich macht. Ebenso als zeitliche Zwischeninstanz der Gotteserkenntnis dienen die biblische Geschichte und die Traditionen der Kirche, etwa die Liturgie; hat sich doch Gott selbst hier gebunden an Geschaffenes offenbaren wollen – zentral und an erster Stelle in Christus. Erst wer diese Stufe der indirekten Gotteserkenntnis erklommen hat, kann – er muß nicht, zum Heil ist er hiermit schon gelangt – auf die unmittelbare Begegnung hoffen. Erscheint Gott dann tatsächlich ,,von Angesicht zu Angesicht", hat der Christ den Gipfel, die höchstmögliche Form der Verwirklichung seines Lebenszieles erreicht. Wie diese Erscheinung ausfällt, intellektuell, gefühlsbestimmend, visionär, hängt von der psychischen Disposition des jeweiligen Mystikers und der Psychologie und Theologie seiner Tradition ab.

Die mystische Strömung, zu der Palamas gehört, der Hesychasmus, steuert geradewegs auf diesen Gipfel der Unmittelbarkeit zu. Gott nicht erst vermittelt durch Gegenstandserkenntnis und nach den Regeln des Denkens, sondern ohne Umschweife ,,von Angesicht zu Angesicht" zu erfassen, das gilt ihr allein und damit zwingend als Ziel des Christen hier und jetzt in diesem Leben. Wer nicht selbst die Erfahrung der Unmittelbarkeit gemacht hat, kennt Gott gar nicht und kann auch nicht mitreden, wo es um ihn geht, denn andere Kriterien für angemessene Aussagen über ihn gibt es nicht.

In diesem Entwurf drückt sich zweierlei aus: Zum einen die mystische „Ungeduld“[8] der Hesychasten. Zum anderen ihr vollkommener Mangel an Interesse gegenüber allem, was nicht Gott ist. Wohl sucht auch die theoria physiké in den zeitlichen Dingen, in Schöpfung und Heilgeschichte, Gott. Daß sie das aber hier tut und nicht geradewegs auf die unmittelbare Schau zusteuert, beruht auf der Einschätzung, die Welt sei selbst zuwendungswürdig, verdiene es, mit Interesse betrachtet, bestaunt und verstanden zu werden, so wie auch die Vernunft mit ihren Regeln in sich etwas Positives sei. Legitimiert findet man diese Haltung durch Schöpfung und Inkarnation.

Dem Hesychasmus fehlt dagegen jegliches derartige „horizontale Interesse“; er kennt nur ein Ziel und verfolgt es mit aller Intensität: Gott möglichst schnell unvermittelt zu erfassen, nicht über zeitliche Instanzen und in den Bahnen des von ihnen ausgehenden Denkens. In der Vereinigung mit Gott jenseits der Vernunft „ist uns das Göttliche gegeben und so ist es recht, Gott zu erkennen, d. h. geistlich, nicht in der Weise, daß wir im Rahmen unserer Fähigkeiten, mit den Sinnesorganen und mit der Vernunft, uns die Erkenntnis Gottes aus dem Seienden verschaffen“.[9]

Die Ungeduld, die hier vorwärtsdrängt, schlägt sich praktisch nieder in der Anwendung einer besonderen Methode für den Aufstieg zu Gott, einer Gebetstechnik mit psychosomatischem Unterbau: Durch unaufhörliche Wiederholung des sogenannten Jesusgebets, des Rufes „Herr Jesus Christus, Sohn Gottes, erbarme dich meiner!“, soll der Christ ganz und gar von weltlichen Gedanken freiwerden – damit zugleich von der Anhänglichkeit an die Welt und von bösen Taten, die in solchen Gedanken ihre Wurzel haben – und bereit für die Erscheinung Gottes; die Konzentration auf den „Ort des Herzens“ in der Körpermitte, wo die Gebetsaktivität angesiedelt wird – daher der Spottname „Nabelschau“ – durch rhythmisches Atmen und kreisförmige Sitzhaltung unterstützt den Vorgang. Diese Methode ist an und für sich weniger aufregend, als sie dem Kritiker Barlaam erschien – dergleichen findet sich in vielen Religionen –, und Palamas wie heutige Palamiten sind ohne weiteres bereit, sie zu relativieren;[10] bemerkenswert erscheint sie aber eben als Ausdruck jenes Drangs nach baldigstmöglicher Unmittelbarkeit zu Gott.

Die ersehnte Unmittelbarkeit wird – jedenfalls von jener hesychastischen Strömung, zu der Palamas gehört und die er verteidigt – in einem Phänomen gefunden, das dem Jesusgebet folgt: in Lichtvisionen, die der Mystiker mit eigenen Augen, wiewohl auf nicht natürliche Weise sieht.[11] Ein moderner Kritiker mag geneigt sein, derartige Visionen auf religionspsychologische Mechanismen zu reduzieren – für ihre hesychastischen Verfechter sind sie das Ziel des christlichen Lebens, die Erscheinung Gottes selbst. Zur Legitimierung dieser Aussage zieht man die Bibel heran, und zwar in zweifacher Hinsicht. Sie rechtfertige den Anspruch der unmittelbaren Gottesschau, denn schließlich verheiße sie ja: „Ihr werdet Gott schauen.“ Außerdem zeige sie, daß solche Schau schon im irdischen Leben zu erwarten sei, indem sie von Menschen erzähle, die sie erfahren hätten. Exemplarische Bedeutung wird dem Erlebnis der drei auserwählten Jünger auf dem Thabor zugeschrieben (Mt. 17), hier sei im Licht der Verklärung die Gottheit Christi selbst sichtbar erschienen; jenes Licht aber sei kein anderes als das, welches Gott auch heute den Christen offenbare – kurz, es handele sich hier und dort um das eine ,,*Thaborlicht*".

III. Lehre

1. Problemstellung

Welche Rolle in Palamas' persönlichem Leben Visionen gespielt haben, läßt sich nicht mehr feststellen, immerhin widmete er der hesychastischen Gebetspraxis viele Jahre. Seine Schriften jedenfalls interessieren sich für die praktische Seite des Hesychasmus nur am Rand und immer weniger, sie wollen keine persönlichen mystischen Erfahrungen beschreiben noch Anleitungen geben, wie solche zu machen seien. Vielmehr ist ihr Ziel theologisch im engeren Sinne des Wortes: Es geht ihnen darum zu zeigen, wie Gott *ist,* welche Bedingungen in ihm vorausgesetzt werden müssen, wenn es wirklich *Gott* ist, was im Thaborlicht erscheint. Kann aufgewiesen werden, daß der so gewonnene Gottesbegriff sinnvoll, das heißt in sich stimmig und mit der Tradition vereinbar, ja vielleicht sogar aus ihr abzuleiten ist, darf die hesychastische Praxis auch in theologischer Hinsicht als legitimiert und damit als unanfechtbar gelten.

Es macht nun das Eigentümliche dieses theologischen Unternehmens aus, daß hier die hesychastische Praxis zwar von der Bibel her legitimiert, doch nur bedingt von ihr aus interpretiert wird. Dazu dienen Palamas vornehmlich die Kategorien des Neuplatonismus und seiner christlichen Erben, allen voran der großen Kappadozier, besonders Gregors von Nyssa, und des Areopagiten, in geringerem Maß auch Maximus' des Bekenners. Das diesem Interpretationsrahmen eigene Gefälle, daneben aber auch die legitimierende biblische und die Palamas natürlich bekannte, aber kaum integrierte liturgische Tradition wirken sich nun in der Weise aus, daß sein systematischer Entwurf darüber hinausgeht, theologische Begründung der hesychastischen Praxis zu sein. Er erklärt schließlich weit mehr als die *Voraussetzungen der Gottesschau* in Gott.

Diese Ausweitung geht in zwei Richtungen vor sich: Palamas entschränkt die Frage nach der Thaborlichtvision und führt sie auf das allgemeinere Problem ,,christliches Leben und göttliche *Gnade*" zurück. Die Bestimmung des Menschen erscheint nun nicht mehr ausschließlich auf die mystische Gottesschau hin konzipiert, sondern nimmt eine Vielzahl traditioneller, großenteils biblischer Vorstellungen vom christlichen Leben in sich auf, etwa die der Liebe, der Freude, der Güte. Das Gefälle zum mystischen Gipfel bleibt allerdings erhalten. Andererseits gilt nun für das gesamte, entschränkte Verständnis des christlichen Lebens, was bisher als das Besondere der Gottesschau erschien: die Unmittelbarkeit zu Gott. Wie Gott selbst für Palamas das Licht ist, das sich dem Menschen zeigt, ihn durchdringt, so soll er jetzt auch selbst das Lieben, die Freude, das Gutsein usw., kurz das ganze neue Leben des Christen sein. Palamas gelangt so, im – ihm selbst noch nicht bewußten, von modernen Palamiten aber hervorgehobenen – Gegensatz zur westlichen Scholastik, zu einer Konzeption der „ungeschaffenen Gnade" (cháris áktistos): die Gnade ist Gott selbst.

Gregor entschränkt aber nicht nur das Verständnis des christlichen Lebens. Vielmehr dient ihm die innergöttliche Begründung, die er für den Gnadenstand gibt, darüber hinaus als Basis, in Gott auch die Außenbezüge zu verankern, die nicht die der Gnade sind: das heißt, Schöpfung und Gestaltung der Welt durch Gott kommen in den Blick. Hier eben wirkt sich die genannte philosophische und theologische Tradition aus. Denn sie will alles Seiende erklären. Wenn Palamas sie auch ursprünglich nur zur Begründung eines Teilbereichs der Wirklichkeit heranzieht, bringt sie doch mit ihren Kategorien ihr gesamtes Material mit ein.

Wenn eben gesagt wurde, Schöpfung und Gestaltung der Welt durch Gott kämen in den Blick, so muß man sofort hinzufügen: Dies alles kommt in den Blick von Gott aus gesehen, unter dem Aspekt, auf welche Gebiete sich die Fähigkeit Gottes, nach außen zu treten, erstrecke. Daß auch das Verhältnis des Menschen zu Gott von hier aus neu gesehen und eine Vermittlung der Gotteserkenntnis mit der der zeitlichen Welt und den hierfür zuständigen Erkenntnisorganen verfochten würde, der Beziehung zu Gott in der Gnade nicht doch nur die splendid isolation bliebe, eine solche Abkehr von der Ausgangsposition ist nicht festzustellen. Ihr stände wohl nach wie vor die Hochschätzung der persönlichen, unmittelbaren Gottesschau entgegen. Jedenfalls ließe sich Gregors Konzeption in dieser Richtung ausbauen und so die Enge seines Ansatzes in der Spiritualität überwinden.

2. *Energienlehre*

Wenden wir uns Palamas' Konzeption selbst zu. Sie nimmt ihren Ausgang, wie gesagt, in einem bestimmten Verständnis des Christseins: Hier treffen Gott und Mensch unmittelbar zusammen. Das heißt für Gregor, sie werden eins;[12] wenn der Christ vom Thaborlicht durchdrungen, von Liebe bewegt, von Freude erfüllt wird, tritt er in Gottes eigenes Sein ein, wird er selbst Gott.[13] Bedeutet das nun, daß Gott und Mensch identisch werden, Vergöttlicher und Vergöttlichter ineinander aufgehen? Eine solche Folgerung weist Gregor weit von sich, und zwar mit zwei Argumenten:

(a) Der Mensch verliert seinen Charakter als geschaffenes Individuum nicht. Er wird seiner Qualität nach ganz göttlich, Gott, aber eben seiner Qualität, nicht seinem Wesen nach, der punktuelle Träger, an dem sie haftet, der Spiegel, der sie – und sie allein – wiedergibt.[14]

(b) Gott ist nicht nur das, womit der Mensch eins wird – so sehr die umgekehrte Aussage gilt. Denn wohl wird die Gottesschau verheißen, steht geschrieben, „Ihr sollt göttlicher Natur teilhaftig werden" (2. Petr. 1, 4), ist dieser Satz in der biblischen und kirchlichen Geschichte immer wieder eingelöst worden, aber andererseits steht doch ebenso fest, daß Gott unfaßbar ist, niemand ihn je gesehen hat. Beides gilt gleichgewichtig: Gottes unaufhebbare Transzendenz und die Realität der Vereinigung mit ihm – darum muß dieser Gegensatz als *Differenz in Gott selbst* verwurzelt sein. Gott ist das Thaborlicht, die Gnade, das erfahrbare neue Sein des Christen, und er ist zugleich unsichtbar, über jeder Erfahrung stehend, am Christsein unbeteiligt; ausgeweitet auf das Ganze des göttlichen Weltbezugs: Gott ist das, was die Dinge ins Sein bringt, gestaltet und erhält – und er ruht zugleich völlig abgeschlossen in sich selbst. In der klassischen Terminologie des Palamismus: Gott ist zugleich *Energien (enérgeiai)* und *Wesen (ousía)*. Dieser Unterschied hat ebensolche Realität wie der der trinitarischen Hypostasen.

Die Differenz von Usia und Energien bedeutet, daß Gott per definitionem zugleich Relation nach außen (schésis prós ti) und außerhalb dieser Relation ist. Er soll „untere Gottheit" (theótes hypheiméne) und „oberes Wesen" (ousía hyperkeiméne) sein.[15] Wenn er seinem Wesen nach „oben" ist, heißt das, er ist hier ohne Zusammenhang mit der Welt. Dementsprechend gibt es auch keine gemeinsamen, nicht einmal analoge Begriffe für beide; auch die unmittelbare Erfahrung kann nicht bis dorthin gelangen. An unsere weltlichen Kategorien gebunden müßten wir sagen, es gebe Gott dem Wesen nach gar nicht – eine Aussage, die letztlich aber unsere Rede aufhebt, nicht Gott. Denn im Grunde ist er in einer Vollkommenheit, der gegenüber jedes andere Seiende nicht ist. Der Abgeschlossenheit in sich, die für Gott gilt, sofern er sein Wesen ist, stehen, wie gesagt, seine Beziehungen zur Welt gegenüber, insofern er seine Energien,[16] die „untere Gottheit" ist. Konkret meint Gregor damit z. B. Gottes Gnade, Leben, Gutsein, Erbarmen, Unveränderlichkeit, Göttlichkeit, Schaffen, Vorsehung und Willen. Wie diese Liste zeigt, faßt Gregor unter dem Titel „Energien" zwei Arten von Sachverhalten zusammen: das, was Gott *ist*, und das, was er *tut*.

Im Nebeneinander dieser beiden Arten von Aussagen und ihrer Deutung im palamitischen System schlägt sich das Nebeneinander der beiden Traditionen nieder, die wir schon angesprochen haben: der neuplatonischen und der biblischen. Ihr Gewicht ist allerdings verschieden: Die Weichen stellen die philosophischen Kategorien, die biblischen werden nicht eigens reflektiert und wirken sich nur unter der Hand aus – als Faktoren, die den Rahmen zu sprengen drohen, doch noch rechtzeitig eingeholt und eingeebnet werden.

Insofern Palamas die Energien als das bestimmt, was Gott *ist*, steht er unter dem Einfluß des Platonismus und seiner neuplatonischen Weiterentwicklung. Er nimmt dessen Versuch auf, die Vielfalt alles Seienden als geordnetes, sinnvolles Ganzes zu deuten. Dieser Versuch war hier in der Weise durchgeführt worden, daß man behauptete, alle veränderlichen Dinge seien geprägt von einer Welt unveränderlicher, in sich bestehender Strukturen (Ideen), welche ihrerseits von einer einzigen, einheitsstiftenden Instanz (Gutes, Eines) zusammengehalten würden. Als solche unveränderlichen Strukturen bestimmt Palamas das Göttliche, das in der Welt erscheint, das die Christen prägt und die ganze Wirklichkeit in Sein und Ordnung hält: das Thaborlicht, das Leben, das Gutsein, die Vernünftigkeit usw. Allerdings modifiziert er dabei den platonischen Rahmen: Er kann – dies natürlich unter biblischem Einfluß – die göttlichen Strukturen nicht als Zwischeninstanzen zwischen dem Einen, Gott, und der Welt verstehen;[17] außerhalb Gottes gibt es für ihn nur die geschaffenen Einzeldinge. Darum müssen die ewigen Strukturen, die Energien, in die Einheit Gottes gehören, muß Gott selbst sie sein.[18]

Diese Notwendigkeit in Rechnung gestellt, bestimmt Palamas das Verhältnis von kontaktloser „oberer" Gottheit und weltprägenden Strukturen als das eines Wesens (ousía) und seiner *Eigenschaften* (idiómata);[19] sie sollen dem Wesen eigentümlich[20] zukommen und es somit charakterisieren[21] und spezifisch zu benennen erlauben.[22] Das heißt, Gott ist göttlich, weise, gut, barmherzig, unveränderlich in ewiger, selbstgenügsamer Vollkommenheit.

Diese Eigenschaften Gottes behalten aber nach wie vor die Funktion der Strukturen, die den Christen und die Welt prägen: So wie die Sonne hell ist, ob nun ein Objekt vor ihr steht oder nicht, wenn aber die Welt in Reichweite ist, auch sie hell macht, gilt für Gott, daß er in sich göttlich, weise, Licht usw. ist und diese seine Eigenschaften zugleich auf den Christen, auf die Welt übergehen können.[23] Und so wie die Erde immer nur einen Teil des Lichtes aufnimmt, das die Sonne besitzt, kann die Welt, kann der Mensch nur „teilhaben" (metéchein)[24] an der Göttlichkeit, Weisheit, dem Licht, die Gott in unendlicher Fülle auszeichnen. In seinen Eigenschaften liegt gleichsam das ewige Kapital, das dann in der jeweiligen Teilhabe genutzt wird. Daß es zu solcher Teilhabe kommt, beruht auf Entscheidungen des göttlichen Willens.

Es ist leicht zu sehen, wo ein solches Gottesbild mit dem biblischen zusammenstoßen muß. Geht dieses doch davon aus, daß Gott *handle* – statt daß er die ewige Instanz bilde, in der die Ordnung der Welt wie die Erfüllung des Menschseins immer schon unveränderlich vorliege.

Diesen anderen Ausgangspunkt kennt auch Palamas, und er trägt ihm Rechnung in der zweiten Bestimmung, die er den Energien gibt: Sie seien Gottes *Handlungen*. Was der Welt Sein und Ordnung verleiht und das christliche Leben zum Ziel bringt, sind demnach willentliche Akte, Bewegungen (kínesis),[25] in denen bewußt Neues gesetzt wird. Das heißt, die Beziehung zwischen Wesen und Energien Gottes muß so verstanden werden, wie sich eine *Person* und ihre Taten zueinander verhalten. Damit aber, sollte man meinen, läßt sich die Überrelationalität des Wesens im Gegensatz zu den energetischen Außenkontakten nicht mehr aussagen, denn es ist ja gerade das Handlungssubjekt selbst, das in seinen Kontakten nach außen tritt. Palamas indessen behauptet diesen Gegensatz nach wie vor. Zugleich aber scheint er sich jenes Einwandes doch bewußt zu sein und bemüht sich darum, ihm die Spitze zu nehmen. Er ebnet nämlich den Charakter der Energien als göttlicher Außenkontakte ein – so ist das Wesen Gottes dann in jedem Fall vor der Berührung mit der Welt geschützt.

Um dies zu erreichen, bestimmt er die Energien so, daß sie Veränderung, Neusetzung ausschließen. Gewiß, Handlung sei Bewegung – doch Bewegung bedeute nur dann Veränderung, wenn sie sich auf zeitliche Objekte beziehe, die zu einem Zeitpunkt existieren, zu einem anderen nicht, die jetzt so, jetzt anders sind. So bringt etwa die Schöpfung die Welt überhaupt erst ins Sein, macht die Erscheinung des Thaborlichtes, die Vergöttlichung den Christen zu einer „neuen Kreatur". Diese Handlungen sind zielgerichtet, „gerade", wie Gregor im Anschluß an den Areopagiten sagt,[26] und berühren das Handlungssubjekt, insofern sie es in Relationen bringen, die zuvor noch nicht bestanden haben. Darum nimmt Palamas sie aus dem Bezug zu Zeitlichem zurück, löst sie von ihren Objekten und erklärt, sie seien nicht zielgerichtet, sondern „geschraubt".[27] Wohlgemerkt, sie gelten nach wie vor als Bewegungen, doch als solche, die in Gott unendliche Schraubenfiguren ziehen,[28] ein ewiges Erleuchten, Schaffen usw. Sie sollen auch nach wie vor Außenbeziehungen Gottes sein, aber eben solche ohne Gegenpol, „arelationale Relationen", wie Gregor paradox formuliert.[29] Sie zielen auf kein Werk mehr, sondern sind Selbstzweck in Gott, so daß man sie selbst als „Werke" bezeichnen könnte. Aber eben nicht als solche, die geschaffen sind, sondern als ewige,[30] die in „natürlicher", „zeugungsähnlicher"[31] Zwangsläufigkeit unaufhörlich aus Gott hervorgehen[32] und nur in diesem Hervorgang sind, ohne je selbständiges Sein zu gewinnen – vergleichbar dem Ausstrahlen des Lichtes aus der Sonne, der Hitze aus dem Feuer.[33]

Kann unter diesen Umständen Gott überhaupt in der Zeit tätig sein? Ist es überhaupt noch möglich, daß aus der Schraubenbewegung eine gerade wird, die sich auf bestimmte Gegenstände richtet, aus der „arelationalen Relation" eine wirkliche? Palamas sieht hier kein Problem, er verweist auf den göttlichen Willen. Dieser ist für ihn die Instanz, die die ewigen, natürlichen Ausstrahlungen je und je für zeitliche Aufgaben „nutzbar macht",[34] etwa die ewige Schöpfungsbewegung für die Hervorbringung der Welt.[35] Von der Zeit aus gesehen kann man geradezu sagen, die Vorgänge in Gott seien nur die Voraussetzung, die Möglichkeit (dýnamis), die erst durch Willensentscheidungen zu faktischem Geschehen würden,[36] obwohl in Wirklichkeit die zeitliche Bewegung nur ein abgeleitetes Nebenprodukt der unendlichen ewigen ist.

Der Gedanke klingt bekannt – sahen nicht ähnlich die Folgerungen aus, zu denen das Verständnis der Energien im Rahmen der ersten Traditionslinie geführt hatte: Gottes Eigentümlichkeiten als ewige Voraussetzungen zeitlicher Außenbezüge, die jeweils vom göttlichen Willen hergestellt werden? Das statische Verständnis der Energien war in dieser von der platonischen Ideenlehre herkommenden Traditionslinie von vorneherein angelegt. In der zweiten, biblischen, dagegen wird es erst durch Umdeutung erreicht. Ist man an diesem Punkt angekommen, können dann eben so unterschiedliche Sachverhalte wie die, daß Gott als Licht erscheine, gut sei, sich erbarme, unveränderlich sei, lebe, schaffe gleichermaßen als „Energien" gelten.

Der einzige Störfaktor in diesem Bild ist der Wille Gottes. Denn als die

Instanz, die die ewigen Voraussetzungen in Gott auf das jeweilige zeitliche Gegenüber bezieht, stellt er das letzte Einfallstor der biblischen ,,Handlungstradition" dar. Palamas sieht das und zieht seine Konsequenz daraus: Er ordnet den göttlichen Willen unterschiedlos unter die Energien ein: ,,Gott, der durch sein Wort, besser gesagt durch seinen Willen, das heißt durch die zeitlose, unermüdliche Energie" handelt.[37] Das Zitat bringt auf einen Nenner, was in der palamitischen Energienlehre geschieht: Das Wort Gottes, in der biblischen Tradition Inbegriff seiner souveränen, personalen Spontaneität, die man auch unter dem Begriff des Willens fassen kann, wird – durch die Umdeutung eben dieses Begriffs – in das ewige, unveränderliche Sein Gottes eingeebnet.

Diese Verschiebung ist bereits in der grundlegenden Weichenstellung des palamitischen Systems vorprogrammiert. Denn Gregor macht zwar die mystische Erfahrung, in deren Dienst er seine Lehre ursprünglich entwickelt, zum Ausgangspunkt der Konzeption, indem er sie biblischer Deutung unterwirft. Doch auf dem Weg von dieser Deutung zum System erfolgt die grundlegende Verschiebung der Kategorien: Daß Gott einerseits zu schauen ist, andererseits nicht, heißt ja im biblischen Rahmen, er halte sich verborgen oder lasse – im Sinn von ,,herablassen" – sich sehen. Es geht also um *personale,* willensbestimmte Akte, die Gott jeweils ganz und vorbehaltlos betreffen, auch dort, wo sie ihn binden, weil solche Bindung Ausdruck seines *freien Willens* ist – was nicht bedeutet, der Mensch könne ihn ganz fassen, doch die Grenzen liegen in dessen Geschöpflichkeit, nicht in einer Differenz innerhalb Gottes. Palamas aber nimmt diesen biblischen Aussagen den personalen Charakter, indem er die beiden Pole Freiheit und Bindung auf zwei Seiten des göttlichen Seins verteilt. Daraus folgt, daß Gott auch, wo er sich dem Nichtgöttlichen zuwendet, immer zugleich unbeteiligt über seiner eigenen Zuwendung steht, und das seinem primären Sein, dem Wesen nach.

Sind die Weichen grundsätzlich in dieser Richtung gestellt, so kommt doch der biblische Aspekt noch einmal zu Wort, wo Palamas die Energien als Handlungen Gottes bestimmt. Hier wäre die Möglichkeit der Kurskorrektur gegeben. Denn von hier aus ließe sich die Unterscheidung von Wesen und Energien, die Konzeption eines seinen eigenen Außenbezügen wesenhaft unbeteiligt gegenüberstehenden Gottes sprengen, wenn Gregor die Konsequenzen für das Subjekt des Handelns zöge. Stattdessen fürchtet er sie und ebnet das Handeln in das Sein Gottes ein. Er fürchtet sie nicht nur im Interesse Gottes, dessen Vollkommenheit damit Abbruch geschähe, sondern auch im Interesse der Schöpfung: Ein veränderlicher Gott könnte nicht zuverlässig sein. Der biblische Gedanke an Zuverlässigkeit im Sinne von Treue statt von unwandelbarem Sein kommt nicht auf.

Das sind indessen Einwände, denen Palamas von seinen Zeitgenossen nicht ausgesetzt wurde. Sie hielten ihm vielmehr vor – und so lautet bis heute die Hauptkritik von Seiten römisch-katholischer Theologen –, seine Konzeption erlaube nicht mehr, Gott als Einen zu verstehen: Eine ,,obere" und eine ,,untere" Gottheit seien eben mehrere. Ohne auf Gregors Argumente im Einzelnen einzugehen, muß man in der Tat feststellen, daß es schwierig ist, die Energien nicht als selbständige Zwischengröße anzusehen, wenn durch ihre Existenz das Wesen Gottes von den Außenbezügen abgeschirmt sein soll.

Palamas verwies gegenüber seinen Kritikern auf die Trinitätslehre:[38] Habe doch hier die normative kirchliche Tradition eine Unterscheidung in Gott anerkannt, die seine Einheit nicht beeinträchtige, ja sogar umgekehrt festgestellt, diese Einheit könne überhaupt nur von der trinitarischen Unterscheidung her verstanden werden.

3. *Trinitätslehre*

Dieses Argument wie überhaupt die ganze Energienkonzeption legt die Frage nahe: Will Palamas durch sie die herkömmliche Trinitätslehre ersetzen? Soll die Unterscheidung von Wesen und Energien in Gott an die Stelle der Unterscheidung zwischen den Personen treten? Gregor hätte diesen Gedanken weit von sich gewiesen: Gott sei *sowohl* Wesen und Energien *als auch* Vater, Sohn und Geist.[39] Ja, die Trinität war ihm Gegenstand allerhöchster Verehrung.

Indessen, der Stellenwert dieser beiden innergöttlichen Differenzen in seiner Lehre ist völlig verschieden. Die zwischen Wesen und Energien wurde verfochten, weil nur unter ihrer Voraussetzung die Erfahrung von Vergöttlichung und Schöpfung Erfahrung Gottes selbst sein könne; sie ergab sich also im Rückschluß aus der Funktion, die Gott gegenüber dem Nichtgöttlichen wahrnimmt. Das Sein Gottes, das so erhoben wurde, mußte ihm damit zugehören, sofern er nach außen treten, Funktionen erfüllen kann; dies gilt auch für das Wesen, insofern es als negativer Hintergrund des Außenbezugs – als verborgener Einheitsgrund, als überrelationales Handlungssubjekt – zu verstehen ist.

Diesen ,,funktionalen" Zugang, der das Sein aus dem Erscheinen, aus dem Handeln erschließt, weist Palamas für die Trinität ab. Vater, Sohn und Geist *sind* einfach, sie gehören zum inneren Leben Gottes und haben mit seinen Außenbezügen nichts zu tun. Wie sollten sie auch – gehören sie doch nach der klassischen Trinitätslehre auf die Ebene des Wesens Gottes, zeichnet sich dieses nach Palamas aber gerade dadurch aus, daß es jenseits all seiner Relationen zur Welt bleibt. Es hat also keinen Sinn zu behaupten, die eine oder andere Person sei in einer besonderen Weise tätig, so wie man etwa traditionell sagt, der Geist sei eigentümlich mit dem christlichen Leben verbunden. Dessen Prägung, die Vergöttlichung, haben ja eben die Energien zur Aufgabe, und wenn hinter ihnen das Wesen vorausgesetzt werden muß, dann nicht nach der trinitarischen Dreiheit, sondern nach seiner Einheit. Das gilt auch für den Bereich, der herkömmlicherweise dem Sohn zugeschrieben wird, obwohl Palamas hier Schwierigkeiten hat, die christologische Überlieferung zu integrieren.[40]

Wenn aber ausgeschlossen ist, daß Vater, Sohn und Geist in der Welt erscheinen, dann setzt das Wissen von ihnen einen Zugang voraus, der von Gottes – energetischem – Handeln unabhängig ist. In der Tat führt Palamas es zurück auf direkte Information über das sonst unzugängliche göttliche Sein auf der Ebene des Wesens. Er findet solche Information in erster Linie in den biblischen Aussagen über Vater, Sohn und Geist.

Diese Auffassung macht erst vollends klar, was Palamas' Entwurf bedeutet. Ist es doch ursprünglich die Trinitätslehre gewesen, die erklären sollte, *wie* Gott *sein* müsse, wenn in der Heilsgeschichte wirklich *er* anwesend sei: Wäre der Menschgewordene nicht Gott selbst, so hätte er uns nicht erlöst (Athanasius); nur wenn der Geist Gott ist, kann er das neue Leben des Christen bewirken (Basilius). Diese der Ableitung der Energienlehre geradezu parallele Argumentation implizierte aber – und das ist das Entscheidende –, daß die als Gott verstandenen Größen auf die eine selbe Ebene des göttlichen Wesens gehören, anders könnten sie die Funktion, die von ihnen ausgesagt wird, gar nicht wahrnehmen. Eine ,,obere" und eine ,,untere", gerade im Gegensatz zum Wesen definierte Gottheit kann es hier nicht geben. Und es braucht sie auch nicht zu geben, weil die Freiheit Gottes als *personale* Kategorie verstanden wird, die sein Handeln selbst charakterisiert, nicht als Bereich im Sein, der sich immer aus dem Handeln heraushält. Darum kann Gott seinem Wesen nach, nämlich in den trinitarischen Personen, Beziehungen zur zeitlichen Wirklichkeit aufnehmen. Ein überrelationaler Vorbehalt bleibt da nicht.

Palamas behauptet einen solchen Vorbehalt. Für ihn ist es unmöglich, etwas auf die Zeit bezogen zu denken, was auf die Ebene des göttlichen Wesens gehört, weil dessen Überzeitlichkeit Ausdruck der Freiheit Gottes sein soll. Hier springt die Energienlehre in die Bresche: Sie erlaubt es, Gottes Außenbezüge in ihm selbst zu verankern, aber sie läßt sein Wesen – und damit auch die Trinität – von ihnen unbehelligt. Daß das Bemühen, das christliche Leben – und darüber hinaus alle Kontakte zwischen Gott und Welt – im Sein Gottes begründet zu sehen, zusammentrifft mit dem Rückschritt hinter die Aussagen der klassischen Trinitätslehre, darin liegt die Besonderheit der palamitischen Energienkonzeption innerhalb der Entwicklung der christlichen Theologie.

IV. Werke

Palamas' Schriften – sie sind bisher nur zum Teil ediert – gliedern sich in drei Gruppen: Systematisch-theologische Abhandlungen, wozu man auch den Großteil seiner Briefe rechnen muß, geistliche Traktate und Predigten. Die bei weitem wichtigste Gruppe ist die erste.

Von seinen Beiträgen zum Thema Spiritualität verdient Erwähnung das *,,Leben des heiligen Petrus vom Athos"* (PG CL 996–1040), das er in der Zeit seines ersten Aufenthaltes auf dem Heiligen Berg schrieb. Die *Predigten* (die meisten in PG CLI 9ff.[41]) stammen aus den Jahren, während derer er Metropolit von Thessaloniki war; diesem ,,Sitz im Leben" entsprechend nimmt er hier Themen aus der ganzen Breite der kirchlichen Tradition auf, die in seinem System keine Rolle spielen.

Palamas' erste systematisch-theologischen Schriften gelten dem dogmatischen Problem, welches die Federn der Byzantiner seit einigen Jahrhunderten beschäftigte wie kein anderes: der Frage, ob der Geist vom Vater und dem Sohn oder nur vom Vater ausgehe. Gregor widmete ihr (etwa 1335) die beiden „*Apodiktischen Abhandlungen*" und den Traktat „*Gegen Bekkos*" (ed. Chrestou, Bd. I, 23ff.). Mit den „Triaden", Büchern „*zur Verteidigung derer, die heiligmäßig die hesychastische Praxis ausüben*" (1338–1341), begann die Entwicklung der palamitischen Energienlehre, zunächst noch ganz als Verteidigung der hesychastischen Praxis konzipiert, dann in immer höherem Maß nach ihrer systematischen Eigengesetzlichkeit ausgebaut (ed. Chrestou, Bd. I, 359ff., und Meyendorff). In der Zwischenzeit (1341) erschien die offizielle Stellungnahme der Mönche vom Athos zu Palamas' Lehre, der „*Hagioreticus Tomus*", von ihm selbst verfaßt (ed. mehrfach, am leichtesten zugänglich PG CL 1225–1236). Der Widerspruch aus verschiedenen Lagern forderte Gregor dazu heraus, eine Unmenge von Verteidigungsschriften zu verfassen, darunter (1342/3) die drei „*Antirrhetischen Bücher gegen Akindynos*" (ined.), die sieben „*Diskurse gegen Akindynos*" (1343–4) (ed. Chrestou, Bd. III) und die vier „*Traktate gegen Gregoras*" (1356–1358) (ined.), daneben vielerlei *kleinere Abhandlungen* und *Briefe* (ed. Chrestou, Bd. II). Eine Sonderstellung nehmen die „*Kapitel über Natur, Theologie und Ethik*" ein (PG CL 1121–1226) (wohl Mitte der vierziger Jahre geschrieben), ein Werk, in dem er im Rahmen einer geläufigen Anreihungsform die gesamte Wirklichkeit theologisch zu behandeln versucht und, allerdings mehr aufzählend als integrierend, eine Fülle naturwissenschaftlichen, philosophischen und traditionellen theologischen Materials vor dem Leser ausbreitet.

V. Wirkung

Den stürmischen Erfolgen des Palamismus folgte sehr bald weitgehendes Vergessen. War im vierzehnten und fünfzehnten Jahrhundert die überwiegende Zahl der offiziellen Vertreter der griechischen Kirche auf ihn eingeschworen und wurde die Energienlehre nach und nach auch in den übrigen orthodoxen Kirchen übernommen, sollte dann für fast ein halbes Jahrtausend die Erwähnung in der Liturgie der einzige Ort sein, der dem einst so gefeierten Kirchenlehrer blieb; kaum ein Theologe bekannte sich noch zu seinem System. Das änderte sich in der Zeit zwischen den beiden Weltkriegen. Man entdeckte die Schriften des byzantinischen Bischofs wieder, und binnen kurzem setzte eine Palamismus-*Renaissance* ein, die weiteste Kreise der orthodoxen Theologie aller Länder erfaßte und den Kirchenlehrer auch zum ökumenischen Gesprächspartner machte. An der Spitze standen (exil-)russische Theologen wie Vladimir Losskij und Johannes Meyendorff. Meyendorff prägte mit seiner Biographie des Kirchenvaters das zeitgenössische orthodoxe, „neopalamitische", Palamas-Bild und stellte der Forschung mit seiner Edition und Übersetzung der

„Triaden" die erste modernen Anforderungen genügende Ausgabe eines Werkes Gregors zur Verfügung. Bald darauf begann Panagiotes Chrestou mit der Gesamtedition, die mittlerweile zur Hälfte vorliegt.

Der *Neopalamismus,* wie ihn in größter systematischer Geschlossenheit Meyendorff repräsentiert, verficht das System des byzantinischen Kirchenvaters in einer Sicht, die von modernen personalistischen und existentialistischen Anschauungen stark beeinflußt ist. Danach trägt Palamas in seiner Energienlehre einen „christlichen Existentialismus" vor, der Gott als *Person* zu verstehen erlaubt, welche sich in „freien personalen Akten" äußert, und setzt sich so von „essentialistischen" Konzeptionen ab, nach denen Gott nur ein in sich geschlossenes Wesen ist.[42] Der Neopalamismus versucht also, die biblische Traditionslinie, die Gregors System in neuplatonische Kategorien umgießt und zur ontologischen Erstarrung bringt, wieder herauszustellen. Ob es sinnvoll ist, dies zu tun, indem man eine Konzeption der Überlieferung gleichsam „gegen den Strich" interpretiert, mag fraglich sein – jenes grundsätzliche Interesse jedoch verbindet die Erben des byzantinischen Bischofs mit den Theologen der übrigen christlichen Konfessionen.

Ulrich Horst

THOMAS DE VIO CAJETAN

(1469–1534)

In Cajetans akademischer Laufbahn sowie in seinen Kirchenämtern als Ordensgeneral, Kardinal und päpstlicher Legat werden die zahlreichen Probleme, Strömungen und Neuerungen exemplarisch sichtbar, die dem Übergang vom Spätmittelalter zum Jahrhundert der Reformation ein unverwechselbares Gepräge verleihen. Cajetans *Kommentare zur Summa Theologiae* des Thomas von Aquin werden das Vorbild für eine intensive Beschäftigung mit dem Hauptwerk des Aquinaten, das allmählich die traditionellen *Sentenzen* des Lombarden ablöst. Die künftigen theologischen Schulen – genannt seien nur die Universitäten der Iberischen Halbinsel – sind ohne diesen Schritt, der eine erhebliche Erweiterung und Vertiefung des Unterrichtsstoffes mit sich brachte, kaum vorstellbar. Es war aber nicht allein diese methodische Neuerung, die schon zu Lebzeiten den Ruhm des Dominikaners begründete, nicht minder typisch war die Bereitschaft, die geistige Auseinandersetzung mit der beginnenden Neuzeit zu führen.

Weltgeschichtlichen Rang erlangte Cajetans Begegnung mit Luther 1518 in Augsburg, in der beide der neuen religiösen Bewegung und der großen Lehrdifferenzen innewurden. Diplomatische Dienste im Auftrag verschiedener Päpste, der Anteil an der theoretischen Begründung und praktischen Einleitung der katholischen Erneuerung, das gründliche Studium der Bibel sowie zahlreiche Sonderlehren, die scharfe Proteste aus den eigenen Reihen hervorriefen, aber auch wertvolle Impulse gaben, machen Cajetan zu einer dominierenden Figur in den ersten Jahrzehnten des 16. Jahrhunderts. Sein Fortleben in einflußreichen Schulen und die Rolle, die er in der Neuscholastik spielte, sicherten ihm Bedeutung bis in die Neuzeit.[1]

I. Leben

Jacobus de Vio wurde 1469 in Gaeta im Königreich Neapel geboren.[2] Nach seiner Heimatstadt sollte er später den meist gebrauchten Beinamen Caietanus tragen. Der Studienort Padua, wohin er 1491 geschickt wurde, hat seine künftige wissenschaftliche Tätigkeit und Methode stark geprägt. Hier machte er Bekanntschaft mit den spätmittelalterlichen skotistischen und averroistischen Lehrrichtungen.[3] Gleichzeitig gewann der Thomismus an Bedeutung; 1490 erhielt auf Veranlassung des Senats von Venedig ein Dominikaner den Auftrag, an der Universität die Theologie des Aquinaten zu vertreten. Der Ordensgeneral ernannte 1493 Cajetan zum Magister der Theologie im Hausstudium. Kurze Zeit später wurde er der Universität inkorporiert. In dieser Periode entstanden der (unedierte) *Kommentar* zu den *Sentenzen* des Lombarden und der zu dem Opusculum *De ente et essentia* des Aquinaten. Der Herzog von Mailand, Ludovico Moro, berief ihn 1497 zum Professor an die Universität Pavia mit dem besonderen Auftrag, die Vorlesungen im engen Anschluß an Thomas von Aquin zu halten. Der Rückgriff auf die *Summa Theologiae* – es gab dafür bereits Vorbilder – sollte für die Entwicklung der systematischen Theologie im 16. Jahrhundert außerordentliche Konsequenzen haben. Im Jahre 1501 wurde Cajetan zum Generalprokurator seines Ordens gewählt. Er übernahm jedoch gleichzeitig eine Professur an der römischen Universität, da man seine hohe wissenschaftliche Begabung nicht einem Verwaltungsamt opfern wollte.

Für den gelehrten Dominikaner bedeutete die Berufung in das Zentrum der Kirche einen ersten tiefen Einschnitt in seiner akademischen Laufbahn, denn nun sollte er bald mit hohen Ämtern im Orden und im Dienst des Papsttums betraut werden, die ihn in engsten Kontakt mit den politischen und geistigen Strömungen der Vorreformationszeit brachten. Zweifellos hat er diese praktisch-diplomatischen Aufgaben als schwere Belastung für seine wissenschaftlichen Arbeiten empfunden, zumal er von schwacher physischer Konstitution war. Aber seine Größe zeigt sich nicht zuletzt in dem höchst erstaunlichen Umstand, daß er Theorie und Praxis zu verbinden wußte, daß er oft kirchenpolitische Missionen zum Anlaß für die Abfassung theologischer Werke nahm. Wie wir sehen werden, sollte seine wichtigste Legation, die Reise nach Deutschland, Gegenstand und Methode seiner weiteren Arbeit tiefgreifend beeinflussen. Erfahrung und Reflexion durchdringen sich auf eindrucksvolle Weise. Cajetan war gewiß nach Charakter und Vorbildung nicht der geborene Diplomat, aber dies dürfte eher ein Vorteil gewesen sein. Offenbar hat er schon früh erkannt, daß die meisten Probleme des Jahrhunderts religiös-theologischer Art waren, die mit den herkömmlichen Mitteln der Kirchenpolitik allein nicht zu lösen waren.

In den ersten Jahren der römischen Professur entstanden eine Reihe von kleineren Schriften, vorwiegend praktischen Inhalts, die Anfragen beantworteten. Auch sind uns einige wichtige Predigten überliefert, die Cajetan vor Alexander VI. und Julius II. gehalten hat. Sie vermitteln uns ein anschauliches Bild von der allmählichen Verbindung der thomistischen Scholastik mit den neuen Themen und Ausdrucksmitteln der Renaissance.[4] Im Frühjahr 1507 erschien der inhaltlich und methodisch gleich bedeutsame Kommentar zur *Prima Pars* der *Summa Theologiae*.

Die Wahl Cajetans 1508 zum Generalmagister seines Ordens hatte nicht bloß Folgen für seine unmittelbare Arbeit – so etwa die Verzögerung seiner Kommentare. Sie leitete auch eine neue Phase seiner Tätigkeit ein, insofern nun die großen Themen des aus dem spätmittelalterlichen Konziliarismus herkommenden Streits um die Kirchenverfassung in den Mittelpunkt treten. Sein Wirken als General nimmt wichtige Aspekte seines späteren gesamtkirchlichen Dienstes vorweg: die Reform einer religiösen Gemeinschaft durch Betonung der *vita communis* und des im Orden traditionell gepflegten Studiums. Auf die Predigt wird großer Nachdruck gelegt.[5] An der spanischen Thomasrenaissance, die etwa ab 1530 in Salamanca ihr Zentrum haben wird, in dem Franz v. Vitoria das moderne Völkerrecht begründen sollte, ist Cajetan indirekt beteiligt, insofern er die organisatorischen Voraussetzungen für die Studien schuf. Auch geht die Aussendung der ersten Missionare des Ordens nach Amerika mit auf ihn zurück.[6]

In die Kontroversen um die gallikanisch-konziliaristische Konzeption des obersten Kirchenamtes, wie sie auf dem Konzilsversuch von Pisa (1511) vertreten wurde, griff Cajetan zunächst in seiner Eigenschaft als Ordensgeneral ein, indem er seine Untergebenen aufforderte, dem *Conciliabulum* fernzubleiben und ihm Widerstand zu leisten. Doch genügte ihm bezeichnenderweise diese juristisch-disziplinäre Rolle nicht. Er nahm vielmehr die Auseinandersetzung mit seinem *Tractatus de comparatione auctoritatis papae et concilii* auf, der seither als der klassische Ausdruck einer streng päpstlich orientierten Ekklesiologie gilt.[7] Dieses Werk führte zu einer berühmten Diskussion mit der Pariser Fakultät, die sich bis 1513 hinzog.[8] Auch jetzt bestätigt sich das vorhin Gesagte: Bedeutende Schriften Cajetans sind als Antwort auf Tagesfragen oder kirchenpolitische Ereignisse entstanden. Doch überschreiten sie oft beträchtlich den konkreten Anlaß, insofern sie den jeweiligen aktuellen Streitpunkt auf ein allgemeines Niveau heben.

Auf dem V. Laterankonzil (1512–1517) hielt Cajetan eine vielbeachtete Rede, die zeigt, wie sehr er der kirchlichen Reformbewegung angehörte.[9] Sein theoretischer und praktischer Anteil an der Aufgabe jener Tage verdiente eine eigene Studie.

Am 1. Juli 1517 wurde Cajetan zum Kardinal ernannt. Daß diese Auszeichnung von Leo X. in direkte Verbindung mit dem Dominikaner Johannes Torquemada († 1468), dem großen Vertreter der papalen Ekklesiologie im 15. Jahrhundert, gebracht wurde, verrät der Umstand, daß er – wie jener – die Titelkirche S. Sisto erhielt. Noch ahnte keiner der Beteiligten, wie sehr das Papsttum schon bald eines Verteidigers der Kirche und ihrer Ämter bedürfen sollte. Welche Ereignisse bevorstanden, wußte auch keiner genau, als der Kardinal seine Reise zum Reichstag von Augsburg (1518) antrat, auf dem der Türkenkreuzzug, die böhmische Frage sowie die bevorstehende Kaiserwahl zur Debatte standen. Nicht einmal Cajetan selbst konnte ahnen, daß in der Stadt der Fugger bald eine dramatische Begegnung stattfinden würde, deren Konsequenzen die ganze Kirche in Atem halten sollte. Ob er vor seinem Aufbruch nach Deutschland von den gegen Luther in Rom eingeleiteten Schritten unterrichtet worden war, ist unsicher. Am 23. August beauftragte ihn der Papst durch ein Breve, Luther vorzuladen und, falls dieser nicht widerrufe, ihn verhaften und nach Rom bringen zu lassen.[10] Auf Intervention Friedrichs von Sachsen, dessen Wunsch die Kurie aus politischen Gründen (Kaiserwahl) nicht abschlagen konnte, sollte Luther einem Verhör unterzogen werden, dem bei Widerruf die Absolution hätte folgen müssen. Allen Beteiligten war klar, daß dem Legaten eine fast unlösbare Aufgabe übertragen worden war: Luthers Sache war im Sinne Roms zu beenden, während andererseits sein Landesfürst wegen der Pläne in Hinsicht auf die Kaiserwahl nicht verärgert werden durfte. Es entsprach der komplizierten Situation und dem großen theologischen Ernst Cajetans, daß er die Begegnung nicht durch einen Machtspruch abbrechen wollte, sondern durch Widerlegung und Überzeugung. Die gründliche Vorbereitung bezeugt das. Zwischen dem 25. September und dem 29. Oktober 1518 entstanden 15 Traktate, die sachlich und unpolemisch die entscheidenden Divergenzpunkte herausarbeiteten.[11] Es scheint, daß der Kardinal sie zunächst nur zum Zwecke des persönlichen Vertrautseins mit der Materie niedergeschrieben hat.

Das aus den genannten Rücksichten von seiten der Kurie als „väterliches" Verhör gedachte Treffen vom 12. bis 14. Oktober – Cajetan hatte keinen Auftrag, ein theologisches Gespräch zu führen – wurde doch zu einer wahren und sachlichen Auseinandersetzung, weil der Kardinal, wie seine intensive Beschäftigung mit den umstrittenen Lehren zeigt, bereit war, auf Luther zu hören. Die Frage der Ablässe, das Verhältnis von oberstem Lehramt und hl. Schrift, das Problem der Glaubensgewißheit und der Sakramente sind die entscheidenden Themen, an denen die unterschiedlichen Positionen offenkundig werden.[12] Daß Luther dieser Differenzen innewurde, war für ihn – und den Fortgang der Reformation – wahrscheinlich das wichtigste Resultat der Augsburger Disputation. Ohne die Sachlichkeit und den Scharfsinn Cajetans, der zu hören und zu urteilen verstand, wäre dies nicht möglich gewesen.

Für den Kardinal nahm die Begegnung mit Luther ebenfalls den Charakter eines Schlüsselerlebnisses an. Seit Augsburg beschäftigten ihn unablässig die Voraussetzungen und Grundlagen der neuen Lehre sowie Fragen der reformatorischen Praxis in deutschen Landen. Sobald ihm zusammenhängende Zeit blieb – nach zahlreichen Gutachten und nach Fertigstellung seines Summenkommentars –, widmete er sich seit 1527 vorrangig exegetischen Studien. Aus der Cajetan seit Augsburg unbestreitbar gewordenen Erkenntnis, daß eine der wichtigsten Wurzeln der neuen Lehre die Infragestellung des päpstlichen Primates war, verfaßte er 1521 das gegen Luther gerichtete Werk *De divina institutione pontificatus Romani Pontificis*.[13] Auf Bitten des Papstes schrieb er ein Gutachten über die Ehe Heinrichs VIII. von England.

Daß Cajetan nach dem Tod Leos X. für Adrian von Utrecht plädierte und an dessen Wahl zum Papst (Hadrian VI.) maßgeblich beteiligt war, wird meist nicht erwähnt. Doch überrascht ein solcher Schritt, der ein strenges Reformprogramm einschloß, keineswegs, da sich der Kardinal spätestens seit seiner Tätigkeit auf dem V. Laterankonzil der Kirchenerneuerung verpflichtet wußte.[14] Am 10. März 1522 widmete er den letzten Band des nunmehr vollendeten *Summenkommentars* Hadrian VI. Es wäre gewiß eine lohnende Aufgabe, einmal die streng scholastischen Werke auf die in ihnen erörterten Reformideen hin zu untersuchen. Wahrscheinlich käme man zum Ergebnis, daß die Probleme der Kirchenerneuerung an vielen Stellen seiner systematischen Arbeiten präsent sind.

Auch in dieser Periode diente Cajetan als päpstlicher Legat in verschiedenen Missionen. Der Sacco di Roma von 1527 hat ihn tief getroffen. Daß er sich gerade in jenen Jahren mit großer Hingabe biblischen Studien widmete, entsprach der schweren Krise der Kirche Roms. Der Wunsch des humanistisch geprägten Theologen, zu den Quellen zurückzukehren, verband sich mit der in ihm seit Augsburg lebenden Gewißheit, daß Bibel und Erneuerung zusammengehörten und daß die Kirchenspaltung eine ihrer Ursachen im neu verstandenen Gotteswort hatte.

Daß die Reformideen inzwischen auch dem Kardinalskollegium vertraut waren, zeigt der Umstand, daß eine Gruppe nach dem Tod Clemens' VII. Cajetan zum Papst wählen wollte. Eine schwere Krankheit machte solche Pläne zunichte. Am 10. August 1534 starb Cajetan.[15] Er fand sein Grab in der römischen Kirche S. Maria sopra Minerva.

II. Das Werk

Wie bereits der biographische Abriß zeigt, korrespondieren Cajetans Werke in vieler Hinsicht den Problemen seiner jeweiligen Umwelt und den ihm konkret gestellten akademischen oder kirchenpolitischen Aufgaben. Diese mühelos aus seinem Lebensweg ableitbare Eigenart hat beträchtliche Konsequenzen für die Würdigung und die sachgerechte Einordnung seiner Philosophie und Theologie in die großen Strömungen des Mittelalters und seines eigenen Jahrhunderts. Daraus folgt weiter, daß die durch die Neuscholastik verbreitete Ansicht, Thomas v. Aquin und Cajetan seien in ihren Lehren nahezu identisch, so nicht richtig sein kann. Übereinstimmung im ganzen und im einzelnen wird nicht ohne weiteres vorauszusetzen, sondern jeweils zu beweisen sein.

Schwerwiegende Differenzen, die in ihrem Gewicht erst in neuester Zeit gesehen wurden, ergeben sich in metaphysischen Grundpositionen, insofern Cajetan die thomistische Seinslehre – etwa im Kommentar zu *De ente et essentia* – in ihrer Originalität verkannte und zur Substanzmetaphysik des Aristoteles zurückkehrte.[16] Man hat deshalb zu Recht von einer „Verfinsterung" des *esse* in der Thomistenschule gesprochen.[17] Nicht minder interessant sind die Gründe, die zu dieser die Bedeutung des *ipsum esse (des Seins selbst)* als *actus primus et excellentissimus* ignorierenden Sicht geführt haben. Cajetan ist zunächst tiefer durch seine skotistischen Gegner in Padua beeinflußt worden, als man früher wußte. Dann aber erklärt sich seine Lehre durch das humanistisch geprägte Verlangen, zu den Quellen der antiken Philosophie zurückzukehren, wobei deren tiefgreifende Veränderung durch den Aquinaten gar nicht recht wahrgenommen wurde.

Thomas de Vio Cajetan (1469–1534)

Dieser generelle Hintergrund muß berücksichtigt werden, will man eine weitere zeitgenössische Kontroverse in ihrem lokalen und sachlichen Kontext verstehen. Es handelt sich um die unter den Averroisten der Paduaner Universität im letzten Jahrzehnt des 15. Jahrhunderts heftig debattierten Fragen um die Einheit der Seele, ihre Abhängigkeit vom Leib und die Möglichkeit eines rationalen Unsterblichkeitsbeweises der menschlichen Seele.

Auf Cajetans Stellungnahme hierzu sei, weil sie für seine lange nicht wirklich erkannte Methode bezeichnend ist, ausführlicher eingegangen. Zu diesen Problemen äußert er sich erstmals in einer Predigt vor dem päpstlichen Hof am 1. Adventssonntag des Jahres 1501.[18] Die Fähigkeit des Verstandes, die Unsterblichkeit der Seele im strikten Sinn zu beweisen, wird ausdrücklich betont, des Glaubenslichtes bedarf man hierzu nicht.[19] Im Kommentar zur *Summa Theologiae* (I 55) lehrt er ebenso.[20] Schwierigkeiten macht allerdings die Interpretation zu *De anima* des Aristoteles, die 1510 im Druck erschien. Hier geht es Cajetan um ein Doppeltes: Er bemüht sich zunächst um eine historische Auslegung des Stagiriten, während er in einem weiteren Schritt seine eigene Ansicht darlegt. Für ihn steht fest, daß der „Grieche" keine Eigenbewegung unseres geistigen Prinzips gelehrt habe, so daß es ohne den Körper nicht sein könne, woraus dann folge, daß die Seele sterblich sei. Umgekehrt möchte Cajetan zeigen, daß Aristoteles eben hierin geirrt habe. Weil er nun auf zwei Ebenen – auf der der historischen Interpretation der Vorlage und der der Kritik an ihr – argumentiert, entstand später der Eindruck, Cajetan mache sich die Ansicht des Aristoteles zu eigen.[21] In Wahrheit verläßt er die Tradition seiner Schule nicht. Gleichwohl ist damit das Problem noch nicht gänzlich gelöst. Im *Kommentar zum Römerbrief* von 1528 und zum *Ecclesiastes* von 1534 rechnet er die Lehre von der Unsterblichkeit der Seele zu den Glaubenswahrheiten, er vergleicht sie ausdrücklich mit der Trinität und der Inkarnation. Kein Philosoph habe sie bisher bewiesen.[22] Die Erklärung dieses Widerspruchs ist nicht leicht, doch dürfte kaum zweifelhaft sein, daß solche Skepsis weniger philosophischen Gründen entsprang als den schweren persönlichen Erfahrungen des Kardinals im Zusammenhang mit der Plünderung Roms und dem Fortschreiten der Reformation. Wahrscheinlich handelt es sich eher um den Reflex der Gemütslage Cajetans in jenen enttäuschenden Jahren als um ein Zeichen eines prinzipiellen Mißtrauens in die Fähigkeiten des menschlichen Verstandes. Es verdient hervorgehoben zu werden, daß Cajetan auf dem V. Laterankonzil anläßlich der Verhandlungen über das Problem der Unsterblichkeit der Seele – gegen die nahezu einmütige Lehre der dort anwesenden Väter – für die Unabhängigkeit der Philosophie von der Theologie plädierte.[23] Dieses Beispiel mag anschaulich zeigen, wie sehr Cajetan in die Kontroversen seines Jahrhunderts verwickelt war und wie unzutreffend das landläufige Bild ist, wonach er ein abstrakter Scholastiker gewesen sein soll, der nur „überzeitlich" habe denken wollen.

So wichtig in der Sache und so typisch in der Form diese Auseinandersetzung zwischen Spätscholastik und Humanismus gewesen sein mag, sie hatte für Cajetan und die damalige Kirche bei weitem nicht jene Bedeutung und jenen tief in die Zukunft reichenden Einfluß wie die leidenschaftlichen Debatten um Wesen und Funktion des obersten kirchlichen Amtes. Die Problematik stammt aus dem vorausgegangenen Jahrhundert (ihre Wurzeln reichen freilich noch tiefer). Doch hatten die im Gefolge des abendländischen Schismas mit kaum zu überbietender Heftigkeit geführten Auseinandersetzungen um das wechselseitige Verhältnis von Papst und Konzil noch immer nicht ein allseits anerkanntes Resultat gezeitigt, obschon die papale Partei seit längerem im Vormarsch begriffen war. Gleichwohl wurde die konziliaristische Idee in ihren verschiedenen Spielarten – die radikale Unterordnung des Papstes unter die Gewalt einer Kirchenversammlung wurde nicht mehr häufig vertreten – als so gefährlich empfunden, daß der Kampf gegen sie die Theologen lange beschäftigt hat.[24] Insbesondere machte die Allianz jener Theorie mit der französischen Krone dem Papsttum bis zum 18. Jahrhundert erhebliche Sorgen.

Die Autoren des Dominikanerordens hatten traditionell zu den Verteidigern der päpstlichen *plenitudo potestatis* (Gewaltenfülle) gehört. Die *Summa de Ecclesia* (1453) des Johannes Torquemada war das große Arsenal, aus dem man die historischen und systematischen Argumente für die Kontroversen bezog. Diesem klassischen Buch, das wie kaum ein anderes die Diskussion der Folgezeit bestimmt hat, setzte Cajetan sein Werk *De comparatione auctoritatis papae et concilii* an die Seite. Ihm eignet nicht die Materialfülle, die Torquemadas *Summa* einen langanhaltenden Erfolg gesichert hat, wohl aber ein streng systematischer Charakter mit kaum zu überbietender Prägnanz, dem die Gegner aus den verschiedenen Schulen nichts Ebenbürtiges entgegenzuhalten hatten. Es wurde so das klassische Kompendium der papalen Ekklesiologie des 16. Jahrhunderts, an dessen Einfluß später nur die *Controversiae* Bellarmins reichen sollten.[25] Das Hauptprinzip lautet – dem Anlaß, den das Konzil von Pisa bot, entsprechend –, daß Petrus allein Vikar Christi und nicht der Kirche ist, so daß er und seine Nachfolger die Gewaltenfülle direkt von oben und nicht kraft einer Ableitung durch die Kirche haben. Alle Apostel haben zwar die gleiche Vollmacht, aber nur Petrus hat sie auf ordentliche Weise *(ordinarie)* empfangen, so daß er allen anderen übergeordnet ist. Während sie in den übrigen Aposteln beim Tod des Inhabers erlischt – sie war strikt persongebunden –, lebt sie in der Petrusnachfolge weiter.[26] Aufgrund der in ihm ruhenden und durch ihn weiterzugebenden Gewaltenfülle kann der Papst prinzipiell nicht der Kirche unterworfen sein, so daß der Konziliarismus, der definitionsgemäß mit einer gewissen in der Versammlung der Bischöfe liegenden Jurisdiktion rechnen muß, jedes Fundament verliert.[27] Den Dekreten von Konstanz und Basel wird aus historischen und sachlichen Gründen die Verbindlichkeit abgesprochen.[28] Trotz dieser strengen, Torquemadas Ekklesiologie übertreffenden Systematik, die die Kirche und ihre Ämter durch die päpstliche Gewaltenfülle strukturiert sein läßt, weiß Cajetan aus den Ereignissen der jüngsten Papstgeschichte, daß sich das Konzil in einigen Grenzfällen einer gewissen Autorität erfreut. Bei Häresie des Papstes und bei einer dubiosen Wahl desselben darf ein

Konzil zusammentreten, um Vorsorge zu treffen, d. h. um das Oberhaupt für abgesetzt zu erklären oder um in einer ausweglosen Lage einen neuen Papst zu wählen.[29] Gleichwohl bemüht sich Cajetan auch hier um den Nachweis, daß selbst in solchen Extremsituationen dem Konzil eine eigenständige Jurisdiktion fehlt, ihm eignet lediglich die Gewalt, eine deklaratorische Sentenz auszusprechen, die keine temporäre Hoheit einschließt.

Auch in der Unfehlbarkeitsfrage markiert Cajetan eine wichtige Etappe. Ein Irrtum des Oberhauptes bei einer Definition, die es von Amts wegen vornimmt, ist nicht möglich. Der Grund für ein solches Privileg liegt in der Tatsache, daß die Kirche in ihrer Ganzheit niemals in Irrtum zu fallen vermag. Die ihr zugesagte Verheißung, der Heilige Geist werde sie in alle Wahrheit einführen, erfüllt sich darin, daß Gott sie durch das Haupt der Kirche verwirklicht. Dies geschieht mittels einer einzigen Person und nicht etwa auf einem Konzil. Denn nach einem auch in der Ekklesiologie verbreiteten Axiom kann die *lex divinitatis* (das Gesetz der Göttlichkeit) nur dann gewahrt werden, wenn das Untere durch das Höhere und dieses wiederum durch das Höchste regiert wird. Charakteristisch für den Spruch *ex cathedra* ist, daß sich der Papst in Glaubensdingen gleichsam selbst überschreitet, so daß sein Urteil absolut und unwiderruflich wird.[30] Kein Zweifel: Dies ist eine scharfe Absage an alle konziliaristischen Tendenzen. Das Konzil als traditionelles Mittel der Wahrheitsfindung und als Repräsentanz der Kirche spielt in dieser Konzeption keine Rolle mehr, obschon man nicht vergessen sollte, daß Cajetan gegen das ,,Konzil" von Pisa schreibt. Da er fast ausschließlich in einem polemischen oder doch wenigstens defensiven Kontext argumentiert, darf man keine ausgewogene Ekklesiologie erwarten.

Cajetan wurde, wie seine Biographie zeigt, durch die historischen Umstände schon früh zum Verteidiger des Papsttums gegen den Konziliarismus und später gegen Luther – vor allem in seiner 1521 verfaßten Schrift *De divina institutione pontificatus Romani Pontificis*.[31] Es besteht kein Zweifel, daß in der Folgezeit fast nur dieser apologetisch defensive Aspekt seiner Theologie Beachtung fand. Erst in jüngster Zeit hat man erkannt, daß es daneben noch eine dogmatische Lehre von der Kirche gibt, die sich bemüht, den ganzen Reichtum der Schrift und der Vätertradition für eine systematische Ekklesiologie fruchtbar zu machen. In ihr kommen Themen zur Sprache, die man verständlicherweise in Cajetans Kontroversschriften vergeblich sucht.[32]

Nur unzureichend wurden bisher Cajetans Aktivitäten als Kirchenreformer gewürdigt, die ihren Anfang auf dem V. Laterankonzil genommen haben.[33] Es ist z. B. höchst bezeichnend, daß er die Wahl Hadrians VI. betrieb. Die zahlreichen Äußerungen zur Kirchenreform, die Cajetan im Kontext seiner systematischen Werke macht, bedürften, um das ganze Ausmaß des Interesses aufzuzeigen, einer eigenen Studie. Sie würde eindringlich bestätigen, daß er großen Anteil an den Aufgaben und Sorgen der Kirche seiner Zeit genommen hat. Später – in einem an Papst Clemens VII. 1531 gerichteten Dokument – meint der Kardinal, man möge in Deutschland – nach dem Vorbild der *lex Graecorum*

– den Geistlichen die Ehe erlauben. Auch solle man die Kommunion unter beiderlei Gestalt gewähren.[34]

Wann Cajetan erstmals vom Verfahren gegen Luther gehört hat, läßt sich nicht mit Sicherheit ausmachen, es ist aber ein providentieller Zufall, daß er im Spätjahr 1517 an einem *Traktat* über den Ablaß arbeitet.[35] Er gibt darin Mißbräuche zu und meint, diese führten zu einer Gefährdung der wahren Buße. Ablässe zugunsten der Seelen im Fegfeuer seien lediglich eine Bitte *(suffragium)* der Kirche für die Verstorbenen, brächten aber nicht gleichsam selbständig Vergebung der Sündenstrafen. Nur lebendige Glieder Christi könnten Anteil an den Wirkungen des Ablasses haben. Im Hinblick auf die schon in Gang befindliche Kontroverse ist besonders wichtig, daß Cajetan noch vor dem Angriff Luthers den Ablässen die Automatik abspricht, die man ihnen in einer populären Praxis häufig zuschrieb.[36]

Solche Studien, die ohne Kenntnis der beginnenden Reformation unternommen wurden, bildeten eine gute Voraussetzung für die Begegnung Cajetans mit Luther in Augsburg. Sie und die gründliche Vorbereitung des Kardinals kurz vor dem Treffen sollten dazu beitragen, daß trotz aller Verständnisschwierigkeiten, die ein wirkliches Gespräch nicht zustande kommen ließen, über die Sache selbst gestritten wurde und nicht an ihr vorbei. Cajetan erkannte, daß Luthers theologische Ansichten auf zwei Voraussetzungen basierten: auf der freien Schriftinterpretation, die der Autorität des päpstlichen Amtes nicht mehr bedarf, und – in Hinsicht auf die Wirksamkeit des Bußsakramentes – auf dem Verlangen nach persönlicher Glaubensgewißheit.[37] Es versteht sich, daß der Kardinal von den Fundamenten seiner vorhin skizzierten Ekklesiologie her argumentierte und darauf verwies, daß in der Ablaßfrage bereits ein päpstlicher Entscheid in der *Extravagante Unigenitus* vorliege. Ferner habe man davon auszugehen, daß der Papst über dem Konzil stehe, wodurch ein etwaiger Appell an eine höhere Instanz von vornherein ausgeschlossen werden sollte. Luther berief sich auf die konziliaristische Ekklesiologie der Pariser Universität und auf die Schrift als Norm der kirchlichen Lehre.[38] Unterwerfung sei nur für den Fall geboten, da ein eindeutiges Zeugnis der Bibel den Angeklagten überführe.[39] In den päpstlichen Dekretalen sei nur dann die Stimme Petri zu hören, wenn die Sache, um die es gehe, der Schrift entspreche.[40] Auch Cajetan konnte – im Gefolge des Aquinaten – durchaus an der Superiorität des geschriebenen Gotteswortes festhalten und dessen Unterordnung unter die Kirche ablehnen, aber an der traditionellen Lehre, daß die Offenbarung im Amt und durch das Amt vermittelt wird, ließ er naturgemäß nicht rütteln.

Cajetan hat – und nicht zuletzt darin zeigt sich seine theologische Größe – sehr bald gesehen, daß zentrale Bedeutung nicht der Ablaßfrage zukam, sondern dem Problem der Glaubensgewißheit.[41] Er erkannte, daß sich Luther mit der bisherigen Lehre von der Gewißheit der im Bußsakrament wirksam werdenden göttlichen Vergebung nicht zufriedengab, daß er vielmehr auch des Umstandes gewiß werden wollte, daß *ihm* die Vergebung zuteil geworden sei. Ob der Kardinal darin freilich mehr als Subjektivismus gesehen und ob er die dahinter stehende Glaubenserfahrung gespürt hat, mag man bezweifeln, so wie auch Luther jetzt nicht mehr verstehen konnte, daß sich jemand mit der sakramentalen Heilsgewißheit begnügte.[42] Daß die Kontroverse in Augsburg trotz aller Mängel zu dieser Einsicht geführt hat, war wohl ein entscheidender Schritt zur Reformation hin.

Bedeutend ist ferner Cajetans Beitrag zur Diskussion um Zwinglis und Luthers Eucharistielehre.[43] In seiner *Instructio nuntii* aus dem Jahre 1525 verteidigte er gegen den Schweizer Reformator die Realpräsenz und das Meßopfer. Im Hinblick auf die späteren Auseinandersetzungen sind die Gedanken wichtig, daß die Messe nicht ein vom Kreuzesopfer verschiedenes Opfer ist und daß der Unterschied zwischen beiden lediglich in der Weise der Darbringung liegt *(in modo offerendi)*. Der Grund für die Wiederholung ist nicht etwa darin zu sehen, daß dem historischen Opfer Jesu Christi etwas fehlt, es entspricht vielmehr dem Auftrag des Herrn, die Eucharistie ständig zu feiern.[44]

Noch wichtiger ist der 1531 verfaßte Traktat *De sacrificio missae* gegen die Lutheraner, der sich in der nun für Cajetan typisch gewordenen Methode auf die Schrift allein berufen möchte.[45] Auch hier geht es vor allem um Einheit und Unterschiedenheit von Kreuzes- und Meßopfer: Beide sind wesentlich identisch, so daß die Differenz zwischen ihnen nur relativer Art sein kann. Das Opfer Christi in der Messe ist kein selbständiger Opferakt, da sich Christus schlechthin und absolut bereits am Kreuz geopfert hat.

Man hat zu Recht gesagt, daß von allen katholischen Autoren jener Zeit Cajetan am überzeugendsten Einmaligkeit und Einzigartigkeit des historischen Kreuzesopfers vorgetragen hat und dies unter Wahrung des Kerns der traditionellen Eucharistielehre.[46]

Wir haben bereits erwähnt, daß die Augsburger Begegnung mit Luther auch ein Wendepunkt im Leben und in der Theologie des Kardinals gewesen ist. Die biblisch religiösen Grundlagen der Reformation müssen auf ihn einen tiefen Eindruck gemacht haben, zumal sie sich mit innerkirchlichen Reformideen berührten, die ihn seit Jahren beschäftigten. Im theologischen Schaffen des Kardinals stehen – nach Abschluß der Summenkommentare – die biblischen Arbeiten im Vordergrund des Interesses, unterbrochen lediglich durch die Gutachten, die man von ihm erbat. Diese Hinwendung zur Bibel, die naturgemäß historisch-philologische Studien einschloß, hatte eine weitere Wurzel in der humanistisch inspirierten Vorliebe für die Ursprünge, wie wir sie anläßlich der Probleme der Aristotelesinterpretation bereits kennengelernt haben. Zur Bewältigung dieser Aufgabe entwickelte er neue Arbeitsmethoden, zumal seine eigene scholastische Vorbildung nicht ausreichte, um die sprachlichen und sachlichen Schwierigkeiten der Exegese zu lösen.[47]

Cajetans erste Sorge galt der Erstellung eines zuverlässigen Schrifttextes, da die Vulgata den jetzigen Ansprüchen nicht mehr gerecht wurde. Der Interpret dürfe sich, so schreibt er im *Psalmenkommentar*, nicht ohne weiteres einem Übersetzer anvertrauen, da wahre Autorität nur dem Original zukomme.[48] Um einen korrekten Text zu erhalten, beschäftigte er zwei des Hebräischen kundige Mitarbeiter, von denen einer ein Jude war. Von diesen Helfern erwartete er eine gründliche philologische Arbeit, die eigentliche Kommentierung des Textes behielt er sich jedoch selbst vor. Wieweit solche Bemühungen einen Fortschritt gegenüber ähnlichen Unternehmungen gebracht haben, müßte im einzelnen untersucht werden, doch bleibt in jedem Fall die Sorge um eine zuverlässige Basis für die Interpretation bemerkenswert.

Für das Neue Testament ließ Cajetan keinen neuen Text herstellen, hier begnügte er sich mit einer verbesserten Vulgata, die er von Kennern des Griechischen revidieren ließ, wobei sein besonderes Interesse den exegetisch umstrittenen Stellen galt. Wegen der Bedeutung des Gegenstandes kümmerte er sich besonders um einen zuverlässigen Wortlaut des Johannesevangeliums und des Römerbriefs.[49] Cajetan hatte seit Beginn seines Bibelstudiums den Wunsch gehabt, eine Lücke in der herkömmlichen Schriftinterpretation zu schließen. Die Sorge um einen möglichst sicheren Urtext resultierte aus der Überzeugung, daß die Exegese allein den Literalsinn zugrunde zu legen habe. Bei jeder sich bietenden Gelegenheit beruft sich der Kardinal auf dieses Auslegungsprinzip.[50] Bücher, die nach seiner Ansicht eine wörtliche Kommentierung nicht zulassen, werden übergangen. So gesteht er z. B., das Hohelied in dessen *germanus sensus* (ursprünglicher Sinn) nicht zu verstehen. Die Apokalypse wird ähnlich beurteilt; er läßt sie unkommentiert, weil er sich außerstande sieht, sie im Literalsinn auszulegen: *Exponat cui Deus concesserit.* (Es möge der auslegen, den Gott dazu befähigt.)[51]

Ein solches Programm ist gewiß durch Luthers Hermeneutik beeinflußt, doch hat die Reformation keineswegs den einzigen Anstoß zur Bevorzugung des Literalsinns gegeben. Denn bereits 1507 hatte Cajetan in seinem Summenkommentar geschrieben, daß alle heilsnotwendigen Wahrheiten in ihm überliefert würden.[52] Dem Kardinal war freilich bewußt, daß dieses Programm eine Reihe von Schwierigkeiten mit sich brachte, so daß er einen gewissen Kompromiß akzeptiert. Der in einer langen Auslegungstradition entwickelte messianische oder mystische Sinn wird deshalb nicht schlechthin geleugnet. Wohl aber versucht er, um der verbreiteten Willkür zu begegnen, ihn auf jene Texte zu beschränken, in denen das Neue Testament selbst eine derartige Interpretation fordert. Als Beispiel dient die messianische Psalmendeutung im Munde Jesu und der Apostel. Daß diese Rückwendung zum Literalsinn schwerwiegende dogmatische Bedenken erregen würde, war Cajetan bekannt. Er wußte, daß man gegen seine Methode einwenden würde, aus ihr folge ein *novus scripturae sensus* (ein neuer Schriftsinn). Der Leser wird daher gebeten, nichts voreilig zu verwerfen; das Neuartige sei nicht ungeprüft abzulehnen, man müsse es vielmehr an der Schrift, am Glauben und an der Kirche messen. Man habe durchaus damit zu rechnen – und dies als Folge einer sachlichen und unvoreingenommenen Bibelauslegung –, daß zuweilen Ansichten geäußert würden, die sich gegen den „Strom der Kirchenlehrer" richteten. Ein etwaiger Bruch mit geheiligten Überlieferungen, so fährt er fort, brauchte indes kein Anlaß zur Sorge zu sein, da Autorität im eigentlichen Sinn nur den biblischen Verfassern zukomme. Gegenüber allen anderen habe man die Freiheit des Urteils. Gelegentliche Konflikte zwischen dem *novus sensus* und den „alten Lehrern" seien natürlich und kein Grund, den durch die neue Methode gewonnenen Schriftsinn zu verurteilen. Die Schriftinterpretation könne nicht ohne die Freiheit des Forschens sein. Wollte man sie an die Lehre der Väter fesseln, so gäbe es keine Exegese, die diesen Namen verdiente.[53]

Es liegt auf der Hand, daß solche Prinzipien bald heftigen Widerspruch hervorriefen und daß man sie in gefährliche Nähe zur Reformation rückte. Ein Echo der Kontroversen findet sich auch in den Debatten des Trienter Konzils, vor allem anläßlich der Diskussionen um den Bibelkanon, da hier der Kardinal – im engen Anschluß an Hieronymus – Thesen vertreten hatte, die im scharfen Gegensatz zur mittelalterlichen Tradition standen.[54] Es scheint aber, daß schon kurz nach Verabschiedung des Kanon- und Vulgatadekrets Cajetans exegetische Prinzipien und Sonderlehren der Vergessenheit anheimfielen. Die von ihrem Urheber so leidenschaftlich ersehnte Wirkung haben sie jedenfalls nicht gehabt.

III. Bedeutung

Cajetans akademische Laufbahn und die aus ihr hervorgegangenen Publikationen machen ihn zu einem der bedeutendsten Vertreter der thomistischen Renaissance der Vorreformationszeit. Daß die *Summa Theologiae* für über zwei Jahrhunderte das theologische Textbuch in zahlreichen Universitäten und Hochschulen wurde, ist nicht zuletzt dem Umstand zu verdanken, daß er den ersten vollständigen Kommentar zum Hauptwerk des Aquinaten veröffentlicht hat. Mittels seiner hohen Ämter im Dominikanerorden und in der Kirche hat er wesentlich zum Aufschwung der Studien beigetragen, so daß sich – wie etwa in Salamanca – Zentren bildeten, die für die Theologie von großer Bedeutung wurden. Nicht weniger wichtig war Cajetans Mitwirkung an der Kirchenreform, die – man denke an die Wahl Hadrians VI. – außerordentliche Konsequenzen und historische Fernwirkungen hatte. Deutlich zu konstatieren ist ferner der ungewöhnliche Erfolg seiner ekklesiologischen Schriften; sie besiegelten prinzipiell das Schicksal des Konziliarismus, der sich zu einer vergleichbaren Antwort nicht mehr aufraffen konnte.

Im vollen Licht der Geschichte steht die Augsburger Begegnung zwischen dem Kardinal und dem deutschen Reformator. Keine Partei wird sie als vollen Erfolg für sich reklamieren können, doch mindert dies deren Bedeutung nicht. Ganz im Gegenteil! Beide wurden der Differenzen gewahr, die schon bald kirchentrennenden Charakter annehmen sollten. Daß man sie nicht in praktisch-disziplinäre und somit letztlich nebensächliche Dinge verlegte, war gewiß auch ein Verdienst Cajetans. Wie sehr sich für ihn jenes Treffen von den Verhören bei Verdacht auf Irrlehre und von den üblichen Schuldisputationen unterschied, zeigt die Tatsache, daß der Kardinal hinfort das Schwergewicht seiner theologischen Arbeit auf die Bibelinterpretation verlegte. Die Verbindung von Scholastik im engen Anschluß an den Thomismus mit den neuen, durch Humanismus und Reformation geprägten Schriftstudien war sein Ideal in der letzten Schaffensphase. Daß es zu einer echten Begegnung zwischen diesen beiden Weisen der Theologie dann doch nicht kam, mindert Cajetans in die Zukunft weisende Leistung nicht, zumal er die aus solchen Versuchen resultierenden Konflikte selbst durchgestanden hat.

IV. Wirkungsgeschichte

Keiner der großen scholastischen Autoren des 16. Jahrhunderts hat einen so tiefen und nachhaltigen Einfluß auf die katholische Schultheologie bis in unsere Zeit ausgeübt wie Cajetan. Schon früh hat man in ihm *den* Interpreten der *Summa Theologiae* gesehen, dem man eine Autorität eigener Art zusprach. Als auf Geheiß Papst Leos XIII. eine kritische Ausgabe (Editio Leonina) des Hauptwerkes des Aquinaten zu erscheinen begann (1885–1906), druckte man ihr den Kommentar Cajetans bei. Eine solche quasiautoritative Auslegungshilfe hatte freilich ihre Nachteile und Gefahren, insofern man in der Neuscholastik Thomas eher mit den Augen einer fremden Epoche zu lesen anfing als mit denen seiner eigenen. Die historische und sachliche Eigenart der beiden Theologen konnte so nicht richtig gewürdigt werden. Die Originalität Cajetans verschwand zuweilen hinter seinem großen Vorbild, so wie auch der Kardinal oft den Blick auf den Aquinaten verstellte. Seine Sonderlehren, die ihn mit um die Orthodoxie besorgten Zeitgenossen in Konflikt brachten, gerieten, zumal sie teilweise schon in purgierten Editionen getilgt wurden, bald in Vergessenheit.[55] Großen und konstanten Einfluß übten hingegen Cajetans ekklesiologische Arbeiten aus; sie galten noch auf dem I. Vatikanischen Konzil als Autorität.

Vertiefte Studien der Hochscholastik und der Renaissance bewirkten, daß in den letzten Jahrzehnten die Umrisse von Cajetans Persönlichkeit und Werk wieder schärfer gezeichnet wurden.

Johannes Brosseder

MARTIN LUTHER

(1483–1546)

Einen knappen Beitrag über Leben, Werk, Bedeutung und Wirkungsgeschichte Martin Luthers einschließlich einer Einordnung dieses Theologen in den zeit- und geistesgeschichtlichen Rahmen verfassen zu müssen, erfordert nichts so sehr wie Askese und Enthaltsamkeit in dem, was an sich mitgeteilt werden müßte, um der Persönlichkeit des Reformators, seines Werkes und seiner Wirkung wirklich gerecht werden zu können. Luthers Verhältnis zur Patristik, Hoch- und Spätscholastik, zu Humanismus und Renaissance, sein volles Einbezogensein in die sehr oft wechselnden politischen Frontstellungen und Auseinandersetzungen von Papst und Kaiser, der Fürsten mit dem Kaiser und der Fürsten mit dem Papst sowie die zahlreichen umfangreichen Ausführungen zu den vielen theologischen, kirchlichen, kirchenpolitischen, gesellschaftlichen, politischen, wirtschaftlichen Fragen und Problemen machen es unmöglich, Luther hier angemessen vorzustellen. In diesem Beitrag kann es sich nur darum handeln, eine allererste Hinführung zu geben; hier werden auch keine neuen, umstrittenen Forschungsergebnisse vorgestellt, sondern nur einigermaßen allseits gesicherte mitgeteilt. Der Beitrag ist in drei Teile gegliedert; ein erster Teil (I) versucht, Leben und Werk Martin Luthers unter Berücksichtigung des zeit- und geistesgeschichtlichen Rahmens vorzustellen, ein zweiter Teil (II) widmet sich den theologischen Grundaussagen Luthers und versucht, deren ökumenische Relevanz und Grenze aufzuzeigen (III).

I. Leben und Werk

1. Kindheit und Jugend

Martin Luther wurde am 10. November 1483 in Eisleben geboren und am 11. November getauft.[1] Sein Vater Hans war ein Bauernsohn aus dem thüringischen Möhra, seine Mutter Margaretha, geb. Ziegler, stammte mütterlicherseits aus einer Familie, die vermutlich ursprünglich ihre Heimat in Neustadt an der fränkischen Saale gehabt hat. 1483 lebten die Eltern in Eisleben, wo Vater Hans als Bergmann im Kupferbau tätig war. Schon wenige Monate nach der Geburt des ersten Kindes Martin verzog die Familie 1484 ins nahe gelegene Mansfeld, dem Mittelpunkt des dortigen Bergbaugebietes. Als einfacher Berghauer erarbeitete Vater Hans sich hier in nur wenigen Jahren seine wirtschaftliche Unabhängigkeit. Spätestens seit 1507 gehörte Hans Luther zu den angesehenen und erfolgreichen Unternehmern der Gegend (7). Martin Luther konnte somit in einer wirtschaftlich gesicherten Familie aufwachsen. Hans und Margaretha Luther, opferbereite, strebsame, sparsame und auf die wirtschaftliche Sicherung auch der Kinder bedachte Eltern, vermittelten dem jungen Martin entsprechend ihrer „bäuerlichen und kleinbürgerlichen" Überlieferung einen „dürftigen Lebenszuschnitt" (8), der aber durchaus nicht als ungewöhnlich gelten kann. Ebenso für damals nicht ungewöhnlich war die Erziehung des jungen Martin. Vater und Mutter sparten zwar entsprechend den damals üblichen Erziehungsmethoden nicht mit der Rute, doch hat sich bei Martin neben dem Bild des strengen auch dasjenige des sanften, herzlichen, des frohen, zu Scherzen aufgelegten und zu Opfern bereiten fürsorglichen Vaters zeitlebens durchgehalten. Die Frömmigkeit des Elternhauses bewegte sich im ganzen im damals gegebenen kirchlichen Rahmen. „Ergebenheit gegen die Kirche und Anstoß am ärgerlichen Treiben von Mönchen und Pfarrern bestanden im späten Mittelalter sehr wohl nebeneinander" (13). Zudem hat der Mansfelder Gottesdienst bleibend auf Luther gewirkt. Ab ca. 1490 besuchte Luther sieben Jahre die Trivialschule in Mansfeld. 1497 wurde Luther von seinem Vater, der wohl für seinen Sohn eine Schule mit größerem Ansehen suchte, auf eine Magdeburger Schule geschickt (höchstwahrscheinlich die Domschule). Für Magdeburgs kirchliches Leben war der Geist der Brüder vom gemeinsamen Leben von großer Bedeutung. Mit ihm wurde Luther konfrontiert, zumal er berichtet, er sei bei den „Nullbrüdern" (70) in die Schule gegangen, die nur an der Domschule unterrichtet haben konnten. Die Ideale der Brüder lagen in Bekehrung der Herzen, Frömmigkeit, intensivem geistlichen Leben in Erbauungsstunden, Mystik, Schlichtheit, Einfachheit und Durchschaubarkeit des gottesdienstlichen Vollzugs und waren verbunden mit einem Mißtrauen gegen Gelehrsamkeit und gegen die „Weisheit nach dem Fleisch". „Luther ist also in seinen Reifejahren einige Zeit mit dieser wohl tiefsten Frömmigkeitsbewegung des gesamten Mittelalters in nähere Berührung gekommen. Das bedeutet, daß Luther die Kirche des ausgehenden Mittelalters nicht nur von der Seite ihres Verfalls her kennengelernt hat" (Lohse, 33). 1498 kehrt Luther für kurze Zeit nach Mansfeld zurück; der Vater schickte ihn wenig später im Jahre 1498 nach Eisenach auf die St. Georgenschule. In dieser Stadt lebten viele Verwandte. Freundliche Aufnahme und eine christlich geprägte Lebenshaltung umfing ihn besonders in den Familien Cotta und Schalbe.

2. Studium und Promotion

Im Sommersemester 1501 begann Luther unter dem Rektorat des Professors Jodokus Trutvetter sein Studium an der 1379 gegründeten, aber erst 1392 eröffneten Erfurter Universität. Da für die Studierenden Bursenzwang herrschte, wählte Luther die recht angesehene Georgenburse, in die die Thüringer gerne gingen. Jeder Studierende der Universität mußte vier Jahre die Artistenfakultät besuchen, bevor er seine Studien in einer der drei höheren Fakultäten (Theologie, Medizin, Recht) fortsetzen konnte. Im Herbst 1502 wurde Luther Baccalaureus artium und im Januar 1505 Magister artium; damit beendete er sein Studium an der Artistenfakultät. Im Mittelpunkt des Studiums an der Artistenfakultät stand (fast der ganze) Aristoteles, der das Schema der einzelnen Teile der mittelalterlichen septem artes liberales (sieben freien Künste: Grammatik, Rhetorik, Dialektik, Arithmetik, Geometrie, Musik, Astronomie) inhaltlich durchbrach und die Studenten in Naturphilosophie, Moralphilosophie und Metaphysik bewußt einem Horizont konfrontierte, ,,der über das enge Gesichtsfeld der sieben freien Künste weit hinausführte" (179); ,,schon die Fakultät der Artisten klopfte an die Pforte der Theologie" (172). Luthers Lehrer in der Artistenfakultät gehörten ausschließlich der ,,via moderna" an: allen voran der schon genannte Jodokus Trutvetter, Bartholomäus Arnoldi von Usingen und andere. Luther lernte somit Aristoteles in der Perspektive Wilhelms von Ockham kennen; zeit seines Lebens hat er Ockham als denjenigen geschätzt, der die Philosophie gründlicher als seine Gegner, besonders die Thomisten und Skotisten, verstehe (176). Die Lehrer in der nominalistischen Philosophie vermittelten den Schülern auch das Bewußtsein wissenschaftlicher Überlegenheit gegenüber denjenigen (176), die der via antiqua anhingen. Eine ausdrückliche Begegnung mit dem Humanismus ist für die Jahre von Luthers Studium in der Artistenfakultät nicht bezeugt.

Als Magister artium mußte Luther ab dem Sommersemester 1505 Vorlesungen in der Artistenfakultät halten. Luther hätte selbstverständlich die Möglichkeit gehabt, Magister der Philosophie zu bleiben. Aber damit wäre gewissermaßen ein wirtschaftlich dürftiger Lebenszuschnitt vorprogrammiert gewesen. Der Vater wollte indes seinen Sohn Martin einem Beruf zuführen, ,,der bessere Aussichten und dauerndere Ehren verbürgte, als der Grad eines Magisters der freien Künste" (238), zumal er die Absicht hatte, seinen Sohn durch eine ehrbare und reiche Heirat zu binden (ebd.); in der Artistenfakultät waren aber die Professoren faktisch Junggesellen, und in der Theologie wäre die Ehelosigkeit obligatorisch gewesen. Da die Medizin nicht in Erwägung gezogen wurde, blieb nur das Studium der Rechte, das Luther auf Drängen seines Vaters am 20. 5. 1505 begann. Am 20. 6. 1505 ist Luther – der Anlaß der Reise ist nicht bekannt – zu seinen Eltern nach Mansfeld gereist. Auf dem Rückweg nach Erfurt (2. 7. 1505) geriet Luther bei Stotternheim (etwa 6 km nördlich von Erfurt) in ein heftiges Gewitter. Ein in nächster Nähe einschlagender Blitz erweckte in ihm eine furchtbare Angst vor einem plötzlichen unbußfertigen Tod. In dieser Situation rief Luther die Patronin jeder Not, vor allem der Gewitternot, an und gelobte, ins Kloster zu gehen: ,,Hilf Du, hl. Anna, ich will ein Mönch werden" (249). Was Luther näherhin bewegte, Mönch zu werden, ist nur sehr schwer zu sagen. Die Todesangst und schwere Erregung mögen zwar manches erklären, jedoch dürften sie allein kein ausschlaggebendes Moment gewesen sein, da Luther auch schon früher in Todesgefahr geschwebt hatte. Entscheidend dürfte offenkundig gewesen sein, daß Luther sich in diesem Augenblick seiner Berufung zu diesem Lebensweg bewußt geworden ist, da er einen Ruf vom Himmel zu vernehmen glaubte, wie er ausdrücklich versichert (250). Bei Stotternheim mag Luther die Einsicht gekommen sein, Gott ausgeliefert zu sein, ohne alle Mittel erprobt zu haben, Gottes Wohlgefallen zu gewinnen. Er gelobte, hinfort mit anderen Kräften und auf besserem Wege Gott zu dienen als bisher (253), um vor ihm bestehen zu können (255).

Nach seiner Ankunft in Erfurt vergingen noch 14 Tage, ehe Luther seinen Beschluß ohne Wissen seines Vaters in die Tat umsetzte. Am 17. 7. 1505 trat er in das Kloster der observanten Augustinereremiten als Novize in Erfurt ein. Dieses Kloster wird Luther wohl deshalb gewählt haben, weil es ihm die Fortsetzung seiner Studien in der Artistenfakultät ermöglichte und weil es in Erfurt in hohem religiösen Ansehen stand. Nach langem Widerstreben willigte der Vater schließlich in den Ordenseintritt seines Sohnes ein (vielleicht im Laufe des September 1505). Da Prior und Kapitel Luther zum mönchischen Leben für geeignet hielten, wurde Luther ins Kloster aufgenommen. Nach einem Jahr Noviziat legte er im September 1506 die feierliche Profeß ab und wurde am 3. 4. 1507 (andere: 27. 2. 1507) zum Priester geweiht (II, 78f.). Luther war ein eifriger Mönch, der die Regeln genau beachtete, ohne daß er sich hierdurch von anderen Mitgliedern des Ordens sonderlich unterschied. Schriftlektüre und Stundengebet machten ihn mit den Texten der Hl. Schrift vertraut. Am 2. 5. 1507 feierte Luther seine Primizmesse, während der er plötzlich Angst vor der richtenden Majestät Gottes angesichts der eigenen Unwürdigkeit, das Opfer zu vollziehen, bekam, die ihn fast vom Altar hätte laufen lassen. Bei dem dem Gottesdienst sich anschließenden Festmahl wird von einem Zusammenstoß zwischen dem Vater und Martin Luther berichtet (II, 110); Luther hatte wohl offenkundig eine gegenüber früher willigere Zustimmung seines Vaters zu seinem Schritt ins Kloster erbeten; doch hat der Vater unter Verweis auf das vierte Gebot, das eindeutig und klar sei, Luthers Deutung des Ereignisses von Stotternheim nicht nachvollzogen. Diese Entgegnung des Vaters hatte großen und nachhaltigen Eindruck auf Luther, deren er sich aber erst später richtig bewußt geworden ist (II, 109–117).

Von seinem Orden wurde Luther zum Lehrer der Theologie bestimmt. Er studierte am Studium Generale seines Ordens in Erfurt, als Johann Nathin Regens war, der auch Luthers erster theologischer Lehrer wurde. „Die Erfurter Theologie stand unter dem bestimmenden Einfluß des Occamismus" (II, 139). Während seines theologischen Studiums bis zu seiner Promotion im Jahre 1512 befaßte sich Luther vor allem mit dem Studium der Hl. Schrift und mit den Sentenzen des Petrus Lombardus. Zum Studium der Sentenzen zog er ausgiebig die occamistisch geprägten Sentenzenkommentare des Gabriel Biel und Peter von Ailly zu Rate. Im Herbst 1508 erhielt Luther das Lektorat für

Moralphilosophie an der neugegründeten Universität Wittenberg; gleichzeitig hatte er daneben dort seine theologischen Studien fortzusetzen. Im März 1509 wurde Luther Baccalaureus in Theologie, was ihm die Aufgabe, Bibelvorlesungen zu halten, brachte. In Wittenberg lernte Luther auch den Generalvikar seines Ordens und Dekan der theologischen Fakultät, Johann von Staupitz, persönlich kennen und schätzen (II, 364–387). Noch im Jahre 1509 wurde Luther nach Erfurt zurückversetzt, um dort über die Sentenzen des Petrus Lombardus Vorlesungen zu halten. Im Herbst 1510 wurde er Baccalaureus formatus, womit er die Bedingungen zum Magister theologiae erfüllt hatte. Im Sommer 1511 wurde Luther von Staupitz von Erfurt nach Wittenberg zurückberufen, um sich auf die Übernahme der von Staupitz innegehabten Bibelprofessur vorzubereiten. Am 18./19. 10. 1512 wurde Luther in Wittenberg zum Doktor der Theologie promoviert; von der Fakultät war Andreas von Karlstadt als Promotor bestimmt worden. Nach Ablegung des Eides wurde Luther am 22. 10. 1512 volles Mitglied der theologischen Fakultät und erhielt als Nachfolger des Johann von Staupitz dessen biblische Professur, die er bis zum Ende seines Lebens innegehabt hat.

Exkurs: Luthers Romreise

Mitten in die Zeit seines zweiten Erfurter Aufenthaltes fiel auch Luthers Romreise vom November 1510 bis Februar 1511. Anlaß der Reise waren Auseinandersetzungen im Augustinerorden, zu deren Klärung die observanten Erfurter vermutlich Johann von Nathin, ganz sicher aber Luther als Reisebegleiter nach Rom schickten. Luther war der Auftrag sehr gelegen gekommen (II, 489). Er war von dem Wunsch beseelt, in Rom eine Generalbeichte abzulegen. Hier traf er jedoch ,,auf ungebildete und, wie er meinte, verständnislose Beichtväter".[2] Im übrigen ist Luther von Rom tief beeindruckt gewesen. Er hat in den vier Wochen, die er hier verbringen konnte, die Kirchen, Katakomben und Heiligtümer Roms besucht, die Wallfahrt zu den sieben römischen Hauptkirchen unternommen und gleichzeitig die Ablässe gewonnen, die beim Besuch der genannten Stätten gewährt wurden. Im Besuch Roms der Renaissance die Ursachen für Luthers spätere Entwicklung zum Reformator suchen zu wollen, ist abwegig, da er selbst, was diesen Zeitpunkt betrifft, auch später noch von seinen eigenen positiven Eindrücken berichtet (WA 31/I, 226; 1530), die er allerdings im Licht seiner reformatorischen Einsicht selbstverständlich 1530 theologisch anders wertet (ebd.).

3. Von 1512 bis zum Wormser Edikt 1521

Nach seiner Promotion in Wittenberg 1512 und nach Übernahme der biblischen Professur hielt Luther von August 1513 bis Oktober 1515 Vorlesungen über die Psalmen (erhalten als *Dictata super Psalterium*), 1515/16 über den *Römerbrief*, 1516/17 über den *Galaterbrief*, 1517/18 über den *Hebräerbrief*, 1518/19 erneut über die Psalmen *(Operationes in Psalmos)*. Mitten in diese Zeit fallen zwei bedeutsame Ereignisse, die in der Lutherforschung noch zu keinem allseitigen Konsens geführt haben. Zum einen geht es um die berühmten *95 Ablaßthesen*, zum anderen um das in der Literatur als sogenanntes ,,Turmerlebnis" überlieferte neue Verständnis der ,,iustitia Dei", der Gerechtigkeit Gottes. Bei den 95 Ablaßthesen ist nach wie vor umstritten, ob sie am 31. Oktober 1517 an der Schloßkirche zu Wittenberg angeschlagen worden sind oder nicht. Nicht umstritten war und ist, daß sie an diesem Tag von Luther auf jeden Fall an die zuständigen Bischöfe, an Bischof Hieronymus Schulz von Brandenburg als den zuständigen Ortsbischof und an Erzbischof Albrecht von Magdeburg/Mainz als den verantwortlichen päpstlichen Ablaßkommissar geschickt worden sind. Erwin Iserloh[3] will mit seiner – mit vielen guten Gründen – belegten These, Luther habe die Thesen nicht an der Schloßkirche zu Wittenberg angeschlagen, letztlich belegen, wie wenig revolutionär der Luther von 1517 gewesen ist und wie sehr er sich im Rahmen der Möglichkeiten bewegt hat, welche die Kirche, um einen Protest anzumelden, üblicherweise kannte. Für Iserlohs These spricht u. a. entscheidend, daß Luther selbst nirgends einen Thesenanschlag berichtet. Heiko Augustinus Oberman[4] hält unter Würdigung der Thesen Iserlohs aber trotzdem am Faktum des Thesenanschlags an der Wittenberger Schloßkirche fest, indem er unter Verweis auf Parallelen, näherhin auf Johann Ecks drei Jahre zuvor in Ingolstadt angeschlagene Zinsthesen, zu beweisen sucht, daß ein Doktor der Theologie durchaus die Dinge, die vom kirchlichen Lehramt noch nicht endgültig entschieden waren, in der akademischen Öffentlichkeit durch Anschlag von Thesen diskutieren konnte, wie Eck ja ausdrücklich bezeugt. Zu dieser Art von Gegenständen gehörten aber auch nach Iserlohs eigenem Urteil die von Luther aufgestellten *95 Ablaßthesen*. Nicht umstritten ist ferner, daß Luther nach dem 31. 10. 1517 die *Ablaßthesen* an Kollegen schickte (z. B. WA Br 1, 122), die sie ihrerseits weitergaben, so daß sie in nur wenigen Wochen eine schnelle und weite Verbreitung fanden, mit der Luther selbst nicht gerechnet hatte (WA Br 1, 170; WA 51, 540). Selbst wenn der Thesenanschlag keine Legende sein soll, ist auf jeden Fall Legende, daß der an der Schloßkirche zu Wittenberg seine Thesen anhämmernde Luther mit dieser Tat das Mittelalter oder das Abendland ,,abgehämmert" und die Neuzeit ,,eingehämmert" hat. Sowohl nach Iserloh (ohne Thesenanschlag) wie aber auch nach Oberman (mit Thesenanschlag) bewegte sich Luther im Rahmen des damals üblichen. Die Thesen selbst enthalten nichts, was nicht rechtgläubig genannt zu werden verdient; sie sind auch nach dem Urteil Iserlohs ,,berechtigte Kritik an Mißbräuchen der Ablaßpraxis und als Beitrag zur Diskussion noch nicht entschiedener Fragen der Theologie zu verstehen".[5]

Schwieriger steht es um Datierung und Inhalt des sogenannten Turmerlebnisses. Wollte man den Wert der Lutherforschung an den nicht zu harmonisierenden Ergebnissen der Arbeit zahlreicher Lutherforscher zu diesem Problem erheben, dann bliebe nichts als Resignation in dieser Frage übrig. Luther selbst berichtet seit 1532 wiederholt von einer Erkenntnis bzw. von einem Erlebnis, das ihm ein völlig neues Verständnis des ganzen Evangeliums, näherhin der Gerechtigkeit Gottes, eröffnet habe, wodurch er sich, wie er im großen Selbstzeugnis von 1545 berichtet (WA 54, 185f.), wie neugeboren fühlte und gleichsam durch die geöffneten Pforten ins Paradies eingetreten sei. Näherhin besteht das Erlebnis in der Erkenntnis, daß die Gerechtigkeit Gottes im Römerbrief (1, 17) nicht die Gerechtigkeit meint, durch die Gott in sich selbst gerecht ist und er deshalb die Sünder straft bzw. strafen muß, sondern daß Gerechtigkeit Gottes in der Schrift die Gerechtigkeit meint, mit der Gott die Sünder im Glauben beschenkt. In der Gerechtigkeit Gottes, von der das Evangelium spricht, wird also nicht der strafende, sondern der barmherzige Gott offenbar, der uns mit seiner Gerechtigkeit ohne unser Verdienst ausstattet, deren wir im Glauben teilhaftig werden. In der Lutherforschung schwankt die Datierung dieses „Erlebnisses" von ca. 1512 bis ca. 1518, jeweils mit vielen guten Gründen. Will man zu einem einigermaßen gesicherten Ergebnis kommen, dann bedient man sich am besten beim derzeitigen Stand der Diskussion einer von Otto Hermann Pesch[6] erstellten Arbeitshypothese, die – was Luthers Theologie betrifft – zwischen „Turmerlebnis", reformatorischem Durchbruch einerseits und „reformatorischer Wende" andererseits unterscheidet und beides noch einmal unterscheidet vom Beginn der Reformation, die Luther – und darin sind sich auch die Forscher einig – zeitlebens im Beginn des Ablaßstreites Oktober/November 1517 gegeben sieht. Unterscheidet man so, dann lassen sich folgende Elemente sinnvoll einander zuordnen: 1. Schon bei der Exegese von Ps 71 (72), 2 im Herbst 1514 exegesiert Luther die Gerechtigkeit Gottes so, wie sie von ihm 1545 als Durchbruchserlebnis bezeichnet wird, ohne daß von einem Durchbruchserlebnis zu dieser Zeit auch nur das geringste zu merken ist; in einer allgemeinen hermeneutischen Regel – Luther arbeitet in der 1. Psalmenvorlesung noch mit dem überkommenen vierfachen Schriftsinn (sensus literalis, allegoricus, tropologicus, anagogicus) – weist Luther darauf hin, daß Wahrheit, Weisheit, Tugend, Heil, Gerechtigkeit Gottes tropologisch auszulegen seien, d.h. als Begriffe zu verstehen sind, mit denen Gott uns weise, heil, gerecht usw. macht (WA 3, 458). Diese Auslegung von Gerechtigkeit Gottes findet Luther auch in Augustins Schrift *De Spiritu et Littera,* die er nachweislich schon vor Beginn seiner Römerbriefvorlesung gelesen und die er zur Exegese von Röm 1,17 (Gerechtigkeit Gottes) ausführlich herangezogen hat (Lohse).[7] Systematisch entwickelt wird dann dieses neue Verständnis der Gerechtigkeit Gottes im *Sermo de duplici iustitia* (1518! Aland) und von da ab fruchtbar gemacht für die Lösung all der nun anstehenden neuen Fragen und Probleme im Verlauf der zweiten Phase des Ablaßstreites. Bezeichnet man die Erkenntnis der Relevanz und der Konsequenzen der „Gerechtigkeit Gottes" als das von Luther immer wieder erwähnte „Erlebnis", dann kann diese Einsicht sehr wohl im Frühjahr 1518 angesetzt werden und trotzdem mit dem nicht zu bestreitenden Faktum in Übereinstimmung gebracht werden, daß Luther schon lange vor 1518 „Gerechtigkeit Gottes" so exegisierte, wie sie ab 1514 nachweislich bei ihm gegeben ist. 2. Unterscheidet man dieses „Turmerlebnis" oder diesen ,,reformatorischen Durchbruch" von der ,,reformatorischen Wende", dann kann die reformatorische Wende darin gesehen werden, daß Luther in seiner singulären und ohne wirkliche Parallele in der Tradition stehenden tropologischen Auslegung der Schrift schon in der ersten Psalmenvorlesung langsam und allmählich zu dem geführt wurde, was als Durchbruchserlebnis von Luther überliefert wird, woran zu zweifeln kein wirklicher Grund vorliegt.

Die Erkenntnis der ,,Gerechtigkeit Gottes", die Luther gewann, ist der Sache nach ,,grundkatholisch";[8] hinzuzufügen ist, daß sie aber ebenso sicher nicht als die die kirchliche Frömmigkeit und das kirchliche Lehren und Leben als ganze *bestimmende* Wirklichkeit gewußt wurde, so daß die Konsequenzen der Rechtfertigungslehre für den Gesamtvollzug kirchlichen Lehrens und Lebens zu den Kontroversen führten, die die Kirchenspaltung des 16. Jahrhunderts im Gefolge hatten, wobei zu beachten ist, daß nicht Luther, sondern Rom die Trennung vollzog. Wie kam es dazu?[9]

Die Ablaßthesen verbreiteten sich noch im Laufe des Jahres 1517 außerordentlich rasch und fanden ein ungewöhnlich positives Echo, worin sich eine breite Unzufriedenheit mit dem skandalösen Ablaßgeschäft (,,Tauschobjekt in einem Großhandelsgeschäft", J. Lortz) offenbarte. Der Leipziger Dominikaner Johann Tetzel, ein Unterkommissar für die Ablaßpredigt in der Magdeburger Kirchenprovinz, der die Reue hinter dem Geld zurücktreten ließ und seinerseits die abenteuerliche These ,,Wenn das Geld im Kasten klingt, die Seele aus dem Fegefeuer springt" im Januar 1518 auf einer Disputation in Frankfurt an der Oder gegen Luthers Ablaßthesen verteidigte, sowie das Kapitel der Dominikaner beschlossen, Luther in Rom wegen des Verdachts der Ketzerei anzuklagen. Erzbischof Albrecht von Mainz, an den Luther sich gewandt hatte, forderte ein Gutachten der Mainzer Fakultät an; doch bevor dieses eintraf, hatte Albrecht schon im Dezember 1517 die Thesen Luthers nach Rom geschickt, um zu prüfen, ob ein Prozeß gegen Luther zu eröffnen sei, in welchem diesem die Angriffe auf den Ablaß in Predigt, Schreiben und Disputationen verboten werden sollen. Auf dem Generalkapitel der Dominikaner im Mai 1518 in Rom wurde Johann Tetzel durch päpstliche Ermächtigung zum Dr. theol. promoviert; Sylvester Prierias, wie Tetzel Dominikaner und ,,Hoftheologe des Papstes" (Iserloh, 54), verfaßte in aller Eile einen ,,Dialogus" gegen Luthers Ablaßthesen, der schon im Juni 1518 gedruckt vorlag und dem Schreiben beilag, mit welchem Luther im Juli 1518 nach Rom zum Verhör zitiert wurde. Luther erhielt dieses Schreiben am 7. 8. 1518 von Kardinal Cajetan, der auf dem Augsburger Reichstag weilte, um die deutschen Stände für den Krieg gegen die Türken zu gewinnen. Zwischenzeitlich hatten sich aber die deutschen Augustiner auf ihrem Kapitel im April/Mai 1518 in Heidelberg voll hinter Luther gestellt. Hauptgegenstand des Streitpunktes, wie es der ,,Dialogus" formulierte, sei die Autorität der Kirche und des Papstes. Ohne Luthers Antwort abzuwarten und auf Drängen Kaiser Maximilians, der noch zu seinen Lebzeiten die Nachfolge seinem Enkel Karl I. von

Spanien sichern wollte, erließ Papst Leo X. am 23. August ein Breve an Cajetan, in welchem dieser Luther als Ketzer vorladen solle mit dem Ziel, Luther zum Widerruf zu bewegen; tue Luther dies nicht, solle Cajetan ihn verhaften und nach Rom ausliefern; bekäme er Luther nicht, solle er ihn und seine Anhänger bannen. Kurfürst Friedrich der Weise, der sich gegen Karl I. von Spanien als Nachfolger Maximilians ausgesprochen hatte und damit Bundesgenosse des Papstes war, der eine habsburgische Umklammerung des Kirchenstaates fürchtete, setzte bei Cajetan eine milde Behandlung und freien Abzug Luthers selbst bei Verweigerung des Widerrufs durch, zu welcher dieser aus politischen Gründen bereit war. Cajetan, der Luthers Schriften sorgfältig gelesen hatte, war ohne Zweifel ein seriöser Theologe. Kurfürst Friedrich forderte Luther auf, zu Cajetan nach Augsburg zu gehen. Die Begegnung fand im Oktober 1518 statt und führte zu keinem Ergebnis. Luther reiste von Augsburg ab, ohne Widerruf geleistet zu haben, und appellierte an den Papst; diese Appellation wurde am 22. 10. 1518 im Dom zu Augsburg angeschlagen. Cajetan forderte wenige Tage später von Kurfürst Friedrich die Auslieferung Luthers, eine Forderung, die der Kurfürst am 19. 11. erhielt und im Antwortbrief vom 8. (oder 18.) 12. 1518 ablehnte. Zwischenzeitlich hatte aber Leo X. aufgrund eines Entwurfs Cajetans am 9. 11. 1518 das üblicherweise benutzte, aber für Luther theologisch und amtlich nicht geklärte Ablaßverständnis entschieden. Cajetan publizierte den päpstlichen Erlaß am 13. 12. 1518 in Linz a. d. D.; da die öffentliche Meinung gegen das ganze Ablaßgeschäft schon eingenommen war, blieb der päpstliche Entscheid wirkungslos. Luther hatte aber seinerseits schon vor der Publizierung des Erlasses am 28. 11. 1518 in Wittenberg an ein Konzil appelliert, da dieses über dem Papst stehe. Diese Konzilsappellation – eine solche gab es schon von der Pariser Universität – wurde rasch im Druck verbreitet, obwohl Luther sie nur für den Fall eines Bannes publiziert sehen wollte.

Rom sah nun eine doppelte Aufgabe, einerseits Luther unschädlich zu machen und zum anderen Kurfürst Friedrich den Weisen um Unterstützung im Kampf gegen die Türken wie um weitere Unterstützung um die Nachfolge im Amt des Kaisers zu gewinnen, gegeben. Um zu erkunden, ob Friedrich Luther preisgeben würde, wurde Karl von Miltitz Mitte November 1518 mit einem Sonderauftrag zu Cajetan nach Augsburg geschickt: „Goldene Rose" für Friedrich den Weisen, zahlreiche Ablaßprivilegien und eine Bannbulle gegen Luther. Da Cajetan aber nicht mehr in Augsburg weilte, an dessen Weisungen Miltitz gebunden sein sollte, hinterließ er seine Unterlagen bei den Fuggern in Augsburg und ging zum Hof Friedrichs des Weisen nach Altenburg, um auf eigene Faust eine Versöhnung zustande zu bringen. Sowohl Friedrich dem Weisen wie Rom kam diese Sonderaktion mit ihren Eigenwilligkeiten nach dem Tod Kaiser Maximilians am 12. 1. 1519 nicht ungelegen, da Friedrich hoffte, die Sache Luthers in Deutschland zu Ende bringen zu können, während der Kurie alles daran lag, Friedrich gegen die Wahl Karls von Spanien zu gewinnen, wozu Leo X. schon am 23. 1. 1519 ausdrücklich Cajetan beauftragte. Da aber Miltitz freundliche Perspektiven in der Sache Luthers nach Rom signalisierte, wurde, da nun alles darauf ankam, die Wahl Karls von Spanien zu verhindern, ihm der Auftrag erteilt, acht Tage vor der Wahl am 21. 6. Friedrich dem Weisen mitzuteilen, sich für die Wahl des Königs von Frankreich einzusetzen bzw., wenn das nicht gelingen sollte, möge er doch selbst die Kaiserkrone annehmen, wobei einer seiner Freunde Kardinal werden solle. Da Luther als Freund des Kurfürsten galt, konnte nur dieser hiermit gemeint sein. In dieser ganzen Zeit ruhten sämtliche römische Aktivitäten gegen Luther aus politischen Gründen.

Nicht so in Deutschland. Der Ingolstädter Theologe Johannes Eck hatte rasch einige Anmerkungen *(Obelisci)* zu Luthers Ablaßthesen zum privaten Gebrauch für den Eichstädter Bischof bestimmt. Luther erhielt Kenntnis von ihnen im März 1518 und machte seinerseits Bemerkungen dazu *(Asterisci)*. Luthers Wittenberger Kollege Andreas von Karlstadt hatte Thesen gegen Ecks *Obelisci* aufgestellt. Eck forderte Karlstadt zu einer Disputation auf. Luther und Eck hatten sich im Oktober 1518 getroffen und „ein verhältnismäßig freundschaftliches Gespräch" (Iserloh) gehabt. Sie wollten Karlstadt die Städte Erfurt oder Leipzig als Disputationsort vorschlagen. Karlstadt überließ Eck die Wahl, und dieser bemühte sich bei der Leipziger Fakultät und Herzog Georg von Sachsen um die Durchführung der Disputation. Vom 27. 6. bis 16. 7. 1519 fand die Leipziger Disputation statt, an der auf Intervention Ecks auch Luther kurz vor deren Beginn vom Herzog zugelassen wurde. Während Eck und Karlstadt über die Gnade diskutierten, war Hauptgegenstand des Gesprächs zwischen Eck und Luther der päpstliche Primat, das göttliche Recht des Papsttums und die Autorität der Konzilien, die nach Luther – wie die Verurteilung von Johannes Hus in Konstanz bewies – irren können. Damit waren Fragen angesprochen, die den Anlaß der Ablaßthesen weit hinter sich gelassen hatten und zu Fragen führten, die erst auf dem I. Vatikanischen Konzil 1870 amtlich behandelt worden sind und hier keineswegs so geregelt wurden, daß die Kirchenspaltung damit aufgehoben worden wäre. Um wie viel mehr mußten die Gegenstände, um die Luther mit Eck disputierte, in der Sache in höchstem Maße diskussionswürdig sein.

Die Universität Wittenberg wurde durch Luther geradezu auf einen Schlag berühmt. Viele wollten hier studieren, zumal die Artistenfakultät, an der Melanchthon eine Professur für griechische Sprache bekleidete, auf Anregung Luthers humanistisch reformiert worden war. Luther galt als Sprecher der Nation und seine Schriften fanden reißenden Absatz. Luther beschäftigte zeitweise drei Drucker, um seine Schriften zu veröffentlichen. Im Jahre 1520 erschienen seine großen reformatorischen Schriften *Von dem Papsttum zu Rom wider den hochberühmten Romanisten zu Leipzig, An den christlichen Adel deutscher Nation von des christlichen Standes Besserung, De captivitate babylonica ecclesiae. Praeludium, Von der Freiheit eines Christenmenschen, Sermo von den guten Werken,* die alle auf ein breites Echo stießen, wenngleich manche sich auch abwandten und hierdurch künftige Fronten sich allmählich abzuzeichnen begannen.

Am 28. 6. 1519 war trotz aller Anstrengungen Roms Karl von Spanien als Kaiser Karl V. gewählt worden. Politische Rücksichten auf Kurfürst Friedrich brauchte Rom nun nicht mehr zu nehmen. Aber erst im Februar 1520 ging es mit dem Prozeß gegen Luther weiter. Drei Kommissionen, die sich ihrerseits auf Universitätsgutachten aus Köln und Löwen stützen konnten, untersuchten Luthers Lehre; bei der letzten Kommission Ende April 1520 arbeitete Johannes Eck maßgeblich mit. Diese Kommission legte einen Entwurf vor, der am 15. 6. 1520 als Bulle *Exsurge Domine* erlassen wurde, in der 41 Sätze aus Luthers Schriften als ,,häretisch, ärgerniserregend, irrig, für fromme Ohren anstößig, für einfache Gemüter verführerisch und der katholischen Lehre widersprechend" gekennzeichnet wurden, ohne zu sagen, welcher Satz mit welcher Zensur belegt wurde. Damit war die Bannandrohungsbulle sachlich um ihre Wirkung gebracht. Johann Eck mußte später zugeben, daß bei manchen der verurteilten Sätze selbst Gelehrte nicht einsehen könnten, warum das Gegenteil der verurteilten Sätze wahrer als das sein sollte, was verurteilt wurde. Bis zum Trienter Konzil blieb die Bannandrohungsbulle *Exsurge Domine* die einzige und zudem höchst unangemessene lehramtliche Äußerung zur Sache Luthers.

Hieronymus Aleander und Johannes Eck wurden beauftragt, die Bulle zu veröffentlichen. 60 Tage nach Veröffentlichung der Bulle in den sächsischen Bistümern hätte Luther widerrufen sollen; die Schriften mit den anstößigen Lehren sollten verbrannt werden. In Süddeutschland zeigten sich die Bischöfe an der Veröffentlichung nicht sonderlich interessiert, weil sie Aufruhr befürchteten, und in Mitteldeutschland traf Johannes Eck auf massiven Widerstand. Studentenunruhen, die Weigerung der Universität Leipzig, die Bulle zu veröffentlichen, und die abwartende Haltung der Universität Wittenberg, die erst etwas unternehmen wollte, bis eine Stellungnahme des Kurfürsten vorlag, zeigten an, wie stark der Protest gegen die Kurie war. In Löwen und Lüttich wurden im Oktober 1520 Schriften von Luther verbrannt, ebenso in Köln, wo allerdings sehr viele scholastische Bücher, wohl kaum Schriften Luthers, dem Feuer übergeben wurden, was zeigt, wie unpopulär das Vorgehen gegen Luther war. Kurfürst Friedrich, von dem Aleander die Auslieferung Luthers und die Verbrennung seiner Bücher verlangte, beriet sich mit Erasmus und entgegnete, daß Luther sicher bereit sei, dem Erzbischof von Trier als päpstlichem Kommissar gehorsam zu sein. Diese in Wittenberg bekanntgewordene Stellungsnahme führte dazu, daß die Bulle in Wittenberg nicht beachtet wurde. In Wittenberg wurden am 10. 12. 1520 mehrere Bände des kanonischen Rechts, Schriften von Eck und Emser sowie die Bannandrohungsbulle, die Luther selbst dem Feuer überantwortete, verbrannt. Diese Herausforderung hat Rom nicht hingenommen und am 3. 1. 1521 mit der Bulle *Decet Romanum Pontificem* Luther exkommuniziert. Alexander berichtet am 8. 2. 1521 nach Rom: ,,Ganz Deutschland ist in hellem Aufruhr. Neun Zehntel rufen ,Luther', die übrigen, falls ihnen Luther gleichgültig ist, wenigstens ,Tod der römischen Kurie' und jeder verlangt und schreit nach einem Konzil" (bei Iserloh, 77).

Das Reich war nicht gewillt, den mittlerweile in hohem Ansehen stehenden Martin Luther ohne vorheriges Verhör zu ächten, wie es an sich üblich gewesen wäre. Karl V. hatte am 28. 11. 1520 Friedrich dem Weisen versprochen, Luther zu verhören. Aleanders zahlreiche unermüdliche Bemühungen dagegen blieben letztlich erfolglos. Luther wurde zum Reichstag nach Worms bei Zusicherung persönlicher Sicherheit eingeladen, ohne daß in dem Einladungsschreiben von einem Widerruf etwas gestanden hätte. Luther selbst rechnete für Worms offenkundig mit einem Glaubensgespräch. Am 16. 4. 1521 traf Luther in Worms ein; am 17. 4. stand er vor Kaiser und Reichstag und wurde hier mit der Forderung des Widerrufs konfrontiert. Er erbat sich Bedenkzeit, lehnte aber einen Widerruf am 18. 4. ab, es sei denn, man überzeuge ihn durch Schrift oder klare Vernunftgründe; Papst und Konzilien hätten schließlich öfter geirrt. Er selbst sei gefangen durch Gottes Wort, weshalb er nichts widerrufen könne. Der Kaiser lehnte nun ein weiteres Verhör ab, räumte aber Zeit ein, damit Luther umgestimmt werden könnte, was nicht gelang. Am 25. 4. 1521 teilte der Kaiser Luther mit, daß er nun als Schirmherr der Kirche gegen ihn einschreiten werde. Luther verließ daraufhin am 26. 4. 1521 Worms. Von Kurfürst Friedrich war er darauf vorbereitet, unterwegs zum Schein überfallen und anschließend versteckt zu werden. Dies geschah am 4. 5. 1521, und Luther wurde auf die Wartburg als „Junker Jörg" gebracht. Am 26. 5. 1521 unterschrieb Kaiser Karl V. das von Aleander am 8. 5. entworfene *Wormser Edikt,* das über Luther die Reichsacht verhängte. Die politisch wichtigsten von Luthers Anhängern, nämlich die Luther wohlgesonnenen Stände, benötigte aber der Kaiser, der nun für neun Jahre von Deutschland wegging, als Hilfe in seinen Kriegen im Westen, Süden und Osten des Reiches.

4. Von 1521 bis zum Augsburger Reichstag (1530)

Die Einsamkeit auf der Wartburg hat Luther schwer zu schaffen gemacht. Mit seinen Freunden in Wittenberg, vor allem mit Melanchthon, steht er in brieflichem Kontakt, und er weist Melanchthon mit seinen Sorgen an die neuen Mitarbeiter in Wittenberg, Justus Jonas und Johann Bugenhagen. Luther selbst ist unermüdlich literarisch tätig: im Kampf gegen einen neuen Ablaßhandel in Halle, in der Frage der Mönchsgelübde – viele Geistliche und Ordensleute hatten geheiratet –; gewehrt werden mußte den Kräften in Wittenberg, die auf eigene Faust (so Karlstadt) die Privatmessen abschafften, die Sakramentsanbetung beseitigten, die Kommunion unter beiderlei Gestalt reichten, die Konsekrationsworte ohne den übrigen Kanon und ohne Elevation deutsch sprachen, geistliche Gewandung für den Gottesdienst ablehnten usw. Ebenso nach Wittenberg gekommen waren die sogenannten „Zwickauer Propheten", die unter Berufung auf den Geistbesitz Sakramente und Kindertaufe für überflüssig hielten und durch Aufrichtung einer gewandelten weltlichen Ordnung den Grundstein für das Gottesreich legen wollten, um somit den Geist der Reformation zu vollenden. Schließlich kam es im Februar 1522 zum Bildersturm in der Stadtkirche von Wittenberg. Doch bevor Luther am 1. 3. 1522 die Wartburg verließ, um ab Sonntag, dem 9. 3., in Wittenberg seine berühmten acht *Invocavit-Predigten* zu halten, mit denen er den Wittenberger Kirchensturm beruhigte und damit den Schwärmern den Boden unter den Füßen wieder wegzog, hatte Luther auf der Wartburg damit begonnen, sich in die griechische (hiermit hatte er schon 1518 angefangen) und hebräische Sprache einzuarbeiten, Schriften gegen die Macht des Papstes über die Beichte sowie gegen die Löwener und Pariser Fakultät zu verfassen. Vor allem aber widmete er sich der *Schriftauslegung,* unter der besonders die Auslegung des *Magnificat* herausragt. Die auf der Wartburg vollbrachte bedeutsamste Leistung ist Luthers sprachgewaltige *Übersetzung des Neuen Testaments;* Luther übersetzte wohl aus dem Lateinischen, wobei er den von Erasmus herausgegebenen griechischen Grundtext einschließlich dessen lateinischer Übersetzung zur Hilfe zog, um ,,den Sinn des Grundtextes“[10] zu erfassen. In der Übersetzung bediente sich Luther der sächsischen Kanzleisprache; seine Übersetzung hat nicht die neuhochdeutsche Sprache geschaffen, die Entwicklung zur Einheitssprache aber mächtig gefördert. ,,Wie keiner sonst hat Luther es verstanden, im Medium der Sprache“[11] das unmittelbar bedrängende und beglückende lebendige Wort Gottes zu vermitteln. Mit der *Übersetzung des Alten Testaments,* zu welcher Luther Fachleute beizog, war er bis zum Jahre 1534 beschäftigt. Schließlich besorgt Luther auf der Wartburg auch die Niederschrift einer *Kirchenpostille,* der ersten Predigtsammlung, die den Pfarrern Handreichung für ihre Predigt und den Familien Hilfen im häuslichen Gottesdienst geben will.

Trotz des Wormser Ediktes und trotz des Aufenthalts Luthers auf der Wartburg breitete sich die Reformation immer weiter aus. Das sollte auch nach dem Tod Papst Leos X. (1. 12. 1521) nicht anders werden. Der neue Papst Hadrian VI., ein Niederländer, legte zwar ein eindrucksvolles Schuldbekenntnis ab (9. 1. und 8. 3. 1522), doch dieses blieb ohne Wirkung, weil die Kurienreform, für die in Rom ohnehin niemand zu haben war, nicht recht in Gang kam. Die vom Papst geforderte Durchführung des Wormser Edikts wurde vom Reichstag zu Nürnberg am 5. 2. 1523 dahingehend beantwortet, daß ein Vorgehen gegen Luther schwerste Unruhen hervorrufen würde; der Papst möge zuerst die Mißstände an der Kurie beseitigen, die Gravamina deutscher Nation erfüllen und innerhalb eines Jahres ein freies christliches Konzil in eine deutsche Stadt einberufen.

Unterdessen ist Luther in Wittenberg damit beschäftigt, zahlreiche Fragen und Probleme im Licht der Neuentdeckung des Evangeliums zu prüfen. Luther schreibt über das Recht der christlichen Gemeinde, über alle Lehre zu urteilen, Lehrer zu berufen, ein- und abzusetzen; er verfaßt eine Neuordnung des Gottesdienstes und die lateinische Formula missae; mit Fragen des Verhältnisses von geistlicher und weltlicher Gewalt beschäftigt er sich in seiner Schrift *Von weltlicher Obrigkeit, wie weit man ihr Gehorsam schuldig sei* (1523). Seine *Ordnung eines gemeinen Kastens* ermahnt die Obrigkeit, über eine angemessene Verwendung der in eine Zentralkasse abgelieferten Erträge aus Pfründen und

Stiftungen zur Bezahlung von Pfarrern sowie zum Unterhalt der Schulen wie der Armen zu wachen (Leisniger Kasten). Luther beschäftigt sich ebenso mit der Pflicht der Obrigkeit, christliche Schulen zu errichten und zu pflegen. Anläßlich der Verbrennung von zwei mit Luther sympathisierenden Augustinermönchen in Brüssel (1. 6. 1523) schreibt er ein eindrucksvolles geistliches Lied, dem bald weitere von Luther gefaßte deutsche Lieder folgen (*Geistliches Gesangbüchlein,* 1524). Das reformatorische Liedgut hat wesentlich zur Ausbreitung wie zur Stärkung des Anliegens beigetragen, dem sich die Reformation verschrieben hatte. Hier in diesem Liedgut begegnet Luthers große, einfach und nachdrücklich formulierte geistliche Tiefe.

In diese Zeit 1522/23 fällt auch die Fehde der Reichsritterschaft, die infolge der tiefgreifenden wirtschaftlichen, gesellschaftlichen und politischen Wandlungen sich schlecht weggekommen fühlte und die Reformation, wie später auch die Bauern, als Auftakt zum allgemeinen Umsturz glaubte ansehen zu können. Der Raubzug Franz von Sickingens gegen den Erzbischof von Trier wurde zwar niedergeschlagen und Sickingen tödlich verwundet; anderen Aufständischen im Fränkischen und Schwäbischen erging es nicht anders, doch sahen manche nun auch in der Reformation eine revolutionäre Gefahr, was sie in ihrem Willen zum Kampf gegen sie bestärkte. Luther hat sich jedoch nicht auf die Seite der Reichsritterschaft gestellt.

Während nach dem Tod Papst Hadrians VI. (14. 9. 1523) der neue Papst Clemens VII. (19. 11. 1523) erneut versuchte, die Durchführung des Wormser Ediktes zu erreichen, beschließen die Stände auf dem Nürnberger Reichstag von 1524 die Durchführung eines Nationalkonzils, das im Herbst 1524 stattfinden sollte. Kaiser und Papst widersetzten sich erfolgreich diesem Beschluß, und so kommt es, daß altgläubige Stände auf dem Konvent von Regensburg (Juni/Juli 1524) die gemeinsame Durchführung des Wormser Ediktes und die Wiederherstellung der alten Ordnung beschließen. Hier beginnt sich schon langsam das spätere, in Augsburg ausgesprochene Prinzip „Cuius regio, eius religio“ abzuzeichnen.

In den Jahren 1524 und 1525 ist Luther vor allem beschäftigt mit seinem harten Kampf gegen Andreas von Karlstadt und Thomas Müntzer sowie gegen Täufer und Spiritualisten. Ferner ficht er einen literarischen Kampf gegen die Bauern und für die Obrigkeit. Genannt seien nur seine Schriften *Wider die himmlischen Propheten von Bildern und Sakrament* sowie *Wider die räuberischen und mörderischen Rotten der Bauern.* Sein Kampf gegen die Bauern hat Luther im Volk sehr geschadet; manche einfachen Leute wandten sich von ihm ab und einige schlossen sich nun Täufern und Spiritualisten, dem linken Flügel der Reformation, an. Man kann mit gutem Grund von nun ab die Reformation als Angelegenheit der Fürsten bezeichnen, die sich ihrer zur Sicherung und Ausweitung ihrer Macht bedienten, ohne daß Luther jetzt daran noch hätte etwas ändern können.

Mitten in diesen Auseinandersetzungen heiratete Luther am 13. 6. 1525 die ehemalige Zisterzienserin Katharina von Bora, die Luther zeitlebens eine gute

Frau war und einen Haushalt mit meist vielen Tischgästen meisterte. Die Ehe war mit sechs Kindern, drei Söhnen und drei Töchtern, gesegnet.

Auf theologischem Gebiet hatte Luther sich in dieser Zeit aber auch mit dem Humanismus, näherhin mit Erasmus von Rotterdam, der sich in den Auseinandersetzungen bisher auf keine Seite geschlagen hatte, zu beschäftigen. Luther, der Erasmus wegen der Edition der Hl. Schrift in der Ursprache hoch schätzte, wußte sich diesem zu großem Dank verpflichtet. Erasmus hatte aber 1524 in seiner Schrift *De libero arbitrio diatribe sive collatio* Luthers schon in der gegen die Bulle *Exsurge Domine* von 1520 verfaßten *Assertio* gestellte Frage nach der Rolle des menschlichen Willens bei der Verwirklichung des Heils aufgegriffen. Erasmus greift sie hier erneut auf und verteidigt einen Rest von Willensfreiheit als Wahlfreiheit des Menschen, ohne welche Gerechtigkeit und Barmherzigkeit Gottes auch keinen Sinn mehr hätten und die Ermahnungen der Schrift auch unverständlich bleiben müßten. Luther antwortete in seiner Schrift *De servo arbitrio,* in der er die Gottheit Gottes und deshalb den geknechteten Willen herausstellt, da in der Heilsfrage ein „Gott allein" gilt. Wahlfreiheit gesteht Luther hier nur im bürgerlichen Bereich zu. Die Auseinandersetzung geht ferner um die Frage nach der Klarheit der Schrift, die Luther, da ihr Literalsinn Christus ist, vertritt, während Erasmus auch von dunklen Stellen der Schrift spricht, die es nicht vertragen, vor jedermann erörtert zu werden. Im *Hyperaspistes Diatribe* (1526/27) hat sich dann Erasmus gegen die Reformation ausgesprochen, ohne deswegen mit dem zufrieden gewesen zu sein, was die alte Kirche bot. Luther und Erasmus waren aber von so unterschiedlichen Anliegen beseelt, beide waren so gegensätzliche Charaktere, daß sie nicht zueinander finden konnten.

Entsprechend dem schon erwähnten Regensburger Konvent kam es unter dem Eindruck der Bauernkriege 1525 zu einer Fürsten-Vereinigung auch in Norddeutschland, dem Dessauer Bündnis, das die lutherische Sekte als Wurzel des Aufruhrs ausrotten wollte. Als einziger Fürst hatte sich schon 1524 Philipp von Hessen offen zur Reformation bekannt, Luthers Landesherr, Kurfürst Friedrich der Weise, erst auf dem Sterbebett – er starb am 5. 5. 1525. Sein Bruder und Nachfolger Johann (der Beständige) trat entschlossener für die Reformation ein. Philipp von Hessen und Johann von Sachsen schlossen am 6. 5. 1526 das Bündnis von Gotha-Torgau, dem sich noch die Fürsten von Braunschweig-Lüneburg, Braunschweig-Grubenhagen, Mecklenburg, Anhalt, Preußen (Deutschordensstaat) und die Stadt Magdeburg anschlossen. Damit zeigten die gegensätzlichen theologischen Auffassungen in Deutschland gleichzeitig neue Machtverhältnisse an. Zwar hatte auf dem Speyerer Reichstag 1526 der Kaiser zur Durchsetzung des Wormser Ediktes erklären lassen, daß bis zu einem Konzil nichts geändert werden dürfe, aber die evangelischen Fürsten und Städte zeigten sich selbstbewußt und nicht daran interessiert, durchgeführte Reformen wieder rückgängig zu machen. Der Reichstagsbeschluß lautete denn auch, bis zu einem Konzil es so zu halten, wie ein jeder solches gegen Gott und Kaiser verantworten zu können hofft. Für die evangelischen Stände bedeutete dieser Beschluß praktisch auch die Berechtigung, ihn in einer größtmöglichen Weite auslegen zu dürfen. Für Luther wurde dies insofern bedeutsam, als er weitere Reformen durchführen konnte: die *Deutsche Messe* und *Ordnung des Gottesdienst* (1526), *Das Taufbüchlein aufs neue zugerichtet* (1526). Mit dem Ende der zahlreichen Privatmessen brach aber auch die wirtschaftliche Grundlage der alten Kirche zusammen. Sowohl die der alten Richtung anhängenden Priester wie die der neuen Predigt anhängenden Pfarrer mußten hungern. Anstelle der zusammengebrochenen alten Ordnung und anstelle der vielfältig zu beobachtenden neuen Willkür geht Luther nun daran, der Kirche eine neue Ordnung zu geben. Vor allem ist ihm darum zu tun, die Gemeinden zu ermahnen, dem Pfarrer den Lebensunterhalt zu gewähren. Eine vom Kurfürsten Johann in Kursachsen durchgeführte Visitation, an der auch Melanchthon teilnahm, brachte erschütternde Ergebnisse über Armut der Pfarrer, über den Lebenswandel mancher von ihnen, über das Glaubenswissen in den Gemeinden usw. zutage. Der Kurfürst erläßt 1527 eine Instruktion für die Visitatoren, in der diesen die Vollmacht gegeben wird, Geistliche, die Wort und Sakrament nicht recht verwalten, abzusetzen und Gemeindeglieder, die dem neuen Glauben widerstehen, des Landes zu verweisen. Luther waren so weitgehende Vollmachten des Landesherren in innerkirchlichen Belangen nicht recht. Aber Visitationen hat er für dringend notwendig gehalten. Das von Melanchthon verfaßte, von Luther vielfach verbesserte und mit einem Vorwort versehene Werk *Unterricht der Visitatoren an die Pfarrherren im Kurfürstentum Sachsen* (1528) legt davon ein beredtes Zeugnis ab. In diesem berühmten Vorwort bemerkt Luther ausdrücklich, daß auch er das rechte Bischofs- und Besuchsamt als höchst notwendig gerne wieder aufgerichtet gesehen hätte. Da aber die Bischöfe ausfielen und die Reformatoren dazu weder berufen seien noch Befehl hätten, bittet Luther den Kurfürsten nicht als weltliche Obrigkeit, sondern als Glied der Kirche, aus christlicher Liebe Sorge für die notwendigen Visitationen zu tragen. Der Vorrede muß die Bedeutung eines stillschweigenden Protestes gegen das Kirchenregiment des Landesherrn und dessen Instruktion von 1527 zuerkannt werden.[12] Geeignete Pfarrer wurden nun zu Superintendenten ernannt, und es wurden – um eine übergeordnete kirchliche Stelle zu schaffen – später Konsistorien gebildet (1539), die aber erst 1542 eine eigene Ordnung erhielten. Luther selbst hat in den Jahren 1528 und 1529 Visitationen vorgenommen. Die hier gemachten Erfahrungen in Glaubenssachen veranlaßten ihn, den *Großen Katechismus* (1529) und wenige Monate später, aber eigenständig erarbeitet, den *Kleinen Katechismus* (1529) zu veröffentlichen. Auf theologischem Gebiet sollte sich Luther 1529 erneut mit der Abendmahlsfrage befassen. Hatte Luther schon gegen Karlstadt die Realpräsenz Christi in den Abendmahlsgestalten mit Nachdruck unterstrichen, so brach in der Auseinandersetzung mit Zwingli ein neuer innerevangelischer Abendmahlsstreit aus. Schon 1525 hatte Zwingli die Realpräsenz geleugnet, und Luther hatte die neue Abendmahlslehre Zwinglis schon 1526 strikt abgelehnt. 1528 hatte Luther in der Schrift *Vom Abendmahl Christi, Bekenntnis*

Zwingli der Schwarmgeisterei bezichtigt, die Wort und Sakrament zugunsten einer undeutlichen Innerlichkeit verachtet. Philipp von Hessen, der ein Bündnis mit Zürich gegen den Kaiser suchte, weiß, daß ein solches nur zustande kommen kann, wenn zuvor die theologischen Fragen bereinigt sind. So kam es zum Marburger Religionsgespräch von 1529 (1. bis 3. 10.), in welchem Luther ohne alle politischen Rücksichten am Wortlaut des Einsetzungsberichts „Das ist mein Leib" festhält, während Zwingli dies nicht zugesteht, so daß Luther gegenüber Butzer feststellt, daß einerlei Geist nicht herrsche. Trotzdem kam es in Marburg zu einer Konkordie; sie erfolgte auf der Basis der 17 Schwabacher Artikel von 1529, welche die Lutheraner als Vorbereitung des Marburger Gesprächs erarbeitet hatten. In der *Marburger Konkordie* wird zur Abendmahlslehre festgestellt, daß das Sakrament des Altares ein Sakrament des wahren Leibes und Blutes Jesu Christi sei; die Konkordie hatte allerdings faktisch keinen großen Wert, da die Lutheraner den wahren Leib Christi betonten, Zwingli die Betonung auf Sakrament im Sinne von bloßem Zeichen legte und sich somit an den bleibenden Differenzen sachlich nichts änderte.

Im Jahre 1529 hatte sich die politische Stellung des Kaisers so gefestigt, daß Karl V. darangehen konnte, sich energisch der Lösung der kirchlichen Auseinandersetzungen zu widmen. Da auf dem Reichstag zu Speyer 1526 das Wormser Edikt faktisch außer Kraft gesetzt worden war und die Reformation sich deshalb weiter ausbreiten und festigen konnte, sollte auf dem Reichstag zu Speyer (März/April 1529) in den verbliebenen altgläubigen Gebieten das Wormser Edikt durchgeführt werden, während in den evangelischen Gebieten die bisherigen Neuerungen bestehen bleiben durften, die alte Messe aber toleriert werden müsse, während weitere Neuerungen zu unterbleiben hätten; verboten werden ebenso häretische Lehren gegen das Abendmahl (Zwingli) sowie die Sekten (Täufer). Gegen diese Vorlage erhoben die evangelischen Stände am 19./20. 4. 1529 feierlichen Protest; von da ab datiert der Name „Protestanten". Trotz dieses Protestes wurde die Vorlage vom Reichstag am 22. 4. beschlossen und der Kaiser ersucht, beim Papst ein freies Generalkonzil innerhalb eines Jahres in eine deutsche Stadt einzuberufen. Fünf Fürsten und vierzehn Städte gaben nun am 25. 4. 1529 den Protest zu Protokoll in Gestalt einer Appellation an den Kaiser. Versuche evangelischer Fürsten, Bundesgenossen gegen die Habsburger zu suchen, mußten scheitern, weil die innerevangelischen Auseinandersetzungen zwischen „Lutheranern" und den Anhängern Zwinglis nicht beizulegen waren und weil Luther ausdrücklich seine Zustimmung zu einem Kampf gegen den Kaiser als die von Gott gesetzte Obrigkeit verweigerte.

5. Vom Augsburger Reichstag (1530) bis zu Luthers Tod (1546)

Kaiser Karl V., der im Februar 1530 die römische Kaiserkrone aus der Hand des Papstes empfing, hatte sich vorgenommen, die Glaubenseinheit auf anderen als den bisher beschrittenen Wegen wiederherzustellen. Am 21. 1. 1530 berief er für den 8. 4. 1530 einen Reichstag nach Augsburg ein. In diesem Einberufungsschreiben wünscht er, „die Zwietracht hinzulegen, vergangene Irrsal unserem Heiland zu ergeben und ferner eines jeden Gutdünken, Opinion und Meinung in Liebe und Gütigkeit zu hören, zu erwägen, zu *einer* christlichen Wahrheit zu bringen". Die Ausschreibung des Reichstags fand auf evangelischer Seite freundliche Aufnahme. Johann von Sachsen forderte die Wittenberger Theologen auf, die Fragen, an denen der Zwiespalt sich entzündet hatte, zusammenzustellen, um über den Verhandlungsspielraum in Augsburg genau Bescheid zu wissen. Für die Glaubensfragen konnte man sich dabei auf die schon erwähnten 17 Schwabacher Artikel von 1529, die ihrerseits ihre Grundlage in Luthers Bekenntnis am Schluß des gegen Zwingli gerichteten Werkes *Vom Abendmahl Christi* (1528) hatten, stützen; Fragen der Kirchenordnung und der kirchlichen Zeremonien mußten dagegen neu zusammengestellt werden. Dies geschah in einem von Melanchthon verfaßten Gutachten, nach der Verhandlung vom 27. 3. 1530 in Torgau *Torgauer Artikel* genannt. Luther mußte auf der Reise nach Augsburg als Geächteter in der kursächsischen Veste Coburg zurückbleiben. Melanchthon wurde daher der theologische Wortführer der Evangelischen auf dem Augsburger Reichstag. Am 2. 5. 1530 traf die Delegation in Augsburg ein. Melanchthon sah aufgrund einer von Eck verfaßten Liste von 404 häretischen Sätzen die Notwendigkeit, aus den beiden mitgebrachten Artikeln (Schwabacher und Torgauer) ein einheitliches Bekenntnisdokument (die spätere *Confessio Augustana*) zu verfassen. Dieses sollte sich einerseits klar gegen die Zwinglianer und die Schwärmer abgrenzen und andererseits die grundlegende Übereinstimmung mit der von den Vätern überkommenen katholischen Lehre zum Ausdruck bringen. Ein erster Entwurf wurde Luther am 11. 5. zur Coburg übersandt. Am 15. 5. äußerte sich Luther zustimmend: er wisse nichts daran besser zu machen; das schicke sich auch nicht, da er nicht so sanft und leise treten könne (WA Br 5, 319, 7). Ob der Ausdruck „leise treten" hier schon Kritik an Melanchthon bedeutet oder Luther hier nur dessen gefälligen Stil betonen will, ist umstritten.[13] Jedenfalls gibt es einige, mindestens prinzipiell positiv deutbare Äußerungen Luthers zur *Confessio Augustana* (3. Juli: WA Br 5, 435, 4; 6. Juli: WA Br 5, 442, 14; 9. Juli: WA Br 5, 458, 13; evtl. auch noch 29. Juni: WA Br 5, 405, 19). Mit Sicherheit übt Luther aber scharfe Kritik an Melanchthon am 21. 7. 1530, als er an Justus Jonas schrieb, die *Confessio Augustana* verheimliche die Artikel über das Fegefeuer, die Heiligenverehrung und über den Papst als Antichristen, wo er wiederum vom „leise treten" spricht. Damit ist jedenfalls erwiesen, daß Melanchthons Schlußsatz des 1. Teils der CA: „Der ganze Streit erstreckt sich bloß auf einige wenige Mißbräuche" von Luther nicht geteilt wird. Heinrich Bornkamm hält diesen Satz Melanchthons für einfach nicht wahr.[14] Karl V. kam am 15. 6. 1530 nach Augsburg. Noch vor der Eröffnung des Reichstages am 20. 6. 1530 hatte Melanchthon in geheimen Verhandlungen den ganzen Zwiespalt auf die Fragen nach Priesterehe, Privatmesse und Laienkelch, wenig später nur noch auf Priesterehe und Laienkelch zu reduzieren versucht. Sollte hier nachgegeben werden, seien die Evangelischen bereit, in der Frage des Fegefeuers, der bischöflichen Jurisdiktion und vielem anderen nachzugeben. Wegen fehlender Rückendeckung konnten diese Verhandlungen keinen Erfolg haben (Manns, 113–117).

Am 25. 6. wird der deutsche Text der CA vom kursächsischen Kanzler öffentlich verlesen, und sowohl der deutsche wie der lateinische Text – beide Fassungen sind nebeneinander entstanden und haben als authentisch zu gelten – wurden überreicht. Beide Fassungen sind nicht mehr vorhanden; die Urtexte müssen aus bisher 54 bekannt gewordenen Kopien rekonstruiert werden.[15] Der Kaiser veranlaßte nun, nachdem ihm eine vorgelegte katholische Antwort als zu lang und zu polemisch erschien, eine in seinem Namen ausgehen sollende *Confutatio,* die am 3. 8. 1530 in deutscher Sprache vor den Reichsständen verlesen, den Evangelischen aber nicht ausgehändigt wurde. Der Kaiser hielt damit die *Confessio Augustana* für widerlegt (und forderte vom Papst die Einberufung eines Konzils), die Evangelischen nicht. Die Kurie ihrerseits fürchtete ein Konzil mehr als Zugeständnisse an die Evangelischen und lehnte die Einberufung eines Konzils der Sache nach ab, was den Kaiser zu erneuten Vergleichsverhandlungen veranlaßte, die ihrerseits aber an dem, was in der CA Mißbräuche genannt worden war, scheiterten, ohne daß die Bedeutung des erreichten Lehrkonsenses, den auch die *Confutatio* feststellte, gebührend gewürdigt worden ist. Nie mehr sind sich die beiden Seiten so nahe gewesen wie in Augsburg, wenngleich Melanchthon in der Zeit Juli/August 1530 bis an den Rand evangelischer Selbstverleugnung gegangen ist, was von Luther heftigst attackiert und scharf abgelehnt worden ist (Brief vom 26. August: WA Br 5, 577), ohne im einzelnen das Ausmaß dessen zu kennen, was Melanchthon zu „opfern" bereit gewesen ist. Luther drängte auf Abbruch aller Verhandlungen. Am 22. 9. 1530 wird ein Entwurf des Reichtstagsabschieds den Ständen vorgelegt, doch von den evangelischen Ständen abgelehnt, die ihrerseits die inzwischen von Melanchthon erstellte Apologie der CA dem Kaiser übergeben wollten, die dieser aber nicht annahm. Die meisten evangelischen Stände verließen nun Augsburg. Am 19. 11. 1530 folgte der Reichstagsabschied; in ihm wird den Evangelischen hinsichtlich der Artikel, über die man sich nicht verständigt hatte, Bedenkzeit bis Mitte April 1531 eingeräumt; es wird ihnen verboten, weitere Neuerungen durchzuführen. Ferner dürfen sie die Ausübung des alten Glaubens nicht behindern. Weiter wird die Einberufung eines Konzils innerhalb von sechs Monaten gefordert und schließlich wird die Entschlossenheit zur Durchführung des *Wormser Ediktes* von den noch anwesenden altgläubigen Ständen bekundet. Gegen Ungehorsame sollte das mit neuen Vollmachten ausgestattete Reichskammergericht vorgehen. Die Gefahr eines Waffengangs wurde deutlich sichtbar. Die evangelischen Stände, die sich vom 29. bis 31. Dezember 1530 im thüringischen Schmalkalden versammelten, beschlossen am 31. 12. 1530 für sechs Jahre ein Schutz- und Trutzbündnis für den Fall eines Angriffs, das 1537 um 10 Jahre verlängert wurde. Luther billigt nach langem Widerstreben ein solches Bündnis, indem er in seiner „Warnung an seine lieben Deutschen" 1531 darauf verweist, daß Widerstand gegen die Papisten, ja sogar gegen den Kaiser, wenn er gegen das Evangelium einen Krieg führen will, nicht Aufruhr gegen von Gott gesetzte Obrigkeit, sondern Notwehr ist. Den Tod Zwinglis in der Schlacht von Kappel (11. 10. 1531) wertet Luther als ein Gottesurteil gegen Schwärmer und Sakramentarier.

Wegen der Türkengefahr konnte Karl V. die Augsburger Beschlüsse nicht durchführen. Im *Nürnberger Anstand* vom 23. 7. 1532 wurde den Schmalkaldenern zugesichert, daß bis zum Konzil bzw. bis zum nächsten Reichstag um des Glaubens willen keine Gewalt angewendet werden würde und alle Kammergerichtsprozesse sistiert würden. Im Schutze dieses Anstandes breitete sich die Reformation weiter aus. Luther, auf den wir nach einer gerafften Darstellung der politischen Ereignisse wieder zurückkommen, trat nun immer mehr in den Hintergrund.

Am 25. 9. 1534 war Papst Clemens VII. gestorben, und am 13. 10. 1534 wurde Alessandro Farnese als Paul III. zum Papst gewählt. Von Anfang an faßte dieser die Einberufung eines Generalkonzils ins Auge. Nach mehrfachen Vorstößen berief Paul III. am 2. 6. 1536 für den Mai 1537 ein Konzil nach Mantua ein. Das bisher sowohl vom Kaiser als auch von den evangelischen Ständen und der Reichstagsmehrheit gemeinsam immer wieder geforderte Konzil schien nun endlich Wirklichkeit werden zu können. Der Kurfürst von Sachsen vermißte jedoch in der Konzilseinladung Aussagen über Freiheit und Unparteilichkeit des Konzils und kritisierte dessen Einberufung in eine italienische Stadt. Der Einberufung Folge leisten, hieße, den Papst, der ,,Partei" war, als Schiedsrichter in eigener Sache anzuerkennen. So drängte Johann von Sachsen auf Ablehnung und bat Luther, Artikel zusammenzustellen, bei denen Martin Luther festbleiben und nicht zu weichen gedenke. So entstanden Luthers *Schmalkaldische Artikel,* die er am 28. 12. 1536 einer Theologenkonferenz vorlegte. Melanchthon wich in der Papstfrage von Luther ab; er anerkannte den Primat des Papstes ,,iure humano". Auf dem Bundestag in Schmalkalden im Februar 1537 war Luther wegen Krankheit nicht anwesend. Melanchthon vereitelte die Vorlage der *Schmalkaldischen Artikel;* er selbst erhielt den Auftrag, die *Confessio Augustana* durchzusetzen und um Artikel über den Papst zu ergänzen. Melanchthon erfüllte diese Aufgabe mit seinem *Tractatus de potestate papae.* So wurde die *Confessio Augustana,* Melanchthons schon im Herbst 1530 überarbeitete, erweiterte und 1531 veröffentlichte *Apologie* sowie sein *Tractatus* 1537 offizielle Bundesschriften des ,,Schmalkaldischen Bundes"; Luthers *Schmalkaldische Artikel,* beliebt und verbreitet, wurden dagegen erst 1580 in dieses Buch aufgenommen. Am 24. 2. 1537 beschlossen die Schmalkaldener, die Teilnahme am Konzil abzulehnen, weil die Teilnahme gleichbedeutend mit der Annahme der eigenen Verurteilung sei.

Dabei ist es schließlich auch geblieben, als dann endlich am 13. 12. 1545 das Konzil in Trient eröffnet wurde. Es kam zu spät, um die Einheit der Kirche noch retten zu können; das Gerangel um den Konzilsort sowie die katholischen Versuche, nach den gescheiterten Unionsgesprächen in Hagenau,

Worms und Regensburg die militärische Lösung zu suchen, waren wenig geeignet, Bedingungen zu stiften, die eine angemessene Behandlung der strittigen Fragen in einem vertrauensvollen Klima ermöglicht hätten.

Während die Reformation nach dem Augsburger Reichstag von 1530 seit 1532 wesentlich eine Angelegenheit der Fürsten und Städte geworden war, hatte Luther den politischen Gang der Dinge nicht mehr in der Hand. Er war aber in dieser Zeit keineswegs untätig. Rastlos widmete er sich der inneren Festigung der reformatorischen Kirchen durch die Vollendung der *Bibelübersetzung* (1534), durch zahlreiche, auch im Druck verbreitete Predigten, er geißelt die allgemeine Sittenlosigkeit (vor allem die „Sauf- und Freßsucht"), zeigt den Fürsten ihre hohe Verantwortung auf und ist bitter enttäuscht, daß sie meist unfähig zum Regieren sind und nur die Wahrung und Mehrung ihrer Macht im Auge hätten und dabei vor Raub an Kirchengut nicht zurückschrekken; Deutschland könne dadurch nur Schaden nehmen; Wachsamkeit und Gebet seien unerläßlich.

Die Ahnung, die Luther schon in den Anfangsjahren der Reformation bekommen hat, daß die Endzeit angebrochen ist, da mitten in der Kirche der Antichrist herrsche, der die Schrift, das Wort Gottes, niederhalte und sich selbst an dessen Stelle setzte, wird ihm bis zu seinem Tode zur immer größeren Gewißheit. Dadurch geraten seine Schriften immer heftiger in den Sog naheschatologischer Bedrängnis. Das ob all der Greuel furchtbare Gericht Gottes sucht er zu lindern, indem er sich mit aller Vehemenz für Besserung einsetzt, um sich auch nicht seinerseits schuldig zu machen an fremder Sünde, da die eigene schon groß genug ist. Aus diesem Geist heraus ist die außerordentliche Schärfe von Luthers Spätschriften sowohl gegen den Papst wie auch gegen die Schwärmer, Antinomer (Agricola) und Sakramentarier wie auch gegen die Juden zu erklären, ohne daß dies deshalb schon gebilligt werden könnte.[16] Aber auch in diesen Jahren findet Luther Zeit und Gelegenheit, in theologischen Dokumenten von einzigartiger Schönheit seine reformatorische Grundeinsicht darzulegen. Hier seien nur genannt seine *Drei Symbola oder Bekenntnis des Glaubens Christi* (1538) sowie *Von den Konziliis und Kirchen* (1539), Schriften, die – bei aller kritischen, manchmal auch heftigen Auseinandersetzung – von einem außerordentlichen theologischen Tiefgang Zeugnis ablegen und Fragen formulieren, die es heute noch wert sind, nachdrücklich bedacht zu werden. Aber auch in den vielen polemischen Altersschriften wird, betrachtet man sie unter dem Aspekt, was in ihnen zur Rechtfertigungslehre faktisch gesagt wird, das Zeugnis der rechtfertigenden Gnade verkündet.

Der alternde Luther, der nur noch Gift und Galle verschleudert haben soll, gehört genauso in das Reich der Legende wie der Luther, der 1517 das ganze Abendland zertrümmert habe. An dem Glauben an den rechtfertigenden Gott, der seine Macht auch angesichts aller Widerstände, die Menschen ihm entgegenbringen und an der vorbei Menschen ihr Heil suchen und wirken wollen, hat Luther zeitlebens festgehalten. In diesem Glauben hat Luther die Kraft gefunden, in Predigt, Zuspruch, Seelsorge usw. Gottes Trost anderen zuzusprechen; in diesem Glauben und in der Hoffnung auf den Gott, der sich auch seiner eigenen Person erbarmen wird, ist Luther am 18. Februar 1546 in Eisleben, wohin er wegen der Schlichtung eines Rechtsstreites gereist war, gestorben. Vor seinem Tod hat er hier noch in vier Predigten (31. Januar, 2. Februar, 7. Februar, 15. Februar) von dem Worte Gottes Zeugnis abgelegt. In der Schloßkirche zu Wittenberg ist Martin Luther beigesetzt.

II. Luthers theologische Grundaussagen

Im Zentrum von Luthers Theologie steht sachlich Gottes Gottheit.[17] Den spezifischen Zuschnitt erhält dieses Zentrum biographisch und „politisch" vom Hintergrund der spätmittelalterlichen Bußfrömmigkeit und Bußtheologie, deren Fragestellungen der Sache nach geteilt, deren Lösungen aber abgelehnt werden. Der Weg, der andere Lösungen als die damals herrschenden finden ließ, wird von einer innerchristlichen Neubesinnung auf die biblischen, vor allem paulinischen Grundlagen als dem bleibenden Maßstab aus gegangen. Luther wurde auf diesem Weg zu Einsichten geführt, die zu einer umfassenden Reflexion auf das Ganze des überkommenen christlichen Lehrens und Lebens führten. Ihr kann innerer Zusammenhang, Durchsichtigkeit, Klarheit, Folgerichtigkeit der Sache nach nicht abgesprochen werden, wenngleich Luther keine systematische „Summa theologiae" geschrieben, sondern seine Theologie in immer neuen Anläufen meist aus ganz konkreten und sehr unterschiedlichen Anlässen heraus entwickelt hat. Luther war es verwehrt – vielleicht abgesehen von den dreißiger Jahren –, ein ruhiges Gelehrtenleben zu führen. Sowohl die Situation wie auch sein Temperament geben seinen Schriften neben der schon erwähnten sachlichen Klarheit auch das Kolorit des Raschen, gelegentlich Gehetzten, immer aber des an der Sache Engagierten und existentiell Betroffenen. Innere wie äußere „Dramatik" sind ein charakteristischer Grundzug seines Theologisierens.

Die Reformation begann sachlich mit dem Neubedenken der Frage: „Wie kriege ich einen gnädigen Gott?"[18] Luther wurde die Einsicht zuteil, daß die von ihm besonders gewissenhaft gepflegte Vorbereitung auf die Genugtuung und das gute Werk im Anschluß an das wöchentlich empfangene Bußsakrament insofern problematisch sind, als sie den Menschen dazu verleiten, das ganze Vertrauen zur Erlangung des Heils, des Gerechtwerdens vor Gott, auf sich selbst statt auf Gott zu richten. Um Gottes Zorn über die Sünde des Menschen zu mildern, versucht der Mensch mit seinem (Buß-)Werk, Gott zu versöhnen. Luther erfuhr aber dabei, daß er auf diesem Wege christlich nicht weiterkam, er sich vielmehr trotz der Absolution immer weiter vor Gott als Sünder wußte und er sich immer tiefer in Sünde verstrickt sah. Die Auseinandersetzungen um diesen Problemkreis führten Luther zu neuen Einsichten in den Zusammenhang der Themen Gott – Gerechtigkeit Gottes – Christus – Glaube – Werke – Buße – Schlüsselgewalt. Gerechtigkeit Gottes, unter der

Luther die formale Gerechtigkeit verstand, durch die Gott in sich selbst gerecht ist und dementsprechend die Sünder straft, erschloß sich ihm als Gerechtigkeit, mit der Gott sich der Sünder erbarmt und sie mit seiner Gerechtigkeit beschenkt. Dieser Gerechtigkeit Gottes werden die Sünder im Glauben und nicht durch menschliche Werke (der Vorbereitung, der Genugtuung, des Gewinnens von Ablässen) teilhaft, denn Gott erbarmt sich der Sünder, die glauben, und nicht der Gerechten. ,,Durch keine Vorbereitung wirst du geeignet, durch keine Werke würdig zum Empfang, sondern allein durch den Glauben, weil allein der Glaube an das Wort Christi gerecht, lebendig, würdig und geschickt macht, und ohne ihn ist alles andere Bemühen nur ein Zeichen der Überhebung oder der Verzweiflung. Denn der Gerechte lebt nicht durch seine Vorbereitung, sondern durch den Glauben. Darum sollst du an deiner Unwürdigkeit gar nicht zweifeln, denn eben deshalb gehst du ja zum Sakrament, weil du unwürdig bist, um würdig und gerecht gesprochen zu werden von dem, der die Sünder und nicht die Gerechten selig zu machen sucht. Wenn du aber dem Worte Christi glaubst, so hältst du es in Ehren und dadurch bist du gerecht und des ewigen Lebens würdig“ (*Acta Augustana* 1518, MA 1, 69; WA 2, 14). Die Gerechtigkeit und das Leben der Gerechten beruhen auf dem Glauben; die Werke des Gläubigen sind deshalb lebendig, die Werke des Ungläubigen dagegen tot, sündhaft und verdammlich nach dem Wort Christi: ,,Ein fauler Baum kann nicht gute Früchte bringen; ein Baum aber, der nicht gute Früchte bringt, wird abgehauen und ins Feuer geworfen“ (*Acta Augustana* 1518, MA 1, 68; WA 2, 13). Die Entdeckung der zentralen Bedeutung des Glaubens im Vollzug des Bußsakramentes ist nicht gegen das menschliche Werk überhaupt gerichtet, es geht vielmehr um die Qualität dieses Werkes: ohne Glauben ist das Werk für den Menschen der Grund, sich selbst vor Gott zu rühmen (und damit sich und nicht Gott in den Mittelpunkt zu stellen), im Glauben jedoch geschieht die Anerkenntnis von Gottes Gottheit, und die guten Werke sind deren selbstverständliche Folge. Über den Zusammenhang des Bußsakramentes hinaus gewinnt diese Qualität der Werke in Luthers Theologie generelle Bedeutung: ohne den Glauben ehrt der Mensch in den Werken Gott ,,auswendig“, ,,inwendig aber setzt er sich selbst als einen Abgott“ (*Sermo von den guten Werken,* 1520, MA 2, 12; WA 6, 211). Erst im Glauben geschehen die guten Werke recht (a. a. O., MA 2, 5; WA 6, 205). Der Glaube ,,bringt mit sich die Liebe, Friede, Freude und Hoffnung“ (MA 2, 7; WA 6, 206). Interpretament und Grundstruktur dieses Verständnisses der Rechtfertigung des Menschen vor Gott, der richtigen, im Zusammenhang des Heils gesehenen Zuordnung von Glauben und Werk, ist für Luther die Unterscheidung von ,,Gesetz und Evangelium“.[19] Am rechten Verstehen von ,,Gesetz und Evangelium“ hängt nahezu die ganze Schrift und das Verstehen der gesamten Theologie (WA 7, 502). Die Unterscheidung von ,,Gesetz und Evangelium“ ist die höchste Kunst in der Christenheit (WA 36, 9), und nur der darf sich Theologe nennen, wer ,,Gesetz und Evangelium“ recht zu unterscheiden weiß (ebd.). ,,Gesetz und Evangelium“ sind beide aus Gottes Hand. In beiden

Martin Luther (1483–1546)

tritt Gott den Menschen entgegen, aber je verschieden: einmal im Gebieten, das auf zu *erfüllende* Gerechtigkeit aus ist, das andere Mal in Christus, in welchem Gerechtigkeit *erfüllt* ist, die im Glauben ergriffen wird. Im Gesetz begegnet Gott als der Fordernde: So sollst du sein! Im Evangelium begegnet er als der Gebende: Von dir aus kannst du nicht so sein – empfange den, der schon die Forderung erfüllt hat. Im Gesetz herrschen Zwang und Gehorsam aus Angst und Furcht, im Evangelium ist Freiheit von allem Zwang und Müssen, ist Freude gegeben. Das Gesetz klagt an, verurteilt und zeigt dem Menschen seine wahre Existenz vor Gott als Sünder – im Evangelium hebt Gott selbst die Verurteilung der unter dem Gesetz Stehenden auf, indem er sie am Kreuz ein für allemal zum *Heil* der Sünder vollstreckt hat. „Gesetz ist für Luther eine existentiale Kategorie, in der die theologische Interpretation des faktischen Menschseins zusammengeballt ist."[20] Es ist „die Wirklichkeit des gefallenen Menschen".[21] Solche Erkenntnis leistet freilich das Gesetz nicht von sich aus, sondern nur im Licht des Evangeliums. Vom Evangelium her wird das Gesetz zum „Erzieher auf Christus hin" (WA 39/I, 446). Das ist der „theologische Gebrauch des Gesetzes". Das eine Wort Gottes gilt es daher in der Unterscheidung von „Gesetz und Evangelium" zu verkündigen, „damit der Mensch zur Erkenntnis und zum Bekenntnis seiner Gefangenschaft in der Sünde kommt, damit er Gott in Christus allein seinen Befreier und Erretter sein läßt; damit er Gott Gott bleiben läßt – den Gott, der allein gerecht ist und gerecht macht".[22] Daß hier alles auf die rechte Unterscheidung ankommt, versteht sich von selbst. Der Mensch steht aber nach Luther in der ständigen Gefahr, Gesetz und Evangelium zu vermischen und damit den Sinn der beiden Weisen des einen Wortes Gottes zu zerstören. Macht der Mensch dabei aus dem Gesetz ein Evangelium, dann ist das Gesetz als *Heilsweg* angepriesen, dann läßt der Mensch sich nicht mehr an Christus verweisen, sondern baut auf sich selbst; macht der Mensch aber aus dem Evangelium ein Gesetz, dann tut er eigentlich dasselbe: er betrachtet das Evangelium als von sich aus zu erfüllende Aufgabe und nicht mehr als geschenkte Gabe, in die er versetzt und von der er getragen ist. In beiden Fällen wird der *Zuspruch:* „das darfst, kannst und wirst du tun und sein, weil du *im Leben bist,* nämlich bei Christus, und weil Christus dieses Tun und Sein wirkt"[23] nicht mehr vernehmbar, weil nur noch der *Anspruch:* „das sollst du tun und sein, *um zum Leben zu gelangen*", ergeht, ohne auf Christus als den Erfüller dieses Anspruchs verwiesen zu werden.

Das Wissen um den theologischen Gebrauch des Gesetzes im Licht des Evangeliums liegt sachlich dem Wissen um den bürgerlichen bzw. politischen Gebrauch des Gesetzes insofern voraus, als nur der Glaubende das bürgerliche Gesetz so zu gebrauchen in der Lage ist, daß es nicht zu einem Mißbrauch des Gesetzes kommt.[24] Luther will keineswegs das bürgerliche Gesetz und die hinter ihm stehende weltliche Obrigkeit abschaffen oder in ihrer Bedeutung, dem Übel zu wehren und den öffentlichen Frieden zu sichern, mindern, sehr wohl aber deutlich machen, daß damit und dadurch nicht schon das Heil gestiftet wird.

Das in der Thematik von Gesetz und Evangelium sichtbar werdende Verständnis der Rechtfertigung des Menschen durch Gott in Christus berührt fundamental auch Luthers Verständnis der rechten Gotteserkenntnis des Menschen. In der *Heidelberger Disputation* (1518) stellt Luther der ,,theologia gloriae" die ,,theologia crucis" gegenüber. Die ,,theologia gloriae" versucht, Gottes unsichtbares Wesen aus den Werken der Schöpfung wahrzunehmen und zu verstehen; dabei aber wird das der Welt zugewandte sichtbare Wesen nicht erkannt und begriffen. Dieses der Welt zugewandte, sichtbare Wesen Gottes ist dem unsichtbaren entgegengesetzt; es ist Gottes Menschheit, Schwachheit, Torheit im Kreuz Christi. Dieses Kreuz Christi ist nicht aus den Werken der Schöpfung ableitbar. Das Kreuz aber ist der Ort, an dem Gott sich finden lassen will, das Kreuz ist das, was Gott von sich selbst den Menschen sichtbar gemacht hat. Mit einer solchen Sehweise lehnt Luther nicht generell die Erkenntnis Gottes aus den Werken schlechthin ab, sehr wohl aber sagt er, daß man mit einer solchen Gotteserkenntnis noch lange nicht vor dem Gott steht, von dem der christliche Glaube als Gott in Jesus Christus spricht. Ferner sieht Luther in der ,,natürlichen Gotteserkenntnis" die gleiche Gefährdung gegeben, in der auch die guten Werke stehen: als Ort des sich Rühmens (WA 1, 362), statt Konkretion und Folge des Glaubens zu sein. Luther sagt: ,,Denn da die Menschen die Erkenntnis Gottes auf Grund seiner Werke mißbrauchten, wollte wiederum Gott, daß er aus den Leiden erkannt werde, und wollte darin solche Weisheit des Unsichtbaren durch eine Weisheit des Sichtbaren verwerfen, auf daß so die, die Gott nicht verehrten, wie er in seinen Werken offenbar wird, ihn verehren sollen als den, der in den Leiden verborgen ist", wobei sich Luther auf 1 Kor 1, 21 beruft. ,,So ist es für niemand genug und nütze, Gott in seiner Herrlichkeit und Majestät zu erkennen, wenn er ihn nicht zugleich in der Niedrigkeit und Schmach seines Kreuzes erkennt" (MA 1, 133; WA 1, 362). Luthers Rede vom ,,verborgenen" und ,,offenbaren" Gott hat im Kreuz Christi ihren sachlichen Grund. Richtige Gotteserkenntnis geschieht, indem der Glaubende das empfängt, was Gott ihm an ,,Einblick" gewährt; und das ist der Weg, in der Ohnmacht die Macht, in der Schwachheit die Kraft, in der ,,Torheit" die ,,Weisheit" Gottes zu erkennen. Gott handelt – ,,abgelesen" am Kreuz Christi – *,,in der Gestalt des Gegenteils"*.

Das Kreuz Christi ist ebenso der sachliche Grund für Luthers ,,Philosophiefeindlichkeit" in der Theologie.[25] Zwar sagt Luther, daß er der Philosophie nicht jeden Nutzen für die Theologie absprechen wolle, doch wolle er sich mit Petrus Lombardus mehr an die Lehrer der Kirche, besonders an Augustinus, halten. In seiner Kritik an der Philosophie fühlt Luther sich schon 1509 durch Augistinus nur bestärkt (WA 9, 13). In seiner Disputation gegen die scholastische Theologie, in der er sich vor allem gegen Scotus, Occam, Pierre d'Ailly und Gabriel Biel wendet, zeigt er in 10 Thesen (Thesen 43–53) auf, wie wenig es nützt, Logik und Metaphysik (des Aristoteles) in der Theologie zu verwenden. In seinen *Conclusiones quindecim tractantes an libri philosophorum sint utiles aut inutiles ad theologiam"* (1519, WA 6, 28) legt er dar, daß Philosophie für die

Theologie letztlich nutzlos ist. Und dies ist deshalb so, weil Philosophie es nur zum Menschenwort und nicht zum Gotteswort in Christus bringt (WA 44, 591; 40 III, 78).

Luther wertet damit keineswegs die menschliche Vernunft, das menschliche Denken schlechthin ab; im Gegenteil: für die Regelung der irdischen Belange ist sie ein unverzichtbares höchstes Gut, weil sie von Gott gegeben ist. Aber in Sachen des Heiles vermag sie von sich aus nicht zu dem zu gelangen, was in der Schrift als Heilsweg verkündigt wird.

Aus den bisherigen Überlegungen dürfte schon deutlich geworden sein, welch zentrale Stellung „die Schrift" in Luthers Theologie einnimmt.[26] Sie ist es, die allein in der Kirche Autorität hat; alles andere hat nur abgeleitete Autorität und nur insoweit, wie sie mit der Schrift in Übereinstimmung steht. Diesen Rang nimmt die Schrift in der Kirche deshalb ein, weil sie Niederschlag der apostolischen Predigt von Jesus Christus ist. In ihr begegnen wir der lebendigen Predigt der Apostel; es gehört zum Wesen des Evangeliums, konkret verkündigt zu werden: „Evangelium aber heißt nichts anderes, denn ein Predigt und Geschrei von der Gnad und Barmherzigkeit Gottes, durch den Herrn Jesus Christum mit seinem Tod verdienet und erworben, und ist eigentlich nicht das, was in Büchern stehet und in Buchstaben verfasset wird, sondern mehr ein mündliche Predigt und lebendig Wort und Stimm, die da in die ganze Welt erschallet und öffentlich wird ausgeschrien, daß mans überall höret" (WA 12, 259). Das Evangelium ist lebendige Anrede an den Menschen, das auf Glauben aus ist. So wie zu Zeiten der Apostel, soll es auch heute in der Kirche sein. Die Schrift als Niederschlag apostolischer Predigt wurde in der Kirche notwendig, weil – nach Luther – die Predigt in der Gefahr stand, häretisch zu entarten (WA 10/I, 1, 626; Althaus, 72).

Der Inhalt der Schrift, der Inhalt des lebendig gepredigten Evangeliums aber ist Jesus Christus. Er ist die Mitte der Schrift, von ihm her hat sie ihre Einheit: „Das ist ungezweifelt, daß die ganze Schrift auf Christum allein ist gericht" (WA 10/II, 73; Althaus, 73); „nimm Christus aus der Schrift, was wirst Du sonst noch in ihr finden?" (WA 18, 606) Er, Christus, ist das menschgewordene Wort Gottes; so hat die Schrift als Wort Gottes nur diesen einzigen Inhalt. In Auseinandersetzung mit der mittelalterlichen Exegese gelangt Luther zu der Einsicht, daß die Schrift nur einen einzigen „Literalsinn" hat: Jesus Christus. Von hierher wird verständlich, warum Luther sowohl die These der Selbstbeglaubigung der Schrift wie auch die ihrer Selbstauslegung aufstellt. Daß die Kirche den Kanon der Schrift erstellt hat, bedeutet nicht, daß sie deshalb Herrin über die Schrift ist, sie verweist vielmehr auf das „Wort Gottes" und steht unter ihm (WA 30/II, 420). Ebenso steht es um die „Selbstauslegung" („sacra scriptura sui ipsius interpres", WA 7, 97; 10/III, 238). Natürlich weiß auch Luther, daß es immer Menschen sind, die die Schrift auslegen; aber der Geist, in dem die Schrift ausgelegt werden will und von dem her Menschen die Schrift auszulegen vermögen, kommt nicht von außerhalb der Schrift, sondern entstammt ihr selbst. Wäre das anders, dann würde man sich über die

Schrift erheben und sie nach eigenem Gutdünken auslegen. Selbstauslegung und Auslegung im und durch den Heiligen Geist gehören hier zusammen. Da Christus der einzige „Inhalt" der Schrift ist, ist die Schrift auch hell und klar (WA 18, 609) und auf ihn hin auszulegen. Die These der Selbstauslegung der Schrift ist dabei gegen zwei Fronten gerichtet: „sowohl gegen Rom wie gegen die Schwärmer. Auf beiden Seiten sollte die Auslegung durch etwas anderes als durch die Schrift selbst autorisiert sein: in Rom durch das kirchliche Amt, dem der Heilige Geist verheißen sei, bei den Schwärmern durch die besondere Geistesbegabung, die einzelnen abseits der Schrift zuteil wird" (Althaus, 75).

Im Wort Gottes ist auch die „Kirche", „Gemeinde", „das christlich heilig Volk in der Welt" gegründet; das Wort Gottes ernährt, erhält und stärkt die Kirche (WA 12, 191; Althaus, 250). Gottes Wort kann nicht ohne Gottes Volk sein, wiederum: Gottes Volk kann nicht ohne Gottes Wort sein (Althaus, ebd.). Äußerlich erkennt man Kirche daran, daß das Evangelium gepredigt, die Sakramente Taufe und Eucharistie gemäß der Einsetzung durch Christus gereicht werden, wo die „Schlüssel" gebraucht, d. h. wo die Sünden öffentlich und privat als öffentliches Zeichen von Christus hinterlassen, vergeben werden, wo die Kirche „Kirchendiener weihet oder beruft oder Ämter hat, die sie bestellen soll", wo öffentlich „Gebet, Gott Loben und Danken" praktiziert werden, und schließlich, wo „das Heiltum des heiligen Kreuzes", innere Anfechtung und Verfolgung um Christi willen, gegeben sind (*Von den Konziliis und Kirchen,* WA 50, 628–643).

Luthers Schriftbezogenheit, seine Schrift- bzw. Christusgebundenheit führen zur Kritik am Sakramentenverständnis und an der Sakramentspraxis der Kirche seiner Zeit.[27] Dabei geht es Luther – was die Siebenzahl betrifft – nicht darum, diese überhaupt zu verwerfen, sondern darum darzulegen, daß diese aus der Schrift nicht bewiesen werden kann (WA 6, 549). Im strengen Sinne läßt Luther nur zwei bzw. drei Sakramente gelten: Taufe, Eucharistie, Buße. Firmung, Krankensalbung, Ordination, Ehe spricht er den Charakter eines Sakramentes deshalb ab, weil in ihnen nicht ein von Gott gesetztes Zeichen des sündenvergebenden Verheißungswortes in der Schrift gefunden werden kann, ohne damit deren „sakramentierlich Zeichen" leugnen oder diese Praxis abschaffen zu wollen. Luther läßt nur das als ein Sakrament gelten, was von Jesus Christus ausdrücklich („das Wort der göttlichen Verheißung, wodurch der Glaube soll geübt werden", WA 6, 550) eingesetzt worden ist. Bei der Darlegung der Taufe geht es ihm um die Betonung des rechtfertigenden Glaubens im Zusammenhang des Vollzugs des Sakraments sowie um die grundlegende Bedeutung des in der Taufe empfangenen Priestertums aller Gläubigen als Teilhabe aller am Priestertum Jesu Christi. In der Darlegung des Verständnisses der Eucharistie geht es ihm – gegen die Zwinglianer – um die Betonung der Realpräsenz. Am Eucharistieverständnis und an der Eucharistiepraxis der Kirche seiner Zeit kritisiert er vor allem dreierlei: das Transsubstantiationsverständnis der Realpräsenz, die Tatsache, daß der Kelch den Laien vorenthalten wird, sowie vor allem aber das Verständnis der Eucharistie als (menschliches)

Opfer. Mit dem Begriff der Transsubstantiation sieht Luther sowohl philosophische Schwierigkeiten gegeben wie auch die Tatsache, daß die Zeitgenossen diese Lehre nicht verstehen. Das Faktum, daß der Kelch den Laien vorenthalten wird, zeigt ihm, daß die Kirche sich über Christus stellt und eine ausdrückliche Weisung der Schrift „Trinket *alle* daraus" mißachtet und den Kelch nur dem „geistlichen Stand" vorbehält. Das *ganze* Sakrament aber gilt allen, und nicht nur ein Teil. Den gravierendsten Mißbrauch aber sieht Luther darin gegeben, daß das Sakrament der Eucharistie als gutes Werk und gutes Opfer ausgegeben wird. Das Sakrament ist aber nicht etwas, das Gott gegeben werden soll, sondern etwas, das Gott gegeben hat, damit es genommen werde. Das, was man im Abendmahl als Opfer bezeichnen kann, gehört auf die Seite des Gebetes und nicht auf die Seite des Sakramentes. Nicht wir sind es, die Christus opfern, sondern Christus selbst hat sich ein für allemal geopfert, und dieses wird in der Eucharistie gegenwärtig. Seiner Gemeinschaft werden wir teilhaftig im dankbaren Nehmen und Empfangen seiner Gaben. Entsprechend dieser Grundeinsicht in die biblischen Abendmahlsberichte hat Luther die Privatmessen abgeschafft, um dem Gemeinschaftscharakter des Abendmahls wieder Geltung zu verschaffen; kritisiert hat Luther die Verehrung der eucharistischen Gaben, weil diese den Mahlcharakter verdunkelt. In der Frage der Realpermanenz hat er festgehalten an der Praxis der Krankenkommunion, ansonsten aber „reinen Tisch" gemacht.

Ein weiteres wichtiges neues Verständnis gewann Luther auch im Verständnis des kirchlichen Amtes. Luther kritisiert die traditionelle „Ständelehre", die in der Redeweise „geistlicher Stand" und „Laienstand" bzw. „weltlicher Stand" sich widerspiegelt. Aufgrund der Taufe sind alle Christen „geistlichen Standes" und haben teil am Priestertum Jesu Christi. In dieser Hinsicht sind „Laien" und „Priester" vor Gott gleich. Mit dieser Aussage wird jedoch nicht der Unterschied und die Besonderheit des kirchlichen Amtes gegenüber dem allgemeinen Priestertum bestritten. Vielmehr geht es Luther bei der Ablehnung der Vorstellung eines von anderen Christen unterschiedenen besonderen „geistlichen Standes" um die Ablehnung der Vorstellung einer in diesem gegebenen größeren Nähe zum Heil in Christus. Die Besonderheit des kirchlichen Amtes, das Luther als Dienst und nicht als „Gewalt" begreift, liegt darin, daß die „Kirche" bzw. die „christliche Gemeinde" in das von Gott gesetzte Amt der Wortverkündigung (und Sakramentenspendung) konkret beruft und beauftragt. Zwar sind alle Getauften in gleicher Weise prinzipiell bevollmächtigt, weil sie sonst auch nicht berufbar wären, aber nicht jeder kann diesen Dienst in der Gemeinde und für sie öffentlich versehen: „was wollt sonst werden, wenn ein jeglicher reden oder reichen wollt, und keiner dem andern weichen! Es muß einem allein befohlen werden und lassen allein predigen" (WA 50, 633). *Gott* hat das Predigtamt gesetzt (WA 50, 647), aber die *Gemeinde* beauftragt jemanden, diesen Dienst für sie zu tun. Das Moment der öffentlichen Wahrnehmung des Zusprechens des Evangeliums unterscheidet das Amt der Kirche von dem Amt der übrigen Christen: „der ‚Priester' unterscheidet sich vom

‚Laien' nur von Amts wegen" (WA 6, 657); er hat keinen „character indelebilis", durch welchen er einen anderen „Seinsstand" vor Gott hätte als die anderen Christen auch; einen in diesem Sinne verstandenen „character indelebilis" lehnt Luther also ab. Weiter lehnt Luther es ab, den „ordo" als Sakrament zu bezeichnen, weil dieser nicht aus der Schrift zu begründen ist in dem Sinne, daß dieses Sakrament ein ausdrücklich von Gott gesetztes Zeichen eines sündenvergebenden Verheißungswortes ist. Der „Ordo" ist vielmehr ein Ritus, eine kirchliche Handlung der Berufung in das kirchliche Amt (WA 6, 566; 54, 428).

Ein wesentlicher Punkt der Theologie Martin Luthers wäre ausgelassen, würde nicht auch Luthers Zwei-Reiche-Lehre wenigstens angesprochen. Nach den Forschungen Ulrich Duchrows[28] verbindet Luther in seiner Zwei-Reiche-Lehre das augustinische „Zwei-civitates-Motiv" mit der mittelalterlichen „Zwei-Schwerter-Theorie" und schafft in dieser Verbindung etwas grundlegend Neues: zum einen gewinnt er die Grundstruktur der Befindlichkeit des Menschen „coram Deo" und „coram mundo" (vor Gott und vor der Welt) – hier ist das schon biblische „gemäß dem Fleisch" und „gemäß dem Geist" sowie das augustinische „littera occidens" (tötender Buchstabe) und „spiritus vivificans" (lebendig machender Geist) neu aufgenommen –, zum anderen gewinnt Luther seine hiervon zu unterscheidende Zwei-Regimenten-Lehre, in der es ihm vor allem darum zu tun ist, die Aufgaben des Bischofsamtes und die Aufgaben der weltlichen Obrigkeit zu bestimmen und voneinander abzugrenzen: die Bischöfe sollen Bischöfe sein und Gottes Wort predigen und nicht weltliche Fürsten; die weltliche Obrigkeit soll dem Bösen wehren und den Frieden sichern; es ist nicht ihres Amtes, die Verkündigung des Evangeliums zu besorgen, sie zu verhindern oder sie zu beschränken. Im Zusammenhang dieser Überlegungen verändert dann Luther die mittelalterliche Zwei-Gewalten-Lehre, indem er die „geistliche Gewalt" ihres „Gewaltcharakters" entkleidet und ihre Aufgabe als *Dienst* in der Kirche bezeichnet.

III. Wirkung

Luthers theologisches Denken hat tiefe *Spuren in der neuzeitlichen Geschichte* hinterlassen. Sein Denken prägte nicht nur die ihm sich verpflichtend wissende lutherische Christenheit Deutschlands, der skandinavischen Länder, Nordamerikas, Australiens und des mittlerweile sich weltweit findenden Luthertums. Sein Denken bestimmte nachhaltig auch die katholische Christenheit insofern, als sie über Jahrhunderte hinweg sich selbst angemessen für artikuliert hielt, wenn sie sich von Luthers Denken absetzte. Die Spaltung der westlichen Christenheit, für die nicht Luther allein, sondern weit mehr die katholische Kirche seiner Zeit in ihren Repräsentanten verantwortlich zu machen ist, hat maßgebend das gesamte gesellschaftliche und politische Leben der Neuzeit (auch in manchen negativen Aspekten) bestimmt. Christen beider Kirchen haben nun in unserem Jahrhundert in ihrer gemeinsamen Verantwortung für die Einheit der Kirche Jesu Christi sich zunehmend der Fragestellungen angenommen, die im 16. Jahrhundert zur Kirchenspaltung führten. Sie haben dies getan in dem Bewußtsein, die Wahrheitsmomente der jeweils anderen Seite dieser nicht allein zu überlassen.[29] Die auf diesem Wege gewonnenen Einsichten haben nachdrücklich auch die auf dem II. Vaticanum versammelte katholische Kirche beschäftigt. Luther war hier nicht nur heimlicher Beobachter, sondern in vielen Fragen ,,direkter Gesprächspartner": Erneuerung der Kirche, Gottesdienstreform, vor allem diejenige der Eucharistie, Bedeutung der Schrift in Leben, Lehre und Verkündigung der Kirche, Wiederentdeckung des Volkes Gottes bzw. des allgemeinen Priestertums der Gläubigen, das kirchliche Amt als Dienst, die Betonung der zentralen Stellung Jesu Christi für alles, was in der Kirche Geltung haben soll – all dies ist erklärter Wille auch der katholischen Kirche geworden. Es ist heute Sache der Christen beider Kirchen, daß die Kirchen hinter diese Einsichten nicht wieder zurückfallen. Erneuerung und Reform von Jesus Christus her als ständiger Vollzug ist der Weg, auf dem die Kirchen ihre verlorengegangene Einheit wiederfinden können.

Des Menschen lobpreisende Anerkenntnis der Gottheit Gottes war Ziel und Inhalt von Leben und Werk Martin Luthers. Nur selten hat es in der christlichen Kirche einen Theologen von gleich großem glaubenden Tiefgang und glühender Glaubensliebe gegeben. Er wollte weder einen eigenen Glauben verkündigen noch eine eigene Kirche gründen. Sein unerschrockenes Glaubenszeugnis galt dem Evangelium, das allein die bestimmende Mitte kirchlichen Lehrens und Lebens zu sein hat. Der ihm sich verdankende frei und froh machende Glaube ist zugleich Grund und lebendige Mitte des christlichen Lebens des Einzelnen. Zwar kann es nicht Aufgabe der Kirchen heute sein, Luther bloß zu wiederholen. Ferner sind die durch die damalige Zeit gesetzten Begrenzungen zu beachten und die seit der Reformationszeit gemachten Erfahrungen und Einsichten in einer neuen Verantwortung und Präsentation des Christlichen heute zu berücksichtigen. Aber die durch Martin Luther ins Zentrum christlichen Lehrens und Lebens gerückten Themen sind auch heute noch die Themen, welche die Kirche ins Zentrum ihres Lebens und Lehrens zu rücken hat, wenn sie christliche Kirche bleiben will. In diesem Einsatz für die lebendige Präsenz des Evangeliums in der Kirche und durch sie in der Welt ist Luther bleibend ein Lehrer aller Christen.

Robert Stupperich

PHILIPP MELANCHTHON

(1497–1560)

I. Leben

Melanchthon, geboren am 16. Februar 1497, entstammte dem kultivierten oberdeutschen Bürgertum. Sein Vater, Georg Schwarzert, Rüstmeister des Pfalzgrafen Philipp, gab ihm zu Ehren seines Landesherren denselben Vornamen. Seine Mutter, Elisabeth Reuter, war Tochter des Schultheißen von Bretten und der Elisabeth Reuchlin, Schwester des bekannten Humanisten. Melanchthon wuchs in Bretten auf und erhielt den ersten Unterricht bei Joh. Unger. Nach dem Todes des Vaters (27. 10. 1508) kam er auf die Lateinschule nach Pforzheim, die unter Leitung H. Semlers, des späteren Tübinger Juristen, einen hervorragenden Ruf hatte. Joh. Reuchlin beaufsichtigte die Ausbildung seines Großneffen. Die guten Erfolge des Schülers bestimmten ihn, seinen Namen zu gräzisieren, was sonst nur bei Magistern geschah. 1509 bezog Melanchthon die Universität Heidelberg, wo er im Hause des Humanisten und Theologen Pallas Spangel Aufnahme fand. Als er baccalaureus artium geworden war, begab er sich nach Tübingen. Dort trieb er weiter humanistische Studien, studierte aber auch in höheren Fakultäten. 1514 wurde er Magister, betreute eine Burse und erhielt nach dem Tode von Heinrich Bebel den Lehrstuhl für Rhetorik. Nebenher las er Erasmus, lateinische Klassiker und schrieb eine griechische Grammatik, in deren Vorrede er sich über die Tübinger Atmosphäre beklagte. Persönliche Freundschaften machten diesen Mangel nicht wett. Erasmus, dessen Anregungen er viel verdankte, bestimmte seine Gedankenwelt. Da er sich aus Tübingen fortsehnte, empfahl ihn Reuchlin dem Kurfürsten Friedrich dem Weisen für Wittenberg.

Melanchthon wurde berufen und begab sich im August 1518 über Augsburg und Leipzig zu seiner neuen Wirkungsstätte. Wittenberg sollte ihm für zweiundvierzig Jahre die zweite Heimat werden.

In Wittenberg hielt Melanchthon am 29. 8. 1518 seine berühmt gewordene Rede *De corrigendis adolescentiae studiis*. Luther war vom jungen Gelehrten, der dort sein Programm entfaltete, sehr eingenommen. Aussehen und schnarrende Sprache empfahlen ihn nicht. Sein Gedankenreichtum aber schlug die Zuhörer in Bann. Melanchthon geriet seinerseits in zunehmendem Maße unter Luthers Einfluß. Luther hielt ihn für wert, seine Nachfolge anzutreten, falls er im Oktober 1518 aus Augsburg nicht zurückkehren würde. Im folgenden Jahr begleitete er Luther zur Leipziger Disputation. Im Herbst 1519 wurde Melanchthon baccalaureus biblicus; einen höheren theologischen Grad erstrebte er nicht. Die Thesen, über die er disputierte, klangen durchaus neuartig. Hier zeigte sich sein selbständiges Denken. Nachdem er mehrfach über den Römerbrief gelesen hatte, unternahm er es, nach der Methode, die er schon in seiner Rhetorik angewandt hatte, die Hauptbegriffe zu erläutern und zusammenzuordnen. Seine *Loci communes rerum theologicarum* (1521) wurden das Werk, das ihn sein Leben lang begleitete und seinen Namen bekannt machte. So tüchtig Melanchthon als Gelehrter war, so zaghaft erschien er in der Auseinandersetzung mit den Enthusiasten, da ihm das Problem von Wort und Geist noch nicht deutlich war. Luther hat aber deswegen sein Vertrauen zu ihm nicht verloren. Nach seiner Rückkehr von der Wartburg arbeitete er viel mit Melanchthon zusammen. Dieser hatte ihn zur deutschen Übersetzung des Neuen Testaments angeregt, indem er einen Gedanken des Erasmus aufgriff. Nun gingen sie gemeinsam das Manuskript durch, das als *Septembertestament* 1522 im Druck erschien.

Wenn Melanchthon während der langen Abwesenheit Luthers die Vorlesungen über biblische Exegese allein bestritt, die sich durch gute Beobachtungen und klare Formulierungen auszeichneten, so lernte er theologisch selbst dazu. Durch den Römerbrief wurde er Aristoteles entfremdet und grenzte sich auch von der scholastischen Theologie ab. In seiner Schrift gegen Thomas Rhadinus schreibt er: „Wenn ich für Luther rede, so rede ich für mein Heiligstes, für die Lehre Christi."

Neben seiner wissenschaftlichen Arbeit ist Melanchthons organisatorische Arbeit nicht zu vergessen. Ihm lag daran, daß Humanismus und Luthers Reformation nicht auseinandergingen. Daher lehnte er das Angebot ab, die Artistische Fakultät zu verlassen und allein noch Theologie zu treiben. Zeitlebens hat er in beiden Fakultäten gearbeitet und neben seinen theologischen Vorlesungen auch philosophische samt Interpretation klassischer Autoren gehalten. Es war für ihn ein großer Schmerz, daß seine Bemühungen, den Streit zwischen Erasmus und Luther zu verhindern, erfolglos blieben. Er ließ daher die sich ihm bietende Gelegenheit, sich mit Erasmus zu besprechen, vorübergehen. Möglicherweise erwartete er auch kein günstiges Ergebnis von diesem Gespräch, da ihm deutlich geworden war, daß Erasmus nach der Schrift *De libero arbitrio* (Über den freien Willen) doch auf seiten der alten Kirche bleiben werde. In diesem Falle konnte Melanchthon mit Luther nicht zusammengehen. Seine eigene Linie prägte sich nun deutlicher aus, die er seit dem *Kommentar zum Kolosserbrief* (1527) auch literarisch vertrat.

Seit dem Bauernkrieg wurde Melanchthon vom Kurfürsten des öfteren zu Gutachten aufgefordert und zur Visitationsarbeit herangezogen. Melanchthon schrieb die *Instruktion* und den *Unterricht der Visitatoren,* nach denen die Visitationen durchgeführt werden sollten. Die dabei festgestellten Mängel trugen ihm neue Arbeiten ein: Reform des Kirchenwesens, Errichtung der Konsistorien, Universitätsreform wurden ihm, der im Formulieren von Gutachten,

Satzungen und Artikeln eine geschickte Hand bewiesen hatte, weiterhin anvertraut.

Da Luther infolge der Reichsacht sich an politischen Verhandlungen im Reich nicht beteiligen konnte, fiel auch diese Arbeit Melanchthon zu. Er begleitete den Kurfürsten Johann 1529 nach Speyer und bemühte sich dort um Ausgleich zwischen den sich stärker profilierenden theologischen Richtungen. Beim Religionsgespräch in Marburg war er einer der Wortführer. Als erster hatte er erkannt, daß die Schweizer von philosophischen Voraussetzungen ausgingen, die er nicht teilte. Seit dieser Zeit fehlte Melanchthon bei keinem offiziellen theologischen Gespräch. Im Oktober 1529 war er bei der Abfassung der *Schwabacher,* im März 1530, vor der Abreise zum Reichstag nach Augsburg, der *Torgauer Artikel* beteiligt. In Augsburg fiel ihm die wichtige Aufgabe zu, die *Sächsische Konfession* aufzustellen. Seine Haltung war vorsichtig und zurückhaltend. Bei den Seinen zog er sich in Augsburg Mißtrauen zu, als er, ohne dazu autorisiert zu sein, Verhandlungen mit dem kaiserlichen Sekretär Alfonso Valdès und mit dem Legaten führte. Nach der Verlesung der *Confessio Augustana* (CA), die Luther hoch einschätzte, gewann er Auftrieb. Nach anfänglicher Ablehnung verständigte er sich mit Bucer und ermöglichte diesem den Besuch auf der Coburg bei Luther.

Spalatin urteilte über das Ereignis des 25. Juni 1530, an dem die CA vor Kaiser und Reich deutsch verlesen wurde: „An diesem Tage ist eins der größten Werke beschlossen, die je auf Erden geschahen.“ Für ihren Verfasser begann ein Leben in der Kirchenpolitik, die ihn nicht mehr losließ. Trotz seiner Jugend stand er als leitender evangelischer Theologe im Vordergrund. Freilich fehlte ihm jede Härte; er neigte zum Kompromiß. Verhandlungen bargen für ihn Gefahren in sich. Seine Freunde waren ungehalten, als sie von seinen privaten Gesprächen hörten. Luthers Zuspruch von der Coburg ließ ihn wieder das Gleichgewicht finden. Der Kurfürst genehmigte seine Verhandlungen in den August-Ausschüssen, bei denen es zu keiner Abschwächung der CA kam. Wenn auch weder im 14er- noch im 6er-Ausschuß etwas erreicht wurde, so meinte Melanchthon doch, daß mit der Abstellung der Mißbräuche in der alten Kirche einer Verständigung der Parteien nichts im Wege stände. Im Grunde war es die erasmische Linie, die er vertrat: Nach Maßgabe der alten Konzilien und der Kirchenväter das kirchliche Leben zu gestalten. Melanchthon wußte, daß seine Haltung von vielen Evangelischen getadelt wurde. Tatsächlich erreichte er durch seine Mäßigung in Augsburg nichts. Erst seine *Apologia Confessionis* (= AC) von Sept. 1530 ließ ihn entschiedener auftreten und glich die Stimmung wieder aus.

Als Verhandlungspartner herausgestellt, blieb es Melanchthon sein Leben lang. Bei den großen humanistischen und theologischen Verbindungen, die er besaß, war es naheliegend, daß er von vielen Seiten angesprochen wurde. Zunächst erwartete er Hilfe von seinen humanistischen Freunden. Julius Pflug und er bestimmten Erasmus, seine Friedensschrift *De amabili ecclesiae concordia* (1533) zu schreiben. Humanistische Kreise in Paris und London erhofften von seinem Wirken einen Ausgleich der Gegensätze. Im Reich lagen die Dinge nicht anders: im Januar 1534 begann das Gespräch mit den Altgläubigen in Leipzig. Auch an den Bemühungen, die in Speyer 1529 eingeleiteten Ausgleichsbestrebungen unter den Protestierenden weiterzuführen, nahm Melanchthon teil. Seine Verständigung mit Bucer am 27. 12. 1534 in Kassel sollte nach anderthalbjährigen Verhandlungen zur *Wittenberger Konkordie* vom 29. 5. 1536 führen. An ihrer Vorbereitung in Norddeutschland war Melanchthon führend beteiligt. Auch die *Einigungsformel* wurde von ihm in Luthers Hause niedergeschrieben: sie sprach von der Realpräsenz als „unio sacramentalis cum pane et vino" (sakramentale Vereinigung mit Brot und Wein).

Als die evangelischen Stände sich 1537 in Schmalkalden versammelten, um über ihre evtl. Teilnahme am päpstlichen Konzil zu beraten, stand Melanchthon im Vordergrund, da Luther krankheitshalber ausfiel. Melanchthon trug der Auffassung der Versammlung Rechnung. Auf ihr Verlangen hin schrieb er als Ergänzung der CA den *Tractatus de potestate ac primatu papae*. Bevor er sich weiter den vom Kaiser ausgeschriebenen Religionsgesprächen zuwenden konnte, die ihn in die Sphäre der Reichspolitik führten, hatte er die Universitätsreform betrieben, Kurfürst Joachim II. beraten und die Durchführung der Reformation im albertinischen Sachsen mitbestimmt. In dieser Zeit schrieb er auch sein Buch *De ecclesia et autoritate verbi Dei* (1539).

1539 begleitete Melanchthon seinen Kurfürsten nach Frankfurt, wo der Anstand auf 5 Monate beschlossen wurde. Dort traf er zum ersten Mal Calvin. Da das Konzil in weite Ferne gerückt war, wollten kaiserliche Politiker Religionsgespräche in Erinnerung an die Januar-Konferenzen in Leipzig 1534 und 1539 veranstalten. Karl V. hatte diesen Gedanken aufgegriffen, um eine günstigere Basis für seine Verhandlungen zu haben. War es in Hagenau noch zu keinem Gespräch gekommen, so mußte Melanchthon in Worms bei der Eröffnung der Disputation im Januar 1541 mit Johannes Eck die Klingen kreuzen. Als Grundlage der Diskussion war noch die CA genommen worden, wobei Eck erstmals auf die Abweichungen der *Variata* hinwies. Die Colloquenten disputierten nur über CA 2, wobei Melanchthon „die unterschiedlichen Lehren mit allem Ernst erklären wollte". Weiter im Text kam man nicht, da Granvelle das Gespräch abbrach. Inzwischen war der Reichstag in Regensburg für April 1541 ausgeschrieben. Dort sollte das Religionsgespräch in größerem Rahmen stattfinden. Dafür hatte der Kanzler statt der CA eine andere Grundschrift *(Liber Ratisbonensis)* ausarbeiten lassen. Um ihre Position und Absicht zu verdeutlichen, schrieb Melanchthon an den Kaiser im Namen der evangelischen Stände: „Wir streiten nicht um Macht, Würde oder weltliches Gut; aber Irrtum und Mißbräuche können wir nicht ruhig ertragen." Der gerade Weg, so fuhr er fort, sei immer der beste, und es sollten nur ja keine Zweideutigkeiten zugelassen werden.

Das Religionsgespräch in Regensburg, auf das viele noch große Hoffnungen setzten, brachte einen Scheinerfolg. Nach verschiedenen Anläufen war am 2. Mai eine Einigungsformel in der Rechtfertigungslehre erreicht worden. Der

Legat Contarini schickte sie gleich nach Rom, die Evangelischen nach Wittenberg. Von beiden Seiten wurde sie abgelehnt. Für die Vermittler war es eine große Enttäuschung. Melanchthon erklärte, daß er das Regensburger Buch, das von Gropper stammte, nicht billigte. Über das Religionsgespräch schrieben er wie auch Bucer ausführliche Berichte. Nach fünfmonatiger Abwesenheit kehrte Melanchthon nach Hause zurück, um bald darauf nach Köln zu gehen, wo der Erzbischof Hermann von Wied sich anschickte, die Reformation einzuführen. Die konfessionelle Lage verschärfte sich jedoch zusehends. Der sächsische Kurfürst forderte seine Theologen auf, das letzte Angebot der Evangelischen für den Speyerer Reichstag 1544 zu formulieren. Dieses von Melanchthon verfaßte Schriftstück wird die *Wittenberger Reformation* genannt. Zum letzten Religionsgespräch in Regensburg 1546 reiste er nicht mehr. Er sah, daß es nur eine Tarnung war.

Inzwischen war Luther gestorben. Melanchthon hielt ihm am 22. 1. 1546 die Trauerrede, die er in ein Dankgebet ausklingen ließ. Nun mußte Melanchthon Wortführer der Protestanten sein. Seine enge Zusammenarbeit mit Luther, Autorschaft der wichtigsten Bekenntnisse und Partnerschaft bei den Verhandlungen mit den Altgläubigen ergab für ihn diese Position. Aber er war kein Luther und konnte seine Stelle nicht ausfüllen.

Die Situation nach dem Schmalkaldischen Kriege war äußerst schwierig. Von verschiedenen Seiten war von Melanchthon Nachgiebigkeit verlangt worden. Hatte dieser zuerst selbst die Evangelischen ermahnt, fest zu bleiben und die Konzilsväter in Trient auch nicht als Schiedsrichter anzuerkennen, so änderte sich für ihn die Lage nach der Niederlage des Schmalkaldischen Bundes völlig. Er entschloß sich, in Wittenberg zu bleiben. Da der neue Kurfürst Moritz Wittenberg als Universität erhalten wollte, lehnte Melanchthon, der sich für verpflichtet hielt, der kursächsischen Kirche zu dienen, auswärtige Berufungen ab. Dieses Verhalten wurde ihm in Weimar von Johann Friedrich als Undank ausgelegt. Aus Gegensatz zu Melanchthon schloß sich der Herzog in Weimar der streng-lutherischen Richtung an. Auch anderwärts wuchs die Abneigung gegen Melanchthon, als er dem in Augsburg 1548 erlassenen Interim meinte nachgeben zu müssen. Seine Bedenken gegen das kaiserliche Gesetz in grundsätzlichen Fragen, in der Rechtfertigungslehre und in der Lehre von der Messe führten zu längeren Verhandlungen. Moritz war ungehalten und ließ Carlowitz auf Melanchthon einwirken, daß er nachgeben solle. Aus dieser Lage stammt sein unglücklicher Brief an den kurfürstlichen Rat. Um so großes Unheil wie in Württemberg zu verhüten, war Melanchthon zur Abschwächung im Leipziger Interim bereit. Als der Kaiser das unveränderte Interim anzunehmen verlangte, reichte Melanchthon ein neues Gutachten ein, das einem Protest glich. Es war sein Verdienst, daß in Wittenberg nichts geändert wurde und daß die zugestandenen Äußerlichkeiten bald wieder verschwanden.

Vom Kurfürsten wurde Melanchthon beordert, nach Nürnberg zu kommen, um auf seine Anweisung hin die Reise nach Trient anzutreten. Die politischen Ereignisse enthoben ihn dieser Pflicht. Es genügte, daß seine *Confessio Saxonica* in der Konzilsstadt übergeben wurde. In Nürnberg hatte er inzwischen seine *Loci* ins Deutsche übertragen. Diese Fassung wurde auch im *Corpus doctrinae (Philippicum)* verwendet, das er noch kurz vor seinem Tode bevorwortete.

Die letzten 10 Lebensjahre waren für Melanchthon schwer. Die Gegner, Osiander und vor allem Flacius mit seinen Anhängern, ließen ihm keine Ruhe. Die Angriffe, denen er im Zusammenhang mit dem *Interim,* mit seiner Rechtfertigungslehre und seiner Lehre von den guten Werken ausgesetzt war, untergruben seine Autorität und ließen ihn zu keiner ruhigen Arbeit mehr kommen. Auseinandersetzungen im eigenen Lager beeinträchtigten seine Arbeitskraft. Gegenüber dem *Interim* wollte er retten, was zu retten war. Dennoch brach der Zwiespalt auf. Von Brenz, Aepinus und Flacius ließ er sich Vorhaltungen machen, daß er in der Veränderung der Bräuche keinen „casus confessionis" sah. Ernster mutete ihn der Osiandersche Streit an. Da ging es um mehr als um Chorröcke. Im Majoristischen Streit richtete sich der Fanatismus des Flacius gegen Melanchthon, den er in grober Weise beschuldigte. Das Wormser Religionsgespräch von 1557 war ein bedauerliches Ereignis: Die Protestanten demonstrierten ihre Uneinigkeit vor ihren katholischen Partnern. Melanchthon war tief erschüttert. Er ging nicht in seine Heimat, folgte aber der Einladung der Universität Heidelberg, die ihn hoch ehrte. Dort sollte bald ein neuer Abendmahlsstreit ausbrechen, den er nicht verhüten konnte. Er hatte aber Bedenken, eine allgemeine Synode darüber entscheiden zu lassen. Von Synoden hatte er keine hohe Meinung.

Indessen hörten seine Auseinandersetzungen mit der alten Kirche nicht auf. Was er in der *Confessio Saxonica* nicht ausdrücken konnte, das äußerte er 1558 in seiner polemischen Schrift gegen die bayrische Inquisition. Er rechnet sie zu seinen wichtigsten Schriften. Im Vorwort zum *Corpus doctrinae christianae* schrieb er: „Soviel mir Gott Gnade gegeben hat, habe ich Fleiß getan, die Summe christlicher Lehre ordentlich und klar zu fassen, und habe unnötige, verwirrte Disputationen übergangen, denn das Disputieren muß auch Maß haben."

Am 19. 4. 1560 starb Melanchthon. Er starb mit Dankbarkeit für ein reiches Leben und in der Hoffnung zu schauen, was er geglaubt hatte. „Erlöst von der Sünde und befreit vom Streit der Theologen", so schrieb er auf seinen letzten Zettel, „wirst du die wunderbaren Geheimnisse erkennen, die du in diesem Leben nicht begreifen konntest: warum wir so geschaffen sind und nicht anders und worin die Vereinigung der beiden Naturen in Christo besteht."

II. Das Werk

Melanchthon sah *Theologie und Bildung* in einem großen Zusammenhang. Ein Entweder-Oder kannte er nicht. Ging er 1519 auf Luthers Gedanken ein, so

Philipp Melanchthon (1497–1560)

war es ihm nicht möglich, eine Position wie die Luthers einzuhalten. Seine humanistischen Intentionen kamen seit 1523 wieder stärker zum Durchbruch. Eine natürliche Theologie schloß er nicht ganz aus. Daher legte er Wert darauf, zeitlebens zwei Fakultäten anzugehören. Seine Tätigkeit ließ er sich nicht einschränken und füllte zwei volle Ämter aus. Auf seine humanistische Arbeit wollte er neben der theologischen um keinen Preis verzichten. Jahrzehntelang vertrat er die Philosophie und interpretierte klassische Autoren. Viele seiner Werke sind aus diesen Vorlesungen entstanden.

Trotz der großen Arbeit auf dem Gebiet der Humaniora, die zu seiner Zeit hoch geschätzt war, und trotz der weiten Verbreitung seiner humanistischen Schriften hat nicht diese Arbeit seine Berühmtheit begründet, sondern vielmehr seine theologischen Bemühungen. Diese verteilten sich zu gleichen Teilen auf die Exegese und die systematische Theologie. Begonnen hatte Melanchthon mit *Auslegungen des Römerbriefes* schon 1519, um dann zu den *Korintherbriefen,* den *Evangelien* und den *Proverbien* überzugehen. Die von seinem Vortrag begeisterten Schüler gaben oft ihre Nachschriften ohne Genehmigung des Verfassers heraus und nötigten ihn dadurch, seine eigenen Ausgaben zu veranstalten. Dieser Zustand ist besonders in den Anfangsjahren zu beobachten. Die Exegese hat Melanchthon auch später nie aufgegeben. Besonders bemerkenswert wurde sein *Kommentar zum Römerbrief* von 1532, den er Albrecht von Mainz widmete und der im interkonfessionellen Gespräch eine Rolle spielen sollte. Erasmus war von ihm angetan und übermittelte ihn von sich aus an Sadoleto. Die Exegese des Römerbriefes war für Melanchthon der Ausgangspunkt für seine berühmt gewordenen *Loci communes* geworden. Ihm entnahm er die Grundbegriffe, die er in einen geordneten Zusammenhang brachte.

Die *Loci communes* oder *praecipui theologici,* im Untertitel „Hypotyposeis" genannt, begründeten den Ruhm des 24jährigen Gelehrten. Es war die erste Darstellung des reformatorischen Schriftverständnisses und zugleich ein großer Wurf. Es sollte kein Gegenstück zum Lombarden werden. In der Lehrform wich Melanchthon völlig vom Hergebrachten ab und ging nicht von philosophischen Überlegungen aus. Ihm lag daran, das Reformatorische, das er bei Luther gelernt und in der Römerbrief-Exegese erprobt hatte, herauszustellen. Die hermeneutischen Voraussetzungen, wie sie Erasmus in seiner *Ratio seu methodus* entfaltet hatte, bot Melanchthon nicht, sondern setzte sie stillschweigend voraus. Dabei ist es auch später geblieben. Er führte die Rechtfertigungslehre in ihrem Erlebnischarakter vor.

Die *Loci* begleiteten Melanchthon durch sein ganzes Leben. Den *Loci communes* und ihrer Überarbeitung von 1522 folgte 1535 die Neubearbeitung und 1543 die Umarbeitung, die 1559 in der Ausgabe letzter Hand zum Abschluß kam. In der secunda aetas bieten die *Loci* schon ein anderes Bild. War 1521 die Rechtfertigungslehre herausgehoben, so wurde nun der Schwerpunkt auf die Christologie, Anthropologie und den Kirchenbegriff verlegt. Jetzt ging er auch auf die Trinitätslehre, Menschwerdung Christi und die Schöpfungslehre ein, „an denen sich die Scholastik müde gearbeitet hatte". Aber auch hier hielt er daran fest, daß nicht das Wissen des Unbegreiflichen den Christen ausmache, sondern das, „wodurch das Christentum erst christlich wird".

Eine so starke systematische Verzahnung wie Calvins 1536 erschienene *Institutio religionis christianae* zeigen die *Loci* nicht. Die Lokalmethode brachte es mit sich, daß die Artikel aneinandergereiht wurden. Diese Struktur behielten die *Loci* bei, und darin bestand ihre Stärke. Um dieses Vorteils willen ist die Form der *Loci* in der Theologie durch das 17. Jahrhundert beibehalten worden. Jedes Thema konnte für sich behandelt werden und ein Ganzes bilden. Dieser Vorteil wurde für wichtiger angesehen als die Betonung des Zusammenhangs der einzelnen *Loci*. Der Nachteil der Lokalmethode lag darin, daß die Schwerpunkte nicht gleich erkennbar waren und erst in der Darstellung sich als solche erwiesen. Obwohl Melanchthon durch die Schule der Antike gegangen war, erkannte er, daß die Form nicht die entscheidende Rolle spiele und daß alles auf den Inhalt ankomme.

Seit dem Streit zwischen Erasmus und Luther sah Melanchthon es als seine Lebensaufgabe an, das Leben zu verbessern (vitam emendare). Praktische Aufgaben ließen ihn je länger, je mehr von abstrakt-theologischen Fragen (Prädestination) Abstand nehmen. Entwarf er den *Unterricht der Visitatoren*, so hatte er konkrete Ziele im Auge. Er besaß die seltene Gabe, ob lateinisch, ob deutsch, vorzüglich zu formulieren. Um dieser Begabung willen wurde er überall herangezogen, wo Gutachten oder knappe und präzise Artikel oder Bekenntnisse zu formulieren waren. Diese Begabung bestimmte sein kirchenpolitisches Wirken. Sie barg aber auch die Gefahr in sich, daß Melanchthon mit dem Ausdruck nicht zufrieden war und ständig an seinen Texten besserte. Selbst offizielle Schriften sah er als seine Privatarbeiten an, die ihn berechtigten, an ihnen zu feilen und zu ändern. Dieses Verfahren übte er an allen seinen Schriften, insbesondere aber an der *Augsburgischen Konfession*, die erst 1531 im Druck erschien. Am stärksten trat dies in der Umarbeitung der CA von 1540, der sogenannten *Variata*, hervor.

Die *Loci* fanden starke Beachtung. Um sie auch den Kreisen zugänglich zu machen, die des Lateinischen nicht mächtig waren – und solche fanden sich unter Politikern, unter dem Adel ebenso wie unter den Bürgern –, übersetzte Spalatin die kleine Schrift ins Deutsche, und so wurde sie zuerst in Augsburg, später in Wittenberg gedruckt. Die Übersetzungen der späteren Bearbeitungen übernahm Justus Jonas, doch war Melanchthon mit ihnen nicht einverstanden. In Nürnberg schuf er selbst 1552 eine solche und meinte, daß die deutsche Übersetzung ihm besser gelungen sei als die Grundschrift.

Zu Melanchthons größeren Schriften gehören, abgesehen von Vorarbeiten wie dem *Unterricht der Visitatoren*, die eigentlichen Bekenntnisschriften wie die *Confessio Augustana*, die *Apologie* und die *Confessio Saxonica*. Weiter sind zu diesen auch die *Erwiderungen auf Stancarus, Osiander* und die *Fragen der Bayrischen Inquisition* zu rechnen, obwohl sie ihrem Umfang nach nicht groß sind. Er selbst hat die wichtigsten dieser Schriften im *Corpus doctrinae* zusammengefaßt. Wenn auch diese Sammlung einen halbamtlichen Charakter trug, sollte sie auch als Ausdruck seiner persönlichen Überzeugung angesehen werden. Im *Corpus* stand die CA von 1540. Diese Bearbeitung wich von der Grundschrift so stark ab, daß sie den Namen *Variata* erhielt. Die Anlage war zwar nicht verändert, aber die Ausführungen zu den einzelnen Artikeln teilweise stark erweitert. Im Mittelpunkt stand nach wie vor der 4. Artikel von der Rechtfertigung. Die drei ersten Artikel bildeten die Voraussetzung im Sinne der traditionellen Kirchenlehre. Den eigentlichen reformatorischen Ansatz zeigte aber erst der 4. Artikel, der die Bedeutung des Glaubens heraushob. Dieser Artikel machte auch die Verbindung von Glaube und Kirche deutlich (Art. 7–8).

Seit der CA, AC und den *Loci* 1535 hat sich Melanchthons Konzeption nicht wesentlich geändert. In den Hauptfragen bleibt er sich im Verlauf eines Menschenalters gleich. Es kamen nur einzelne neue Fragen hinzu. Auch blieben Auseinandersetzungen aktueller Art nicht aus. In verstärktem Maße brachte er auch neben Schriftzeugnissen Belege aus den Kirchenvätern. Jedes spekulative Eindringen in Gott sah Melanchthon als verfehlten Weg an. Sein Ansatz führte vielmehr über die Anschauung Christi und den Glauben zur Gotteserkenntnis. Dieses Vorgehen nennt er die einzig legitime Methode. Die natürliche Theologie bleibt immer im Vorhof. Seine Theologie ist eine Theologie des Glaubens und der Rechtfertigung. Er geht vom Glauben aus; seine Aussagen sind per analogiam fidei getroffen. Daher geht es bei ihm nicht um metaphysische Fragen, sondern um Fragen der menschlichen Existenz: Sündenvergebung und neues Leben. Der Einsatz mit dem Artikel de Deo ist bei ihm kein Widerspruch zum ursprünglichen reformatorischen Ansatz, sondern unterstreicht allein, daß die Theologie immer von Gott ausgeht. Gott bedient sich in der Hauptsache des verkündeten Wortes, um an den Menschen zu wirken. Mit dieser Aussage steht Melanchthon vor der Christologie. Diese beschäftigt ihn zeitlebens. Die Zweinaturenlehre nimmt er als Geheimnis hin. Um so mehr hält er sich an das Heilswerk Christi. Das Werk Christi ist die Voraussetzung der Rechtfertigung und des aus ihr folgenden neuen Gehorsams und neuen Lebens. Auf die christliche Ethik legt Melanchthon von jeher den größten Wert. Mit der Glaubenshaltung sind die guten Werke verbunden. Sie entsprechen dem neuen Gehorsam, der sich auch im Leiden bewähren muß. Sofern der Glaube lebendig bleibt, können sie nicht fehlen. Für Melanchthon ist ebenso wie für Luther der Rechtfertigungsartikel mit seinen Voraussetzungen und Wirkungen der „vornehmste Artikel", der eigentliche Inhalt der Verkündigung.

Die Rechtfertigung führt den Einzelnen zur Kirche, die sich als Gemeinschaft der Glaubenden (vere credentes oder societas fidei in cordibus) erbaut (CA 7–8). Melanchthons Definitionen zeigen, wie eingehend er sich mit dem Kirchenbegriff beschäftigt hat. Die Kirche hat bestimmte Erkennungszeichen (Notae): Wort und Sakrament. Damit ist der Vorwurf abgewehrt, daß die Kirche nur unsichtbar sei. In AC 7 nennt er auch die communio sanctorum (Gemeinschaft der Heiligen) gleichsam eine nota. Die promissio salutis (Heilsverheißung) bezieht sich nach Melanchthon nur auf die Glieder der Kirche.

Diese Feststellung trifft er mit dem Hinweis auf das Sakrament, auf die praesentia Christi.

III. Bedeutung

Melanchthons Bedeutung für seine Zeit kann nicht überschätzt werden. Er gehört zu den wirksamsten Gestalten des 16. Jahrhunderts. Sein Einfluß ist auf allen Gebieten der damaligen Wissenschaft wahrzunehmen. Erasmus meinte schon vom jungen Melanchthon, daß er ihn übertreffen werde, da er zeitiger mit den Studien begonnen habe. In welchem Maße er an der Grundlegung und Ausbreitung des Humanismus und dessen Auswirkung in den vier höheren Fakultäten beteiligt war, geht schon aus seinem Lebensgang hervor. Auf dem Gebiet der Bildung und der Erziehung, der Organisation der Wissenschaft und der Struktur des Schulwesens hat er für Jahrhunderte Bleibendes geschaffen.

Melanchthons persönlicher Einfluß auf Fürsten und Politiker seiner Zeit ist sehr groß gewesen. Für die sächsischen Kurfürsten war er unentbehrlich. Schon Friedrich der Weise und erst recht seine Nachfolger bedienten sich seiner Gutachten. Bei kirchenpolitischen Verhandlungen, an denen er im Verlauf von dreißig Jahren teilgenommen hat, hatte er in vielen Fällen Erfolg. Zu konfessionellen Gesprächen wurde er als erster Sachkenner und geschickter Verhandlungsführer herangezogen. Bei diesen Verhandlungen auf Reichstagen, Konventen und in Geheimgesprächen stand er im Mittelpunkt. Trotz seiner schwachen Konstitution verbrachte er einen großen Teil des Jahres auf Reisen. Melanchthon schonte sich nicht. Sein Einsatz war groß und steigerte seine Bedeutung. Im Schmalkaldischen Bund wurde er hoch geschätzt. Seine präzise Arbeitsweise, sein guter Überblick und nicht zuletzt seine ausgezeichnete Formulierungskunst machten ihn zu einem notwendigen Teilnehmer der Bundestagungen. Die altgläubige Seite konnte ihm selten einen ebenso gewandten und kenntnisreichen Sprecher entgegenstellen.

Melanchthons *theologische Selbständigkeit* trat schon in seinen jungen Jahren (1519) zutage. Aus dem reformatorischen Schriftprinzip hat er früher als Luther Folgerungen gezogen. Seine Rechtfertigungslehre unterschied sich von der Luthers. Ein Ausgleich erfolgte in den Disputationen 1536/39. Einen sachlichen Unterschied wollte Luther nicht gelten lassen und bezog sich nur auf die verschiedene Darstellungsweise. Melanchthons Abendmahlsauffassung veranlaßte ihn, auf die Wittenberger Konkordie hinzuwirken, für die durch Rhegius auch Luther gewonnen wurde. Melanchthon hatte sich schon hervorgetan, als er den Auftrag erhielt, sich um die Universitätsreform zu kümmern. Auf dem Gebiet des Unterrichtswesens hatte er kaum seinesgleichen. Frühzeitig erwarb er sich Erfahrungen, als er in seinem Hause eine schola privata einrichtete, in der er Alumnen und besonders begabte Schüler förderte. Diese Gründung entsprang nicht nur dem Bestreben, das Haushaltsgeld aufzubessern, sondern vor allem dem Interesse an der Heranbildung des Nachwuchses. Bald galt es als ein besonderer Vorzug, der schola privata anzugehören. Melanchthons Ruf als hervorragend befähigter Lehrer und organisatorisches Talent bestimmte die Öffentlichkeit. Auf Einladung der Stadt Nürnberg richtete er 1526 dort das Schulwesen ein und ließ tüchtige Lehrer anstellen. Diese Schule wurde zum Erprobungsfeld humanistisch-reformatorischer Schulideale (Camerarius, Eoban Hesse u. a.). Melanchthons Intentionen erschöpften sich aber nicht im Bereich der Lateinschule. Er wurde auch zum Reorganisator der alten Universitäten. Schon bei der Neugründung der Universität Marburg wurde auf seinen Rat gehört. Nachdem er die Universität Wittenberg umorganisiert und ihr neue Statuten gegeben hatte, nahm diese wieder großen Aufschwung. Im Jahre 1535 wurde er nach Tübingen gerufen, um dort dieselbe Aufgabe zu erfüllen. 1539 folgte Leipzig. Auch Herzog Albrecht stand er bei der Gründung der Universität Königsberg mit seinem Rat bei.

Melanchthon war der erste, der neben Vorlesungen und Disputationen auch Deklamationen einführte, denen er große praktische Bedeutung beimaß. Die Studenten sollten sich an das freie öffentliche Reden gewöhnen. Vorträge, die er selbst ausarbeitete, ließ er von seinen Schülern vortragen. Wie überall war sein Blick auf die Praxis gerichtet. Studenten sollten frühzeitig lernen, ihre erworbenen Kenntnisse auch anzuwenden.

Obwohl die damalige Welt eine Reihe bemerkenswerter Gestalten an den Universitäten besaß, so ist doch, was die Weite der Bildung anlangt, kaum jemand mit ihm vergleichbar. Er muß als einer der Polyhistoren seiner Zeit gelten. In Wittenberg und auch anderwärts wurde seine Überlegenheit von seinen Kollegen neidlos anerkannt. Da er als scharfer Dialektiker galt, wollte niemand gern mit ihm die Klinge kreuzen. Erst gegen Ende seines Lebens wandten sich einige seiner Schüler gegen ihn, obwohl sie meist nur seine Thesen konsequent weiterführten. Die Gelehrten des Auslandes schätzten ihn hoch ein aufgrund seiner Vertrautheit mit der Antike und seiner großen Weltoffenheit.

Die einheitliche Schul- und Universitätsbildung, die seit dieser Zeit bis ins 18. Jahrhundert in Deutschland galt, geht auf Melanchthon zurück. Von ihm gingen die Präzeptoren und Prediger aus, die bald in keiner deutschen Stadt fehlten und auch jenseits der Grenzen anzutreffen waren. Es ist sein Verdienst, daß er im Bündnis von Humanismus und Reformation die gebildete Jugend ansprach. Den Schülern galt er meist als unerreichter Meister. Bewundert wurde sein Fleiß, seine Gründlichkeit und Universalität. Daran haben die Streitigkeiten der Gnesiolutheraner nichts geändert. Obwohl die Dogmatiker der Früh- und Hochorthodoxie seine humanistischen Voraussetzungen ablehnten, standen sie auf seinen Schultern.

Melanchthon war nicht nur ein geschickter Pädagoge, er war auch ein Studentenvater. Besonders nahm er sich der ausländischen Studenten an, die in Wittenberg studierten. Im Ausland war dies bekannt. Aus Polen und aus Ungarn hatte er großen Zulauf. Wer bei ihm studiert hatte, schickte seine Söhne wieder zu ihm. Melanchthon brachte sie unter, erteilte Auskünfte über sie und schrieb für sie Zeugnisse. Sonntags hielt er für solche, die des Deutschen nicht mächtig waren, biblische Betrachtungen in lateinischer Sprache. Die Studenten verstanden ihn und hingen ihm in großer Treue an. Für sie war er der Präzeptor schlechthin.

In Wittenberg bildete sich eine Melanchthon-Schule, die auf ihren Meister eingeschworen und ihm zu folgen bereit war. Seine Autorität galt ihnen als unerschütterlich. Streitigkeiten über bestimmte dogmatische Auffassungen Melanchthons vermochten sein Ansehen nicht zu erschüttern. Die Gnesiolutheraner in Jena vermochten auf die Dauer nicht, Luther gegen ihn auszuspielen. Seine Theologie und sein Ansehen standen bei den Zeitgenossen so fest, daß auch die nach zwanzig Jahren gegen Melanchthon ausgestreuten Vorwürfe nicht zu bestehen vermochten. Seine Bedeutung mußte erkannt werden. Wurde sie zeitweise eingeengt, so ist sie im 19. und auch im 20. Jahrhundert voll respektiert worden.

IV. Wirkungsgeschichte

Obwohl Melanchthon im Laufe der Jahre und Jahrzehnte viele Rückschläge erfuhr, konnte seine Wirkung weder zu seiner Zeit noch nach seinem Tode aufgehalten werden. Zu seinen Lebzeiten konnte kaum ein Theologe sich seinem Einfluß entziehen, die Gegner eingerechnet. Seine Philosophie wirkte bis zu Leibniz nach. Seine Korrespondenz trug seinen Einfluß in die gelehrte Welt, seine Kompendien wurden von den Studenten jahrzehntelang benutzt. Solange diese anerkannt blieben, war seine Wirkung gesichert.

Die *Formula concordiae* (1577) und das *Konkordienbuch* (1580) hatten Melanchthons zeitweise erschütterte Autorität nach kurzer Zeit wiederhergestellt. Das *Corpus doctrinae Philippicum* war zwar zurückgedrängt, aber drei entscheidende Schriften aus seiner Feder waren unter den Bekenntnisschriften. In voller Geltung blieben seine *Loci theologici* und das *Examen ordinandorum*. Die Gründe für diese Wirkung sind offenkundig. Es ist kein anderer evangelischer Theologe so genau und zeitgemäß auf die Fragen der Reformationszeit eingegangen. Dabei schrieb Melanchthon wohl ein ciceronianisches, aber auch dem Studenten verständliches und einprägsames Latein. Im 16. Jahrhundert haben zwar auch andere kompendienhafte *Loci* geschrieben, es meist aber vorgezogen, in seinen Wegen zu gehen. Auch Calvin, der formal einen besseren Zusammenhang herstellte, hat außer bei Luther und Bucer am meisten bei Melanchthon gelernt. Dasselbe gilt von den Theologen beider evangelischen Konfessionen in der Zeit der Orthodoxie. Zusammenfassend läßt sich sagen, daß die Theologen der zweiten Hälfte des 16. Jahrhunderts ihre Vorlesungen nach melanchthonischem Muster hielten und ihren viel umfangreicheren Summen und Systemata seine *Loci* zugrunde legten. Die Unterschiede betrafen meist nur die formale Seite.

Erst in der Aufklärungszeit wurde der Theologie Melanchthons der Abschied erteilt. Statt dessen galt er als Meister der Erziehung. Auch bezüglich der historischen Betrachtung weckte er stärkeres Interesse. G. Th. Strobel in Altdorf begründete nicht nur die Melanchthon-Forschung, sondern weckte auch das Interesse an ihm und seiner Verkündigung. Der Neuhumanismus und die Erweckungsbewegung trugen das Ihre dazu bei, dieses Interesse auch nach den Befreiungskriegen wachzuhalten. F. A. Köthe lieferte 1829 eine 6bändige deutsche Melanchthon-Ausgabe. Das *Augustana*-Jubiläum von 1830 steigerte noch diese Vorliebe. Es entstand eine Reihe guter Untersuchungen zu seiner Theologie. Hatte G. Planck dem melanchthonisch verstandenen Luthertum die Bahn gebrochen, so hat 1841 Galle einen ersten Versuch einer gründlich unterbauten Theologie Melanchthons vorgelegt. Er galt als der große reformatorische Systematiker. Luther stand abseits. Für Wilhelm Gaß war es selbstverständlich, daß er seine *Geschichte der protestantischen Dogmatik* (1854) mit Melanchthon begann. In gleicher Weise wirkte Melanchthon auf andere Theologen. Gaß gab freilich zu, daß es teils Luthers Gedanken waren, teils eigene, die der Präzeptor verarbeitete. In dieselbe Kerbe schlugen I. A. Dorner, F. A. Kahnis und Richard Rothe. Das Melanchthon-Jubiläum von 1860 unterstrich diese Feststellung in zahlreichen Reden. Es konnte aber nicht ausbleiben, daß sich eine andere Betrachtungsweise Geltung verschaffte.

Dem einseitigen Urteil H. Heppes, nach dessen Meinung Melanchthon Luther überbot und das Grundprinzip des Protestantismus erst auf den klaren Nenner brachte, widersprachen F. Ch. Baur, Landerer, Preger und vor allem Albrecht Ritschl. Der zuletzt genannte versetzte der Überschätzung Melanchthons einen schweren Schlag mit seiner These, Melanchthon sei dem reformatorischen Grundansatz untreu geworden. Die Gleichstellung Luthers und Melanchthons hörte auf. Ritschls Verzeichnung hatte weitgehende Folgen. Melanchthon wurde nicht nur die Selbständigkeit abgesprochen, es wurde ihm auch eine Verfälschung der Theologie Luthers nachgesagt. Hier konnte nur gründliche Quellenarbeit helfen. H. Plitt hat in seiner *Einleitung in die Augustana* ein gerechteres Urteil gesprochen, erst recht in der Einführung zur kritischen Ausgabe der *Loci communes* (1521). Aus der Schule Landerers kam A. Herrlinger, der die erste Darstellung der Theologie Melanchthons gab (1879), wie es in Tübingen nicht anders möglich war, als System gefaßt. Hier wurde schon die Warntafel aufgestellt, daß Melanchthon nicht „für alle Mißbildungen der protestantischen Theologie" verantwortlich gemacht werden dürfte. Dagegen ist Ernst Troeltsch stärker seinem Lehrer Ritschl gefolgt und hat Melanchthons humanistische Motive stärker abgewertet.

Ritschls Melanchthon-Kritik ließ zwar auch im 20. Jahrhundert nicht nach, zeitigte aber auch positive Ergebnisse. Sein Sohn Otto Ritschl entwarf nach eingehenden Einzelstudien ein Gesamtbild, in dem er Melanchthon im Abstand zu Luther zeichnete. E. Hirsch versuchte in seinem Osianderbuch zu zeigen, daß Melanchthons Rechtfertigungslehre die Luthers nur verkürzt wiedergebe. Auch an der Erlanger Theologie ist Ritschls Kritik nicht ganz vorübergegangen. Reinhold Seeberg stellte dabei eindeutig fest, daß Melanchthon sich theologisch erheblich von Luther unterscheide. Die Verschiedenheit sieht er im Gottesbegriff, im Verständnis des Gesetzes, der Buße und Rechtfertigung. Trotzdem haben nach seiner Ansicht beide den Kern der Sache gleicherweise erfaßt. Stärker hat Werner Elert Melanchthon als entschiedenen Zeugen reformatorischer Theologie herausgestellt. Wenn auch er bei Melanchthon die Neigung zum Rationalisieren findet, so sieht er sie als sachbedingt an und für dessen Theologie als solche nicht wesentlich.

Von der jüngeren Generation hatte sich Hans Engelland am stärksten Melanchthon verschrieben. Ausgehend von den Fragestellungen Karl Heims ging er dem Gottesverständnis und der Gesamtanschauung Melanchthons nach, die für ihn eine geschlossene Einheit darstellt. Wie dem Schriftverständnis, so widmete er sich seiner Christologie und Rechtfertigungslehre. Nach dem Erscheinen der Melanchthon-Studienausgabe reagierte zuerst die reformierte Seite, indem sie das von H. Heppe begründete Melanchthon-Verständnis erneuerte. Hier hat sich W. Neuser betätigt, zuerst mit einer Untersuchung der *Loci* 1521, dann der *Abendmahlslehre* (bis 1530). Ihm folgten Ernst Bizer und Dietrich Geyer mit umfangreichen Darstellungen der Soteriologie *(Theologie der Verheißung* und *Von der Geburt des wahren Menschen).* Sie stießen auf das christologische Problem beim frühen Melanchthon und bemühten sich, dessen Eigenheiten zu bestimmen. Von lutherischer Seite hat Ralph W. Quere, *Melanchtons Christum cognoscere,* Neusers Thesen kritisch beleuchtet und reduziert. Die von W. Elert bis E. Kinder vertretene Auffassung setzt sich in der umfassenden Arbeit G. Haendlers *Wort und Glaube* fort. Hier handelt es sich um die Voraussetzungen zu Melanchthons Kirchenbegriff. Die Nachwirkungen Melanchthons auf pädagogischem Gebiet sind sehr stark. Hatte sich schon K. Hartfelder diesem Gebiet zugewandt, so ist dieses Bestreben hundert Jahre später noch erheblich deutlicher ausgeprägt. Stempel macht deutlich, unter welchen Aspekten dieses geschieht.

Auf anderen Gebieten der Wissenschaften, vor allem in der Wirtschaftsgeschichte und in der Jurisprudenz, ist der Einfluß Melanchthons nicht in gleicher Weise fortlaufend festzustellen. Eingehend hat sich mit diesem Bereich Guido Kisch in seinem Buch *Melanchthons Rechts- und Soziallehre* befaßt. Beachtlich ist vor allem seine Untersuchung über die Billigkeitslehre.

Die Melanchthon-Jubiläen haben gezeigt, in welchem Maße dieser Theologe nach wie vor durch seine Universalität auf verschiedene Wissenschaftszweige immer noch einwirkt. Seitdem die konfessionellen Schranken gefallen sind, findet er auch auf katholischer Seite immer stärkere Beachtung.

Alexandre Ganoczy

JEAN CALVIN

(1509–1564)

Kein Theologe hat das protestantische Christentum neben und nach Luther so tiefgreifend und nachhaltig geprägt wie Calvin. Sein Hauptwerk *Unterricht in der christlichen Religion (Institutio Christianae Religionis),* das alle Grundfragen der christlichen Tradition klar, systematisch und allgemeinverständlich behandelt und diskutiert, ist zum wichtigsten Lehrbuch der in sehr vielen Ländern der Welt verbreiteten reformierten Christenheit geworden. Obwohl ganz auf die Herrschaft und Ehre Gottes ausgerichtet, hat das theologische Denken Calvins einen unbestreitbaren Einfluß auf die Entwicklung ganzer Gesellschaften genommen; die schweizerische, niederländische, schottische und nordamerikanische Demokratie verdanken ihm nicht wenig.

I. Leben

Jean Calvin wurde am 10. Juli 1509 in Noyon, damals Hauptstadt der nordfranzösischen Provinz Picardie, geboren. Sein Vater, Gérard Cauvin (in latinisierter Form: Calvinus), der sich aus einfachen Verhältnissen zur bürgerlichen Stellung eines Vermögensverwalters emporgearbeitet hatte, war von eigenwilligem und autoritärem Charakter. Die Mutter, die Calvin schon in jungen Jahren verlor, wird als eine sanftmütige und fromme Frau gezeichnet. Die Cauvin lebten gleichsam im Schatten der Kirche. Der Vater verwaltete die Güter des Domkapitels, und seine beiden Söhne erhielten dadurch Kirchenpfründen, um ihre klerikalen Studien zu finanzieren. Jean wurde mit vierzehn Jahren in das Pariser Collège Montaigu geschickt, um dort zunächst die freien Künste, dann Theologie zu lernen. Zum Theologiestudium und zur Priesterweihe kam es jedoch nicht. 1528 überwarf sich Gérard Cauvin wegen einer ungeklärten Abrechnungsaffäre mit den Domherren, und diese ließen über ihn den Kirchenbann verhängen. Daraufhin mußte Jean, eben achtzehn Jahre alt, das Collège Montaigu verlassen und nach Orléans zum Studium der Rechte übersiedeln.

Calvin, der zukünftige Schöpfer einer reformierten Dogmatik, hat also nie schulmäßig Theologie gelernt. Was ihm seine Pariser Lehrer, vor allem der Schotte John Major, beibrachten, waren die üblichen philosophischen Disziplinen: Logik, Dialektik, Ethik, Metaphysik, ein geistiges Rüstzeug, dessen er sich später in seiner durch Selbststudium angeeigneten Theologie meisterhaft zu bedienen verstand. Seine erste Begegnung mit Bibel, Kirchenvätern und den evangelischen Schriftstellern seiner Zeit erlebte er unbelastet durch Thesen der herkömmlichen Schultheologie. Dazu ebneten ihm jene christlichen Humanisten den Weg, die in Paris damals von ebenso einflußreichen wie engstirnigen Wortführern der kirchlichen Rechtgläubigkeit bekämpft wurden.

Kontakt mit der Gedankenwelt des Humanismus hatte Calvin bereits vor seinem vierzehnten Lebensjahr in Noyon selbst gehabt, in der adeligen Familie de Hangest, die häufig eifrige Anhänger von Erasmus und Faber Stapulensis zu ihren Gästen zählte. Zu Beginn seines Pariser Aufenthaltes und vor seinem Eintritt in das erzkonservative Collège Montaigu hatte er Mathurin Cordier zum Lehrer, einen Bahnbrecher moderner Pädagogik und Verfechter einer auf Humanität bedachten Christusfrömmigkeit. Diese anfänglichen Einflüsse waren stark genug, um die von manchen Montaigu-Dozenten bekundete Erasmus-Feindlichkeit zu neutralisieren. So fand der junge Calvin leicht wieder den Weg zu humanistischen Kreisen, als er in Orléans und Bourges Jura studierte. Er schloß sich jungen Gelehrten an, deren Ziel die innere Erneuerung von Kirche und Gesellschaft im Sinne des Evangeliums war und die Martin Luther in mancher Hinsicht zu ihren Vorbildern zählten. So verbanden ihn freundschaftliche Beziehungen mit dem Württemberger Melchior Wolmar, der ihn in die griechische Sprache und Literatur einführte und ihm dadurch den Zugang zum Originaltext des Neuen Testaments eröffnete.

Nach dem Tod seines Vaters begab sich Calvin, der frischgebackene Diplomjurist, wieder nach Paris, um, nunmehr ganz aus eigenem Wunsch, am Collège Royal, der von König Franz I. neu gegründeten Hochschule für klassische und christliche Altertumskunde, Vorlesungen zu hören. Als Frucht dieses neuen Studiums veröffentlichte 1532 der kaum Dreiundzwanzigjährige einen Kommentar zu Senecas *De clementia* (Über die Milde). Das Werk zeugt von einer umfassenden Kenntnis der griechischen und römischen Philosophen, vorab der Stoiker, zu denen Seneca selbst gehörte, aber auch schon Augustins, dessen Buch *Vom Gottesstaat* Calvin häufig zitiert. Außerdem stellte er in dieser Arbeit Scharfsinn, Urteilsvermögen und eine erstaunliche Kühnheit unter Beweis: Der junge Kommentator wagt nicht nur die Auslegung desselben Traktats durch den großen Erasmus an manchen Stellen kritisch zu hinterfragen, sondern, über jegliche Gelehrtendiskussion hinausgreifend, den Herrscher Franz I. selbst in verdeckter Weise zu gerechterer Regierung und größerer Toleranz für Andersdenkende zu mahnen (vielleicht dachte er schon an verfolgte Lutheraner). Lutherischer Einfluß läßt sich jedoch nicht feststellen; eher schon der von Jacques Lefèvre d'Etaples, genannt Faber Stapulensis.

Letzterer war damals das angesehene Haupt der französischen Reformbewegung. Um ihn scharten sich Männer wie der Bischof von Meaux, Briconnet, der zukünftige Reformator Farel, der Hebraist Vatable, der Philosoph und Patrologe Clichtove und der Hofprediger der Königin von Navarra, Gérard Roussel, den Calvin besonders schätzte. Dieser Kreis stand dicht an der Grenze zwischen christlich-humanistischem Reformismus und lutherischer Reformation. Auf jeden Fall hielt man in diesem Kreis den deutschen Reformator, trotz seines Streits mit Erasmus über den freien bzw. unfreien Willen und noch jahrelang nach seiner Verurteilung 1521 durch die Pariser theologische Fakultät, keineswegs für einen Häretiker.

Bald schlugen aber die Theologen der Sorbonne mit den ihnen zustehenden inquisitorischen Mitteln zu. Einen willkommenen Anlaß lieferte ihnen die Rede, die der neue Rektor, Nicolas Cop, ein Basler Arzt und Freund Calvins, zur Eröffnung des akademischen Jahres am 1. November 1533 hielt. Aus guten Gründen ist anzunehmen, daß Calvin ihm bei der Abfassung des Textes behilflich war. Cop, ebenfalls ein ,,Reformist" nach der Art Lefèvres, sprach von den Seligpreisungen nach Matthäus, rief die Muttergottes an, und zeigte in diesem Zusammenhang auf, wie die Rechtfertigung des Menschen aus dem Glauben ,,ohne die Werke des Gesetzes" vor sich gehe. Das klang nach Luther. Heute hätte kein katholischer Dogmatiker etwas daran auszusetzen. Anders dachte damals die Pariser Theologen-Inquisition. Gegen Cop und seine Freunde erging Haftbefehl; Cavin mußte fliehen.

Zwischen diesem Vorfall und der ersten Abfassung seines theologischen Hauptwerkes, der *Institutio,* im Jahre 1535, muß sich die eigentliche reformatorische Wende Calvins vollzogen haben. Wann sie genau geschah, ob sie sich wirklich als ,,eine plötzliche Bekehrung", wie Calvin ein Vierteljahrhundert danach, 1557, schrieb, oder eher als eine komplexe innere Entwicklung vollzog, läßt sich aus den zeitgenössischen Zeugnissen nicht ermitteln. Ihr Beweggrund war gewiß weniger als bei Luther die Suche nach der eigenen Heilsgewißheit und mehr der Wunsch, Kirche und Christenheit in ihrer ursprünglichen ,,Reinheit" zur Ehre Gottes wiederherzustellen. Es ging ihm um die Wahrhaftigkeit in Lehre, Verkündigung, Kirchenleitung, Gottesdienst und Frömmigkeit, die das christliche Leben auf die Herrschaft Jesu Christi hin transparent macht. Allerdings fand er dieses Anliegen bei den Spiritualisten und Wiedertäufern, die man heute zum ,,linken Flügel der Reformation" zählt, ebenso schlecht aufgehoben wie bei den ,,Papisten" und ,,Sorbonnisten", die nach ihm die Kirche als einheitliche Lehr- und Lebensgemeinschaft durch ihr Pochen auf individuelle Eingebungen des Gottesgeistes gefährdeten. Gegen solche Sektierer, Verbreiter einer sonderbaren Lehre vom ,,Seelenschlaf" der Verstorbenen, schrieb Calvin 1534 sein theologisches Pamphlet *Psychopannychia.*

Als Theologe wurde Calvin jedoch erst durch die erste Veröffentlichung seiner *Christianae Religionis Institutio* (Basel 1536) bekannt. Dieses Kompendium der christlichen Lehre für gebildete Laien beginnt mit einem Widmungsschreiben an Franz I., wo Calvin für die Unterscheidung der wahren Anhänger des Evangeliums (sie werden die ,,Frommen" und noch nicht ,,Lutheraner", geschweige denn ,,Protestanten" genannt) von den anarchistisch gesinnten Schwärmern plädiert. Die Partei der evangelischen Erneuerung stifte keine Unordnung in Kirche und Staat. Sie sei vielmehr jene eine und wahre Kirche

Christi, die durch jahrhundertelange römische Dekadenz nie völlig verschüttet werden konnte. Freilich habe diese Gemeinde Gottes nicht den äußerlichen Glanz und die gesellschaftliche Machtposition der etablierten Hierarchie mit ihrer päpstlichen Spitze. Im Vergleich zu dieser ,,Kirche" habe jene wahre keine massiv auffällige ,,Sichtbarkeit" aufzuweisen. Sie könne auch ,,ohne sichtbare Gestalt" bestehen: einzig ,,die reine Predigt des Wortes und die rechte Verwaltung der Sakramente" (Calvin schließt sich damit dem Augsburger Glaubensbekenntnis an) weisen sie als Gemeinde Gottes und Christi aus. Der König möge sie also als solche anerkennen und ihre Mitglieder nicht mehr als Aufrührer verfolgen.

Im übrigen enthält die erste Ausgabe der *Institutio* sechs Kapitel über das Gesetz, den Glauben, das Gebet, die Sakramente, die ,,falschen Sakramente" und die christliche Freiheit. Die hier vertretene Lehre ist weitgehend lutherisch, Schriften des deutschen Reformators wie der *kleine* und der *große Katechismus, Die Freiheit eines Christenmenschen* und *Von der babylonischen Gefangenschaft* haben ihr unbestreitbar als Quellen gedient. Außerdem verwendete Calvin Schriften von Bucer, Melanchthon und Zwingli in kritischer Auswahl.

Die Leistung des jungen Laientheologen Calvin (er war erst siebenundzwanzig Jahre alt) ist in jeder Hinsicht bewundernswert. Nach wenigen Jahren Selbststudium gelang es ihm, die wohl klarste systematische Darstellung der evangelischen Theologie seiner Zeit mit einer Menge meist treffender biblischer Belege und in einem ebenso kunstvollen wie leserlichen Latein zu schaffen.

Der Erfolg seiner *Institutio* veranlaßte ihn, seine theologischen Kenntnisse zu vertiefen und sich zu diesem Zweck im evangelischen Straßburg niederzulassen. Auf der Hinfahrt machte er Halt in Genf, wo Wilhelm Farel bereits seit vier Jahren an der Abschaffung der ,,päpstlichen Messe" und für das Leben ,,nach dem Evangelium" arbeitete. Als Farel zufällig von Calvins Anwesenheit erfuhr, suchte er ihn eilends auf, um ihn zu überreden, ihm bei der reformatorischen Umstellung der Gemeinde behilflich zu sein. ,,Mir war", schrieb später Calvin, ,,als wenn Gott von oben herab seine Hand ausgestreckt und auf mich gelegt hätte, um mich anzuhalten" (CR 59, 23). Er gab Farels Drängen nach und übernahm in Genf den Dienst eines ,,Lektors der Heiligen Schrift", den er dann gleich mit einer öffentlichen Vorlesung über den Römerbrief begann. Außerdem unternahm er 1537 *den Entwurf einer Kirchenordnung* (CR 38, 5–14), die eine straffe Ämterstruktur, das mindestens monatliche Teilnehmen am Abendmahl und klare Richtlinien für Kirchenzucht und Religionsunterricht enthielt. Dazu schrieb er einen *Katechismus* (CR 50, 33–74) und ein *Glaubensbekenntnis* (ib. 85–96), ,,das zu befolgen und zu halten alle Bürger und Einwohner von Genf und alle Untertanen der Landschaft sich eidlich verpflichten" sollten (ib. 85). Es war vorgesehen, daß der Stadtrat als ,,Diener Gottes" zur Wahrung der ,,reinen Religion" über die Einhaltung dieser Bestimmungen wachen und die Widerspenstigen aus seinem Hoheitsgebiet ausweisen sollte.

Der Genfer Magistrat ließ jedoch die wachsende Einflußnahme Calvins, Farels und der ihnen ergebenen Geistlichen nicht widerstandslos zu. Im Frühling 1538 gaben Vorkehrungen für die Feier des Osterabendmahles Anlaß zu einem offenen Konflikt: Farel und Calvin mußten die Stadt verlassen. Enttäuscht und niedergeschlagen ging der junge Autor der *Institutio* wieder nach Basel, um sich ganz der theologischen Forschung zu widmen. Schließlich wurde aber Straßburg sein Zufluchtsort, wohin Martin Bucer, der Leiter der dortigen Stadtkirche, ihn zur Betreuung der Französisch sprechenden Pfarrgemeinde einlud (wieder mußte er, wie schon öfter, mit dem Willen Gottes beschworen werden!).

Diese pastorale Tätigkeit, wobei Calvin vom besonnenen Kirchenmann Bucer viel lernen konnte, ließ ihm genügend Zeit für theologische Arbeit. So erweitert er rasch seine Kenntnisse der Kirchenväter und macht die zweite, erweiterte Ausgabe der *Institutio* zunächst in lateinischer (1539) und dann, seinen eigenen Text übersetzend, in französischer Sprache (1541) druckfertig. Seine Schaffenskraft erreicht einen ersten Höhepunkt: eine französische *Gottesdienstordnung* entstammt seiner Feder, die Religionsgespräche von Frankfurt, Hagenau, Worms und Regensburg ziehen Nutzen aus seiner Teilnahme, wobei Melanchthon ihn persönlich schätzen lernen und die römische Partei seine realistische, nuancierte, aber in entscheidenden Punkten auch unbeugsame Haltung kennenlernen sollte. Calvin hat nunmehr seine eigene theologische Linie: in Regensburg stimmt er dem interkonfessionellen Kompromiß über die Rechtfertigungslehre zu, dagegen lehnt er Melanchthons und Bucers Konzessionen bezüglich der römischen Echaristielehre entschieden ab (es ging um die „Transsubstantiation", die Wandlung von Brot und Wein).

Der wachsende internationale Ruf Calvins ließ inzwischen auch die Genfer Gemeinde nicht unempfindlich. Als die Gemeindeleiter sich durch die „Rekatholizierungsversuche" des Bischofs von Carpentras, Kardinal Sadoletos, – hohe humanistische Bildung, erwiesene Toleranz und diplomatische Geschicklichkeit machten ihn besonders „gefährlich" – in die Enge getrieben fühlten, wandten sie sich an ihren vertriebenen Reformator, er möchte Sadoletos Brief (CR 33, 369–384) beantworten. Calvin ließ sich diesmal nicht lange bitten: die Lage war ernst. In sechs Tagen war seine Antwort, ein Glanzstück theologischer Kontroverse, fertig (ib. 385–416) und am 1. September 1539 von Straßburg abgeschickt. Worum ging es in diesem wohl „offenen" Brief? Wieder einmal um die „wahre Kirche Christi"! Sie gründe sich nicht, wie Sadoleto es behauptet, auf den jahrhundertelangen Konsens einer bestimmten Tradition, sondern allein auf das Wort Gottes. Sie offenbare sich als die wahre in der Schriftgemäßheit ihrer Lehre und Lebensordnung, ihrer Sakramente und ihres Kultes. Die Reformation sei kein Schisma gewesen, vielmehr die Herstellung der gottgewollten Rechtschaffenheit in der Kirche. „Was man mir", schreibt Calvin, „als Abfall von der Kirche vorzuwerfen pflegt, darin ist mir nichts Schlechtes bewußt. Oder ist der als Deserteur anzusehen, der die Fahne des Anführers wieder hochhebt, wo er Soldaten dahingesunken und ängstlich bleich ihre Reihen verlassen sieht, und sie auf ihren Posten zurückführt?“ (ib. 409).

In diesen Worten drückt sich ein klares, gleichsam prophetisches Sendungsbewußtsein aus, Zeichen für das nunmehr ausgereifte reformatorische Selbstverständnis bei Calvin. Das wirkte überzeugend. Die Genfer riefen ihren vertriebenen Lehrer eilends zurück. Doch ließ Calvin diesmal etwas auf sich warten: erst im September 1541 traf er am Ufer des Genfer Sees ein, um dann aber den Wiederaufbau des verwahrlosten Gemeindewesens unverzüglich in die Hand zu nehmen. Eine neue *Kirchen- und Gottesdienstordnung* sowie ein neuer *Katechismus* waren die ersten Werke: der Rat hieß sie diesmal ohne größere Bedenken gut. Dennoch tauchten bald Schwierigkeiten anderer Art auf. Eine Gruppe angesehener Genfer Patrioten empfand die vom „Fremdling“ Calvin verlangte strenge Lebensführung und deren Überwachung durch das von den Pastoren beherrschte Konsistorium mitunter als unerträglich. Unter der Führung des Syndikus Aimé Perrin leistete diese Partei bis zu ihrer Wahlniederlage 1555 hartnäckigen Widerstand. Ihr Versuch, die Macht mit Waffengewalt an sich zu reißen, scheiterte: die Anführer wurden hingerichtet oder verbannt.

Inzwischen sah sich Calvin veranlaßt, Kämpfe um die „rechte Lehre“ mit nicht weniger Härte auszutragen. Im Mai 1544 ließ er Sébastien Castellion, den verdienten Schulrektor, wegen seiner Interpretation der Höllenfahrt Christi und seiner Leugnung des Hohenliedes als eines kanonischen Bestandteils der Bibel verbannen. Castellion fand im evangelischen Basel Zuflucht und Lebensunterhalt; dort schrieb er sein später berühmt gewordenes Werk über die Gewissensfreiheit und die religiöse Toleranz: *Ob Ketzer zu verfolgen sind (De haereticis, an sint persequendi)*. 1551 traf Calvins Härte den früheren Karmeliten Jérôme Bolsec, da dieser seine Prädestinationslehre verwarf. Und 1553 kam es zur öffentlichen Verbrennung des spanischen Arztes und Humanisten Michel Servet, der die Trinitätslehre ebenso wie die traditionelle Erbsündenlehre für unchristliche Irrtümer hielt. Obwohl Calvin für seine Forderung des Todesurteils gegen Servet bei den Schwestergemeinden von Basel, Bern, Schaffhausen und Zürich, später sogar bei Melanchthon, Zustimmung fand, wurde dadurch sein Ruf als der intoleranteste unter den Reformatoren, vergleichbar mit päpstlichen Inquisitoren, für immer belastet.

In scharfem Kontrast zu seiner Haltung in den Genfer Lehrprozessen erscheint Calvins geduldige Beharrlichkeit und Vermittlungsbereitschaft im dogmatischen Streit über die Abendmahlslehre, der verschiedene lutherische und zwinglianische Theologen einander entgegenstellte. Bereits 1537 hatte er mit einem von ihm verfaßten *Abendmahlsbekenntnis* eine Einigung zwischen Bucer und den Schweizern erzielt und 1541 die allgemeinevangelische Verständigung durch seine Unterzeichnung der Confessio Augustana variata (Melanchthons Neuformulierung des Augsburgischen Bekenntnisses) gefördert. Ähnlich vermittelnd zeigt er sich gegenüber Heinrich Bullinger (1504–1575), dem Nachfolger Zwinglis als Leiter der Züricher Gemeinde.

Bullinger sah sich durch Luthers *Kurzes Bekenntnis vom heiligen Sakrament* (1544) gezwungen, für ein richtigeres und gerechteres Verständnis der schweizerischen Sakramentenlehre ins Feld zu ziehen. Der Streit dauerte an, und Calvin schaltete sich immer wieder ein, bis er im April 1549, zusammen mit Bullinger, den sog. *Consensus Tigurinus (Zürcher Übereinkunft)* niederschreiben konnte. Daß dieses Dokument schließlich nur unter den schweizer Schwesterkirchen, nicht aber auch zwischen diesen und den deutschen Einigung und Frieden zu bringen vermochte, lag vorab an der Heftigkeit, mit der orthodoxe Lutheraner wie Joachim Westphal und Tilemann Hesshusen auf Calvins Thesen reagierten.

In Genf selbst gelangten Calvins theologische und kirchenpolitische Bemühungen mit der Gründung der ,,Academia Genevensis" 1559 zu einer Art Krönung. Diese Hochschule wurde bald zu jenem geistigen Zentrum, das dem calvinischen Denken eine weltweite Ausstrahlung sicherte. Dort sollte eine ganze Reihe französischer, deutscher, niederländischer und schottischer Pastoren theologische Ausbildung und missionarischen Impuls erhalten: ein Faktum, das Genf den Charakter der ,,Mutterkirche" für die gesamte reformierte Christenheit verlieh.

Das Jahr 1559 brachte noch die letzte Ausgabe der *Institutio* mit sich, eine hinsichtlich der Erstveröffentlichung auf einen mehrfachen Umfang angewachsene, durch alle Ergebnisse einer exegetischen, homiletischen und kontroverstheologischen Reflexion bereicherte Summe der reformatorischen Glaubenslehre. Die französische Übersetzung des Werkes konnte Calvin nicht mehr persönlich durchführen, nur beratend verfolgen. Seine körperliche Konstitution war nie sehr kräftig. Von vielen Krankheiten und von Schlaflosigkeit geplagt, vermochte die Gesundheit des Reformators mit der ungeheuer starken geistigen Anstrengung bald nicht mehr Schritt zu halten. Nach einer letzten, leidvollen Krankheit starb Calvin am 27 Mai 1564 im Alter von 55 Jahren. Nach seinem Wunsch wurde er an einem unbekannten Ort ohne Zeugen und Trauerfeier beigesetzt. Der Prophet der Ehre Gottes wollte nicht verehrt werden.

II. Das Werk

Das *Werk* Calvins umfaßt 59 Bände im *Corpus Reformatorum* (Sammlung der Werke der Reformatoren). Neben der *Institutio* mit ihren vier lateinischen Ausgaben (1536, 1539, 1543, 1559), die mit Ausnahme der ersten auch in französischer Sprache erschienen (1541, 1545, 1560), sind hier seine *Kommentare zum Alten und Neuen Testament* (Calvin hat alle Bücher der Bibel wissenschaftlich ausgelegt!), seine *Predigten* (die große Menschlichkeit und praktischen Sinn zeigen), seine *Katechismen, Streitschriften,* kleineren *theologischen Traktate* und der erhalten gebliebene Teil seiner *Korrespondenz* zu finden.

Alle diese Schriften zeugen von einer bemerkenswerten Homogenität seines

Jean Calvin (1509–1564)

theologischen Denkens. Gewiß ist dieses, auf das Ganze gesehen, nicht frei von Variationen, zumal es von einem ,,engagierten" Theologen stammt, der seine Gedanken stets situationsbewußt und auf die sich rasch ändernden Bedingungen des Gemeindelebens, der Polemik und der interkonfessionellen Kontakte bedacht reflektiert und formuliert. Calvin zeigt übrigens auch ein feines Gespür für die örtlichen, kulturellen und nationalen Verschiedenheiten seiner Adressaten, so daß auch von dieser Seite her sein theologisches Denken eine gewisse pluralistische Note erhält. Doch bewahren seine Hauptmerkmale ein hohes Maß an logischer Konsequenz und eine rigorose Systematik: die besagten Variationen erscheinen meist als Etappen eines sich stets bereichernden, vertiefenden, entwickelnden, aber im Grunde doch einheitlichen Denkprozesses. Das wird bereits an der ständigen Überarbeitung der *Institutio* spürbar.

Der Kern der calvinischen Systematik blieb für immer von den großen theologischen Erkenntnissen Luthers bestimmt: die radikale Sündhaftigkeit des Menschen (nach alter augustinischer Tradition), die Christozentrik, die Allwirksamheit der Gnade, die Rechtfertigung aus dem Glauben allein, die vorrangige Bedeutung des verkündigten Gotteswortes. Diese Erkenntnisse erhielten jedoch in der geschlossenen Dogmatik Calvins die Prägung seiner Persönlichkeit, seiner humanistischen und juristischen Bildung wie auch seiner exegetischen und praktisch-theologischen Arbeit.

Allem voran galt für Calvin der Grundsatz, jedes menschliche Wort über Gott, jede katechetische, verkündigende oder wissenschaftliche Rede vom Evangelium müsse sich dem souveränen Urteil des Gotteswortes selbst unterwerfen. Das Gotteswort begegnet uns aber allein in der Schrift: ,,Es kommt niemand auch zum geringsten Verständnis rechter und heilsamer Lehre, wenn er nicht zuvor ein Schüler der Schrift wird" (ICR I. 6. 2). Schüler der Schrift zu sein bedeutet freilich nicht, etwa alle biblischen Bücher auswendig zu kennen. Denn auch die Schrift ist nur Mittel zu dem ,,Zweck", der einzig und allein in *Christus* als dem lebendigen Logos Gottes zu finden sein kann: sie bezeugt nur schriftlich, wie Gott sich in Jesus dem Christus geschichtlich geoffenbart hat. Ohne den ,,solus Christus" (allein Christus) keine ,,sola scriptura" (allein die Schrift)! Im menschgewordenen ewigen Wort Gottes liegt der ,,scopus", das sinngebende Ziel aller prophetischen und apostolischen Bücher und Briefe. Auf ihm ruht die heilsgeschichtliche Kontinuität des alten und des neuen Bundes, weshalb auch ,,Gesetz" und ,,Evangelium", anders als bei Luther, nicht als radikale Gegensätze angesehen werden dürfen. Das Neue schafft das Alte nicht ab, es gibt ihm vielmehr Vollendung. Was nun den rechten Verkehr mit der Bibel anbelangt, so ermöglicht ihn ein aktueller Eingriff des Heiligen Geistes, der wesentlich der Geist Christi ist. Er bewirkte schon inspirierend die Abfassung der biblischen Zeugnisse selbst; genauso weckt er nun heute durch sein ,,testimonium internum" (inneres Zeugnis) beim Leser Verständnis und Glaubensvertrauen (vgl. ICR I. 7. 4f.).

Dieser verstehende und gläubige Empfang des Wortes kann aber nur ,,in ecclesia" geschehen. Der Dienst der verkündigenden und reflektierenden Kirche ist hier genauso unerläßlich wie der Dienst einer Mutter (Calvin spricht gern von „mater ecclesia") für Wachsen und Gedeihen ihres Kindes (vgl. ICR I. 1. 1–5). Ohne ihn wäre das Wort der Deutungswillkür zügelloser Subjektivität ausgeliefert, was tatsächlich in den sonst einander entgegengesetzten Extremen des Schwärmertums und der päpstlichen Lehrdiktatur der Fall sei. Zum rechten Verstehen und Auslegen des Gotteswortes bedürfe es wohl einer Lehrautorität. Diese aber müsse bei einer Mehrzahl von Trägern liegen: Konzilien, Kirchenvätern, und, in der Gegenwart, Pastoren und Lehrern. So wird sie eine stets durch kollegiale Gremien kontrollierte Autorität sein; die Gefahr, vom Urteil des lebendigen Gotteswortes abzuweichen, hält sich damit in Grenzen. Da die *Konzilien* der „alten Kirche", bis etwa zum 5. Jahrhundert (Nizäa, Konstantinopel, Ephesus, Chalzedon), diese Wechselwirkung von Gotteswort und kollegialer Lehrautorität – wie Calvin meint – einwandfrei aufwiesen, müssen ihre dogmatischen Aussagen als rechte Lehre angenommen werden (vgl. ICR IV. 9. 8). Was die *Kirchenväter* anbelangt, so weiß sich Calvin am meisten mit dem theologischen Erbe von Irenäus, Tertullian, Cyprian, Ambrosius, Hilarius, Athanasius, Hieronymus, Johannes Chrysostomus, Gregor dem Großen und Augustinus verbunden. In Chrysostomus sah er den besten Exegeten, in Augustinus den unübertroffenen Meister systematischen Denkens (vgl. CR 37, 831–858). Freilich kommt, einzeln genommen, keinem dieser Lehrer Unfehlbarkeit zu. Unfehlbar, untrüglich, absolut wahr ist einzig und allein das Gotteswort.

Im Zusammenhang dieser Theologie des Wortes und der Glaubensgemeinschaft läßt sich dann auch jene „*Vierämterlehre*", mit der der Reformator jede konkrete Ortsgemeinde seiner Zeit ausgerüstet wissen wollte, am besten erklären. Bereits in seinen *Ordonnances ecclesiastiques (Kirchenordnung),* die er in der ersten Fassung 1541 für Genf niederschrieb (CR 38/1, 15–30), erklärt Calvin: „Es gibt vier Ordnungen des Amtes, die unser Herr zur Regierung seiner Kirche eingesetzt hat. Erstens die Hirten, dann die Lehrer, danach die Ältesten, viertens die Diakonen" (ib. 328). Wenn man hier den Einsetzungsgedanken auch nicht im Sinne einer Erklärung des historischen Jesus interpretieren darf, so zeigt er doch deutlich das theologische Gewicht an, das der Reformator diesen vier Dienstmännern in der Konstitution einer Ortsgemeinde zuschreibt.

Wie gliedern sich die verschiedenen Aufgabenbereiche? Den Hirten bzw. *Pastoren* fällt, als „Dienst am Wort", ordnungsgemäß die Funktion der Predigt und Sakramentenspendung zu. Sie müssen zusammen eine „Compagnie des pasteurs" (Pastorenkollegium) bilden und wöchentliche Sitzungen dem gemeinsamen Bibelstudium und der seelsorgerlichen Beratung widmen. Viermal im Jahr haben sie außerdem die gegenseitige „Zensur", d.h. Kritik und Mahnung, zu üben. Auch die Ordination der von der Gemeinde präsentierten und vom Stadtrat bestätigten neuen Pastoren obliegt ihr. Calvin schrieb dieser Hirtenordination großes Gewicht zu, er sah in ihr beinahe ein Sakrament, dessen Ursprung die Handauflegungspraxis der apostolischen Zeit sein mochte. Nach seinem eigenen Zeugnis wäre er gern bereit gewesen, sie als das dritte Sakrament neben Taufe und Herrenmahl in den reformierten Gemeinden gelten zu lassen, hätte er nicht bei vielen einen Rückfall in den römischen „Aberglauben" der Priesterweihe befürchtet (vgl. ICR IV. 19. 31). Das Amt der Lehrer, bevollmächtigt zur Predigt, nicht aber zur Sakramentenverwaltung, besteht im wissenschaftlichen und schulmäßigen Erklären der Heiligen Schrift. Daß der Reformator zu diesem Zweck einen eigenen „ordo" vorsah, zeigt, welch entscheidende Rolle er der theologischen Aufklärung und Bildung für das Gemeindeleben zuschrieb. Die *Ältesten* haben über die sittliche Lebensführung der Gläubigen zu wachen und zusammen mit den Pastoren das sog. „Konsistorium" zu bilden. Dieses sollte ein Ort des Austausches zwischen eigentlich „kirchlicher" und „weltlicher" Erfahrung sein, zumal die Ältesten oft aus den Mitgliedern des Stadtrates, die privat verschiedene Berufe ausübten, ausgewählt werden sollten, also im heutigen Sinn aus „Laien". Im Prinzip schob die Ältesteninstitution jeder Versuchung, in den vorreformatorischen Klerikalismus zurückzufallen, einen Riegel vor. Die *Diakone* schließlich sind für die Betreuung von Armen und Kranken verantwortlich. Sozialdienst wird bei Calvin ganz großgeschrieben: ihm ist ein eigener „ordo" – übrigens neben den Pastoren der einzige unter Gebet und Handauflegung ordinierte – zugedacht. Die Diakone haben sich als „Gottes Hand" unter den Leidenden zu verstehen. Ihre Arbeit besitzt Verkündigungswert: durch sie entfaltet sich das Gotteswort in Taten der Liebe als Erlösungswort. Deshalb haben sie bei der Feier des Abendmahls ihren Platz neben den pastoralen Dienern des Wortes: zusammen mit ihnen teilen sie die Abendmahlselemente, das Brot und den Wein, aus.

Diese viergestaltige Amtsstruktur gehört zweifelsohne zum eigentümlichen kirchlich-theologischen Werk Calvins. Sosehr Schrift, Vätertradition und altkirchlich normierte Konzilien dem Lauf des auf Christus zentrierten Gotteswortes durch die Geschichte dienen sollten, so sehr kam den vier Ämtern die Verantwortung zu, die gemeindestiftende Heilskraft dieses Gotteswortes hier und jetzt zur Geltung kommen zu lassen.

Fragt man nun nach dem wesentlichen Inhalt, den alle diese geschichtlichen und gemeinschaftlichen Dienste in der Kirche Gottes dem *Einzelnen* vermitteln sollen, so antwortete Calvin kurz und bündig: „die *Erkenntnis* Gottes und unserer selbst" (ICR I. 1. 1); darin bestehe „die Summe der Weisheit". Gotteserkenntnis und Selbsterkenntnis bedingen sich gegenseitig, denn wer vom Evangelium belehrt ist, könne Gott ohne den Menschen und den Menschen ohne Gott nicht denken; auf jeden Fall entdecke er im Licht, das ihn von Gott her erfaßt, wie sehr er „Bild Gottes" ist bzw. zu sein hat (vgl. ICR I. 15. 3). Freilich werde er in seinem Herzen eine durch die *Sünde* verstellte Gottebenbildlichkeit entdecken; denn er sei ja verderbt, den Werken des Fleisches ausgeliefert und des göttlichen Gerichts schuldig. Sein Wille habe nicht mehr, wie bei Adam vor dem Fall, seine unversehrte Wahlfreiheit, sein Geist sei zu stumpf und blind, um den Weg der ursprünglich und grundsätzlich möglichen natürlichen Gotteserkenntnis (vgl. ICR I. 5. 14) zu durchlaufen. Ja, im Wesen des Menschen herrsche ganz und gar Unordnung und Bedürftigkeit. Um so schärfer tritt einem auf diesem Hintergrund der Glanz und die *Herrlichkeit Gottes* entgegen. Gott werde so als der erkannt, der ,,allein *ist*", allein existiert im vollen Sinne des Wortes (ICR I. 10. 2). Erdrückend mag die Einsicht in das absolute Sein, die Allwissenheit und die Allmacht dieses Gottes sein. Tröstlich und verheißungsvoll werde jedoch die Offenbarung klingen, er sei der ,,Gott-für-uns", folglich der ,,Gott-für-mich", der seine souveräne Freiheit immer wieder als Befreiungsmacht einsetzt. Aber tut er das für alle? Oder nur für die zum Heile Vorherbestimmten, die ,,Prädestinierten"?

Gewiß gilt Calvins erster Blick in seiner *Prädestinationslehre* den biblischen, vorab alttestamentlichen Aussagen über die Allwirksamkeit Gottes in der Geschichte und in allen Regungen des Menschenherzens (vgl. ICR I. 16f.). Steht nicht geschrieben, daß Gott von innen her die einen zum Gehorsam bereitet und die anderen verstockt sein läßt? Täte er nicht so, wie würde er sich als absoluter Herrscher über alles Geschaffene erweisen? Gewiß bewegt er das menschliche Bewußtsein nicht so, wie man einen Stein hin- und herwirft. Er lenkt es auf eine ,,unbegreifliche Weise", so daß ihm dabei doch sein Wille bleibt. Die göttliche Vorbestimmung ist keine Nötigung; die menschliche Verantwortlichkeit bleibt erhalten. Gute und Böse haften für ihre Taten. Dennoch sind diese *zugleich* auf Gott in seiner die Guten erwählenden und die Bösen verdammenden Tätigkeit zurückzuführen, denn nichts geschieht in der Welt ohne den Willen Gottes. Wo es nun um das ewige Schicksal der Einzelnen geht, ist besonders wichtig, daß man nicht auf ,,äußere Ursachen", eigene ,,Verdienste" und Würdigkeit pocht, sondern auf Gottes ,,geheimen Ratschluß", der, wohlgemerkt, immer angesichts des Heilswerks Jesu Christi gefällt wird. Auf Christus, der für *alle* Erlösung gebracht hat, gründet ebenso die Heilsgewißheit wie die Erwählung des Glaubenden. Das besagen auch die Zeichen, die einem erlauben, auf sein Erwähltsein zu schließen: die Annahme der Christusbotschaft ohne Abstriche, die Gemeinschaft mit Christus durch Glauben und Sakrament, sowie eine tadellose Lebensführung. Hingegen kann nach Calvin das Verdammtsein eines Menschen durch keine untrüglichen Zeichen erkannt werden, nicht einmal beim größten öffentlichen Sünder oder Exkommunizierten. Auch solche Menschen sind vorerst mit einem ,,judicium charitatis" (Urteil der Liebe) zu bedenken (ICR IV. 1. 8). Gott allein weiß, ob, wie und wann sie sich bekehren werden. Calvin zieht also keine praktischen Folgerungen aus seiner Theorie der Verwerfung, wohl aber aus seiner Theorie der Erwählung in Christus, worin letztlich die grundsätzlich heilsbezogene Ausrichtung seiner Gotteslehre und Christologie sichtbar wird. Das gilt übrigens auch von seiner Kirchenlehre, zumal er die Kirche als die Gemeinschaft der in Christus Erwählten ansieht: nur aus Erwählten besteht das eigentliche Gottesvolk.

Wer nun erwählt ist, wird auch gerechtfertigt und geheiligt, wie dies bereits

Röm 8, 30 andeutet. Gegenüber der lutherischen Theologie liegt eine Besonderheit der calvinischen jedoch darin, daß die *Heiligung* vor der *Rechtfertigung,* deren Frucht sie sonst ist, thematisiert wird (vgl. ICR III. 1–18). Offenbar soll dies verdeutlichen, daß der Glaube, durch den allein die Gerechtigkeit Christi einem zugerechnet wird, nicht ohne gute Werke, Werke der Heiligkeit sein kann. Die Rechtfertigung als Gottes schöpferische Tat erfolgt ein für allemal. Die Heiligung, die auch menschliche Taten des Glaubens einschließt, erstreckt sich hingegen auf die ganze Lebenszeit. Sie vollzieht sich nach dem Vorbild des natürlichen Wachstums und unter dem ständigen Einwirken des *Heiligen Geistes,* der Tag für Tag jenes Wollen und Können schenkt, das es einem ermöglicht, sich an Christus angeglichen und als Ebenbild Gottes wiederhergestellt zu sehen. „Äußere Mittel des Heiles" (ICR IV. Überschrift): Predigt, Sakramente, Gebet, Disziplin, die sichtbare Kirchengemeinschaft (außer der es kein Heil gibt!) sind etwas wie Werkzeuge des Gottesgeistes als des Geistes aller Heiligung. Die Pneumatologie, d. h. die Lehre vom Heiligen Geist, dient bei Calvin als tragender Grund für seine Kirchen- wie auch seine Sakramentenlehre. In der Tat ist seine *Abendmahlslehre* (vgl. ICR IV. 17. 1–42) ausgesprochen pneumatologisch geprägt. Ihr zufolge bedarf es der Wirkung des Geistes, um den seit der Auferstehung bei Gott im Himmel gegenwärtigen Leib Christi hier und jetzt zur Seelennahrung der Gläubigen zu machen. Denn ein zweiter Abstieg, eine erneute Fleischwerdung oder Erniedrigung des Erhöhten kommt nicht in Frage. Der Auferstandene läßt nicht zu, daß sein Leib und sein Blut in Brot und Wein „eingeschlossen" und mit deren „Substanzen" seinsmäßig verbunden werden, wie das etwa Luther mit seiner „impanatio"- und „consubstantiatio"-Theorie lehrte. Allein durch das geistliche Wirken seines Geistes bietet der Himmlische den Gläubigen seinen Leib und sein Blut dar. Deshalb können die Menschen diese Gaben auch nur „geistlich", d.h. in einem Akt lebendigen Glaubens wahrhaft genießen. Indem der Geist Christi die Herzen der Abendmahlsgäste emporhebt (vgl. den Ruf: „Sursum corda"), haben diese an der „Substanz" des Erhöhten teil. Und diese Teilhabe ist real (man könnte sie heute „Realkommunikation" nennen), denn nichts kann realer sein, als was der schöpferische Geist Gottes im Menschengeist bewirkt. Die lutherische und römische Theorie von der „Realpräsenz", wonach Christi Leib im Sakrament derart „vorhanden" und „verfügbar" ist, daß etwa auch Menschen ohne Glauben ihn essen könnten (manducatio impiorum) lehnt Calvin entschieden ab. Reale Gegenwart Christi wird nur den dank Christi Geist hier und jetzt glaubenden Menschen zuteil.

III. Bedeutung

Die *Bedeutung* des theologischen Lebenswerks Calvins liegt größtenteils gerade in dieser Hervorhebung der Geisteswirkung in dem sonst christozentrisch gedachten und streng kirchengemeinschaftlich normierten Vollzug christlichen Glaubens. Damit zeichnet sich Calvin als Vertreter einer *dynamischen Kirchlichkeit* aus, die gute Chancen hatte, sowohl die Starre des römischen Institutionalismus wie die Welt- und Gesellschaftsfremdheit des lutherischen Heilspersonalismus oder auch die Exzesse des schwärmerischen Geistesenthusiasmus zu vermeiden. Es ist kein Zufall, daß Kenner der Reformationsgeschichte Calvin die Palme des ,,Organisators" im Gegensatz zu dem prophetischen Luther erteilen und die Vermutung äußern, ohne Calvin und die von ihm geschaffenen Gemeindestrukturen (sie machten die reformierten Gemeinden von den Landesfürsten weitgehend unabhängig) hätte das gesamte reformatorische Lager dem Sturm der katholischen Gegenreformation nur weitaus mühsamer standhalten können. Daß der Widerstand der ,,Bekennenden Kirche" im nationalsozialistischen Deutschland vom reformierten Theologen Karl Barth angeführt und der Ökumenische Rat der Kirchen vor allem von Kirchenmännern calvinischer Prägung geleitet wurde, deutet einen ähnlichen Aspekt der theologischen und kirchengeschichtlichen Bedeutung Calvins an. Auf weitere Aspekte, z. B. auf die von Max Weber aufgeworfene Frage, ob der Calvinismus über die Vermittlung puritanischen Arbeits- und Berufsethos für die Entstehung des Kapitalismus wie auch der modernen Demokratie (vgl. die amerikanische Revolution) verantwortlich sei, kann hier nicht eingegangen werden.

IV. Wirkungsgeschichte

Die Wirkungsgeschichte Calvins und des Calvinismus kann hingegen mit einigen Angaben leicht verdeutlicht werden. Bereits das gleichsam missionarische Bewußtsein, das den Reformator von Genf zu einem regen *Briefwechsel* mit ausländischen Theologen, Pastoren, Gelehrten und Staatsmännern veranlaßte, war ein Faktor weitreichender Ausstrahlung seiner Ideen. In seinen brieflich gegebenen Ratschlägen stellte er eine bemerkenswerte Anpassungsfähigkeit unter Beweis. Je nach politischen Umständen und Traditionen des anvisierten Landes wußte er bald Loyalität, bald Widerstand, auf jeden Fall aber klar evangelisches Auftreten gegenüber der Obrigkeit, bald Bewahrung, bald Änderung der vorhandenen kirchlichen Strukturen zu empfehlen. So riet er z. B. dem polnischen König die Beibehaltung der episkopalen Kirchenverfassung, die sonst in keiner anderen reformierten Kirche erhalten blieb.

Zur europaweiten Ausstrahlung calvanischen Gedankengutes trug die Genfer *Akademie* ebenfalls bei. Von den Studenten, die aus vielen Nationen nach Genf gekommen waren, um Calvin und seine Mitarbeiter zu hören, wirkten später nicht wenige als erfolgreiche Verbreiter reformierten Kirchentums in ihrer Heimat. Neben zahlreichen französischen Pastoren, auf die daheim nicht selten das Los von Verfolgung und Zeugnistod wartete, verdienen als ehemalige Schüler der Akademie besondere Erwähnung: Caspar Olevianus, ein einflußreicher Lehrer der Heidelberger Universität, Philippe Marnix de Saint-

Aldegonde, eine hervorragende Gestalt der niederländischen Reformation, und John Knox, der Reformator Schottlands.

Unter den Ländern, die in das Wirkungsfeld der calvinischen Reformation gerieten, ist an erster Stelle *Frankreich* zu nennen. Calvin hoffte lange Zeit auf einen friedlichen Sieg des „Evangeliums“ in seiner Heimat, was seine bis zum äußersten getriebene Loyalität gegenüber der königlichen Autorität erklärt. Doch kam es letztlich zu bürgerkriegsähnlichen Auseinandersetzungen zwischen der legitimen Staatsgewalt und einem durch Verfolgung zur Selbstverteidigung gezwungenen reformatorischen Hochadel, Adel und Bürgertum (beim einfachen Volk fand Calvin weniger Gehör!). Erstarkt im Widerstand, waren jedoch die in der Zerstreuung lebenden, oft von in Genf ausgebildeten Pastoren betreuten reformierten Ortsgemeinden bereits 1559 in der Lage, in Paris eine Nationalsynode abzuhalten und sich dort ein eigenes Glaubensbekenntnis, die auf eine Vorlage Calvins hin abgefaßte *Confessio Gallicana* nebst einer Kirchenordnung, zu geben. Paradoxerweise führte gerade die vorherrschende Rolle des adeligen Laientums in diesen Gruppierungen dazu, daß die Autorität der Pastoren mehrfach relativiert wurde, was dann Tendenzen einer innerkirchlichen „Aristokratie“ oder gar „Demokratie“ Vorschub leistete. Als Theoretiker der letztgenannten Strömung tritt vor allem Pierre de la Ramée (Petrus Ramus) (1515–1572), der originellste der damaligen französischen Philosophen, auf den Plan. Eine seiner Leitideen betrifft die Erneuerung der paulinischen Charismenlehre, um die Gemeindeleitung dadurch auf einer neuen Basis zu strukturieren.

Ramus fiel aber zusammen mit Tausenden seiner Glaubensgenossen jener berüchtigten „Bartholomäusnacht“ zum Opfer, deren Urheber am 23./24. August 1572 unter Karl IX. bzw. der Regentin Catharina de Medici die konfessionelle Frage mit einem Blutbad zu lösen hofften. In der Tat war die Partei der „Hugenotten“ in Frankreich aber schon stark genug, um ebenso dem Terror standzuhalten wie aus dem Religionsfrieden in der Geltungszeit des Edikts von Nantes (1598–1685) größten Nutzen zu ziehen. Die Stärke der französischen Calvin-Anhänger bestand einerseits darin, daß sie, schon unter dem Zwang ihrer Minderheits- und Diaspora-Situation, kleine, leicht übersehbare und geschlossene Bruderschaften bildeten, andererseits darin, daß sie mit ihren bürgerlich-christlichen Tugenden wie Ordnungsliebe, Geduld, Selbstbeherrschung, Arbeitsamkeit, Nüchternheit und Sachverstand eine gesellschaftliche Elite darstellten. Fortschritt in Kultur, Wissenschaft und Wirtschaft zur Ehre Gottes: ein solches Anliegen entsprach Calvins Grundgedanken.

Anders entfaltete sich die calvinische Reformation in den *Niederlanden,* wo sie zur treibenden Kraft von Freiheitskämpfen gegen die habsburgisch-spanische Fremdherrschaft wurde; hier fühlten sich neben Adeligen auch die breitesten Schichten des Volkes betroffen. Es ist für die dortige Frühgeschichte des Calvinismus geradezu charakteristisch, daß der Hauptverfasser der *Confessio Belgica* (1561), Guy de Brès, ein Arbeitersohn und Autodidakt war. Den egalitären Tendenzen, die sich in diesem Bekenntnis spüren lassen, widersprach auch das Haupt des nationalen Befreiungskampfes, der hochgeborene Wilhelm von Oranien, nicht. Seine stets auf Religionsfrieden und friedliche Koexistenz verschiedener Konfessionen bedachte Politik trug wesentlich dazu bei, daß in Holland die Reformierten ohne großen inneren Widerstand zur Vorherrschaft kamen. Von der echt calvinischen Vitalität des Landes zeugten ein hochentwickeltes Bildungswesen (sechs Universitäten für das kleine Land!), dynamischer Handel, mächtige Banken, kolonialer Expansionismus, der den reformierten Glauben in entfernte Überseegebiete verpflanzte.

Nationalgefühle wußte der Calvinismus auch in *Ungarn* zu katalysieren, wo er am Ende des 16. Jahrhunderts eine absolute Mehrheitsstellung dadurch errang, daß die ,,katholischen" Habsburger in dem durch Türkenkriege zerrissenen Land eher noch die ,,deutscheren" Lutheraner bevorzugten und damit eine Trotzreaktion des Volkes auslösten. Die reformierten Ungarn bilden heute, infolge einer besonders ,,gründlichen" Gegenreformation, nur noch etwa 20% der Gesamtbevölkerung, doch geht ihr gesellschaftlicher Einfluß weit über das Maß ihrer Zahl hinaus.

Auf eine wieder andere Weise verbreitete sich das calvinische Erbe in *Deutschland.* Ausländische Flüchtlinge brachten es ins Land (vgl. Emden, Frankfurt) oder eigenwillige Landesfürsten führten es ein (so Kurpfalz, Nassau, Bremen, Lippe, Anhalt, Hessen-Kassel und Brandenburg). Für letzteres stellt sicherlich der Pfälzer Kurfürst Friedrich III. das Paradebeispiel: sein Anliegen war, eine ,,zweite Reformation" nach Genfer Muster durchzuführen. Die Heidelberger Universität, mit ihren vorzüglichen Theologen, wie Caspar Olevianus (ein ehemaliger Genfer Kommilitone) und Zacharias Ursinus wurde zu einem Zentrum reformierten Gedankenguts. Ursinus ist der sog. *Heidelberger Katechismus* (1563), ein Meisterstück dogmatischer Ausgewogenheit, Klarheit und lebensnaher Sprache, zu verdanken.

Über die Vermittlung Schottlands und Englands erreichte das geistige Erbe Calvins auch die Neue Welt. In *Schottland* erntete John Knox (1505–1572) mit seinem in Genf erstarkten Glaubenselan und Organisationsvermögen, was Männer wie Patrick Hamilton und George Wishart mit ihrem Märtyrertod beim durch seinen dekadenten Klerus vernachlässigten Volk gesät hatten. Treibende Kraft der gegen die katholische Königin aufständigen Partei bei ihrem ,,Reformation Parliament" in Edinburgh (1560), Verfasser der *Confessio Scotica* und des *Book of Discipline,* legte John Knox die Grundlagen eines Kirchentums, das sein Nachfolger Andrew Melville (1545–1622) im Sinne des Presbyterianismus und einer weitreichenden Gemeindedemokratie ausbauen konnte. Dieses Kirchenideal beeinflußte dann auch in *England* die im Schoß der anglikanischen Gemeinschaft entstandene Bewegung, welche den Namen ,,puritanisch" durch ihre Abneigung gegen Zeremonien, aber auch durch ihren Willen zu sittlicher Strenge, persönlicher Pietät und sozialer Fürsorge verdiente. Der politische Sieg, der der Cromwellschen Revolution in England beschert wurde, machte aus dem Puritanismus nur für eine kurze Zeit die gesellschaftlich maßgebliche geistige Kraft in England. Bald mußten die Puritaner nach *Amerika* auswandern. Dort trugen sie aber wesentlich zur Schaffung einer neuen Zivilisation bei, für die die Gewissensfreiheit natürliches Recht des Menschen und die Toleranz die gottgewollte Pflicht der Herrschenden sein sollte. Aufgrund dieser Entwicklung läßt sich ein guter Teil der Vaterschaft der amerikanischen Demokratie Jean Calvin zuschreiben.

Gustavo Galeota

ROBERT BELLARMIN

(1542–1621)

Jesuit (1560), Theologieprofessor in Löwen (1570–1576), Professor der Kontroverstheologie am Römischen Kolleg (1576–1589), Kardinal (1599), Erzbischof von Capua (1602–1605); Heiligsprechung 1930, Erhebung zum Kirchenlehrer 1931. Als Theologe der Gegenreformation und als Kontroverstheologe war er vor allem an einer um den Papst zentrierten Ekklesiologie interessiert, beschäftigte sich mit theologischer Anthropologie und arbeitete an der Fortentwicklung der positiven Methode.

I. Leben

Aus seinem *Leben,* das ganz der Theologie und der Kirche gewidmet war, sind hier jene Kapitel herauszustellen, die am meisten zum Verständnis seiner Bedeutung und seines Einflusses beitragen. Nach einer ausgezeichneten humanistischen Ausbildung, aufgrund derer er sich fließend und klar im Italienischen und im Lateinischen auszudrücken wußte, wurde ihm philosophische Bildung zuteil. Diese war von einem „orthodox" begriffenen Aristoteles inspiriert (Römisches Kolleg, 1561–1563). Mit einer eigenen Übertragung des Kommentars von F. Toledo zur Summa des Thomas von Aquin arbeitete er sich selbständig in die theologische Forschung ein. Erste Frucht war seine Jugendschrift über die Prädestination. Löwen (1570) war für seine theologische Grundeinstellung entscheidend. Hier widmete er sich intensiv der Lektüre der Werke der Reformatoren, der Väter und der Theologen der Scholastik. Zu ihnen erarbeitete er ein bibliographisches Hilfswerk *(De Scriptoribus ecclesiasticis).*

Noch als Student wurde er zum ersten Professor des theologischen Studiums der Jesuiten ernannt. Während man an der Universität noch bis 1590 Petrus Lombardus folgte, legte er die Summa Theologiae aus. Bellarmin hatte immer eine Vorliebe für Aristoteles und den Thomismus. Als er an der Neuordnung der *Ratio studiorum* seines Ordens mitarbeitete (1582–1597), erreichte er, daß man ersteren dem Platon vorzog und Thomas von Aquin als „magister communis" anerkannte. Tag für Tag schrieb er seine Vorlesungen nieder. Darin behandelte er die damals kontroversen Themen theologischer Anthropologie. In diesem Zusammenhang verwarf er die Thesen des M. du

Bay (Michael Bajus), die dieser eine Zeit lang in der Universität Löwen vortrug und in seinen sehr dicht und schlüssig geschriebenen Werken über Europa hin verbreitete. Aus den Handschriften der Vorlesungen – fünf große Bände davon werden im Archiv der römischen Jesuitenkurie aufbewahrt – hat jemand unter Anleitung von Bellarmin im Jahr 1580 eine Zusammenstellung antibajanischer Themenkomplexe besorgt. Davon ist jüngst (1966) eine kritische Ausgabe erschienen. In dieser ersten Zeit seines Lehrens hat auch die historisch-regressive Methode ihren Ursprung: Von Glaubensaussagen ausgehend, die das Lehramt festgeschrieben hat, zeigt er die Kontinuität und den Zusammenhang zwischen kirchlicher Lehre und Schrift bzw. Tradition auf. In den Streitigkeiten um Bajus liegt ihm besonders daran, die Übereinstimmung zwischen Augustinus und Thomas nachzuweisen.

Die *theologische Aktivität,* die Bellarmin in Rom entfaltete, ist vor allem an den Lehrstuhl für Kontroverstheologie geknüpft. Er war nach Rom gerufen worden, um ihn wieder zu Ansehen zu bringen, und machte ihn in der Tat zu einem geeigneten Mittel, das den Studenten zu einer angemessenen Bildung angesichts des Protestantismus verhalf. Auf nachdrückliches Bitten veröffentlichte er seine Vorlesungen (unter Berücksichtigung der Unterlagen aus der Zeit in Löwen) in den Jahren zwischen 1586 und 1593 (Ingolstadt) unter dem Titel *Disputationes de controversiis Christianae Fidei adversus huius temporis haereticos* (bekannt als die „Kontroversen"; aus den drei Bänden wurden in der vierten, von ihm durchgesehenen Auflage – Venedig 1595 – vier).

Er hatte auch teil an jenem interessanten, allerdings etwas peinlichen Kapitel der Kirchengeschichte, in dem es um die sixtinisch-klementinische Ausgabe der Vulgata (1590–1592) geht. Im Vorwort zu ihr bemüht er sich, den guten Namen von Sixtus V. zu schützen. Als Kardinal mußte er sich mit mehreren theologischen Fragen beschäftigen, die in den Pontifikaten von Klemens VIII. und Paul V. anstanden. Aus nächster Nähe verfolgte er den Gnadenstreit und half Paul V., ihn zu Ende zu bringen. Er brachte ihn zu jener Lösung, die er zehn Jahre zuvor erfolglos dessen Vorgänger geraten hatte. Im Auftrag desselben Papstes antwortete er mit drei Schriften auf die Schriftenlawine des Paolo Sarpi und anderer Theologen der Republik Venedig. Diese Schriften waren vom Papst ausdrücklich verboten worden aus der Sorge, Venedig könne zu einem Stützpunkt der Reformation in Italien werden.

Als Jakob I. von England seine katholischen Untertanen – nach der „Pulververschwörung" von 1605 – zum Treueid verurteilte, geriet Bellarmin in eine besonders dornenvolle Auseinandersetzung mit einem Gegner, den er als Theologe sehr schätzte (schon 1601 hatte er mit ihm einen Briefwechsel über die „notae Ecclesiae", und auf sein Werk *Basilikón Dóron* aus dem Jahr 1599 hatte er mit *Hieratikón Dóron* im Jahr 1604–05 geantwortet). Bellarmin schrieb in diesem Zusammenhang vier Abhandlungen, in denen er die Theorie von der nur indirekten Gewalt des Papstes im weltlichen Bereich entwickelte.

Er war auch an der ersten Phase des Prozesses gegen Galilei beteiligt (1611–1616). Diese schloß mit einer ernsthaften Ermahnung, die Bellarmin dem Gelehrten im Auftrag des Hl. Officiums privat übermittelte: Er möge seine Hypothese vorsichtiger vortragen. Seine Untersuchungen zu unterbrechen, wurde ihm jedoch nicht auferlegt. Bellarmin schätzte Galilei und hegte Wohlwollen für ihn. Selbst war er den mathematischen und positiven Wissenschaften gegenüber sehr aufgeschlossen. Ihre Studien hatte er in seiner Rektoratszeit am Römischen Kolleg (1592–94) gefördert. Jedoch forderte er von ihnen überzeugendere Beweise und gab zu verstehen, er werde sein Schriftverständnis überprüfen, wenn ihm solche Beweise vorlägen.

Seine theologische Tätigkeit ging Hand in Hand mit *pastoralem Wirken.* Seit seiner Studienzeit war er auch auf diesem Gebiet tätig, in Predigt, Katechese und Briefapostolat. Frucht dieser Tätigkeit sind die *sermones,* die geistlichen *adhortationes,* zwei Katechismen, eine Erklärung des Glaubensbekenntnisses für den Klerus und eine enorme Zahl von Briefen. Neben den fünf geistlichen Werken und dem Psalmenkommentar tragen sie dazu bei, andere Dimensionen und Schichten aus dem Leben des Bellarmin besser zu verstehen. Besonders während der kurzen Bischofszeit in Capua – Klemens VIII. hatte ihn dort ernannt, wahrscheinlich um ihn, den unbequemen Ratgeber im Gnadenstreit, aus Rom zu entfernen – konkretisieren sich diese anderen (die geistlichen) Dimensionen in reichhaltiger Weise, dokumentieren sich in großenteils noch unveröffentlichten Schriften. Am Tag der Wahl von Paul V. zum Papst verzichtete Bellarmin mit Rücksicht auf die Bestimmungen des Konzils von Trient, nach denen ein Benefizium mit Seelsorge und Residenzpflicht zu verbinden sei (er selbst hatte diese Bestimmungen in zwei für Klemens VIII. bestimmten Schreiben verteidigt, *De Officio primario Summi Pontificis,* 1600/1601, und *De Reformatione,* 1600/1601?), auf die Diözese und, zugunsten des Erzbischofs von Neapel, auf die Abtei der Insel Procida, um seinen Pflichten als Kardinal genügen zu können.

II. Werk

Bellarmin hat ein *theologisches Werk* hinterlassen, das sowohl vom Inhalt als auch von der Methode her von großer Aktualität wie auch von seelsorgerlichem Interesse ist.

Die *Themen,* die er in den *Kontroversen* behandelt, sind jene, in denen Uneinigkeit bestand ,,zwischen der Kirche des lebendigen Gottes und ihren rebellischen und fahnenflüchtigen Kindern". Insofern handelte es sich um Komplexe, die für die Einheit des christlichen Glaubens fundamental waren. Sie standen im Zentrum theologischer Reflexion und interkonfessioneller Auseinandersetzungen in der zweiten Hälfte des sechzehnten Jahrhunderts. Bellarmin wendet sich ihnen in ausschließlich pastoraler Absicht zu: Die die Gemeinschaft mit dem Papst verlassen haben, sollten in sie zurückgeführt werden; die der Kirche treugebliebenen Glieder sollten gestärkt und gefestigt werden; die künftigen Pfarrer (besonders in Deutschland und England) sollten eine ihrer

Robert Bellarmin (1542–1621)

Aufgabe angemessene Ausbildung erhalten. Auch in den kleineren Schriften kommt diese Absicht klar zum Ausdruck. Dementsprechend lassen sich in seinem Werk gleichsam zwei Hauptlinien ausmachen: Ekklesiologie und theologische Anthropologie. Jesus Christus ist für ihn zuerst ,,Haupt und Führer" sowie ,,erstes und hauptsächliches Fundament der Kirche". Diesem ruht der Petrusdienst als ,,zweites Fundament" auf. Schrift und Tradition handelt er aus methodischen Gründen ab: Er will auf diese Weise irgendein gemeinsames Prinzip mit seinen Gegnern finden.

Welche *Aspekte der Kirche* sind Gegenstand der Überlegungen von Bellarmin? Es geht ihm um die Kirche auf Erden mit ihrem sichtbaren Haupt (dem Papst) und ihren Gliedern (Kleriker, Ordensleute und Laien). Es geht ihm ferner um die im Purgatorium (Fegfeuer) sühnende Kirche, schließlich um die Kirche in der Glückseligkeit (was ihm Gelegenheit gibt, auch Gottesdienst sowie Heiligen-, Reliquien- und Bilderverehrung abzuhandeln). Aufs engste ist mit diesen fundamentalen Kontroverspunkten die Auseinandersetzung um die Sakramente verbunden. Sie schaffen die Kirche und lassen sie voranschreiten, machen sie zur ,,communio sanctorum" (Gemeinschaft der Heiligen). Der andere Teil der bellarminianischen Theologie umfaßt die Abhandlungen über Urstand, Sündenfall und seine Folgen, über die Gnade, die Christus gebracht hat, über ihre Heilsnotwendigkeit, ihr Verhältnis zur menschlichen Freiheit, über den Glauben als Prinzip der Rechtfertigung des Menschen und sein Verhältnis zu den Werken (Verdienst, Gebet, Fasten, Almosen) sowie über die Art der Gerechtigkeit, die da rettet. Diese verschiedenen Komplexe der Kontroversen bilden dennoch eine Einheit: die Kirche als Heilsmittel.

1. *Ekklesiologie*

Geleitet vom Interesse gegenreformatorischen Denkens überhaupt, in welchem man sich vor allem für die ,,streitende Kirche" interessierte, beginnt Bellarmin bei deren Regierung (Primat des Papstes und seiner Nachfolger, allgemeines Konzil, Bischöfe), verweist hingegen die Frage nach der Natur der Kirche auf den zweiten Platz. Sie wird von ihm als eine Gemeinschaft von Menschen beschrieben, die denselben Glauben bekennen (Bekenntnis in einem äußeren Sinne), an denselben Sakramenten teilhaben und sich der Regierung der rechtmäßigen Ortsbischöfe sowie der des Bischofs von Rom unterwerfen. Dieses ganz überwiegend äußere Kriterium bringt ihn dazu, neben den Ungläubigen und den Ausgeschlossenen auch die Christen anderer Konfessionen von der Zugehörigkeit zur Kirche auszuschließen, selbst die Orthodoxen (als Schismatiker). Die Letztgenannten bekennen den katholischen Glauben und empfangen die rechtmäßigen Sakramente, jedoch außerhalb der Gemeinschaft mit dem sichtbaren Oberhaupt der Kirche Roms. Eine Gemeinschaft von Getauften und Christusgläubigen kann aber nicht einfach als Kirche angesehen werden, sonst müßte man ja, der Schrift zuwider, eine Pluralität von Kirchen annehmen. Aus der Polemik seiner Zeit verständlich, betont Bellarmin also vor allem die äußeren, institutionellen und hierarchischen Aspekte des Wesens der Kirche. Er möchte die Sichtbarkeit und Konkretheit der Kirche verteidigen. Deshalb vergleicht er sie mit einer politischen Gemeinschaft, wie sie die Republik von Venedig darstellt. Bellarmin zählt 15 Kennzeichen („notae") der Kirche auf, führt diese jedoch auf die vier klassischen (Einheit, Heiligkeit, Katholizität, Apostolizität) zurück. Die Einheit versteht er dabei in hierarchischer Perspektive: Gemeinschaft mit den Bischöfen und dem allgemeinen Hirten. Apostolizität bedeutet bei ihm die geschichtliche, ununterbrochene Abfolge der Bischöfe von den Aposteln her „bis auf uns" (durch die Weihe) und ständige Treue zum Glauben der apostolischen Kirche. Will man aber feststellen, ob dieses zweite Element existiert, hat das erste entscheidenden Charakter. Bei den Eigenschaften der Kirche – Sichtbarkeit, Dauerhaftigkeit, Unzerstörbarkeit – kommt es ihm vor allem auf die erste an, die calvinistische Theorie von zwei Kirchen weist er zurück.

Es wäre jedoch ein falscher Schluß, wollte man sagen, ihm sei die innere Dimension der Kirche entgangen. Tatsächlich weiß er um die inneren Wirklichkeiten und verteidigt sie auch. Sie können aber nur von dem wahrgenommen werden, der im Glauben sieht. Auch übernimmt Bellarmin den augustinischen Vergleich von Leib und Seele, um so die Beziehung zwischen den inneren Reichtümern kirchlicher Gemeinschaft mit jenen Aspekten aufzuweisen, die sie sichtbar, greifbar machen. Zwar widmet er der Kirche als Corpus mysticum keine eigene Untersuchung (wie manche Theologen vor ihm und zu seiner Zeit, etwa G. Torquemada und F. Toledo). Jedoch macht er häufig Anspielungen auf jenes biblische Bild. Was die Taufbewerber angeht, so nimmt er ihre Zugehörigkeit zur Gemeinschaft der Gläubigen „in voto" an. Auch ist er der erste, der hinsichtlich ihrer besonderen Situation zwischen der Wirklichkeit der Taufe (res) und dem Verlangen danach (votum) unterscheidet, eine Unterscheidung, die in der Theologie seit Jahrhunderten geläufig war und die das Tridentinum übernommen hatte, um die Heilsnotwendigkeit der Taufe zu verdeutlichen. Die gleiche theologische Lösung bietet er für den Fall an, daß einer nach der Exkommunikation von innerer Reue erfaßt wird, und auch im Hinblick auf den zu Unrecht Exkommunizierten, der aus der äußeren Gemeinschaft ausgeschlossen ist, „welche eigentlich erst einen Menschen zu einem Glied der sichtbaren Kirche auf Erden macht".

Die Gemeinschaft mit dem Bischof von Rom, dem allgemeinen Hirten und Pontifex, ist in der Sicht Bellarmins absolut notwendig für einen Christen, damit er Glied der Kirche Christi sei. Nur diese Gemeinschaft prägt seinen Glauben und sein sakramentales Leben im katholischen Sinn. Unter allen Kirchen, die sich ihrem Ursprung nach auf die Apostel berufen, ist *die Kirche Roms* doch die einzige, welche die apostolische Sukzession weiter bewahrt. Deshalb ist ihre Überlieferung gültiges Kriterium bei der Wertung der Apostolizität anderer Traditionen, besonders dann, wenn sich in diesen anderen Traditionen Lehren und Riten von der Lehre und den Riten der Kirche Roms unterscheiden. In der Ekklesiologie des Bellarmin ist der Platz des Petrus und seiner

Nachfolger ein ,,articulus stantis et cadentis", mit ihm steht und fällt die Kirche. Wie dem Petrus, so kommen auch dem Papst jene Aufgaben und jenes spezifische Charisma zu, welche das Erste Vatikanum feierlich definiert und das Zweite Vatikanum neu bestätigt hat (wenn auch in erneuertem Zusammenhang einer Ekklesiologie der Communio, der bischöflichen Kollegialität und der Bedeutung der Ortskirche): das unfehlbare Lehramt und die volle, oberste und allgemeine Gewalt.

Was aber die *Autorität des obersten Hirten* angeht, so wird sie von Bellarmin im allgemeinen durch drei Bedingungen präzisiert. Die eine ist christologischer Natur. ,,Auctoritas in Ecclesia omnis est in Christo" (Alle Autorität in der Kirche ist in Christus gegeben). Er spricht vom Papst als vom ,,fundamentum post fundamentum, fundamentum secundarium, non primarium ... siquidem primum ac praecipuum Ecclesiae fundamentum non ignorem esse Christum ... At post Christum, fundamentum est Petrus, et nisi per Petrum non pervenitur ad Christum" (Fundament nach dem Fundament, dem zweiten, nicht dem ersten Fundament, als ob ich nicht wüßte, daß Christus das erste und hauptsächliche Fundament ist. Aber nach Christus ist Petrus das Fundament und außer durch Petrus gelangt man nicht zu Christus; *De Romano Pontifice* I, 305). Die andere Bedingung ist hermeneutischer Natur und hängt zusammen mit den Quellen der Offenbarung: Schrift und Tradition. Die Kirche und der Papst stehen nicht oberhalb der Schrift. Sie sind nicht eine Art Tribunal, das darüber urteilt, ob die inspirierten Bücher Wahres oder Falsches lehren. Beide hängen sie vom geschriebenen Wort Gottes ab. Ihrem Urteil unterliegen jedoch die privaten Auslegungen des biblischen Textes. Das Wort Gottes selbst geht nicht gestärkt aus ihren Erklärungen und Festlegungen hervor, wohl aber die Einsicht der Menschen in das Wort.

Zweimal reden die Kontroversen von der Abhängigkeit des Lehramtes des Papstes und der Kirche von der Tradition. An der einen Stelle geht es um die Festlegung des Kanons. Man darf nicht annehmen, so wird gesagt, daß am Anfang ein willkürliches Kriterium im Spiel gewesen sei, das nun einen Papst autorisieren könne, das abzuändern, was damals hinsichtlich der Zahl der als inspiriert anzusehenden Bücher festgelegt wurde. Das Urteil darüber basiert auf dem Zeugnis der Alten, auf dem Vergleich zwischen Büchern zweifelhafter Authentizität mit solchen, die schon als *inspiriert* anerkannt waren, und auf dem ,,sensus communis", d.h. ,,gleichsam dem Geschmack des christlichen Volkes". An der anderen Stelle geht es darum, nach welchem Kriterium man die Apostolizität einer Tradition festzustellen habe. Dieses besteht in der Übereinstimmung der Kirchen, die von den Aposteln gegründet wurden und mit ihnen durch Sukzession (Nachfolge) verbunden sind, in der Übereinstimmung der allgemeinen Kirche und der Lehrer der Kirche (darunter die Bischöfe), seien sie in einem Konzil vereint, seien sie in der Welt verstreut. Mehr noch: Für den Verfasser der *Controversiae* ist der Konsens dieses ,,genus christianorum" nicht nur wichtig, sondern notwendig. Der Papst muß sich mit ihnen zuerst beraten, bevor er in Sachen des Glaubens, der Sitte oder der

Disziplin irgendeine Festlegung vornimmt. In diesem Zusammenhang ist auch seine Aussage zu sehen und zu verstehen: ,,Pontificem ... non posse ullo modo definire aliquid haereticum" (Der Papst kann auf keinen Fall etwas Häretisches definieren). Der Hl. Geist wirkt so, daß er alle menschlichen Möglichkeiten in Anspruch nimmt, um zum richtigen Urteil zu kommen, bevor die Definition erfolgt.

An dieser Stelle ist etwas zu einer Besonderheit der *päpstlichen Unfehlbarkeit* zu sagen. Wir denken an Fakten, deren Kenntnis in erster Linie von menschlichen Dokumenten, von menschlicher Bezeugung abhängt. Kann der Papst in diesem Bereich irren, selbst wenn er von Ratgebern, ja vom Konzil selbst, beraten wird? Unserer Ansicht nach stoßen wir über diese Überlegung zur dritten Bedingung vor, die Bellarmin der Ausübung des päpstlichen Lehramtes beigibt. Er bezieht sich dabei nicht nur auf für Glauben und Leben der Kirche unbedeutende Episoden und Begebenheiten (etwa die Verdienste einer Person, die zum Bischofsrang erhoben werden soll), sondern es geht ihm auch um bedeutsame Ereignisse der Kirchengeschichte, die eine geoffenbarte Wahrheit einschließen und deshalb als ,,dogmatische Tatsachen" qualifiziert werden. Außerdem können seiner Ansicht nach auch Ökumenische Konzilien irren, was ,,Urteile in Einzelheiten" betrifft. Das führt zum Thema Konzil.

Bei seiner *Lehre über das Konzil* stützt sich Bellarmin auf die Praxis der Kirche in ihren Konzilien von Jerusalem bis Trient. Im folgenden beschränken wir uns nur auf Gesichtspunkte, die zum tieferen Verständnis der Ekklesiologie Bellarmins beitragen. Vieles, was er in dieser Hinsicht zu sagen hat, ist Gemeingut der römisch-katholischen Kirche in Lehre und Praxis bis heute. Wir müssen uns in besonderer Weise den Ökumenischen (oder allgemeinen oder universalen) Konzilien zuwenden, auch wenn Bellarmin in engeren Perspektiven (nationale Konzilien, regionale, Provinzkonzilien, Kirchenversammlungen auf Bistumsebene) von Konzilien redet. Wenn es sich um ein Ökumenisches Konzil handeln soll, sollten die vier Patriarchen anwesend sein (von Konstantinopel, Alexandrien, Antiochien und Jerusalem). Er fügt aber sogleich hinzu, das sei eine mehr nützliche Sache der Vergangenheit gewesen, denn nunmehr seien jene ja Häretiker oder aber sicher Schismatiker. Nach einer neuen Studie (V. Peri, *I Concili e le Chiese,* Roma 1965) handelt es sich dabei um einen von ihm eingeführten, neuen Gesichtspunkt, der dazu führte, die Konzilien neu zu zählen, von 8 (oder 9), die man bis zum 16. Jahrhundert anerkannte, bis zu 18, von denen die Kontroversen reden. Die Teilnehmer des Konzils sind Richter im Vollsinn und treffen deshalb Entscheidungen in Fragen des Glaubens, der Sitte, der Disziplin und des Kirchenregiments. Weil ihre Entscheidungen die Gläubigen binden, muß der Papst die Beschlüsse auf jeden Fall bestätigen. Er hat – wenigstens durch seine Vertreter – den Vorsitz des Konzils inne und könnte auch ein Dokument zurückweisen, das von der Mehrheit gebildet worden ist. Die Päpste haben jedoch diese Art von Autorität, die ihnen als ,,principes summi" der Kirche zukommt, nie ausgeübt. Die Beschlüsse eines Teilkonzils haben, wenn sie der Papst bestätigt, denselben

Wert wie die eines Ökumenischen Konzils. Von daher versteht sich die Position Bellarmins, die Konzilien seien nicht absolut notwendig, nicht einmal bei schwerwiegenden und außerordentlichen Schäden und Bedürfnissen der Kirche. Der Papst kann allein für Abhilfe Sorge tragen, besonders dann, wenn es um eine Reform christlichen Lebens geht (wenn es auch ,,longe suavius" [viel angenehmer] ist, dies durch Gesetze zu versuchen, die ein Konzil verabschiedet hat). Er fügt aber hinzu, daß sich einige Konzilien als absolut notwendig erwiesen hätten.

2. *Theologische Anthropologie*

Zwei große Linien im Denken Bellarmins seien hervorgehoben. Bei der einen geht es um seine Sicht von der Beziehung des Menschen, eines freien und geistbegabten Geschöpfes, zur Gabe des übernatürlichen Lebens, womit ihn Gott von Anfang an ausgestattet hat, und zur Gnade, die nunmehr zum Heil notwendig ist. Die andere bezieht sich auf die Art und Weise, wie Rechtfertigung und Gerechtigkeit zu verstehen sind.

a) Aus den verschiedenen Elementen der Anthropologie Bellarmins verdient die Hypothese von der *natura pura* (reinen Natur) sowie die Einfügung des *appetitus naturalis visionis beatificae* (natürlichen Strebens nach der seligmachenden Anschauung Gottes) in die ontologische und psychologische Struktur des Menschen besondere Beachtung. Ebenso ist der *Kongruismus* zu erwähnen. Unter *natura pura* oder Existenz des Menschen *in puris naturalibus* versteht der Kontroverstheologe die Möglichkeit, daß Gott den Menschen ohne die Gnadengaben geschaffen hätte (übernatürliche Gaben), die er ihm bei der Schöpfung praktisch doch verliehen hat. Bellarmin redet aber immer nur von einer (von ihm übernommenen und systematisierten) Hypothese, die er in der Auseinandersetzung mit Baius und den Reformatoren aufgenommen habe, weil sie unerläßlich sei, um die Gnadenausstattung des Menschen vor der Sünde zu begreifen. Es kann hier nicht darum gehen, die verschiedenen Aspekte dieser Theorie zu beschreiben. Auf zwei Punkte möchten wir aber aufmerksam machen, weil sie das Denken Bellarmins verständlicher machen. Indem er die Folgen der Sünde auf den Verlust der übernatürlichen Gaben beschränkt, eröffnet sich ihm ein Weg, die ontologische, psychologische und moralische Integrität der sündigen Natur gewahrt sein zu lassen und so die Fähigkeit einer natürlichen Liebe (amor naturalis), des Besitzes rein menschlicher Tugenden und der Möglichkeit, Gutes auf religiösem und moralischem Gebiet zu wirken, zu wahren. Auch hat er der Einheit des Menschen insofern Rechnung getragen, als er in dessen Herzen den *appetitus naturalis visionis beatificae* annimmt. Darunter versteht er eine innere Tendenz, ein inneres Gezogensein hin auf die unmittelbare Gotteserkenntnis, auf die unmittelbare Gottesliebe (übernatürlicher Art). Ausgehend von den Konstitutiven der menschlichen Natur und von ihren Wirkmöglichkeiten schließt Bellarmin die Möglichkeit aus, es könne eine Verhältnisentsprechung zwischen jenen und dem höchsten Ziel des

Menschen existieren: Der auf sich gestellte Mensch hat ohne Gnade weder die Kraft (vires) noch die Mittel (media), dieses Ziel zu erreichen. Erwähnenswert ist der Vergleich mit der Fledermaus, die, obwohl sie Augen hat, das Sonnenlicht nicht ertragen kann. Jedoch nimmt Bellarmin an, daß die *visio beatifica* (höchstes Ziel des Menschen) auch natürliches Objekt des ontologischen, sittlichen und moralischen Strebevermögens ist. Bellarmin erläutert, daß es gerade die hohe Würde des Menschen ausmache, einem Ziel zuzustreben, das er aus eigenen Kräften nicht erreichen kann.

Die Schwierigkeiten dieser Theorie Bellarmins sollen nicht gering veranschlagt werden. Jedoch sollte man sich bewußt machen, daß es für den Autor der Kontroversen der einzige Weg war, um den übernatürlichen und ungeschuldeten Charakter des Urzustandes des Menschen zu halten und gleichzeitig einen natürlichen (menschlichen) Punkt anzunehmen, eine natürliche Öffnung, wo die Gnade eintreten kann. Aus polemischen Gründen ist diese anthropologische Komponente nach Bellarmin wenig herausgestellt worden, wohl auch deshalb, um den Menschen in seinen geschöpflichen Grenzen zu belassen. Unter den Vorzeichen der Problematik Natur-Übernatur wird die Sicht Bellarmins aber wieder aktuell. Viele Theologen, z. B. K. Rahner, sind heute bemüht, nicht nur den transzendenten und ungeschuldeten Charakter von Gnade zu betonen, sondern auch die Angemessenheit eines natürlichen Anknüpfungspunktes im menschlichen Geschöpf aufzuweisen, ohne etwa die Notwendigkeit des Übernatürlichen zu postulieren bzw. einer Ununterschiedenheit der beiden Ordnungen das Wort zu reden. Haben sich die Reformatoren und Bajus vor allem auf den Menschen konzentriert, so verteidigt die Anthropologie Bellarmins vor allem das Übernatürliche, ohne die menschliche Komponente auszuklammern. Indem Bellarmin eine dem Menschen innewohnende Offenheit, eine Tendenz hin auf die *visio beatifica,* eine Empfänglichkeit des Menschen für Gnade annimmt, ist seine Anthropologie von großer Ausgewogenheit. Der Grundhaltung nach findet man es auch so in verschiedenen Konzilstexten des Zweiten Vatikanums.

Auf gleicher Linie – Anerkennung des Menschen und seines Beitrags im Heilsgeschehen – muß man die Theorie des *Kongruismus* sehen. Bellarmin hat versucht, den Zusammenhang zwischen Gnade und menschlicher Freiheit zu erklären, ohne dem Extrem zu verfallen, in dem man eine prädestinatorische Initiative Gottes praktisch aufhebt (Molina und seine Anhänger), oder dem anderen, in dem man die Antwort des Menschen nur noch dem physisch-prädeterminierenden Einfluß des göttlichen Willens zuschreibt (Banez und seine Anhänger; seine Vorgänger sind für Bellarmin Calvin und Luther). Die Bestimmung des Menschen zum Heil ist für ihn ein unumstößlicher Lehrpunkt, den er aus paulinischer und augustinischer Theologie ererbt sieht. Jedoch ist auch die menschliche Entscheidung zu achten. Die beste Weise, die beiden Seiten des Problems zu vereinbaren, besteht darin, daß man nicht nur den inneren Anstoß Gottes als Gnade ansieht, sondern auch die Umstände von Ort, Zeit usw. des betreffenden Menschen, in denen jener Anstoß erfolgt.

Wenn also der eine unter demselben Anstoß der Gnade glaubt, der andere aber nicht, so muß man annehmen, daß der erste die Gnade empfangen hat gemäß den Umständen von Ort und Zeit, die Gott seinem Charakter angemessen *(congrue ingenio)* vorausgesehen hat. Wer glaubt, hat also eine größere Gnade empfangen als der, der nicht glaubt. Jener hat die Gnade erhalten, die ihn befähigt zu glauben; wer glaubt, hat zugleich die Gnade empfangen, glauben zu können und zu wollen.

b) Was das Problem der *Gerechtigkeit* angeht und alles, was damit zusammenhängt (Rechtfertigung, Liebe, Erfüllung des Gesetzes, Verdienst), so wertet Bellarmin im wesentlichen (gegen den Extrinsezismus der Reformatoren und von Bajus, die vom Nominalismus beeinflußt waren) die thomistische Lehre von der inhärierenden Gerechtigkeit und den übernatürlichen Habitus aus. Die Gerechtigkeit ist für ihn eine „qualitas creata" (geschaffene Eigenschaft). Sie haftet an dem Subjekt der Rechtfertigung, geht dieser voraus, ist gleichsam ein Weg zu ihr. Die Gerechtigkeit geht ihrerseits den Werken voraus, diese werden nur durch sie zu Verdiensten. Die Liebe ist (als innere Disposition und als dem gerechtfertigten Menschen wesentliches Konstitutiv hin auf Gott und den Nächsten, als „ipse habitus charitatis") identisch mit der formalen Gerechtigkeit und geht (wie die Ursache den Wirkungen) den Werken der Liebe voraus, die der Gerechtfertigte vollbringt.

In diesem Zusammenhang ist auch die *Sakramententheologie* Bellarmins zu sehen. In ihr gibt es nichts, was im Vergleich mit der scholastischen Lehre seiner Zeit, wie sie sich in den Handbüchern bis zum Zweiten Vatikanum findet, etwas Besonderes, Eigenes wäre. Einzelne Gesichtspunkte versteht man besser, wenn man sich vor Augen hält, was über die Gerechtigkeit gesagt wurde. Zu denken ist an die Lehre vom opus operatum, an jene von der vollständigen, inneren Reinigung als Wirkung der Taufe und an die von der Begierdetaufe, die in ihrer Wirkung der wirklichen entspricht, also den Menschen heiligt (was man vom Glauben allein nicht sagen kann).

3. Die politische Lehre

Bellarmins Überlegungen zum Ursprung politischer Autorität und zur Beziehung zwischen Kirche und Staat sind von aktuellem Interesse. Es gibt bei ihm keine Theologie des Politischen, jedoch sagt er dazu einiges im Zusammenhang mit den Laien in der Kirche und dem Papst. Der Staat hat seine Autorität von Gott, wie auch die Kirche. Im Unterschied zu letzterer wird jene Autorität durch das Volk vermittelt, auf welches hin sie ausgeübt wird, sie ist Teil der Sphäre des Naturrechtes. Das Volk („multitudo") delegiert das Recht, das ihm vom Schöpfer zukommt, seiner Regierung, entsprechend den verschiedenen, konkreten Erfordernissen. Hier liegen auch die Wurzeln für die verschiedenen Regierungsformen (Monarchie, Artistokratie, Demokratie). Sie sind nicht naturrechtlich begründet, sondern können sich in einem Land abwechseln. Bellarmin bringt unter seinen Argumenten das aus der Erfahrung der

Völker (z. B. Roms) bei, er führt Zeugnisse und Beispiele aus der Heilsgeschichte an, wo die Übereinstimmung der „multitudo" (Mehrheit) bei der Übertragung von Zivilgewalt eine große Rolle spielt. Auf dieses Argument kommt er mehrfach in seinen Schriften zurück. Seine These ist ein Vorgriff auf das moderne Staatsverständnis. Wenn man sie auch nicht mit jener vom „contrat social" bzw. der von der absoluten Volkssouveränität verwechseln darf, so stieß sie sich doch mit regalistischen Staatstheorien und mit jenen, die die absolute Gewalt des Königs verteidigten. Verschiedene, sich in diesem Punkt ergebende Auseinandersetzungen gaben ihm Gelegenheit, Mißverständnisse zu klären, zu denen verschiedene Deutungen seines Denkens geführt hatten.

Was die *Beziehung zwischen Kirche und Staat* angeht, so arbeitet Bellarmin mit der Theorie von der indirekten Gewalt des Papstes im weltlichen Bereich. Damit hat er nur eine Theorie systematisiert und verbreitet, die zu seiner Zeit sehr geläufig war. Wir müssen vorausschicken, daß man seine Überlegungen vor dem Hintergrund dessen sehen muß, was er über die Königsmacht Christi über alle irdischen Wirklichkeiten schreibt; wir sehen sie heute isoliert. In ihr sind die Prinzipien und ihre Anwendung klar zu unterscheiden. Der Verfasser ist zweifellos für eine Trennung der Interessen- und Kompetenzsphären von kirchlicher Autorität (Papst) und staatlicher. Jede von beiden hat ihr spezifisches Ziel (das ewige Heil – das zeitliche Wohl). Dementsprechend sind die Mittel, Einrichtungen und Gesetze unterschieden, über die man das Ziel zu erreichen sucht. Die politische Gewalt existiert nicht durch Wohlwollen und nach Gutdünken der kirchlichen. Diese kann in gesellschaftlich und politisch geordneten Ländern sogar fehlen, wie es bei den Ungläubigen der Fall ist. Die beiden Gewalten waren andererseits unter bestimmten geschichtlichen Umständen im gleichen Lande getrennt, etwa zur Zeit der Apostolischen Kirche, des Diokletian, des Julian Apostata oder des Valentinian. Die bürgerliche und politische Struktur hat keine innere Beziehung zu einer wie immer beschaffenen kirchlichen und geistlichen Gewalt. Deshalb darf diese sich auch niemals mit dem weltlichen Bereich beschäftigen, muß die Dinge dort vielmehr in ihrer Eigenständigkeit belassen. Wenn aber die beiden Gewalten in der gleichen „res publica christiana" (christlichen Staat) nebeneinander existieren, in einem Staat also, in dem die Bürger auch Glieder der Kirche sind, kann deren geistliche Gewalt (der Papst) auch in den weltlichen Bereich eingreifen und dort Anordnungen treffen „in ordine ad bonum spirituale" (in der Zuordnung zum geistlichen Wohl). Das politische Ziel ist letztlich dem geistlichen untergeordnet, und das zeitliche Wohlergehen kann für die Bürger nicht das höchste Ziel sein.

Nach allem Gesagten dürfte klar sein, daß die Gewalt des Papstes für Bellarmin geistlicher Art ist. Er darf in den weltlichen Bereich nur eingreifen, wenn es um des geistlichen Wohlergehens willen nötig ist und wenn es sich um Bürger eines Staates handelt, die auch Glieder der Kirche sind. Diese Sicht impliziert eine klare Trennung von Kirche und Staat und gibt nur im geistlichen Wohl einen Bereich an, in dem sich die beiden Gewalten treffen. Diese

Theorie kann man auch heute akzeptieren. Es scheint freilich so zu sein, daß die konkreten Anwendungsbeispiele, die Bellarmin anführt, über seine Theorie hinausgehen. Er führt „Fälle" vor, die zeigen sollen, wann es dem Papst zustünde, in den politischen Bereich einzugreifen. So kann er einen Monarchen durch einen anderen ersetzen, kann die Erarbeitung oder Abschaffung eines Gesetzes anordnen, kann die Rechtsgewalt insgesamt übernehmen, wenn die politische Gewalt versagt. Das alles soll um des geistlichen Wohles der Untertanen willen geschehen. Geht es aber in all diesen Fällen nicht um eine Ausübung direkter Gewalt? Müssen wir also nicht sagen, daß Bellarmin in der Theorie die indirekte Gewalt des Papstes im weltlichen Bereich vertritt, in der Praxis aber die direkte?

Was er dem Papst an konkreter Ausübungsmöglichkeit der Gewalt zugesteht, geht weit über die Prämissen seiner Theorie hinaus. Das hängt mit bestimmten Umständen seiner Zeit zusammen. Im 16. Jahrhundert gab es noch keine Grundlagen politischer Philosophie, mit der man hätte zu einer befriedigenden Lösung des Problems des Verhältnisses zwischen Kirche und Staat kommen können. Mehr noch: gerade zur Zeit Bellarmins gab es in dieser Frage ganz außerordentliche Schwierigkeiten. Noch waltete der Geist der mittelalterlichen Gesellschaft, wo zwischen Staat und Kirche eine enge Osmose und Symbiose gegeben war. Ergebnis war eine einzige politische Wirklichkeit, die *societas christiana*. Dieses Verankertsein in einer Situation, die zu Bellarmins Zeit überhaupt nicht mehr bestand, hat er durch das Bild der Einheit von Leib und Seele im gleichen Menschen verdeutlicht: Man erkennt daran die Beziehungen zwischen den beiden Komponenten der Gesellschaft – zwei verschiedene Strukturgefüge bilden ein Einziges. Das konnte freilich nur zu einer Zeit gelten, in der Laien und politische Institutionen außer Kurs geraten waren, das Papsttum also gleichsam gerufen war, einen Hohlraum der Macht auszufüllen. Im 16. Jahrhundert war aber diese Notsituation überwunden. Bellarmin betrachtete sie in seinen Beispielen als normal. Vielleicht kann man auch noch ein psychologisches Moment anführen, um das Auseinanderklaffen zwischen Theorie und Anwendung in den Kontroversen zu erklären. Die Theorie von der indirekten Macht war zwar zur Zeit des Bellarmin durchaus verbreitet, aber von der Römischen Kurie nicht voll akzeptiert. Sixtus V. war persönlich dagegen. Er war drauf und dran, den ersten Band von Bellarmins Hauptwerk auf den Index der verbotenen Bücher zu setzen. Mußte diese Situation nicht im Innern des Verfassers einen psychologischen Konflikt heraufbeschwören – einerseits Bejahung einer Theorie und Stehen zu ihr, andererseits die Angst vor den möglichen Folgen?

4. Pastoral und Spiritualität

Es bleibt noch, einiges zu seiner *Pastoral und Spiritualität* zu sagen, nicht nur, wie sie sich in Geschriebenem, sondern auch, wie sie sich in seinem Tun zeigen. Bellarmin läßt sich auf das lebendige Denken seiner Zeit ein. Diese

Tendenz und Neigung ist auch an seiner *Methode* abzulesen. Die Auseinandersetzung mit dem Protestantismus veranlaßt ihn zu biblischen und patristischen Studien und zur Beschäftigung mit den Reformatoren. So befreit er die Theologie von einer quasi exklusiv spekulativen Methode. Sie war in den Jahrzehnten nach dem Trienter Konzil und zur Zeit der zweiten Generation der Reformation sehr blaß und dünnblütig geworden. Bellarmin hatte große Achtung vor der *ratio discursiva* der Scholastiker. Dafür gibt es Hinweise in den Kontroversen (z. B. in der Theorie hinsichtlich der Vereinbarkeit von Gnade und Freiheit). Aber insgesamt folgt er doch der Grundtendenz der Magdeburger Zenturien und dem C. Baronius, wie sie in seinen *Annales Ecclesiastici* zum Ausdruck kommt. Er erweiterte die Untersuchungen über die Methoden der Schule hinaus, um ein wirklich objektives und vollständiges Bild der Zeugnisse aus allen Jahrhunderten der Kirche zu erhalten, um zu einer Stütze der von ihr verkündeten Botschaft und Lehre zu kommen. Er bediente sich der Ausgaben antiker und mittelalterlicher Texte, die Humanisten und die Reformatoren besorgt hatten. Er zitierte sie so häufig, daß man ihn beschuldigte, ihre Kenntnis unter den Katholiken zu verbreiten. Andere hatten schon vor ihm diesen Weg gewählt (wie T. Stapleton, 1535–98, und davor G. Torquemada, 1388–1468, von dessen Ekklesiologie er sich inspirieren ließ). Bellarmin hat das Verdienst, daß er an Gutem vereinigte, was sich bei den anderen fand. So schafft er eine Art neuer *Summa*. Die Theologen nach ihm rühmten sich ihrer Abhängigkeit von ihm (J. Turmel, *Histoire de la théologie positive du Concile de Trente au Concile du Vatican,* Paris 1906, XI). Jedoch leiden seine *Controversiae* zutiefst unter den Grenzen, die für das apologetische Genus charakteristisch sind. Auch seine anderen Schriften sind Apologie, Verteidigung und Antwort. Die Zeit verlangte es so. Darunter leiden auch seine Schriftauslegungen und seine Väterinterpretationen. Seine Kenntnisse auf diesem Sektor wird man hoch einschätzen müssen. Gleiches gilt für seine Exkurse zum Denken des einen oder anderen Kirchenvaters, wie etwa zur Auffassung des Augustinus über die Eucharistie oder das Übernatürliche. Oft aber finden sich auch Schriftstellen angehäuft, die, ungeachtet des Zusammenhanges, in dem sie stehen, nur nach ihrem Wortsinn ausgelegt sind, mit Schlußfolgerungen, die man sehr anzweifeln mag. Allerdings war er auch wieder davon überzeugt, daß ein spiritueller bzw. figuraler Sinn keine Basis für den Glauben sein kann.

III. Bedeutung

Die *Bedeutung* des Werkes von Bellarmin ergibt sich aus allem, was bisher gesagt wurde. Nichtsdestoweniger sollen noch einmal drei Besonderheiten dieses Werkes herausgehoben werden.

Wir beginnen mit der Ekklesiologie. Die Reflexionen des Bellarmin auf diesem Gebiet haben für ihre Zeit Gültigkeit. Da war auf der einen Seite die Kirche der Gegenreformation, auf der anderen Seite waren die einzelnen protestantischen Richtungen – eine Situation, die zu großer Verwirrung führte. Man begriff „Kirche“ jetzt auf verschiedene Weise. Die Bedrohung ihrer Einheit, ja ihrer Existenz – dies verlangte nach Klärung. Darin versuchte man sich auch von seiten der Reformatoren, z. B. durch Melanchthon. Man kann nicht leugnen, daß ihnen Bellarmin in gewisser Weise Gründe geliefert hat, indem er die institutionellen, sichtbaren und genau umschriebenen Aspekte von Kirche so sehr betonte, ohne freilich die Innenseite zu verschweigen: die Gemeinschaft des Glaubens und der Gnade. Wenn der Kontroverstheologe Bellarmin die Gemeinschaft der Gläubigen um den Papst zentriert, so wollte er damit gewiß der Autoritätskrise abhelfen (sein Denken ist in gewisser Weise Reflex der Einstellung des Ignatius von Loyola, wie sie in den Konstitutionen der Gesellschaft Jesu zum Ausdruck kommt). Die Bedeutung, die er dem Lehramt des Papstes und überhaupt der lehrenden Kirche – in deutlichem Übergewicht gegenüber der hörenden – gibt, soll die Treue zur Tradition stärken und die einheitsstiftende Sendung des Papstes herausstellen. Für Bellarmin gibt es – wie übrigens für alle Theologen des 16. Jahrhunderts – eine Wiederherstellung der Einheit nur durch Rückkehr der „rebellischen und fahnenflüchtigen Kinder“ ins Vaterhaus. Man sollte aber auch nicht vergessen, daß seine Treue zum Papst auch von Freiheit und Ehrlichkeit geprägt war, wofür er manche persönlichen Opfer bringen mußte. Mit seiner Lehre vom Konzil wollte er die Autorität kirchlicher Tradition gegenüber den Reformatoren stärken. Indem er dabei die Rolle des Papstes so sehr betonte, wollte er im Gefolge großer Theologen des 15. und 16. Jahrhunderts (G. Torquemada, Cajetan, F. de Vitoria u. a.) dem Konziliarismus einen Schlag versetzen, hielt aber zugleich wie diese unbewußt an gewissen Elementen des Konziliarismus fest. Man kann heute leicht aufzeigen, daß dieser Typ von Ekklesiologie die Gemeinschaftsaspekte von Kirche vernachlässigt, die Kollegialität nicht berücksichtigt, die Vorzugsstellung der Ortskirche nicht beachtet. Aber Bellarmin schreibt drei Jahrhunderte vor J. A. Möhler, der erst eine pneumatologische Ekklesiologie entwickelt hat. Verkehrt wäre es, sein Hauptwerk in der Perspektive des Zweiten Vatikanums zu lesen.

Auf dem Gebiet der Anthropologie hat er einen Humanismus gefördert, der jene Ausgeglichenheit zwischen Natur und Gnade erreicht, die man in den Schriften der Reformatoren und von Bajus vermißt. Mit seiner Anschauung von der indirekten Gewalt hat er zweifelsohne einer mehr geistlichen Sicht von der kirchlichen Autorität Bahn gemacht. Er hat fundamentale und dauerhafte Orientierungshilfen hinsichtlich des Problems Kirche-Staat gegeben, wobei man die aufgezeigten Grenzen nicht übersehen darf. Über das hinaus, was zu den *Controversiae* schon gesagt wurde, möchten wir noch auf die Tendenz verweisen, daß dort im allgemeinen ein mittlerer Weg zwischen Extremlösungen versucht ist, etwa in der Frage der Beziehung zwischen Natur und Übernatur, Freiheit und Gnade, und im Problem des Galilei. Hier neigte er der Theorie von Tycho Brahe zu, die in der Mitte zwischen dem ptolemäischen und kopernikanischen System stand, weil ihm sein strenger Aristotelismus nicht ermöglichte, begründete Sicherheit in den Überlegungen von Galilei festzustellen. Es bleibt noch festzustellen, daß seine außerordentliche Kenntnis der Werke der Reformatoren (er zitierte sie so oft, daß man ihn verdächtigte, er wolle die Irrtümer verbreiten) doch nicht das Fehlen der Kenntnis konkreter protestantischer Gemeinschaften aufwiegt. Auch seine Ansicht von der indirekten Gewalt spiegelt wider, daß er von der politischen Situation nur ein Bücherwissen hat: Die Bücher konnten ihm nicht hinreichend dartun, daß die politische Vorherrschaft des Papstes mit dem Aufkommen der Nationalstaaten und mit der Nationalisierung des Christentums durch die Reformatoren ins Wanken geraten war.

IV. Wirkung

Der *Einfluß* des Bellarmin blieb auf den theologischen Bereich beschränkt. Dort konnte man ihn noch wenige Jahrzehnte vor dem Zweiten Vatikanum deutlich wahrnehmen. In Löwen galt seine Lehre über die Beziehung zwischen freiem Willen und Gnade immer als ein Prüfstein von Orthodoxie. Der römische Lehrstuhl für Kontroverstheologie blieb seinem Namen verbunden. Schließlich verschwand er ganz aus dem Römischen Kolleg, wanderte dann von einem Kolleg zum anderen, bis ihn A. Burghaber im Deutsch-Ungarischen Kolleg zu neuer Blüte brachte (1663).

Der zweite Band der *Controversiae* war ein Bestseller auf der Frankfurter Buchmesse von 1588. Nach zwei Ausgaben, die der Verfasser noch selbst besorgt hat, gab es zehn Auflagen zu seinen Lebzeiten. Zwischen 1721 und 1872 kommt es zu 8 vollständigen Neuauflagen, die mehr und mehr durch andere Schriften des Bellarmin ergänzt und bereichert sind. Auf deutsch wurde 1600 das Buch über das Purgatorium (Fegfeuer) veröffentlicht. In den Jahren zwischen 1842 und 1853 erschien eine vierzehnbändige Ausgabe der *Controversiae* und anderer Schriften des Bellarmin in Augsburg. Seine Werke waren bald in ganz Europa verbreitet. Sie – besonders die Kontroversen – waren Lehr- und Lerntext an den katholischen Hochschulen bis zum Ersten Vatikanum. Harnack konnte noch 1909 schreiben, sie stünden an der Spitze katholischer Apologetik.

Im protestantischen Raum formierte sich eine regelrechte Front gegen Bellarmin. Während der ersten hundert Jahre nach dem Erscheinen der Kontroversen gab es von dieser Seite etwa 200 Antwortschriften. Sogar Zirkel antibellarminianischer Studien organisierten sich. Besonders mit seiner Lehre über den Primat und die Vorrangstellung des Bischofs von Rom hat der Verfasser der Kontroversen einen großen Einfluß ausgeübt. Besonders greifbar wird dieser Einfluß in der Konstitution *Pastor Aeternus* des Ersten Vatikanischen Konzils und in den Konzilsakten. Die Konstitution ist dem Denken des Bellarmin so verwandt, daß man meinen könnte, er habe sie geschrieben. Die Akten bezeugen, daß viele Bischöfe ausdrücklich Lehre und Beweisgang von *de Ro-*

mano Pontifice darlegten. Andere waren davon inspiriert, ohne direkt zu zitieren. Die von allem am häufigsten zitierten Autoritäten (z. B. Alfons von Liguori, Bossuet, Pallavicini, Kleutgen, Scheeben) erklären in ihren Schriften ausdrücklich, dem Kontroverstheologen aus dem Jesuitenorden verpflichtet zu sein. Das zeigt, daß das Denken des Bellarmin in den drei Jahrhunderten vor dem Ersten Vatikanum tief in katholisches Denken (und als Reaktion auch in protestantisches und gallikanisches) eingedrungen war. Wer immer über die Unfehlbarkeit schrieb, bediente sich umfassend des Materials, das in den *Controversiae* ausgebreitet ist.

Günther Gaßmann

RICHARD HOOKER

(1554–1600)

Richard Hooker gilt als einer der bedeutendsten anglikanischen Theologen. Er hat die grundlegende philosophisch-theologische Begründung für den besonderen Weg der englischen Kirche geliefert: für die anglikanische *via media* zwischen der römischen und der reformiert-puritanischen Gestaltung des christlichen Glaubens. Struktur, Methode und Orientierung anglikanischen theologischen Denkens sind von ihm bleibend geprägt worden.

I. Leben[1]

Richard Hooker wurde 1554 in der Nähe von Exeter im Südwesten Englands geboren. Er stammte aus einfachen Verhältnissen. In Exeter besuchte er die *Grammar School.* Auffallende Begabung und Fürsprache bewirkten, daß sich der Bischof von Salisbury, John Jewel, seiner annahm. Jewel veröffentlichte 1562, nach seiner Rückkehr aus dem Exil in Frankfurt und Straßburg, unter Elisabeth I. seine *Apologia Ecclesiae Anglicanae.* In diesem wichtigen Werk rechtfertigt er die Trennung der Kirche von England von Rom. Wenige Jahrzehnte später sollte der Schüler und Student Richard Hooker, den er förderte, diese Apologie einer eigenständigen Kirche von England durch eine entsprechende Abgrenzung und Rechtfertigung gegenüber der reformiert-puritanischen Alternative weiterführen und vollenden.

Bereits mit 13 Jahren erhielt Hooker durch Jewels Hilfe einen Studienplatz im Corpus Christi College in Oxford. Hier blieb er sechzehn Jahre. Zunächst als Student und dann, ab 1577, als Magister und Fellow. Er beschäftigte sich intensiv mit Griechisch und Hebräisch und lernte dadurch die gesamte geistige Tradition der Antike kennen. Die Studien in Oxford machten ihn mit den Methoden wissenschaftlicher Arbeit vertraut. Sie förderten seine Sensibilität für das Ringen um Wahrheit und sein sorgfältig abwägendes Urteilsvermögen. Hooker hielt Vorlesungen über Hebräisch und Logik. Studenten und Kollegen schätzten ihn, nicht zuletzt wegen seiner bescheidenen und bedachtsamen Art. Innerhalb von vier Jahren fehlte er nur zweimal bei den täglichen Andachten. Der Erzbischof von York, Sandays, wurde auf den jungen Mann aufmerksam und unterstützte ihn nach Jewels Tod. Vor 1581 wurde er zum Pfarrer ordiniert.

1585 wurde Hooker von Erzbischof Whitgift zum *Master of the Temple* in London, zum Hauptpfarrer an der den Gerichtshöfen zugeordneten Kirche ernannt. An dieser Kirche gab es bereits einen Reader, einen Prediger: Walter Travers. Er war einer der bekanntesten Puritaner. In seinem Buch *De Disciplina Ecclesiastica* hatte er sich für eine kalvinistische Kirchenordnung und Theologie in der Kirche von England ausgesprochen. Da er nicht von einem Bischof ordiniert worden war – er lehnte dies ab –, erhielt er nicht die Stelle des Masters. Dieser extreme Puritaner blieb weiterhin an der Temple-Kirche, die nun zum Ort eines theologischen Ringens zwischen ihm und dem neuen Master Hooker wurde, das fast täglich vor einem interessierten Publikum ausgetragen wurde. Am Vormittag predigte Hooker und verteidigte die Position der Kirche von England gegenüber dem römisch-katholischen wie gegenüber dem reformierten Genfer Modell. Am Nachmittag plädierte Travers für die Übernahme des reformiert-puritanischen Systems. Travers war der gewandtere und darum erfolgreichere Prediger. Trotz ihres scharfen theologischen Disputs achteten Hooker und Travers einander und schätzten die je besonderen Gaben und Fähigkeiten des anderen. Den scharf und in konsequenter Einseitigkeit formulierten Auffassungen Travers stand die von Offenheit und Weite geprägte Sicht Hookers, sein tiefes Verständnis für die Bedeutung des Rechts und sein Vertrauen in die Kraft menschlicher Vernunft gegenüber.

Erzbischof Whitgift setzte der schwierigen, belastenden Situation an der Temple-Kirche ein Ende, indem er Travers entließ, der daraufhin als Propst an das Trinity College in Dublin ging. Auch Hooker, der über die Auseinandersetzungen mit dem von ihm geachteten Travers alles andere als glücklich war, bat den Erzbischof um Entlassung aus seiner Position. Damit verband sich bei ihm der Wunsch, die im persönlichen theologischen Streit mit Travers aufgebrochenen Probleme, die nur eine ausschnitthafte Widerspiegelung einer die ganze Kirche erschütternden und gefährdenden Auseinandersetzung waren, in größerer Ruhe und Konzentration zu untersuchen. 1591 erhielt er die Landpfarre Boscombe in Wiltshire, deren Verwaltung er durch einen Vertreter wahrnehmen ließ. Von 1591 bis 1595, er hatte 1588 die Tochter eines vermögenden Wollwarenhändlers geheiratet, lebte Hooker wahrscheinlich bei seinen Schwiegereltern in London. Hier arbeitete er an seinem großen Werk *The Laws of Ecclesiastical Polity*. 1593 erschienen die ersten vier Bücher. Der fünfte Band kam 1597 heraus. Die Bände VI bis VIII erschienen erst viele Jahre nach seinem Tode.

1595 übernahm Hooker die Pfarrstelle Bishopsbourne in der Nähe von Canterbury. Während dieser letzten Jahre seines Lebens diente er den ihm anvertrauten Menschen mit großer Hingabe. Eine tiefe Freundschaft verband ihn mit dem holländisch-reformierten Theologen Adrian Saravia, der zu jener Zeit, da die Kirche von England noch eine sehr offene Haltung gegenüber reformierten Theologen einnahm, Präpendarius an der Kathedrale von Canterbury war. Am 2. November 1600 starb der Landpfarrer Richard Hooker, ein von seiner Arbeit erschöpfter und verzehrter Mittvierziger, und wurde in seiner Kirche begraben. ,,Der Tod hat uns und der Kirche Gottes einen lieben Freund, einen weisen Ratgeber und einen kräftigen Fürsprecher genommen."[2]

Diese Worte deuten bereits Umrisse der Persönlichkeit Hookers an. In den Zeugnissen von Zeitgenossen tritt er uns als ernster, bescheidener, gütiger und zutiefst frommer Mensch entgegen, dessen hohe Intelligenz und immenses Wissen allenthalben größten Respekt finden. Man rühmt seine durchdachte, abwägende Art zu argumentieren. Diese Wesenszüge sind auch in seinem großen Werk spürbar, wenngleich dort auch die ,,härteren" Seiten seines theologisch-kirchlichen Engagements und Denkens zutagetreten. Die Entschlossenheit, mit der er den von ihm für richtig befundenen Weg der Kirche von England verteidigt, kommt hier deutlich zum Ausdruck. Er nimmt seine theologischen Gegner ernst, doch er reagiert dann ironisch, ärgerlich, ja zornig auf deren Argumente, wo sie ihm wenig durchdacht, banal erscheinen oder Unkenntnis offenbaren. Wesenszüge des Heiligen wie des Intellektuellen durchdringen einander in seiner Person.

Nicht alle Einzelheiten des Lebensweges von Richard Hooker sind uns bekannt. 1662 erschien eine erste Biographie aus der Feder von Bischof Gauden von Worcester. Sie enthielt so viele Ungenauigkeiten und Fehler, daß Erzbischof Sheldon den literarisch versierten Izaak Walton beauftragte, eine neue Biographie Hookers zu schreiben. Diese erschien 1665[3] und blieb das Standardwerk über Hookers Leben bis 1940, als C. J. Sisson[4] unter Benutzung neuaufgefundener Quellen eine Reihe von Korrekturen an Waltons Darstellung vornehmen konnte.

Es wurde bereits erwähnt, daß nur die ersten fünf Bücher von Hookers Hauptwerkt *The Laws of Ecclesiastical Polity* zu seinen Lebzeiten erschienen. Daß die Bände VI und VIII erst 1648 und Band VII schließlich erst 1662 herauskamen, hängt mit den verwickelten Wegen zusammen, auf denen die Manuskripte nach Hookers Tode durch mehrere Hände gegangen sind. Vergleiche der theologischen Orientierung dieser postum erschienenen Bände mit derjenigen der ersten fünf Bände haben zur Vermutung Anlaß gegeben, die Bearbeiter und Herausgeber hätten ihre eigenen Intentionen in die Manuskripte eingetragen. Für Band VII über das damals so heiß umstrittene Thema des Bischofsamtes scheint dies zuzutreffen, denn hier wird das Bischofsamt, dessen göttliche Einsetzung und unerläßliche Bedeutung für die Kirche, mehr im Geiste der hochkirchlichen Theologen des 17. Jahrhunderts als auf der Linie der früheren Ausführungen in Buch V dargestellt.[5]

Neben *The Laws of Ecclesiastical Polity* sind nur noch Predigten und kleine Gelegenheitsschriften von Hooker erschienen. Eine der führenden Gestalten der hochkirchlichen Oxford-Bewegung im 19. Jahrhundert, John Keble, gab die Werke Hookers 1836 in drei Bänden neu heraus. Mehrere Neuauflagen dieser Ausgabe, die später von R. W. Church und F. Paget revidiert wurde, erschienen im 19. Jahrhundert.[6] Gegenwärtig liegt lediglich eine Auswahl aus der *Ecclesiastical Polity* in einer amerikanischen Ausgabe vor.

II. Historischer Kontext[7]

Die Bedeutung Hookers, genauer: die Bedeutung seines großen Werkes, hinter dem die Person ganz zurücktritt, ergibt sich zunächst und vor allem aus seiner eindeutigen und bewußten Wechselbeziehung mit den kirchlichen und staatlichen Entwicklungen Englands in der zweiten Hälfte des 16. Jahrhunderts. Heinrich VIII., sein Parlament, seine Bischöfe und vor allem sein reformatorisch gesinnter Erzbischof Thomas Cranmer hatten die englische Kirche von Rom gelöst. Durch Eduard VI., Heinrichs Nachfolger, wurde auch theologisch-geistlich der Übergang der englischen Kirche zur Reformation vollzogen. Viele der überkommenen kirchlichen Lebensformen und Strukturen, so besonders auch das bischöfliche Amtssystem, wurden jedoch beibehalten und im reformatorischen Geiste umgestaltet. Nach dem leidvollen re-katholisierenden Zwischenspiel unter Maria 1553–1558 kehrten Staat und Kirche unter Elisabeth I. (1558–1603) in das reformatorische Lager zurück. Erzbischof Cranmer, der Vater des *Allgemeinen Gebetsbuches (Book of Common Prayer),* das für das geistliche Leben und die theologische Orientierung des Anglikanismus grundlegend ist und darum sehr viel mehr bedeutet als nur eine Sammlung der Gottesdienstordnungen, ferner Bischof Jewel, der Verfasser der theologisch überzeugendsten Apologie der Kirche von England gegenüber Rom, und schließlich Richard Hooker waren die großen, prägenden Gestalten der um ihre eigene Identität ringenden englischen Kirche im 16. Jahrhundert. Hookers Beitrag bestand vor allem darin, die eigenständige Position der englischen Kirche nun auch gegenüber reformiert-puritanischen Kräften, die in der Kirche von England ihre Ideale durchzusetzen suchten, theologisch zu legitimieren.

Elisabeth I. trat für eine Fortsetzung und Konsolidierung des eigenständigen Weges der Kirche von England gegenüber Rom wie gegenüber den extremeren reformatorischen Tendenzen ein. Sie führte die von Heinrich durchgesetzte königliche Suprematie über die Kirche weiter. Staat und Kirche waren eine Einheit. Die überkommene traditionelle Struktur der kirchlichen Ämter wie die noch immer reich ausgestalteten gottesdienstlichen Formen wurden mit einer durchgängig reformatorisch orientierten Lehrgrundlage der Kirche in der Gestalt der 39 Glaubensartikel verbunden. Gleichzeitig fanden aber nicht nur einzelne reformierte Glaubensüberzeugungen wie die Prädestinationslehre Calvins immer stärkere Verbreitung, sondern viele aus dem Exil in reformierte Gemeinden in Deutschland, Holland, Frankreich und der Schweiz zurückgekehrte Theologen forderten mit wachsendem Nachdruck eine zweite Reformation der englischen Kirche nach Genfer, d. h. reformiertem Vorbild. Damit stand die Neuordnung der englischen Kirche durch das sogen. *Elizabethean Settlement* auf dem Spiel. Denn diese Forderung hatte u. a. eine Reform der Gottesdienstordnungen, die Ersetzung der bischöflichen Amtsstruktur durch eine presbyterial-synodale und die Ablösung des Staatskirchentums zum Ziel.

Richard Hooker (1554–1600)

Begründet wurde sie mit der Überzeugung, daß die Heilige Schrift nicht nur für den Glauben Basis und Norm ist, sondern daß sie auch eine bestimmte Form kirchlicher Ordnung und Gestaltung gottesdienstlichen Lebens *(polity)* enthält und zwingend vorschreibt. Diese biblischen Setzungen bestehen unveränderlich fort, und alle anderen Formen, die nicht ausdrücklich in der Schrift geboten sind, müssen darum als unrechtmäßig angesehen werden. Die starke, nicht einheitliche Bewegung in der Kirche von England, die sich als Träger dieser Forderungen verstand, wurde und wird unter dem Begriff *Puritanismus*[8] zusammengefaßt. Sie führte erst später, nach dem Scheitern ihrer Zielsetzungen, zur Bildung eigener, separatistischer Gemeinschaften, die gerade auch in Amerika einen über den religiösen Bereich weit hinausgehenden Einfluß ausübten.

Hookers entscheidende Einsicht und theologische Leistung bestand darin, angesichts der puritanischen Herausforderung zu erkennen, daß hier eine Auseinandersetzung über theologische oder biblische Einzelfragen nicht zu Klärungen und Entscheidungen führen könne. Er hatte erkannt, daß es in diesem Ringen entscheidend um die Frage der Autorität in der Kirche ging, von deren Beantwortung alles andere abhängen würde. Ist die Heilige Schrift, die überdies für unterschiedliche Auslegungen offen ist, wirklich die alleinige Autorität für Glauben *und* Ordnung der Kirche, wie die Puritaner meinen? Oder worin besteht, wenn dies so nicht zutrifft, ihre spezifische Autorität neben anderen Quellen der Wahrheitserkenntnis und anderen Kriterien kirchlicher Gestaltung?

III. Werk[9]

Hookers Hauptwerk ist Grundlegung und Entfaltung einer Antwort auf diese Fragen. Der schwer übersetzbare Titel *The Laws of Ecclesiastical Polity*[10] weist hin auf die „Gesetze", d. h. die Kriterien, Grundlagen, Normen (dies alles enthält der Plural *Laws*) des Glaubens, der Lebensformen und der Strukturen der Kirche (dafür steht der mißverständliche Begriff *Ecclesiastical Polity*). Der Titel enthält also Stichworte, die für die Auseinandersetzung mit dem Puritanismus kennzeichnend sind.

Hookers Antwort auf die Frage nach den *Laws* wird von einem umfassenden philosophisch-theologischen Rahmenentwurf aus entfaltet. Mit Hilfe dieses Begriffs umschreibt er sowohl die Seins- und Ordnungsstruktur des gesamten Universums und deren Bestimmung als auch Gottes Offenbarungen, des Menschen Erkenntnisvermögen und moralische Entscheidungsfähigkeit und die Ermöglichung der Gestaltung sozialer Wirklichkeit. So ist *Law* – Gesetz, Recht – für Hooker Strukturprinzip allen Seins und Geschehens. Es bezeichnet das Ordnungsgefüge des gesamten Universums, das allem, was ist, seine Funktion, Kraft, Form, sein Maß und Ziel gibt. In Gott hat es seinen Ursprung, und er ordnet sich ihm selbst ein. Darum ist die erste Form dieses

,,ewigen Rechts" *(Law Eternal)* ,,das Recht, das Gott mit sich selbst ewig niedergelegt hat, um ihm in seinen eigenen Werken zu folgen" (I. xvi. 1). Die zweite Form des ,,ewigen Rechts" hat Gott für seine Geschöpfe gemacht: Das ,,natürliche Recht" *(Nature's Law)* für die Ordnung der natürlichen Welt, das ,,himmlische Recht" *(Celestial Law)* für die Engel, das ,,Recht der Vernunft" *(Law of Reason)* für menschliche Erkenntnis und moralische Entscheidungen, das ,,göttliche Recht" *(Divine Law)* für die besonderen Offenbarungen Gottes (in der Schrift) und schließlich das ,,menschliche Recht" *(Human Law),* das Menschen aus dem Recht der Vernunft oder dem göttlichen Recht ableiten und für die Ordnung des menschlichen Zusammenlebens auf den verschiedenen Ebenen formulieren (I. iii. 1 und I. xvi. 1). Das positive ,,menschliche Recht" und teilweise auch das in der Schrift gegebene ,,göttliche Recht" sind veränderbar. Für letzteres gilt daher der Grundsatz, daß Gesetze/Regelungen in Sachen der kirchlichen Ordnungen ,,durch die Vollmacht der Kirche" verändert werden können, nicht aber Artikel der Lehre (V. viii. 2; I. xiv. 5).

Diese alles einbeziehende Hierarchie aneinander partizipierender Ordnungen und der in ihr angelegten Erkenntnismöglichkeiten hat Hooker, allerdings mit wesentlichen Modifikationen, von Thomas von Aquin übernommen. Wie Thomas weist auch er der menschlichen Erkenntnis, der Vernunft eine besondere Bedeutung zu. Sie ist Orientierung und Maßstab verantwortlichen menschlichen Handelns (I. viii. 8; II. viii. 6), sie führt zur Erkenntnis des ,,natürlichen Rechts" und zur Bestimmung des ,,menschlichen Rechts". Sie ermöglicht Einsicht in das ,,göttliche Recht", indem sie zur Heiligen Schrift hinzutritt und uns deren Früchte und gute Gaben erschließt, nicht als eine Ergänzung für einen Mangel, sondern als notwendiges Instrument der Erkenntnis (III. viii. 10) und der ,,Wissenschaft von den göttlichen Dingen" (Theologie) (III. viii. 12). Hinter dieser Wertschätzung der Vernunft und dem damit verbundenen Versuch, den Graben zwischen Offenbarung und Vernunft zu überbrücken, steht eine bestimmte Anthropologie. In ihr ist die Beurteilung der Würde und Erkenntnisfähigkeit des Menschen wesentlich positiver angelegt als im puritanischen oder auch allgemeinreformatorischen Denken.

Die Heilige Schrift hat für Hooker, wie bei allen reformatorisch bestimmten Theologen, normative Bedeutung. Doch im Rahmen seiner Gesamtschau von Wirklichkeit und entsprechend seiner Definition von *Law* präzisiert und begrenzt er die Bedeutung der Schrift. Daher gilt, ,,daß die absolute Vollkommenheit der Schrift in Beziehung zu dem Ziel, auf das sie ausgerichtet ist, gesehen wird" (II. viii. 5). Daraus folgt, daß die Schrift alles, was notwendig ist für das Heil, enthalten muß und auch enthält (I. xiv. 1). Darin ergänzt sie die Insuffizienz des Lichtes der Natur (Vernunft), das ,,kein ausreichender Lehrer ist für das, was wir tun sollten, um das ewige Leben zu erlangen" (II. viii. 3). In dieser Hinsicht kann sowohl von der Vollkommenheit und Suffizienz der Schrift gesprochen werden als auch davon, daß die Autorität des in ihr zum Ausdruck kommenden „göttlichen Rechts" nur für einen Teil der Wirklichkeit, auch der kirchlichen (d. h. Heil, ewiges Leben), unmittelbar und bindend gilt.

Hookers Konzeption von Wirklichkeit, in der *Law* gleichsam Brücken von Gott zum Menschen und vom Menschen zu Gott schlägt, läßt den Biblizismus der puritanischen Gegenseite und deren viel begrenztere Unterscheidung zwischen „göttlichem Recht" und „menschlichem Recht" weit hinter sich. Ein wesentlicher Aspekt dieser Differenz ist, daß Hooker die Vernunft als Instrument menschlicher und gerade auch christlicher Erkenntnis als ein zweites Grundkriterium neben die Bibel stellt. Von dieser Basis aus kann er die Auseinandersetzung mit der puritanischen Position vom Streit über unterschiedliche Interpretationen einzelner biblischer Stellen und Abschnitte auf einer anderen und breiteren Ebene führen. Von diesem umfassenderen Konzept her folgernd antwortet er auf die Thesen, Kritik und Intentionen der Puritaner: 1. Nicht alles, was in der Kirche rechtmäßig geordnet und getan wird, muß im Wort Gottes, im „göttlichen Recht" ausdrücklich begründet sein. Anders gesagt: Es braucht in der Kirche nicht nur das getan und geordnet zu werden, für das es ein ausdrückliches Gebot Gottes in der Schrift gibt (II. viii. 7). 2. In der Schrift ist keine voll ausgebildete und unveränderliche Form kirchlicher Ordnung vorgeschrieben, wie die Puritaner meinen, da die äußeren Ordnungen im Unterschied zu Glaubensartikeln veränderbar sind und für ihre Gestaltung „vieles erforderlich sein mag, was die Schrift nicht lehrt" (III. xi. 16). Von seiner Zuordnung von Schrift und Vernunft aus weist Hooker also ein enges, gesetzliches Verständnis biblischer Autorität zurück. Er eröffnet damit der Kirche einen Freiraum, in dem sie selbst das Recht und die Autorität besitzt, ihre Strukturen und Lebensformen zu ordnen. Hierin liegt seine Antwort auf die für alles andere entscheidende Autoritätsproblematik seiner Zeit beschlossen.

Neben der theologisch-philosophischen Grundkonzeption seines Werkes und den aus ihr abgeleiteten Folgerungen für eine Rechtfertigung der anglikanischen *via media* gegenüber der puritanischen Herausforderung bietet die *Ecclesiastical Polity* auch eine Gesamtdarstellung christlicher Lehre und Praxis. Argumentativ, die Tradition der Alten Kirche aufnehmend, das scholastische wie humanistische Denken integrierend, reformatorische Neuansätze berücksichtigend, irenisch zwischen den extremeren Positionen vermittelnd, die Fülle geistiger Tradition von der griechischen Philosophie an einbringend entfaltet Hooker die christliche Lehre. Er beläßt diese jedoch nicht auf der Ebene dogmatischer Theorie, sondern setzt sie in Beziehung zu Frömmigkeit, moralischer Entscheidung, Formen menschlichen Zusammenlebens, gottesdienstlichem Leben und kirchlicher Gestaltung. Mit dieser auf Weite und Integration zielenden Kraft der Darstellung, mit der allerdings und vielleicht unvermeidlich eine gewisse mangelnde Systematik und Präzision einhergeht, und in deren Rahmen der – modern ausgedrückt – „Praxisbezug" theologischer Überlegungen ein wichtiges Element bildet, ist Hooker für eine Grundorientierung anglikanischer theologischer Reflexion beispielhaft und prägend geworden.

Einige dieser inhaltlichen Akzente, die im anglikanischen Denken immer wiederkehren, sollen hier genannt werden. Abgesehen vom spekulativen Ansatz und „Vorbau", d.h. seiner Theorie der Struktur des Universums, der Offenbarung Gottes und der menschlichen Erkenntnismöglichkeit, ist Hookers Entfaltung christlicher Lehre streng soteriologisch ausgerichtet. Hier steht er nun ganz in der reformatorischen Tradition, wenngleich er diese immer wieder auf seine Weise modifiziert. Der Christologie kommt daher zentrale Bedeutung zu, wobei die für die anglikanische Tradition kennzeichnende besondere Hervorhebung der Inkarnation auch von ihm bereits vorgenommen wird. Die Menschwerdung Gottes in Jesus Christus, in der sich das Übernatürliche mit dem Natürlichen verband, ist das übernatürliche Ereignis und Mittel, um den Menschen aus Sünde und Verderbnis zu retten, ihn wieder in die Gemeinschaft mit Gott zu versetzen und damit seine wahre Natur, seine Gottebenbildlichkeit wiederherzustellen. Die Sakramente sind Instrumente der Inkarnation, die dieser Restauration des Natürlichen durch das Übernatürliche dienen. Dies gilt, abgeleitet, auch vom Amt der Kirche und der Kirche selbst, die ebenfalls auf dieses soteriologische Ziel der Inkarnation ausgerichtet sind. Es ist deutlich, daß sich Hooker nicht nur in der Akzentuierung der Inkarnation, sondern auch in der Beschreibung von deren Folgen für den Menschen – Wiederherstellung von dessen wahrer Natur – von den Puritanern und auch den kontinentalen Reformatoren unterschied, für die das ganze Gewicht auf dem durch Jesu Tod und Auferstehung bewirkten neuen Gottesverhältnis des weiterhin sündhaft und begrenzt bleibenden Menschen lag.

Innerhalb dieses soteriologischen Rahmens vertritt Hooker die reformatorische Rechtfertigungslehre, wobei er die Gerechtmachung des Menschen durch das Blut Christi, den diese Gabe empfangenden Glauben als Gnadenwirkung des Heiligen Geistes und die Notwendigkeit eines nachfolgenden geheiligten Lebens betont (V. App. I. 16).

Großen Raum, und auch das ist für die Tradition kennzeichnend, die er mitbegründet, widmet Hooker den Sakramenten. Sie sind die wirksamen Instrumente Gottes, durch die er jene Gnade schenkt, die für die Erlösung des Menschen und das ewige Leben notwendig ist (V. lvii. 5). In der Eucharistie geschieht „Teilhabe am Leib und Blut Christi" (V. lxvii. 6), durch die eine „wirkliche Umwandlung unserer Seelen und Leiber von der Sünde zur Gerechtigkeit, von Tod und Verderbnis zu Unsterblichkeit und Leben" (V. lvii. 7) bewirkt wird. In der in der Reformationszeit heftig umstrittenen Frage nach der Gegenwart Christi im Abendmahl vertritt Hooker die von vielen Anglikanern vor (z. B. von Erzbischof Cranmer) und nach ihm entfaltete „rezeptionistische" Auffassung: „Die Realpräsenz des hochgesegneten Leibes und Blutes ist nicht im Sakrament zu suchen, sondern im würdigen Empfänger des Sakraments" (V. lxvii. 6).

Die Träger der Amtsvollmacht in der Kirche bilden nach Hooker einen besonderen Stand *(Ordo)* (V. lxxvii. 2). Bischöfliche Ordination und bischöfliche Leitung der Kirche ist für ihn diejenige Form der Kirchenordnung, die am besten mit der Heiligen Schrift übereinstimmt. Daß viele Reformationskirchen diese Ordnung nicht beibehalten haben, ist ein Mangel und eine Unvollkommenheit, die er bedauert. Daraus folgt für ihn aber kein negatives Urteil über diese Kirchen und ihre Ämter, weil sie durch äußere Umstände zur Aufgabe der bischöflichen Verfassung gezwungen wurden (III.xi. 16). Eine Lehre vom „monarchischen Episkopat", der zum *esse* der Kirche gehört, oder von der apostolischen Sukzession der Bischöfe entwickelt Hooker in den ersten fünf Büchern der *Ecclesiastical Polity* nicht. Die in diese Richtung gehenden Ausführungen in Buch VII sind in ihrer Echtheit umstritten. Sie spiegeln sehr viel stärker die hochkirchlichen Auffassungen der Zeit um 1662 wider als die allgemeinen Überzeugungen der elisabethanischen Zeit.

In seinem Verständnis von Kirche betont Hooker deren Gemeinschaftscharakter, in dem die Wesensmerkmale einer natürlichen, weltlichen *societas* und einer übernatürlichen, durch Unterweisung, Sakramente und Gebet bestimmten *communio* miteinander eine Einheit bilden (III. i. 14). Angesichts einer solchen Konzeption kann er aber, ähnlich wie andere Reformationstheologen, zwischen der mystischen (unsichtbaren) Kirche der wahrhaft Gläubigen und Erwählten (III. i. 2) und der sichtbaren Kirche, der alle getauften und mit der organisierten Kirche in irgendeiner Form verbundenen Menschen angehören, unterscheiden. Dabei geht es letztlich nicht um zwei verschiedene Wirklichkeiten, sondern um zwei unterschiedliche Befindlichkeiten derselben Gemeinschaft. Die sichtbare Kirche kann irren und von Gott abfallen. Darum bedarf sie einer Reformation – auch in England. Für sie gilt aber auch, daß sie nur eine einzige sein kann und ihre Einheit im einen Herrn, einen Glauben und in der einen Taufe besteht (III. i. 3 und 13). Diese Katholische Kirche besteht aus eigenständigen, in der Gestaltung ihrer Ordnungen selbständigen Nationalkirchen (III. i. 14).

In seiner Bestimmung des Verhältnisses von Staat und Kirche zeigt sich noch einmal, in welcher Weise Richard Hooker der bedeutsamste und einflußreichste Apologet jener *Ecclesia Anglicana* war, die unter Elisabeth I. deutlichere Konturen annahm. Hier mußte Hooker nicht nur die puritanische Forderung nach einer Trennung der Einheit von Staat und Kirche abwehren, sondern auch dem römischen Konzept einer dem Papst unterstehenden, gleichsam entnationalisierten Weltkirche mit der Rechtfertigung einer eigenständigen, der Suprematie des Herrschers unterstehenden Nationalkirche begegnen. Dabei geht er, gestützt auf Vorbilder aus dem Alten Testament, dem Mittelalter und der östlichen Orthodoxie, von der Vorgegebenheit einer christlichen Gesellschaft aus, einer christlichen Kultur, einem die ganze Nation einenden christlichen Wollen. Das Gemeinwohl des christlichen Staates und das der christlichen Kirche sind darum identisch (VIII. i. 2). Folglich sind Kirche und Staat zwei Seiten, zwei Funktionen ein und derselben christlichen Gesellschaft. In einer solchen *Respublica Christiana* ist das Haupt des Staates auch Haupt der Kirche. In ihm finden sie ihre Einheit. Darum ist die königliche Suprematie über die Kirche legitim (bes. VIII. ii).

Eingebaut in seine Verteidigung des staatskirchenrechtlichen status quo unter Elisabeth, der vorbereitet worden war durch Henry VIII. und Eduard VI., ist Hookers Staatstheorie, die in der Folgezeit das politische Denken in England immer wieder beeinflussen sollte. Wenngleich noch nicht in einer eindeutig-systematischen Form entfaltet, finden sich bei ihm (besonders in I. x) Gedanken, die in die Richtung eines Gesellschaftsvertrags, eines Herrschaftsvertrags auf der Basis natürlicher Vernunft, eines Grundrechtes für die Rechte der Untertanen, der notwendigen Zustimmung der Regierten („The assent of them who are governed seemeth necessary", I. x. 4) für alle Gesetzgebung weisen. Andererseits weist seine Lehre von der Einheit des Staates, seines gemeinsamen Bewußtseins und Willens, wie sie in seinen repräsentativen Gremien (z. B. Parlament) zum Ausdruck kommen, in die Richtung des omnikompetenten Souveränitätsstaates späterer Zeiten. So trug Hooker mit dazu bei, die Grundlagen für liberalere Entwicklungen in der Politik wie für die absolute Supermatie des Staates zu legen.

IV. Bedeutung und Wirkung Richard Hookers

Die Bedeutung Richard Hookers für den Anglikanismus ist eine andere als die etwa eines Thomas von Aquin, Calvin oder Luther für die römisch-katholische, reformierte und lutherische Kirche. Sein Werk ist sehr viel stärker als bei den genannten Theologen zeitgebunden. Es wurde durch eine Krisensituation der englischen Kirchen- und Verfassungsgeschichte herausgefordert und spiegelt somit eine bestimmte Konstellation der zweiten Hälfte des 16. Jahrhunderts wider. Hookers *Ecclesiastical Polity* ist nicht zu einem Kompendium theologischer Lehre geworden, auf das sich spätere Generationen bei ihren eigenen Überlegungen immer wieder beziehen. Der Theologe oder interessierte Laie kann heute in England keine Neuausgabe der Werke dieses bedeutenden Mannes erwerben. Das ist bezeichnend und bedauerlich zugleich. In der theologischen Literatur wird Hooker zwar häufig genannt, selten aber zitiert. Daran zeigt sich, daß es nicht in erster Linie die Inhalte seines Werkes sind, die wirksam geblieben sind. Bleibende Bedeutung haben vielmehr dessen große Linien, Perspektiven und Strukturen erlangt. Wirksam geblieben bis heute sind Hooker und sein Werk in der Gestalt einer bestimmten Tradition des Denkens und Argumentierens, die man als „typisch anglikanisch" bezeichnen kann, die sich jedoch einer präzisen Charakterisierung entzieht. Und schließlich ist die für den Anglikanismus kennzeichnende Mittelstellung im Gesamtspektrum der Christenheit, die weder eine eindeutige Zuordnung zum reformatorischen noch zum „katholischen" Flügel erlaubt – eher schon eine Vermittlung zwischen beiden – wesentlich auf Hookers Begründung dieses mittleren Weges zurückzuführen. Die von Hooker ausgegangene und weiterhin spürbare Wirkung und Prägung erweist sich nicht in der Häufigkeit von Zitaten, sondern in der geschichtlichen Wirklichkeit anglikanischen Denkens und Kircheseins.

Hooker hat in seinem großen philosophisch-theologischen Entwurf der *Laws of Ecclesiastical Polity* in einem universal angelegten, von Gott ausgehenden Begründungszusammenhang gleichsam vom Himmel zur Erde hin argumentiert und damit fundamentale geschichtliche Wirkungen erreicht. Er hat das herausgestellt, konkretisiert und als legitim erwiesen, was der noch ungefestigten, vom Romanismus wie Puritanismus tief durchdrungenen, bedrohten und zerrissenen Kirche von England Selbstvertrauen und innere Gewißheit für den in der englischen Reformation bereits umrißhaft angelegten eigenen Weg vermittelt hat. Eine entscheidende Folgerung aus dem genannten Begründungszusammenhang war die geistige Rechtfertigung der seit Heinrich VIII. bestehenden königlichen Suprematie. Hooker legitimierte sie als Symbol und Klammer der Einheit, ja Identität von Kirche und Nation, den beiden Verkörperungen des einen christlichen *Commonwealth.* Eine solche ausdrückliche Legitimation war unter Elisabeth I. unausweichlich geworden, nachdem das römische Denken im puritanischen Denken und kirchenpolitischen Trachten darin einen Partner gefunden hatte, daß beide, wenngleich aus höchst unterschiedlichen Motiven heraus, in gleicher Weise auf die Abschaffung der Suprematie und die Auflösung der Einheit von Kirche und Staat zielten.

Hookers Theorie schloß die Wiederherstellung und Festigung eines die ganze Nation umfassenden einheitlichen Kirchenwesens mit ein: *Eine* Nation, darum auch *eine* Kirche. Die Geschichte hielt sich nicht an diese Theorie. Zunehmend bildeten sich außerhalb der Grenzen der Kirche von England eigenständige religiöse Gemeinschaften. In ihnen fand auch ein Teil der puritanischen Bewegung geistliche und institutionelle Beheimatung. Daß dem wachsenden religiösen Pluralismus in England dennoch bis in die Gegenwart hinein der Anspruch und das Selbstbewußtsein der Kirche von England gegenüberstehen, *die* Kirche des Landes zu sein und mit dem Vorrecht ausgestattet zu sein, als institutionalisiertes christliches Gewissen der Nation eine besondere Verantwortung zu tragen, ist noch immer eine „Fernwirkung" von Hookers Konzeption. Fernwirkung in doppelter Weise: Der geistige Entwurf hat eine zwar nie unangefochtene, aber dennoch bleibende und sich erst allmählich abschwächende geschichtliche Verkörperung sowohl im allgemeinen Bewußtsein als auch in den Ordnungen des Kirche-Staat-Verhältnisses in England gefunden. Wenn T. S. Eliot 1939 eine bedeutsame Abhandlung über die „Idee einer christlichen Gesellschaft" *(The Idea of a Christian Society)* schreibt, steht er ebenso in der Wirkungsgeschichte Hookers wie Elisabeth II., wenn sie auch heute noch als Oberhaupt der Kirche von England einen neuen Bischof ernennt.

Wirkungen, wenngleich nicht so deutlich erkennbare, sicherlich auch nicht so singuläre, sind von Gedanken Hookers auch auf die Entwicklung der Staatstheorie ausgegangen. Vom naturrechtlichen Denken her gelangte Hooker, in Aufnahme und Weiterführung der Gedanken anderer, zur Theorie des ,,Kontraktes", zu deren grundlegenden Elementen die ,,Zustimmung" *(consent)* und das ,,Recht der Bürger" wesentlich hinzugehören. Herrscher wie Untertanen haben von daher in gleicher Weise Rechte und Pflichten. Diese Überlegungen Hookers beeinflußten mit das staatstheoretische Denken von Thomas Hobbes und John Locke, sowie in den um ihre verfassungsrechtliche Gestalt ringenden späteren Vereinigten Staaten von Amerika. Ein anderer Einfluß-Strang weist über Rousseau nach Frankreich. ,,Es liegt eine gewisse Ironie darin, daß Hooker, noch dem Mittelalter zugewandt, konservativ, Verteidiger des Tudor-Despotismus, dynamische Konzeptionen beisteuerte, die mit zur Grundlage jenes Denkens werden sollte, das als Liberalismus bezeichnet wird."[12] Daneben ist Hooker zu denen zu zählen, und dies weist nun wieder in eine ganz andere Richtung, die mit ihren Überlegungen zur Ausbildung des modernen souveränen Nationalstaates beigetragen haben. Hooker kann in diesem Zusammenhang der gesamten politischen Gemeinschaft, dem Nationalstaat, eigene Personalität und Souveränität zuschreiben, wobei die Ausübung der souveränen Herrschaft an den Herrscher delegiert wird. Auch hier haben sich von ihm ausgehende Anstöße mit den Impulsen und Ideen anderer verbunden und haben miteinander zur Gestaltung von Geschichte geführt.

Doch nicht nur Mitgestaltung von Geschichte durch die Verhältnisbestimmung von Staat und Kirche und die theoretische Fundierung staatsrechtlicher Neuentwicklungen[13] ist dem über seine Zeit hinausweisenden Werk Hookers zu verdanken. Auch und gerade anglikanisches theologisches und kirchliches Denken ist in tiefgreifender Weise von ihm geprägt worden. Dies gilt weniger, das wurde bereits erwähnt, für inhaltliche und immer wieder abrufbare Aussagen über bestimmte Themen christlicher Lehre wie z. B. Taufe oder Abendmahl, sondern vornehmlich für Struktur und ,,Ethos" anglikanischen Denkens und Selbstverständnisses.

Im Rahmen dieses Denkens nimmt die Vernunft einen festen und gar nicht unbedeutenden Platz ein. Natürlich soll sich jedes theologische und kirchliche Denken der Hilfe der Vernunft bedienen. Doch von Hooker her kommt in der anglikanischen theologischen Methode der Vernunft eine über diesen instrumentalen Charakter hinausgehende Funktion zu: Sie ist Organ, schöpferisches Organ theologischer Erkenntnis und dient der kritischen Prüfung und Aneignung des in Schrift und Tradition vorgegebenen Glaubensgutes. Und sie ist überdies als ,,praktische Vernunft" am Werk, indem sie immer und überall die Frage wachhält und zu beantworten hilft, in welcher Weise christliche Lehre wirksam wird und konkrete Gestalt annimmt im Bereich des geistlichen Lebens und ethisch verantwortlichen Handelns. Die theologischen Schulen und Tendenzen im Anglikanismus des 17. und 18. Jahrhunderts sind wesentlich geprägt von der bedeutsamen Rolle, die sie der theoretischen wie praktischen Vernunft für ihr Verständnis des christlichen Glaubens zuweisen. Die *Cambridge Platonists* und *Latitudinarians* bis hin zu den Vertretern einer natürlichen

Theologie, die die Ergebnisse der aufblühenden Naturwissenschaften aufnehmen und mit christlichen Glaubensüberzeugungen zu vereinbaren suchen, sind Erben Hookers, auf den sie sich häufig genug beziehen. Natürlich macht dabei das Verständnis von Vernunft Veränderungen durch. Die Tatsache, daß es um eine vom Heiligen Geist erleuchtete Vernunft geht, wird z. B. von den *Cambridge Platonists* des 17. Jahrhunderts stärker betont als von vielen Theologen des 18. Jahrhunderts. Bei vielen *Latitudinarianern,* den „weitherzigen", auf Ausgleich und praktisches Glaubensleben bedachten Anglikanern, wird aus der „praktischen Vernunft" häufig nur noch eine pragmatische Vernünftigkeit. Schließlich steht in dieser Wirkungsgeschichte in gewisser Weise auch der Deismus des 18. Jahrhunderts, bei dem die Vernunft über die Offenbarung triumphiert und damit Hookers Ansatz in eine bloße Vernunftsreligion verkehrt. Wenn heute im Anglikanismus die Religionsphilosophie und die Auseinandersetzung mit den philosophischen Strömungen der Zeit einen breiteren und bedeutsameren Raum einnehmen als in vielen anderen christlichen Kirchen und Konfessionen, dann darf man darin ebenso ein Erbe Hookers sehen wie in der bewußten Verknüpfung von theologischer Theorie einerseits und kirchlicher und geistlicher Praxis andererseits, die auch für den zeitgenössischen Anglikanismus kennzeichnend ist.

Hooker hat die Rolle der Vernunft jedoch nicht in einer einseitigen oder gar isolierten Weise herausgestellt. Davor bewahrte ihn nicht nur seine theologische Grundhaltung, sondern auch sein Bemühen um Zusammenschau, Verknüpfung und Integration. Er fügte die Vernunft in eine umfassende theologische Methode ein, indem er Heilige Schrift, Tradition der Kirche und Vernunft miteinander in einer philosophisch-theologischen Konzeption verbindet. Aus ihr leitet er eine in Zusammenspiel und wechselseitiger Durchdringung dieser Elemente bestehende Methode theologischer Urteilsbildung und kirchlicher Entscheidungsfindung ab. Dabei kommt der von der Heiligen Schrift bezeugten Offenbarung für das, was zum Heil der Menschen notwendig ist, zweifellos fundamentale Bedeutung zu. Doch schon bei der Auslegung dieser Offenbarung bei den aus ihr abzuleitenden Folgerungen für die christliche Lehre und erst recht in den Fragen christlicher Lebens- und Weltgestaltung und kirchlicher Ordnung, für die es im Wort Gottes keine eindeutigen oder ewig gültigen Weisungen gibt, kommen dem Erkenntnisvermögen der Vernunft und den mit ihrer Hilfe aus der kirchlichen Tradition zu gewinnenden Einsichten eine konstitutive Bedeutung zu. Der Zusammenklang von Schrift, Tradition und Vernunft wurde nicht immer gewahrt. Im 18. Jahrhundert wurde von vielen die Rolle der Vernunft zum entscheidenden Kriterium erhoben. In der evangelikalen Bewegung im Anglikanismus seit dem ausgehenden 18. Jahrhundert erkannte man dem Schriftzeugnis eine alles bestimmende Autorität zu. Und in der hochkirchlichen Oxfordbewegung des 19. Jahrhunderts wurde vielfach die Tradition in die Nähe einer zweiten Offenbarungsquelle gerückt. Dennoch setzte sich die von Hooker konzipierte und praktizierte theologische Methode immer wieder durch. Sie bot jene breite, ausgewogene

Basis, zu der man von den Ausflügen in extremere Positionen immer wieder zurückkehren konnte. Sie ist zu einem charakteristischen Merkmal des Anglikanismus geworden.[14]

Die weiterwirkende Bedeutung des Werkes von Richard Hooker ist schließlich noch in einem weiteren Bereich zu erkennen. Dieser kann nur sehr schwer erfaßt und beschrieben werden, und doch kommt gerade hier das in den Blick, was dem nicht-anglikanischen Beobachter als ,,typisch anglikanisch" begegnet und häufig genug auch verwirrt. Die Stichworte, die zur Charakterisierung der Denkweise Hookers herangezogen werden, lauten *moderation, balance, mediation, comprehension, integration:* ihre sehr englische Klang- und Sinngestalt würde durch eine wörtliche Übersetzung verloren gehen. Es ist deutlich, daß diese Begriffe derselben geistigen Familie angehören und ein Denken zu umschreiben suchen, das nicht in strenge, einander ausschließende Systeme gefaßt sein möchte, nicht mit unerbittlichem Erkenntnisdrang letztgültige Konsequenzen zu ziehen versucht, nicht in der Alternative von Ja oder Nein aufgehen möchte. Vielmehr deuten diese Begriffe ein Denken an, das auf Vermittlung, Ausgewogenheit, Zusammenschau, Weite, Kontinuität, Verknüpfung, vielgestaltige Fülle ausgerichtet ist. Ein solches Denken ist nicht gegen den Abfall in denkfaule Oberflächlichkeit und pragmatische Kompromißbereitschaft gefeit. Wo es aber wahrhaft in der Nachfolge Hookers steht, und dafür bietet der Anglikanismus immer wieder überzeugende und den Beobachter faszinierende Beispiele, könnte und sollte es Wirkungen auch auf andere christliche Traditionen des Denkens ausüben, Wirkungen, in denen ein spezifischer Beitrag zum Ringen um die Sichtbarmachung der Einheit der Kirche Jesu Christi beschlossen läge.

,,Wie Shakespeare sah er die Probleme seines Zeitalters im Lichte umfassender Prinzipien und großer historischer Perspektiven. Solch ein Genius war Hooker, würdig, an der Seite Shakespeares zu stehen als einer der ganz Großen der elisabethanischen Zeit."[15]

Peter Hauptmann

PETRUS MOGILAS

(1596–1646)

Der Kiever Metropolit Petrus Mogilas hat mit seiner *Confessio Orthodoxa* von 1642 als erster den orthodoxen Glauben zusammenhängend und ausführlich in den Denkformen der abendländischen Scholastik dargestellt und gleichzeitig die orthodoxe Theologie im neuzeitlichen Sinne katechismusfähig gemacht. Ging es ihm dabei auch vor allem um die Stärkung der Widerstandskraft der orthodoxen Christen gegenüber dem Werben von römisch-katholischer wie protestantischer Seite, so hat er doch zugleich dem Gespräch mit der abendländischen Christenheit eine neue Grundlage verschafft. Kein orthodoxer Theologe nach ihm hat in vergleichbarer Weise über die Grenzen des eigenen Kirchenwesens hinaus auf die Gesamtorthodoxie einzuwirken vermocht.

Da er als gebürtiger Rumäne Oberhaupt einer slawischen Kirche im Bereich ukrainischen Volkstums war und mit ihr im Verbande eines griechischen Patriarchats lebte, empfiehlt sich der Gebrauch seiner lateinischen Namensform, um nicht zwischen der rumänischen (Petru Movilă), kirchenslawischen (Petr Mogila), ukrainischen (Petro Mohyla) oder griechischen (Petros Mogilas) entscheiden zu müssen.

I. Leben

Petrus Mogilas wurde am 21. Dezember 1596 als Sohn des späteren Fürsten der Moldau Simion Movilă in Suceava geboren. Nachdem sein Vater im Oktober 1607 Herrschaft und Leben verloren hatte, brachte ihn seine Mutter Melania-Marghita nach Lemberg, wo er die von der dortigen Orthodoxen Bruderschaft unterhaltene Schule besuchte. Die Überlieferung von Reisen des jungen Prinzen bis nach Holland und Frankreich sowie gar von einem Studium an der Sorbonne muß dagegen als ungesichert gelten. War zunächst der polnische Kronfeldherr Stanisław Żółkiewski zu seinem Vormund bestellt worden, so wurde nach dessen Tod der Großhetman Jan Karol Chodkiewicz sein Beschützer, unter dem er 1620 gegen die Türken kämpfte, die seit Anfang des 16. Jahrhunderts die Oberherrschaft über das Moldaufürstentum beanspruchten. Als jedoch 1622 der Versuch zur Rückgewinnung der seinem Vater verlorengegangenen Herrschaft gescheitert war, entschied er sich für die geistliche Laufbahn, die ebenfalls einer Familientradition entsprach; war doch sein Onkel Gheorghe Movilă Metropolit der Moldau gewesen.

So trat Petrus Mogilas am 15. August 1627 in das berühmte Kiever Höhlenkloster ein, das ihm von wiederholten Pilgerfahrten her bereits vertraut war. Der Übergang in ein ostslawisches Kirchengebiet dürfte ihm um so weniger ausgemacht haben, als bei den Rumänen noch bis 1648 Kirchenslawisch die Gottesdienstsprache gewesen ist. Überraschend schnell wurde er zum Archimandriten des Höhlenklosters gewählt und als solcher am 29. November 1627 vom Polenkönig Sigismund III. (1587–1632) bestätigt.

Spielte bei dieser Erhebung auch der Einfluß des Kiever Metropoliten Iov Boreckij, unter dessen besondere Obhut sich Petrus Mogilas begeben hatte, eine wesentliche Rolle, so dürfte die königliche Bestätigung gleichwohl von dem Versprechen des Gewählten abhängig gewesen sein, sich für die Durchführung der Union von Brest einzusetzen, die durch die päpstliche Unionsbulle *Magnus Dominus et laudabilis nimis* vom 23. Dezember 1595 eingeleitet worden war. Der Mehrzahl der orthodoxen Bischöfe Polen-Litauens, zu dem damals neben ganz Weißrußland auch noch weite Teile der Ukraine gehörten, hatte sich zwar seit Oktober 1596 Rom für das Zugeständnis eines eigenen slawischen Ritus unterstellt, doch hatte Patriarch Theophanes III. von Jerusalem auf der Rückreise aus Moskau 1620 für sämtliche in unierte Hände übergegangene ostkirchliche Bistümer wieder orthodoxe Bischöfe geweiht, darunter für Kiev den Metropoliten Iov Boreckij als Gegenbischof für den unierten Metropoliten Iosif IV. Vel'jaminov-Rutskij, und noch immer erwiesen sich die gegen Ende des 16. Jahrhunderts als Antwort auf die Unterdrückungsversuche durch den polnischen Katholizismus ins Leben gerufenen Orthodoxen Bruderschaften als erfolgreiche Träger des Widerstandes gegen die Brester Union. Ist Sigismund III. von seiner auf Unterdrückung der Orthodoxie und Durchsetzung der Union angelegten Religionspolitik niemals abgegangen, so war Petrus Mogilas in Lemberg durch die Schule der Orthodoxen Bruderschaft hindurchgegangen und in Kiev vom orthodoxen Metropoliten Iov Boreckij geprägt worden. Hat man ihm ein Unionsversprechen abverlangt, so hat er nichts zu dessen Einlösung getan.

Vielmehr ist Petrus Mogilas schon bald nach dem Tode Sigismunds III. als Abgesandter der Geistlichkeit von Kiev auf dem polnischen Konvokationsreichstag von 1632 durch erfolgreiche Bemühungen um eine Verbesserung der Rechtslage der Orthodoxen Kirche auf Kosten der Union hervorgetreten. Mit den Protestanten verbündet, hatten die Orthodoxen hier das Übergewicht, und der künftige König Władysław IV. (1632–1648) war ohnehin genötigt, orthodoxen Wünschen entgegenzukommen, wenn er, 1610 in Moskau zum Zaren gewählt, seinen Anspruch auf den russischen Thron zunächst noch aufrechterhalten wollte. So wurde in der Wahlkapitulation den Orthodoxen neben freier Religionsausübung in ganz Polen-Litauen das Recht zugestanden, Kirchen, Seminare, Hospitäler und Druckereien zu besitzen, in alle Ämter aufzurücken sowie ihre Bruderschaften beizubehalten und neue zu gründen; sämtliche Kirchen Kievs aber sowie die Metropolie selbst sollten den Unierten entzogen werden. Damit waren die rechtlichen Grundlagen für eine Erneuerung der Orthodoxen Kirche in den damals unter polnischer Herrschaft stehenden Teilen des ostslawischen Siedlungsgebiets gewonnen, wie sie Petrus Mogilas nun bald auch als Metropolit von Kiev in die Wege leiten sollte.

Die einstimmige Wahl des Archimandriten Petrus Mogilas zum Metropoliten von Kiev und ihre Bestätigung durch König Władysław IV. am 12. März 1633 stehen mit seinem Auftreten auf dem Konvokationsreichstag von 1632 in unmittelbarem Zusammenhang. Man wählte ihn, weil man gerade ihn an der Spitze der Kirche haben wollte, und setzte deswegen den eben erst gewählten Nachfolger Iov Boreckijs ab, indem man geltend machte, daß dessen Wahl nicht ganz korrekt verlaufen sei. Nachdem auch der Patriarch von Konstantinopel – zu jenem Zeitpunkt Kyrillos Loukaris in der vierten seiner insgesamt sieben Amtsperioden[1] – seine Zustimmung erteilt hatte, wurde Petrus Mogilas Ende April 1633 in der orthodoxen Kathedrale von Lemberg geweiht und Anfang Juli 1633 in der Kiever Sophienkathedrale inthronisiert. Der Vorrede des Jerusalemer Patriarchen Nektarios zur *Confessio Orthodoxa* des Petrus Mogilas aus dem Jahre 1662 zufolge hat ihn Patriarch Theophanes III. von Jerusalem geweiht; doch ist von einer erneuten Reise desselben durch Polen-Litauen sonst nichts bekannt. Andererseits bezeichnet die Lemberger Chronik den dortigen Bischof Ieremija Tissarovskij als den Konsekrator des neuen Kiever Metropoliten.

Wie Petrus Mogilas auch als Metropolit von Kiev noch Archimandrit des Höhlenklosters blieb, so stellte er dasselbe ganz in den Dienst seines kirchlichen Erneuerungswerkes. In der 1606 gegründeten Klosterdruckerei ließ er nach Kräften theologisches Schrifttum herstellen, neben liturgischen Handbüchern und Textausgaben vor allem Predigtsammlungen, aber auch Streitschriften zur Verteidigung der Orthodoxie. Die bislang unbedeutende Schule des Höhlenklosters bildete er zunächst 1631 zu einer polnisch-lateinischen um, vereinigte sie dann aber 1633 nach seiner Erhebung zum Metropoliten mit der 1615 gegründeten griechisch-slawischen im Kloster der Orthodoxen Bruderschaft, deren Ältester er geworden war. So entstand das berühmte Collegium Kijoviense, dem Władysław IV. 1635 bei der Bestätigung als griechisch-lateinische Schule für die Orthodoxen von den klassischen Studien zwar nur die Kurse in Dialektik und Logik zugestand, das aber gleichwohl von Anfang an den künftigen Priestern eine theologische Ausbildung vermittelte, auch wenn regelmäßige Vorlesungen in Theologie erst gegen Ende des Jahrhunderts eingerichtet werden konnten. 1701 schließlich zur Geistlichen Akademie erhoben, blieb diese Gründung des Petrus Mogilas bis 1917 eine der führenden theologischen Lehranstalten des Russischen Reiches.

Zur Verbesserung der Priesterausbildung bedurfte man aber auch eines neuen und von breiter kirchlicher Zustimmung getragenen theologischen Lehrbuchs. Petrus Mogilas war sich dessen bewußt, daß mit dem einfachen Rückzug auf die *Ekdosis* des Johannes von Damaskus, die in der orthodoxen Welt die Rolle einer Art von Normaldogmatik spielte und von ihm selbst in seiner *Confessio Orthodoxa* an nicht weniger als 55 Stellen zitiert worden ist, der

Herausforderung durch den römischen Katholizismus und den Protestantismus nicht länger zu begegnen war. Ebenso war er sich darüber im klaren, daß eine solche Neuformulierung der orthodoxen Glaubenslehre keine bloße Privatarbeit bleiben durfte wie die Bekenntnisse des Metrophanes Kritopoulos von 1625[2] oder des Kyrillos Loukaris von 1629 bzw. 1633,[3] sollte ihre Verwendbarkeit nicht immer wieder durch irgendwelchen Häresieverdacht beeinträchtigt werden. Mit seiner *Confessio Orthodoxa* ein solches Lehrbuch geschaffen zu haben, ist das größte Verdienst des bedeutenden Kiever Metropoliten.

Es läßt sich heute nicht mehr feststellen, wann Petrus Mogilas mit der Ausarbeitung seiner *Confessio Orthodoxa* begonnen hat; auch wissen wir nicht, ob und in welchem Umfang er Mitarbeiter beteiligt hat. Jedenfalls lag der von ihm für den 8. Sepember 1640 nach Kiev einberufenen Synode bereits ein fertiger Entwurf zur Beratung und Beschlußfassung vor. Sie hat sich zwischen dem 8. und 15. September auf insgesamt 10 Sitzungen mit ihm beschäftigt und sich lediglich bei zwei Lehrpunkten zu keiner einmütigen Billigung durchringen können: über den Aufenthaltsort der Seelen der Verstorbenen (I, 61 und 67) sowie über den Zeitpunkt der Wandlung der eucharistischen Gaben (I, 107). Um dieser beiden strittig gebliebenen Punkte willen beschloß man, den gesamten Entwurf der *Confessio Orthodoxa* dem Patriarchen von Konstantinopel zur Beurteilung vorzulegen.

Um für seine *Confessio Orthodoxa* die nunmehr erforderliche Bestätigung durch den Ökumenischen Patriarchen zu erlangen, bediente sich Petrus Mogilas der Vermittlung des Fürsten der Moldau Vasile Lupu (1634–1653), mit dem er persönlich befreundet war. Vasile Lupu lud Vertreter der Kiever Metropolie und Bevollmächtigte des Ökumenischen Patriarchats zu einer Konferenz in seine Hauptstadt Iaşi (Jassy), die vom 15. September bis zum 27. Oktober 1642 dauerte und weithin als „Synode von Jassy" in die Kirchengeschichtsschreibung eingegangen ist, obwohl es sich um keine Synode im eigentlichen Sinne handelt. Die Kiever Synode von 1640 hatte die Äbte Isaija Trofimovič-Kozlovskij, Ignatij Oksenovič-Staručič und Iosif Kononovič-Gorbackij als ihre Vertreter bestimmt, der Ökumenische Patriarch den ehemaligen Metropoliten Porphyrios von Nizäa und den Prediger der „Großen Kirche" von Konstantinopel, Meletios Syrigos, als seine Exarchen entsandt. Als Übersetzer des lateinischen Entwurfs der *Confessio Orthodoxa* ins Griechische spielte Meletios Syrigos hier eine entscheidende Rolle. Leider läßt sich nicht mehr feststellen, in welchem Ausmaß er dabei sachliche Veränderungen vornahm, da seine lateinische Vorlage nicht erhalten geblieben ist. In den beiden schon auf der Kiever Synode strittig gebliebenen Lehrfragen setzte er jedenfalls die genuin orthodoxe Auffassung durch: neben Himmel und Hölle gibt es keinen dritten Aufenthaltsort für die Seelen der Verstorbenen nach Art des Fegfeuers, und nicht auf die Einsetzungsworte, sondern auf die Epiklese folgt die Wandlung der eucharistischen Gaben. Ob Petrus Mogilas mit dem Ergebnis der Konferenz von Iaşi zufrieden oder von ihm enttäuscht war, entzieht sich unserer Kenntnis. Aus der Tatsache, daß er statt seiner *Confessio Orthodoxa* 1645 in

Kiev einen neu entworfenen Kleinen Katechismus in polnischer wie in ukrainischer Sprache drucken ließ, sollte man keine weiter reichenden Schlüsse zu ziehen versuchen.

Patriarch Parthenios I. von Konstantinopel (1639–1644) hat die ihm aus Iaşi übersandte *Confessio Orthodoxa* am 11. März 1643 von einer Synode bestätigen lassen. Das Bestätigungsdekret trägt neben seiner Unterschrift die der Patriarchen Ioannikios von Alexandrien, Makarios III. von Antiochien und Paisios von Jerusalem, ferner die von neun griechischen Hierarchen und 13 Amtsträgern an der „Großen Kirche" zu Konstantinopel. Die hier ausgesprochene Bestätigung der vollen Rechtgläubigkeit wird jedoch ausdrücklich auf „das in unserer Sprache Vorliegende" beschränkt, also auf die griechische Übersetzung; es wird sogar vermerkt, daß man die lateinische Fassung nicht einmal gelesen habe. Das Bestätigungsdekret dürfte Petrus Mogilas von Meletios Syrigos persönlich überbracht worden sein; denn für die Monate Juni bis August 1643 läßt sich sein Aufenthalt im Kiever Höhlenkloster nachweisen.

Wie in seiner *Confessio Orthodoxa* als theologischer Schriftsteller, so hat sich Petrus Mogilas in seinem Kiever Metropolitenamt auch als Kirchenpolitiker mit dem Verhältnis zum römischen Katholizismus wie zum Protestantismus beschäftigen müssen. Wiederholt sah er sich angestrengten Bemühungen gegenüber, ihn für die Union mit Rom zu gewinnen. Papst Urban VIII. (1623–1644) hat deswegen am 3. November 1643 sogar persönlich einen Brief an ihn gerichtet. Blieb Petrus Mogilas in dieser Hinsicht vollkommen unzugänglich, so zeigte er sich andererseits doch bemüht, den Graben zu den Kirchen des Westens nicht noch tiefer werden zu lassen. Als man in Moskau 1644 die angestrebte Vermählung der Zarentochter Irina Michajlovna mit dem dänischen Königssohn Waldemar von dessen Bereitschaft abhängig machte, seine Taufe durch die Orthodoxe Kirche wiederholen zu lassen, wandte sich Petrus Mogilas schriftlich an den Patriarchen von Konstantinopel mit der Bitte, sich gegen eine erneute Taufe von Lutheranern auszusprechen. Ebensowenig zeigte Petrus Mogilas Bedenken, im September 1645 in Iaşi Vasile Lupus Tochter Maria mit dem Fürsten Janusz Radziwiłł zu trauen, obwohl dieser reformierten Bekenntnisses war.

Wenn Petrus Mogilas die Gefahren, die der orthodoxen Glaubensüberlieferung von der Lehrweise des 1638 auf Befehl des Sultans ermordeten Patriarchen Kyrillos Loukaris, dessen Sakramentserklärungen sich ohne weiteres im calvinistischen Sinne verstehen ließen, her drohten, für so groß erachtete, daß er zu ihrer Bannung unbedenklich auch Aussagen der römisch-katholischen Sakramentslehre übernahm, so dürften dabei nicht zuletzt die bösen Erinnerungen an den brutalen Reformationsversuch eine Rolle gespielt haben, den Iakobos Basilikos Herakleides während seiner kurzen Herrschaft über das Moldaufürstentum (1561–1563) unter dem Einfluß der von ihm ins Land gerufenen calvinistischen Theologen unternommen hatte.[4] Nachwirkungen der seit 1638 verurteilten Lehrweise des Patriarchen Kyrillos Loukaris im Bereich der Kiever Metropolie aber waren um so mehr zu befürchten, als dieser

1596–1601 in Polen-Litauen gewirkt hatte, und zwar auch als Lehrer an der Brüderschule in Wilna und als Rektor des Kollegs in Ostrog. Schließlich mußten auch die wiederholten Versuche des reformierten ungarischen Adels in Siebenbürgen während des 16. und 17. Jahrhunderts, seinen rumänisch-orthodoxen Untertanen ein nach reformierten Grundsätzen umgestaltetes Kirchenwesen aufzuzwingen, Petrus Mogilas zu verstärkter Abwehrhaltung gegenüber dem Protestantismus veranlassen.

Den Aufstand der Kosaken unter dem Hetman Bohdan Chmelnyckyj von 1648, der die Ukraine links des Dnepr sowie Kiev und Umgebung 1654 unter russische Schutzherrschaft brachte, sollte Petrus Mogilas schon nicht mehr erleben. Er hätte die damit eingeleitete Entwicklung wohl auch kaum begrüßt; denn im Verband des polnisch-litauischen Staates wie unter der Jurisdiktion des Ökumenischen Patriarchats durfte sich der Metropolit von Kiev größerer Handlungsfreiheit erfreuen, als der Zar und der Patriarch von Moskau je zugestanden hätten. Sogar die Vermutung, daß Petrus Mogilas die Errichtung eines eigenen Kiever Patriarchats angestrebt habe, ist nicht ganz von der Hand zu weisen; war er doch schon seiner Herkunft wie seinem Werdegang nach eine ausgesprochene Herrschernatur. Er starb am 22. Dezember 1646, gerade 50 Jahre alt.

II. Werk

Das *Orthodoxe Bekenntnis des Glaubens der katholischen und apostolischen Kirche des Ostens,* wie die *Confessio Orthodoxa* des Petrus Mogilas mit ihrem vollständigen Titel heißt, besteht aus insgesamt 261 Fragen mit den dazugehörigen Antworten und gliedert sich in drei Teile, die jeweils einem der drei Leitbegriffe Glaube, Hoffnung und Liebe untergeordnet sind. Im 1. Teil wird an Hand des Nicaeno-Constantinopolitanums der christliche Glaube in 126 Fragestücken dargestellt, während im 2. Teil die christliche Hoffnung durch eine Auslegung des Vaterunser und der Seligpreisungen in 63 Fragestücken und im 3. Teil die christliche Liebe durch eine Tugendlehre mit anschließender Erklärung des Dekalogs in 72 Fragestücken veranschaulicht werden. Diesem äußeren Aufbau nach läßt sich die *Confessio Orthodoxa* durchaus als Katechismus ansprechen. Die ausführlichen Antworten auf die meist nur kurzen Fragen besitzen jedoch ein derart scholastisches Gepräge, daß man die *Confessio Orthodoxa* mit gleichem Recht auch unter die Lehrbücher der Dogmatik einreihen könnte.

Mit den äußeren Formen hat Petrus Mogilas selbstverständlich auch Lehrinhalte aus abendländisch-katholischen Vorbildern übernommen, gleichwohl aber nur insofern und insoweit, als sie mit orthodoxen Lehrtraditionen vereinbar erschienen. Andererseits hat er jedoch um seines Zieles willen, eine genuin orthodoxe Glaubenslehre zu verbreiten, immer wieder Abwandlungen und Ergänzungen vorgenommen, so daß seine *Confessio Orthodoxa* aufs Ganze gesehen als durchaus eigenständiges Werk zu bewerten ist.

So ist es für seine Arbeitsweise z. B. kennzeichnend, daß er der scholastischen Behandlung der Eigenschaften Gottes (I, 11–17) die Feststellung vorausschickt: „Wie Gott selbst unbegreiflich ist, so sind auch seine Eigenschaften unbegreiflich" (I, 11); bleibt doch durch diese Bemerkung immerhin noch der Zusammenhang mit der apophatischen Tradition ostkirchlicher Theologie gewahrt. Ebenso läßt sich die Ausführlichkeit, mit der die Worte „Licht vom Licht" unter Erörterung des Unterschiedes zwischen geschaffenem und ungeschaffenem Licht erklärt werden (I, 36), erst aus deren Bedeutung für die ostkirchliche Mystik rechtfertigen.

Am meisten aber muß den westlichen Leser überraschen, daß Petrus Mogilas in einem solchen Werk nach der Beschäftigung mit dem Kreuzestod Jesu Christi der Bedeutung und der Ausführung des Bekreuzigens jeweils ein Fragestück widmet. Für die Bedeutung des Kreuzeszeichens ruft er Kyrill von Jerusalem zum Zeugen an, aus dessen 13. und 4. Katechese er Gedanken und Worte wiedergibt (I, 50). An der Ausführung des Kreuzeszeichens ist ihm die richtige Zuordnung von Wort und Geste wichtig: bei der Berührung der Stirn mit Daumen, Zeige- und Mittelfinger habe man zu sagen: „Im Namen des Vaters", bei der der Brust: „und des Sohnes" und bei der der rechten Schulter: „und des Heiligen Geistes"; nach der Berührung der linken Schulter sei dann noch das „Amen" zu sprechen (I, 51). Man könne das Bekreuzigen aber auch mit den Worten verbinden: „Herr Jesu Christe, Sohn Gottes, erbarme dich meiner, des Sünders, Amen" – mit dem hesychastischen Jesusgebet[5] also. Stärker hätte Petrus Mogilas den genuin orthodoxen Geist seines Werkes kaum unterstreichen können; zählt doch in der Ostkirche die Befähigung zum rechten gottesdienstlichen Verhalten mehr als eine verstandesmäßige Verarbeitung von Glaubenslehren.

An der Lehre über den Ausgang des Heiligen Geistes allein vom Vater (I, 71) fällt auf, daß sich Petrus Mogilas für die orthodoxe Zurückweisung der abendländischen Lehrweise vom Ausgang des Heiligen Geistes vom Vater und dem Sohne („filioque") auch auf die Entscheidung Papst Leos III. beruft, im Jahre 809 in St. Peter zwei silberne Tafeln mit dem lateinischen und dem griechischen Text des Nicaeno-Constantinopolitanums in seiner ursprünglichen Gestalt anbringen zu lassen. Dafür nennt er Caesar Baronius als seinen Gewährsmann, jenen Kardinal, der seit 1588 mit seinen *Annales ecclesiastici* das katholische Gegenstück zu den Magdeburger Zenturien der Lutheraner vorlegte. Dabei übersieht Petrus Mogilas allerdings, daß sich Leo III. lediglich gegen eine Veränderung der Textgestalt des Symbols gewandt hat, nicht aber gegen die Lehrweise vom doppelten Ausgang des Heiligen Geistes als solche; anderenfalls hätte er nicht von einer „gemeinsamen Erkenntnis" bzw. einem „consensus" der Kirche in Ost und West sprechen können.

In der Lehre von der Kirche folgert Petrus Mogilas aus dem Attribut „katholisch", daß nur Teilkirchen ihren Namen von Orten empfangen haben können (I, 84). Damit bezieht er fraglos gegen den Universalitätsanspruch einer Kirche Stellung, für die gerade zu seinen Lebzeiten ihre Bindung an Rom

Petrus Mogilas (1596–1646)

mehr und mehr zum Bestandteil ihres Namens wurde. Aber indem er die einzigartige Vorzugsstellung der Kirche von Jerusalem unter allen Ortskirchen mit Hilfe eines umständlichen Schriftbeweises (Lk. 24, 46–48; Apg. 1, 8; 11, 2–3.17–18.22; 15,2.22.28; 16, 4) herausarbeitet, verwahrt er sich doch auch gegen einen Führungsanspruch Konstantinopels. Zwar hätten die Kaiser später dem alten und dem neuen Rom eine Vorrangstellung eingeräumt; dies sei nach Kanon 3 des 2. Ökumenischen Konzils jedoch mit Rücksicht auf die Kaisermacht geschehen. Daß in Konstantinopel längst kein christlicher Kaiser mehr regiere und infolgedessen der Vorrangstellung Konstantinopels die Grundlage entzogen worden sei, bleibt freilich unausgesprochen. Die Kirche von Jerusalem preist Petrus Mogilas dagegen als ,,die Mutter aller Kirchen und die erste", weil von ihr die Ausbreitung des Evangeliums in alle Welt den Anfang genommen habe. Berührt sich Petrus Mogilas hier auch eng mit dem holländischen Calvinisten Sibrandus Lubbertus (1556–1625), der in seinen *Zehn Büchern über den römischen Papst* Jerusalem als die Mutter und Wurzel (,,matrix et radix") aller Kirchen bezeichnet hatte,[6] so dürften ihn mehr noch kirchenpolitische Erwägungen bestimmt haben, sich für eine Aufwertung der Kirche von Jerusalem einzusetzen. Die Tatsache, daß es Patriarch Theophanes III. von Jerusalem gewesen ist, der nach dem Beitritt der Mehrzahl der orthodoxen Bischöfe in Polen-Litauen zur Union von Brest den in unierte Hände übergegangenen Bistümern 1620 wieder orthodoxe Bischöfe weihte, hatte die Kiever Metropolie in ein besonders enges Verhältnis zur Kirche von Jerusalem gebracht. Zudem war Kiev als der ,,Mutter der russischen Städte" bei der Christianisierung der Ostslawen eine Rolle zugefallen, die ihm ohnehin bereits den Ehrennamen eines ,,zweiten Jerusalem" eingetragen hatte.[7] Wie die oströmischen Kaiser aber den Aufstieg des alten Rom nur um der Erhöhung des neuen willen gefördert haben, so wäre eine Aufwertung Jerusalems geeignet gewesen, das Ansehen des mit ihm verbundenen und verglichenen Kiev zu erhöhen.

Stärker als durch diese Besonderheiten seiner Ekklesiologie hat Petrus Mogilas die orthodoxe Theologie nach ihm durch seine Sakramentslehre beeinflußt. Die seit dem Unionskonzil von Lyon 1274 ins kirchliche Bewußtsein der Orthodoxie eingedrungene Siebenzahl der Sakramente wird von ihm nicht mehr in Frage gestellt, wie das noch Metrophanes Kritopoulos in seinem Bekenntnis von 1625 mit der Unterscheidung zwischen drei Sakramenten im engeren (Taufe, Herrenmahl und Buße) und vier im weiteren Sinne versucht hatte. Unter Berufung auf das erste theologische Schreiben des Patriarchen Jeremias II. von Konstantinopel an die Tübinger Professoren vom 15. Mai 1576[8] behauptet Petrus Mogilas einen Zusammenhang zwischen der Siebenzahl der Sakramente und den sieben Gaben der Heiligen Geistes (I, 98) nach Jes. 11, 2, die er an anderer Stelle bereits ausführlich behandelt hatte (I, 73–80), ohne dabei allerdings eine solche Beziehung auch nur anzudeuten. Bei seiner Definition des Sakraments (I, 99) kommt es ihm auf die sichtbare Gestalt zur Vermittlung der unsichtbaren Gnade Gottes an die Seele des Gläubigen ebenso an wie auf die Einsetzung durch Christus. Außerdem wird sein Sakramentsverständnis noch durch die Beobachtung erhellt, daß in der lateinischen Fassung der *Confessio Orthodoxa* der Gebrauch des Begriffs „sacramentum" streng vermieden worden ist; statt dessen bedient sich Petrus Mogilas stets des der griechischen Kirchensprache entlehnten Begriffs „mysterium". Unter den Erfordernissen für den Vollzug eines Sakraments nennt er nach dem „geeigneten Stoff" sowie dem Priester oder Bischof und noch vor der „Gestalt der Worte" die „Anrufung des Heiligen Geistes" (I, 100). In der kirchenslawisch-russischen Ausgabe von 1696 ist daraus sogar die einzige Marginalie zu diesem Fragestück entstanden: „Ein jedes Sakrament wird durch die Anrufung des Heiligen Geistes geheiligt." Hieran wird deutlich, wie die *Confessio Orthodoxa* durch die Weitergabe ostkirchlicher Eigentümlichkeiten einen stärkeren Einfluß ausgeübt hat als durch die Übernahme westlicher Anschauungen.

Die Frage nach dem Zweck der Sakramente (I, 101) beantwortet Petrus Mogilas an erster Stelle mit dem Hinweis, daß sie „Kennzeichen der wahren Kinder Gottes, nämlich der orthodoxen, katholischen und apostolischen Kirche" seien; wer sie brauche, wie es sich gebühre, gehöre der Kirche Gottes als „wahres und echtes Glied" an und sei gnadenhalber ein Kind Gottes. Auf die damit bereits angesprochene Heilsgewißheit geht er sodann noch näher ein: an den Sakramenten haben wir „ein sicheres Zeichen unseres Glaubens an Gott" und sind so durch den Glauben und gemäß guten Werken der Rettung zum ewigen Leben gewiß. An dritter Stelle schließlich würdigt er die Sakramente als „unzweifelhafte Heilmittel" zur Vertreibung der Schwächen bzw. Krankheiten unserer Sünden.

Von theologiegeschichtlicher Bedeutung an der Sakramentslehre der *Confessio Orthodoxa,* die in Einzelbesprechungen der sieben Sakramente weiter entfaltet wird (I, 102–119), ist vor allem die Übernahme der römisch-katholischen Transsubstantiationstheorie in die Eucharistielehre. Die Folge der Epiklese, der Herabrufung des Heiligen Geistes auf die Abendmahlsgemeinde und ihre Gaben, Brot und Wein, durch den Priester, bezeichnet Petrus Mogilas rundheraus als „Wesensverwandlung" (transsubstantiatio bzw. metousiōsis), so daß von Brot und Wein nur noch die sichtbaren Gestalten zurückbleiben (I, 107). Ihre Erhaltung sei in Gottes Heilsplan sowohl um der Bewährung eines Glaubens willen, der sich mehr auf Gottes Wort als auf die eigenen Sinne verlasse, als auch mit Rücksicht auf den Abscheu der Menschennatur vor dem Genusse lebendfrischen Fleisches vorgesehen. Worum es ihm dabei jedoch vor allem geht, hat Petrus Mogilas schon bei der Behandlung der Himmelfahrt Christi (I, 56) durchblicken lassen, als er den Unterschied zwischen der himmlischen und der eucharistischen Gegenwart Christi herausstellte. Dort münden seine Ausführungen, in denen er beiläufig bereits den Begriff der „Wesensverwandlung" gebraucht, in die Feststellung, daß „wir die hochheilige Eucharistie zu verehren und durch gottesdienstliche Verehrung anzubeten[9] schuldig sind, weil sie dem Heiland selbst geschuldet wird" (nach der lateinischen Fassung), bzw. daß „es sich ziemt, daß wir die heilige Eucharistie auf gleiche

Weise verherrlichen und gottesdienstlich verehren[10] wie unseren Heiland Jesus selbst" (nach der griechischen Fassung).

Ganz auf dem von Petrus Mogilas beschrittenen Wege liegen demnach auch die typisch ostkirchlichen Vorbehalte, die Patriarch Dositheos II. von Jerusalem in Horos 17 seiner *Confessio* von 1672 gegenüber dem Begriff der „Wesensverwandlung" angemeldet hat: dadurch werde nicht die Art und Weise dargetan, auf die das Brot und der Wein in den Leib und das Blut des Herrn verändert würden; denn das sei „gänzlich unfaßbar und unmöglich, abgesehen von Gott selbst", und bringe den Gläubigen nur „Unwissenheit und zugleich gottloses Wesen". Vielmehr werde unter Abweisung aller Vergeistigungsversuche lediglich sichergestellt, daß „wahrhaft und wirklich und wesentlich das Brot zum wahren Leib des Herrn selbst wird und der Wein zum Blut des Herrn selbst".[11]

Der im zweiten und dritten Teil seiner *Confessio Orthodoxa* behandelte Stoff bot Petrus Mogilas weniger Anlaß zu theologischen Grundsatzentscheidungen als der im ersten verarbeitete. Aber auch hier zeigt er sich stets auf die Bewahrung ostkirchlicher Eigenart bedacht. So setzt er sich beispielsweise in seiner Vaterunserauslegung (II, 7–28) gegenüber der römisch-katholischen Praxis entschieden für die Unabtrennbarkeit der Doxologie ein, die er – ohne Kenntnis des Überlieferungsbefundes bei den neutestamentlichen Handschriften – auf Grund ihrer Verbindung mit Mt. 6, 13 nach dem byzantinischen Reichstext völlig unbefangen auf Jesus selbst zurückführt (II, 28). Schließlich verdient die gründliche Rechtfertigung der orthodoxen Bilderverehrung (III, 55) innerhalb seiner Erklärung des Dekalogs (III, 46–72) besondere Beachtung. Hier wird die Bildertheologie des 7. Ökumenischen Konzils ohne Verkürzung und mit didaktischem Geschick vermittelt. Nachdrücklich bringt Petrus Mogilas dabei auch die Vorschrift zur Geltung, daß jede Ikone ihre Beschriftung aufweisen müsse, aus der hervorgeht, welcher Heilige dargestellt sei, damit „die Absicht des Betenden leichter erfüllt" werde.

III. Bedeutung

Die bleibende Bedeutung der *Confessio Orthodoxa* besteht darin, daß Petrus Mogilas mit ihr der Ostkirche den Anschluß an die theologische Entwicklung im Abendland gesichert hat, und zwar in doppelter Hinsicht. Einmal nämlich hat er mit seiner *Confessio Orthodoxa* der Ostkirche ihren ersten Katechismus in dem uns geläufigen Sinne geschaffen, durch den die reiche orthodoxe Katechismusliteratur des 18. und 19. Jahrhunderts immer wieder angeregt und weithin auch geprägt wurde. Denn was immer die Kirchen des Ostens wie des Westens im Altertum wie im Mittelalter auch an katechetischem Schrifttum hervorbrachten, die Geschichte des Katechismus als Buch beginnt doch erst mit Luther.[12] Sodann aber stellt die *Confessio Orthodoxa* den grundlegenden Versuch dar, die Glaubenslehre der Ostkirche in den Denkformen der abendländischen Scholastik zu vermitteln, durch den die dogmatischen Werke der orthodoxen Theologen in der Folgezeit bestimmt geblieben sind. Die Übertragung der scholastischen Methode in die östliche Theologie aber ist kein fragwürdigeres Unternehmen als die ihr entsprechende Ausbildung einer altprotestantischen Schultheologie im Zeitalter der „Orthodoxie", und hier wie dort hat die spätere Kritik an dem eingeschlagenen Wege die auf ihm gewonnenen Lehrtraditionen niemals wieder ganz auszuschalten vermocht.

Es ist allein diese theologiegeschichtliche Wirkung, die der *Confessio Orthodoxa* des Petrus Mogilas tatsächlich die Bedeutung eines Einheitsbandes für die Orthodoxen Kirchen verliehen hat, die ihr im kirchenrechtlichen Sinne freilich abgeht; denn Bücher, die hinsichtlich ihrer Bedeutung den Bekenntnisschriften der Lutherischen Kirche entsprechen, sind in der Orthodoxen Kirche unbekannt.

IV. Wirkung

Die ihrer Bedeutung entsprechende Wirkung beginnt die *Confessio Orthodoxa* des Petrus Mogilas erst in der zweiten Hälfte des 17. Jahrhunderts zu entfalten. Voraussetzung dafür war ihre Drucklegung, zu der sich in Kiev jedoch weder Petrus Mogilas selbst noch seine nächsten Nachfolger auf dem Metropolitenstuhl entschließen konnten. Dem Vermerk auf einer handschriftlichen Kopie einer kirchenslawischen Fassung zufolge wäre diese am 20. Dezember 1642 in Iaşi gedruckt worden; es ist jedoch kein einziges gedrucktes Exemplar dieser Ausgabe auf uns gekommen. In Konstantinopel war man vorerst zu stark mit anderen Aufgaben beschäftigt, um das Werk einer Verbreitung der *Confessio Orthodoxa* entschieden in Angriff zu nehmen. Immerhin dürfte Meletios Syrigos (1590–1664) dafür gesorgt haben, daß die Aufgabe einer Verbreitung des von ihm übersetzten Werkes nicht in Vergessenheit geriet. Ihr prominentester Anwalt wurde schließlich der Jerusalemer Patriarch Nektarios (1661–1668), der am 20. November 1662 die *Confessio Orthodoxa* mit einem engagierten Vorwort versah. Obschon darin bereits mitgeteilt werden konnte, daß Nikousios Panagiotes, Dolmetscher an der Hohen Pforte, die Druckkosten übernommen habe, um eine kostenlose Verteilung der *Confessio Orthodoxa* zu ermöglichen, ist diese doch erst 1667 in Amsterdam gedruckt worden, und zwar lediglich in der griechischen Übersetzung, obwohl dem Vorwort des Patriarchen Nektarios zufolge ursprünglich an eine Beigabe der lateinischen Fassung gedacht war. Von dieser Ausgabe wird in den Akten der Jerusalemer Synode vom März 1672 mit anerkennenden Worten berichtet.[13]

Patriarch Dositheos II. von Jerusalem (1669–1707), schon vor der Abdankung seines Vorgängers Nektarios als dessen rechte Hand von erheblichem Einfluß, setzte sich nicht weniger für das Ansehen und die Verbreitung der *Confessio Orthodoxa* ein. So versah er die 1699 von dem Priestermönch Anthimos dem Iberer im Kloster Snagov (nördlich von Bukarest) herausgebrachte griechische Fassung mit einer umfangreichen Vorrede. Angesichts der Vorzugsstellung, die Petrus Mogilas der Kirche von Jerusalem eingeräumt hat (s.o.), ist es gewiß kein Zufall, daß es gerade zwei Jerusalemer Patriarchen gewesen sind, die sich so nachdrücklich für die Verbreitung der *Confessio Orthodoxa* einsetzten.

Unter dem Metropoliten der Ungrowalachei Teodosie wurde 1691 in Buzău eine rumänische Übersetzung der *Confessio Orthodoxa* gedruckt, die der Logothetēs Radu Greceanu besorgt hatte. Ihr folgten insgesamt 16 weitere Auflagen, und noch im Vorwort zum neuen Katechismus der Rumänisch-Orthodoxen Kirche von 1952 knüpfte Patriarch Justinian ausdrücklich an diese Tradition an.

Mit einer umfangreichen Vorrede des Moskauer Patriarchen Adrian versehen, erschien die *Confessio Orthodoxa* 1696 endlich auch in der kirchenslawisch-russischen Übersetzung, die bereits 1685 im Kloster zu den Wundern von einem anonymen Übersetzer angefertigt worden war, nachdem man sie 1695 einer nochmaligen Durchsicht unterzogen hatte. Eine entsprechende Anordnung der Zarenbrüder Ivan V. und Peter I. erfolgte auf Betreiben des Kiever Metropoliten Varlaam Jasinskij. Nachdrucke wurden noch in der ersten Hälfte des 18. Jahrhunderts in Moskau und St. Petersburg sowie in Kiev und Černigov veranstaltet.

Doch ihre stärkste Wirkung auf die gesamte Russisch-Orthodoxe Kirche sollte die *Confessio Orthodoxa* erst im 2. Viertel des 19. Jahrhunderts entfalten, als sich die konservative Gegenbewegung gegen die mit der Gründung der Russischen Bibelgesellschaft (1813) verbundene und von einem abendländischen Mystizismus bestimmte Religionspolitik Kaiser Alexanders I. (1801–1825) und seines Ministers Fürst A. N. Golicyn ihrer als Richtschnur bediente. Hatte sie Fotij Spasskij (1792–1838), Archimandrit des Georgsklosters südlich von Novgorod, schon gegen den *Ausführlichen Katechismus* des Moskauer Metropoliten Filaret Drozdov (1782–1867) in der Erstgestalt von 1823 auszuspielen versucht, so konnte Filarets Katechismus nur dadurch das Feld behaupten, daß ihn sein Verfasser in der Endgestalt von 1839 noch stärker nach dem von Petrus Mogilas gewiesenen Vorbild ausrichtete. Außerdem setzte es Graf N. A. Protasov als Oberprokuror des Hl. Synod (1836–1855) durch, daß Metropolit Filaret die *Confessio Orthodoxa* für einen Nachdruck vorbereitete, der dann in hohen Auflagen verbreitet, in den Seminaren als Lehrbuch eingeführt und jedem Priester unentgeltlich zugestellt wurde.

Außerhalb der orthodoxen Welt aber setzte sogleich nach der erstmaligen Veröffentlichung der *Confessio Orthodoxa* eine anhaltende Beschäftigung mit Petrus Mogilas und seiner Theologie ein. Die zweite Veröffentlichung erfolgte bereits von lutherischer Seite und sollte der Klärung des Verhältnisses zwischen den Konfessionen dienen; sie ist 1695 in Leipzig von Laurentius Normann, Professor der Theologie in Uppsala, besorgt worden. Ihr war eine lateinische Übersetzung beigefügt, da die im Vorwort des Patriarchen Nektarios von 1662 erwähnte lateinische Fassung, die erst 1927 von Antoine Malvy veröffentlicht wurde, nicht zugänglich war. Im Laufe des 18. und 19. Jahrhunderts ist die griechische Fassung auch im Abendland noch mehrmals nachgedruckt worden.

Daneben bemühte man sich aber schon früh auch um Übersetzungen der *Confessio Orthodoxa* in moderne westeuropäische Sprachen. Den Anfang machte J. A. Seiner, der 1722 in Haarlem seine Übersetzung ins Holländische herausgab. Ihm folgte fünf Jahre später der Arzt und Naturwissenschaftler Johann Leonhard Frisch (1666–1743), der als einstiger Lehrer der Söhne des russischen Staatskanzlers Graf Gavriil Golovkin seiner deutschen Übersetzung die kirchenslawisch-russische Ausgabe von 1696 zugrunde gelegt hatte; sie war schon 1707 fertiggestellt, konnte aber erst 1727 erscheinen, nachdem sie ,,der langen und unbilligen Vorenthaltung eines Buchhändlers endlich entrissen" worden war. Schließlich sind auch mehrere englische Übersetzungen erschienen.

In der konfessionskundlichen Forschung des deutschen Protestantismus ist es im letzten Drittel des 19. Jahrhunderts sogar zu einer literarischen Fehde um Wert und Geltung der *Confessio Orthodoxa* des Petrus Mogilas sowie der *Confessio Dosithei* von 1672 gekommen. Wilhelm Gaß (1813–1889) hatte in seiner *Symbolik der griechischen Kirche* (1872) diese Bekenntnisse verhältnismäßig stark berücksichtigt. Dagegen protestierte Ferdinand Kattenbusch (1851–1935) in seinen *Kritischen Studien zur Symbolik* mit dem Hinweis, daß diese Bekenntnisse ,,aus dem Streit zwischen katholischen und protestantischen Einflüssen und daraus resultierenden Irrungen" hervorgegangen seien; das aber habe ,,die orientalische Kirche nicht so aufgewühlt wie die reformatorischen Ideen die okzidentalischen Kirchen". Darum wollte er die Symbolik der Ostkirche allein aus den alten Quellen erhoben wissen.[14] Dagegen machte W. Gaß wiederum geltend, daß der Symboliker nicht zu ermitteln habe, ,,was die Griechen vor Zeiten gewesen sind, gedacht und geleistet haben", und daß seines Wissens die Griechen oder die Russen niemals geäußert hätten, daß sie nicht nach diesen Zeugnissen aus dem 17. Jahrhundert beurteilt sein wollten.[15]

Für das Gespräch mit der Orthodoxie ist es nicht unbedingt von Vorteil gewesen, daß sich im deutschen Protestantismus die Auffassung F. Kattenbuschs, der 1892 sein *Lehrbuch der Vergleichenden Confessionskunde* herausgab, stärker durchsetzte. Es kam dadurch auf protestantischer Seite nicht nur zu Verwechslungen zwischen Wunsch und Wirklichkeit im Bilde von der Orthodoxie, sondern auch zu mißlichen Versuchen, den orthodoxen Gesprächspartner darüber zu belehren, was genuin orthodox sei und was nicht. Zwar sind beispielsweise aus dem St.-Sergius-Institut in Paris oder auf dem Athener Theologenkongreß von 1936 Stimmen laut geworden, die die Bedeutung dieser Bekenntnisse aus dem 17. Jahrhundert mehr oder weniger herabzumindern trachteten; aber sie erwiesen sich doch als keineswegs repräsentativ für die Gesamtorthodoxie. Vielmehr dürfte die von Petrus Mogilas in seiner *Confessio Orthodoxa* vertretene Theologie aus dem ostkirchlichen Bewußtsein nicht mehr zu verdrängen sein.

BIBLIOGRAPHIEN

IRENÄUS

1. *Werkausgaben*

a) Adversus haereses

- *Migne, J.-P.:* Patrologia Graeca (PG) 7.
- *Harvey, William Wigan:* Sancti Irenaei episcopi Lugdunensis libros quinque adversus haereses, 2 Bde. Cambridge 1857 (Repr. 1965).
- Sources chrétiennes (SC), Bd. 263.264. Paris 1979 (Buch I); Bd. 34. Paris 1952; Bd. 210.211. Paris 1974 (Buch III); Bd. 100 (2 Bde.). Paris 1965 (Buch IV); Bd. 152.153. Paris 1969 (Buch V).
- Bibliothek der Kirchenväter, Bd. 3 u. 4. Kempten u. München 1912 (deutsche Übersetzung).

b) Epideixis

- *Ter-Měkěrttschian, Karapet u. Ter-Minassiantz, Erwand:* Des heiligen Irenäus Schrift zum Erweise der Apostolischen Verkündigung (Texte und Untersuchungen zur Geschichte der altchristlichen Literatur, 31, 1). Leipzig 1907. [2]1908 (Ausg. u. deutsche Übers.).

2. *Sekundärliteratur*

Bengsch, Alfred: Heilsgeschichte und Heilswissen. Leipzig 1957.

Benoit, André: Saint Irénée. Paris 1960.

Brox, Norbert: Offenbarung, Gnosis und gnostischer Mythos bei Irenäus von Lyon. Salzburg u. München 1966.

Friesen, J.: A Study of the Influence of Confessional Bias on the Interpretations in the Modern Era of Irenaeus of Lyons. Diss. Northw. Univ. (Illinois) 1977.

Rudolph, Kurt: Die Gnosis. Wesen und Geschichte einer spätantiken Religion. Göttingen 1977.

Tremblay, Réal: La manifestation et la vision de Dieu selon Saint Irénée de Lyon. Münster 1978.

ORIGENES

1. *Textausgaben und Übersetzungen*

– Opera omnia Origenis, *Migne* Patrologia Graeca (PG) 11–17. Paris 1857/60 (Abdruck der Maurinerausgabe von Charles de la Rue, 1733/59).
– Origenes' Werke in GCS (Die griechischen christlichen Schriftsteller der ersten Jahrhunderte), Bd. 1–12 (de mart., c. Cels., de orat., de princ. ed. *Paul Koetschau;* comm. in Joh. ed. *Erwin Preuschen;* hom. in Gen., Ex., Lev., Num., Jos., Jud., in Sam. I, in Cant., in Proph., comm. in Cant. ed. *W. A. Baehrens;* hom. in Luc., comm. in Luc. ed. *Max Rauer;* hom. in Jer., comm. in Lament., in lib. Sam. et Regn. ed. *Erich Klostermann;* comm. in Mt. ed. *Erich Klostermann – Ernst Benz,* Register hierzu *Ludwig Früchtel – Ursula Treu).* Leipzig (seit 1953 Berlin) 1899–1941/68.
– Viele Schriften sind inzwischen in zweisprachigen Ausg. in der Reihe *„Sources Chrétiennes".* Paris, Les Éd. du Cerf 1960ff. erschienen.
– Einzelausgaben, außer den in Anm. 8 u. 16 genannten: Origène, Sur la Pâque, ed. par *Octave Guérard* et *Pierre Nautin* (Christianisme Antique 2). Paris, Beauchesne 1979.
– *Robinson, J. Armitage:* The Philocalia of Origen. Cambridge 1893.
– Origène: Philocalie 21–27, Sur le libre Arbitre, ed. et trad. par *Eric Junod* (SC 226). Paris, Les Éd. du Cerf 1976.
– Ausgewählte Schriften übers. von *Paul Koetschau* (Bibliothek der Kirchenväter² 48.52.53). Kempten u. München 1926/27 (de orat., de mart., c. Cels.).
– *Gögler, Rolf:* Das Evangelium nach Johannes. Einsiedeln 1959 (Auswahl).
– *von Balthasar, Hans Urs:* Origenes, Geist und Feuer. Ein Aufbau aus seinen Schriften. Salzburg (1938) ²1951.

2. *Bibliographie, Sammelbände, Hilfsmittel*

Crouzel, Henri: Bibliographie critique d'Origène (Instrumenta Patristica VIII). Den Haag-Steenbrugge 1971 (wird fortgesetzt).
Origeniana. Premier Colloque des Études origéniennes (Montserrat 1973), dirigé par. *H. Crouzel – G. Lomiento – J. Rius-Camps* (Quaderni di „Vetera Christianorum" 12). Bari 1975.
Biblia Patristica. Index des citations et allusions bibliques dans la littérature patristique, vol. III: Origène. Paris 1980.

3. *Zur Biographie*

Nautin, Pierre: Lettres et Écrivains chrétiens des IIᵉ et IIIᵉ siècles (Patristica II). Paris, Les Éd. du Cerf 1961.
– Origène. Sa vie et son œuvre (Christianisme Antique 1). Paris, Beauchesne 1977.
Doerrie, Heinrich: Was ist spätantiker Platonismus? (1971), jetzt in: Ders.: Platonica Minora. München 1976, S. 508–523.
– Art. „Ammonios Sakkas" in: Theologische Realenzyklopädie (TRE) II (1977), S. 463–471.

Goulet, R.: Porphyrius, Ammonius, les deux Origène et les autres. In: Revue d'Histoire et de Philosophie Religieuse 57, 1977, S. 471–495.

Kettler, Franz Heinrich: War Origenes Schüler des Ammonios Sakkas? In: Epektasis. Festschrift J. Daniélou. Paris, Beauchesne, 1972, S. 327–335.

– Origenes, Ammonius Sakkas und Porphyrius. In: Kerygma und Logos. Festschrift C. Andresen, hrsg. von *Adolf-Martin Ritter.* Göttingen 1979, S. 322–328.

Langerbeck, Hermann: Die Verbindung aristotelischer und christlicher Elemente in der Philosophie des Ammonius Saccas. In: Ders.: Aufsätze zur Gnosis. Göttingen 1967, S. 146–166.

Theiler, Willy: Ammonios der Lehrer des Origenes. In: Ders.: Forschungen zum Neuplatonismus. Berlin 1966, S. 1–45.

Weber, Karl Otto: Origenes, der Neuplatoniker (Zetemata 27). München 1962.

Müller, C. Detlef G.: Art. „Alexandrien I" in: TRE II (1977), S. 248–261.

Bietenhard, Hans: Caesarea, Origenes und die Juden. Stuttgart 1974.

de Lange, Nicholas: Origen and the Jews. Studies in Jewish-Christian Relation in third-century Palestine. Cambridge, Cambr. Univ. Press 1976.

Levine, Lee I.: Caesarea under Roman Rule. Leiden, Brill 1975.

4. Gesamtdarstellungen und Monographien

Völker, Walter: Das Vollkommenheitsideal des Origenes (BHT 7). Tübingen 1931.

Koch, Hal: Pronoia und Paideusis. Studien über Origenes und sein Verhältnis zum Platonismus (Arbeiten zur Kirchengeschichte 22). Berlin-Leipzig 1932.

Daniélou, Jean: Origène. Paris, Table Ronde 1948.

Jonas, Hans: Gnosis und spätantiker Geist II, 1. Göttingen 1954.

Crouzel, Henri: Théologie de l'Image de Dieu chez Origène (Théologie 34). Paris, Aubier 1956.

– Origène et la Philosophie (Coll. Théologie 52). Paris, Aubier 1962.

Kettler, Franz Heinrich: Der ursprüngliche Sinn der Dogmatik des Origenes (Beihefte zur Zeitschrift für die neutestamentliche Wissenschaft 31). Berlin 1966.

von Campenhausen, Hans: Griechische Kirchenväter (Urban Bücher 14). Stuttgart 1967, S. 43–60.

Vgl. weiter *Berner, Ulrich:* Origenes. Darmstadt 1981 (s. Anm. 4).

de Lubac, Henri: Histoire et Esprit. Intelligence de l'Écriture d'après Origène (Théologie 16). Paris, Aubier 1950; dt. Übers. von *H. Urs von Balthasar:* Geist aus der Geschichte. Das Schriftverständnis des Origenes. Einsiedeln 1968.

Hanson, Richard P. C.: Allegory and Event. A study of the sources and significance of Origen's interpretation of Scripture. London, SCM Press 1959.

Gögler, Rolf: Zur Theologie des biblischen Wortes bei Origenes. Düsseldorf 1963.

Gessel, Wilhelm: Die Theologie des Gebetes nach ‚de oratione' von Origenes. München 1975.

Vgl. ferner die in Anm. 9, 15, 17 genannten Arbeiten.

ATHANASIUS

1. Quellen

Zu den Ausgaben der Athanasiuswerke siehe:
- *Geerard, Mauritius:* Clavis Patrum Graecorum II. (Corpus Christianorum seu nova Patrum collectio) Turnhout 1974, 17–60.
- *Migne, J.-P.:* S. P. N. Athanasii ... opera omnia. (Patrologia Graeca 25–28) Paris 1857.
- *Opitz, Hans Georg:* Athanasius Werke II. III., Berlin-Leipzig 1934–1941.
- *Camelot, Pierre-Thomas:* Athanase d'Alexandrie. Contre les Païens et sur l'Incarnation du Verbe. (Sources chrétiennes 18) Paris 1947.
- *Kannengießer, Charles:* Athanase d'Alexandrie. Sur l'Incarnation du Verbe. (Sources chrétiennes 199) Paris 1973.

2. Literatur

Dörries, Hermann: Die Vita Antonii als Geschichtsquelle (1949). In: Wort und Stunde I (Göttingen 1965), 145–224.

Girardet, Klaus Martin: Kaisergericht und Bischofsgericht. Studien zu den Anfängen des Donatistenstreites (313–315) und zum Prozeß des Athanasius von Alexandrien (328–346). (Antiquitas 1) Bonn 1975.

Kannengießer, Charles: Politique et théologie chez Athanase d'Alexandrie. Actes du Colloque de Chantilly, 23–25 septembre 1973. (Théologie historique 27) Paris 1974.

Klein, Richard: Constantius II. und die christliche Kirche. (Impulse der Forschung 26) Darmstadt 1977.

Laminski, Adolf: Der heilige Geist als Geist Christi und Geist der Gläubigen. Der Beitrag des Athanasios von Alexandrien zur Formulierung des trinitarischen Dogmas im vierten Jahrhundert. (Erfurter Theol. Studien 23) Leipzig 1969.

Meijering, Eginhard Peter: Orthodoxy and Platonism in Athanasius. Synthesis or Antithesis? Leiden 1968.

Möhler, Johann Adam: Athanasios der Große und die Kirche seiner Zeit, besonders im Kampfe mit dem Arianismus. Mainz 1827 (Neudruck Frankfurt 1971).

Nordberg, Henric: Athanasius and the Emperor. (Commentationes hum. litt. 30, 3) Helsingfors 1963.

Opitz, Hans-Georg: Untersuchungen zur Überlieferung der Schriften des Athanasius. (Arb. z. Kirchengesch. 23) Berlin-Leipzig 1935.

Roldanus, Johannes: Le christ et l'homme dans la théologie d'Athanase d'Alexandrie. (Studies in the History of Christian Thought IV) Leiden 1968.

Schneemelcher, Wilhelm: Athanasius von Alexandrien als Theologe und als Kirchenpolitiker. In: Zeitschrift für die neutestamentliche Wissenschaft 43 (1950/51), 242–255 (Neudruck in: Gesammelte Aufsätze zum Neuen Testament und zur Patristik. Thessaloniki 1974, 274–289).

Schwartz, Eduard: Zur Geschichte des Athanasius 1904–1911. In: Nachrichten von der Gesellschaft der Wissenschaften zu Göttingen. Neudruck Berlin 1959.

Tetz, Martin, Art. Athanasius von Alexandrien. In: Theologische Realencyklopädie IV. Berlin-New York 1979, 333–349.

EPHRAEM DER SYRER

1. *Werke Ephraems*

- Ed. und übers. von *E. Beck* im Corpus Scriptorum christianorum orientalium (= CSCO):
  HFid: Des hl. Ephraem des Syrers Hymnen de Fide: textus 154/Syr 73; versio 155/Syr 74. Louvain 1955.
  HcHaer: Hymnen contra Haereses: t. 169/Syr 76; v. 170/Syr 77. 1957.
  HPar; HcJul: Hymnen de Paradiso und contra Julianum: t. 174/Syr 78; v. 175/Syr 79. 1957.
  HEccl: Hymnen de Ecclesia: t. 198/Syr 84; v. 199/Syr 85. 1960.
  HNat; HEpiph = Hymnen de Nativitate (Epiphania): t. 186/Syr 82; v. 187/Syr 83. 1959.
  SFid: Sermones de Fide: t. 212/Syr 88; v. 213/Syr 89. 1961.
  CNis: Carmina Nisibena I: t. 218/Syr 92; v. 219/Syr 93. 1961; II: t. 240/Syr 102; v. 241/Syr 103. 1963.
  HVirg: Hymnen de Virginitate: t. 223/Syr 94; v. 224/Syr 95. 1962.
  HJeiun: Hymnen de Ieiunio: t. 246/Syr 106; v. 247/Syr 107. 1964.
  HAzym; HCrucif; HRes: Paschahymnen (De azymis, de crucifixione, de resurrectione): t. 248/Syr 108; v. 249/Syr 109. 1964.
  SDom: Sermo de Domino Nostro: t. 270/Syr 116; v. 271/Syr 117. 1966.
  Serm I–IV: Sermones I–IV: I t. 305/Syr 130; v. 306/Syr 131. 1969; II t. 311/Syr 134; v. 312/Syr 135. 1970; III t. 320/Syr 138; v. 321/Syr 139. 1972; IV t. 334/Syr 148; v. 335/Syr 149. 1973.
  HAbrKid; HJulSab: Hymnen auf Abraham Kidunaya und Julianos Saba: t. 322/Syr 140; v. 323/Syr 141. 1973.
  NzEphrSyr: Nachträge zu Ephraem Syrus: t. 363/Syr 159; v. 364/Syr 160. 1975.
- Ed. und übers. von *L. Leloir* im CSCO:
  CDiatArm: Saint Ephrem, Commentaire de l'Évangile concordant version arménienne: t. 137/Arm 1; v. 138/Arm 2. 1953.
  CDiatSyr: Commentaire de l'Évangile concordant texte syriaque (Manuskript Chester Beatty 709) = Chester Beatty Monographs 8, Dublin 1963.
- Ed. und übers. von *R. M. Tonneau* im CSCO:
  CGen; CEx = Sancti Ephraemi Syri in Gen et in Ex commentarii: t. 152/Syr 71; v. 153/Syr 72. 1955.
- HArm: Hymnes de Saint Ephrem conservées en version arménienne. Texte arm., trad. lat. et notes expl. par *L. Mariès* et *Ch. Mercier*. Patrologia Orientalis (= PO) 30. Paris 1961.
- HNicom: Ephrem de Nisibis, Memre sur Nicomédie. Ed. des fragm. de l'original syr. et de la vers. arm. Trad. franç., introd. et notes par *Ch. Renoux*. PO 37. Paris 1975.
- CPaulArm: S. Ephraem Syri commentarii in epistolas d. Pauli nunc primum ex arm. in lat. sermonem a *Patribus Mekitharistis* transl. Venetiis 1893.
- PrRef: S. Ephraim's Prose Refutations of Mani, Marcion, and Bardaisan by *C. W. Mitchell,* I, Oxford 1912; II, compl. by *A. A. Bevan* and *F. C. Burkitt,* Oxford 1921.

2. *Ausgewählte Literatur*

Baumstark, Anton: Geschichte der syrischen Literatur. Mit Ausschluß der christlich-palästinensischen Texte. Bonn 1922.

Beck, Edmund: Ephraems Hymnen über das Paradies. Übersetzung und Kommentar. Studia Anselmiana 26. Rom 1951.

– Ephraems Reden über den Glauben. Ihr theologischer Lehrgehalt und ihr geschichtlicher Rahmen. Studia Anselmiana 33. Rom 1953.

– Die Theologie des hl. Ephraem in seinen Hymnen über den Glauben. Studia Anselmiana 21. 1949.

Cramer, Winfried: Die Engelvorstellungen bei Ephraem dem Syrer. Orientalia Christiana Analecta 173. Rom 1965.

Hidal, Sten: Interpretatio Syriaca. Die Kommentare des heiligen Ephräm des Syrers zu Genesis und Exodus mit besonderer Berücksichtigung ihrer auslegungsgeschichtlichen Stellung. Coniectanea Biblica. Old Testament Series 6. Lund 1974.

Khoury, Nabil el: Die Interpretation der Welt bei Ephraem dem Syrer. Beitrag zur Geistesgeschichte. Tübinger theologische Studien 5. Mainz 1976.

Kronholm, Tryggve: Motifs from Genesis 1–11 in the genuine Hymns of Ephrem the Syrian. With particular reference to the influence of Jewish exegetical tradition. Coniectanea Biblica. Old Testament Series 11. Lund 1978.

Leloir, Louis: Doctrines et méthodes de S. Ephrem d'après son Commentaire de l'Évangile concordant (original syriaque et version arménienne). CSCO 220/Subsidia 18. Löwen 1961.

Martikainen, Jouko: Das Böse und der Teufel in der Theologie Ephraems des Syrers. Eine systematisch-theologische Untersuchung. Meddelanden från stiftelsens för Åbo Akademi forskningsinstitut, nr 32. Turku 1978.

– Gerechtigkeit und Güte Gottes. Studien zur Theologie Ephraems des Syrers und des Philoxenos von Mabbug. Göttinger Orientforschungen. I. Reihe: Syriaca. Band 20. Wiesbaden 1981.

Murray, Robert: Symbols of Church and Kingdom. A study in Early Syriac Tradition. Cambridge 1975.

Ortiz de Urbina, Ignatius: Patrologia Syriaca. Altera editio emendata et aucta. Romae 1965.

Segal, Judok Ben-Zion: Edessa. ‚The Blessed City'. Oxford 1970.

Vööbus, Arthur: Literary critical and historical Studies in Ephrem the Syrian. Papers of the Estonian Theological Society in Exile 10. Stockholm 1958.

GREGOR VON NAZIANZ

1. *Textausgaben*

– S. Gregorii Theologi Opera, *Migne,* Patrologia Graeca (PG) 35–38. Paris 1857–58 (Abdruck der Maurinerausgabe von *C. Clémencet–A. B. Caillau).*

– Gregor von Nazianz: Briefe, hrsg. v. *Paul Gallay,* Die griechischen christlichen Schriftsteller der ersten Jahrhunderte 53. Berlin 1969 (Dieselbe Ed. mit franz. Übers.: Saint Grégoire de Nazianze: Lettres, ed. *P. Gallay,* 2 Bde. Paris 1964–67).

– Grégoire de Nazianze: Lettres théologiques, ed. *Paul Gallay,* Sources chrétiennes 208. Paris 1974.
– Ausgewählte Schriften des hl. Gregor von Nazianz, übers. v. *Johann Röhm,* Bibliothek der Kirchenväter (BKV) 1. Aufl., 2 Bde. Kempten 1874–77.
– Des Hl. Bischofs Gregor von Nazianz Reden, übers. v. *Philipp Haeuser,* Bd. 1, BKV 59. München 1928.
– Gregor von Nazianz: Die fünf theologischen Reden. Text u. Übers. hrsg. v. *Joseph Barbel.* Düsseldorf 1963.
– Gregor von Nazianz: De vita sua. Text u. Übers. hrsg. v. *Christoph Jungck.* Heidelberg 1974.

2. *Sekundärliteratur*

Allg. Übersicht (mit Lit.) bei:
Quasten, Johannes: Patrology Bd. 3. Utrecht ^{3}1966, S. 236–254.
Rousse, Jacques: Grégoire de Nazianze. In: Dictionnaire de Spiritualité VI (1967), S. 931–971.

Althaus, Heinz: Die Heilslehre des heiligen Gregor von Nazianz, Münsterische Beiträge zur Theologie 34. Münster 1972.
Delfgaauw, Bernard: Gregor von Nazianz. Antikes und christliches Denken. In: Eranos-Jahrbuch 36, 1967, S. 113–163.
Dörrie, Heinrich: Die Epiphanias-Predigt des Gregor von Nazianz (Hom. 39) und ihre geistesgeschichtliche Bedeutung. In: Kyriakon. Festschrift Johannes Quasten, Bd. 1. Münster 1970, S. 409–423.
Gallay, Paul: La vie de saint Grégoire de Nazianze. Lyon-Paris 1943; dt. Übers. v. *E. Klein,* Stuttgart 1964.
Hauser-Meury, Marie-M.: Prosopographie zu den Schriften Gregors von Nazianz, Theophaneia 13. Bonn 1960.
Holl, Karl: Amphilochius von Ikonium in seinem Verhältnis zu den großen Kappadoziern. Tübingen 1904 (Nachdr. 1969), S. 158–196.
Plagnieux, Jean: Saint Grégoire de Nazianze Théologien, Paris 1948.
Portmann, Franz Xaver: Die göttliche Paidagogia bei Gregor von Nazianz. Kirchengeschichtliche Quellen und Studien 3. St. Ottilien 1954.
Ritter, Adolf-Martin: Das Konzil von Konstantinopel und sein Symbol, Forschungen zur Kirchen- und Dogmengeschichte 15. Göttingen 1965.
Ruether, Rosemarie Radford: Gregory of Nazianzus. Rhetor and Philosopher. Oxford 1969.
Spidlik, Thomas: Grégoire de Nazianze. Introduction à l'étude de sa doctrine spirituelle. Orientalia Christiana Analecta 189. Rom 1971.
Ullmann, Carl: Gregorius von Nazianz der Theologe. Darmstadt 1825 (= 2. Aufl. Gotha 1866).
Wyss, Bernhard: Gregor von Nazianz. Ein griechisch-christlicher Dichter des 4. Jahrhunderts. In: Museum Helvetianum 6, 1949, S. 177–210 (= Sonderdruck in: Libelli Bd. 73. Darmstadt 1962).

GREGOR VON NYSSA

1. Quellen

a) Textausgaben

- *Migne, J.-P.:* Patrologia Graeca, 44–46.
- Gregorii Nysseni Opera, ed. *W. Jaeger* et *H. Langerbeck*. Leiden 1958ff. (noch nicht abgeschlossen).

b) Deutsche Übersetzungen

- Ausgewählte Schriften, übers. von *K. Weiß* und *E. Stolz*. (Bibliothek der Kirchenväter I 56) München 1927.
- Der versiegelte Quell. Auslegung des Hohen Liedes. Übertr. von *H. U. v. Balthasar*. Einsiedeln ²1954 (Auswahl).
- Der Aufstieg des Moses, übers. von *Manfred Blum*. Freiburg 1963.

2. Sekundärliteratur

Zum Stand der Forschung:

Écriture et culture philosophique dans la pensée de Grégoire de Nysse, ed. *Marguerite Harl*. Leiden 1971.

Gregor von Nyssa und die Philosophie, hrsg. von *Heinrich Dörrie, Margarete Altenburger* u. *Uta Schramm*. Leiden 1976.

Gesamtwürdigung:

Campenhausen, Hans Frh. v.: Griechische Kirchenväter. (Urban-Bücher 14) Stuttgart ²1956, 114–124.

Zur Biographie:

Daniélou, Jean: Le mariage de Grégoire de Nysse et la chronologie de sa vie. In: Rev. des Études Augustiniennes 2 (1956), 71–78.

May, Gerhard: Gregor von Nyssa in der Kirchenpolitik seiner Zeit. In: Jahrbuch d. österr. byz. Gesellsch. 15 (1966), 105–132.

Gregors Theologie:

Holl, Karl: Amphilochius von Ikonium in seinem Verhältnis zu den großen Kappadoziern. Tübingen 1904, 196–235.

Jaeger, Werner: Die asketisch-mystische Theologie des Gregor von Nyssa. In: Ders.: Humanistische Reden und Vorträge. Berlin ²1960, 266–286.

Hübner, Reinhard M.: Die Einheit des Leibes Christi bei Gregor von Nyssa. Leiden 1974.

Gregor als Philosoph:

Balthasar, Hans Urs von: Présence et pensée. Essai sur la philosophie religieuse de Grégoire de Nysse. Paris 1942.

Daniélou, Jean: L'être et le temps chez Grégoire de Nysse. Leiden 1970.

Gotteserkenntnis:

Mühlenberg, Ekkehard: Die Unendlichkeit Gottes bei Gregor von Nyssa. Göttingen 1966.

Stritzky, Maria-Barbara v.: Zum Problem der Erkenntnis bei Gregor von Nyssa. Münster 1973.

Zur „Mystik" Gregors:

Daniélou, Jean: Platonisme et théologie mystique. Doctrine spirituelle de Saint Grégoire de Nysse. Paris 1944, ^{2}1954.

Canévet, Mariette: Grégoire de Nysse. In: Dictionnaire de Spiritualité VI. Paris 1967, Sp. 971–1011.

Zur Frage des Synergismus:

Mühlenberg, Ekkehard: Synergism in Gregory of Nyssa. In: Zeitschrift für die Neutestamentliche Wissenschaft 68 (1977), 93–122.

AUGUSTINUS

1. Gesamtausgaben

Die beste Gesamtausgabe der Werke Augustinus ist immer noch die sog.
- *Maurinerausgabe.* Paris 1679–1700. Sie ist übernommen in die Ausgabe von
- *Migne* J.-P.: Patrologia Latina Bd. 32–47. Paris 1841/42.
- *Corpus Scriptorum ecclesiasticorum latinorum* (CSEL). Textkritische Ausgabe, die noch nicht abgeschlossen ist.

Darüber hinaus gibt es viele textkritische Ausgaben einzelner Schriften.

2. Übersetzungen

Übersetzungen der Werke Augustins gibt es in allen Sprachen. Vollständige Übersetzungen nur in Französisch. Paris 1869–1878. Die wichtigsten Werke Augustins in deutscher Übersetzung finden sich in der
- Bibliothek der Kirchenväter 12 Bde (BKV). München-Kempten 1911–1935.
- Aurelius Augustinus in deutscher Sprache, hrsg. von *C.J. Perl.* Paderborn 1940ff.
- St. Augustinus der Seelsorger. Deutsche Gesamtausgabe seiner moraltheologischen Schriften, hrsg. von *A. Kunzelmann* und *A. Zumkeller.* Würzburg 1949ff.
- St. Augustinus der Lehrer der Gnade. Deutsche Gesamtausgabe seiner antipelagianischen Schriften, hrsg. von *A. Kunzelmann* und *A. Zumkeller.* Würzburg 1955ff.

3. Auswahlbände

Balthasar, H. U. von: Augustinus. Das Antlitz der Kirche. Einsiedeln–Köln 1942

Przywara, E.: Augustinus. Die Gestalt als Gefüge. Leipzig 1934.

Schmaus, M.: Aurelius Augustinus. Über den dreieinigen Gott. München ^{2}1951.

Karrer, O.: Augustinus. Das religiöse Leben. München 1954.

Bernhart, J.: Augustinus. Ein Lesebuch aus seinen Werken. München 1922.
- Augustinus. Bekenntnisse und Gottesstaat. Leipzig o. J.
- Augustinus. Confessiones–Bekenntnisse. Lateinisch–Deutsch. München 1955 (übertrifft alle anderen deutschen Übersetzungen).

Thimme, W.: Aurelius Augustinus. Vom Gottesstaat. dtv-Bibliothek. München 1977/78.

4. *Zur Bibliographie*

Bibliographia Augustiniana, hrsg. von *Carl Andresen*. Darmstadt 1962, ²1973.
Augustine Bibliography (ohne Herausgeber). Boston, Mass. 1972.
Zeitschrift: Revue des Études Augustiniennes.

5. *Sammelwerke*

- Aurelius Augustinus. Die Festschrift der Görresgesellschaft zum 1500. Todestage, hrsg. von *M. Grabmann* und *J. Mausbach*. Köln 1930.
- Miscellanea Agostiniana, 2 Bde., Roma 1930–1932.
- Augustinus Magister. Congrès international augustinien. Paris 21–24 Septembre 1954. 3 Bde. Paris 1955.

6. *Gesamtdarstellungen*

E. Hendrikx, Augustinus, in: Lexikon für Theologie und Kirche. Bd I², Freiburg 1957, 1094–1101.

R. Lorenz, Augustinus, in: Religion in Geschichte und Gegenwart. Bd. I. Tübingen ³1957, 738–748.

A. Schindler, Augustin-Augustinismus I, in: Theologische Realenzyklopädie. Band IV. Berlin–New York 1979, 646–698.

7. *Sekundärliteratur*

Adam, Karl: Die geistige Entwicklung des heiligen Augustinus. Augsburg 1931.

Brown, Peter: Augustinus von Hippo. Leipzig 1972.

Campenhausen, Hans von: Augustin, in: Lateinische Kirchenväter. Stuttgart 1960 (Urban-Bücherei), 151–222.

Dinkler, Erich: Die Anthropologie Augustins. Stuttgart 1934.

Fuchs, Harald: Augustin und der antike Friedensgedanke. Berlin ²1965.

Gessel, Wilhelm: Eucharistische Gemeinschaft bei Augustin. Würzburg 1960.

Gilson, Etienne: Introduction à l'étude de St. Augustin. Paris 1929. Deutsch: Hellerau 1930.

Grabmann, Martin: Die Grundgedanken des hl. Augustinus über Seele und Gott. Köln 1916.

Guardini, Romano: Die Bekehrung des heiligen Aurelius Augustinus. Der innere Vorgang in seinen Bekenntnissen. Leipzig 1935.

Hessen, Johannes: Augustins Metaphysik der Erkenntnis. Berlin 1931.

Hoffmann, Fritz: Augustinismus, in: Handbuch theologischer Grundbegriffe. Bd. I. München 1962, 145–151.

Hofmann, Fritz: Der Kirchenbegriff des hl. Augustinus in seinen Grundlagen und seiner Entwicklung. München 1933.

Holl, Karl: Augustins innere Entwicklung, in: Gesammelte Aufsätze zur Kirchengeschichte, Bd. III. Tübingen, 54–116.

Kamlah, Wilhelm: Christentum und Selbstbehauptung. Historische und philosophische Untersuchungen zur Entstehung des Christentums und zu Augustins „Bürgerschaft Gottes." Stuttgart 1940.

Löhrer, Magnus: Der Glaubensbegriff des hl. Augustinus in seinen ersten Schriften bis zu den Confessiones. Einsiedeln–Zürich–Köln 1955.
Loewenich, Walter von: Augustin. Leben und Werk. München–Hamburg 1965.
Maier, Franz Georg: Augustin und das antike Rom. Stuttgart 1955.
Marrou, Henri: Augustinus in Selbstzeugnissen und Bilddokumenten. Reinbek 1958.
– Saint Augustin et l'augustinism. Paris ^{8}1973.
– Saint Augustin et la fin de la culture antique. Paris ^{2}1949.
Mausbach, Joseph: Die Ethik des hl. Augustinus. 2 Bde. Freiburg 1929.
van der Meer, Frederik: Augustinus der Seelsorger. Köln ^{2}1951.
Nygren, Gustav: Das Praedestinationsproblem in der Theologie Augustins. Göttingen 1956.
Ratzinger, Joseph: Volk und Haus Gottes in Augustins Lehre von der Kirche. München 1954.
Rief, Josef: Der Ordo-Begriff des jungen Augustinus. Paderborn 1962.
Schilling, Otto: Die Staats- und Soziallehre des hl. Augustin. Freiburg 1910.
Schmaus, Michael: Die psychologische Trinitätslehre des hl. Augustinus. Münster 1927, ^{2}1967.
Scholz, Heinrich: Glaube und Unglaube in der Weltgeschichte: Ein Kommentar zu Augustins De civitate Dei. Leipzig 1911, ^{2}1967.
Troeltsch, Ernst: Augustin und die christliche Antike und das Mittelalter im Anschluß an die Schrift De Civitate Dei. München 1915, Neudruck Aalen 1963.
Zumkeller, Adolar: Das Mönchtum des hl. Augustinus. Würzburg 1950.
Kunzelmann, Adalbero: Cassiciacum. Eine Sammlung wissenschaftlicher Forschungen über den hl. Augustinus und den Augustinismus. Würzburg 1936ff.

CYRILL VON ALEXANDRIEN

1. *Werke*

a) Gesamtausgaben

– *Aubert, J.:* 7 Bde. Paris 1638.
– *Migne, J.-P.:* Patrologia Graeca, 67–77. Paris 1859.

b) Teilausgaben

Pusey, P.: 7 Bde. Oxford 1868–1877 (Exegetische und antinestorische Schriften).
Chabot, J. B.: Corpus scriptorum christianorum orientalium. Oxford 1914 (Lukasevangelium).
Schwartz, E.: Acta conciliorum oecumenicorum. Bd. 1. Leipzig 1922 (Antinestorische Schriften).

2. *Übersetzungen*

Hayd, H.: Bibliothek der Kirchenväter. München 1879.
Bardenhewer, O.: Bibliothek der Kirchenväter ^{2}II, 12. München 1935.
Durand, G. M.: Sources chrétiennes (96, 231, 237, 246). Paris 1964–1978.

3. Biographie

Bardenhewer, Otto: Geschichte der altkirchlichen Literatur IV. 23–78. Freiburg 1924.
Koppelik, Joseph: Cyrill von Alexandrien. Mainz 1881.
Mahé, J.: Cyrill d'Alexandrie. In: Dictionnaire de la Théologie catholique III, 2476–2527. Paris 1908.
Schwartz, Eduard: Cyrill und der Mönch Viktor. In: Sitzungsberichte der Akademie Wien, Bd. 208. Wien 1928.

4. Literatur

Burghardt, Walter: The Image of God in Man according to Cyrill of Alexandria. Washington 1957.
Deneffe, Adolf: Der dogmatische Wert der Anathematismen Cyrills. In: Scholastik 8 (1933), 64–88; 203–216.
Diepen, Hermann: Aux origines de l'anthropologie de Saint Cyrill d'Alexandrie. Brügge 1957. – Douze dialogues de christologie ancienne. Rom 1960.
Eberle, Adolf: Die Mariologie des hl. Cyrill von Alexandrien. Freiburg 122.
Galtier, Paul: Les anathematismes de saint Cyrill et le concil de Chalcedoine. In: Revue des Sciences Religieuses 23 (1933), 45–57.
– Le saint esprit en nous d'après les pères grecs. Rom 1946.
– Saint Cyrill et Saint Leo le Grand à Chalkedon. In: *Grillmeier, Aloys – Bacht, Heinrich,* Das Konzil von Chalkedon. Bd. 1. 345–387. Würzburg 1954.
Grillmeier, Aloys: Kyrill von Alexandrien und seine Bedeutung für die Entwicklung der Formel von Chalkedon. Ebd. 164–182.
Hebensperger, Johann Nepomuk: Die Denkwelt des hl. Cyrill von Alexandrien. Freiburg 1927.
Jouassard, Georges: Cyrill von Alexandrien. In: Reallexikon für Antike und Christentum III. 499–515.
Kerrigan, Alexander: Saint Cyrill of Alexandria, Interpreter of Old Testament. Rom 1952.
Liébaert, Jacques: La doctrine christologique de saint Cyrill d'Alexandrie avant la querelle nestorienne. Lille 1951.
Mamoir, Hubert: Dogme et spiritualité chez saint Cyrill d'Alexandrie. Paris 1944.
Rehrmann, Anton: Die Christologie des hl. Cyrill von Alexandrien. Hildesheim 1902.
Scipioni, Luigi: Nestorio e il concilio di Efese. Mailand 1974.
Struckmann, Adolf: Die Eucharistielehre des hl. Cyrill von Alexandrien. Paderborn 1910.
Weigl, Eduard: Die Christologie des hl. Cyrill von Alexandrien. Mainz 1905.

HUMBERT A SILVA CANDIDA

1. Quellen

– *Will, Cornelius* (Acta et scripta quae de controversiis ecclesiae Graecae et Latinae saecula undecimo extant. Leipzig und Marburg 1861) hat folgende Schriften Humberts ediert:

Dialogus, 93–126;
Responsio sive contradictio contra Nicetas libellum, 136–150;
Brevis et succincta commemoratio, 150–153;
Excommunicatio quae feriuntur Michael Kerullarios atque ejus sectatores, 153f.;
Alia excommunicatio, 154.
– *Mansi, Giovanni Domenico:* Sacrorum Consiliorum nova et amplissima collectio XIX, 900: Iusiurandum quod in eadem Synodo fecit Berengarius.
– Libri tres adversus simoniacos. In: Monumenta Germaniae historica. Libelli de lite imperatorum et pontificum saec. XI. et XII. conscripti, ed. *Friedrich Thaner,* I, Hannover 1891, 95–253 (im Text zitiert nur mit Angabe des Buches, Kapitels und der Seite).
– *Schramm, Percy Ernst:* Kaiser, Rom und Renovatio. Studien und Texte zur Geschichte des römischen Erneuerungsgedankens vom Ende des karolingischen Reiches bis zum Investiturstreit. Studien der Bibliothek Warburg, 2 Teile, Leipzig 1929 (Teil I, Darmstadt [2]1957).

2. *Sekundärliteratur*

Böhmer, Karl: Das Schisma von 1054 im Lichte der byzantinischen und fränkisch-deutschen Reichspolitik. In: Sapienter ordinare, Festschrift Erich Kleineidam. Leipzig 1969, 317–336.
Dvornik, Francis: Die Vorgeschichte des Morgenländischen Schismas. In: Conc 2 (1966), 553–560, zitiert nach Abdruck in: Theologisches Jahrbuch 1968. Leipzig 1968, 401–412.
Fliche, Augustin: Le cardinal Humbert de Moyenmoutier, Revue Historique 40, Band 119 (1915), 41–76.
– La Réforme Grégorienne, I. La formation des idées Grégoriennes. In: Specilegium Sacrum Lovaniense 6. Louvain/Paris 1924, bes. 265–340.
Halfmann, Hermann: Cardinal Humbert, sein Leben und seine Werke. Göttingen 1883.
Hampe, Karl: Das Hochmittelalter. Geschichte des Abendlandes von 900–1250. Münster/Köln [4]1953.
Kandler, Karl-Hermann: Die Abendmahlslehre des Kardinals Humbert und ihre Bedeutung für das gegenwärtige Abendmahlsgespräch. In: Arbeiten zur Geschichte und Lehre des Luthertums 24. Berlin/Hamburg 1971.
– Evangelium nihil aliud quam expositio legis. Zum Verhältnis von Gesetz und Evangelium und Altem und Neuem Testament bei Humbert. In: NZSTh 4 (1962), 1–10.
Kottje, Raymund: Die gregorianische Kirchenreform (1046–1123), in: Ökumenische Kirchengeschichte, hrsg. von R. Kottje und B. Möller, II: Mittelalter und Reformation. Mainz/München 1973, 69–102.
Ladner, Gerhard: Theologie und Kirchenpolitik vor dem Investiturstreit. Veröffentlichungen des Österreichischen Instituts für Geschichtsforschung 2. Baden b. Wien/Brünn/Leipzig/Prag 1936.
Michel, Anton: Humbert und Kerullarios. Studien I. In: Quellen und Forschungen der Görres-Gesellschaft 21. Paderborn 1924.
– Die Sentenzen des Kardinals Humbert, das erste Rechtsbuch der päpstlichen Reform. Schriften des Reichsinstituts für ältere deutsche Geschichtskunde 7. Stuttgart 1943/1952.
– Die folgenschweren Ideen des Kardinals Humbert und ihr Einfluß auf Gregor VII. In:

Studi Gregoriani per la storia di Gregorio VII e della riforma Gregoriana, raccolti da G. B. Borino, I. Abbazia di San Paolo di Roma 1946, 65–92.
– Die Anfänge des Kardinals Humbert bei Bischof Bruno von Toul (Leo IX.), a. a. O., III, 1948, 299–319.

Tellenbach, Gerd: Libertas. Kirche und Weltordnung im Zeitalter des Investiturstreits. In: Forschungen zur Kirchen- und Dogmengeschichte 7, Stuttgart 1936.

ANSELM VON CANTERBURY

1. *Quellen*

– Anselm von Canterbury: Opera omnia. Hrsg. v. *Franciscus Salesius Schmitt,* 2 Bde. Stuttgart-Bad Cannstatt 1968 (Photomechanischer Neudruck der 6-bändigen Ausgabe Seckau-Rom-Edinburgh 1938–1961 mit einer umfassenden Einführung *Prolegomena seu ratio editionis,* S. 1*–244*).
– Proslogion. Lat.-deutsche Ausgabe, hrsg. v. *F. S. Schmitt.* Stuttgart-Bad Cannstatt 1962.
– Monologion. Lat.-deutsche Ausgabe, hrsg. v. *F. S. Schmitt.* Stuttgart-Bad Cannstatt 1964.
– De veritate – Über die Wahrheit. Lat.-deutsche Ausgabe, hrsg. v. *F. S. Schmitt.* Stuttgart-Bad Cannstatt 1966.
– Cur deus homo. Warum Gott Mensch geworden. Lat.-deutsche Ausgabe, besorgt und übersetzt von *F. S. Schmitt.* München 1956.
– *Eadmer:* Vita Sancti Anselmi Archiepiscopi Cantuariensis, ed. *R. W. Southern:* The life of St. Anselm archbishop of Canterbury by Eadmer. Lat.-engl. Ausgabe, Oxford Medieval Texts. Clarendon Press, Oxford 1972.
– Historia novorum in Anglia, ed. *Rule,* Rerum Britannicarum medii aevi Scriptores 81, S. 1–302.
– The Letters of St. Anselm of Canterbury. Translated and annotated by *W. Fröhlich.* Cistercian Publications, Kalamazoo, Michigan, USA (im Druck).
– A Computer Concordance to the writings of St. Anselm. Kraus International Publications, München (in Vorbereitung).

2. *Sekundärliteratur*

Grabmann, Martin: Die Geschichte der scholastischen Methode. 2 Bde. Freiburg 1909–1911 (Nachdruck Berlin 1956).

Spicilegium Beccense I. Congrès international du IXe Centenaire de l'arrivée d'Anselm au Bec. Le Bec/Paris 1959.

Verzeichnis der Publikationen zu Anselm von Canterbury 1960ff. In: Analecta Anselmiana I (1969), S. 269–280.

Die Wirkungsgeschichte Anselms von Canterbury. Akten der ersten Internationalen Anselm-Tagung Bad Wimpfen vom 13. 9. bis 16. 9. 1970. I. Teil: Das ontologische Argument in der Geschichte der Philosophie. Hrsg. v. *H. Kohlenberger.* Frankfurt/M. 1975 (= Anal. Anselmiana IV/1). II. Teil: Anselms Bedeutung für die Geschichte von Philosophie und Theologie. Hrsg. v. *H. Kohlenberger*. Frankfurt/M. 1975 (= Anal. Anselmiana IV/2).

Allers, Rudolf: Anselm von Canterbury. Leben, Lehre, Werke. Übersetzt, eingeleitet und erläutert von R. Allers. Wien 1936.

Analecta Anselmiana: Untersuchungen über Person und Werk Anselms von Canterbury. Begründet von *F. S. Schmitt,* hrsg. von *H. Kohlenberger,* Bd. I–V, Frankfurt/Main 1969–1976.

Baeumker, Franz: Die Lehre Anselms von Canterbury über den Willen und seine Wahlfreiheit. Beiträge zur Geschichte der Philosophie des Mittelalters 10/6. Münster 1912.

Balthasar, Hans Urs von: Herrlichkeit II. Fächer der Stile. Einsiedeln 1962. S. 219–263.

Barth, Karl: Fides quaerens intellectum. Anselms Beweis der Existenz Gottes im Zusammenhang seines theologischen Programms. Zollikon 1931, ²1958.

Brechtken, Josef: Das Unum Argumentum des Anselm von Canterbury. Seine Idee und Geschichte und seine Bedeutung für die Gottesfrage von heute. In: Freiburger Zeitschrift für Philosophie und Theologie 22 (1975), 171–203.

Dyroff, Adolf: Der ontologische Gottesbeweis des hl. Anselm in der Scholastik. Probleme der Gotteserkenntnis. Münster 1925.

Evans, Gillian R.: Anselm and Talking about God. Oxford, Clarendon Press 1978.

Fischer, Josef: Die Erkenntnislehre Anselms von Canterbury. Beiträge zur Geschichte der Philosophie des Mittelalters 10/3. München 1911.

Flasch, Kurt: Zum Begriff der Wahrheit bei Anselm von Canterbury. In: Philos. Jahrbuch 72 (1964/65). 322–352.

Flasch, Kurt: Der philosophische Ansatz des Anselm von Canterbury im Monologion und sein Verhältnis zum augustinischen Neuplatonismus. In: Anal. Anselmiana II (1970), 1–43.

Fröhlich, Walter: Die Entstehung der Briefsammlung Anselms von Canterbury. In: Historisches Jahrbuch 100 (1980), 457–466.

Greshake, Gisbert: Erlösung und Freiheit. Zur Neuinterpretation der Erlösungslehre Anselms von Canterbury. In: Theologische Quartalschrift 153 (1973), 323–345.

Haubst, Rudolf: Vom Sinn der Menschwerdung. Cur Deus homo. München 1969.

Heinzmann, Richard: Veritas humanae naturae. Ein Beitrag zur Anthropologie Anselms von Canterbury. In: Wahrheit und Verkündigung. Festschrift für Michael Schmaus zum 70. Geburtstag, hrsg. v. L. Scheffczyk, W. Dettloff, R. Heinzmann. München-Paderborn-Wien 1967. Bd. I, 779–798.

Hopkins, Jasper: A companion to the study of St. Anselm. Minneapolis-London-Delhi-Toronto 1972.

Hödl, Ludwig: Art. „Anselm von Canterbury". In: Theologische Realenzyklopädie, Bd. II. Berlin-New York 1978, 759–778.

Kohlenberger, Helmut: Similitudo und Ratio. Überlegungen zur Methode bei Anselm von Canterbury. Bonn 1972.

Kolping, Adolf: Anselms Proslogion-Beweis der Existenz Gottes im Zusammenhang seines spekulativen Programms ‚Fides quaerens intellectum'. Bonn 1939.

Pegis, Anton C.: St. Anselm and the argument of the Proslogion. In: Med. Stud. 28 (1966), 228–267.

Rovighi, Vanni S.: „Ratio" in S. Anselmo d'Aosta. Sapientiae Procerum Amore. Mèlanges Müller. Rom 1975.

Schmitt, Franciscus S.: Die wissenschaftliche Methode bei Anselm von Canterbury und Thomas von Aquin. In: Anal. Anselmiana IV/2 (1975), S. 33–38.

Söhngen, Gottlieb: Die Einheit der Theologie in Anselms Proslogion. In: Die Einheit der Theologie, Ges. Abhandlungen, Aufsätze, Vorträge. München 1952, 24–62.
Stolz, Anselm: Anselm von Canterbury. Sein Leben, seine Bedeutung, seine Hauptwerke. München 1937.

BERNHARD VON CLAIRVAUX

1. Quellen

- *Migne,* Patrologia latina 182–183 (Abdruck der besten älteren Ausgabe von *Jean Mabillon,* [1]1667). Neue kritische Edition:
- *Leclercq, Jean–Rochais, H. M.–Talbot, C. H.* (Edd.): S. Bernardi Opera, 8 Bde., Rom, Editiones Cistercienses, 1957–77.

2. Sekundärliteratur

a) Zum Leben

Vacandard, Elphegius: Leben des Heiligen Bernard von Clairvaux. Übers. v. M. Sierp, 2 Bde. Mainz 1897/98.
Bredero, Adriaan H.: Bernhard von Clairvaux im Widerstreit der Historie. (Institut für Europäische Geschichte Mainz. Vorträge Nr. 44) Wiesbaden 1966.

b) Zum Werk

Leclercq, Jean: Études sur Saint Bernard et le texte de ses écrits. In: Analecta Sacri Ordinis Cisterciensis 9 (1953) Fasc. 1–2.
– Recueil d'études sur Saint Bernard et ses écrits, 3 Bde. (Storia e Letteratura 92, 104, 114) Rom, Edizioni di Storia e Letteratura, 1962–1969.

c) Zur Theologie

Gilson, Stefan (Étienne): Die Mystik des heiligen Bernhard von Clairvaux. Übers. v. Ph. Böhner. Wittlich 1936.
Saint Bernard théologien. Actes du Congrès de Dijon, 15–19 Septembre 1953. In: Analecta Sacri Ordinis Cisterciensis 9 (1953), Fasc. 3–4.
Lortz, Joseph (Hrsg.): Bernhard von Clairvaux, Mönch und Mystiker. Internationaler Bernhardkongreß Mainz 1953. (Veröffentlichungen des Instituts für Europäische Geschichte Mainz) Wiesbaden 1955.
Leclercq, Jean: Wissenschaft und Gottverlangen. Zur Mönchstheologie des Mittelalters. Übers. v. J. u. N. Stöber. Düsseldorf 1963.
Köpf, Ulrich: Religiöse Erfahrung in der Theologie Bernhards von Clairvaux. (Beiträge zur historischen Theologie 61) Tübingen 1980.

d) Zu Abaelard

Grane, Leif: Peter Abaelard. Übers. v. F. Nothardt. Göttingen 1969.

BONAVENTURA

1. *Quellen*

a) Gesamt- und Einzelausgaben

- Doctoris Seraphici S. Bonaventurae ... Opera omnia, 10 Bde. Ad Claras Aquas (Quaracchi) 1882–1902. Auf der Textgrundlage dieser Ausgabe gibt es in kleinem Format u. a. Sonderdrucke von:
- Vier Bücher zu den Sentenzen des Petrus Lombardus (editio minor, ohne Scholien).
- Decem opuscula ad theologiam spectantia.
- Tria opuscula (Breviloquium, Itinerarium, Reductio).

Besonders hinzuweisen ist auf die Sonderausgabe von:
- Collationes in Hexaemeron, von *F. Delorme*. Ad Claras Aquas 1934. Während die Redactio B dieses Werkes, die der großen Ausgabe zugrunde liegt, auf einen Reportator zurückgeht, der offenbar den Spiritualen des Franziskanerordens zugehörte oder zumindest nahestand und mitunter einen in etwa provozierenden Text bietet, fußt die Delorme zugrunde liegende Redactio A auf dem Text eines gemäßigten Reportators. Jede wissenschaftliche Arbeit wird den Delorme-Text niemals unberücksichtigt lassen dürfen, auch wenn, bzw. gerade weil dieser manchmal die lectio difficilior darstellt.

b) Übersetzungen

- Breviloquium von *Fanny Imle* und *Julian Kaup* mit einer Einführung. Werl 1931.
- Collationes in Hexaemeron von *Wilhelm Nyssen* mit einer Einleitung und lateinischem Text. München 1964 (s. dazu die Besprechung von *Sophronius Clasen*. In: Wissenschaft und Weisheit 29, 1966, 142–145.
- Itinerarium mentis in Deum und zu De reductione artium ad theologiam in einem Band von *Julian Kaup* mit Einführung, Kommentar und lateinischem Text. München 1961.
- De reductione artium, mit Einführung und Kommentar von *Robert Grosche*. Freiburg 1938.
- Soliloquium von *Josef Hosse*. Leipzig 1939.

2. *Sekundärliteratur*

a) Bibliographien

Bougerol, Guy: Bibliographia Bonaventuriana (c. 1850–1973). Volumen commemorativum anni septies centenarii a morte S. Bonaventurae Doctoris Seraphici, t. V. Grottaferrata (Roma) 1974 (ca. 5000 Titel).

Schlüter, Alfred: Bibliographie (Anhang). In: *Etienne Gilson,* Die Philosophie des heiligen Bonaventura (2. dt. Übers. nach der 3. franz. Aufl. von 1953 von Alfred Schlüter). Köln und Olten 1960.

b) Sammelwerke

Bougerol, Guy: Volumen commemorativum (s. o.), 5 Bde.
Pompei, Alfonso: San Bonaventura maestro di vita francescana e di sapienza cristiana (Atti del Congresso Internazionale per il VII centenario di San Bonaventura da Bagnoregio. Roma, 19–26 Settembre 1974). 3 Bde. Roma 1975.

c) Monographien

Gerken, Alexander: Theologie des Wortes. Das Verhältnis von Schöpfung und Inkarnation bei Bonaventura. Düsseldorf 1963.
Gilson, Etienne: Die Philosophie des heiligen Bonaventura. Köln und Olten 1960.
Guardini, Romano: Die Lehre des heiligen Bonaventura von der Erlösung. Ein Beitrag zur Geschichte und zum System der Erlösungslehre. Düsseldorf 1921.
– Systembildende Elemente in der Theologie Bonaventuras. Die Lehren vom Lumen mentis, von der Gradatio entium und der Influentia sensus et motus (hrsg. von *Werner Dettloff*). Leiden 1964.
Hemmerle, Klaus: Theologie als Nachfolge. Bonaventura – ein Weg für heute. Freiburg-Basel-Wien 1975.
Mercker, Hans: Schriftauslegung als Weltauslegung. Untersuchung zur Stellung der Schrift in der Theologie Bonaventuras (Veröffentlichungen des Grabmann-Institutes, Neue Folge 15). München-Paderborn-Wien 1971.
Ratzinger, Joseph: Die Geschichtstheologie des hl. Bonaventura. München-Zürich 1959 (vgl. dazu *Sophronius Clasen,* Zur Geschichtstheologie Bonaventuras. In: Wissenschaft und Weisheit 23/1960, 197–212; ferner *Werner Dettloff,* Die franziskanische Vorentscheidung im theologischen Denken des heiligen Bonaventura. In: Münchener Theol. Zeitschrift 13/1962, 107–115).
Rauch, Winthir: Das Buch Gottes. Eine systematische Untersuchung des Buchbegriffes bei Bonaventura. München 1961.
Schalück, Hermann: Armut und Heil. Eine Untersuchung über den Armutsgedanken in der Theologie Bonaventuras (Veröff. d. Grabmann-Inst., N. F. 14). München-Paderborn-Wien 1971.

d) Aufsätze

Ergänzend zu diesem Beitrag (einschließlich ausführlicher Quellenangaben und weiterer Literatur siehe:
Dettloff, Werner: Die Geistigkeit des hl. Franziskus in der Theologie der Franziskaner. In: Wissenschaft und Weisheit 19 (1956), 197–211.
– Die Rückkehr zum Evangelium in der Theologie – franziskanische Grundanliegen bei Bonaventura. In: Ebd. 38 (1975), 26–40.
Im übrigen s. die Bibliographie von Bougerol.

THOMAS VON AQUIN

1. Quellen

a) Gesamtausgaben

- *Editio Piana.* Rom 1569/70 (Nachdrucke Venedig 1593/94, Amsterdam 1611/12, Paris 1640/60).
- *Editio Parmae* 1852/73 (Nachdruck New York 1948/50).
- *Editio Leonina* (noch unvollst.). Rom 1882ff.
- *Editio Marietti* (Handausgabe, noch unvollst.). Turin-Rom 1952ff.

b) Deutsche Übersetzungen wichtiger Werke

- Summa theologica, deutsch-lateinisch (Die deutsche Thomas-Ausgabe, auf 36 Bände geplant, noch unvollst.). Salzburg-Heidelberg 1933ff.
- Summa contra Gentiles, deutsch, übers. v. *H. Fahsel.* Zürich 1942ff.
- Compendium theologiae, deutsch-lateinisch, übers. v. *H. L. Fäh.* Heidelberg 1963.

2. Sekundärliteratur

a) Zur Einführung

Chenu, Marie-Dominique: Das Werk des hl. Thomas von Aquin. Heidelberg 1960.

Grabmann, Martin: Einführung in die Summa theologiae des hl. Thomas von Aquin. Freiburg ²1928.

Pieper, Josef: Hinführung zu Thomas von Aquin. München 1958.

b) Zur Philosophie

Gilson, Etienne: Le thomisme. Introduction à la philosophie de s. Thomas d'Aquin. Paris ⁶1948.

Meyer, Hans: Thomas von Aquin. Paderborn ²1961.

Sertillanges, A. D.: Der heilige Thomas von Aquin. Köln/Olten ²1954.

Wittmann, Michael: Die Ethik des hl. Thomas von Aquin. München 1933.

c) Zur Theologie

Christmann, Heinrich Maria: Thomas von Aquin als Theologe der Liebe. Heidelberg 1958.

Kühn, Ulrich: Via Caritatis. Theologie des Gesetzes bei Thomas von Aquin. Göttingen 1965.

Metz, Johann Baptist: Christliche Anthropozentrik. Über die Denkform des Thomas von Aquin. München 1962.

Pesch, Otto Hermann: Die Theologie der Rechtfertigung bei Martin Luther und Thomas von Aquin. Mainz 1967.

Pfürtner, Stephanus: Luther und Thomas im Gespräch. Heidelberg 1961.
Seckler, Max: Das Heil in der Geschichte. Geschichtstheologisches Denken bei Thomas von Aquin. München 1964.
Vorster, Hans: Das Freiheitsverständnis bei Thomas von Aquin und Martin Luther. Göttingen 1965.

d) Zur Übersicht

Pesch, Otto Hermann: Artikel Thomas von Aquin und Artikel Thomismus. In: Lexikon für Theologie und Kirche[2], X, Sp. 119ff. und 157ff.

Wichtig sind außerdem die ausführlichen Kommentare in den einzelnen Bänden der Deutschen Thomas-Ausgabe (s. o. unter 1 b.).

JOHANNES DUNS SCOTUS

1. Quellen

- Doctoris subtilis et Mariani Ioannis Duns Scoti Ordinis Fratrum Minorum Opera omnia. Civitas Vaticana ab 1950. Näheres dazu im Haupttext Abschnitt II.
- Eine auf *L. Wadding* zurückgehende Gesamtausgabe der Werke, darunter auch unechte, wurde bei Vivès in Paris 1891–1895 gedruckt (26 Bände).
- Zur Ausgabe der Bücher I und II der *Ordinatio* von *Garcia* s. o. Abschnitt II.
- Zu den Quodlibeta gibt es eine englische Übersetzung mit Einführung: The Quodlibetal Questions. Translated with introduction, notes and glossary by *Felix Alluntis* and *Allan B. Wolter.* Princeton/N. Y.-London, Princeton University Press, 1975.

2. Sekundärliteratur

a) Gesamtdarstellungen der Lehre

Frassen, Claudius: Scotus Academicus (12 Bände). Rom 1900 – 1902.
Hieronymus de Montefortino: I. Duns Scoti Summa theologica ex universis operibus eius . . . iuxta ordinem . . . Summae Angelici Doctoris (6 Bände). Rom 1900–1903.
Minges, Parthenius: Ioannis Duns Scoti doctrina philosophica et theologica (2 Bände). Ad Claras Aquas (Quaracchi) 1930.

b) Bibliographien

Schäfer, Odulf: Johannes Duns Scotus (Bibliographische Einführung in das Studium der Philosophie 22). Bern 1953.
– Bibliographia de vita, operibus et doctrina Iohannis Duns Scoti saec. XIX–XX. Rom 1955 (dazu: *Heynck, Valens:* Zur Scotusbibliographie. In: Franziskanische Studien 37, 1955, 285–291).

c) Monographien und Aufsätze

Dettloff, Werner: Die Lehre von der acceptatio divina bei Johannes Duns Scotus mit besonderer Berücksichtigung der Rechtfertigungslehre. Werl 1954.

– Die Geistigkeit des hl. Franziskus in der Christologie des Johannes Duns Scotus. In: Wissenschaft und Weisheit 22 (1959), 17–28.
– Die Entwicklung der Akzeptations- und Verdienstlehre von Duns Scotus bis Luther mit besonderer Berücksichtigung der Franziskanertheologen. Münster/W. 1963.
Gilson, Etienne: Jean Duns Scot, Paris 1952 (deutsch von *W. Dettloff.* Düsseldorf 1959).
Walter, Ludwig: Das Glaubensverständnis bei Johannes Duns Scotus. München-Paderborn-Wien 1968 (Lit.).
Wetter, Friedrich: Die Trinitätslehre des Johannes Duns Scotus. Münster/W. 1967 (Lit.).
Wölfel, Eberhard: Seinsstruktur und Trinitätsproblem – Untersuchungen zur Grundlegung der natürlichen Theologie bei Johannes Duns Scotus. Münster/W. 1965 (Lit.).

WILHELM VON OCKHAM

1. Quellen

An kritischen Gesamtausgaben der Werke Ockhams gibt es heute:
– Guilelmi de Ockham Opera philosophica et theologica. Editio Instituti franciscani. St. Bonaventure New York 1967–1978 (noch nicht abgeschlossen, bisher aus der philosophischen Series 2 Tomus I – III, aus der theologischen Series 1 Tomus I–III).
Für das kirchenpolitische Schrifttum:
– Guillelmi de Ockham Opera politica. Ed. *J. G. Sikes, R. F. Bennet, H. S. Offler.* Manchester 1940–1956 (bisher Tomus I–III, vermutlich 1981 Tomus IV).
Von Ockhams theologischen Schriften ist ebenfalls kritisch ediert:
– Breviloquium de principatu tyrannico, bei: *Scholz, Richard:* Wilhelm Ockham als politischer Denker und sein Breviloquium de principatu tyrannico. Stuttgart 1944 (Nachdruck 1952).
– Tractatus de imperatorum et pontificum potestate, bei: *Scholz, Richard:* Unbekannte kirchenpolitische Streitschriften aus der Zeit Ludwigs des Bayern, Bd. 2. Rom 1914, 453–480, ebenfalls der Schlußteil dieses Traktats bei: *Mulder, Wilhelm:* Guillelmi Ockham Tractatus de Imperatorum et Pontificum Potestate. In: Archivum Franciscanum Historicum (1924), 72–97.
– De sacramento altaris, bei: *Birch, T. Bruce,* The De sacramento altaris of William of Ockham. Iowa 1937.
Im übrigen sind heute leicht zugänglich die Faksimile-Nachdrucke von Inkunabel-Editionen:
– Quodlibeta septem. Tractatus de sacramento altaris. Strasbourg 1491 (Nachdruck Louvain 1962).
– Opera plurima. Tomus I–IV. Lyon 1494–1496 (Nachdruck Gregg Press London 1962).

2. Sekundärliteratur

a) Leben und Werk

Baudry, Leon: Guillaume d'Occam, sa vie, ses oeuvres, ses idées sociales et politiques. Bd. 1. Paris 1949.

Franziskanische Studien 32 (1950), 1–184, samt Bibliographie 164–183.
Kölmel, Wilhelm: Wilhelm von Ockham und seine kirchenpolitischen Schriften. Essen 1962.
Leff, Gordon: William of Ockham. The metamorphosis of scholastic discourse. University Press Manchester 1975.

b) Philosophische Problematik

Andrés, Teodoro de: El nominalismo de Guillelmo de Ockham como philosophia del lenguaje, Editorial Gredos Madrid 1969.
Boehner, Philotheus: Collected articles on Ockham. Ed. *M. Buytaert*. Franciscan Institute St. Bonaventure, New York 1958.
Martin, Gottfried: Wilhelm von Ockham. Untersuchungen zur Ontologie der Ordnungen. Berlin 1949.

c) Theologische Problematik

Dettloff, Werner: Die Entwicklung der Akzeptations- und Verdienstlehre von Duns Scotus bis Luther. Münster 1963.
Iserloh, Erwin: Gnade und Eucharistie in der philosophischen Theologie des Wilhelm von Ockham. Wiesbaden 1956.
Lagarde, Georges de: La naissance de l'esprit laique au déclin du Moyen-Age. Bd. V: Guillaume d'Ockham. Critique des structures ecclesiales. Nauwelaerts, Louvain-Paris ^{2}1963.
Miethke, Jürgen: Ockhams Weg zur Sozialphilosophie. Berlin 1969.
Obermann, Heiko Augustinus: Der Herbst der mittelalterlichen Theologie. Zürich 1965.
Schlageter, Johannes: Glaube und Kirche nach Wilhelm von Ockham. Eine fundamentaltheologische Analyse seiner kirchenpolitischen Schriften. Manuskriptdruck Münster 1975 (a). Die daraus erwachsenen Arbeiten in: Franziskanische Studien 57 (1975), 230–238 (b), 59 (1977), 183–213.
Vooght, Paul de: Les sources de la doctrine chrétienne d'après les théologiens du XIVe et du début du XVe. Desclée de Brouwer, Bruges 1954.

d) Bedeutung und Wirkung

Blumenberg, Hans: Säkularisierung und Selbstbehauptung. Frankfurt 1974.

GREGORIOS PALAMAS

1. *Werke*

- Gesamtausgabe seiner Werke, auf sechs Bände berechnet, davon bisher drei erschienen: Γρηγορίου τοῦ Παλαμᾶ Συγγράμματα, ed *P. Chrestou*. Thessaloniki 1962ff., mit neugriechischen Einführungen zu den einzelnen Schriften.
- Einzelne Werke, z. T. verkürzt in: *Migne, J.-P.:* Patrologia Graeca (PG) CL 909 A ff.; CLI 763ff.

- Zusätzliche Edition und französische Übersetzung der Triaden (Ὑπὲρ τῶν ἱερῶς ἡσυχαζόντων), ed. *J. Meyendorff:* Défense des saints hésychastes. Löwen 1959, 1973² (Spicil. sacr. Lovan. Et. et doc., 30–31).

2. *Sekundärliteratur*

Die klassische orthodoxe Darstellung des Lebens und der Lehre Palamas':

Meyendorff, Jean: Introduction à l'étude de Grégoire Palamas. Paris 1959 (Patr. Sorbon. 3).

Eine kritische katholische Darstellung:

Jugie, Martin: Artikel „Palamas, Grégoire" und „Palamite (controverse)". In: Dictionnaire de Théologie Catholique XI, 1735–76. 1777–1818.

Zur Spiritualität, allgemein und im besonderen Fall des Hesychasmus, sowie zu den Konsequenzen daraus für Palamas' System:

Beck, Hans-Georg: Humanismus und Palamismus. In: Rapports des XII. Congrès International des Etudes Byzantines, Ochrid 1961. Ochrid/Belgrad 1961, 63–82.

Hausherr, Irenäus: La Méthode d'oraison hésychaste. Rom 1927 (Orientalia Periodica IX–2, Nr. 36).

Lemaitre, J./R. Roques/M. Viller/J. Daniélou: Artikel „Contemplation (bei den Griechen und den anderen Orientalen)". In: Dictionnaire de Spiritualité II, 1762–1911.

Podskalsky, Gerhard: Theologie und Philosophie in Byzanz. München 1977 (Byz. Arch. 15).

Anfragen an den palamitischen Gottesbegriff:

Schultze, Bernhard: Grundfragen des theologischen Palamismus. In: Ostkirchl. Studien 24 (1975), 2/3, 105–133.

Zum Verhältnis von Energien- und Trinitätslehre auf dem Hintergrund der griechisch-byzantinischen Tradition:

Wendebourg, Dorothea: Geist oder Energie. Zur Frage der innergöttlichen Verankerung des christlichen Lebens in der byzantinischen Theologie. München 1980 (Münchn. Monogr. aus der hist. u. syst. Theol. 4).

Zum Hintergrund der griechischen Philosophie und der patristischen Theologie:

Ivánka, Endre v.: Plato Christianus. Einsiedeln 1964.

THOMAS DE VIO CAJETAN

1. *Quellen*

Vollständige Verzeichnisse der Werke Cajetans finden sich bei *Marie-Joseph Congar:* Bio-Bibliographie (Anm. 2) 36–49 und bei *Josef F. Groner:* Kardinal Cajetan (Anm. 2) 66–73. Dort auch die chronologischen Angaben.

Wichtigste Werke

- Summenkommentar, *Editio Leonina.* 9 Bde. Rom 1885–1906.
- Opuscula Omnia. Lyon 1558 u. ö. (Sehr wichtig).

– Scripta Theologica. Rom 1936ff. (bisher 2 Bde).
– Scripta Philosophica. Rom 1934ff. (bisher 5 Bde).
– De divina institutione pontificatus Romani Pontificis, ed. *Friedrich Lauchert* (Corpus Catholicorum 10). Münster 1925.
– In librum Job commentarii. Rom 1535.
– Commentarii in omnes authenticos Veteris Testamenti historiales libros. Rom 1533.
– Psalmi Davidici. Venedig 1530.
– Evangelia cum commentariis. Paris 1532.
– Epistolae Pauli et aliorum apostolorum. Venedig 1531.

2. *Sekundärliteratur*

(siehe auch die Anmerkungen)

Die Arbeiten zum Thema Cajetan und die Reformation s. bei *Jared Wicks,* Cajetan Responds (Anm. 2), 246–253.

Die ältere Literatur bei *Marie-Joseph Congar,* art. cit., 30–36. *A. Cossio:* Il Cardinale Gaetano e la Riforma, Cividale 1902. *Pierre Mandonnet,* Art. Cajétan. In: Dictionnaire de théologie cathol., Bd. 2, 1313–1329.

Bauer, Robert: Gotteserkenntnis und Gottesbeweise bei Kardinal Cajetan. Regensburg 1955.

Doherty, Dennis: The Sexual Doctrine of Cardinal Cajetan. Regensburg 1966.

Giers, Joachim: Gerechtigkeit und Liebe. Die Grundpfeiler gesellschaftlicher Ordnung in der Sozialethik des Kardinals Cajetan. Düsseldorf 1941.

Koster, Mannes D.: Zur Metaphysik Cajetans. In: Scholastik 35 (1960), 537–551.

MARTIN LUTHER

1. *Wissenschaftliche Hilfsmittel*

Aland, Kurt: Lutherlexikon (Luther deutsch. Die Werke Martin Luthers in neuer Auswahl für die Gegenwart, hrsg. v. *Kurt Aland,* Erg.-Bd. III). Stuttgart 1957.

Aland, Kurt: Hilfsbuch zum Lutherstudium. Bearb. in Verbindung mit *Ernst Otto Reichert u. Gerhard Jordan.* Witten ^{3}1970 (Lit.).

Luther-Jahrbuch. 1919–1941 und 1957–1980, zuletzt: Lutherjahrbuch. Organ der internationalen Lutherforschung. Im Auftrag der Luther-Gesellschaft hrsg. v. *Helmar Junghans,* Jg. 48 (1981), Göttingen 1981 (den Jahresbänden ist jeweils die ausführlichste existierende Dokumentation der Lutherforschung im weitesten Sinne beigefügt, zuletzt: Jg. 48 (1981). Göttingen 1981 (162–212 mit 1197 Titeln; 216–222 Autorenregister).

2. *Quellen*

– D. Martin Luthers Werke. Kritische Gesamtausgabe (Weimarer Ausgabe). Weimar 1883ff.; 4 Abteilungen: Abt. Werke: WA; Abt. Briefe: WABr; Abt. Tischreden:

WATr; Abt. Deutsche Bibel: WADB (zusammen bisher 114 Bände, zu einzelnen Bänden Ergänzungs- und Nachtragsbände).
– Martin Luther. Ausgewählte Werke, hrsg. v. *H. H. Borcherdt* u. *Georg Merz,* 6 Bde. und 7 Ergänzungsbände (Münchener Ausgabe = MA). München ^{3}1948 ff. (teilweise durchgesehene Neuauflagen 1962 ff.).
– Luthers Werke in Auswahl, hrsg. v. *Otto Clemen,* 8 Bde. Bonn, später Berlin 1912–1933 (bearb. Neuauflage 1959 ff.).
– D. Martin Luthers Briefwechsel, hrsg. v. *Ernst Ludwig Enders,* 19 Bde. Frankfurt a. M. (Bd. 1), Stuttgart (Bd. 2–11), Leipzig (Bd. 12–19), 1884–1932.

3. Literatur

a) Biographien, biographische Studien und allgemeine Literatur zur Reformation

Bainton, Roland H.: Martin Luther. Mit 86 Abbildungen. 7., überarb. Auflage der deutschen Ausgabe, hrsg. v. *Bernhard Lohse.* Göttingen ^{7}1980.
Boehmer, Heinrich: Der junge Luther. Stuttgart ^{5}1962.
Bornkamm, Heinrich: Luthers geistige Welt. Gütersloh ^{4}1960.
– Luther im Spiegel der deutschen Geistesgeschichte. Göttingen ^{2}1970.
– Luther. Gestalt und Wirkungen. Gütersloh 1975.
– Martin Luther in der Mitte seines Lebens. Das Jahrzehnt zwischen dem Wormser und dem Augsburger Reichstag. Aus dem Nachlaß hrsg. von *Karin Bornkamm.* Göttingen 1979.
Fausel, Heinrich: D. Martin Luther. Leben und Werk. Bd. 1: 1483–1521 (Calwer-Lutherausgabe, Bd. 11, Siebenstern-Taschenbuch, Bd. 63); Bd. 2: 1522–1546 (Calwer-Lutherausgabe, Bd. 12, Siebenstern-Taschenbuch, Bd. 69/70). München-Hamburg 1966.
Friedenthal, Richard: Luther. Sein Leben und seine Zeit. München 1967.
Iserloh, Erwin: Die protestantische Reformation (Erster bis dritter Abschnitt), in: Reformation, katholische Reform und Gegenreformation, verf. v. *E. Iserloh, J. Glazik, H. Jedin* (Handbuch der Kirchengeschichte, Bd. IV). Freiburg-Basel-Wien 1967, 3–312.
Köstlin, Julius: Martin Luther. Sein Leben und seine Schriften, 2 Bde, 5. Aufl. bearb. v. *Gustav Kawerau.* Berlin ^{5}1903.
Kottje, Raymund-Moeller, Bernd (Hrsg.): Ökumenische Kirchengeschichte, Bd. II: Mittelalter und Reformation. Mainz-München ^{2}1978, zu Luther (verf. v. *Remigius Bäumer* u. *Bernd Moeller*) 277–365.
Lohse, Bernhard: Martin Luther. Eine Einführung in sein Leben und Werk (Beck'sche Elementarbücher), München 1981.
Lortz, Joseph: Die Reformation in Deutschland, 2 Bde. Freiburg ^{4}1963 (^{1}1939).
Moeller, Bernd: Deutschland im Zeitalter der Reformation. Göttingen 1977.
Oberman, Heiko Augustinus: Spätscholastik und Reformation. Bd. 1: Der Herbst der mittelalterlichen Theologie. Tübingen 1965.
– Werden und Wertung der Reformation. Vom Wegestreit zum Glaubenskampf. Tübingen 1977.
Scheel, Otto: Martin Luther. Vom Katholizismus zur Reformation. Bd. 1: Tübingen ^{3}1921 (^{1}1916); Bd. 2: Tübingen $^{3-4}$1930 (^{1}1917).

b) Theologie

Althaus, Paul: Die Theologie Martin Luthers. Gütersloh ^{4}1975 (^{1}1962).
– Die Ethik Martin Luthers. Gütersloh 1965.
Ebeling, Gerhard: Luther. Einführung in sein Denken. Tübingen 1964.
Gogarten, Friedrich: Luthers Theologie. Tübingen 1967.
Hermann, Rudolf: Gesammelte Studien zur Theologie Luthers und der Reformation. Göttingen 1960.
Nilsson, Kjell Ove: Simul. Das Miteinander von Göttlichem und Menschlichem in Luthers Theologie. Göttingen 1966.
Pesch, Otto Hermann: Die Theologie der Rechtfertigung bei Martin Luther und Thomas von Aquin. Versuch eines systematisch-theologischen Dialogs. Mainz 1967.
Pinomaa, Lennart: Sieg des Glaubens. Grundlinien der Theologie Luthers. Göttingen 1964.
Watson, Philip S.: Um Gottes Gottheit. Eine Einführung in Luthers Theologie, übertr. u. bearb. v. *Gerhard Gloege.* Berlin ^{2}1967 (^{1}1952).

c) Wichtige Einzelfragen

Verwiesen sei hier auf die bibliographische Auswahl bei *Roland H. Bainton,* Martin Luther, hrsg. v. *Bernhard Lohse.* Göttingen 1980, 356–361, vor allem 359–361, sowie auf *Bernhard Lohse,* Martin Luther. Eine Einführung in sein Leben und Werk. München 1981.

PHILIPP MELANCHTHON

1. *Quellen*

– Corpus Reformatorum (CR) ed. *Bretschneider, K. G.* und *Bindseil, H. E.,* 28 Bde. Braunschweig 1834–1860 (Nachdruck Frankfurt/New York 1963).
– Supplementa Melanchthoniana. Bde. 1–6. Leipzig 1912–1926 (Nachdruck Frankfurt 1968).
– *Bindseil, H. E.:* Ph. Melanchthonis epistulae, iudicia, consilia. Halle 1874 (Nachdruck Hildesheim-New York 1975).
– Melanchthons Werke in Auswahl (Studienausgabe, hrsg. von *Robert Stupperich*), Bde. 1–7. Gütersloh 1951–1978.
– *Bizer, Ernst:* Texte aus der Frühzeit Melanchthons. Neukirchen 1966.
– *Stupperich, Robert:* Der unbekannte Melanchthon. Stuttgart 1961.

2. *Bibliographien*

Beuttenmüller, W.: Vorläufiges Verzeichnis der Melanchthon-Drucke des 16. Jahrhunderts. Halle 1960.
Hammer, Wilhelm: Die Melanchthon-Forschung im Wandel der Jahrhunderte. Ein beschreibendes Verzeichnis der gesamten Melanchthon-Literatur von 1519 bis 1965. Gütersloh 1967/68.

Scheible, Heinz: Melanchthons Briefwechsel. Regesten. Bd. 1–3 (1514–1543). Stuttgart 1977/79.

3. Biographien

Schmidt, Charles: Philipp Melanchthon. Elberfeld 1861.
Ellinger, Georg: Philipp Melanchthon. Berlin 1902.
Manschreck, A. L.: Melanchthon (engl.) 1958.
Stupperich, Robert: Melanchthon. Berlin 1960. (Engl. Übers. 1965, japan. Übers. 1971).
Maurer, Wilhelm: Der junge Melanchthon. Göttingen 1967/69.

4. Literatur

Bizer, Ernst: Theologie der Verheißung. Studien zur theologischen Entwicklung des jungen Melanchthon (1519–1524). Neukirchen 1963.
Brüls, Alfons: Die Entwicklung der Gotteslehre beim jungen Melanchthon (1518–1535). Bielefeld 1975.
Cavalotto, Stefano: Interpretazioni delle ecclesiologia di F. Melanchthon. Neapel 1978.
Geyer, Hans Georg: Von der Geburt des wahren Menschen. Probleme aus den Anfängen der Theologie Melanchthons. Neukirchen 1965.
Greschat, Martin: Melanchthon neben Luther. Witten 1965.
Haendler, Klaus: Wort und Glaube bei Melanchthon. Gütersloh 1968.
Huschke, Rolf Bernhard: Melanchthons Lehre vom ordo politicus. Gütersloh 1965.
Kisch, Guido: Melanchthons Rechts- und Soziallehren. Berlin 1967.
Neuser, Wilhelm Heinrich: Die Abendmahlslehre Melanchthons in ihrer geschichtlichen Entwicklung. Neukirchen 1968.
Quere, Ralph: Melanchthons Christum cognoscere. Christ efficacious in the eucharistic theology of Melanchthon. Nienkoop 1977.
Stupperich, Robert: Melanchthons deutsche Bearbeitung seiner loci. Amsterdam 1973.
– Melanchthons Proverbienkommentare. Boppard 1975.
– Das Hospitium Ecclesiae im Verständnis Melanchthons. Bremen 1976.
Tellechea, Idigoras: Melanchthon y Carranza. Prestamos y affinidades. Salamanca 1979.
Wiedenhofer, Siegfried: Formalstrukturen humanistischer und reformatorischer Theologie bei Philipp Melanchthon. Bern-Frankfurt-München 1976.

JEAN CALVIN

1. Quellen

– Joannis Calvini Opera quae supersunt omnia, hrsg. in: Corpus Reformatorum (CR), Bde. 29–87, von *W. Baum, E. Cunitz* und *E. Reuss.* Braunschweig-Berlin 1863–1900.
– Joannis Calvini Opera selecta (OS), hrsg. von *P. Barth, W. Niesel* und *D. Scheuner,* 5 Bde. München 1926–1952 (^{2}1962).
– Unterricht in der christlichen Religion (deutsche Übersetzung der Institutio Christianae Religionis 1559 (ICR) von *O. Weber.* Neukirchen ^{2}1963.

– Johannes Calvins Lebenswerk in seinen Briefen, hrsg. von *R. Schwarz*, 2 Bde. Tübingen 1909.

Zu weiteren Werkausgaben und Sekundärliteratur siehe:

Niesel, W.: Calvin-Bibliographie 1901–1959. München 1961. *Kempff, D.*: A Bibliography of Calviniana 1959–1974. Leiden 1975.

2. *Sekundärliteratur*

Alting von Gesau, L. G. M.: Die Lehre der Kindertaufe bei Calvin. Bilthoven-Mainz 1963.

Babelotzky, Gerd: Platonische Bilder und Gedankengänge in Calvins Lehre vom Menschen. Wiesbaden 1977.

Bohatec, Josef: Calvin und das Recht. Graz 1934.

– Calvins Lehre von Staat und Kirche mit besonderer Berücksichtigung des Organismusgedankens. Breslau 1937.

– Budé und Calvin. Studien zur Gedankenwelt des französischen Frühhumanismus. Graz 1950.

Büsser, Fritz: Calvins Urteil über sich selbst. Zürich 1950.

Dankbaar, Willem F.: Calvin. Sein Weg und sein Werk. Neukirchen 1959.

Ganoczy, Alexandre: Le jeune Calvin. Genèse et évolution de sa vocation réformatrice. Wiesbaden 1966.

– Ecclesia ministrans. Dienende Kirche und kirchlicher Dienst bei Calvin. Freiburg-Basel-Wien 1968.

– Abschnitte über ,,Calvin" und den ,,Calvinismus". In: Ökumenische Kirchengeschichte, hrsg. von *R. Kottje* und *B. Moeller,* Bd. 2, München-Mainz ^{2}1978, 366–407.

Imbart de la Tour, Pierre: Calvin. Der Mensch – die Kirche – die Zeit. München 1936.

Jacobs, Paul: Prädestination und Verantwortlichkeit bei Calvin. Neukirchen 1937.

Krusche, Werner: Das Wirken des Heiligen Geistes nach Calvin. Göttingen 1957.

Mc Donnel, Kilian: Johan Calvin. The Church and the Eucharist. Princeton 1967.

Niesel, Wilhelm: Die Theologie Calvins. München 1957.

Neuser, Wilhelm, (Hrsg.): Calvinus Theologus. Die Referate des Europäischen Kongresses für Calvinforschung in Amsterdam 1974. Neukirchen-Vluyn 1976.

Parker, T. H. L.: John Calvin. A Biography. London 1975.

Rogge, Joachim: Virtus und Res. Um die Abendmahlswirklichkeit bei Calvin. Stuttgart 1965.

Schellong, Dieter: Calvins Auslegung der synoptischen Evangelien. München 1969.

Scholl, Hans: Der Dienst des Gebetes nach Johannes Calvin. Zürich-Stuttgart 1968.

– Calvinus Catholicus. Die katholische Calvinforschung im 20. Jahrhundert. Freiburg-Basel-Wien 1974.

Schützeichel, Heribert: Die Glaubenstheologie Calvins. Paderborn-München 1972.

Smits, Luchesius: Saint Augustin dans l'oeuvre de Jean Calvin, 2 Bde. Arsen-Louvain-Paris 1957f.

Stauffer, Richard: Dieu, la création et la Providence dans la prédication de Calvin. Bern-Frankfurt-Las Vegas 1978.

Torrance, Thomas: Calvins Lehre vom Menschen. Zürich 1951.

Weber, Otto: Die protestantische Ethik, Bd. I. Eine Aufsatzsammlung, Siebenstern TB 53/54. München-Hamburg ^{2}1969.

Wendel, François: Calvin. Ursprung und Entwicklung seiner Theologie. Neukirchen 1968.

Willis, E. David: Calvin's Catholic Christology. The Function of the so-called Extra Calvinisticum in Calvin's Theology. Leiden 1966.

Witte, Jan L.: Die Christologie Calvins. In: Das Konzil von Chalkedon. Geschichte und Gegenwart (hrsg. von *A. Grillmeier* und *H. Bacht*), Bd. III: Chalkedon heute. Würzburg 1959, 487–529.

Zeeden, Ernst Walter: Calvin. Calvinismus, in: Lexikon für Theologie und Kirche II, 887–894.

ROBERT BELLARMIN

1. *Quellen*

- Opera omnia. Napoli 1856–1862, 8 Vol.
- *Le Bachelet, Xavier-Marie:* Auctarium Bellarminianum, supplement aux oeuvres du Cardinal Bellarmin. Paris 1913.
- *van Laak, Hermann:* Quaedam ex archivis detracta circa nonnulla scripta S. Bellarmini. In: Gregorianum 12 (1931), 86–103. 284–302.
- *Tromp, Sebastian:* Tractatus S. Bellarmini iuvenis de praedestinatione. In: Gregorianum 14 (1933), 248–268.
- *Ders.:* Opera oratoria postuma 11 Vol. Roma 1942–1969.
- *Galeota, Gustavo:* Bellarmino contra Baio a Lovanio. Roma 1966.

2. *Briefe*

Le Bachelet, Xavier-Marie: Bellarmin avant son cardinalat 1542–1598, Paris 1911 (enthält auch die Selbstbiographie von Bellarmin von 1613).

3. *Literatur*

Arnold, Franz Xaver: Die Staatslehre des Kardinals Bellarmin. München 1934.

Le Bachelet, Xavier Marie: Bellarmin. In: Dictionnaire de Théologie catholique II, 560–599.

Brodrick, James: Robert Bellarmine. Saint and Scholar. London 1961.

Hayen, André: S. Robert Bellarmin et les principaux courants théologiques de son temps. In: Nouvelle Revue théologique 5 (1931), 385–396.

de Montcheuil, Yves: La place de S. Bellarmin dans la Théologie, in: Mélanges Théologiques, Paris 1951, 129–137.

de la Serviere, Joseph: La Théologie de Bellarmin. Paris 1909.

RICHARD HOOKER

1. Werkausgaben

Keble, John (ed.): The Works of Richard Hooker, 7th ed. revised by *Richard W. Church* and *Francis Paget*. Oxford 1888.

2. Sekundärliteratur

Zusätzlich zu den in den Anmerkungen genannten Werken von *Shirley, Sisson, Marshall* und *McAdoo:*

Hillerdal, Gunnar: Reason and Revelation in Richard Hooker. Lund 1962.
Munz, P.: The Place of Hooker in the History of Thought. London 1952.

PETRUS MOGILAS

1. Quellen

- *Karmirēs, Iōannēs:* Ta dogmatika kai symbolika mnēmeia tēs Orthodoxou Katholikēs Ekklēsias. Athen 1952/53, II, 593–686.
- *Michalcescu, Jon:* Die Bekenntnisse und die wichtigsten Glaubenszeugnisse der griechisch-orientalischen Kirche im Originaltext, nebst einleitenden Bemerkungen. Leipzig 1904, 22–122.
- *Malvy, Antoine,* et *Viller, Marcel:* La Confession Orthodoxe de Pierre Moghila, Métropolite de Kiev (1633–1646). Texte Latin inédit, publié avec introduction et notes critiques (Orientalia Christiana Vol. X). Paris 1927.
- *Popivchak, Ronald Peter:* Peter Mohila, Metropolitan of Kiev (1633–47). Translation and Evaluation of his ,,Orthodox Confession of Faith" (1640). Michigan 1975.
- *Frisch, Johann Leonhard:* Liber Symbolicus Russorum Oder Der Grössere Catechismus der Russen Welchen auch Die gantze Griechische Kirche angenommen hat Aus der Sclavonischen Sprache wie sie in Rußland gebräuchlich ins Teutsche übersetzt. Franckfurth und Leipzig 1727.

2. Literatur

Bârlea, Octavianus: De confessione orthodoxa Petri Mohilae. Frankfurt am Main 1948.
Golubev, S. I.: Kievskij mitropolit Petr Mogila i ego spodvižniki. Kiev 1883/1898.
Gundlach, Rudolf: Kirche und Sakrament in der Confessio Orthodoxa des Petrus Mogilas, in: Kirche im Osten 4 (1961), 15–36.
Hauptmann, Peter: Die Katechismen der Russisch-orthodoxen Kirche. Entstehungsgeschichte und Lehrgehalt. Göttingen 1971.
Popescu, Niculae M.: Petru Movilă, in: Biserica Ortodoxă Română LXV (1947), 9–29.
Suttner, Ernst Christoph: Beiträge zur Kirchengeschichte der Rumänen. Wien/München 1978.

ANMERKUNGEN

Georg Kretschmar: Origenes

[1] Die folgende Darstellung verarbeitet vor allem die Analysen von *Pierre Nautin,* Origène. Sa vie et son oeuvre. Paris 1977. Die radikale Skepsis von *Martin Hornschuh.* Das Leben des Origenes und die Entstehung der alexandrinischen Schule. In: Zeitschrift für Kirchengeschichte 71, 1960, S. 1–25; 193–214, hat sich mit Recht nicht durchgesetzt.

[2] Diese Schlußfolgerung wird natürlich hinfällig, wenn die genannte Schrift des Dionys aus der Zeit vor dem Bruch mit der alexandrinischen Kirche stammt, wie es *Wolfgang A. Bienert,* Dionysius von Alexandrien. Zur Frage des Origenismus im 3. Jahrhundert. Berlin 1978, S. 125–130, annimmt. Die erhaltenen Fragmente lassen keine sicheren Schlüsse zu; beide zeitlichen Ansätze sind hypothetisch.

[3] *P. Nautin,* Origène, S. 303–361 untersucht das ganze einschlägige Material. Mit einleuchtenden Argumenten arbeitet er als vororigenistischen Grundstock heraus: Quadratschrift (von Origenes nicht übernommen) – griechische Umschrift – Aquila – Symmachus. Wenn die Übersetzung des Judenchristen Symmachus den Abschluß dieser Zusammenstellung gebildet hat, muß sie selbst in judenchristlichem Milieu entstanden sein.

[4] Eine vorzügliche Übersicht über die verschiedenen Deutungen gibt jetzt *Ulrich Berner,* Origenes. Darmstadt 1981.

[5] *Marguerite Harl,* Recherches sur le Peri archon d'Origène en vue d'une nouvelle édition: la division en chapitres. In: Studia Patristica 3 (= TU 78). Berlin 1961, S. 57–67; vgl. auch *Paul Kübel,* Zum Aufbau von Origenes' De Principiis. In: Vigiliae Christianae 25, 1971, S. 31–39.

[6] *Christoph Elsas,* Neuplatonische und gnostische Weltablehnung in der Schule Plotins (Religionsgeschichtliche Versuche und Vorarbeiten 34). Berlin 1975.

[7] Spr. 10 = Nag Hammadi Codex (= NHC) II, 3 p. 53, 14–23; dt. Übers. von *Walter C. Till,* Das Evangelium nach Philippos. Berlin 1963, S. 11.

[8] Die Schrift ist vollständig nur in der lat. Übers. Rufins erhalten, die viele kritische Aussagen entschärft hat. Ich benutze die Rekonstruktion: Origenes' Vier Bücher von den Prinzipien, hrsg., übers. von *Herwig Görgemanns* und *Heinrich Karpp* (Texte zur Forschung, 24). Darmstadt 1976. Ich übernehme in der Regel auch die Übersetzung dieser Ausgabe.

[9] *Wolf-Dieter Hauschild,* Gottes Geist und der Mensch. Studien zur frühchristlichen Pneumatologie (Beiträge zur evangelischen Theologie 63). München 1972, S. 86–150, bes. S. 149.

[10] Für den Vergleich mit Origenes besonders instruktiv ist hier der dem Valentinianer Herakleon nahestehende Tractatus tripartitus (*NHC* I, 5); vgl. *Alexander Böhlig,* Zum Gottesbegriff des Tractatus tripartitus. In: Kerygma und Logos. Festschrift C. Andresen, hrsg. von *Adolf-Martin Ritter.* Göttingen 1979, S. 49–67.

[11] *Gerhard May,* Schöpfung aus dem Nichts (Arbeiten zur Kirchengeschichte 48). Berlin 1978.

[12] Vgl. dazu besonders die Diskussion über Röm 9, 11–13 in de princ. II 9, 7.

[13] Dazu bereits Origenes' Brief an die Freunde in Alexandrien (ca. 246/47) nach Rufin, de adult. lib. Orig. 7 und Hieronymus, c. Ruf. II 18f.; eine Rekonstruktion bei *Nautin,* Origène, S. 161–164; ferner den Dialog mit Candidus, nach Hieronymus, ebenda II 19.

[14] *Georg Kretschmar,* Auferstehung des Fleisches. Zur Frühgeschichte einer theologischen Lehrformel. In: Leben angesichts des Todes. Festschrift H. Thielikke, hrsg. von *Bernhard Lohse* und *Hans P. Schmidt.* Tübingen 1968, S. 101–137.

[15] Dazu *Paul Kübel,* Schuld und Schicksal bei Origenes, Gnostikern und Platonikern. Stuttgart 1973.

[16] Besonders instruktiv hierfür ist der erst 1941 gefundene, 1949 zuerst edierte Text ,,Gespräche mit Heraklides", der das Protokoll einer wohl arabischen Synode wiedergibt, an der Origenes teilnahm. Text: Origène: Entretien avec Héraclide, ed. et trad. *Jean Scherer* (SC 67). Paris 1960; deutsche Übersetzung: Origenes, Das Gespräch mit Herakleides und dessen Bischofskollegen über Vater, Sohn und Seele. Die Aufforderung zum Martyrium, übers. von *Edgar Früchtel.* Stuttgart 1974.

[17] Comm. in Dan. I 18, 7 nach *Marcel Richard,* Pour une nouvelle Édition du Commentaire de s. Hippolyte sur Daniel. In: Kyriakon. Festschrift J. Quasten, hrsg. *Patrick Granfield* und *Josef A. Jungmann.* Münster 1970, I S. 69–78, hier S. 73. Zur origenistischen Ekklesiologie vgl. bes. *Hermann Josef Vogt.* Das Kirchenverständnis des Origenes (Bonner Beiträge zur Kirchengeschichte 4). Köln 1974 und *Joseph Ratzinger,* Die Einheit der Nationen. Eine Vision der Kirchenväter. Salzburg-München 1971, S. 41–68.

[18] Das Problem des Origenismus im 3. Jh. ist ganz neu gestellt, seit *Bienert* (vgl. Anm. 2) Dionys so weit von Origenes abgerückt und *Nautin,* Origène, S. 183ff. bestritten hat, daß Gregor Thaumaturgus der Autor der berühmten Dankrede an Origenes war, ferner die Authentizität des diesem pontischen Theologen zugeschriebenen Lehrbekenntnisses in Zweifel geriet. Damit entschwinden unsere wichtigsten Belege für diesen ,,Origenismus".

[19] Schon Pamphilus hatte 15 Artikel zusammengestellt, die Anklagen gegen Origenes enthielten und die er in seiner Apologie – zusammen mit Euseb – widerlegen wollte, vgl. dazu *Nautin,* Origène, S. 114–144.

Peter Stockmeier: Athanasius

[1] *Severus Ibn al-Muqaffa:* History of the Patriarchs of the Coptic Church of Alexandria II 8 (Patrologia Orientalis I 4. Paris 1948, 408f.).

[2] *Gregor Naz.:* or. 21, 6 (PG 35, 1088 B).

[3] *Sozomenos:* hist. eccl. 1, 15, 3 (GCS 50, 33).

[4] Apol. sec. 6, 2 (Opitz II 1, 92).

[5] Ep. fest. 10, 9 (PG 26, 1401f.).

[6] Apol. sec. 3–19 (Opitz II, 1, 89–101).

[7] Ep. encycl. 6 (Opitz II 1, 176).

[8] Hist. Arian. 33 (Opitz II 2, 202).

[9] *Sokrates:* hist. eccl. III 14, 1 (PG 67, 416 A).

Jouko Martikainen: Ephraem der Syrer

[1] Vgl. *O. Bardenhewer,* Geschichte der altkirchlichen Literatur, Bd. IV. Freiburg 1924, 342.

[2] *R. Murray,* Ephrem Syrus St. In: A Catholic Dictionary of Theology. Vol. II. London 1967, 222.

[3] Historia ecclesiastica 3, 16.

[4] *N. el-Khoury,* Die Interpretation der Welt bei Ephraem dem Syrer. Beitrag zur Geistesgeschichte (Tübinger Theologische Studien, Band 6), 154–157.

[5] Vgl. *el-Khoury,* ebd. 7; und *J. Martikainen,* Das Böse und der Teufel in der Theologie Ephraems des Syrers. Eine systematisch-theologische Untersuchung (Meddelanden från Stiftelsens för Åbo Akademi forskningsintitut, nr 32). Turku 1978, 15–33.

[6] Vgl. *R. Murray,* Der Dichter als Exeget: der hl. Ephräm und die heutige Exegese. In: Zeitschrift für katholische Theologie, Band 100 (1978), 486.

[7] Vgl. *E. Beck,* Symbolum-Mysterium bei Aphraat und Ephräm. In: Oriens Christianus 42 (1958), 26–40.

[8] Vgl. *Martikainen,* ebd., 79–82.

[9] Vgl. meine Studie: Gerechtigkeit und Güte Gottes. Studien zur Theologie Ephraems des Syrers und des Philoxenos von Mabbug. Göttinger Orientforschungen. I. Reihe: Syriaca. Wiesbaden 1980.

[10] De viris illustribus, 115.

[11] *T. Jansma,* Die Christologie Jakobs von Serugh und ihre Abhängigkeit von der alexandrinischen Theologie und der Frömmigkeit Ephraems des Syrers. In: Le Muséon 77 (1965). Louvain, 44–46.

[12] *E. Beck,* Philoxenos und Ephräm. In: Oriens Christianus 45 (1961), 61–76.

[13] *T. Jansma,* Narsai and Ephraem. Some observations on Narsai's homilies on creation and Ephraem's hymns on faith. In: Parole de l'Orient 1 (1970). Kaslik, 49–68.

[14] *M. Stöhr,* Ephrem. In: Die Musik in Geschichte und Gegenwart. Band 3. Kassel und Basel 1954, 1441–1444.

[15] *S. Euringer,* Des heiligen Ephräm des Syrers ausgewählte Reden und Lieder. Aus dem Syrischen und Griechischen übersetzt von S. Euringer. Des heiligen Ephräm des Syrers ausgewählte Schriften. I. Band. Bibliothek der Kirchenväter 37. München 1919, LIII.

Gerhard May: Gregor von Nyssa

[1] Text der Teilnehmerliste bei *Ernest Honigmann:* Trois mémoires posthumes d'histoire et de géographie de l'orient chrétien. (Subsidia hagiographica 35) Brüssel 1961, 12f.

[2] Epistula canonica, Migne PG 45, 221–236.

[3] Vgl. Enn. V 5, 10f.; VI 9, 6, 10; IV 8, 6, 14.

[4] Vgl. *Ekkehard Mühlenberg:* Die Unendlichkeit Gottes bei Gregor von Nyssa. Göttingen 1966.

[5] Begrenztheit der Kraft Gottes: De princ. II 9, 1; IV 4, 8. Übersättigung: De princ. I 3, 8.

[6] Gregor kombiniert Gen. 1, 26 mit Platon, Theait. 176b: „Verähnlichung mit Gott soweit als möglich". Vgl. *Hubert Merki:* ʽΟΜΟΙΩΣΙΣ ΘΕΩ. Von der platonischen Angleichung an Gott zur Gottähnlichkeit bei Gregor von Nyssa. (Paradosis 7) Freiburg i. d. Schw. 1952.

[7] C. Eun. III 6, 74; vgl. schon I 289–291 und 364 (entstanden 380/81).

[8] Römerbriefvorlesung 1515/16, Weimarer Ausgabe 56, 264, 16–21 (zu Röm. 3, 27). Übersetzung: *M. Luther,* Vorlesung über den Römerbrief 1515/16, übers. von Eduard Ellwein. München [5]1965, 142.

[9] Vgl. die Hinweise zur Wirkungsgeschichte bei *Mariette Canévet:* Grégoire de Nysse. In: Dictionnaire de Spiritualité VI, Paris 1967, Sp. 1006–1008. Zur Frage einer Gregorkenntnis Augustins: *Almut Mutzenbecher* in der Einleitung zu: Augustinus, De sermone domini in monte, Corpus Christianorum, series latina 35,

1967, XIII–XVII; *Maria-Barbara v. Stritzky:* Beobachtungen zur Verbindung zwischen Gregor von Nyssa und Augustin. In: Vigiliae Christianae 28 (1974), 176–185.

[10] Vgl. *Werner Elert:* Der Ausgang der altkirchlichen Christologie. Berlin 1957, 45ff., 67f.

Heinrich Fries: Augustinus

[1] *Hans Freiherr von Campenhausen,* Augustin, in: Lateinische Kirchenväter. Stuttgart 1960, 151f.

[2] *Henri Marrou,* Augustinus, Reinbek 1958, 12.

[3] *H. von Campenhausen,* 155.

[4] *Karl Adam,* Die geistige Entwicklung des heiligen Augustinus. Augsburg 1931, 13.

[5] *H. Marrou,* 24.

[6] *H. von Campenhausen,* 158.

[7] Ebd., 162.

[8] Ebd., 164.

[9] *Romano Guardini,* Die Bekehrung des Heiligen Aurelius Augustinus. Leipzig 1935, 236.

[10] *H. Marrou,* 29.

[11] *H. von Campenhausen,* 178.

[12] Ebd., 194.

[13] Ebd., 210.

[14] *H. Marrou,* 45.

[15] Nach *Frederik van der Meer,* Augustinus der Seelsorger. Köln [2]1952, 174.

[16] *Wilhelm Kamlah,* Christentum und Geschichtlichkeit. Stuttgart 1951, 162.

[17] Ebd., 328.

[18] *Heinrich Scholz,* Glaube und Unglaube in der Weltgeschichte. Ein Kommentar zu Augustins De civitate Dei. Leipzig 1911; dazu *Joseph Ratzinger,* Volk und Haus Gottes in Augustins Lehre von der Kirche. München 1954, 255–328.

[19] Vgl. dazu die Übersicht bei *Otto Bardenhewer,* Geschichte der altkirchlichen Literatur, IV[2]. Freiburg 1924, 434–511; *Berthold Altaner,* Patrologie. Freiburg 1950, 371–398; *Alfred Schindler,* Augustin, in: Theologische Realenzyklopädie. Bd. I. Berlin-New York 1979, 689–698.

[20] *Rudolf Lorenz.* Augustin, in: Religion in Geschichte und Gegenwart. Bd. I[3]. Tübingen 1957, 746.

[21] *Joseph Bernhart,* Augustinus, Bekenntnisse. Lateinisch Deutsch. München 1955, 1007.

Karl-Hermann Kandler: Humbert a Silva Candida

[1] Gegen Karl *Böhmer,* 1969, 335; er beachtet nicht, daß der Dialog noch nicht bekannt war, so Francis *Dvornik,* 1968, 411.

[2] Zum Ganzen vgl. a. a. O., 409–412.

[3] Also der, der gesäuertes Brot beim Abendmahl verwendet.

[4] Epist. I, 7, PL CXLIV, 211; das Distichon (Carmen 207, PL CXLV, 967) in der Übersetzung von Gerhard *Ladner,* 1936, 54.

[5] Zu dem Folgenden Anton *Michel,* 1943/1952.

[6] A. a. O., 9.

[7] Vgl. Ludwig *Ott,* Das Weihesakrament, HDG IV, 5 (1969), 61, 64.

[8] Zur Auswirkung auf die Sakramententheologie Humberts vgl. *Kandler,* 1971, 38–53 (mit Nachweisen).

[9] Zu dem Folgenden vgl. a. a. O., 15–37 und 54–71.

[10] Vgl. *Kandler,* 1962, 1–10.

[11] Jean de *Montclos,* Lanfranc et Bérenger. La controverse eucharistique du XIe siècle. Spicilegium Sacrum Lovaniense. Etudes et Documents, 37. Leuven 1971, 142–148.

[12] WA 26, 442f.: ,,Wolt Gott alle Bepste hetten so Christlich ynn allen stücken gehandelt /als dieser Bapst mit dem Berenger ynn solcher bekendnis gehandelt hat." Luther schreibt Nikolaus II. die Formel Humberts zu.

Werner Dettloff: Bonaventura

[1] Vgl. dazu *Eßer, Kajetan:* Die religiösen Bewegungen des Hochmittelalters und Franziskus von Assisi. In: Glaube und Geschichte (Festgabe für Joseph Lortz), Bd. II. Baden-Baden 1958, 287–315; ders.: Franziskus von Assisi und die Katharer. In: Archivum Franciscanum Historicum 51 (1958), 225–264.

[2] Vgl. dazu *Dettloff, Werner:* Modernes Denken und mittelalterliche Lebenslehre über die Sammlung (Heideggers Analyse des alltäglichen Daseins und die mittelalterliche Lehre von der acedia). In: Sein und Sendung 30 (1965), 354–361.

[3] *Mercker, Hans:* Schriftauslegung als Weltauslegung (s. Bibl.).

[4] Vgl. dazu *Ruh, Kurt:* Bonaventura deutsch. Ein Beitrag zur deutschen Franziskaner-Mystik und -Scholastik. (Bibliotheca Germanica 7) Bern 1956.

[5] *Vanderheyden, Ildefons* (Hrsg.): Bonaventura. Studien zu seiner Wirkungsgeschichte. Werl/Westf. 1976.

[6] *Raffalt, Reinhard:* Wohin steuert der Vatikan? München-Zürich 1973, 76.

Ulrich Kühn: Thomas von Aquin

[1] Vgl. die diesbezüglichen in der Bibliographie unter 2.c. genannten Arbeiten.

[2] Vgl. die Bibliographie unter 1.a.

[3] *M. D. Chenu,* Das Werk des hl. Thomas von Aquin, S. 83f.

[4] Vgl. die Einteilung im Artikel Thomas von Aquin von *O. H. Pesch:* Lexikon für Theologie und Kirche [2]X, Sp. 121f.

[5] Vgl. dazu ebd., Sp. 123ff.

[6] Vgl. *W. Link,* Das Ringen Luthers um die Freiheit der Theologie von der Philosophie. Berlin 1954.

[7] ,,Thomas est loqucissimus, quia metaphysica est seductus" (Weimarer Ausgabe. Tischreden 3, Nr. 3722; vgl. auch die Äußerung Luthers ebd. 5, Nr. 6480).

[8] Z. B. im Locus secundus ,,De natura Dei", Kap. V, § 83.

[9] Kirchliche Dogmatik I/1. 1932, S. IX.

[10] Der hermeneutische Ort der Gotteslehre bei Petrus Lombardus und Thomas von Aquin; Existenz zwischen Gott und Gott. Beides in: Wort und Glaube II. Tübingen 1969, S. 209–256, 257–286.

[11] Vgl. die Arbeiten von *Kühn* und *Vorster* in der Bibliographie unter 2.c., sowie weitere z. B. bei *Kühn* (Lit.-Verzeichnis) nachgewiesene Titel.

[12] Vgl. *J. B. Metz,* Christliche Anthropozentrik. München 1962.

Werner Dettloff: Johannes Duns Scotus

[1] S. dazu *Dettloff, Werner,* Die Geistigkeit des hl. Franziskus in der Theologie der Franziskaner. In: Wissenschaft und Weisheit 19 (1956), 197–211.

[2] Vgl. die in Abschnitt V. 2. a. genannten Werke.

[3] Summa theol. I, q. 1, a. 1.

[4] Ordinatio, Prol., q. 1; Ed. Vat. I, 1.

[5] Ed. Vat. XVI, 1.

[6] Ordinatio II, d. 3, q. 8, n. 14; Garcia II, 298.

[7] Rep. Par. IV, d. 43, q. 2, n. 19; Vivès XXIV, 498 a.

[8] Ordinatio II, d. 16, q. u., n. 2; Garcia II, 569 f.

[9] Ebd. n. 15; Garcia II, 580.

[10] „Persona est rationalis naturae individua substantia" (Person ist die Einzelsubstanz einer geistbegabten Natur). De personis et duabus naturis, c. III; PL 64, 1343 C.

[11] Vgl. dazu und zum folgenden *Mühlen, Heribert,* Sein und Person nach Johannes Duns Scotus. Werl 1954.

[12] Ebd., 94.

[13] Ebd., 95.

[14] Vgl. Summa theol. I, q. 3, a. 3; De veritate, q. 27, a. 1 ad 8; ferner *Adam, Karl,* Der Christus des Glaubens. Düsseldorf 1954, 212 f.

[15] Ordinatio II, d. 1, q. 2, n. 33; Garcia II, 29; ferner *Minges, Parthenius,* Doctrina Scoti I, 14 ff.

[16] Ord. III, d. 6, q. 1, n. 2; Vivès XIV, 306 a.

[17] *Mühlen,* 97.

[18] Vgl. *Mühlen,* 104; die einschlägigen Scotus-Texte: Ord. III, d. 1, q. 1 (Vivès XIV, 21 a ff.) und Quodlibet, q. 19 (XXVI, 287 b ff.).

[19] Vgl. *Koster, Mannes Dominikus,* Die Menschennatur in Christus hat ihr eigenes Dasein? In: Theologie in Geschichte und Gegenwart (Festschrift Schmaus I). München 1957, 607–624.

Johannes Karl Schlageter: Wilhelm von Ockham

[1] Bezüglich der Lebensgeschichte vgl. die ausführliche Darstellung bei *Miethke, Jürgen,* 1–136.

[2] Vgl. bei *Scholz, Richard,* 553 f.

[3] Vgl. *Summa Logicae,* Ed. *St. Bonaventure* 2/I 1974, 66 f.

[4] Vgl. Ed. *St. Bonaventure* 1/I, 35* Anm 3–4.

[5] Ebd., 19*–31*.

[6] Vgl. *Andrés, Teodoro de,* 20–23.

[7] Vgl. dazu in Ockhams *Dialog,* Ed. *Lyon* I 1494, 209.

[8] Ockham erkennt das an *Aristoteles* und den Averroisten (vgl. Ed. *St. Bonaventure* 2/I, 360).

[9] Ebd., 5–849: Der umfangreiche Text der *Summa Logicae.*

[10] Der heute als 2. Dialogteil überlieferte Text *De dogmatibus papae Ioannis* ist nicht der von Ockham geplante Teil (vgl. *Miethke, Jürgen,* 87–89).

[11] Eine Einzeldarstellung all dieser Gelegenheitsschriften ist hier nicht möglich. Ockhams *Dialog* faßt alles Wesentliche zusammen (Ed. Lyon I 1494, 1 ra–164 vb, 181 ra–276 ra).

Vgl. zum Übrigen *Schlageter, Johannes,* (a), 44–97.

[12] Vgl. ebd., 61 f. Ockham vergleicht sich mit *Elia.*

[13] *Johannes XXII* stirbt 1334, dann folgt *Benedikt XII.* († 1342), seither *Klemens VI.* Seit 1346 ist *Karl IV.* Kaiser.

[14] Vgl. bei *Scholz, Richard,* 455.

[15] Vgl. dazu *Miethke, Jürgen,* 133–136.

[16] Vgl. etwa die Vorwürfe von *J. Lortz* in der Einleitung zu *Iserloh, Erwin,* XIII bis XL.

[17] Vgl. *Miethke, Jürgen,* 238, Anm. 368.

[18] Vgl. zum Ganzen *Andrés, Teodoro de,* 278–286.

[19] Vgl. *Miethke, Jürgen,* 161f.

[20] *Blumenberg, Hans,* 187f.

[21] Vgl. Ockhams ,,loci theologici" in Ed. *St. Bonaventure* 1/II, 17f.: ,,scriptura sacra", ,,determinatio ecclesiae".

Zur dargestellten Problematik vgl. *Iserloh, Erwin,* 100–133 mit freilich anderer Bewertung.

[22] Ebd., 149–266 die Darstellung von Ockhams *Transubstantiationslehre* mit wenig Verständnis für Ockhams Probleme.

[23] Deswegen kommt für Ockham hier alles auf die Huld Gottes an (vgl. *Iserloh, Erwin,* 77).

[24] Das wird erst allmählich anerkannt (vgl. *Schlageter, Johannes,* (a), 1–11).

[25] Vgl. *Schlageter, Johannes:* (a), 346–354, *Kölmel, Wilhelm,* 167–200.

[26] Vgl. *Martin, Gottfried,* 230f.

[27] Zu Ockhams *Hermeneutik* vgl. *Schlageter, Johannes:* (b), 230–283.

[28] So gegen *Blumenberg, Hans,* 143–293.

Dorothea Wendebourg: Gregorios Palamas

[1] Das Synodikon der Orthodoxie, Ed. und Kommentar *J. Gouillard,* in: Travaux et Mémoires 2. Paris 1967, 89.

[2] Werke (ed. *Chrestou*) I 476, 4–8.

[3] Ebd. 384, 2–6.

[4] PG CL 1225 Df.

[5] Ebd. 1228 Cf.

[6] S. *Beck,* a.a.O. 73f. 77–79; vgl. a. *Podskalsky,* a.a.O. 156.

[7] S. den Art. ,,Contemplation" in DSp, bes. 1806–1827.

[8] *Beck,* a.a.O. 78.

[9] *Palamas,* Werke I 602, 32–603, 3.

[10] Ebd. 399, 17ff.; 550, 34f.

[11] Ebd. 603, 7f.; 657, 29f.

[12] Z.B. ebd. III 200, 11f.

[13] Z.B. ebd. I 584, 21–23.

[14] Ebd. I 570, 7–16. 21–25; 419, 10f.

[15] Ebd. 306, 18–20.

[16] Ebd. II 79, 11.

[17] So lehnt er explizit die platonische *Ideen*lehre ab, ebd. I 677, 9–11; s.a. 381, 26f.; PG CL 1124 Df. 1125 Af.

[18] Werke II 79, 11.

[19] Ebd. 336, 7–9.

[20] οὐσιωδῶς (wesenhaft), ebd. 334, 30.

[21] Ebd. 187, 2–4.

[22] Ebd. III 42, 16f.

[23] Ebd. II 79, 8–11.

[24] Ebd. III 201, 24ff.; 417, 9.

[25] ebd. II 337, 17.

[26] εὐθύς, ebd. 80, 26–28.

[27] ἑλικοειδής, ebd. 80, 27–81, 1.

[28] κινήσεις αἴδιοι, ebd. 80, 24f.

[29] σχέσεις ἄσχετοι, ibd. I 641, 11.

[30] ἔργα αἴδια ebd. II 112, 6.

[31] Ebd. 127, 9.

[32] Ebd. 129, 27.

[33] Ebd. 129, 77–130, 1; I 633, 6ff.

[34] χρῆσθαι, ebd. III 453, 20f.

[35] Ebd. II 112, 4f.

[36] Ebd. I 663, 16–18; III 442, 11–14.

[37] Ebd. II 159, 10–12.

[38] Ebd. III 152, 11ff.; s.a. 85, 13ff.; 109, 19f.

[39] PG CL 1173 B.

[40] Vgl. Werke III 360, 7., darüber hinaus das ganze Kap.

[41] Der Rest ist herausgegeben worden von *Sophokles Oikonomos,* Τοῦ ἐν ἁγίοις πατρὸς ἡμῶν Γρηγορίου ἀρχιεπισκόπου Θεσσαλονίκης τοῦ Παλαμᾶ ὁμιλίαι. Athen 1861.

[42] Meyendorff, a.a.O. 293–308.

Ulrich Horst: Thomas de Vio Cajetan

[1] Vgl. *Martin Grabmann,* Die Stellung des Kardinals Cajetan in der Geschichte der Thomistenschule. In: Angelicum 11 (1934), 547–560.

[2] Zur Biographie Cajetans s. *Marie-Joseph Congar,* Bio-Bibliographie de Cajétan. In: Revue Thomiste 39 (1934/35), 3–49. *Josef F. Groner,* Kardinal Cajetan. Eine Gestalt aus der Reformationszeit. Fribourg-Louvain (Ed. Nauwelaerts) 1951. *Jared Wicks,* Cajetan Responds. A Reader in Reformation Controversy. Ed. and translated by Jared Wicks. Washington 1978, 3–46. Immer noch wertvoll *J. Quétif-J. Echard,* Scriptores Ordinis Praedicatorum, vol. II. Paris 1721, 14a–21a.

[3] Vgl. etwa *Antonino Poppi,* Causalità e infinità nella Scuola Padovana dal 1480 al 1513. Padua (Atenore) 1966.

[4] Vgl. *Jared Wicks,* Thomism Between Renaissance and Reformation: the Case of Cajetan. In: Archiv f. Reformationsgeschichte 68 (1977), 9–31.

[5] *Gabriel Löhr,* De Caietano reformatore Ordinis Praedicatorum. In: Angelicum 11 (1934), 593–602.

[6] Vgl. *Benno Biermann,* Die ersten Dominikaner in Amerika. In: Missionswissenschaft u. Religionswissenschaft 32 (1947/48), 59.

[7] De comparatione auctoritatis papae et concilii cum apologia eiusdem tractatus, ed. *V. M. I. Pollet.* Rom 1936.

[8] Vgl. *Olivier de la Brosse,* Le pape et le concile. La comparaison de leurs pouvoirs à la veille de la Réforme (Ed. Du Cerf). Paris 1965.

[9] Der Text wurde abgedruckt bei *Nelson J. Minnich,* Concepts of Reform Proposed at the Fifth Lateran Council. In: Archivum Historiae Pontificiae 7 (1969), 239–241.

[10] Vgl. *Paul Kalkoff,* Forschungen zu Luthers römischem Prozeß. Rom 1905, 55.

[11] Vgl. *Gerhard Hennig,* Cajetan und Luther. Ein historischer Beitrag zur Begegnung von Thomismus und Reformation. Stuttgart 1966, 45–47.

[12] Vgl. *Gerhard Hennig,* a. a. O. (Anm. 11). *Kurt V. Selge,* Die Augsburger Begegnung von Luther und Cajetan im Oktober 1518. In: Jahrbuch der hessischen kirchengeschichtlichen Vereinigung 20 (1969), 37–54. *Otto Hermann Pesch,* ,,Das heißt eine neue Kirche bauen." Luther und Cajetan in Augsburg. In: Begegnung (Festschrift H. Fries), Graz 1972, 645–661. *Remigius Bäumer,* Martin Luther und der Papst. Münster 1970, 27–32.

[13] Ed. *Friedrich Lauchert,* Corpus Catholicorum 10. Münster 1925, IX–XVII.

[14] Vgl. *Paul Kalkoff,* Kleine Beiträge zur Geschichte Hadrians VI. In: Historisches Jahrbuch 39 (1919), 31–72, bes. 33–39.

[15] *Marie-Joseph Congar,* La date de la mort du Cardinal Cajétan. (10 août 1534). In: Angelicum 11 (1934), 603–608.

[16] Vgl. *Etienne Gilson,* Cajétan et l'existence. In: Tijdschrift voor Philosophie 15 (1953), 267–286; *ders.,* Cajétan et l'humanisme théologique. In: Archives d'histoire doctrinale et littéraire du Moyen Age 22 (1953), 113–136. *Johannes Hegyi,* Die Bedeutung des Seins bei den klassischen Kommentatoren des hl. Thomas von Aquin. Pullach 1959, 118–148.

[17] *Cornelio Fabro,* L'obscurcissement de l',,esse" dans l'école thomiste. In: Revue Thomiste 58 (1958), 443–472.

[18] Opuscula Omnia. Lyon 1558, t. III, 219–221. Zur Problemgeschichte: *Maria-Hyacinthus Laurent.* In: Commentaria in De Anima Aristotelis, vol. I, ed. *I. Coquelle.* Rom 1938, VII–LII. Ferner *Giovanni di Napoli,* L'immortalità dell'anima nel Rinascimento. Turin (Società Editrice Internazionale) 1963.

[19] A. a. O. 220b.

[20] Zu Summa Theologiae I 75, 6, ed.

Leonina, t. V. Rom 1889, 204–206. Dazu vgl. *Laurent* (Anm. 18), XXIV–XXVI.

[21] Zum Verlauf der Kontroverse: *Etienne Gilson,* Autour de Pomponazzi. Problématique de l'immortalité de l'âme en Italie au début du XVIe siècle. In: Archives d'histoire doctrinale et littéraire du Moyen Age 36 (1961), 163–279 und *Laurent* (Anm. 18), XXXVI–LII.

[22] In Epistolas Pauli, Venedig 1531, fol 28[r] (zu 9, 21–23). In Ecclesiasten. Rom 1542, 117.

[23] Mansi, Collectio Conciliorum 32, 843. Dazu: *Olivier de la Brosse,* Lateran V und Trient (1. Teil). Mainz 1978, 95–100, bes. 99f.

[24] Dazu *Remigius Bäumer,* Nachwirkungen des konziliaren Gedankens in der Theologie und Kanonistik des frühen 16. Jahrhunderts. Münster 1971. *Ulrich Horst,* Papst-Konzil-Unfehlbarkeit. Die Ekklesiologie der Summenkommentare von Cajetan bis Billuart. Mainz 1978.

[25] Vgl. *Ulrich Horst,* a. a. O., 169–187.

[26] De comparatione, ed. cit., cc. I u. II, 15–30. Vgl. *Victorio Mondello,* La dottrina del Gaetano sul Romano Pontefice. Messina 1965.

[27] De comparatione, ed. cit., c. VII, 48–53.

[28] De comparatione, ed. cit., cc. VIII u. IX, 54–76. Zur Fragestellung: *Hans Schneider,* Der Konziliarismus als Problem der neueren katholischen Theologie. Die Geschichte der Auslegung der Konstanzer Dekrete von Febronius bis zur Gegenwart. Berlin 1976.

[29] De comparatione, ed. cit., c. XVI, 104–111. Cajetan folgt hierin der traditionellen Lehre.

[30] Kommentar zu Summa Theologiae II–II 1, 10, ed. Leonina t. VIII. Rom 1895, 24f.

[31] Ed. *Friedrich Lauchert.* Einleitung.

[32] Dazu s. *Anton Bodem,* Das Wesen der Kirche nach Kardinal Cajetan. Trier 1971.

[33] S. Anm. 8.

[34] Den Text s. bei *W. Friedensburg,* Aktenstücke über das Verhalten der Römischen Kurie zur Reformation 1524 und 1531. In: Quellen u. Forschungen aus ital. Archiven u. Bibliotheken 3 (1910), 16f. – Cajetan hat 1522 Hadrian VI. ein wichtiges Reformdokument unterbreitet. *Robert E. Mc Nally* Pope Adrian VI (1522–23) and Church Reform. In: Archivum Historiae Pontificiae 7 (1969), 275–277.

[35] Zum Prozeß: *Remigius Bäumer,* Der Lutherprozeß. In: Lutherprozeß und Lutherbann. Münster 1972, 18–48 (dort auch die ältere Literatur).

[36] Tractatus de indulgentiis, c. IX, ed. cit. (Anm. 18) 111.

[37] Vgl. *Otto Hermann Pesch,* a. a. O., 650–657. *Remigius Bäumer,* Martin Luther und der Papst, 27–35.

[38] Weimarer Ausgabe Bd. 2, 18, 14.

[39] Weimarer Ausgabe Bd. 2, 8.

[40] Weimarer Ausgabe Bd. 2, 10, 8–25.

[41] *Gerhard Hennig,* a. a. O., 49–56.

[42] *Otto Hermann Pesch,* a. a. O., 655–657.

[43] Vgl. *Stefan N. Bosshard,* Zwingli-Erasmus-Cajetan. Die Eucharistie als Zeichen der Einheit. Wiesbaden 1978. *Notker Halmer,* Die Meßopferspekulation von Kardinal Cajetan und Ruard Tapper. In: Divus Thomas (Fr) 21 (1943), 187–212.

[44] Instructio nuntii circa errores libelli de cena Domini sive De erroribus contingentibus in eucharistiae sacramento, ed. *F. A. v. Gunten.* Rom 1962.

[45] Opuscula Omnia, a. a. O., c. I, 339.

[46] Vgl. *Notker Halmer,* a. a. O., 197f. *Erwin Iserloh,* Der Wert der Messe in der Diskussion der Theologen vom Mittelalter bis zum 16. Jahrhundert. In: Zeitschrift f. Kathol. Theologie 83 (1961), 71–77 (über Cajetan).

[47] Vgl. *Ulrich Horst,* Der Streit um die hl. Schrift zwischen Kardinal Cajetan und Ambrosius Catharinus. In: Wahrheit und Verkündigung (Festschrift M.

Schmaus). Paderborn 1967, 551–577. *Iacobus-M. Vesté,* Thomas de Vio, O.P. Cardinalis Caietanus, Sacrae Paginae Magister. Rom 1935.

[48] Psalmi Davidici ad heraicam veritatem castigati. Venedig 1530, Prooemium.

[49] Evangelia cum commentariis. Paris 1532, fol 1^r.

[50] Vgl. *Ulrich Horst,* a.a.O. 556–559.

[51] Vgl. *Ulrich Host,* a.a.O., 557f.

[52] Kommentar zu Summa Theologiae I 1, 10, ed. Leonina, t. IV, Rom 1888, 26. Vgl. *Johannes Beumer,* Suffizienz und Insuffizienz der Hl. Schrift nach Kardinal Thomas de Vio Cajetan. In: Gregorianum 45 (1964), 816–824.

[53] Vgl. *Ulrich Horst,* a.a.O., 558f. Cajetans Stellung zum neutestamentlichen Problem der Ehescheidung mag das illustrieren. Dazu s. *F. v. Gunten,* La doctrine de Cajétan sur l'indissolubilité du mariage. In: Angelicum 43 (1966), 62–72. – Auch spricht er sich für die Volkssprache im Gottesdienst aus. Kommentar zu 1 Kor 14, 14. In: Epistolae Pauli. Venedig 1531, fol 65^v.

[54] Vgl. *Ulrich Horst,* a.a.O., 559–568.

[55] Vgl. *Reginaldo Fei,* Fra Tomaso Gaetano (1468–1534) ,,L'uomo delle singolari opinioni". In: Rivista di Filosofia Neo-Scolastica, Suppl. zu vol. XXVII 1935, 127–147.

Johannes Brosseder: Martin Luther

[1] Die beste Darstellung von Luthers Werdegang bis etwa 1513/14 ist nach wie vor: *Otto Scheel,* Martin Luther. Vom Katholizismus zur Reformation, 2 Bde.; Bd. 1: Tübingen [3]1921; Bd. 2: Tübingen [3–4]1930. Im folgenden wird dieses Werk im Abschnitt I, 1–2 nur mit Seitenzahlen im Text zitiert, bei Bd. II auch mit Angabe des Bandes.

[2] *Erwin Iserloh,* in: Handbuch der Kirchengeschichte, Bd. IV. Freiburg-Basel-Wien 1967, 21.

[3] *Erwin Iserloh,* Luthers Thesenanschlag – Tatsache oder Legende? Wiesbaden 1962; *Erwin Iserloh,* Luther zwischen Reform und Reformation. Der Thesenanschlag fand nicht statt. Münster [3]1968.

[4] *Heiko Augustinus Oberman,* Werden und Wertung der Reformation. Tübingen 1977, 188–190, vor allem 190–192 Anm. 89. Vgl. auch *Hans Volz,* Martin Luthers Thesenanschlag und dessen Vorgeschichte. Weimar 1959; *Hans Volz,* Erzbischof Albrecht von Mainz und Martin Luthers 95 Thesen. In: Jahrbuch der Hessischen Kirchengeschichtlichen Vereinigung 13 (1962), 187–228; *Franz Lau,* Die gegenwärtige Diskussion um Luthers Thesenanschlag. In: Luther-Jahrbuch 34 (1967), 11–59; *Bernhard Lohse,* in: *Roland H. Bainton,* Martin Luther, Nachwort zur 7. Aufl. von *Bernhard Lohse.* Göttingen 1980, 393f.; *Bernhard Lohse,* Martin Luther. München 1981, 56 und 101 (Lit.).

[5] *Erwin Iserloh* (vgl. Anm. 2), 51.

[6] *Otto Hermann Pesch,* Zur Frage nach Luthers reformatorischer Wende. In: *Bernhard Lohse,* (Hrsg.), Der Durchbruch der reformatorischen Erkenntnis bei Luther. Darmstadt 1968, 445–505.

[7] *Bernhard Lohse,* Die Bedeutung Augustins für den jungen Luther. In: Kerygma und Dogma 11 (1965), 116–135.

[8] *Erwin Iserloh* (vgl. Anm. 2), 41. Der hier angesprochene Sachverhalt ist Grundüberzeugung der neueren katholischen Lutherforschung, von ,,Einzelkämpfern" einmal abgesehen.

[9] Zum folgenden siehe im einzelnen ausführlich die Biographien und allgemeinen reformationsgeschichtlichen Darstellungen von *Bainton, Bornkamm,*

Fausel, Iserloh, Köstlin, Kottje-Möller, Lohse, Möller (siehe Bibliographie 3a).

[10] Vgl. *Heinrich Bornkamm,* Luther (I), in: RGG (Religion in Geschichte und Gegenwart) 4 ([3]1960), 480–495; *Heinrich Bornkamm,* Luthers geistige Welt. Gütersloh [4]1960, 266.

[11] *Erwin Iserloh* (vgl. Anm. 2), 95.

[12] *Karl Holl,* Luther und das landesherrliche Kirchenregiment. In: Gesammelte Aufsätze, Bd. I. Tübingen [6]1932, 373.

[13] Siehe *Peter Manns,* Welche Probleme stehen einer ‚Katholischen Anerkennung' der Confessio Augustana entgegen und wie lassen sie sich überwinden? In: *Heinrich Fries* u. a., Confessio Augustana – Hindernis oder Hilfe? Regensburg 1979, 79–144, hier 112–122; *Bernhard Lohse,* Luther und das Augsburger Bekenntnis, In: *Bernhard Lohse – Otto Hermann Pesch* (Hrsg.), Das Augsburger Bekenntnis von 1530 damals und heute. München-Mainz 1980, 144–163 (Lit.).

[14] *Heinrich Bornkamm,* Augsburger Bekenntnis. In: RGG 1 ([3]1957) 733–736, hier 735; vgl. *Heinrich Bornkamm,* Martin Luther in der Mitte seines Lebens. Göttingen 1979, 586–603

[15] *Heinrich Bornkamm,* Augsburger Bekenntnisse, ebd. 734.

[16] Vgl. *Johannes Brosseder,* Luthers Stellung zu den Juden im Spiegel seiner Interpreten. München 1972, vor allem 381–392.

[17] *Philip S. Watson,* Um Gottes Gottheit. Eine Einführung in Luthers Theologie. Übertragen und bearbeitet von *Gerhard Gloege.* Berlin [2]1967.

[18] *Gerhard Gloege,* Die Grundfrage der Reformation – heute. In: Kerygma und Dogma 12 (1966), 1–13. Zur Rechtfertigungslehre und dem daraus resultierenden Verständnis des Menschen als ,,simul iustus et peccator" siehe *Otto Hermann Pesch,* Die Theologie der Rechtfertigung bei Martin Luther und Thomas von Aquin, Mainz 1967, 1–396, zu simul iustus et peccator vor allem 109–122; *Rudolf Hermann,* Luthers These ‚Gerecht und Sünder zugleich'. Gütersloh [2]1960 ([1]1930).

[19] Zum folgenden siehe ausführlich: *Wilfried Joest,* Um Gesetz und Evangelium. In: Münchener Ausgabe (vgl. Bibliographie: 2. Quellen), Bd. 4, 337–360; *Otto Hermann Pesch,* Die Theologie der Rechtfertigung bei Martin Luther und Thomas von Aquin. Mainz 1967, vor allem 31–76; *Otto Hermann Pesch,* Gottes Gnadenhandeln als Rechtfertigung und Heiligung des Menschen. In: Mysterium Salutis, Bd. IV/2, Einsiedeln-Zürich-Köln 1973, 831–913, vor allem 891–894; *Gerhard Ebeling,* Zur Lehre vom triplex usus legis in der reformatorischen Theologie. In: *Gerhard Ebeling,* Wort und Glaube (I). Tübingen [3]1967, 50–68.

[20] *Gerhard Ebeling* (Anm. 19), 65.

[21] Ebd.

[22] *Wilfried Joest* (Anm. 19), 340.

[23] Wilfried Joest, ebd. 341.

[24] *Gerhard Ebeling* (Anm. 19), 66.

[25] Vgl. *Richard Friedenthal,* Luther. München 1967, 76–83. Zur Sache siehe: *Bernhard Lohse,* Ratio und Fides. Eine Untersuchung über die Ratio in der Theologie Luthers. Göttingen 1958; *Bengt Hägglund,* Theologie und Philosophie bei Luther und in der occamistischen Tradition. Luthers Stellung zur Theorie von der doppelten Wahrheit, Lund 1955; *Wilhelm Link,* Das Ringen Luthers um die Freiheit der Theologie von der Philosophie. München [2]1955.

[26] Zum Folgenden siehe ausführlich *Paul Althaus,* Die Theologie Martin Luthers. Gütersloh [4]1975, 71–98.

[27] Siehe ausführlich Luthers Schrift ,,De captivitate babylonica Ecclesiae praeludium", WA 6 (484), 497–573.

[28] *Ulrich Duchrow,* Christenheit und Weltverantwortung. Traditionsgeschichte und systematische Struktur der Zweireichelehre. Stuttgart 1970.

[29] Siehe *Otto Hermann Pesch,* Theologie der Rechtfertigung (Anm. 19); *Heinrich Fries,* Die Grundanliegen der Theologie Luthers in der Sicht der katholischen Theologie der Gegenwart. In: Wandlungen des Lutherbildes. Studien und Berichte der Katholischen Akademie in Bayern, Heft 36. Würzburg 1966, 157–191; *Johannes Brosseder,* Die katholische Luther-Rezeption. In: Concilium 12 (1976), 515–521.

Günther Gaßmann: Richard Hooker

[1] *J. Walton,* Life of Hooker. In: The Works of Richard Hooker, ed. by *John Keble,* 7th ed. revised by *R. W. Church* and *F. Paget,* Oxford 1888, Vol. I; *F. J. Shirley,* Richard Hooker and Contemporary Political Ideas, London 1949, Chap. II; *C. J. Sisson,* The Judicious Marriage of Mr. Hooker, Cambridge 1940.

[2] *W. Covel,* Just and Temperate Defence of the Five Books of Ecclesiastical Polity, London 1603, 13.

[3] Sie wurde in der Neuausgabe der Werke Hookers durch *John Keble* wieder neu abgedruckt, vgl. hier Anm. 1.

[4] Vgl. Anm. 1.

[5] *N. Sykes,* Old Priest and New Presbyter. The Anglican Attitude to Episcopacy, Presbyterianism and Papacy since the Reformation, Cambridge 1956, 20–23.

[6] Vgl. Anm. 1.

[7] Zur Reformation in England bis hin zu Elisabeth I. vgl. u. a. *H. A. Davies,* Worship and Theology in England from Cranmer to Hooker, 1534–1603, Princeton 1970; *A. G. Dickens,* The English Reformation, London [7]1974; *M. Keller-Hüschemenger,* Die Lehre der Kirche im frühreformatorischen Anglikanismus, Gütersloh 1972.

[8] Zum Puritanismus vgl. u. a. *W. Haller,* The Rise of Puritanism, 1938, repr. New York 1957; *M. M. Knappen,* Tudor Puritanism, Chicago 1939; *A. G. Dikkens,* a. a. O. 425–437; *H. A. Davies,* a. a. O. 40–75.

[9] Zur theologischen, kirchen- und geistesgeschichtlichen und politischen Bedeutung des Werkes von Hooker vgl. besonders das in Anm. 1 genannte Buch von *Shirley* und *J. S. Marshall,* Hooker and the Anglican Tradition, London 1963. Zur theologiegeschichtlichen Einordnung vgl. *G. Gaßmann,* Lehre und Bekenntnis im Anglikanismus. In: *C. Andresen,* Hrsg., Handbuch der Dogmen- und Theologiegeschichte, Bd. 2, Göttingen 1980.

[10] Die *Ecclesiastical Polity* nimmt den größten Teil der Werke Hookers (vgl. Anm. 1) ein.

[11] Die Stellenangaben beziehen sich auf Buch, Kapitel und Abschnitt der *Ecclesiastical Polity.*

[12] *Shirley,* a. a. O. 225f.

[13] Diesen beiden Themenbereichen ist die Darstellung bei *Shirley* in besonderer Weise gewidmet.

[14] Dies unterstreicht in besonderer Weise *H. R. McAdoo* in seinem Buch The Spirit of Anglicanism, London 1965.

[15] *Marshall,* a. a. O. 177.

Peter Hauptmann: Petrus Mogilas

[1] Vgl. *Rozemond, Keetje:* Patriarch Kyrill Lukaris und seine Begegnung mit dem Protestantismus des 17. Jahrhunderts. In: Kirche im Osten 13 (1970), 9–17.

[2] Vgl. *Jon Michalcescu* 1904, 183–252.

[3] Vgl. *Jon Michalcescu* 1904, 262–276.

[4] Vgl. *Benz, Ernst:* Wittenberg und Byzanz. Zur Begegnung und Auseinandersetzung der Reformation und der östlich-orthodoxen Kirche. Marburg 1949, 34–58.

[5] Vgl. *Wunderle, Georg:* Zur Psychologie des hesychastischen Gebets. Würzburg ^{2}1949.

[6] Vgl. *Lubbertus, Sibrandus:* De papa romano libri decem. Groningen 1594, 129 und 211.

[7] Vgl. *Stupperich, Robert:* Kiev – das zweite Jerusalem. Ein Beitrag zur Geschichte des ukrainisch-russischen Nationalbewußtseins. In: Zeitschrift für slavische Philologie 12 (1935), 332–354.

[8] Vgl. Wort und Mysterium. Der Briefwechsel über Glaube und Kirche 1573 bis 1581 zwischen den Tübinger Theologen und dem Patriarchen von Konstantinopel. Herausgegeben vom Außenamt der Evangelischen Kirche in Deutschland. Witten 1958, 46–124.

[9] ... adorare cultu latriae ...

[10] ... latreuōmen ...

[11] Vgl. *Jon Michalcescu* 1904, 173; *Georgi, Curt R. A.:* Die Confessio Dosithei (Jerusalem 1672). Geschichte, Inhalt und Bedeutung. München 1940, 71–85; *Biedermann, Hermenegild M.:* Die Confessio des Dositheos von Jerusalem (1672). In: Aus Reformation und Gegenreformation. Festschrift für Theobald Freudenberger = Würzburger Diözesangeschichtsblätter 35/36 (1974), 403–415.

[12] Vgl. *Surkau, Hans-Werner:* Katechismus II. Geschichtlich. In: Die Religion in Geschichte und Gegenwart, III. Tübingen ^{3}1959, 1179–1186.

[13] Vgl. *Jon Michalcescu* 1904, 130.

[14] *Kattenbusch, Ferdinand:* Kritische Studien zur Symbolik. In: Theologische Studien und Kritiken 51 (1878), 106.

[15] *Gaß, Wilhelm:* Zur Symbolik der griechischen Kirche. In: Zeitschrift für Kirchengeschichte 3 (1879), 333.

PERSONENREGISTER

Das Personenregister enthält die Eigennamen aus Hauptteil und Anhang. Bei den „Klassikern" verweisen die *kursiv* gesetzten Seitenzahlen auf die jeweilige Darstellung, die dazugehörige Bibliographie und die Anmerkungen. Die Porträtabbildungen lassen sich über das Abbildungsverzeichnis S. 456 auffinden.

SACHREGISTER

ABBILDUNGSVERZEICHNIS

DIE AUTOREN

Brosseder, Johannes, geb. 1937, studierte Philosophie und Theologie in Bonn und München. 1960 Erstes und 1962 Zweites theologisches Examen; 1971 Dr. theol. in München; 1965–1971 Wissenschaftl. Assistent am Institut für Ökumenische Theologie der Universität München; 1971–1980 o. Prof. für System. Theologie an der Pädagogischen Hochschule Rheinland Abt. Bonn und seit 1972 Lehrbeauftragter für Ökumenische Theologie an der Universität München; seit 1980 o. Prof. für System. Theologie an der Universität Bonn. *Veröffentlichungen:* Ökumenische Theologie. Geschichte – Probleme, München 1967. Luthers Stellung zu den Juden im Spiegel seiner Interpreten, München 1972. Mitverf.: Reform und Anerkennung kirchlicher Ämter. Ein Memorandum der Arbeitsgemeinschaft ökumenischer Universitätsinstitute, München-Mainz 1973. 35 Aufsätze zu ökumenischen und fundamentaltheologischen Problemen sowie zur Lutherforschung. Hrsg.: *J. Finsterhölzl,* Die Kirche in der Theologie Ignaz von Döllingers bis zum 1. Vatikanum, Göttingen 1974. Hrsg.: Internationale Oekumenische Bibliographie (ab Bd. 10, München-Mainz 1977 ff.). Mithrsg.: Begegnung. Beiträge zu einer Hermeneutik des theologischen Gesprächs (Festschrift H. Fries), Graz-Wien-Köln 1972.

Brox, Norbert, geb. 1935, studierte Theologie und Klass. Philologie in Paderborn und München. Theol. Abschluß 1960 in Paderborn; Dr. theol. 1961 in München; theol. Habil. 1966 in Graz; derzeit o. Prof. für Alte Kirchengesch. und Patrologie an der Universität Regensburg. *Veröffentlichungen* (Haupttitel): Zeuge und Märtyrer. Zur frühchristl. Zeugnis-Terminologie, 1961. Offenbarung, Gnosis und gnostischer Mythos bei Irenäus von Lyon, 1966. Die Pastoralbriefe, 1969. Falsche Verfasserangaben. Zur Erklärung der frühchristl. Pseudepigraphie, 1975. Der erste Petrusbrief, 1979.

Dettloff, Werner, geb. 1919, Dr. theol.; 1962 Privatdozent München; 1963 o. Professor, Vorstand des Grabmann-Instituts zur Erforschung der mittelalterlichen Theologie und Philosophie an der Universität München; Mitglied der Societas Internationalis Scotistica und der Società internazionale di Studi Francescani. *Veröffentlichungen:* Die Lehre von der acceptatio divina bei Johannes Duns Scotus mit besonderer Berücksichtigung der Rechtfertigungslehre, 1954. Die Entwicklung der Akzeptations- und Verdienstlehre von Duns Scotus bis Luther mit besonderer Berücksichtigung der Franziskanertheologen, 1963. Beiträge in Lexika, Sammelbänden, Festschriften und in der Theologischen Realenzyklopädie. Rund 25 Aufsätze in Theol. Zeitschriften. Mitherausgeber: Festschrift für M. Schmaus, 1967; Veröffentlichungen des Grabmann-Instituts seit 1967; Zeitschrift Wissenschaft und Weisheit. Übersetzung: E. Gilson, Joh. Duns Scotus.

Fries, Heinrich, geb. 1911 in Mannheim, studierte Theologie an der Universität Tübingen. Promotion zum Dr. theol. 1942. Habilitation 1945. Ernennung zum Dozenten an der Universität Tübingen 1946. Ernennung zum o. ö. Professor für Religionsphilosophie und Fundamentaltheologie in Tübingen 1950. Seit 1958 o. ö. Professor für

Fundamentaltheologie an der Universität München. Seit 1964 gleichzeitig Vorstand des Instituts für Ökumenische Theologie der Universität München. Seit 1979 emeritiert. *Bücher* (Auswahl): Die Religionsphilosophie Newmans, 1948. Die katholische Religionsphilosophie der Gegenwart. Der Einfluß Max Schelers auf ihre Formen und Gestalten, 1949. Bultmann – Barth und die katholische Theologie, 1955. Glauben – Wissen, 1960. Aspekte der Kirche, 1963. Ärgernis und Widerspruch. Christentum und Kirche im Spiegel gegenwärtiger Kritik, 1965. Herausgeforderter Glaube, 1968. Ein Glaube – Eine Taufe – Getrennt beim Abendmahl?, 1971. Abschied von Gott?, 1971. Ökumene statt Konfessionen?, 1977. Glaube und Kirche im ausgehenden 20. Jahrhundert, 1979. Dienst am Glauben, 1981. *Herausgeber:* Newman-Studien, 1948–1980. Handbuch theologischer Grundbegriffe, 1962/63. Beiträge zur ökumenischen Theologie, 1967–1981. Wegbereiter heutiger Theologie, 1969–1976. Katholische Theologen Deutschlands im 19. Jahrhundert (mit Georg Schwaiger), 1975. Theologie in Freiheit und Verantwortung (mit Karl Rahner), 1981. *Bibliographie:* Festschrift zum 60. Geburtstag: Begegnung, Beiträge zu einer Hermeneutik des theologischen Gesprächs, 1972.

Galeota, Gustavo, S. J., studierte Theologie an der Päpstlichen Fakultät S. Luigi in Neapel und an der Päpstlichen Universität Gregoriana in Rom. Dr. theol. 1950; o. Professor für Fundamentaltheologie und Ökumenische Theologie an S. Luigi in Neapel; Gastprofessor an der Gregoriana. *Veröffentlichungen:* Bellarmino contro Baio a Lovanio, 1966. Zahlreiche Artikel vor allem in ,,Rassegne di Teologia" und in ,,Civiltà Cattolica".

Ganoczy, Alexandre, geb. 1928, studierte Theologie und Philosophie in Budapest, Paris und Rom. 1963 Promotion in Theologie; 1967 Habilitation; 1969 Promotion in Philosophie. 1953–1961 Arbeiter- und Studentenseelsorger in Paris; 1965–1966 Wissenschaftlicher Assistent Universität Tübingen; 1966–1970 Dozent am Institut Catholique Paris; 1967–1970 Privatdozent Universität Münster; 1966–1971 Mitglied der französischen Forschungsgemeinschaft (Centre National de la Recherche Scientifique); 1971/72 Wissenschaftlicher Rat und Professor Universität Münster; seit 1972 Ordinarius für Dogmatik Universität Würzburg. *Buchveröffentlichungen* u. a.: Calvin, théologien de l'Eglise et du ministère, 1964. Le jeune Calvin, 1966. Ecclesia ministrans, Dienende Kirche und kirchlicher Dienst bei Calvin, 1968. Devenir chrétien, 1973. Sprechen von Gott in heutiger Gesellschaft, 1974. Der schöpferische Mensch und die Schöpfung Gottes, 1976. Einführung in die katholische Sakramentenlehre, 1979.

Gaßmann, Günther, geb. 1931, studierte Musikwissenschaft und Theologie in Jena, Heidelberg und Oxford. 1962 Dr. theol.; 1972 Habilitation für das Fach der systematischen Theologie. 1962–1969 Assistent an der Theologischen Fakultät der Universität Heidelberg; 1969–1976 Forschungsprofessor am Institut für ökumenische Forschung in Straßburg; seit 1977 Präsident des Lutherischen Kirchenamtes der Vereinigten Evangelisch-Lutherischen Kirche Deutschlands in Hannover. *Veröffentlichungen u. a.:* Das historische Bischofsamt und die Einheit der Kirche in der neueren anglikanischen Theologie, Göttingen 1964. Confessions in Dialogue (with N. Ehrenström), Genf ^{3}1975. Konzeptionen der Einheit in der Bewegung für Glauben und Kirchenverfassung, 1910–1937, Göttingen 1979.

de Halleux, André, geb. 1929, studierte Theologie und Orientalistik in Louvain; 1956 und 1963 Promotion und Habilitation; Ordinarius für griechische Patristik und Theologie der Ostkirchen an der Université Catholique de Louvain in Louvain-la-Neuve (Belgien). *Buchveröffentlichungen:* Philoxène de Mabbog (1963); Syrische Textausgaben im CSCO, Bde. 200–201, 214–215, 252–255 (1960–1965: Martyrius-Sahdona); 231–234, 380–381 (1963, 1977: Philoxenos von Mabbug); *Aufsätze* in Le Muséon, Revue d'Histoire ecclésiastique, Revue théologique de Louvain, Irénikon.

Hauptmann, Peter, geb. 1928 in Chemnitz, studierte evangelische Theologie an der Kirchlichen Hochschule Berlin sowie an den Universitäten Rostock und Münster. 1953 Erstes Theologisches Examen und Dr. theol. in Münster, 1955 Zweites Theologisches Examen. 1953–1958 Dienst als Vikar und als Pfarrer (Ordination 1955) in der Selbständigen Evangelisch-Lutherischen Kirche. 1958–1970 Wissenschaftlicher Assistent am Ostkirchen-Institut der Universität Münster; 1968 Habilitation für Kirchengeschichte mit besonderer Berücksichtigung Osteuropas an der Evangelisch-Theologischen Fakultät der Universität Münster; seit 1971 Wissenschaftlicher Rat und Professor für Kirchengeschichte Osteuropas und Theologiegeschichte der Lutherischen Konfessionskirchen am Fachbereich Evangelische Theologie der Universität Münster, seit 1976 auch Leiter des Ostkirchen-Instituts. *Veröffentlichungen:* Altrussischer Glaube, 1963. Die Katechismen der Russisch-orthodoxen Kirche, 1971. Mehr als 20 Aufsätze in wissenschaftlichen Zeitschriften bzw. größere Beiträge in Sammelwerken; seit 1978 Herausgeber des Jahrbuchs „Kirche im Osten".

Hauschild, Wolf-Dieter, geb. 1941 in Lübeck, studierte evangelische Theologie in Göttingen, Tübingen und Hamburg. Dort 1965 Examen, 1967 Dr. theol. 1966–68 Kirchliches Lehrvikariat in Lübeck, dort 1968 Zweites theologisches Examen. 1968–71 wissenschaftlicher Assistent bei G. Kretschmar am Kirchengeschichtlichen Seminar der Ev.-Theologischen Fakultät München. 1971 Habilitation im Fach Kirchengeschichte, Universitätsdozent. 1974–77 Oberkirchenrat in der Kirchenkanzlei der Evangelischen Kirche in Deutschland, seit 1977 Professor für Kirchengeschichte an der Ev.-Theologischen Fakultät München. *Buchveröffentlichungen:* Die Pneumatomachen, Diss. Hamburg 1967. Gottes Geist und der Mensch. Studien zur frühchristlichen Pneumatologie, München 1972. Basilius von Caesarea, Briefe II. Übersetzung und Erläuterung, Stuttgart 1973. Der römische Staat und die frühe Kirche, Gütersloh 1974, ^{2}1977.

Heinzmann, Richard, geb. 1933, studierte Philosophie, Theologie, Mittellateinische Philologie in Freiburg i. Brsg. und München. 1962 Dr. theol. München; 1973 Habil. f. Geschichte der Theologie und Philosophie, München; seit 1962 Wissenschaftlicher Mitarbeiter am Grabmann-Institut der Universität München, zuletzt als Wissenschaftlicher Rat und Professor; 1977 o. Professor für Christliche Philosophie und theologische Propädeutik; Vorstand des Grabmann-Instituts zur Erforschung der mittelalterlichen Theologie und Philosophie. *Buchveröffentlichungen:* Die Unsterblichkeit der Seele und Auferstehung des Leibes, 1965. Die Summe ‚Colligite fragmenta' des Magister Hubertus, 1974. Zahlreiche Beiträge zu Problemen der mittelalterlichen Philosophie und Theologie. Mitherausgeber: Veröffentlichungen des Grabmann-Institutes zur Erforschung der mittelalterlichen Theologie und Philosophie, 1967 ff.

Horst, Ulrich, geb. 1931, studierte Theologie in Walberberg, Salamanca und München. 1963 Dr. theol., München; Professor für Fundamentaltheologie an der Philos.-Theol. Hochschule in Walberberg; 1977 Habilitation in München. Professor der Theologie an der Pädagogischen Hochschule Rheinland, Abteilung Bonn. *Veröffentlichungen:* Die Trinitäts- und Gotteslehre des Robert v. Melun, 1964. Umstrittene Fragen der Ekklesiologie, 1971. Gesetz und Evangelium, Paderborn 1971. Papst – Konzil – Unfehlbarkeit, Mainz 1978.

Kandler, Karl-Hermann, geb. 1937, studierte Theologie in Leipzig und Jena. 1959 Staatsexamen; 1966 Dr. theol.; 1970 Dr. theol. habil.; Konviktsinspektor am Theologischen Seminar Leipzig, Pfarrer in Ehrenberg und seit 1965 in Schlettau (Kirchenbezirk Annaberg). *Veröffentlichungen:* Die Abendmahlslehre Humberts und ihre Bedeutung für das gegenwärtige Abendmahlsgespräch, Berlin/Hamburg 1971. Zahlreiche Artikel in Zeitschriften und Sammelbänden.

Köpf, Ulrich, geb. 1941, studierte evangelische Theologie und klassische Philologie in Tübingen. 1974 Promotion, Zürich; 1978 Habilitation, München. 1981 Professor für Kirchengeschichte an der Universität München. *Buchveröffentlichungen:* Die Anfänge der theologischen Wissenschaftstheorie im 13. Jahrhundert, 1974. Religiöse Erfahrung in der Theologie Bernhards von Clairvaux, 1980.

Kretschmar, Georg, geb. 1925, studierte evangelische Theologie in Tübingen, Heidelberg und Oxford. Dr. theol. Heidelberg 1950, Habilitation für Kirchengeschichte Tübingen 1953. Dozent für Kirchengeschichte 1954–1956 in Tübingen, o. Professor für Neues Testament und Kirchengeschichte 1956–1967 in Hamburg, o. Professor für Kirchengeschichte und Neues Testament in München seit 1967, jeweils in der evang.-theol. Fakultät. *Veröffentlichungen:* Studien zur frühchristlichen Trinitätstheologie, 1956. Der Taufgottesdienst in der alten Kirche, 1970. Beiträge in Zeitschriften und Lexika zu patristischen, reformations- und missionsgeschichtlichen, liturgiewissenschaftlichen und ökumenischen Themen.

Kühn, Ulrich, geb. 1932, studierte 1949–1954 ev. Theologie in Leipzig. 1954 Theologisches Staatsexamen, Leipzig; 1957 theologische Promotion, Leipzig; 1963 theologische Habilitation (Systematische Theologie), Leipzig. 1954–1964 Assistent an der Univ. Leipzig; 1964 Pfarrer in Leipzig; 1965–1967 Leiter der Konfessionskundlichen Forschungsstelle Potsdam/Leipzig; 1967–1969 Dozent für Systematische Theologie am ev. Sprachenkonvikt Berlin, seit 1969 am Theologischen Seminar in Leipzig. Mitglied der Kommission für Glauben und Kirchenverfassung des Ökumenischen Rates der Kirchen seit 1968. *Buchveröffentlichungen:* Natur und Gnade, 1961. Via Caritatis. Theologie des Gesetzes bei Thomas von Aquin, 1964 bzw. 1965. Die Ergebnisse des Zweiten Vatikanischen Konzils, 1967.

Martikainen, Jouko, geb. 1936, studierte Theologie in Turku, Heidelberg, Cambridge und Göttingen. Promotion in Turku 1978. Sekretär des Erzbischofs der Evangelisch-Lutherischen Kirche Finnlands 1973–1978. Forschungsassistent an der Universität Göttingen 1978–1981. Seit 1982 Generalsekretär des Außenamtes der Kirche Finnlands. *Buchveröffentlichungen:* Det demoniskas begrepp i Paul Tillichs teologi, 1972. Das Böse und der Teufel in der Theologie Ephraems des Syrers, 1978. Gerechtigkeit und Güte Gottes, Studien zur Theologie von Ephraem dem Syrer und Philoxenos von Mabbug, 1981.

May, Gerhard, geb. 1940, studierte Theologie, Philosophie und Byzantinistik an den Universitäten Wien, Heidelberg, Basel und Oxford. 1964 Dr. theol., Wien; 1966–1969 Assistenz an der Universität Heidelberg; 1971 Habilitation für das Fach Kirchengeschichte an der Evangelisch-Theologischen Fakultät der Universität München; 1978 apl. Professor ebenda; 1979 Ordinarius für Kirchen- und Dogmengeschichte am Fachbereich Evangelische Theologie der Universität Mainz. *Wichtige Veröffentlichungen:* Das Marburger Religionsgespräch 1529, ^{2}1979. Schöpfung aus dem Nichts, 1978.

Schlageter, Johannes Karl, geb. 1937, studierte ab 1957 Philosophie und Theologie an der Hochschule der Franziskaner in Sigmaringen und Fulda. Theologische Abschlußprüfung 1963; ab 1964 Weiterstudium an der theologischen Fakultät der Universität in München; 1970 Dr. theol.; seitdem Dozent für Fundamentaltheologie an der Hochschule der Franziskaner und Kapuziner in Münster. *Veröffentlichungen:* Glaube und Kirche nach Wilhelm von Ockham, 1975. Die Hermeneutik der Hl. Schrift nach Wilhelm von Ockham, 1975. Die Autorität des kirchlichen Amtes und die evangelische Freiheit, 1977. Wurde die Armutsauffassung des Franziskus von Assisi von der offiziellen Kirche schließlich abgelehnt?, 1978.

Stockmeier, Peter, geb. 1925, studierte bis 1952 Theologie und Geschichte in Freising und München. 1955 Dr. theol., München. Seit 1958 Lehrtätigkeit an der Pädagogischen Hochschule München-Pasing. 1961 Habilitation mit der Arbeit „Theologie und Kult des Kreuzes bei Johannes Chrysostomos". 1964 Professur für Kirchengeschichte an der Theologischen Fakultät Trier, 1966 für Alte Kirchengeschichte und Patrologie in Tübingen; seit 1969 Ordinarius für Alte Kirchengeschichte, Patrologie und Christliche Archäologie in München. *Zahlreiche Veröffentlichungen* auf dem Gebiet der Kirchen- und Religionsgeschichte des frühen Christentums, u. a.: Glaube und Religion in der frühen Kirche, 1973.

Stupperich, Robert, geb. 1904 in Moskau, studierte 1923–29 ev. Theologie, Geschichte und Slawistik an der Universität Berlin. 1930 Lic. theol., Leipzig; 1934 Dr. phil., Berlin; habilitiert an der Universität Berlin für osteuropäische Geschichte. Ev. Pfarrer. 1946 Ordinarius für Kirchengeschichte in der Ev.-theol. Fakultät der Universität Münster. Direktor des von ihm begründeten Ostkirchen-Instituts in Münster (1957–1976); Direktor des Instituts für Westfälische Kirchengeschichte seit 1957 und Leiter des Bucer-Instituts. Mitglied der Niederl. Akademie der Wiss. in Amsterdam (seit 1964); Mitglied der Historischen Kommission für Westfalen (seit 1950); D. theol. h. c. (1953 Berlin). *Veröffentlichungen u. a.:* Der Humanismus und die Wiedervereinigung der Konfessionen, 1936. Staatsgedanke und Religionspolitik Peters d. Gr., 1936. Das Münsterische Täufertum. Ergebnisse und Probleme, 1958. Melanchthon, 1960. Der unbekannte Melanchthon, 1961. Geschichte der Reformation, 1967. Die Reformation in Deutschland, 1972. Erasmus von Rotterdam und seine Welt, 1977. *Editionen:* Melanchthons Werke in Auswahl, 7 Bände, ^{2}1978 ff. Martin Bucers Deutsche Schriften, bisher 7 Bände, 1960 ff. Schriften der Münsterschen Täufer und ihrer Gegner, 3 Bände, 1970/80.

Wendebourg, Dorothea, geb. 1952 in Langenberg/Rhld., studierte evangelische Theologie in München, Heidelberg und London. Abschluß 1974; Forschungsaufenthalte in Rom und Jerusalem; 1978 Dr. theol., München; z. Zt. Assistentin am Institut für Kirchengeschichte der ev.-theol. Fakultät in München. *Buchveröffentlichung:* Geist oder Energie. Zur Frage der innergöttlichen Verankerung des christlichen Lebens in der byzantinischen Theologie, 1980.